JVM
밑바닥까지 파헤치기

深入理解Java虚拟机: JVM高级特性与最佳实践(第3版)

机械工业出版社
CHINA MACHINE PRESS

JVM 밑바닥까지 파헤치기:
자동 메모리 관리, 실행 서브시스템, 컴파일, 동시성

초판 1쇄 발행 2024년 4월 30일 **2쇄 발행** 2024년 5월 31일 **지은이** 저우즈밍(周志明) **옮긴이** 개앞맵시(이복연) **펴낸이** 한기성 **펴낸곳** (주)도서출판인사이트 **편집** 송우일 **영업마케팅** 김진불 **제작·관리** 이유현 **용지** 유피에스 **출력·인쇄** 예림인쇄 **제본** 예림원색 **등록번호** 제2002-000049호 **등록일자** 2002년 2월 19일 **주소** 서울특별시 마포구 연남로5길 19-5 **전화** 02-322-5143 **팩스** 02-3143-5579 **이메일** insight@insightbook.co.kr **ISBN** 978-89-6626-441-4 책값은 뒤표지에 있습니다. 잘못 만들어진 책은 바꾸어 드립니다. 이 책의 정오표는 https://blog.insightbook.co.kr에서 확인하실 수 있습니다.

프로그래밍 인사이트

JVM
밑바닥까지 파헤치기

저우즈밍(周志明) 지음 | 개앞맵시(이복연) 옮김

인사이트

차례

1부   **자바와 친해지기**   1

2부 자동 메모리 관리 57

2장 자바 메모리 영역과 메모리 오버플로 59

3장 가비지 컬렉터와 메모리 할당 전략   93

4장　가상 머신 성능 모니터링과 문제 해결 도구　197

7장 클래스 로딩 메커니즘

4부 컴파일과 최적화

5부   효율적인 동시성   585

12장 자바 메모리 모델과 스레드   587

13장 스레드 안전성과 락 최적화

옮긴이의 말

"그동안 수고했어, 자바!"

자바 가상 머신은 첫 자식인 자바를 잘 키워 온 세상 구석구석에서 쓰이는 프로그래밍 언어 반열에 올려놓았다. 그리고 지금은 코틀린, 스칼라, 그루비, 클로저 등 다양한 언어의 성장을 뒷받침하는 역할을 하고 있다. 첫째인 자바를 성공시키기 위해 자바 가상 머신은 마땅히 불렸어야 할 자신만의 이름을 얻지 못했다. 마치 아무개 엄마·아빠로 불리는 우리네 부모님처럼….

이 책의 주인공은 바로 이 자바 가상 머신이다. 프로그래밍 언어 역사에 한 획을 그었고, 여전히 현재 진행형인 기술의 숨겨진 내부를 깊이 들여다볼 기회를 이 책은 제공한다. 독자들은 자바 가상 머신이 코드를 읽고 해석하고 실행하는 전 과정을 함께 여행할 것이다. 자바 가상 머신을 빌드하는 방법과 자바 가상 머신과 소통하는 방법도 알아본다. 이처럼 잘 만들어진 거대한 소프트웨어는 개발자, 아키텍트, 프로젝트 리더에게 많은 깨달음과 영감을 준다.

"4판 같은 3판 주세요!"

이 책 원서는 중국에서 수십만 부가 팔리며 꾸준히 인기를 누리고 있는 스테디셀러의 3판이다. 하지만 IT 세계에서는 아무리 좋은 내용이라도 시간이 지나면 어딘가 아쉬운 법. 번역서가 나오기까지 약 4년이 더 흘러서 원서 그대로를 번역해 내놓을 수는 없었다. 모든 내용을 번역 탈고 시점에 맞추느라 원고를 몇 번이나 뜯어고쳤다. 그 결과 최신 장기 지원(LTS) 버전인 JDK 21 기술과 관련 정보까지 살펴보고 반영했다. 실습은 더 많은 독자의 환경에 맞추고자 직전 장기 지원 버전인 JDK 17에 맞췄다(대부분의 실습을 21 버전에서도 수행해 보았으나 차이점은 발견하지 못했다).

그 덕분에 원서에 없는 내용을 엄청나게 찾아 공부했고, JDK를 7부터 21까지 모두 설치해 두고 변화를 추적하고 확인했다. 능냠이 아니라 징말 '4핀을 쓴디'는 생각으로 번역했다. 공을 들인 만큼 우리나라 개발자들에게도 널리 읽히고 많은 도움이 되기를 소망해 본다.

개앞맵시(이복연)

서문

자바는 오늘날 가장 널리 쓰이는 프로그래밍 언어이자, 가장 많은 개발자를 거느린 소프트웨어 개발 기술에 속한다. 자바 기술 시스템은 크게 '자바 프로그래밍 언어', 자바 프로그램을 실행하는 '가상 머신', 다양한 분야별 API를 제공하는 '표준 클래스 라이브러리', 그 외 수많은 서드 파티 제품으로 구성된다. 스프링과 MyBatis 등의 자바 프레임워크는 업계에서 상당한 점유율을 유지 중이다. 그래서 표준 자바 클래스 라이브러리와 자바 문법, 다양한 서드 파티 프레임워크를 설명하는 서적과 자료가 넘쳐 난다. 하지만 자바 가상 머신 자체를 깊이 있게 알려 주는 자료는 매우 부족한 편이다.

자바가 널리 쓰이기까지 자바 기술 자체가 주는 핵심 이점이 크게 작용했다. 그 주인공으로 절대 빼놓을 수 없는 것이 바로 자바 가상 머신이다. 자바 가상 머신은 복잡한 하부 기술, 즉 다양한 하드웨어와 운영 체제의 차이를 숨겨 준다. 프로그램을 구동하는 물리 머신은 매우 다양하지만, 어떤 물리 머신이든 상관없는 일관된 운영 플랫폼을 자바 가상 머신이 제공하는 것이다. 그래서 자바 가상 머신용으로 컴파일된 프로그램은 서로 다른 자바 가상 머신에서 문제없이 구동된다. 이러한 이점 덕에 자바를 사용하면 C·C++보다 효율적이고 빠르게 개발할 수 있다. 하드웨어 호환성과 씨름하는 대신 비즈니스 로직에 집중할 수 있기 때문이다. 자바 클래스 라이브러리에서 내게 필요한 부분의 API와 자바 문법만 이해하고, 여기에 적절한 서드 파티 프레임워크의 사용법만 익혀 두면, 일상적인 개발 업무를 진행하는 데 무리가 없다. 메모리 등의 자원 관리와 하드웨어 호환성처럼 복잡한 주제는 가상 머신이 개발자 모르게 처리해 준다. 그래서 대부분의 개발자, 특히 프로그래밍 초심자는 가상 머신의 동작 메커니즘을 깊게 이해할 필요조차 없다.

하지만 모든 일에는 양면이 있다. 자바 기술은 계속 발전하여 활용 분야를 점점 넓혀 왔다. 그중 인터넷, 에너지, 금융, 통신 같은 일부 영역에서는 프로그램의 성능, 안정성, 확장성이 매우 중요하다. 동시 접속자 10명 정도는 거뜬히 처리하던 프로그램도 1만 명이 한꺼번에 몰리면 느려지거나 멈추거나 심지어 비정상 종료될 수 있음을 독자들도 잘 알 것이다. 동시 접속자 1만 명을 지원하려면 물론 고사양 하드웨어가 필요하다. 하지만 하드웨어를 업그레이드하더라도 프로그램의 성능과 동시성이 비례해서 높아지는 일은 흔치 않을뿐더러 심지어 전혀 개선되지 않을 수도 있다. 설상가상으로 때로는 실행 결과까지 달라질 수 있다. 이런 한계의 책임 일부는 자바 가상 머신 자체에 있다. 모든 하드웨어에서 일관된 가상 플랫폼을 제공한다는 이상을 실현하기 위해서는 특정 하드웨어에서만 누릴 수 있는 성능 이점을 포기해야 할 수도 있다. 하지만 더 큰 책임은 우리 인간에게 있다. 가상 머신을 구성하는 다양한 기술의 동작 원리를 이해하지 못한 개발자에게 가상 머신의 운영 방식과 최적화 기술을 고려한 코드를 작성하라는 말은 어불성설이기 때문이다.

실제로 오늘날의 상용 자바 가상 머신들은 모두 프로덕션 환경에서 요구되는 성능과 안정성을 충족시키기 위해 다양한 최적화 매개 변수와 조율 수단을 제공한다. 물론 프로그래밍을 막 배우기 시작해서 간단한 프로그램을 돌려 보려는 초보 개발자에게 이러한 기능은 사치일 뿐이다. 하지만 상용 서비스, 특히 거대한 서비스를 개발할 때는 반드시 필요하다. 그래서 가상 머신의 특성과 조율 방법을 명확하게 이해하는 개발자가 조직에 최소 몇 명은 있는 게 좋다. 자바 업계에서 아키텍트, 시스템 최적화 전문가, 선임 개발자의 수요가 매우 많은 이유는 이 때문이다. 가상 머신이 자동으로 처리해 주는 다양한 기능의 원리는 자바 개발자가 성장하면서 결국은 익혀야 하는 지식이다. 다행히 이 책을 선택한 독자들은 비교적 쉽게 배울 수 있을 것이다.

누가 읽으면 좋을까

이 책의 대상 독자는 다음과 같다.

- 자바 기술 시스템을 사용하는 중급 및 상급 개발자: 자바 가상 머신은 중상급 개발자라면 반드시 이해해야 할 주제이지만 깊이 배우기가 만만치 않다. 이 책은 가상 머신 학습 교재로 매우 적합하다.

- 시스템 최적화 전문가: 시스템 최적화 전문가는 비교적 최근에 등장하여 빠르게 퍼지고 있는 직군이다. 이 책은 많은 사례, 코드, 실전 연습을 제시하여 시스템 최적화 전문가가 일상적으로 처리해야 할 일들을 생생하게 설명한다.

- 아키텍트: 아키텍트의 주된 역할인 시스템 성능, 동시성, 확장성 보장은 가상 머신 운영과 분리해서 생각할 수 없는 주제다. 이 책은 아키텍트가 시스템에 탄탄한 기반을 닦는 데 활용할 수 있는 훌륭한 참고서다.

효과적으로 읽으려면

이 책은 '자바와 친해지기', '자동 메모리 관리', '가상 머신 실행 서브시스템', '컴파일과 최적화', '효율적인 동시성', 이렇게 총 5부로 구성된다. 각 부는 서로 독립적이므로 가장 마음이 가는 부부터 읽어도 상관없다. 단, 같은 부 안의 장들은 순서대로 읽어야 한다.

모든 독자가 자바를 전문가 수준으로 이해하고 있지는 않을 것이다. 그래서 논리적으로 오류가 없는 범위 내에서 최대한 자연스러운 언어로 설명하려 노력했다. 다만 결국은 가상 머신의 동작 원리가 주제인 만큼 어느 정도의 기술적 기초는 필요하며, 주된 대상 독자는 중급 또는 상급 개발자가 될 것이다. 널리 쓰이는 일부 개발 프레임워크, 클래스 라이브러리 API, 자바 문법 등 기본 지식은 이미 이해하고 있다고 가정했다.

이 책에서 소개하는 자바 가상 머신을 특정 회사나 제품에 한정하지는 않았다. 하지만 OpenJDK와 오라클 JDK의 점유율이 절대적이라서 어쩔 수 없이 핫스팟 가상 머신을 주로 다룬다. 물론 내 집필 목표는 핫스팟 코드를 읽거나 분석하는 게 아니라 자바 가상 머신의 일반 원칙을 이해하는 것이다. 그래서 다른 자바 가상 머신을 사용하는 독자에게도 충분히 도움이 되도록 꾸몄다.

마지막으로 여러분이 책의 설명을 모두 따라 해 보고 관련 내용도 직접 확인해 보기를 진심으로 희망한다. 책에서 보여 주는 코드는 모두 번역서 깃허브[1]에서 받을 수 있다.

본문을 읽기 전에

본문에 등장하는 용어, 표기, JDK 버전 등은 다음 기준으로 선정했다.

- JDK는 1.5 버전부터 공식 표기가 JDK 5, 6, 7, ⋯ 식으로 바뀌었다. 내부 개발 버전은 한동안 1.x 형태를 유지하다가 JDK 9부터 공식 표기와 일치시켰다. 이 책

---

1 *https://github.com/WegraLee/JVM*

에서는 일관성을 위해 JDK 5 이후로는 릴리스 공식 표기로 통일했다.

- 지면 관계상 예제 코드의 줄 바꿈이 매끄럽지 못하거나 로그를 System.out으로 출력하는 등 코딩 스타일이 이상적이지 않을 수 있다.

- 핫스팟 가상 머신, JRockit 가상 머신, 웹로직(WebLogic) 서버 또는 JDK 7 이전 제품과 관련한 설명은 회사명에 (오라클 대신) BEA와 썬(Sun Microsystems)을 사용했다. BEA와 썬은 각각 2008년과 2010년에 오라클에 인수되어 두 회사 브랜드를 달고 나오는 자바 제품은 오늘날 존재하지 않는다. 하지만 자바 업계에 크게 공헌했음은 의심할 여지가 없기에 옛 이름으로 불릴 자격이 충분하다고 생각한다.

- 이 책은 2023년 하반기에 번역되었다(원서 3판은 2019년 발간). 번역 시점 기준으로 JDK 21까지 출시되었다. 이 책의 모든 설명과 논의의 기준은 번역 시점의 자바 기술이지만, 그 외에도 다양한 버전의 JDK를 이야기한다. 특정 JDK에서 추가된 기능 또는 다른 기술로 대체된 기능을 언급할 때는 해당 JDK 버전을 명시하거나 다양한 버전 간 차이를 구체적으로 설명했다. 다만 실습은 특별한 상황을 제외하고는 직전 장기 지원(이하 LTS) 버전인 JDK 17을 기준으로 했다. JDK 21은 이제 막 출시되어서 현장에 널리 적용되기까지는 시간이 더 필요하기 때문이다.

- 이 책에는 많은 약어가 나오는데 부록으로 따로 정리했다. 생소한 약어는 부록을 참고하기 바란다.

이 책의 구성

이 책의 2판은 2011~2012년 사이에 쓰여 2013년에 출간되었다. 그래서 자바 기술의 개발 주도권이 썬에서 오라클로 막 넘어가기 시작한 시점인 JDK 7 이전 버전이 대상이었다. 그 후 10년도 더 지난 현재는 JDK 버전도 20이 넘을 만큼 발전했고, 자바 기술 시스템 전체가 썬 시대의 느린 버전 업그레이드 프로세스에서 탈피했다. 큰 폭의 변경이 수차례 있었고, 많은 면에서 최신 기법과 트렌드를 받아들여 만족스럽게 발전했다. 그래서 이번 3판은 2판 독자들의 피드백을 반영해 오류를 수정하고 가독성을 높이는 작업과 더불어 최신 기술도 최대한 반영했다.

1부 자바와 친해지기

1부는 2부 이후의 설명과 실습을 대비하여 기초를 탄탄하게 다지는 역할이다. 물론 '자바가 걸어온 길'과 'OpenJDK 컴파일'이 자바 가상 머신을 깊게 이해하는 데 반드시 필요한 지식은 아니겠지만, 자바 가상 머신에 다가서기 위한 멋진 출발이 될 것이다. 1부는 1장 한 장으로 구성된다.

1장에서는 자바 기술 시스템의 과거와 현재 그리고 앞으로의 개발 동향을 소개하고, OpenJDK 17을 소스 코드로부터 직접 컴파일하는 방법을 소개한다.

3판에서 바뀐 내용은 다음과 같다. 지난 몇 년간 자바 세계에서는 수많은 커다란 사건이 있었다. 앞으로의 10년을 조망하는 '자바 기술의 미래' 절은 완전히 새로 썼다. 직접 컴파일해 볼 OpenJDK 버전도 17로 높아졌다.

2부 자동 메모리 관리

자바 개발자는 메모리 관리를 가상 머신에 위임하여 크나큰 편리함을 누리고 있다. 하지만 반대급부로, 메모리 누수나 오버플로가 발생하면 문제 해결에 어려움을 겪기도 한다. 그래서 자바 가상 머신의 메모리 관리 메커니즘을 이해하는 일은 여전히 중요하다. 2부는 2장부터 5장까지 총 4개 장으로 구성된다.

2장에서는 자바 가상 머신이 메모리를 어떻게 분할해 관리하는지, 어느 영역에서 어떤 코드가 오버플로를 일으킬 수 있는지 설명하고 영역별 메모리 오버플로 예외의 주된 원인을 알아본다.

3판에서 바뀐 내용은 다음과 같다. 자바의 런타임 데이터 영역은 가상 머신 중에서도 가장 기초에 해당한다. 그래서인지 JDK 버전이 빠르게 올라가는 와중에도 비교적 안정되게 유지되어 왔다. 큰 변화라고 하면 JDK 8에서 영구 세대(permanent generation)가 없어지고 메타스페이스가 등장한 사건이다. 가상 머신 스택 관련 설명을 더 명확하게 고쳤고, JDK 버전에 따라 결과가 달라지던 일부 코드를 수정했다.

3장에서는 핫스팟 가상 머신이 활용하는 다양한 가비지 컬렉션 알고리즘과 가비지 컬렉터의 기능 및 동작 원리를 설명한다. 자바 가상 머신의 자동 메모리 할당과 재활용 원리를 예시 코드로 검증해 본다.

3판에서 바뀐 내용은 다음과 같다. JDK 7이 막 등장했을 때 쓴 2판에서는 G1 컬렉터(Garbage First Collector)와 관련한 실제 데이터가 부족해 설명이 많이 모호했다. 3판에서는 관련 절을 완전히 새로 썼다. 또한 저지연(low latency) 동시 컬렉터인 ZGC(Z Garbage Collector)와 세년도어(Shenandoah)의 원리에도 많은 지면을 할애했다. ZGC는 JDK 11 때 처음 등장하여 JDK 15부터 정식 도입되었으며, 세년도어는 OpenJDK 12부터 지원된다. 가비지 컬렉터 인터페이스와 엡실론(Epsilon) 컬렉터 등의 내용도 보강했다. 또한 세대 간 참조를 해결하기 위한 기억 집합(remembered set)과 카드 테이블, 동시 스캔 도중 객체 사라짐 문제를 해결하기 위한 증분 업데이트(incremental update)와 초기 스냅숏, 메모리 장벽(memory barrier) 등 핫스팟이 가비지 컬렉터를 구현하는 핵심 기술 다수를 각 절에서 소개한다. 핫스팟의 설계와 소스 코드를 깊이 파헤쳐 볼 수 있는 이론적 토대를 쌓아 줄 것이다.

4장에서는 JDK에 포함된 기본적인 명령 줄 도구와 문제 해결용 시각화 도구 사용법을 소개한다.

3판에서 바뀐 내용은 다음과 같다. 자바 가상 머신용 모니터링 및 관리 도구는 끊임없이 강력해지고 있다. JDK 버전이 업그레이드될 때마다 거의 예외 없이 관련 도구의 개수와 기능에 변화가 생긴다. 3판에서는 JDK 9 때 추가된 JHSDB의 사용법을 추가하고, JFR과 JMC의 동작 원리와 사용법을 소개한다. 또한 JITWatch 등 JDK에 포함되지 않은 도구도 몇 가지 추가했다.

5장에서는 몇 가지 대표적인 실제 문제 해결 사례를 공유하고 모든 개발자가 '직접 경험해 볼' 수 있는 연습을 준비했다.

3판에서 바뀐 내용은 다음과 같다. 사례 분석 절을 보완하고 2~4장에 추가한 내용에 대응하는 문제 해결 사례에 중점을 두었다. 실전 연습도 최신 JDK와 이클립스로 바꿔 진행했다. 구버전에서 실습했을 때보다는 최적화할 내용이 많지 않지만 검토해야 할 항목들은 그대로 전달하고 있다.

3부 가상 머신 실행 서브시스템

실행 서브시스템은 가상 머신에서 없어서는 안 될 핵심 요소다. 가상 머신이 프로그램을 실행하는 방법을 이해해야만 뛰어난 코드를 작성하는 방법을 더 잘 이해할 수 있다. 3부는 6~9장으로 구성된다.

6장에서는 클래스 파일을 구성하는 다양한 요소의 정의, 데이터 구조, 용도를 설명하고 클래스 데이터가 실제로 어떻게 저장되고 이용되는지 알아본다.

3판에서 바뀐 내용은 다음과 같다. 6장은 일부러 '기술 매뉴얼' 형태로 작성했다. 클래스 파일 형식은 사람이 읽기에는 다소 지루할 수 있지만 가상 머신을 이해하려면 절대 피해 갈 수 없는 주제다. 3판에서는 JDK 21을 기준으로 《자바 가상 머신 명세》에 추가된 최신 변경 사항을 반영했다. 내용은 비교적 간단하다. 예를 들어 JDK 9에서 모듈 시스템을 구현하기 위해 Module, ModulePackages, ModuleMainClass가 속성 테이블에 추가되었고, CONSTANT_Module_info와 CONSTANT_Package_info 상수가 추가되었다. JDK 11에서는 새로운 중첩 클래스(자바의 내부 클래스) 접근 통제 API를 구현하기 위해 NestHost와 NestMembers가 속성 테이블에 추가되었다. 또한 동적 언어를 더 잘 지원하기 위한 CONSTANT_Dynamic_info 상수도 JDK 11 때 상수 풀에 추가되었다. JDK 16과 17에서는 각각 레코드 클래스와 봉인된 클래스(sealed class)를 지원하기 위한 Record와 PermittedSubclasses 속성이 속성 테이블에 추가되었다.

7장에서는 클래스 로딩의 다섯 단계인 '읽기', '검증', '준비', '해석', '초기화' 각각에서 가상 머신이 수행하는 일을 설명한다. 클래스 로더의 동작 원리와 가상 머신에서 지니는 의미도 알아본다.

3판에서 바뀐 내용은 다음과 같다. 클래스 파일 형식이 변화함에 따라 클래스를 읽어 들이는 과정에도 몇 가지 세부적인 변화가 있었다. 7장에서는 JDK 21용 《자바 가상 머신 명세》의 내용을 반영했다. JDK 9 때 도입된 중요한 개선인 자바 모듈 시스템은 클래스 로딩 방식에도 큰 변화를 몰고 왔다. 그래서 관련 내용을 설명하는 데 절 하나를 할애했다.

8장에서는 코드를 실행할 때 가상 머신이 올바른 메서드를 찾는 방법, 메서드 본문의 바이트코드를 실행하는 방법을 설명하고 코드 실행과 관련한 메모리 구조를 분석한다.

3판에서 바뀐 내용은 다음과 같다. 8장에서는 자바 가상 머신 실행 서브시스템의 개념 모델에 대해 설명한다. 이 부분은 비교적 안정적이어서 크게 달라진 게 없다. 3판에서는 주로 자바 가상 머신이 동적 타입 언어를 지원하기 위해 바뀐 부분을 보충했다.

9장에서는 클래스 로더와 실행 서브시스템을 실무에서 활용하는 사례를 몇 가지 소개하여 독자들이 참고할 만한 아이디어를 얻을 수 있도록 했다. 또한 지금까지 배운 이론을 더 깊이 이해할 수 있도록 꾸민 실전 연습을 준비했다.

3판에서 바뀐 내용은 다음과 같다. 2판에서 다룬 사례에서는 프로그램, 라이브러리, 도구 등이 비교적 오래된 것이었다. 3판에서는 모듈, 람다식, 동적 언어와 같은 새로운 기술을 반영한 사례로 바꿔 보았다.

4부 컴파일과 최적화

자바 프로그램은 소스 코드에서 바이트코드로 컴파일된 다음, 다시 바이트코드에서 네이티브 코드로 컴파일되어 실행된다. 이 두 과정은 기존 컴파일러들이 수행하는 프런트엔드 처리와 백엔드 처리에 해당한다. 4부는 10장과 11장으로 이루어진다.

10장에서는 제네릭, 오토박싱/언박싱, 조건부 컴파일 등 자바 언어가 다양한 편의 문법(syntatic sugar)을 제공하는 이유와 결과를 분석하고, 프로그램이 명명 규칙을 제대로 지키는지 확인하는 플러그인 애너테이션 처리기를 직접 만들어 본다.

3판에서 바뀐 내용은 다음과 같다. 제네릭 관련 설명을 완전히 새로 썼다. 다른 언어에서는 제네릭이 어떻게 구현되는지, 자바 제네릭이 현재와 같은 모습이 된 역사적 배경은 무엇인지, 제네릭 구현에 소거법(erasure method)을 쓰기로 한 결정이 어떤 영향을 주었는지 알아본다. 머지않아 자바가 지원할 것으로 예상되는 값 타입에 대해서도 이야기한다.

11장에서는 코드에서 핫스팟을 검출하는 방법, 핫스팟 가상 머신의 JIT 컴파일러, 컴파일 촉발 조건, 가상 머신 외부에서 JIT 컴파일러의 동작을 관찰하고 결과를 분석하는 방법을 다룬다. 또한 일반적인 컴파일타임 최적화 기법 몇 가지를 선별해 설명한다.

3판에서 바뀐 내용은 다음과 같다. AOT 컴파일(사전 컴파일) 관련 설명을 추가했다. JDK 9~15에 포함된 jaotc도 가볍게 다뤄 보고, 그랄VM(GraalVM)의 그랄 컴파일러를 활용한 실전 연습도 추가했다.

5부 효율적인 동시성

자바 언어와 가상 머신은 탄생부터 스레드를 기본으로 제공하여 멀티스레드를 활용한 동시성 애플리케이션 개발에 적합하다. 하지만 어떤 시스템도 동시성 관련 처리를 홀로 완벽하게 수행해 낼 수는 없다. 따라서 고급 개발자로 거듭나려면 동시성을 깊이 이해해야만 한다. 5부는 12장과 13장으로 이루어진다.

12장에서는 자바 메모리 모델의 구조와 동작 방식, 자바 메모리 모델에서의 원자성, 가시성, 실행 순서, 선 발생 원칙에 대해 알아본다. 또한 자바 언어의 스레드가 어떻게 구현되었는지 설명하면서 JDK 21에 추가된 가상 스레드에 대해서도 간략히 소개한다.

3판에서 바뀐 내용은 다음과 같다. 2판의 자바 메모리 모델 설명은 살짝 시대에 뒤떨어지고 애매하여 3판에서는 새로 작성했다. 그리고 JDK 21에 도입된 가상 스레드를 곁들인 동시성 모델도 설명한다.

13장에서는 스레드 안전성의 개념과 분류, 가상 머신이 동기화를 구현하는 동작 원칙을 설명한다. 또한 동시성 효율을 개선해 주는 일련의 락 최적화 기법들을 소개한다.

3판에서 바뀐 내용은 다음과 같다. 큰 틀에서는 많이 바뀌지 않았지만 세부 내용이 많이 달라졌다. 특히 독자 문의가 많았던 부분의 설명을 보충했다.

참고 자료

이 책이 자바 가상 머신을 깊이 이해하는 데 큰 보탬이 되길 바라지만 전문가가 되려면 이 책만으로는 충분하지 않을 것이다. 그래서 다른 관점에서 자바 가상 머신을 상세하게 알 수 있는 자료들을 소개한다. 이 책을 쓸 때도 다음 참고 문헌에서 큰 도움을 받았다.

책

- 《자바 가상 머신 명세》[2]: 가상 머신에 대해 배우려면 《자바 가상 머신 명세》는 반드시 읽어야 한다. 이 명세가 담고 있는 개념과 상세한 설명은 썬의 초기 가상 머신, 즉 썬 클래식 VM 때부터 매우 일관되게 유지되고 있다. 기술이 발전하면서 고성능 가상 머신들에 적용된 실제 구현 방법은 명세의 설명과는 서서히 멀어지고 있지만, 자바 가상 머신을 이해하기 위한 참고서를 단 하나만 선택할 수 있다면 《자바 가상 머신 명세》가 답이다.

- 《자바 언어 명세》: 자바 가상 머신이 자바 언어만을 위한 플랫폼은 아니지만 자바 언어를 깊이 이해하면 가상 머신의 동작을 이해하는 데도 도움이 된다. 《자바 가상 머신 명세》와 마찬가지로 오라클이 직접 발행하며, 자바의 아버지 제임스 고슬링이 제1 저자다.

- 《The Garbage Collection Handbook: The Art of Automatic Memory Manage-

---

2 (옮긴이) 《자바 가상 머신 명세》와 《자바 언어 명세》는 다음 사이트에서 버전별로 확인할 수 있다: *https://docs.oracle.com/javase/specs/*

ment》[3]: 교과서 느낌의 학술서이며 가비지 컬렉션 기술 분야에서 유일한 필독서다. 하드웨어와 소프트웨어 발전이 가비지 컬렉션에 던진 새로운 도전을 시작으로, 고성능 가비지 컬렉터를 구현하려는 설계자가 극복해야 할 문제들을 소개한다. 점진적 가비지 컬렉션, 동시 가비지 컬렉션, 실시간 가비지 컬렉션 등 다양한 알고리즘과 개념을 설명한다. 유일한 단점은 너무 전문적이기 때문에 다소 모호하여 입문서로는 적합하지 않다는 것이다.

- 《Virtual Machines: Versatile Platforms for Systems and Processes》[4]: '가상 머신'이라는 용어의 의미, 다양한 유형, 구현 방법 등을 독자들이 이해하기 쉽게 설명한 가상화 기술 백과사전이다. 자바 가상 머신을 직접 겨냥한 책은 아니다. 2005년에 출간되었다. 그럼에도 가상 머신과 관련한 전반적인 개념을 이해하고 싶다면 이 책을 읽어 보기를 권한다.

- 《Java Performance》: 자바의 성능 이야기 전반을 다루는 책으로 3, 4, 7장만 자바 가상 머신과 직접 관련이 있다. 하지만 운영 체제부터 자바로 작성한 고수준 프로그램의 성능 측정과 최적화까지 광범위한 주제를 다룬다. 자바 가상 머신에 대해서도 깊고 실용적인 내용으로 채워져 있다.[5]

웹 사이트

- HotSpot Internals(*https://wiki.openjdk.org/display/HotSpot/Main*): OpenJDK에서 관리하는 위키다. JDK 개발 팀에서 직접 작성하는 글들이 올라온다. 업데이트가 느리지만 기다릴 만한 가치가 있다.

- HotSpot Group(*https://openjdk.org/groups/hotspot/*): 핫스팟 가상 머신과 관련한 최신 토론 내용을 볼 수 있는 메일링 리스트를 운영한다. 메일링 리스트는 핫스팟 가상 머신, 컴파일러, 가비지 컬렉터, 런타임, JFR까지 총 5가지다. 앞서 소개한 'HotSpot Internals'도 이 그룹에서 관리한다.

- 페르 리덴의 블로그(*https://malloc.se/*): 페르 리덴(Per Lidén)은 오라클에서 ZGC 프로젝트를 이끌던 개발자다. ZGC는 핫스팟 가상 머신이 제공하는 가장 진보된

---

3 (옮긴이) 한국어판이 《The Garbage Collection Handbook: 가비지 컬렉션을 기반으로 한 메모리 관리 기법》이라는 이름으로 2016년에 출간되었다가 지금은 절판 상태다.
4 (옮긴이) 한국어판은 없다.
5 (옮긴이) 아쉽게도 한국어판은 없지만 '자바 성능 최적화'나 '자바 성능 튜닝'을 키워드로 검색해 보면 《자바 성능 튜닝 이야기》(이상민 지음, 인사이트)를 비롯해 비슷한 책을 몇 권 찾을 수 있다.

가비지 컬렉터에 속한다. 페르 리덴이 현재는 스타트업으로 자리를 옮겨서 2022년 4월을 끝으로 ZGC 관련 글은 더 보기 어려울 전망이다.

- 토마스 샤츨의 블로그(*https://tschatzl.github.io*): 토마스 샤츨(Thomas Schatzl)은 오라클의 핫스팟 GC 팀에서 일하고 있다. 2009년부터 가비지 컬렉터를 개발해 온 베테랑으로, 현재는 주로 G1 가비지 컬렉터를 개선하는 일을 맡고 있다.

- 자바 버전 이력(위키백과: *https://en.wikipedia.org/wiki/Java_version_history*): JDK 1.0부터 최신 JDK까지의 출시 일자와 주요 변경 내역이 정리된 위키백과 페이지다. JEP 링크가 함께 있어 각 JDK 버전에 반영된 기술들의 목적, 자세한 설명, 간단한 예시까지 쉽게 확인할 수 있다.

- 고수준 언어 가상 머신 커뮤니티(*https://hllvm-group.iteye.com/*): 중국어 커뮤니티다. 자바 가상 머신뿐 아니라 모든 종류의 고수준 언어 가상 머신을 주제로 토론이 오간다. 그렇지만 역시 자바 가상 머신이 가장 인기 있는 주제다. 커뮤니티 운영자인 모수(莫枢)의 블로그(*https://www.iteye.com/blog/user/rednaxelafx*)에도 가상 머신과 컴파일 기법에 관한 값진 정보가 가득하다.

감사의 말

먼저 가족에게 감사의 뜻을 전한다. 집필 기간 내내 잘 배려해 주어 책을 쓰는 데 전념할 수 있었다.

다음으로 이 책의 1판과 2판 독자들에게 감사드린다. 여러분의 성원에 힘입어 이 책은 중국에서 가장 많이 팔린 프로그래밍 서적 중 하나가 되었다. 56번 이상 중쇄하여 26만 부 넘게 팔렸다. 또한 수많은 피드백 덕분에 1판과 2판에서 미숙하거나 잘못된 부분을 수정하여 더 나은 3판을 쓸 수 있었다.

또한 일하고 공부하고 실습할 수 있는 귀중한 환경을 마련해 준 내 직장 YGSOFT에도 감사드린다. 이 책의 내용 상당 부분은 실무 경험에서 얻었다. 나와 함께 일한 동료들에게 감사드린다. 열정적인 팀에서 함께 일하게 되어 큰 영광이다.

모수(@RednaxelaFX)에게도 감사드린다. 모수는 고수준 언어 가상 머신 관련 지식을 중국에 전파하는 데 크게 공헌한 몇 안 되는 사람 중 한 명이다. 특히 다른 일들로 바쁜 와중에 이 책을 읽어 주고, 많은 귀중한 제안과 의견을 준 데 감사드린다.

마지막으로 기계공업출판사(机械工业出版社) 편집자에게 감사드린다. 프로 의식을 가지고 세심하게 신경 써 준 덕분에 책을 더 수월하게 집필할 수 있었다.

저우즈밍(周志明)

1부

자바와
친해지기

세상에 완벽한 프로그램이란 없지만 그렇다고 좌절할 이유는 없다.

프로그래밍이란 완벽을 향해 끊임없이 한 걸음씩 내딛는 과정이기 때문이다.

1장

자바 기술 시스템 소개

1.1 들어가며

자바는 프로그래밍 언어뿐 아니라 여러 가지 소프트웨어와 명세로 구성된 기술 시스템을 통칭한다. 자바 기술 시스템은 크로스 플랫폼 소프트웨어를 개발하고 배포하는 데 필요한 모든 것을 제공한다. 그 덕분에 임베디드 시스템, 모바일 기기, 기업용 서버, 메인프레임에 이르기까지 아주 널리 쓰이고 있다.

오늘날 자바 기술 시스템에는 소프트웨어 개발자 수백만 명이 몸담고 있다. 세계에서 가장 거대한 소프트웨어 개발 팀 중 하나인 셈이다. 분산 데이터와 분석 플랫폼 등의 용도로 클라우드 시스템에서 구동 중인 자바 가상 머신은 380억 개 이상이다. 개인용 컴퓨터, 셋톱박스, 내비게이션 등을 포함하면 전 세계적으로 600억 개 이상의 자바 가상 머신이 동작 중이다.[1]

자바는 이처럼 널리 받아들여졌다. 엄격한 구조를 갖춘 객체 지향 프로그래밍 언어란 점 외에도 자바에는 무시할 수 없는 장점이 많기 때문이다. 대표적인 특징은 다음과 같다.

- 하드웨어 플랫폼이라는 족쇄를 제거하여 "한 번 작성하면 어디서든 실행된다"라는 이상을 실현한다.
- 상당히 안전한 메모리 관리 시스템을 갖춘 덕에 메모리 누수 문제와 엉뚱한 메모리를 가리키는 문제 대부분을 피할 수 있다.

---

1 출처: *https://www.youtube.com/watch?v=p_LAT12Yu6k*

- 런타임에 핫 코드[2]를 감지, 컴파일하고 최적화하여 자바 애플리케이션이 최상의 성능을 내도록 도와준다.
- 표준 API 자체가 풍부할 뿐 아니라 수많은 기업과 오픈 소스 커뮤니티에서 제공하는 다양한 기능의 서드 파티 라이브러리를 활용할 수 있다.

이러한 장점들 덕분에 자바를 사용하면 소프트웨어 개발 생산성을 크게 끌어올릴 수 있다. 자바 개발자로서 나는 프로그램을 짤 때 자바의 다양한 장점을 최대한 활용하는 데서 머무르고 싶지 않다. 이 멋진 기술적 특성들이 자바 기술 시스템 안에서는 어떻게 활용되고 구현되었는지까지도 이해하고 싶다. 이 기술들의 원리를 이해하면 나 자신이 프로그램을 올바르게 작성하고 있는지 판단하는 데 꼭 필요한 밑거름이 되어 줄 것이다. 그리고 책을 보거나 다른 사람에게 묻지 않고도 스스로 판단할 수 있는 경지에 이르면 비로소 자바 기술을 완벽하게 이해했다고 간주할 수 있을 것이다.

이 책에서는 자바 기술 시스템에서 가장 기본이 되면서 중요한 특성의 구현 원리를 독자들과 함께 분석해 볼 것이다. 그중 이번 장에서는 자바 기술 시스템의 구성 요소, 역사, 자바의 현재와 미래에 집중하겠다.

1.2 자바 기술 시스템

일반적으로 자바 가상 머신 위에서 동작하는 코틀린, 클로저(Clojure), JRuby, 그루비 등의 프로그래밍 언어와 그 외 관련 프로그램들도 자바 기술 시스템에 속하는 것으로 본다. 전통적으로 자바 기술 시스템은 다음 요소들을 포괄한다.

- 자바 프로그래밍 언어
- (다양한 하드웨어 플랫폼용) 자바 가상 머신 구현
- 클래스 파일 포맷
- 자바 클래스 라이브러리 API(표준 API)
- 다른 기업과 오픈 소스 커뮤니티에서 제공하는 서드 파티 클래스 라이브러리

이 중 특히 자바 프로그래밍 언어, 자바 가상 머신, 자바 클래스 라이브러리를 묶어 JDK라고 한다. JDK는 자바 프로그램 개발에 필요한 최소한의 환경이다. JDK라

---

2 (옮긴이) 빈번하게 실행되어 전체 성능에 영향을 크게 주는 코드를 말한다.

는 용어[3]는 자바 기술 시스템 전체 세대를 지칭할 때도 자주 쓰인다. 또한 자바 SE API[4]와 자바 가상 머신 그리고 배포 기술까지를 묶어 JRE라고 한다. JRE는 자바 프로그램을 실행할 수 있는 표준 환경을 제공한다. 그림 1-1에서 자바 기술 시스템의 구성 요소와 JDK, JRE의 범위를 확인해 보자.[5]

자바 언어	자바 언어					
도구 및 도구 API	java	javac	javadoc	jar	javap	JPDA
	JConsole	자바 VisualVM	JMC	JFR	자바 DB	국제화 / JVM TI
	IDL	배포	보안	트러블슈팅	스크립팅	웹 서비스 / RMI
배포	자바 웹 스타트			애플릿·자바 플러그인		
	JavaFX					
사용자 인터페이스 툴킷	스윙	자바 2D	AWT	접근성		
	드래그 앤드 드롭	입력기	이미지 입출력	프린트 서비스	사운드	
통합 라이브러리	IDL	JDBC	JNDI	RMI	RMI-IIOP	스크립팅
기타 기본 라이브러리	빈	국제화 지원	입출력	JMX		
	JNI	수학	네트워킹	오버라이드 메커니즘		
	보안	직렬화	확장 메커니즘	XML JAXP		
언어 및 유틸리티 기본 라이브러리	언어 및 유틸리티	컬렉션	동시성 유틸리티	JAR		
	로깅	관리	프레퍼런스 API	참조 객체		
	리플렉션	정규식	버저닝	Zip	계측	
자바 가상 머신	자바 핫스팟 VM					

그림 1-1 자바 기술 시스템의 구성 요소[5]

이 그림은 기능을 기준으로 자바의 다양한 구성 요소를 구분하여 보여 준다. JDK 7 시절 그림이라서 깊게 들어가면 최근 모습과 차이가 많지만 처음 시작하는 입장에서 큰 그림을 이해하는 데는 충분하다.

한편 기술이 활용되는 분야 또는 기술이 집중하는 핵심 비즈니스로 관점을 옮기면 자바 기술 시스템을 다음 네 가지 주요 제품군으로 구분할 수 있다.

---

3   이 책은 OpenJDK와 오라클 JDK의 핫스팟 가상 머신에 집중한다. 가장 지배적인 JDK이기 때문이다. 다른 업체의 JDK를 언급할 때는 해당 JDK의 전체 이름을 명시하겠다.
4   자바 SE API의 범위: *https://docs.oracle.com/en/java/javase/12/docs/api/index.html*
5   그림 출처: *https://docs.oracle.com/javase/7/docs/index.html*

- 자바 카드: 스마트 카드와 같은 소형 기기 및 변조 방지 보안 칩 등에서 실행되는 자바 플랫폼
- 자바 ME: 휴대 전화, PDA 같은 모바일 기기에서 실행되는 자바 프로그램용 플랫폼. 자바 API를 간소화하고 모바일 기기용 API를 추가했다. JDK 5까지는 J2ME라는 이름이었다. 안드로이드용 애플리케이션도 주로 자바 언어로 개발하지만 자바 ME와는 관련이 없으니 주의하자.
- 자바 SE: 데스크톱 애플리케이션용 자바 플랫폼. 완전한 형태의 자바 핵심 API를 제공한다. JDK 5까지는 J2SE라는 이름이었다.
- 자바 EE: 전사적 자원 관리(ERP), 경영 정보 시스템(MIS), 고객 관계 관리(CRM) 애플리케이션과 같은 다중 계층 구조로 이루어진 기업 규모 애플리케이션용 자바 플랫폼. 자바 SE API를 확장6하고 배포 관련 기술도 제공한다. JDK 5까지는 J2EE라는 이름이었으며, JDK 10부터는 관리 주체가 이클립스 재단으로 바뀌면서 자카르타 EE로 개명됐다.

이 구분은 현시점에서는 큰 의미가 없다. 자바 SE를 제외하고는 힘을 잃어 가고 있기 때문이다. 다만 자바 역사에서 큰 비중을 차지하는 구분이기 때문에 알아 두면 자바를 이해하는 데 도움이 될 것이다. 바로 이어서 자바가 탄생하고 나서 지금까지 걸어온 길을 함께 살펴보자.

1.3 자바의 과거와 현재

자바의 첫 번째 버전이 탄생한 지 20년이 훌쩍 넘었다. 눈 깜짝할 사이에 이렇게 되었는데 그림 1-2에서 JDK 타임라인을 볼 수 있다.[7] 이 기간에 자바와 관련한 수많은 제품, 기술, 표준이 나타나고 사라졌다. 시간 터널을 통과해 자바 언어가 탄생한 시대로 돌아가서 자바의 개발 궤적과 역사적인 변경점들을 하나씩 되짚어 보자.

1.3.1 자바의 탄생

1991년 4월: 제임스 고슬링 박사는 그린 프로젝트(Green Project)를 이끌고 있었다.

---

6 일반적으로 자바 SE API의 핵심 패키지는 java.* 형태의 이름을 쓰고 확장 패키지는 javax.* 형태의 이름을 쓴다. 하지만 때로는 확장 패키지였던 API가 핵심 패키지로 편입되기도 한다. 그래서 핵심 패키지 중에도 javax.* 형태가 적지 않다.
7 (옮긴이) 이 책을 번역하는 현재 JDK 21까지 나온 상태다.

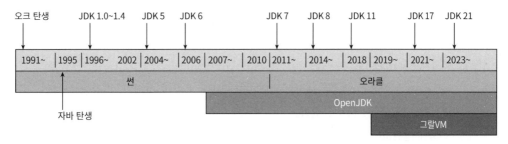

그림 1-2 자바 기술 개발 타임라인

프로젝트의 원래 목표는 셋톱박스, 냉장고, 라디오 같은 다양한 가전제품에서 구동되는 프로그램을 개발하는 것이었다. 이 프로젝트는 자바 언어의 시초가 된 오크 (Oak)를 낳았다(고슬링이 일하던 사무실 근처에서 자라던 참나무에서 따온 이름이다). 오크는 당시 목표한 시장에서 제대로 자리 잡지 못했다. 하지만 1995년부터 인터넷이 급부상하면서 오크에 어울리는 토양이 만들어졌다. 그 덕분에 오크는 빠르게 자바 언어로 진화하게 된다.

1995년 5월 23일: 오크 언어는 이름을 자바로 바꾸고, 썬월드(SunWorld) 콘퍼런스에서 자바 1.0이 정식 데뷔한다. 자바의 구호인 '한 번 작성하면 어디서든 실행된다'가 처음으로 제시된 날이다.

1996년 1월 23일: JDK 1.0이 출시되면서 자바 언어는 첫 번째 정식 런타임 환경을 갖추게 된다. JDK 1.0의 자바 가상 머신(썬 클래식 VM)은 순수한 인터프리트(해석) 방식이었다. 1.0 버전의 대표 기술은 자바 가상 머신, 애플릿, AWT 등이었다.

1996년 4월: 10개의 주요 운영 체제와 컴퓨터 업체가 자사 제품에 자바 기술을 탑재하겠다고 발표했고, 같은 해 9월까지 웹 페이지 약 8만 3000개가 자바 기술로 만들어졌다. 1996년 5월 말, 썬이 샌프란시스코에서 처음으로 개최한 자바원(Java-One) 콘퍼런스는 그 후 전 세계 수백만 자바 개발자가 참여하는 연례 행사로 거듭난다.

1.3.2 유년기

1997년 2월 19일: JDK 1.1이 출시된다. JDBC 등 자바의 가장 기본이 되는 기술 상당수가 이때 처음 등장했다. JDK 1.1의 대표 기술은 JAR 파일 포맷, JDBC, 자바빈스, RMI 등이다. 자바 언어 문법도 개선되면서 내부 클래스와 리플렉션이 등장했다.

JDK 1.1은 1999년 4월 8일에 출시된 1.1.8까지 총 아홉 가지 버전이 발표됐다. 1.1.4부터는 JDK 버전마다 고유한 이름(프로젝트 코드명)이 붙었다. JDK 1.1.4는 스파클러(Sparkler: 보석 이름), 1.1.5는 펌프킨(Pumpkin: 호박), 1.1.6은 아비가일 (Abigail: 여성 이름), 1.1.7은 브루투스(Brutus: 고대 로마의 정치가 겸 장군), 1.1.8 은 첼시(Chelsea: 도시 이름)였다.

1998년 12월 4일: 중요한 이정표인 JDK 1.2를 발표한다. 프로젝트 코드명은 플레 이그라운드(Playground)였다. 이 버전에서 썬은 자바 기술 시스템을 세 개로 나눴 는데 데스크톱 애플리케이션 개발 중심의 J2SE, 기업용 시스템을 위한 J2EE, 모바 일 단말을 위한 J2ME가 등장한다. 1.2 버전의 대표 기술은 EJB, 자바 플러그인, 자 바 IDL, 스윙(Swing) 등이며 자바 가상 머신 역사에서 처음으로 JIT 컴파일러를 탑 재했다. 또한 클래식 VM(Classic VM), 핫스팟 VM(HotSpot VM), 이그잭트 VM(Ex- act VM)이라는 세 가지 가상 머신이 공존했다. 이 중 이그잭트 VM은 솔라리스 운 영 체제 전용이다. 핫스팟 VM과 이그잭트 VM은 JIT 컴파일러를 기본 내장했고, 클 래식 VM은 플러그인으로 추가할 수 있었다. 언어 API 수준에서는 strictfp 키워드 가 추가되었고, 오늘날까지 자바 코딩 시 빈번히 사용되는 컬렉션 API[8]가 이때 처 음 등장했다. 1999년 3월과 7월에는 마이너 버전 업그레이드인 JDK 1.2.1과 1.2.2 가 출시됐다.

1999년 4월 27일은 핫스팟 가상 머신의 출시일이다. 핫스팟은 원래 롱뷰 테크놀 러지스(Longview Technologies)라는 작은 회사가 개발했다. 핫스팟의 놀라운 성능 덕분에 1997년 썬이 이 회사를 인수한 것이다. 처음에는 JDK 1.2에 추가되는 형태 로 제공됐다가 JDK 1.3부터는 기본 자바 가상 머신으로 승격되었다.

2000년 5월 8일: 코드명 케스트럴(Kestrel: 황조롱이)의 JDK 1.3이 출시된다. 수 학 연산과 새로운 타이머 API 등 자바 클래스 라이브러리가 주로 개선됐다. 그리고 확장 기능이었던 JNDI 서비스가 플랫폼 수준 서비스로 제공되기 시작했고, CORBA 와 IIOP를 이용해 RMI 커뮤니케이션 프로토콜을 구현했다. 자바 2D 기술도 상당히 개선됐다. 새로운 API도 많이 추가됐고 JavaSound 클래스 라이브러리도 추가됐다. 2001년 5월 17일에는 코드명 레이디버드(Ladybird: 고방오리)의 1.3.1 버전이 출시 됐다.

JDK 1.3부터 썬의 연구 개발 주기가 안정적으로 바뀌었다. 약 2년마다 동물 이름

---

8 (옮긴이)《이펙티브 자바》의 지은이인 조슈아 블로크가 주 설계자이자 구현자다.

을 딴 메이저 버전을 출시하고, 중간중간 곤충 이름을 딴 작은 업데이트 버전을 출시하기 시작했다.

2002년 2월 13일: 코드명 머린(Merlin: 쇠황조롱이)인 JDK 1.4가 출시된다. JDK 1.4에 와서 자바가 진정으로 성숙했다고 볼 수 있다. 그래서 컴팩, 후지쯔, SAS, 심비안, IBM 같은 유명 회사가 기능 정의에 참여하고 나아가 자체적인 JDK 1.4를 구현하기에 이른다. 20년 정도 지난 오늘까지도 주류 애플리케이션 중 JDK 1.4로 구동되거나 1.4 버전을 지원하는 제품이 존재할 정도다. JDK 1.4는 정규 표현식, 예외 연쇄, NIO, 로그 클래스, XML 파서, XSLT 변환기 등 다수의 신기술을 선보였다. 업데이트 버전은 두 번 출시됐다. 2002년 9월 16일에 출시된 코드명 그래스호퍼(Grasshopper: 메뚜기)인 1.4.1과 2003년 6월 26일에 출시된 코드명 맨티스(Mantis: 사마귀)인 1.4.2다.

2002년에는 자바와 직접 관련은 없지만 자바 개발에 커다란 영향을 준 사건이 일어난다. 바로 마이크로소프트 닷넷(.NET) 프레임워크의 등장이다. 닷넷은 기술 구현과 목표 사용자층이 자바와 상당히 겹쳤기 때문에 경쟁자로 자주 비교되고 활발한 논의가 이루어졌다. 둘 중 어느 플랫폼이 우수한가를 놓고 벌어진 논쟁의 열기는 아직까지도 완전히 식지 않았다.

2004년 9월 30일: 코드명 타이거(Tiger: 호랑이)인 JDK 5가 출시된다. 이 버전부터 썬은 'JDK 1.x' 방식의 이름을 버리고 'JDK x' 형태로 부르기로 한다.[9] JDK 1.2 이후로 자바 문법은 크게 변하지 않다가 JDK 5에 와서 코딩 편의성을 개선하는 큰 폭의 변화가 있었다. 예를 들어 오토박싱, 제네릭스, 동적 애너테이션, 열거형, 가변 길이 매개 변수, foreach 순환문 등의 문법 변화가 모두 JDK 5 때 등장했다. 가상 머신과 API 수준에서는 자바 메모리 모델, java.util.concurrent 패키지가 도입되었다. 한편 JDK 5는 윈도우 9x 운영 체제를 공식 지원하는 마지막 JDK다.

1.3.3 오픈 소스의 세계로

2006년 12월 11일: JDK 6이 출시된다. 코드명은 무스탕(Mustang: 야생마)이다. 이 버전에서 썬은 JDK 1.2부터 8년간 써온 J2EE, J2SE, J2ME라는 이름을 자바 EE 6, 자

---

9 이때부터 자바 공식 문서는 물론 공개 자료에서 'JDK 1.5' 식의 이름은 더는 쓰이지 않는다. 개발자가 사용하는 개발 버전만 이 형식을 유지했다(java -version 실행 시 출력되는 버전). 개발 버전 1.5, 1.6, 1.7의 공개 버전(제품 버전)이 JDK 5.0, JDK 6, JDK 7로 바뀐 것이다. 또한 JDK 5.0에만 '.0'이 붙어 있고 JDK 6부터는 소수점을 떼어 버렸다. 버전 번호를 일관되게 쓰기 위해 이 책에서는 JDK 5.0을 JDK 5로 지칭하겠다.

바 SE 6, 자바 ME 6 형태로 바꾼다. 주요 개선 사항으로는 스크립트 언어 지원(모질라 자바스크립트 라이노 엔진 내장), 컴파일타임 애너테이션 처리기, 마이크로 HTTP 서버 API 제공 등이다. 자바 가상 머신도 락(lock)과 동기화 구현, 가비지 컬렉션, 클래스 로딩 등 많은 면에서 개선되었다. 상당히 많은 변화였다.

2006년 11월 13일에 열린 자바원 콘퍼런스에서 썬은 자바를 오픈 소스로 전환할 계획을 발표한다. 그리고 이듬해부터 JDK의 여러 요소를 GPL v2로 공개하기 시작했다. 소스 코드가 공개되었고 이를 독립적으로 관리할 OpenJDK 조직이 설립됐다. 소유권이 썬에 있지 않아서 썬이 공개할 권한이 없는 일부 코드를 제외한 Sun JDK 7의 코드가 거의 모두 OpenJDK로 건네졌고, OpenJDK 품질 책임자는 한때 자신들의 코드를 JDK 7이라 부르기도 했다. 실제로 SunJDK와 OpenJDK는 코드 파일 헤더의 라이선스 공지를 제외하고는 거의 같다. OpenJDK 7과 SunJDK 7은 기본적으로 같은 코드 베이스에 기초한 제품인 셈이다.

JDK 6 출시 후 코드 복잡도 증가, 자바의 오픈 소스화, 자바FX 개발, 세계 경제 위기, 오라클에 썬 매각 등에 너무 많은 에너지와 자원을 허비한 썬은 자바를 제대로 돌보지 못하게 된다. 연구 개발에 소홀해지면서 그동안 해 오던 것처럼 2년 주기로 메이저 버전을 출시하지 못하게 됐고 JDK 6은 이례적으로 수명이 길어졌다. 그리고 패치가 무려 211번 이루어졌다. 마지막 버전인 자바 SE 6 업데이트 211이 출시된 날짜는 2018년 10월 16일이다.

1.3.4 오라클의 품으로

2009년 2월 19일: 코드명 돌핀(Dolphin: 돌고래)인 JDK 7의 첫 번째 이정표(milestone) 버전이 완성된다. 원래 JDK 7은 10번의 이정표가 계획되어 있었고, 마지막 이정표 버전의 목표일은 2010년 9월 9일이었다. 하지만 여러 이유로 계획대로 진행되지 못했다.

JDK 7의 초기 기능 목록을 보면 다수의 중요한 개선 사항이 보인다. 계획되어 있던 세부 프로젝트들은 다음과 같고, 모두 자바 업계에서 고대하던 기능이었다.

- 람다(Lambda) 프로젝트: 람다식과 함수형 프로그래밍 지원
- 직소(Jigsaw) 프로젝트: 가상 머신 수준에서의 모듈화 지원
- 동적 언어 지원: 자바 '언어'는 정적 언어이지만 자바 '가상 머신'은 제삼의 동적 언어 지원

- G1 컬렉터: 고성능 가비지 컬렉터
- 코인(Coin) 프로젝트: 자바 구문의 세부 사항 개선

안타깝게도 JDK 7을 한창 개발하던 시기에 썬은 기술 경쟁과 비즈니스 경쟁 양측에서 수렁에 빠졌다. 썬의 주식 가치는 곤두박질쳤고 JDK 7 연구 개발도 계획대로 진행할 수 없었다. JDK 7의 지난한 개발 문제를 가능한 한 빠르게 일단락 짓길 원한 오라클은 썬 인수 후 즉각 '플랜 B'를 가동한다. JDK 7을 2011년 7월 28일에 출시할 수 있도록 계획을 가위질한 것이었다. 람다, 직소, 코인 프로젝트의 목표 기능 중 제때 완성할 수 없는 기능들을 JDK 8로 연기하는 게 주요 골자였다. 그 결과 JDK 7에 포함된 개선 사항으로는 G1 컬렉터(그마저도 출시 때는 실험 버전이었고 2012년 4월의 업데이트 4까지 공식 지원되지 못함), 자바 외 언어 호출 지원 강화 (JSR 292, JDK 11에서 변경됨), 병렬 클래스 로딩 아키텍처 등이었다.

JDK 개발 주체가 오라클로 바뀌자 썬 시대와는 완전히 다르게 매우 상업적인 방식으로 빠르게 변화했다. 자바 기술 중 가장 널리 쓰이는 자바 SE 제품군은 항상 무료였다. 하지만 오라클은 곧 자바 SE 지원[10] 요금제를 신설하여 JDK 업데이트 지원을 상용 서비스로 바꿔 버렸다. JDK 7 출시 후 80번째 업데이트까지는 모든 사용자가 여전히 무료로 이용할 수 있었다. 그러나 그 후로는 유료 서비스인 자바 SE 지원 요금제로 바꾸거나 아니면 더 최신 버전의 JDK를 이용해야 한다.[11] JDK 7 지원은 2022년 7월에 종료되었고 지금까지 (유료 사용자에게는) 300번 넘게 패치를 제공했다.

참고로 JDK 7 업데이트 4부터 자바 SE의 핵심 기능을 맥OS에서도 공식 지원하기 시작했고 업데이트 6부터는 모든 기능이 호환된다. 업데이트 6은 ARM 아키텍처도 지원하기 시작했다. 지금까지 공식 JDK는 윈도우(윈도우 9x 제외), 리눅스, 맥OS에서 동작하며 ARM, x86, x86-64 아키텍처를 지원한다. JDK 7은 윈도우 XP를 지원하는 마지막 버전이다.[12]

2009년 4월 20일: 오라클은 시장 가치 2000억 달러 이상인 썬을 74억 달러에 인수를 완료한다고 공식 발표한다. 이로써 전설적인 썬은 역사의 뒤안길로 쓸쓸히 퇴

---

10 자바 SE 지원 외에 독립 소프트웨어 제공자용으로 자바 SE 어드밴스트(Java SE Advanced)와 자바 SE 스위트(Java SE Suite)도 있다. 후자는 JMC 같은 모니터링 도구가 추가로 제공된다. 더 자세한 내용은 4장을 참고하자.
11 자바를 상업용으로 이용할 때의 이야기이고 개인 용도로 쓸 때는 여전히 무료다.
12 공식적으로는 그렇지만 JDK 8 업데이트 21까지는 윈도우 XP에서 문제없이 실행된다.

장한다. 이때 자바 상표도 오라클로 넘어왔다. 참고로 자바 언어 자체는 어떤 회사의 소유도 아닌 채로 JCP[13] 조직이 관리한다. 물론 오라클(과거에는 썬)이 JCP에 상당한 영향력을 행사하고 있는 건 어쩔 수 없다.

　오라클은 썬 이전에 또 다른 거대 미들웨어 업체인 BEA를 인수했다. 썬까지 인수하자 오라클은 전 세계 빅3 상용 가상 머신 중 두 개의 주인이 되었다. 바로 BEA의 JRockit과 썬의 핫스팟이 그 주인공이다. 그리고 1~2년 내로 두 가상 머신을 하나로 합칠 계획을 발표했다. 결과는 만족스럽지 못했다. JRockit의 모니터링 도구인 JMC[14]가 핫스팟으로 이식되었지만 자바 SE 어드밴스트 요금제 가입자에게만 제공되었다. 그리고 두 아키텍처의 차이가 커서 핫스팟이 직접 이용하거나 통합할 수 있는 기능은 많지 않았다.[15]

1.3.5 모던 자바의 시작

2014년 3월 18일: 원래 2013년 9월로 계획되었던 JDK 8이 마침내 출시된다. 비록 목표한 날짜를 지키지는 못했지만 JDK 7 때와 비교하면 연구 개발 역량이 크게 나아졌다. 그리고 오라클은 향후 개발이 더 원활히 진행될 것이라는 믿음을 주기 위해 JDK 8부터 차기 JDK에 포함될 기능을 정의하고 관리하는 JDK 개선 제안(이하 JEP) 제도를 도입했다. JDK 8에는 JDK 7을 목표로 계획했다가 완성하지 못한 기능이 다수 포함됐다. 다음은 그중 대표적인 기능들이다.

- JEP 126: 람다식 지원(자바 언어로 함수식을 매끄럽게 표현)
- JEP 104: 나스혼(Nashorn: 코뿔소) 자바스크립트 엔진 내장
- JEP 150: 새로운 시간 및 날짜 API
- JEP 122: 핫스팟에서 영구 세대 완전 제거

'플랜 B'로 인해 JDK 8로 밀렸던 직소(모듈화 기능)는 JDK 9로 또다시 연기되었다. 자바 개발 역사 전체를 보더라도 직소는 가장 큰 도전이었을 것이다. 자바 모듈 시스템이 해결해야 할 기술 난이도는 매우 높았다. 마이크로소프트의 DLL 기술에서 시작하여 자바의 JAR, 닷넷의 어셈블리에 이르기까지 모듈화 프로젝트는 예외 없

---

13 (옮긴이) 자바 커뮤니티 프로세스(The Java Community Process)의 약자로, '자바 커뮤니티'라고도 한다. 자바 기술 명세를 정의하고 개발하기 위해 업계의 많은 기술 거물이 참여하는 조직이다.
14 (옮긴이) 원래 이름은 'Java Mission Control'이었지만 JDK 7부터 'JDK Mission Control'로 바뀌었다.
15 JMC와 JFR 말고도 핫스팟은 네이티브 메모리를 사용하여 영구 세대에 구현된 메서드 영역을 대체하며, 네이티브 메모리 추적과 기타 JRockit에서 유래한 기능 몇 가지를 지원한다.

이 거대하며 '모듈 지옥'[16] 딜레마에 빠지기 쉽다. 그중에서도 직소가 직면한 가장 큰 어려움은 사사 기술을 표준으로 삼기 위해 기업들 사이에서 벌어진 치열한 '트 집 잡기'식 논쟁이었다.

2017년 9월 21일: JDK 9가 출시된다. 원래 목표는 2016년이었지만 2016년 초가 되자 오라클은 2017년으로 연기한다고 발표했다. 하지만 여전히 난항을 겪으며 두 차례 더 연기된 후 마침내 출시될 수 있었다. 두 차례의 연기 이유는 JCP 집행 위원 회에서 IBM과 레드햇을 필두로 한[17] 13개 회사가 '직소를 자바의 표준 모듈 시스템 으로 JDK 9에 포함시키자'는 오라클의 제안을 거부했기 때문이다.[18] JDK 자체든 자 바 애플리케이션이든 자바를 모듈화해야 할 필요성은 점점 커지고 있었다. 실제로 더 작은 제품을 만들기 위해 자바 SE에서 자바 SE 임베디드를 분리해 쓰기도 했다. 모듈화 시장에서 IBM은 주요 자바 배포자 중에서도 선두였다. 자체 JDK의 모듈화 도 상당한 수준이었고 OSGi 연합을 구성해 자바 프레임워크 수준 모듈화도 업계 표준을 만들어 내는 데 앞장서고 있었다. 그래서 직소가 아닌 OSGi가 자바 표준이 되기를 바랐다. 그러나 오라클은 한 치의 양보 없이 JCP에 공개서한[19]을 보내기에 이른다. 그럼에도 끝내 합의를 끌어내지 못한 오라클은 자바 명세 요청(이하 JSR) 전문가 그룹을 포기하고 직소를 표준으로 하는 자바를 독립적으로 개발하겠다고 선언한다. 그리하여 자바도 파이썬 2와 파이썬 3처럼 쪼개질 위험에 직면하게 된 다. 위기가 찾아왔다!

어쨌든 여섯 차례의 투표 과정에서 투쟁과 타협을 거쳐 자바가 분열되는 사태는 막았다. JDK 9는 결국 직소와 함께 출시되었다. 직소 외에 JDK 9는 JShell, JLink, JHSDB 등 많은 도구를 개선하고 핫스팟을 구성하는 모듈들의 로깅 시스템을 수정 했으며 HTTP 2 단일 TCP 연결 API 등 총 9개의 JEP를 포함해 출시되었다.

1.3.6 기민하게

JDK 9 출시 후 오라클은 자바 연구 개발을 더 기민하게 진행하면서 출시도 지속적 배포 형태로 전환할 것이라고 발표했다. 실제로 JDK 메이저 버전을 해마다 3월과

---

16 과거에는 'DLL 지옥'이라는 말이 유행했다. 모듈 지옥이 무엇인지 궁금한 독자는 윈도 파일 탐색기에서 Windows\system32 디렉터리를 한번 열어 보자.
17 사실상 IBM이 주도했다고 봐도 된다. IBM은 레드햇과 긴밀히 협력해 왔으며 2018년에 340억 달러라는 엄청난 가격에 레드햇을 인수한다.
18 투표 결과: *https://jcp.org/en/jsr/results?id=5959*
19 공개서한: *https://www.infoq.com/news/2017/05/jigsaw-open-letter/*

9월 두 차례 출시하기로 했다.[20] 한 번에 너무 많은 기능을 추가하는 과정에서 발생하는 위험 요소를 줄이기 위함이었다. 이 변화로 출시 지연의 주된 원인을 제거하는 데는 성공했지만 자바 사용자와 배포자에게는 커다란 압박이 되었다. 개발자들은 '신버전을 맛보기도 전에 구식이 되었다'고 느끼게 되었고, 오라클 스스로도 JDK 버전 브랜치가 너무 많아져서 애를 먹는 상황이 되었다. 유지 보수, 업데이트 관리, 기술 지원을 어떻게 해야 할지 방법이 마땅치 않은 것이다.

오라클이 찾은 해법은 '모든 JDK 버전은 최소 3년 이상 지원한다'는 훌륭한 전통을 종식시키는 것이었다. 이때부터 매 6번째 메이저 JDK만이 LTS 버전이 되었다. LTS 버전만이 3년간 지원과 업데이트를 받을 수 있고, 그 외 버전들은 겨우 6개월이라는 짧은 시한부 인생을 살다 가도록 했다. JDK 8과 11 그리고 2021년에 출시된 17이 LTS 버전이다. 그리고 2021년에는 다시 정책을 바꿔서 LTS 버전을 2년 주기로 출시하기로 한다. 그래서 JDK 17 다음 LTS는 2023년에 출시된 JDK 21이다.

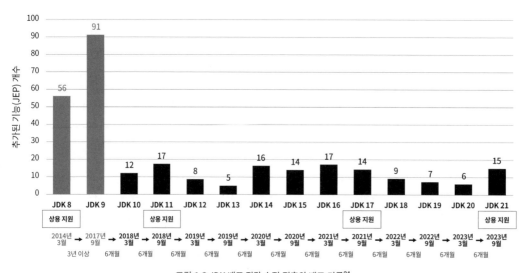

그림 1-3 JDK 배포 전략 수정 전후의 배포 기록[21]

2018년 3월 20일: JDK 10이 계획대로 출시된다. 이 버전에서의 주된 목표는 내부 리팩터링이었다. 소스 저장소 통합, 가비지 컬렉터 인터페이스 통합, JIT 인터페이스 통합(JVMCI는 JDK 9 때부터 존재했고 10 버전에서는 그랄 JIT 컴파일러가 추가

---

20 JDK 개발 버전 번호에도 변화가 생겼다. 그동안은 1.7 또는 1.8 형식의 숫자를 써 왔으나 JDK 10부터는 연도와 월을 쓰기 시작한 것이다. 예컨대 18.3은 2018년 3월에 출시된 메이저 버전이라는 뜻이다.
21 그림 출처: *https://inside.java/2023/09/19/the-arrival-of-java-21/*

됨) 등의 작업이 이루어졌다. 리팩터링은 자바의 미래를 만들어 가는 데는 큰 도움이 되겠지만, 일반 사용자 관점에서는 새로운 기능이 매우 부족해 보였다. 추가된 JEP는 12개였으나 코딩 측면에서 눈에 띄는 개선은 지역 변수 타입 추론뿐이었다. 이처럼 겉으로 드러나는 개선은 적었으나 2018년은 자바 업계에 '돈'과 관련해 여러 역사적인 사건이 벌어진 해다.

먼저 2018년 3월 27일 안드로이드의 자바 저작권 침해 사건에 판결이 내려졌다. 법원은 총 88억 달러를 오라클에 배상하라고 구글에 명령했다. 기억해야 할 사실은 오라클이 2009년 단 74억 달러로 썬을 인수했다는 점이다. 그리고 썬의 특허를 기초로 구글을 제소한 것이다. 결국 오라클 법무 팀의 몇 차례 마법 같은 계산을 거쳐 썬 인수를 공짜로 해낸 셈이 되었다. 이 사건에서 자바 진영 사람들 대부분은 오라클의 행위가 자바의 전망을 어둡게 한다며 구글 편에 섰다. 이후 구글이 연방 대법원에 상고해 2021년 4월 API 공정 이용을 인정받아 최종 승소했다.

안드로이드 개발이 막 시작되었을 무렵 썬은 구글에 우호적이었다. 그 결과로 자바는 안드로이드의 인기에 편승하여 '업계 최고의 프로그래밍 언어' 위치에 올라설 수 있었다. 구글은 자바 문법과 API 라이브러리를 사용했지만 안드로이드용으로 개발된 프로그램은 다른 자바 가상 머신에서는 동작하지 않았다. 기업에 대한 호불호를 떠나 냉정히 이야기하면 이는 자바 기술의 정신을 훼손하고 자바 사용 계약을 위반한 것이다.[22] 하지만 오라클이 구글의 '비호환성'을 문제 삼는다면, 과거 마이크로소프트가 J++로 똑같은 일을 했을 때 썬이 보여 준 태도는 어떻게 이해해야 할까?

마이크로소프트는 자바에서 문법과 API를 빌려 왔지만 표준 자바 가상 머신과는 호환되지 않는 J++를 만들었다. 하지만 썬의 소송으로 마이크로소프트는 결국 합의금을 물고 J++ 언어와 자체 가상 머신을 윈도우에 내장하는 계획을 포기한다. 그러자 썬은 이 결정이 자바 기술 확산을 가로막는다며 마이크로소프트를 비난했다. 더 자세한 이야기는 1.4.7절을 참고하자.

어쨌든 자바는 오라클에 88억 달러를 벌어 주는 듯 보였다. 하지만 감정보다는 이윤을 중시하는 오라클은 아직 목이 말랐다. 인포월드(InfoWorld)가 공개한 오라클 임원의 이메일을 통해 자바 시스템 중 이윤을 내기 어려워 보이는 부분은 전략

---

22 오라클 대 구글의 법정 공방의 핵심은 표준 자바 가상 머신에서의 구동 여부가 아니라 자바 API 저작권과 관련한 것이었다.

적으로 점차 도태시킨다는 계획이 알려졌다.[23] 이 계획의 첫 제물로 2018년 3월 자바 EE를 잘라 냈다. 자바 SE, 자바 EE, 자바 ME는 모두 성공적인 제품군이었고 특히 자바 EE는 매우 훌륭했다. 오라클은 JDBC, JMS, 서블릿과 그 외 널리 쓰이는 기본 요소들은 여전히 소유하면서 자바 EE 소유권은 이클립스 재단에 넘겨 버렸다. 단, 'Java' 상표는 쓸 수 없게 해서 이름이 자카르타 EE로 바뀌었다.[24]

2018년 10월에는 샌프란시스코에서 자바원 2018이 열렸다. 하지만 이 자바원 콘퍼런스가 마지막이 될 것이라고는 당시 아무도 생각하지 못했다. 1996년부터 자바의 성장과 함께한 연례 개발자 행사마저 오라클이 폐지 대상에 올린 것이다.[25] 이에 앞서 2018년 6월에는 JMC 개발 팀이 해체되었다.

2018년 9월 25일: JDK 11이 출시된다. JDK 11은 JDK 8을 잇는 LTS 버전이며 JEP가 17개 추가되었다. 혁신적인 가비지 컬렉터인 ZGC의 실험 버전이 추가되었고, JDK 10 때 등장한 타입 추론의 람다 구문 지원 등이 있었다. 가시적인 개선이었지만 '자바가 곧 크게 변하기 시작할 것'라는 기대에는 부응하지 못했다.

JDK 11 출시에 맞춰 오라클은 JDK 라이선스에도 손을 댔다. 먼저 남아 있던 상용 기능을 모두[26] 오픈 소스로 공개하여 OpenJDK 11과 오라클 JDK 11의 코드 및 기능이 완전히 같아졌다.[27] 또한 앞으로 이 두 JDK를 동시에 출시하겠다고 발표했다. OpenJDK에는 GPLv2+CE 라이선스를, 오라클 JDK에는 새로운 OTN 라이선스를 적용했다. 두 JDK는 소스 코드를 대부분 공유하며 기능 역시 거의 같다.[28] 핵심적인 차이는 OpenJDK는 개발, 테스트, 프로덕션 모두를 무료로 사용할 수 있지만 오라클의 직접적인 업데이트 지원은 6개월로 제한된다는 점이다. 오라클 JDK 역시 개인 용도로는 제약이 없지만, 프로덕션 환경에서 상업적으로 활용하려면 비용을 내야 한다. 업데이트 지원 기간은 3년이다. 그래서 '자바가 유료화됐다'는 말은 일부만 사실이다. 유료화는 비즈니스 사용자에게만 해당하며 비즈니스 사용자는

---

23 출처: *https://www.infoworld.com/article/2987529/insider-oracle-lost-interest-in-java.html*

24 가장 논란이 된 부분은 패키지 이름에서도 java를 쓰면 안 된다는 요구였다. 그래서 javax.*로 시작하는 패키지들은 코드를 수정하거나 새로운 코드가 추가될 때 이름을 바꿔야 했다. 이 패키지들을 활용하는 코드도 당연히 영향을 받았다. 출처: *https://www.infoq.cn/article/2018/02/from-javaee-to-jakartaee*

25 자바원 콘퍼런스는 2019년부터 오라클 코드원(CodeOne) 콘퍼런스에 통합되었다.

26 JMC, JFR, NMT, AppCDS, ZGC 등이 해당하며 가상 머신 실행 시 명령 줄 인수로 +XX:+UnlockCommercial Features를 추가해야 활성화된다.

27 출처: *https://blogs.oracle.com/java-platform-group/oracle-jdk-releases-for-java-11-and-later*

28 JDK 11에서의 차이는 OpenJDK에는 자바FX 등 몇 가지 모듈이 포함되지 않고, 압축된 패키지 형태로 설치 패키지를 제공하지 않는다는 점이다. 하지만 JDK 12에서 또 다른 차이가 생겼다. OpenJDK에 포함된 셰넌도어 가비지 컬렉터가 오라클 JDK에서는 빠진 것이다. 자세한 이야기는 4장을 참고하자.

JDK를 지속해서 업그레이드하거나 유료 지원 서비스를 구매하는 것 중에서 선택해야 한다.[29]

JDK 12 출시가 얼마 남지 않은 2019년 2월, 오라클은 기존 발표대로 직전 버전의 OpenJDK 유지 보수를 정말로 중단했다. 그리고 OpenJDK 8과 OpenJDK 11의 유지 보수 관리 권한이 레드햇으로 이양되었다.[30] 오라클은 과거 버전에 자사 자원을 소모하길 바라지 않았고, 레드햇(과 그 뒤의 IBM)은 자바 커뮤니티에서 영향력을 확대하길 원했다. 서로 윈윈인 거래였다. 시장에서 자바를 안정적으로 운용할 수 있도록 과거 JDK를 관리하는 역할을 레드햇이 가져갔지만, 기술 개발 측면에서의 리더가 오라클이라는 사실은 변하지 않을 것이다. 결국 새롭고 실험적인 기능은 최신 자바에서만 지원되며 옛 버전에서는 동작하지 않을 것이기 때문이다.

2019년 3월 19일: JDK 12가 출시된다. 추가된 JEP 중 눈길을 가장 사로잡는 기능은 의심할 여지없이 셰넌도어 가비지 컬렉터였다.[31] 레드햇이 개발을 주도했는데 오라클 외부에서 개발된 첫 번째 가비지 컬렉터였다. 그런데 목표하는 바가 오라클이 개발해 JDK 11에 포함시킨 ZGC와 거의 같아서 자연스럽게 경쟁 관계에 놓이게 되었다. 오라클은 새로운 컬렉터에 대응해 즉각 조치를 취했다. JDK 11 출시 때만 해도 오라클 JDK와 OpenJDK의 호환성을 가능한 한 보장하겠다고 약속했던 오라클이 조건부 컴파일을 이용하여 오라클 JDK 12에서 셰넌도어의 코드를 걷어 낸 것이다. 그래서 셰넌도어는 오직 OpenJDK에서만 이용할 수 있는 유일한 기능이 되었다.

2019년 9월 17일: JDK 13이 출시된다. 소켓 API를 재구현했고 문법 측면에서는 텍스트 블록이 미리 보기 버전으로 추가되었다.

2020년 3월 17일: JDK 14가 출시된다. JDK 12 때 처음 소개된 새로운 switch 문이 정식 표준이 되었다. 맥OS와 윈도우에서도 ZGC를 지원하기 시작한 반면, CMS 가비지 컬렉터는 모든 플랫폼에서 제거됐다. 솔라리스와 스팍(SPARC) 플랫폼 지원도 중단되었다.

2020년 9월 16일: JDK 15가 출시된다. ZGC와 셰넌도어가 드디어 '실험 버전' 딱지를 떼고 정식 기능이 되었다. 그 외에 텍스트 블록도 정식으로 편입되었고 데이

---

29 유료 지원 서비스를 오라클만 제공하는 것은 아니다. 예를 들어 어줄(Azul)의 ZingJDK와 이클립스 테무린(Eclipse Temurin)도 유료 지원 서비스를 제공한다.

30 레드햇은 2013년부터 OpenJDK 6을, 2015년부터 OpenJDK 7을 관리했다.

31 (옮긴이) 셰넌도어는 미국 버지니아주를 흐르는 강의 이름이다.

터그램 소켓 API를 재구현했다. 반면 편향 락(biased lock)은 비활성화됨과 동시에 폐기 대상(deprecated)으로 지정됐다(JDK 18에서 완전히 제거).

2021년 3월 16일: JDK 16이 출시된다. 내부적으로는 메타스페이스 관리 방식을 개선하고, 언어 문법 측면에서는 instanceof 패턴 매칭과 레코드 클래스 도입 등의 개선이 이루어졌다. 한편 소스 코드 관리 시스템을 머큐리얼에서 깃(깃허브)으로 옮겼다.

2021년 9월 14일: LTS 버전인 JDK 17이 출시된다. 봉인된 클래스가 도입되었고 의사 난수 생성기가 개선되었다. 직전 LTS 버전인 JDK 11과 비교하면 추가된 JEP가 70개 이상이다. 한편 실험 버전으로 제공되던 AOT 컴파일러가 삭제되었다.

2022년 3월 22일: JDK 18이 출시된다. UTF-8이 기본이 되었고, 메서드 핸들을 이용해서 리플렉션을 다시 구현했다. 오랜 기간 골칫거리였던 종료자(finalize())가 폐기 대상으로 지정됐다. 향후 JDK에서는 관련 기능을 완전히 삭제할 계획이다.

2022년 9월 20일: JDK 19가 출시된다. 외부 함수(foreign function) 및 메모리 API, 가상 스레드, 구조화된 동시성(structured concurrency) 등 많은 기능을 미리 보기 형태로 선보였다.

2023년 3월 21일: JDK 20이 출시된다. 총 6개의 JEP가 추가되었지만 모두 미리 보기나 인큐베이터 상태라서 정식 기능에는 변화가 없다.[32]

2023년 9월 19일: LTS 버전인 JDK 21이 출시된다. 직전 LTS인 JDK 17과 비교하면 총 37개의 JEP가 추가되었다. 가장 큰 변화는 세대 구분(generational) ZGC와 가상 스레드 도입일 것이다. 세대 구분 ZGC는 ZGC의 혁신적인 아이디어를 검증해보고자 뒤로 미뤄 둔 세대별 가비지 컬렉션을 다시 추가한 버전이다. ZGC가 그만큼 성숙하여 완전한 모습에 한층 가까워졌다고 볼 수 있을 것이다('3.6.3 세대 구분 ZGC' 참고). 가상 스레드 도입은 자바의 동시성 프로그래밍 역사상 기념비적인 변화라 할 수 있다. 커널 스레드에 의존하던 한계에서 벗어나면서 동시에 운용할 수 있는 스레드 수와 지연 시간이 대폭 개선되었다('12.5 자바와 가상 스레드' 참고). 한편 x86용 32비트 윈도우 지원이 폐기 대상으로 지정되었다.

---

32 (옮긴이) JDK 버전별 주요 변경 사항은 다음 위키백과에 자세하게 정리되어 있다: *https://en.wikipedia.org/wiki/Java_version_history*

1.3.7 과거, 현재, 미래

오라클의 썬 인수는 자바 개발 역사에서 분명한 분기점이있다. 썬이 이끈 첫 10년 동안 자바는 확실한 성공을 거두었다. 하지만 느린 진화와 낡은 커뮤니티 의사 결정 프로세스라는 문제가 조금씩 수면 위로 떠올랐다. 그러다가 오라클이 자바를 지배하게 된 후로는 경쟁이 촉발되어 새로운 활력이 생겼다. 자바 개발 속도가 썬 시절보다 확연하게 빨라졌다. 자바가 앞으로 계속해서 발전해 새로운 차원으로 올라설지, 반대로 쇠퇴를 반복할지는 더 지켜볼 일이다.

자바는 전례 없이 힘든 위기와 도전에 직면했기에 역설적으로 자바의 미래는 상상력과 가능성으로 가득하다.

1.4 자바 가상 머신 제품군

앞 절에서는 JDK 버전을 기준으로 자바 기술이 걸어온 길을 따라 기업과 기술의 흥망성쇠를 함께 둘러보았다. 이제부터는 '자바 가상 머신'이라는 이 책의 주제에 집중할 것이다. 많은 자바 개발자가 자바 가상 머신을 오라클 JDK의 핫스팟 가상 머신과 동일시한다. 물론 BEA의 JRockit이나 이클립스의 OpenJ9(IBM의 J9) 가상 머신을 떠올리는 개발자도 있을 것이다. 하지만 대다수는 구체적인 제품명이 아니라 전체를 그저 '자바 가상 머신'으로 인식한다. 1996년 초에 JDK 1.0과 함께 등장한 썬 클래식 VM을 시작으로 지금까지 수많은 전통적이고 훌륭하고 독특한(또는 논란의 여지가 있는) 가상 머신이 나타나고 사라졌다. 이번 절에서는 자바 가상 머신 제품군의 개발 궤적과 역사적으로 중요한 변화 과정을 살펴보겠다.

1.4.1 가상 머신의 조상: 썬 클래식 VM과 이그잭트 VM

지금 눈높이에서 보면 썬 클래식 VM은 매우 원시적이며 역할도 이미 오래전에 끝이 났다. 하지만 '세계 최초의 상용 자바 가상 머신'이라는 타이틀만으로도 역사의 한 줄을 장식할 자격은 충분하다.

1996년 1월 23일 썬은 JDK 1.0을 출시한다. 자바 언어의 상용 공식 런타임 환경이 처음으로 마련된 것이다. 이 JDK에 포함된 가상 머신을 클래식 VM이라 한다. 이 가상 머신은 자바 코드를 순전히 인터프리터 방식으로 실행했다. JIT 컴파일러를 사용하려면 플러그인을 추가하면 됐는데, 플러그인하는 순간 가상 머신의 실행 시스템 전체가 JIT 컴파일러에 넘어가는 구조였다. 즉, 인터프리터는 더 이상 동작하지 않았다. JDK 1.2까지는 명령 줄에서 java -version 명령을 실행하면 다음과 비슷한 출력 결과를 볼 수 있다.

```
java version "1.2.2"
Classic VM (build JDK-1.2.2-001, green threads, sunwjit)
```

여기서 sunwjit는 'Sun Workshop JIT'의 약자다. 썬이 제공한 플러그인 컴파일러라는 뜻이다. 비슷한 플러그인으로는 시맨텍 JIT(Symantec JIT)와 shuJIT가 있었다. 당시 인터프리터와 컴파일러는 함께 구동되지 않았기 때문에 컴파일러를 사용하기 시작하면 실행 빈도 등 컴파일에 따른 득실과 상관없이 '코드 전체'를 컴파일해야 했다. 그래서 자칫하면 프로그램 응답 속도가 너무 느려지므로 오래 걸리는 최적화 기법은 적용할 수 없었다. JIT 컴파일러로 네이티브 코드를 만들어 냈음에도 C·C++ 프로그램보다 실행 효율이 훨씬 나쁠 수밖에 없던 이유다. 이 차이 때문에 '자바 언어는 느리다'는 인상이 개발자들 머릿속에 자리 잡기 시작했다.

썬의 가상 머신 개발 팀은 클래식 VM이 직면한 이 효율성 문제를 해결할 방법을 고심했다. JDK 1.2와 함께 솔라리스 플랫폼용으로 공개된 이그잭트 VM이 그 결실이다. 이그잭트 VM은 핫스팟 검출, 2단계 JIT 컴파일러, 컴파일러와 인터프리터 혼합 모드 등을 갖추고 있어 현대적인 고성능 가상 머신의 프로토타입이라 할 수 있다.

이그잭트 VM이란 이름은 '정확한 메모리 관리(exact memory management)' 기술에서 따왔다(non-conservative 또는 accurate memory management라고도 한다). '정확한 메모리 관리'란 가상 머신이 메모리의 특정 위치에 있는 데이터의 구체적인 자료형을 알 수 있다는 뜻이다. 예컨대 메모리에 32비트 정수 123456이 담겨 있다면, 이 데이터가 메모리 주소 123456번지를 가리키는 참조형인지 또는 값이 123456인 정수형인지 정확하게 구분할 수 있다. 이 정보는 가비지 컬렉션 시 힙에 존재하는 데이터(객체)가 여전히 사용 중인지 판단하는 전제 조건이다. 정확한 메모리 관리 덕분에 이그잭트 VM은 핸들에 기초한 클래식 VM의 객체 검색 방식에서 벗어날 수 있었고,[33] 그 결과 핸들을 거쳐야 하는 간접 검색 부하가 줄어서 실행 성능이 크게 개선되었다.

---

[33] 핸들을 사용한 이유는 가비지 컬렉션 후 객체가 옮겨질 수 있었기 때문이다. 예컨대 주소 123456번지의 객체가 654321번지로 옮겨졌다고 해 보자. 이때 이 데이터가 참조형인지 알려 주는 명확한 정보가 없다면 가상 머신은 값이 123456인 모든 메모리를 654321로 섣불리 변경할 수 없다. 따라서 참조를 안정적으로 관리하려면 핸들을 사용해야 했다.

이그잭트 VM은 클래식 VM보다 기술적으로 훨씬 진보했지만, 안타깝게도 단명하는 영웅이 될 운명이었다. 상용으로 활용되기 시작한 시 일나 인 되이 썬 외부에서 개발된 핫스팟 VM으로 대체된 것이다. 심지어 윈도우용과 리눅스용으로는 상용 버전을 출시조차 하지 못했다. 오히려 클래식 VM은 상대적으로 오래 살아남았다. JDK 1.2가 출시되기 전까지는 JDK와 함께 배포된 유일한 가상 머신이었고, 핫스팟 VM과 공존했던 JDK 1.2에서도 기본은 클래식 VM이었다(핫스팟 VM을 쓰려면 java 실행 시 -hotspot 매개 변수 지정). 그러다 JDK 1.3에서 기본 가상 머신 자리를 핫스팟 VM에 내주었다(클래식 VM을 이용하려면 -classic 매개 변수 지정). 그리고 마침내 JDK 1.4부터는 함께 배포되지 못했다. 그래도 역사에서 완전히 사라지지는 않고, 이그잭트 VM과 함께 썬 연구소의 연구용 VM 목록에 이름을 올렸다.

1.4.2 일인자: 핫스팟 VM

핫스팟 VM을 처음 들어보는 자바 개발자는 없을 것이다. 썬·오라클 JDK와 Open JDK의 기본 가상 머신이자 가장 널리 사용되는 자바 가상 머신이기 때문이다. 하지만 썬의 순수 혈통이 아니라 롱뷰 테크놀러지스라는 작은 회사에서 태어났다는 사실은 상대적으로 잘 알려지지 않았다. 심지어 처음에는 자바 언어용으로 개발된 것도 아니었다. 핫스팟의 선조는 셀프(Self)라는 언어의 실행 효율을 C 언어의 50% 수준까지 높이고자 개발된 스트롱토크(Strongtalk) 가상 머신이었다. 이 셀프 언어용 가상 머신의 역사는 1980년대 중반에 개발된 버클리 스몰토크(Berkeley Small-talk)까지 거슬러 올라간다. 썬은 이 가상 머신이 JIT 컴파일과 같이 뛰어난 개념을 실제 결과로까지 이끌어 낸 사실을 확인하고, 1997년 롱뷰 테크놀러지스를 인수하여 핫스팟 VM을 손에 넣었다.

핫스팟은 썬의 기존 상용 가상 머신의 장점(앞서 설명한 '정확한 메모리 관리' 등)을 계승하면서 새로운 기술적 진보를 많이 이루어 냈다. 대표적인 기술은 '핫스팟'이란 이름을 탄생시킨 핫 코드 감지(hot code detection) 기술이다.[34] 핫스팟 VM의 핫 코드 감지 기능은 '컴파일했을 때 효과를 가장 크게 볼 수 있는 코드 영역'을 런

---

34 역사는 승자에 의해 쓰인다고 한다. 사실 핫스팟과 이그잭트 VM은 기본적으로 동시대의 독립된 제품이다. 핫스팟이 조금 먼저 등장하기는 했다. 핫스팟도 처음에는 정확한 메모리 관리 기술을 기초로 만들어졌고, 이그잭트 VM도 핫스팟과 거의 똑같은 핫 코드 감지 기능을 지니고 있었다. 이그잭트 VM과 핫스팟 VM 중 어느 것을 주력으로 할지를 놓고 썬 내부에서 갈등도 있었다고 한다. 핫스팟의 승리가 순수한 기술적 우위 때문만은 아닐 것이다.

타임에 알아내어 JIT 컴파일러에 알려 준다. 그러면 JIT 컴파일러가 해당 코드를 메서드 단위로 컴파일한다. 메서드가 자주 호출되거나 메서드 안에 시간을 많이 잡아먹는 순환문이 있다면 JIT 컴파일을 수행해 스택을 치환하는 것이다. 이처럼 런타임에 스택을 치환하는 기술을 온스택 치환(OSR)이라고 한다.[35] 이런 식으로 컴파일러와 인터프리터가 조화롭게 협력해 프로그램 응답 속도와 실행 성능 사이의 균형을 잡아 주는 것이다. 컴파일 없이 즉시 실행한 다음, 일부 코드만 백그라운드에서 컴파일하여 치환하는 방식이다. JIT 컴파일을 빨리 끝내야 한다는 압박이 크게 줄어든 덕분에 더 복잡한 최적화 기법을 도입하여 고품질 네이티브 코드를 만들어 낼 수 있게 되었다.

2006년 썬은 SunJDK의 구성 요소들을 차례로 GPLv2 라이선스로 공개하여 OpenJDK 프로젝트를 구성했다. 이 안에는 핫스팟 VM도 포함되었다. 핫스팟은 썬·오라클 JDK와 OpenJDK의 공통 가상 머신이며, 실제로 두 JDK의 가상 머신은 상당히 비슷하다. 오라클은 썬 인수 후 BEA JRockit의 뛰어난 기능을 핫스팟에 통합하는 HotRockit 프로젝트를 가동했다. 그 결과 2014년에 출시된 JDK 8의 핫스팟에는 두 VM이 이미 통합된 상태였다. 이 과정에서 핫스팟에서 영구 세대가 제거되었고, JRockit의 JMC 모니터링 도구 등의 기능이 흡수됐다.

썬·오라클 JDK가 자바 애플리케이션 시장을 지배한 덕분에 핫스팟은 전 세계에서 가장 널리 쓰이는 자바 가상 머신으로 우뚝 섰다. 수많은 가상 머신 중에서 논란의 여지없는 일인자가 된 것이다.

1.4.3 가난한 집의 고운 딸: 모바일·임베디드 VM

썬과 오라클은 앞서 이야기한 서버와 데스크톱용 가상 머신뿐 아니라 모바일과 임베디드 시장에 특화한 자바 가상 머신도 개발했다.

자바 SE만큼 성공적이지 못했던 탓에 자바 ME 제품군에 포함된 자바 가상 머신들은 핫스팟만큼 주목받지 못했다. 자바 ME용 가상 머신의 이름은 CDC-HI(CVM)와 CLDC-HI(몬티 VM)였다. CDC·CLDC는 각각 JSR 139와 JSR 218 명세에 정의된 자바 API의 부분 집합을 말한다. 이 두 JSR은 휴대 전화, 전자책 리더, PDA 같은 모바일 기기용 명세다. 그리고 CDC-HI VM과 CLDC-HI VM은 각각 JSR 139와 JSR 218

---

[35] JIT 컴파일러는 11장에서 자세히 다룬다.

명세와 함께 제공되는 참조 구현이다. 여기서 HI는 HotSpot Implementation의 약자지만 핫스팟 VM을 직접 계승한 것은 아니다. 단지 몇 가지 기술을 빌려 왔을 뿐이라서 혈연관계는 확실히 아니다. 잘 봐줘야 '고향이 같다' 정도다.

자바 ME용 자바 가상 머신은 현재 죽어 있다고 봐도 무방하다. 자바 ME의 가장 큰 시장인 스마트폰은 안드로이드와 iOS가 양분해 버렸다. CDC 제품이 그나마 목소리를 내던 쪽은 오라클 ADF 모바일이다. 이 프레임워크가 원래 내세운 장점은 스마트폰용 크로스 플랫폼이었지만(iOS와 안드로이드용 앱 모두를 자바로 개발 가능), 안드로이드 앱을 자바로 개발하려면 CDC 가상 머신을 설치해야만 했다. 당연하게도 '쓸모없다'는 목소리가 많았지만, 실제로 iOS에서 사용하는 사람도 있기는 했다.

임베디드 기기 시장에서 자바 ME는 형제뻘인 자바 SE 임베디드(eJDK)와도 직접 경쟁하다가 설자리를 빼앗겼다. CLDC보다 고성능 시장을 노리는 CDC-HI는 몇 년간 계속 확장해 온 결과, 핵심 영역이 자바 SE와 매우 비슷해졌다. 하지만 자바 SE를 쓸 수 있는 상황에서 자바 ME를 사용하려는 사람은 없기 때문에 자연스럽게 시장이 급격히 줄 수밖에 없었다. 그러자 오라클은 CDC-HI 프로젝트를 모두 취소하고 자바 SE 임베디드로 편입시켰다. 자바 SE 임베디드용 자바 가상 머신은 당연하게도 핫스팟이다. 다만 자바 SE 기능을 모두 지원한다는 전제하에 임베디드 환경에 특화되어 있다. 예를 들어 클라이언트 컴파일러(C1)와 서버 컴파일러(C2)를 제거했고, 가비지 컬렉터도 시리얼 컬렉터만 남기고 모두 삭제했다.

저성능 기기용 CLDC-HI는 스마트 컨트롤러와 센서 등에서 고유한 시장을 만들기도 했다. CLDC-HI에서는 비록 오래전에 제거되기는 했지만, CLDC 중 가장 성공적으로 살아남은 제품은 KVM이다. 이른바 효도폰이나 가난한 국가에 수출되는 피처폰에서는 KVM을 꽤 오래 사용했다. 더 단순하고 자원을 적게 썼기 때문이다.

1.4.4 이인자: BEA JRockit과 IBM J9 VM

앞의 세 개 절에서는 썬과 오라클이 개발한 자바 가상 머신을 소개했다. 하지만 썬·오라클 외의 조직이나 기업에서 개발한 가상 머신도 있다. 핫스팟이 일인자라면 한때 핫스팟과 함께 '세계 3대 상용 자바 가상 머신'이라 불리던 두 경쟁자가 있었으니, 바로 BEA 시스템의 JRockit과 IBM의 J9이다.

BEA는 JRockit을 '세계에서 가장 빠른 자바 가상 머신'이라며 홍보했다. 사실

IBM J9도 똑같이 광고했으며, 세 가상 머신의 전반적인 성능은 앞서거니 뒤서거니 하며 발전했다. 2002년 BEA는 어필 버추얼 머신스(Appeal Virtual Machines)라는 회사로부터 자바 가상 머신을 사들인 후 서버 하드웨어와 애플리케이션 동작 시나리오에 중점을 두고 최적화를 진행했다. 서버 애플리케이션을 우선하다 보니 프로그램 구동 시간(startup time)은 우선순위에서 밀렸다. 같은 이유로 JRockit은 인터프리터를 완전히 제거하고 모든 코드를 JIT 컴파일러로 컴파일하게 했다. JRockit의 가비지 컬렉터와 JMC 실패 처리 스위트 구현은 당시 자바 가상 머신 중 최고 수준이었다. 그러나 오라클이 BEA를 인수하면서 추가 개발은 자연스럽게 중단되었고, 최종 버전은 JDK 6용의 코드명인 R28이다.

IBM이 개발한 자바 가상 머신은 여러 가지이지만 그 중심은 누가 뭐래도 J9이다. J9은 원래 개발 코드명이었다. 처음 선택된 공식 이름은 'IBM Technology for Java Virtual Machine', 줄여서 IT4J였다. 하지만 너무 길어서인지 J9만큼 널리 쓰이지 못했다. J9 가상 머신은 IBM 오타와 연구소에서 진행한 스몰토크 가상 머신 프로젝트에서 확장되어 나왔다. 당시 이 가상 머신에는 8KB 상숫값을 잘못 정의해 발생하던 버그가 있었는데, 엔지니어들은 버그를 잡기 위해 상당한 시간을 허비하고 말았다. 이 사건을 계기로 이 가상 머신을 K8으로 부르기 시작했고, 이를 확장해 만든 자바용 가상 머신이라고 해서 J9이라 이름 붙인 것이다. BEA의 JRockit이 서버 애플리케이션에만 신경 쓴 데 반해 J9의 목표 시장은 핫스팟과 비슷했다.[36] 서버와 데스크톱을 모두 고려해 설계된 다용도 가상 머신이었던 것이다. J9의 목표는 IBM의 다양한 자바 제품군의 실행 플랫폼 역할을 하여 IBM 웹스피어(웹 애플리케이션 서버), AIX(유닉스 운영 체제), z/OS(메인프레임 컴퓨터 운영 체제) 같은 플랫폼에 자바 애플리케이션을 배포하는 것이었다.

J9은 여전히 현역으로 활동 중이다. 그리고 핫스팟보다 역할별로 모듈화가 잘 이루어져 있다. 가비지 컬렉터, JIT 컴파일러, 진단 모니터 등의 핵심 구성 요소들이 잘 추상화, 캡슐화되어 있어서 다른 언어 플랫폼에서 사용할 수도 있을 정도다. IBM은 공통 요소들을 OMR이라는 독립 프로젝트로 만들어, 예컨대 루비나 파이썬용으로 빠르게 조립해 활용할 수 있도록 했다. 2016년부터 IBM은 OMR 프로젝트

---

36 엄밀히 말하면 J9은 핫스팟보다도 더 넓은 시장을 지원했다. J9은 원래 임베디드 시장용으로 설계됐다가 점차 IBM의 모든 플랫폼에서 함께 쓰이는 가상 머신으로 확장되며 임베디드, 데스크톱, 서버 모두에서 쓰였다. 반면 핫스팟은 임베디드 시장에서는 자바 SE 임베디드에서 이용됐으니 이는 J9의 우수한 모듈성과 다재다능함을 보여 주는 방증이라 할 수 있다.

와 J9 가상 머신을 점차 오픈 소스로 전환했다. 오픈 소스화를 완료한 후에는 이클립스 재단에 기부하여, 현재는 '이클립스 OMR'과 'OpenJ9'이리는 이름으로 관리되고 있다.[37] 가상 머신 기술을 공부할 목적으로 소스 코드를 살펴보려면 핫스팟보다는 모듈화가 잘되어 있는 OpenJ9이 나은 선택일지도 모르겠다. 핫스팟 외에 제2의 자바 가상 머신을 사용해 보고 싶다면 이클립스 테무린도 고려해 보자. OpenJDK 라이브러리들에 OpenJ9을 결합한 완전한 형태의 JDK다.

BEA와 IBM 외에도 자사 제품을 독자적인 JDK와 가상 머신이라고 주장하는 거대 기업이 몇 개 있지만, 썬·오라클로부터 라이선스를 구입했거나(HP, SAP 등) OpenJDK 프로젝트를 개선했을 뿐(알리바바, 트위터 등) 독자적으로 개발하지는 않았다.

1.4.5 하드웨어와의 통합: BEA 리퀴드 VM과 어줄 VM

'고성능 자바 가상 머신'이라고 하면 보통 핫스팟, JRockit, J9처럼 범용 하드웨어 플랫폼에서 구동되는 상용 가상 머신을 말한다. 하지만 특정 하드웨어 플랫폼에서만 구동되는 '소프트웨어와 하드웨어가 통합'된 형태의 가상 머신도 있다. 이런 독점 가상 머신은 더 뛰어난 성능과 특별한 기능을 제공하기도 한다. 대표적인 독점 가상 머신으로는 BEA 리퀴드 VM과 어줄 VM이 있다.

리퀴드 VM은 JRockit VE(Virtual Edition)로도 불린다. BEA가 개발한 JRockit의 가상화된 버전으로, 독자적인 하이퍼바이저 시스템 위에서 직접 실행된다. 다시 말해 리퀴드 VM을 돌리는 데는 운영 체제가 필요 없다. 스레드 스케줄링, 파일 시스템, 네트워크 통신 등 필요한 기능을 제공하는 전용 운영 체제가 포함되어 있다고 봐도 된다. 가상 머신이 하드웨어를 직접 제어하면 범용 운영 체제를 쓸 때보다 장점이 많다. 예컨대 스레드 스케줄링 시 커널 모드와 사용자 모드 전환이 필요 없다. 그 결과 하드웨어 성능을 최대로 끌어 써서 자바 프로그램의 성능을 높인다. 하지만 JRockit 개발이 중단되면서 리퀴드 VM 프로젝트도 함께 중단되었다.

어줄 VM은 어줄 시스템스라는 회사에서 핫스팟에 기초해 개발한 자바 가상 머신이다. 자사의 베가(Vega)라는 하드웨어 시스템에서 구동된다. 어줄 VM은 인스턴스당 최소 수십 개의 CPU와 수백GB의 메모리를 관리한다. 또한 광대한 메모리에

---

37 OpenJ9이라는 이름이 OpenJDK와 비슷하지만 OpenJ9은 JDK의 다른 요소들은 포함하지 않는 독립된 자바 가상 머신이다. 즉, OpenJDK보다는 핫스팟에 대응하는 이름이다.

서 일시 정지 시간을 제어할 수 있는 가비지 컬렉터(흔히 PGC 또는 C4 컬렉터라고 부름)나 독자 하드웨어에 최적화된 스레드 스케줄링 같은 멋진 기능을 제공한다. 2010년부터 어줄은 무게 중심을 하드웨어에서 소프트웨어로 점차 옮기기 시작하여, 베가 시스템과 비슷한 성능과 기능을 범용 x86 플랫폼에서도 제공할 수 있는 징 VM(Zing VM)을 출시했다.

가상 머신 기술이 발전하면서 자바 가상 머신도 점차 강력해졌지만 동시에 더 복잡해졌다. 그 여파로 독자 하드웨어용 가상 머신은 개발을 지속하기가 점점 어려워졌다. 독자 하드웨어라서 오픈 소스 커뮤니티의 힘을 빌릴 수 없었고 가격도 높은 경우가 많았다. 이처럼 경쟁력이 저하되면서 독점 가상 머신은 서서히 쇠퇴했다. 어줄 시스템스는 결국 베가 제품군을 포기하고, 범용 플랫폼용인 징과 줄루(Zulu) 제품군에 모든 노력을 쏟아부었다.

징 VM은 옛 버전 핫스팟의 코드를 기초로 독립적으로 재개발된 고성능 자바 가상 머신이다. 범용적인 x86-64용 리눅스 플랫폼에서 구동되었고, 새로운 가비지 컬렉터를 작성하는 등 핫스팟의 세부 구현 여러 곳을 손봤다. 짧은 지연 시간과 빠른 구동 시간이 필요한 시나리오에서는 핫스팟보다 뛰어났다. 징의 PGC와 C4 컬렉터(Concurrent Continuously Compacting Collector)는 수TB의 자바 힙 메모리를 지원하면서도 일시 정지 시간을 10밀리초 이하로 통제할 수 있었다. 핫스팟은 JDK 11과 JDK 12에서 ZGC와 셰넌도어 컬렉터를 선보이기 전까지 이 수준에 도달할 수 없었다. 징의 레디나우(ReadyNow!) 기능은 이전 실행에서 얻은 성능 모니터링 데이터를 활용해 가상 머신 재시작 후 빠르고 안정적으로 고성능을 내는 상태로 진입시켜 준다. 구동 직후 코드를 해석하고 JIT 컴파일을 실행하는 시간을 줄여 주는 것이다. 징에 내장된 ZVision·ZVRobot 기능으로는 실행 중 핫스팟 찾기, 객체 할당 모니터링, 락 경합 모니터링 등을 할 수 있다. 가비지 컬렉션 최적화 같은 깊은 지식이 부족한 일반 사용자에게도 낮은 지연 시간, 빠른 예열(warming up) 시간, 쉬운 모니터링 등의 혜택을 주었고 이 점이 징의 핵심 가치이자 판매 포인트였다. 많은 자바 애플리케이션 개발자가 성능을 끌어올리기 위해 애플리케이션 자체와 프레임워크 수준에서 최적화하는 데 상당한 노력을 들이고는 한다. 이럴 때 징을 사용하면 비즈니스 자체에 더 집중할 수 있다.

1.4.6 도전자: 아파치 하모니와 안드로이드 아트 VM

아파치 하모니(Apache Harmony) 가상 머신(정확하게는 하모니의 DRLVM)과 안드로이드 아트(ART) 가상 머신은 '가상 머신'은 맞지만 '자바 가상 머신'은 아니다. 하지만 두 가상 머신과 이를 떠받드는 기술 시스템은 자바 세계에 커다란 영향을 주며 강력한 도전자로 떠올랐다. 등장 초기에는 자바 생태계가 분열되고 붕괴될 것이라 믿는 비관론자들이 나올 정도였다.

아파치 하모니는 JDK 5~6과 호환되는 자바 프로그램 운영 플랫폼으로, 아파치 소프트웨어 재단이 아파치 라이선스로 공개한 오픈 소스 제품이다. 독자적인 가상 머신과 자바 클래스 라이브러리를 제공했고 이클립스, 톰캣, 메이븐 등 일반적인 자바 프로그램을 이 위에서 구동할 수 있었다. 하지만 TCK 인증을 통과하지 못했기 때문에 '아파치 JDK'나 '아파치 자바 가상 머신'이라는 이름을 쓰지 못하여 이렇게 길게 소개한 것이다.

어떤 운영 플랫폼을 "자바 기술 시스템과 호환된다"라고 내세우고 싶다면 TCK 호환성 테스트를 통과해야 한다. 당시 아파치 재단은 썬에 TCK 라이선스를 제공해 달라고 요청했지만 다양한 이유로 지연되었다. 오라클이 썬을 인수할 때까지 아파치와 썬의 대립은 점점 첨예해졌고, 화가 난 아파치 재단이 결국 JCP에서 탈퇴했다. 자바 커뮤니티 역사상 상당히 큰 분열 사건 중 하나였다.

썬이 독자 JDK를 OpenJDK 프로젝트 형태로 공개하자 오픈 소스라는 아파치 하모니의 큰 장점이 사라졌다. 하모니 프로젝트의 가장 큰 참여자인 IBM도 의장직에서 내려와 OpenJDK 개발에 참여하겠다고 발표했다. 하모니는 상용 애플리케이션에 널리 쓰이지는 못했지만, 많은 코드(주로 자바 클래스 라이브러리의 코드)가 IBM의 JDK 7과 구글 안드로이드 SDK로 흡수되었다. 특히 안드로이드 개발을 촉진하는 데 크게 기여했다.

자연스럽게 화제를 안드로이드로 옮겨 보자. 안드로이드는 자바 ME가 20여 년간 이룬 성과와는 견줄 수 없는 큰 성공을 그 절반도 되지 않는 기간에 이룬, 가장 유명한 모바일 기기용 플랫폼이 되었다. 안드로이드는 썬이 상상하지 못한 방식으로 자바 어어를 모바일 기기에 안착시켰다.

달빅 VM(Dalvik VM)은 초기 안드로이드 플랫폼의 핵심 요소였다. 달빅이라는 이름은 아이슬란드의 작은 어촌 이름에서 따왔다고 한다. 달빅 VM은 《자바 가상 머신 명세》를 따르지 않아서 자바 클래스 파일을 직접 실행하지는 못한다. 또한 자바 가상 머신에서 흔히 쓰는 스택 기반 아키텍처 대신 레지스터 기반 아키텍처를 사용한다. 하지만 자바와는 뗄 수 없는 관계다. 달빅용 실행 파일인 DEX 파일은 자바 클래스 파일로부터 변환해 만들 수 있다. 앱 작성 시 자바 언어를 이용하고 자바 API 대부분을 그대로 사용하기도 한다.

안드로이드가 빠르게 세를 넓혀 가던 초창기, 안드로이드 2.2부터 달빅에서도 JIT 컴파일러가 제공되어 성능이 크게 개선되었다. 안드로이드 4.4부터는 AOT 컴파일을 지원하는 아트 VM이 달빅을 빠르게 대체했다. 당시 사양이 높지 못하던 모바일 기기에서 AOT는 JIT보다 높은 성능을 쉽게 낼 수 있었다. 안드로이드 5.0부터는 아트가 달빅을 완전히 대체했다.

1.4.7 성공도 실패도 아닌: 마이크로소프트 JVM

20년 넘는 자바 가상 머신 개발 역사에서 지금까지 소개한 가상 머신들은 상용 애플리케이션용으로 널리 쓰인 편이다. 하지만 소리 소문 없이 나타났다 사라지거나 화려하게 등장했지만 결국은 없어진 가상 머신도 많다. 이번 절에서는 그중 대표격인 마이크로소프트 자바 가상 머신 이야기를 해 보겠다.

자바 언어가 탄생한 지 얼마 되지 않은 시기(1996년부터 JDK 1.2가 출시된 1998년 사이), 웹 브라우저에서 실행되는 자바 애플릿은 자바 애플리케이션에 중요한 시장이었다. 마이크로소프트는 인터넷 익스플로러[38] 3에서 자바를 지원하길 원했다. 하지만 마이크로소프트가 개발해 인터넷 익스플로러에 탑재한 자바 가상 머신은 윈도우에서만 동작했다. "한 번 작성하면 어디서든 실행된다"라는 자바의 구호에 맞지는 않았지만, 당시 윈도우에서 동작하는 가상 머신 중 가장 빨랐다. 그래서 〈PC 매거진〉 잡지에서 선정하는 '편집자의 선택'에 1997년과 1998년에 연달아 뽑히기도 했다. 하지만 봄날은 오래가지 않았다. 1997년 10월, 썬이 마이크로소프트를 상표권 침해와 불공정 거래로 고소했고, 후속 독점 조사의 일환으로 마이크로소프트의 가상 머신도 증거 자료로 법원에 제출되었다. 소송 결과, 마이크로소프트는 썬에 2000만 달러를 지불하고(독점 때문에 마이크로소프트가 썬에 지불한 금액의 총합은 10억 달러에 이른다), 자바 가상 머신은 개발을 중단함과 동시에 자사 제품에서 점진적으로 제거하겠다고 약속했다. 가장 모순적인 사건은 윈도우 XP SP3에 이르러 마이크로소프트가 자바 가상 머신을 완전히 삭제하자 일어났다. 썬이 "마이

---

38 (옮긴이) 에지(Edge) 이전의 마이크로소프트 웹 브라우저 이름

크로소프트가 자바를 삭제해서는 안 된다"라고 주장한 것이다.[39] 윈도우 XP의 선임 제품 관리자였던 진 컬리난(Jim Cullinan)이 말을 들어보자.

> "우리는 썬과의 소송에 3년을 보냈다. 썬은 우리가 윈도우에서 자바를 지원하는 걸 막으려 했다. 그리고 마침내 그들의 요구가 이루어지자 또 불평을 하고 있다. 어쩌라는 것인지…."

썬이 마이크로소프트를 고소하지 않고 마이크로소프트가 자바 기술을 향한 열정을 계속 불태웠다면 자바 세상이 지금보다 좋아졌을까 아니면 나빠졌을까? 닷넷 기술은 지금처럼 발전할 수 있었을까?

1.4.8 수많은 아이디어의 각축전

애초부터 주류 시장에서 쓰이거나 상업적 용도로 이용되지 못할 운명을 타고난 자바 가상 머신도 많다. 연구 목적이나 특정 기능 또는 아이디어를 검증해 볼 목적으로 만들어졌거나 표준 제시 목적 등으로 구현된 가상 머신이 여기 속한다. 이런 가상 머신들은 관련 분야 종사자가 아닌 대다수의 자바 개발자에게 낯설 것이다. 이번 절에서는 그중 영향력이 있는 몇 가지를 소개하겠다.

- KVM[40]: KVM의 K는 '킬로바이트(kilobyte)'를 뜻한다. 엄격하고 가볍고 이식성이 좋음을 강조하기 위해 선택된 단어다. 하지만 성능은 낮았다. 안드로이드와 iOS 같은 스마트폰 운영 체제가 등장하기 전까지 널리 쓰인 모바일 플랫폼이다.

- JCVM: 자바 가상 머신의 매우 작은 부분 집합이다. 많은 모듈을 걷어 냈지만 널리 쓰이는 암호화 알고리즘은 대부분 지원한다. JCVM은 스마트카드, SIM 카드, 신용 카드, 직불 카드 등에 들어갈 정도로 간소화되었고 자바 애플릿을 인터프리터 방식으로 실행한다.

- 스쿽 VM(Squawk VM): 썬이 개발했고 휴대용 와이파이 기기인 썬 스팟과 자바 카드에 쓰였다. 상당 부분을 자바 코드로 구현한 임베디드 가상 머신이다. 클래스 로더, 바이트코드 검증기, 가비지 컬렉터, 인터프리터, 컴파일러, 스레드 스케

---

39 썬은 〈뉴욕 타임스〉, 〈산호세 비즈니스 뉴스〉, 〈주간 월스트리트〉에 "마이크로소프트는 윈도우 XP에서 자바 플랫폼을 계속 지원해야 한다"라고 호소하는 전면 광고를 냈다.

40 자바 ME용 가상 머신들을 비주류로 소개하는 이유는 대다수 자바 개발자가 그렇게 인식하기 때문이다. 사실 자바 ME용 가상 머신은 그 종류가 자바 SE나 자바 EE용 가상 머신보다 훨씬 많다. 모바일이나 임베디드용 애플리케이션의 절대 숫자가 서버용 애플리케이션보다 훨씬 많은 것과 같은 이치다.

줄링을 모두 자바 언어로 구현했다. 디바이스 입출력 등 네이티브 코드가 필요한 부분은 C 언어를 썼다.

- 자바 인 자바(JavaInJava): 1997년과 1998년 사이에 썬이 개발한 연구 목적의 가상 머신이다. 이름에서 유추할 수 있듯이 자바 언어 자체를 자바 언어로 구현하려고 시도한, 이른바 메타순환(meta-circular) 가상 머신이다. 메타순환이란 언어 런타임 환경을 해당 언어 자체로 구현한다는 뜻이다. 또 다른 호스트 가상 머신에서 실행해야 했고, JIT 컴파일러가 없어서 인터프리터로만 코드를 실행할 수 있었다. 20세기 말 주류 자바 가상 머신들도 성능 문제를 잘 해결하지 못했기에 이런 종류의 프로젝트는 성능을 목적으로 하지 않았다. 메타순환을 통해 자생 가능한 언어인지 검증하는 연구 가치를 지니고 있다.

- 맥신 VM(Maxine VM): 자바 인 자바와 매우 비슷한 가상 머신이다. 이 역시 메타순환 자바 가상 머신으로, 거의 모든 구현을 자바 코드로 했다. 자바 가상 머신을 시작하는 로더만 C 언어로 작성했다. 맥신 VM 프로젝트는 2005년에 시작되어 2019년 말까지 지속되었다. 호스트 모드와 독립 모드로 동작할 수 있는 진보된 JIT 컴파일러와 가비지 컬렉터를 갖추고 있어서 실행 효율이 자바 인 자바보다 훨씬 좋았다. 심지어 클라이언트 모드의 핫스팟 가상 머신에 가까운 실행 효율을 보여 주었다. 나중에는 그랄 컴파일러까지 지원하여 한층 강력해졌다. 참고로 그랄 컴파일러는 현재 핫스팟의 서버 컴파일러 자리를 노릴 만큼 미래가 기대되는 기술이다.

- 자이크스 RVM(Jikes RVM): IBM이 자바 가상 머신 기술을 연구하기 위해 시작한 프로젝트다. 할라페뇨라 부르기도 한다. 자바 인 자바, 맥신과 같은 메타순환 가상 머신이다.

- IKVM.NET: 마이크로소프트 닷넷 프레임워크 기반으로 구현된 자바 가상 머신이다. 크로스 플랫폼 호환성을 높이고자 모노(Mono)의 도움을 받았다. 얼핏 보기에 IKVM.NET의 목표는 조금 이상하다. 특수한 상황에서 몇몇 유명 자바 라이브러리를 닷넷에서 사용한다는 건 좀 작위적인 요구 사항이 아닐까? 어쨌든 IKVM.NET은 클래스 파일을 닷넷 어셈블리로 컴파일하여 어떤 CLI에서든 실행할 수 있게 해 준다.

이 책에서 소개하지 않은 자바 가상 머신이 아직 많다. 다음은 그중 일부다.

- JamVM[41]: *http://jamvm.sourceforge.net/*
- CacaoVM: *http://www.cacaojvm.org/*
- SableVM: *http://www.sablevm.org/*
- Kaffe: *http://www.kaffe.org/*
- Jelatine JVM: *https://jelatine.sourceforge.net/*
- NanoVM: *http://www.harbaum.org/till/nanovm/index.shtml*
- MRP: *https://github.com/codehaus/mrp*
- Moxie JVM: *https://moxie.sourceforge.net/*

1.5 자바 기술의 미래

이 책의 1판과 2판의 '자바 기술의 미래' 절을 쓴 시기가 각각 2011년과 2013년이다. 벌써 10년이 흘렀다. 당시 상상한 새로운 기술과 변화는 모두 일정대로 진행되었으므로 이제는 '미래'라는 딱지를 붙일 수 없게 되었다. 그래서 3판에서는 모든 내용을 완전히 새로 썼다. 자바의 미래가 여전히 밝다면 앞으로 10년 안에 이 책의 4판과 5판도 출간될 것이다. 그때가 오면 이번 절을 다시 펼쳐 오늘을 되돌아보며 어떤 예측이 현실이 되었고 어떤 계획이 중도에 사라졌는지 분석해 보고 싶다.

1.3절 끝에서 이야기했듯이 현재는 자바에 기회와 도전이 공존하는 시기다. 앞으로도 자바가 계속 성장하고 발전할 수 있을지는 자바 진영이 이 도전에 어떻게 대처하는지에 달려 있다. 이번 절은 이런 맥락에서 오라클 연구소에서 한창 연구 중인 그랄VM, 발할라(Valhalla), 앰버(Amber), 파나마(Panama) 등 미래 지향적인 프로젝트들을 소개하겠다.

1.5.1 언어 독립

인터넷에서 이따금 '앞으로 자바를 대체할 언어'라는 주제의 이야기를 볼 수 있다. 주인공으로는 코틀린, 고, 자바스크립트, 파이썬 등이 자주 언급된다. C 언어와 함께 지난 20여 년 동안 줄곧 1~2위를 다투던 자바는 인공 지능과 파이썬의 급부상으로 2020년대 들어 3~4위로 살짝 내려온 상황이다.[42]

---

41 (옮긴이) 2007년 달빅 완성 전까지 안드로이드 개발에 쓰였다.
42 TIOBE 프로그래밍 언어 순위 참고: *https://www.tiobe.com/tiobe-index/*

자바에 감정을 이입하지 않는다면 다른 언어로 대체된다고 해서 두려워할 이유는 없다. 더구나 거대한 사용자 기반과 성숙한 소프트웨어 생태계 덕에 업계에서 자바의 중요도가 하루아침에 흔들리기는 어렵다. 하지만 자바스크립트는 인터넷, 파이썬은 인공 지능, 고 언어는 마이크로서비스 등의 사례에서 볼 수 있듯이 새로운 시장을 등에 업고 세를 넓혀 가는 언어들이 끊임없이 등장하고 있다. 모든 분야를 지배할 수 있는 언어는 없다. 자바는 한때 그 위치에 가장 가까운 언어처럼 보였지만, 그보다 더 크게 발전하기 위해서는 자바 언어 자체를 잊고 기반 기술 영역으로 돌아가야 할 것이다.

2018년 4월 오라클 연구소는 그랄VM[43]이라는 새로운 기술을 발표했다. 강력한 야망을 담은 "어디서든 더 빠르게 실행한다(Run programs faster anywhere)"라는 구호를 보면 1995년에 자바가 탄생하며 내건 구호인 "한 번 작성하면 어디서든 실행된다"가 떠오른다.

'유니버설 VM' 또는 '폴리글랏 VM'이라고도 하는 그랄VM은 핫스팟 가상 머신 위에 구축된 크로스 언어(cross-language) 풀 스택 가상 머신이다. 자바, 코틀린, 스칼라, 그루비 같은 자바 가상 머신 언어들은 물론 LLVM 기반 컴파일러를 사용하는 C·C++, 러스트 같은 언어들, 그 외 자바스크립트, 루비, 파이썬, R, 웹어셈블리까지도 지원한다. 그랄VM에서는 추가 비용 없이 이 언어들을 혼합해 사용할 수 있다. 서로 다른 언어들이 데이터를 같은 메모리 공간에서 주고받을 수 있고, 각 언어용으로 작성된 기존 네이티브 라이브러리들도 사용할 수 있다.

그림 1-4 그랄VM 아키텍처

---

43 그랄VM 홈페이지: *https://www.graalvm.org/*

그랄VM은 기본적으로 각종 언어의 소스 코드(예: 자바스크립트)나 컴파일된 중간 형식(예: LLVM 비트코드[44])을 인터프리터를 통해 그랄VM이 이해할 수 있는 중간 표현(IR)으로 변환하는 식으로 작동한다. 예를 들어 이 인터프리터는 LLVM이 출력한 비트코드를 적절히 변환하여 그랄VM이 C·C++ 언어를 지원할 수 있게 해 준다. 그랄VM은 새로운 언어용 인터프리터를 빠르게 제작할 수 있는 언어 구현 프레임워크인 트러플(Truffle)을 제공하며, 트러플 위에서 고성능 LLVM 비트코드 인터프리터인 수롱(Sulong)을 제작했다.

좀 더 엄격하게 말하면, 그랄VM은 진정한 의미에서 '물리 머신에 대응하는 고수준 언어 가상 머신'이다. 물리 머신의 명령어 집합(instruction set)과 같은 역할을 하면서 머신의 특성과만 관련이 있을 뿐 특정 고수준 언어의 특성과는 관련이 없기 때문이다. 오라클 연구소의 연구 책임자인 토마스 뷔르팅거(Thomas Würthinger)는 인포큐(InfoQ)와의 인터뷰[45]에서 다음과 같이 말했다.

> "그랄VM 1.0 출시로, 우리는 고성능 폴리글랏 가상 머신을 만들 수 있음을 입증했다. 그리고 이 목표를 이루는 가장 좋은 방법은 자바나 마이크로소프트 CLR과 달리 특정 언어에 특화된 바이트코드를 통하지 않는 것이다."

프로그래밍 언어마다 런타임 환경 성능이 제각각이라 어떤 언어는 성능이 상대적으로 많이 떨어지기도 한다. 하지만 그랄VM은 입력된 중간 표현을 자동으로 최적화하고 런타임에 JIT 컴파일까지 해 주기 때문에 때로는 네이티브 컴파일러들보다 실행 성능이 나을 수 있다. 예를 들어 그랄JS는 V8 기반의 Node.js보다 빠르고[46] 그랄Py, TruffleRuby, FastR은 각각 CPython,[47] 루비 MRI, R 언어보다 빠르다.

그랄VM은 자바 가상 머신으로 활용할 수 있다. 애초에 핫스팟을 기반으로 탄생했으며 자바 SE와 완벽하게 호환되기 때문이다. 표준 핫스팟과의 차이는 주로 JIT 컴파일러에서 오며, 현재 실행 효율과 컴파일 품질 모두 표준 핫스팟보다 나은 것으로 평가된다. 그림 1-5는 르네상스 스위트[48]로 수행한 벤치마크 결과다. 그랄VM의 커뮤니티 버전과 엔터프라이즈 버전이 OpenJDK 17보다 각각 4%와 30% 정도 앞선다.

---

44 (옮긴이) JVM의 바이트코드와 비슷한 개념이다. 하드웨어 독립적이며 어셈블리어와 비슷한 형태다.
45 토마스의 〈InfoQ〉 인터뷰: *https://www.infoq.com/news/2018/04/oracle-graalvm-v1/*
46 물론 구글의 V8 엔진도 빠르게 발전하고 있기 때문에 상황은 언제든 달라질 수 있다.
47 파이썬의 런타임 환경인 PyPy도 그랄VM과 같은 일을 하지만, 다른 고수준 언어는 지원하지 않는 파이썬 전용이다.
48 르네상스 스위트 홈페이지: *https://renaissance.dev/*

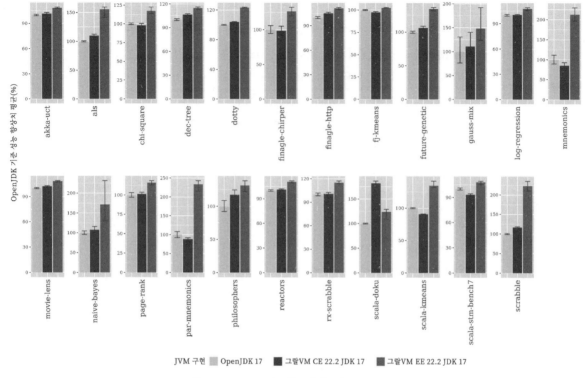

JVM 구현　▨ OpenJDK 17　▮ 그랄VM CE 22.2 JDK 17　▤ 그랄VM EE 22.2 JDK 17

그림 1-5 OpenJDK 17과 그랄VM의 성능 비교

오라클 연구소와 여러 미국 대학에서 수행한 최신 JIT 컴파일 연구가 모두 그랄VM
으로 마이그레이션되는 등 발전 가능성이 매우 높다. 언젠가 자바 언어나 핫스팟
가상 머신이 완벽하게 대체된다면, 현재로서는 가장 유력한 후보가 바로 그랄VM
인 것이다. 이 혁명은 자바 사용자들이 느끼지 못하는 사이에 조용하게 이루어질
가능성이 크다.

1.5.2 차세대 JIT 컴파일러

서버용 제품처럼 장기간 운용되는 애플리케이션에서는 자주 실행되는 핫 코드를
탐지하여 네이티브 코드로 컴파일한다. 이런 유형의 자바 애플리케이션은 JIT 컴파
일러의 출력 품질이 실행 효율을 크게 좌우할 수밖에 없다.

　핫스팟 가상 머신은 기본적으로 JIT 컴파일러를 두 개 내장하고 있다. 하나는 컴
파일 속도가 빠른 대신 최적화를 적게 하는 클라이언트 컴파일러(C1 컴파일러)이
고, 다른 하나는 컴파일 속도는 느리지만 더 많은 최적화를 적용하는 서버 컴파일

러(C2 컴파일러)다. 여기에 인터프리터까지 포함하여 총 3개의 실행 메커니즘이 협력하여 핫스팟 가상 머신의 실행 서브시스템을 구성한다.

JDK 10부터는 하나가 더 추가되었다. 바로 그랄 컴파일러다. 앞 절에서 이야기한 그랄VM 프로젝트의 일환으로 만들어진 기술이다. 그랄 컴파일러는 C2 컴파일러를 대체할 목적으로 핫스팟에 도입되었다. C2의 역사는 클리프 클릭(Cliff Click)의 박사 과정 연구로까지 거슬러 올라간다. 그런데 현재는 클리프 자신도 더는 지속하기 어렵다고 이야기할 만큼 너무 복잡해졌다. 한편 그랄VM은 자바 언어로 작성되었다. 그리고 C2와 똑같은 고수준 중간 표현(이하 HIR)을 사용해서 C2의 이점을 수용하기 쉽다. 등장 시기가 C2보다 20년이나 늦은 만큼 후발 주자의 이점을 제대로 누리고 있는 것이다. 컴파일된 코드의 출력 품질은 더 좋게 유지하면서 개발 효율과 확장성 측면에서는 C2와는 비교하기 어려울 만큼 훌륭하다. 실제로 C2의 최적화 기술을 그랄 컴파일러가 받아들이기는 매우 쉽지만, 반대로 그랄 컴파일러에서 잘 동작하는 최적화 기술을 C2로 이식하기는 매우 어렵다. 그 덕분에 단 몇 년만에 C2의 컴파일 품질을 따라잡았고, 이제는 대부분 항목에서 앞서 나가기 시작했다. 그랄 컴파일러는 부분 탈출 분석(partial escape analysis)처럼 C2보다 복잡한 최적화도 수행할 수 있다. 또한 맞춤형 가정 등을 추가해 공격적 예측 최적화(aggressive speculative optimization)를 적용하기에도 더 수월하다.

JDK 16부터는 개발과 관리 효율을 높이고자 그랄 컴파일러를 JDK에서 독립시켜 그랄VM으로 터전을 옮겼다.[49] 비록 공식 JDK에서는 없어졌지만, 그렇다고 위상이 내려갔다고 보기는 어렵다. 그랄VM은 오라클이 정식으로 지원하는 상용 제품군이며(무료로 쓸 수 있는 커뮤니티 에디션도 제공), 일반 JDK에서는 볼 수 없는 미래 지향적 기술을 다수 포함하고 있다.

그리고 마침내 그랄 컴파일러가 OpenJDK로 복귀한다는 소식이 전해졌다.[50] 그랄VM의 여러 선진 기술 중 JIT 컴파일러와 네이티브 이미지를 OpenJDK에 우선 반영하기로 한 것이다.

---

49 JDK 10~15에서 그랄 컴파일러를 사용해 보고 싶다면 +UnlockExperimentalVMOptions -XX:+UseJVMCICompiler 매개 변수를 지정하면 된다.

50 Oracle Contributing GraalVM Community Edition Java Code to OpenJDK: *https://www.graalvm.org/2022/openjdk-announcement/*

1.5.3 네이티브를 향한 발걸음

장시간 실행할 필요가 없거나 크기가 작은 애플리케이션의 경우 자바로 개발하면 본질적인 단점이 몇 가지 있다(물론 자바 ME는 해당하지 않는다). HelloWorld를 실행하려 해도 100MB가 넘는 JRE가 필요하다는 점도 있지만, 더 중요한 문제는 따로 있다. 애플리케이션 아키텍처의 중심은 거대한 단일 아키텍처에서 작은 마이크로서비스 아키텍처로 빠르게 옮겨 가고 있다. 그런데 자바는 이 추세와 잘 맞지 않는다.

마이크로서비스 아키텍처에서는 분할된 서비스 각각이 더 이상 수십에서 수백 GB의 메모리를 쓸 일이 없다. 고가용성 서비스 클러스터를 활용하면 단일 서비스를 24시간 중단 없이 실행하기 위해 노력할 이유가 줄어든다. 언제든지 중단하고 업데이트할 수 있기 때문이다. 하지만 자바는 구동 시간이 길고 최고 성능을 내기까지 예열이 필요하다. 마이크로서비스가 요구하는 특성과는 반대인 것이다. 게다가 서버리스 아키텍처에서는 이러한 모순이 더욱 두드러진다. 함수는 서비스보다도 크기가 작고 실행 시간이 짧다. 현재 가장 널리 쓰이는 서버리스 런타임인 AWS 람다는 함수 실행 시간을 최장 15분까지만 허용한다.

물론 서버 애플리케이션을 핵심 분야로 생각해 온 자바가 이런 흐름에 손을 놓고 있지만은 않았다. 최근 JDK에는 애플리케이션 클래스 데이터 공유(Application Class Data Sharing, AppCDS)와 노옵(no-op) 가비지 컬렉터인 엡실론 등의 기술이 포함되었다. AppCDS는 로딩한 클래스 정보를 캐시해 두어 다음번 구동 시간을 줄이는 기술이다. 초기 CDS는 자바 표준 라이브러리만 지원했지만 JDK 10부터 포함된 AppCDS는 사용자 프로그램의 코드까지 지원한다. 엡실론은 메모리를 할당만 해 줄 뿐 회수는 하지 않는 컬렉터로, 간단한 작업을 빠르게 처리한 후 즉시 종료하는 애플리케이션에 매우 적합하다.

더 급진적인 기술로는 애플리케이션을 실행하기 전에 네이티브 코드로 컴파일해 두는 AOT 컴파일이 있다. 사전(ahead of time)이란 의미의 AOT는 적시(just in time)의 상대적인 개념이다. 지금까지 자바 가상 머신은 애플리케이션을 우선 실행한 후 JIT 컴파일러를 써서 빈번하게 실행되는 로직을 네이티브 코드로 바꿔 실행했다. 하지만 컴파일을 미리 해 두면 이러한 예열 과정을 건너뛰고 처음부터 네이티브 코드를 실행할 수 있다. 이 점이 AOT 컴파일의 최대 강점이다. 오랫동안 자바 애플리케이션을 따라다니던 '시작이 느리다'는 꼬리표를 뗄 수 있는 것이다. 또한

시간 압박 없이 프로그램 전체를 완벽하게 분석하여 최적화할 수 있다.[51]

　AOT 컴파일은 단점도 명확하다. "한 번 작성하면 어디서든 실행된다"라는 자바의 약속을 지킬 수 없다. 다시 말해 하드웨어와 운영 체제별로 따로 컴파일해 배포해야 한다. 또한 자바의 동적 링크 특성이 크게 줄어든다. 컴파일할 코드에 대한 모든 것을 컴파일타임에 알 수 있어야 한다는 뜻이다. 그렇지 않으면 사전 컴파일된 결과를 폐기하고 JIT 컴파일 형태로 되돌아가야 한다.

　JDK 9~15에서는 실험 버전의 AOT 컴파일러를 제공했다. 이름은 jaotc였다. 하지만 사용해 본 사람 대부분이 실망했다. 사람들은 예흐켈시오르 JET(Excelsior JET)[52]처럼 가상 머신 없이 독자적으로 실행되는 네이티브 코드를 기대했다. 하지만 실제로는 JIT 컴파일 기능의 일부를 대체한 것에 불과해서 여전히 핫스팟 가상 머신에서 실행해야 했다.

　이러한 기대에 부응하고자 서브스트레이트 VM(Substrate VM)이 등장했다. 그랄VM의 한 요소인 서브스트레이트 VM은 사전 컴파일된 네이티브 코드를 핫스팟 가상 머신 없이 실행하는 기술로 독자적인 예외 처리, 스레드 관리, 메모리 관리, 자바 네이티브 인터페이스(이하 JNI) 접근 메커니즘 등을 갖춘 극히 작은 런타임 환경이다.[53] 그랄VM은 서브스트레이트 VM과 사용자 프로그램을 하나로 묶어 네이티브 이미지를 생성한다. 이때 포인터 분석 기술을 활용하여 사용자 프로그램으로부터 도달 가능한 코드만 추려 네이티브 이미지에 담는다. 또한 이 과정에서 초기화까지 수행하여 최종 실행 파일이 생성되면 초기화된 힙 스냅숏을 저장해 둔다. 이런 식으로 자바 가상 머신이 수행하던 초기화 과정을 건너뛰고 프로그램을 곧바로 실행하여 초기 구동 시간을 획기적으로 줄인 것이다.

　한편 이 방식이 가능하려면 프로그램이 완결된 형태여야 한다. 컴파일러가 찾을 수 없는 코드나 클래스 라이브러리를 동적으로 읽어 들일 수 없다는 뜻이다. 이 조건만 만족한다면 서브스트레이트 VM은 컴파일타임에 대상 프로그램 전체를 탐색할 수 있기 때문에 정적 분석을 수행하여 모든 가상 메서드 호출을 직접 호출로 변환할 수 있다.

---

51 AOT 컴파일은 런타임 모니터링 정보를 활용할 수 없다. 그래서 시간 압박 없이 최적화할 수 있더라도 JIT 방식보다 결과가 더 좋다는 보장은 없다.

52 (옮긴이) 러시아 회사 예흐켈시오르에서 개발한 자바 기술이다. AOT 컴파일러를 이용하여 자바 바이트코드를 특정 하드웨어와 운영 체제에서 바로 실행할 수 있도록 네이티브 코드를 만들어 준다. 2019년 6월에 개발이 중단되었고 회사는 화웨이에 인수되었다.

53 (옮긴이) 'substrate'는 '결합 조직의 기본이 되는 물질'을 뜻한다.

서브스트레이트 VM은 메모리 사용량도 크게 줄였다. 핫스팟 가상 머신은 그 자체로 약 수십MB의 메모리를 사용한다. 메모리를 GB 단위로 사용하는 커다란 단일 애플리케이션에서는 문제 될 게 없지만 마이크로서비스에서는 무시할 수 없는 비용이다.

오라클이 제공한 데이터에 따르면 서브스트레이트 VM에서 실행되는 작은 애플리케이션의 경우 핫스팟보다 구동 시간은 최대 50배 빨라지고 메모리 사용량은 최대 5배까지 줄어든다.

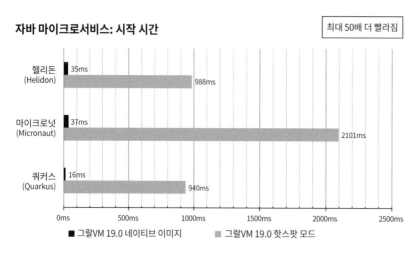

그림 1-6 그랄VM 네이티브 이미지의 구동 시간(최대 50배 단축)

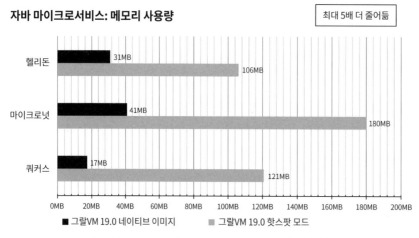

그림 1-7 그랄VM 네이티브 이미지의 메모리 사용량(최대 5배 감소)

이런 이점은 작은 애플리케이션에만 국한되지 않는다. 그림 1-8은 JDK 21용 그랄
VM으로 스프링 프레임워크의 공식 예제인 펫클리닉(Spring Petclinic) 서비스를 네
이티브 이미지로 만들어 실험한 결과다. 보다시피 메모리 사용량, 처리량(through-
put), 지연 시간, 구동 시간 모두 큰 폭으로 개선되었다.[54]

지표·런타임	JIT가 탑재된 그랄VM CE	오라클 그랄VM 네이티브 이미지	
메모리 사용(최대 RSS)	1029MB	641MB	**38% 감소**
피크 처리량	11066req/s	11902req/s	**8% 상승**
단위 메모리당 처리량	12488req/(GB*s)	18569req/(GB*s)	**49% 개선**
테일 지연 시간(P99)	7.2ms	5.15ms	**28% 감소**
구동 시간	7090ms	210ms	**34배 빨라짐**

그림 1-8 그랄VM 네이티브 이미지와 그랄VM CE(C2 JIT) 성능 비교[54]

서브스트레이트 VM은 '어디서든 더 빠르게 실행한다'는 비전을 실현하기 위한 마
지막 퍼즐 조각으로, 그랄VM이 무거운 런타임이란 부담을 떨쳐 버리고 여러 언어
를 지원할 수 있게 해 준다. 예를 들어 자바스크립트 애플리케이션을 V8 엔진 기반
의 Node.js로 실행하려면, 간단한 HelloWorld만 해도 메모리를 약 20MB 소비한다.
하지만 같은 애플리케이션을 서브스트레이트 VM으로 수행하면 동등한 성능을 내
면서도 메모리는 단지 4.2MB면 충분하다. 이처럼 가볍기 때문에 다른 시스템에 내
장하기에 안성맞춤이다. 실제로 오라클은 자체 데이터베이스에 그랄VM을 내장하
여 PL/SQL 대신 다른 언어로 저장 프로시저를 작성할 수 있도록 하기 시작했다.[55]

1.5.4 유연한 뚱뚱이

핫스팟은 원래 먼 미래를 내다보고 설계되었지만 앞으로 20년 후까지 번창하리라
고 기대하기는 어렵다. 지난 20년을 돌아보면 수많은 개선 사항과 기능이 핫스팟에
추가되어 결국 오늘날과 같은 거대한 가상 머신이 되었다.

  핫스팟은 다양한 분야의 애플리케이션을 지원할 수 있도록 완전한 기능을 갖춘
자바 가상 머신이다. 마치 덩치가 산만 한 사람에게 민첩성까지 바라는 게 상당히

---

54 GraalVM for JDK 21 is here!: *https://medium.com/graalvm/graalvm-for-jdk-21-is-here-ee01177dd12d*
55 오라클 데이터베이스 다중 언어 엔진(Oracle Database MLE)

비현실적이듯이 너무 많은 것을 요구하고 있다.[56] OpenJDK 코드가 어떻게 변화하고 있는지 관심 있게 지켜본 사람이라면 핫스팟 개발 팀이 핫스팟 아키텍처를 모듈화하고[57] 확장성을 키우기 위해 지속적으로 리팩터링하고 있음을 눈치챘을 것이다. 미흡한 모듈화 수준은 원래 핫스팟의 단점으로 뽑혔다. 모니터링, 실행, 컴파일, 메모리 관리 등 여러 서브시스템 코드가 복잡하게 얽혀 있었기 때문이다. 한편 IBM J9은 모듈화가 아주 잘되어 있었다. 실제로도 자바 ME용 J9과 자바 EE용 J9이 같은 코드 베이스를 공유하면서 그저 컴파일할 때 선택하는 모듈 구성만 다를 뿐이었다.

하지만 핫스팟 가상 머신도 이제 J9과 비슷한 능력을 갖췄다. 컴파일할 때 원하는 기능을 지정하여 맞춤형 가상 머신을 만들 수 있다. 예를 들어 JIT 컴파일러 종류, 가비지 컬렉터, JFR, CDS, NMT 등을 선택할 수 있다. 복잡한 시스템에서 이러한 기능들을 조합하고 분리하려면 단순한 조건부 컴파일로는 부족하다. 더 중요한 것은 인터페이스와 구현을 분리하는 것이다.

JDK 1.4까지 초기 핫스팟 가상 머신은 내부 정보를 알려 주기 위해 가상 머신 명세에 정의되지 않은 프로파일러 인터페이스(JVMPI)와 디버그 인터페이스(JVMDI)를 제공했다. 통합 개발 환경 같은 외부 도구는 운영, 관리, 성능 모니터링 기능에 이 인터페이스들을 활용했다.

JDK 5 시기에는 JVMTI를 도입했다. JVMTI는 모든 형태의 자바 가상 머신 관련 도구를 위한 프로그래밍 인터페이스를 모아 추상화한 고수준 인터페이스다. 그리고 JDK 6에 이르러 JVMTI가 JVMPI와 JVMDI의 역할을 완전히 대체했다.

JDK 9에 와서는 자바 언어 수준의 컴파일러 인터페이스[58]인 JVMCI가 도입되어 가상 머신 외부에서 JIT 컴파일러를 추가하거나 교체할 수 있게 되었다. 이 개선 사항은 구현하기 어렵지 않을 뿐 아니라 이로 인해 기존 JVMPI, JVMDI, JVMTI를 쓸 때보다 가상 머신의 더 깊은 내부가 열려서 핫스팟 코드를 침범하지 않고도 핫스팟 가상 머신의 고유 기능을 확장하거나 수정할 수 있게 되었다. 그랄 컴파일러 역시 이 인터페이스를 통해 핫스팟에 이식되었다.

---

56 J9은 이 목표를 이루었지만 핫스팟은 그렇지 못하다. 예를 들어 자바 ME 가상 머신은 핫스팟이 아니라 CDC-HI와 CLDC-HI다.
57 직소 프로젝트 이야기가 아니라 가상 머신 자체를 모듈화한다는 이야기다.
58 핫스팟 소스 코드 중 C1 · C2 컴파일러의 통합 인터페이스를 지정하는 게 아니라 가상 머신 외부에서 자바 언어로 구현한 컴파일러를 통합할 수 있는 컴파일러 인터페이스를 가리킨다.

JDK 10에서는 가비지 컬렉터 인터페이스를 리팩터링하여 내부 컬렉터들이 일관되게 동작하도록 했다.[59] 이 정돈 작업 덕분에 JDK 12에서 오라클이 아닌 회사에서 개발한 셰넌도어 컬렉터를 핫스팟에 추가할 수 있었다. JDK 14에서 CMS 컬렉터를 수월하게 제거할 수 있었던 것도 이 리팩터링 덕분이었다. 나중에라도 혹시 이 인터페이스가 완전히 개방된다면 핫스팟에 의존하지 않는 또 다른 가비지 컬렉터가 등장할지도 모르겠다.

연이은 리팩터링과 개방을 거쳐 핫스팟 가상 머신은 시간의 침식으로부터 점점 자유로워지고 있다. 코드 복잡도와 덩치는 계속 커지고 있지만 아키텍처가 낡지는 않았다. 오히려 개방성과 확장성이 점점 좋아지면서 바깥세상과 연동하기 쉬운 플랫폼이 되었다. 뚱뚱하지만 18가지 무술을 익혀 다양한 고난도 장면도 스턴트 대역 없이 연기할 수 있는 유연하고 민첩한 배우로 성장했다.

1.5.5 언어 문법의 지속적인 개선

언어의 기능적 특성과 문법 이야기는 일부러 마지막으로 미뤄 두었다. 상대적으로 가장 덜 중요한 개선이기 때문이다. 예컨대 인간 친화적이지 못한 문법을 갖춘 자바스크립트는 결국 엄청난 성공을 거두었고, 자바보다 문법이 훨씬 우아한 C#은 아직도 자바를 따라오지 못하고 있다.

그렇더라도 언어가 제공하는 기능과 문법은 생산성과 개발 효율에 많은 영향을 주는 중요한 요인임은 틀림없다. 여러 가지 언어 기능과 편의 문법이 없더라도 여전히 프로그램을 작성할 수는 있다. 하지만 필수가 아닌 편의 문법조차도 언어를 날마다 사용하는 개발자에게는 행복한 선물일 수 있다. JDK 7의 코인 프로젝트가 완료된 후 자바 커뮤니티는 또 다른 언어 기능 개선 프로젝트인 앰버[60]를 발족했다. 현재는 앰버 프로젝트에서 새로운 구문 개선 아이디어를 지속적으로 실험하고 표준화하는 중이다. JDK 10 이후로 정식 표준이 된 구문 개선은 다음과 같다. 앞의 숫자는 JEP 번호를 뜻한다.

- 286: Local-Variable Type Inference - 지역 변수 타입 추론(var), JDK 10에 도입
- 323: Local-Variable Syntax for Lambda Parameters - 람다식 매개 변수로 사용할 수 있도록 지역 변수 구문 개선, JDK 11에 도입

---

[59] 이 인터페이스는 핫스팟 내부에서만 쓰이며 일반 개발자에게 공개되지는 않았다.
[60] 앰버 프로젝트 홈페이지: *https://openjdk.org/projects/amber/*

- 361: Switch Expressions - switch 문을 표현식으로 사용할 수 있는 문법 추가, JDK 14에 도입
- 378: Text Blocks - + 없이 문자열 여러 줄을 쉽게 표현할 수 있는 문법 추가, JDK 15에 도입
- 394: Pattern Matching for instanceof - 패턴 매칭 능력을 부여해 instanceof 연산자의 표현력 강화, JDK 16에 도입
- 395: Records - 데이터 전달용 불변 클래스인 레코드 타입 추가, JDK 16에 도입
- 409: Sealed Classes - 자신을 확장하거나 구현할 수 있는 클래스와 인터페이스를 제한하는 봉인된 클래스와 봉인 인터페이스 타입 추가, JDK 17에 도입
- 440: Record Patterns - 레코드 클래스로부터 데이터를 가져올 때 패턴 매칭 제공, JDK 21에 도입
- 441: Pattern Matching for switch - switch 문·표현식의 패턴 매칭 능력 개선, JDK 21에 도입

그리고 여전히 진행 중인 개선안도 많다. 진행 중인 안들은 미리 보기 형태로 JDK에 포함되어 배포되므로 원하면 사용해 볼 수 있다.

- 430: String Templates (Preview) - 리터럴 텍스트를 임베디드 표현식 및 템플릿 프로세서와 결합하여 특수한 결과를 생성할 수 있게 해서 자바의 기존 문자열 리터럴과 텍스트 블록을 보완, JDK 21에 포함
- 443: Unnamed Patterns and Variables (Preview) - 언더스코어(_)를 이용하여 무명 패턴과 무명 변수 작성 지원, JDK 21에 포함
- 445: Unnamed Classes and Instance main methods (Preview) - 클래스·패키지·모듈 정의를 생략할 수 있는 무명 클래스와 단순화한 main() 메서드 도입, JDK 21에 포함
- 447: Statements before super() (Preview) - 인스턴스를 참조하지 않는 문장은 this()나 super() 호출 전에 작성 가능

편의 문법 외의 언어 기능도 다방면에서 지속적으로 개선되고 있다. 현재 비교적 명확하게 드러난 프로젝트는 다음과 같으며, 대중의 많은 관심 속에서 한 걸음씩 나아가는 중이다.

- 발할라 프로젝트[61]: 값 타입과 원시 타입을 일반화한 제네릭 타입을 제공하고 불변 타입과 비참조 타입을 명시적으로 선언할 수 있게 한다. 값 타입의 역할과 가치는 10장에서 설명한다. 불변 타입은 동시성 프로그래밍에 수많은 이점을 선사한다. 대표적으로 데이터 경합이 사라져서 성능이 높아진다. 스칼라와 같은 일부 언어는 명시적 불변 타입을 선언할 수 있는 반면, 자바에서는 모든 필드를 final로 선언하는 식으로 간접적으로만 구현할 수 있다. 한편 제네릭 타입들이 원시 타입을 지원한다는 말은 더 이상 오토박싱/언박싱이 필요하지 않다는 뜻이다.

- 파나마 프로젝트[62]: 자바 가상 머신과 네이티브 코드의 경계를 허문다. 자바 코드는 JNI를 이용해 네이티브 코드를 호출할 수 있으며, 안드로이드처럼 하드웨어와 자주 상호 작용하는 분야에서는 매우 흔하게 이용된다. 하지만 JNI 방식은 이용하기가 상당히 번거롭고, 빈번하게 호출하면 성능 부하도 크다. 파나마 프로젝트는 자바 코드와 네이티브 코드가 더 매끄럽게 어우러지는 방법을 제공할 것이다. 구체적으로는 다음 세 가지 하위 프로젝트가 진행 중이다.

  ○ 외부 함수 및 메모리 API: 힙 바깥의 메모리를 사용하기 위한 API다. JNI의 지루한 접합 코드(glue code)와 투박함 없이, 메서드 핸들을 이용해 네이티브 코드와 자바 코드를 연결한다. java.base 모듈의 java.lang.foreign 패키지로 통합할 예정이다.

  ○ 벡터 API: 하드웨어로 가속되는 벡터 계산 기능을 제공한다. 값 객체를 써야 해서 발할라 프로젝트와 연관되어 있다.

  ○ Jextract: 네이티브 라이브러리 헤더와 자바를 바인딩해 주는 도구다.

자바는 6개월마다 새로운 버전의 JDK를 배포하면서 다른 언어의 멋진 기능들을 계속해서 흡수할 것이다. 배움의 끈을 놓지 않고 있기 때문에 앞으로도 오랫동안 지금과 같은 생명력을 유지하리라 생각한다.

---

61 (옮긴이) 발할라는 북유럽 신화에 나오는 공간으로, 흔히 오딘 신을 위해 싸우다 죽은 전사들이 가게 되는 곳을 일컫는다. 발할라 프로젝트 홈페이지: *https://openjdk.org/projects/valhalla/*
62 (옮긴이) 파나마는 태평양과 대서양을 잇는 운하의 이름이다. 자바 코드와 네이티브 코드를 이어 준다는 프로젝트 목표와 잘 어울린다. 파나마 프로젝트 홈페이지: *https://openjdk.org/projects/panama/*

1.6 실전: 내 손으로 빌드하는 JDK

자바 가상 머신의 내부 구현 원리를 엿볼 수 있는 가장 직접적인 길은 바로 JDK를 직접 컴파일하고 JDK 소스 코드를 읽고 분석하고 디버깅해 가며, 자바 기술 시스템이 어떻게 동작하는지 이해해 보는 것이다. 물론 누군가가 잘 정리한 정보를 읽는 것보다 훨씬 어렵다. 하지만 여러 글과 책으로 습득하는 길보다 핵심에 더 가까이 다가갈 수 있음은 자명하다. 자바 클래스 라이브러리의 저수준 메서드 다수는 네이티브 코드로 작성되어 있다. 이런 메서드들의 동작을 이해하려고 하거나 JDK를 필요에 맞게 수정하거나 섬세하게 최적화하려면 가상 머신 코드를 직접 컴파일하고 디버깅할 수 있어야 한다.

인터넷에서 다양한 오픈 소스 JDK를 구할 수 있지만, 그중 OpenJDK가 가장 널리 쓰이므로 우리도 OpenJDK를 선택해 컴파일해 보겠다.

1.6.1 소스 코드 구하기

이 책에서 컴파일해 볼 JDK는 OpenJDK 17이다. *https://jdk.java.net/java-se-ri/17* 에 방문하여 본문 중 'zip file' 링크를 클릭하면 전체를 압축한 zip 파일을 받을 수 있다.

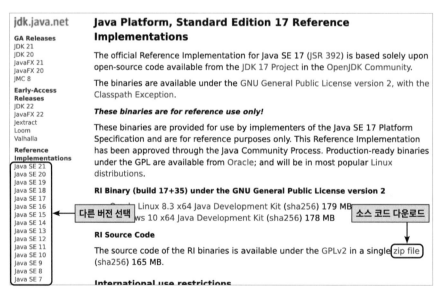

그림 1-9 OpenJDK 17 소스 코드 받기

받은 zip 파일의 크기는 164MB이며 압축을 풀면 약 582MB다. 다른 버전 JDK의 소스 코드가 필요하면 왼쪽 메뉴에서 원하는 버전을 선택해 같은 방식으로 받으면 된다.

한편 JDK 16부터 소스 코드 저장소를 깃허브로 옮겨 관리하고 있다. 따라서 최신 개발 브랜치나 특정 세부 버전의 코드가 필요하면 OpenJDK 깃허브 저장소[63]에 방문해 보자.

그림 1-10처럼 Tags로 검색하면 원하는 브랜치를 쉽게 찾을 수 있다.

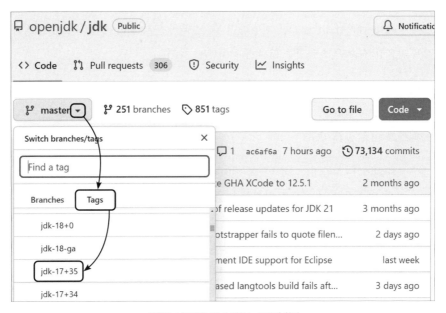

그림 1-10 깃허브에서 원하는 브랜치 찾기

깃허브에는 JDK 7부터 현재 개발 중인 최신 버전까지 모든 코드가 담겨 있다.

1.6.2 시스템 요구 사항

OpenJDK 빌드는 되도록이면 리눅스나 맥OS에서 진행하길 권한다. 툴체인과 필요한 라이브러리를 준비하기가 윈도우보다 훨씬 쉽기 때문이다. 이 책에서는 우분투 22.04 LTS 버전에서 빌드를 진행하겠다. 혹시 꼭 윈도우에서 해야 하거나 더 자세한 설명이 필요하면 소스 코드에 포함된 빌드 안내 문서를 참고하자. 위치는 JDK_

63 https://github.com/openjdk/jdk

SRC_HOME/doc/building.html이다.[64]

어떤 플랫폼을 선택하든 이 문서를 주의 깊게 읽어 보기 바란다. 컴파일을 하려면 작은 부분까지도 주의할 게 매우 많다. OpenJDK를 처음 컴파일해 본다면 난관이 많을 것이다.

이번 절에서는 64비트 운영 체제에서 64비트용 OpenJDK를 컴파일해 볼 것이다. 64비트가 기본 설정값이다. 심지어 32비트 버전으로 컴파일하더라도 64비트 운영 체제에서 진행하기를 권한다. 컴파일 과정에서 메모리를 많이 사용하기 때문이다 (32비트 시스템은 메모리가 4GB로 제한). 32비트로 컴파일하려면 컴파일 매개 변수로 --with-target-bits=32를 지정하면 된다. 공식 문서에 따르면 OpenJDK 컴파일에 필요한 최소 요구 사항은 다음과 같다(x86 기준).

- CPU: 2~4코어
- 메모리: 2~4GB(CPU 코어가 많을수록 메모리를 더 소비함)
- 디스크 여유 공간: 6GB

소스 코드 자체는 600MB가 채 안 되지만 컴파일 도중 수많은 중간 파일이 만들어진다. 또한 핫스팟 가상 머신은 최적화 수준(Product, FastDebug, SlowDebug)에 따라 중간 파일을 반복해서 생성할 수도 있어서 디스크 공간이 상당히 많이 필요하다.

마지막 조언을 하자면 컴파일을 한글이 포함된 디렉터리에서 수행하면 안 된다. JDK 소스 코드는 물론 컴파일에 필요한 다른 프로젝트들의 파일 모두에 해당한다. 한글 이름을 써서 생기는 문제도 해결할 수는 있지만, 애초에 문제를 만들지 않는 게 최선이다.

1.6.3 컴파일 환경 구축하기

맥OS와 리눅스에서 OpenJDK 컴파일은 비교적 간단하다.[65] 맥OS의 경우 10.13(High Sierra) 이상을 권장하며, 최신 버전의 XCode와 XCode용 명령 줄 도구 (Command Line Tools)가 필요하다. 애플 개발자 웹 사이트[66]에서 무료로 받을 수 있다.

---

64 (옮긴이) 경로의 'JDK_SRC_HOME'은 JDK 소스가 위치한 디렉터리를 뜻한다.
65 맥OS에서는 OpenJDK 7u4 이후 버전만 컴파일할 수 있다. 이전 버전에도 소스 코드에 맥OS 관련 디렉터리와 컴파일 스크립트가 존재하지만 완전하지가 않다.
66 *https://developer.apple.com/*

이 개발자 도구에 OpenJDK를 컴파일할 Clang 컴파일러와 Makefile에서 쓰는 기타 외부 도구들이 포함되어 있다.

리눅스에서 준비할 것도 맥OS와 비슷하다. 맥OS에서는 XCode SDK로부터 Clang 컴파일러를 얻는데, 우분투에서는 GCC와 Clang 중 선택할 수 있다. GCC는 5.0 이상이 필요하며 권장 버전은 10.2다. Clang은 3.5 이상이 필요하다. 우분투에서 GCC를 설치하려면 다음 명령을 실행하자.

```
$ sudo apt-get install build-essential
```

컴파일을 완료하려면 다음과 같이 다수의 서드 파티 라이브러리와 빌드 도구가 필요하다.

- Fontconfig: 폰트 설정 라이브러리
- FreeType: 폰트 렌더링 라이브러리
- CUPS
- X11: X 윈도 시스템
- ALSA
- libffi: 포터블 외부 함수 인터페이스(foreign function interface) 라이브러리
- Autoconf: M4 매크로의 확장 패키지

다음 명령들을 차례로 실행하여 라이브러리들을 미리 설치하자.

```
$ sudo apt-get install libfontconfig1-dev
$ sudo apt-get install libfreetype6-dev
$ sudo apt-get install libcups2-dev
$ sudo apt-get install libx11-dev libxext-dev libxrender-dev libxrandr-dev
    libxtst-dev libxt-dev
$ sudo apt-get install libasound2-dev
$ sudo apt-get install libffi-dev
$ sudo apt-get install autoconf
```

JDK를 구성하는 요소 중 일부는 C·C++로 작성되었지만, 그보다 더 많은 코드가 자바 언어로 구현되었다. 이 자바 코드들을 컴파일하려면 또 다른 JDK가 이미 설치되어 있어야 한다. 이때 쓰이는 JDK를 부트 JDK라고 한다. 부트 JDK는 설치하려는 JDK의 '직전 메이저 버전'이 원칙이다. 예를 들어 JDK 17을 컴파일하려면 JDK 16이 필요한 식이다. 또는 같은 메이저 버전도 가능하다. 우리는 같은 메이저 버전인

OpenJDK 17을 설치할 것이다. JDK 16은 LTS 버전이 아니어서인지 apt 저장소에 들어 있지 않기 때문이다. 다음은 우분투에서 OpenJDK 17을 설치하는 명령이다.

```
$ sudo apt-get install openjdk-17-jdk
```

1.6.4 컴파일하기

필요한 라이브러리를 모두 설치했다면 드디어 기본 설정값으로 컴파일을 시작할 수 있다. 그런데 OpenJDK를 컴파일하는 목적은 단지 컴파일된 제품을 얻기 위해 서만은 아닌 경우가 많다. 예컨대 디버깅이나 사용자화 등을 위해서일 때도 많다. 따라서 OpenJDK가 제공하는 컴파일 매개 변수들을 알아 두는 게 좋다. 가장 유용한 매개 변수들을 간단히 훑어보자.

- --with-debug-level=<레벨>: 컴파일 레벨을 지정한다. 지정할 수 있는 값은 release, fastdebug, slowdebug다. 최적화를 덜 수행할수록 디버깅 정보를 많이 제공한다. 또한 특정 모드에서 필요한 가상 머신 디버깅 매개 변수도 있다. 기본값은 release다.

- --enable-debug: --with-debug-level=fastdebug와 같다.

- --with-native-debug-symbols=<방식>: 디버그 심벌 정보의 컴파일 방식을 지정한다. 지정할 수 있는 값은 none, internal, external, zipped다.

- --with-version-string=<string>: 컴파일된 JDK 버전을 지정한다. java -version 명령 수행 시 출력되는 값이다. JDK 버전은 --with-version-<부분>=<값> 형태로 부분별로 더 세분화해 지정할 수도 있다. 이때 <부분>은 pre, opt, build, feature, interim, update, patch, date 등이 될 수 있다.

- --with-jvm-variants=<변형>[,<변형>...]: 핫스팟 가상 머신을 특별한 모드(변형)로 컴파일한다. 다양한 모드를 동시에 지정할 수 있다. 지정할 수 있는 값은 server, client, minimal, core, zero, custom이다.

- --with-jvm-features=<기능>[,<기능>...]: custom 가상 머신용 기능 목록을 지정한다. --with-jvm-variants=custom으로 지정하면 다양한 기능을 동시에 명시할 수 있다. 지정할 수 있는 값이 많으니 help 명령을 참고하자.

- --with-target-bits=<비트>: 가상 머신을 32비트로 컴파일할지, 64비트로 컴파

일할지 명시한다. 64비트 기기에서라면 32비트 가상 머신도 컴파일할 수 있다.

- with <라이브러리>=<경로>: 의존히는 패키지 경로를 지정한다. 여러 버전의 부트 JDK나 의존 패키지가 설치되어 있을 때 정확한 대상을 지정하기 위해 주로 사용된다. <라이브러리>에 지정할 수 있는 값은 boot-jdk, freetype, cups, x, alsa, libffi, jtreg, libjpeg, giflib, libpng, lcms, zlib이다.

- --with-extra-<플래그 종류>=<플래그들>: C·C++와 자바 코드 컴파일에 필요한 추가적인 컴파일 매개 변수를 지정한다. <플래그 종류>로 C, C++, 자바용을 구분하며 차례로 cflags, cxxflags, ldflags를 쓴다.

- --with-conf-name=<이름>: 컴파일 설정 이름을 지정한다. OpenJDK는 컴파일마다 다른 설정을 쓸 수 있다. 기본적으로 설정 이름은 컴파일을 수행하는 운영 체제, 명령어 세트 아키텍처, 디버깅 레벨 등의 정보를 이용하여 linux-x86_64-server-release 형태로 자동 생성된다. 기본 이름에 포함되지 않는 컴파일 매개 변수를 다르게 설정하여 따로 관리하고 싶다면 이 매개 변수를 이용하여 설정 이름을 바꿔 주자.

이상은 configure 명령이 지원하는 매개 변수 중 일부다. 전체 목록은 bash configure --help 명령으로 확인할 수 있으며, 매개 변수를 설정하는 방식은 모두 똑같다.

```
bash configure [options]
```

예를 들어 핫스팟 가상 머신을 FastDebug 버전으로 서버용으로만 컴파일하고 싶다면 JDK_SRC_HOME 디렉터리에서 다음 명령을 실행한다.

```
$ bash configure --enable-debug --with-jvm-variants=server
```

configure 명령은 의존성 검사, 매개 변수 설정, 결과를 담을 디렉터리 구조 생성 등 다양한 역할을 수행한다. 모든 과정이 무사히 끝나면 '설정에 성공했다'는 내용의 메시지와 함께 다음과 같은 설정 요약 정보가 출력된다. 컴파일 설정 이름, 디버그 레벨, 자바 가상 머신의 모드와 기능 목록, 사용한 컴파일러 버전 등을 확인할 수 있다.

```
A new configuration has been successfully created in
/home/icyfenix/develop/java/jdk-17/build/linux-x86_64-server-fastdebug
using configure arguments '--enable-debug --with-jvm-variants=server'.
```

```
Configuration summary:
* Name:            linux-x86_64-server-fastdebug
* Debug level:     fastdebug
* HS debug level: fastdebug
* JVM variants:    server
* JVM features:    server: 'cds compiler1 compiler2 epsilongc g1gc jfr
    jni-check jvmci jvmti management nmt parallelgc serialgc services
    shenandoahgc vm-structs zgc'
* OpenJDK target: OS: linux, CPU architecture: x86, address length: 64
* Version string: 17-internal+0-adhoc.icyfenix.jdk-17 (17-internal)

Tools summary:
* Boot JDK:        openjdk version "17.0.6" 2023-01-17 OpenJDK Runtime
    Environment (build 17.0.6+10-Ubuntu-0ubuntu122.04) OpenJDK 64-Bit Server
    VM (build 17.0.6+10-Ubuntu-0ubuntu122.04, mixed mode, sharing) (at /usr/
    lib/jvm/java-17-openjdk-amd64)
* Toolchain:       gcc (GNU Compiler Collection)
* C Compiler:      Version 11.3.0 (at /usr/bin/gcc)
* C++ Compiler:    Version 11.3.0 (at /usr/bin/g++)

Build performance summary:
* Cores to use:    4
* Memory limit:    7949 MB
```

바로 이어서 make 명령을 실행한다. JDK를 본격 빌드하는 단계로, 컴퓨터 성능에 따라 10분 이상 걸릴 수 있다.

```
$ make
```

빌드가 완료되면 build/〈설정이름〉/ 디렉터리가 만들어질 것이다. 컴파일이 완료되면 JDK_SRC_HOME/build/〈설정이름〉/ 밑에 다음 디렉터리들이 만들어진다.

- buildtools/: 컴파일 과정에서 쓰이는 도구를 생성하고 저장한다.
- hotspot/: 핫스팟 가상 머신에 의해 컴파일되는 중간 파일을 저장한다.
- images/: make *-image 명령으로 만들어지는 이미지를 저장한다.
- jdk/: 컴파일이 완료된 JDK를 저장한다.
- support/: 컴파일 도중 생성되는 중간 파일들을 저장한다.
- test-results/: 컴파일 후 자동화 테스트 결과를 저장한다.
- configure-support/: configure 명령이 사용하는 임시 파일을 저장한다.
- make-support/: make 명령이 사용하는 임시 파일을 저장한다.
- test-support/: test 명령이 사용하는 임시 파일을 저장한다.

이 디렉터리 구조가 성공적으로 만들어진 이후 다시 컴파일하거나 설정을 변경하려면 make clean과 make dist-clean 명령을 차례로 실행해 미리 청소를 해 두어야 한다. 새로운 설정 이 온전히 적용될 수 있도록 하기 위함이다.

이제 전체 OpenJDK를 컴파일할 차례다.

```
$ make images
```

여기서 images란 product-images의 줄임말로, JDK 이미지 전체를 컴파일하는 타깃을 가리킨다. product-images 외에도 다음과 같은 타깃들이 존재한다.

- hotspot: 핫스팟 가상 머신만 컴파일한다.
- hotspot-<variant>: 지정한 특정 모드의 핫스팟 가상 머신들만 컴파일한다.
- docs-image: JDK의 문서 이미지를 생성한다.
- test-image: JDK의 테스트 이미지를 생성한다.
- all-images: product, docs, test 컴파일 타깃을 차례로 호출한 것과 같다.
- bootcycle-images: JDK를 두 번 컴파일하여 첫 번째 컴파일 결과를 두 번째 컴파일의 부트 JDK로 이용한다.
- clean: make 명령이 생성한 임시 파일들을 삭제한다.
- dist-clean: make와 configure 명령이 생성한 임시 파일들을 삭제한다.

OpenJDK 17 전체를 처음 컴파일하는 데는 상당한 시간이 소요되지만, 파일 몇 개만 수정해 다시 빌드하면 증분 컴파일이 이루어져 몇 초면 끝날 것이다. 컴파일이 완료된 JDK는 JDK_SRC_HOME/build/〈설정이름〉/jdk/ 디렉터리에 저장되어 있다. 이 디렉터리의 파일들을 JAVA_HOME 디렉터리에 복사하면 완전한 JDK로 이용할 수 있다. JDK 개발 버전을 빌드했다면 컴파일된 가상 머신 이름에 개발 버전이름까지 포함되어 다음과 같은 이름이 만들어진다.

```
$ ./java -version
openjdk version "17-internal" 2021-09-14
OpenJDK Runtime Environment (fastdebug build 17-internal+0-adhoc.icyfenix.
                        jdk-17)
OpenJDK 64-Bit Server VM (fastdebug build 17-internal+0-adhoc.icyfenix.jdk-17,
                        mixed mode)
```

1.6.5 통합 개발 환경에서 소스 코드 디버깅하기

OpenJDK 소스 코드를 살펴보고 이해하려면 디버거를 돌려 코드를 추적해 보는 게 도움이 된다. 우리는 앞서 핫스팟 가상 머신을 디버깅용으로, 즉 최적화를 해제하고 심벌 정보를 포함하여 빌드하는 방법을 배웠다. 이렇게 컴파일한 결과는 명령줄에서 GDB로 곧바로 디버깅할 수 있다. 아마도 자바 가상 머신 관련 개발자 중 상당수가 핫스팟 소스 코드를 GDB와 VIM 편집기를 이용해 개발했을 테지만, 이 책의 독자 대부분은 통합 개발 환경을 선호하리라 생각한다. 그래서 이번 절에서는 핫스팟 소스 코드를 통합 개발 환경에서 디버깅하는 방법을 설명하겠다.

실무에서 나는 젯브레인즈의 통합 개발 환경인 CLion을 사용한다. 젯브레인즈 홈페이지[67]에서 30일 무료 버전을 받을 수 있다.

CLion을 설치했다면 새로운 프로젝트를 생성한다. New Project 창이 열리면 C Executable 메뉴 선택 → OpenJDK 소스 코드의 루트 디렉터리 입력 → Create 버튼을 클릭한다.

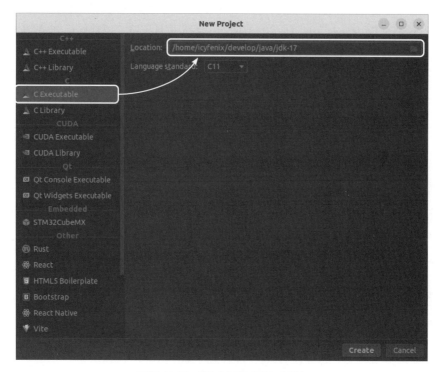

그림 1-11 CLion에서 핫스팟 프로젝트 생성(1)

---

[67] *https://www.jetbrains.com/clion/*

디렉터리가 비어 있지 않다는 창이 뜨면 Create from Existing Sources 버튼을 클릭
한다

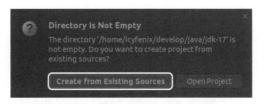

그림 1-12 CLion에서 핫스팟 프로젝트 생성(2)

그러면 소스 코드를 임포트하여 프로젝트를 만들어 준다. CMakeLists.txt 파일도 자
동 생성된 걸 볼 수 있다.

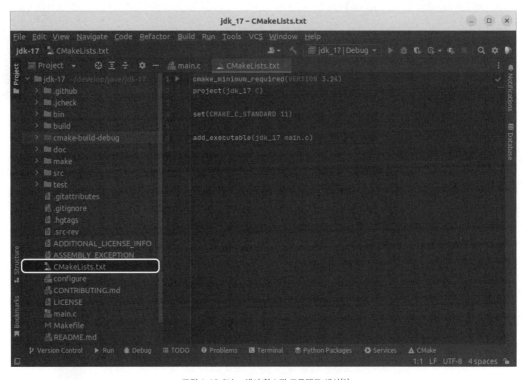

그림 1-13 CLion에서 핫스팟 프로젝트 생성(3)

하지만 이렇게 생성된 CMakeLists.txt 파일을 직접 이용할 수는 없고, OpenJDK 자체
도 통합 개발 환경용 프로젝트 설정을 따로 제공하지 않는다. 하지만 코드 수정이나

재컴파일 없이 CLion으로 소스 코드를 읽고 추적해 볼 수는 있다. Run → Edit Con-
figurations 메뉴를 선택하면 그림 1-14처럼 Run/Debug Configurations 창이 열린다.

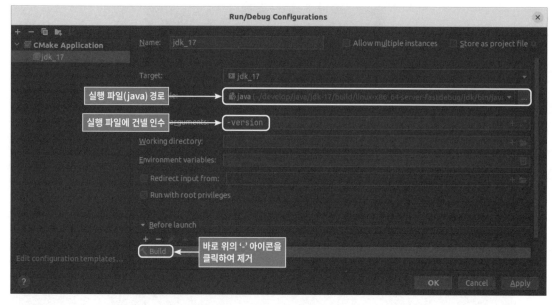

그림 1-14 CLion에서 핫스팟 프로젝트 생성(4)

Executable 항목에 방금 컴파일해 생성한 java 파일의 경로를 지정한다(JDK_SRC_
HOME/build/〈설정이름〉/jdk/bin/java). 그리고 Program arguments 항목에는
'-version'을 입력한다(또는 이 가상 머신에서 실행할 클래스 파일의 경로를 입력한
다). 마지막으로 Before launch 항목에서 'Build'를 제거한다. 그러면 이제 핫스팟을
실행하고 디버깅할 수 있다.

하지만 CLion에서 소스 코드를 수정하고 다시 컴파일하고 싶다거나 코드를 읽을
때 제대로 참조해 오지 못하는 헤더 파일들이 귀찮다면, 여전히 CMakeLists.txt 파
일에 손을 대야 한다. 다행히 깃허브에 미리 정리된 파일이 준비되어 있다.[68] 파일
이 길고 책 지면은 좁으니 내용을 책에 싣지는 않았다.

우리가 작성한 자바 코드를 실행해 디버깅하고 싶다고 해 보자. 그러면 가상 머
신에서 실행되는 특정 자바 코드를 추적하는 방법을 알아야 하는데, 어디서부터 시

---

68 OpenJDK 17용 CMakeLists.txt: *https://github.com/ojdkbuild/ojdkbuild/blob/master/src/java-17-openjdk/*
CMakeLists.txt

작해야 하는지 도통 알기가 어렵다. 핫스팟이 운영 체제 위에서 바이트코드를 실행힐 때 템플릿 인터프리터를 사용하기 때문이다. 이 인터프리터는 JIT 컴파일러와 똑같이 최종 실행 코드를 런타임에 생성하기 때문에 소스 코드에서 중단점을 직접 설정할 수 없는 것이다. 그래서 핫스팟은 개발자가 인터프리터를 디버깅할 수 있도록 다음 매개 변수를 제공한다.

-XX:+TraceBytecodes -XX:StopInterpreterAt=<n>

이 매개 변수 조합은 일련번호 <n>에 해당하는 바이트코드 명령을 만나면 프로그램 실행에 끼어들어 중단점(breakpoint)을 추가하는 기능을 한다. 인터프리터 코드를 디버깅하고자 한다면 java 명령에 이 매개 변수들을 추가하자.

지금까지의 설정을 완료했다면 핫스팟 프로젝트를 수정, 컴파일, 디버깅할 수 있다. 핫스팟 가상 머신을 실행하는 진입점은 JDK_SRC_HOME/src/java.base/share/native/libjli/java.c 파일에 정의된 JavaMain() 함수다. 함수 첫 줄에 중단점을 설정하자.

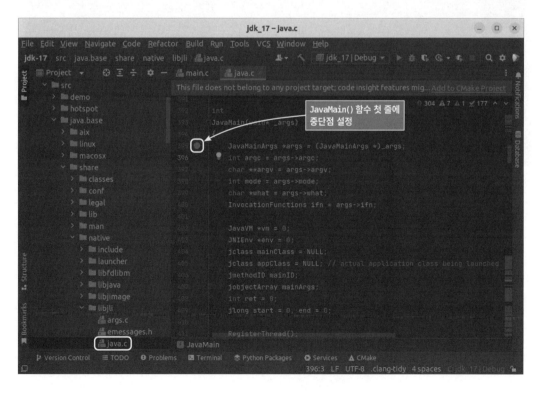

그림 1-15 CLion에서 핫스팟 프로젝트 생성(5)

Run → Debug 메뉴를 실행하면 java 파일을 디버깅 모드로 실행한다. Debugger 뷰가 열리면서 실행이 함수 첫 줄에서 멈출 텐데, 코드 편집 창의 args 변수 위에서 마우스 우클릭 → Add to Watches 메뉴를 실행하면 Debugger 뷰의 Variables 탭에 args의 런타임 값이 출력된다. 펼쳐 보면 그림 1-16처럼 배열의 첫 번째 값으로 "-version"이 입력되어 있는 모습을 확인할 수 있다.

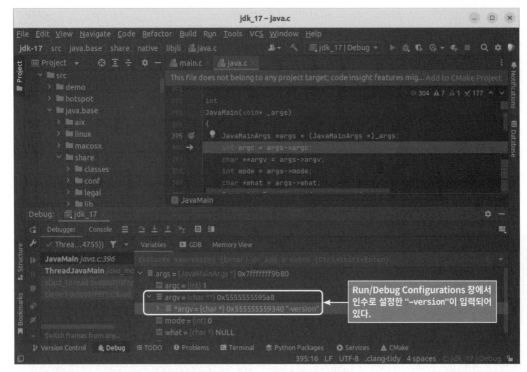

그림 1-16 CLion에서 핫스팟 프로젝트 생성(6)

1.7 마치며

이번 장에서는 자바 기술 시스템의 과거, 현재, 미래 개발 흐름을 살펴보고 Open JDK 17을 직접 컴파일하는 방법을 알아봤다. 이 책의 나머지를 학습하기 위해 꼭 필요한 환경을 구축했다고 볼 수 있다. 다음 장부터는 자바의 구현 원칙을 '자동 메모리 관리', '가상 머신 실행 서브시스템', '컴파일과 최적화', '효율적인 동시성'이라는 4개 영역으로 나눠 자바 기술의 구석구석을 이해해 보겠다.

2부

자동 메모리
관리

동적 메모리 할당과 가비지 컬렉션 기술 측면에서 자바와 C++ 사이에는 높은 벽이 가로막고 있다.

벽 바깥쪽 사람들은 안으로 들어오고 싶어 하고 안쪽 사람들은 나가고 싶어 한다.

2장

자바 메모리 영역과
메모리 오버플로

2.1 들어가며

메모리 관리 측면에서 C·C++ 개발자는 전권을 가진 황제인 동시에 잡다한 막노동도 직접 하는 일꾼이라 할 수 있다. 객체 각각의 '소유권'뿐 아니라 객체의 일생을 탄생부터 죽음까지 관리할 책임을 함께 지기 때문이다.

한편 자바 개발자는 가상 머신이 제공하는 자동 메모리 관리 메커니즘 덕에 메모리 할당과 해제를 짝지어 코딩하지 않아도 메모리 누수나 오버플로 문제를 거의 겪지 않는다. 골치 아픈 메모리 관리를 가상 머신이 해 주니 속이 다 후련하다. 하지만 통제권을 위임했기 때문에 생기는 단점도 있다. 문제가 한번 터지면 가상 머신의 메모리 관리 방식을 이해하지 못하는 한 해결하기가 상당히 어렵다는 점이다.

2부의 포문을 여는 이번 장에서는 자바 가상 머신이 관리하는 다양한 메모리 영역을 소개한다. 각 영역이 수행하는 역할과 관리 대상, 생길 수 있는 문제를 설명한다. 가상 머신의 메모리 관리라는 높은 벽을 정복하는 첫 발걸음이 될 것이다.

2.2 런타임 데이터 영역

자바 가상 머신은 자바 프로그램을 실행하는 동안 필요한 메모리를 몇 개의 데이터 영역으로 나눠 관리한다. 이 영역들은 각각 목적과 생성/삭제 시점이 있다. 어떤 영역은 가상 머신 프로세스의 시작과 동시에 만들어지며, 어떤 영역은 사용자 스레드의 시작/종료에 맞춰 생성/삭제된다. 《자바 가상 머신 명세》에 따르면 자바 가상 머신이 관리하는 메모리는 그림 2-1과 같은 런타임 데이터 영역들로 구성된다.

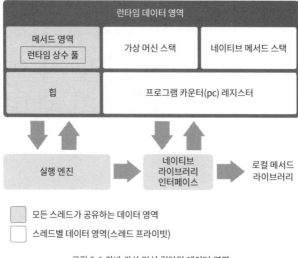

그림 2-1 자바 가상 머신 런타임 데이터 영역

2.2.1 프로그램 카운터

프로그램 카운터 레지스터는 작은 메모리 영역으로, 현재 실행 중인 스레드의 '바이트코드 줄 번호 표시기'라고 생각하면 쉽다. 자바 가상 머신의 개념 모형[1]에서, 바이트코드 인터프리터는 이 카운터의 값을 바꿔 다음에 실행할 바이트코드 명령어를 선택하는 식으로 동작한다. 프로그램의 제어 흐름, 분기, 순환, 점프 등을 표현하는 것이다. 예외 처리나 스레드 복원 같은 모든 기본 기능이 바로 이 표시기를 활용해 이루어진다.

자바 가상 머신에서의 멀티스레딩은 CPU 코어를 여러 스레드가 교대로 사용하는 방식으로 구현되기 때문에 특정 시각에 각 코어는 한 스레드의 명령어만 실행하게 된다. 따라서 스레드 전환 후 이전에 실행하다 멈춘 지점을 정확하게 복원하려면 스레드 각각에는 고유한 프로그램 카운터가 필요하다. 따라서 각 스레드의 카운터는 서로 영향을 주지 않는 독립된 영역에 저장된다. 이 메모리 영역을 스레드 프라이빗 메모리라고 한다.

---

1 이따금 등장하는 '개념 모형'이란 가상 머신의 '일반적인' 형태를 뜻한다. 자바 가상 머신이 개념 모형을 반드시 따라야 하는 건 아니다. 똑같은 기능을 수행할 수만 있다면 더 효율적인 형태로 구현해도 상관없다.

스레드가 자바 메서드를 실행 중일 때는 실행 중인 바이트코드 명령어의 주소가 프로그램 카운터에 기록된다. 한편 스레드가 네이티브 메서드를 실행 중일 때 프로그램 카운터 값은 Undefined다. '정의되지 않음'이란 뜻이다. 프로그램 카운터 메모리 영역은 《자바 가상 머신 명세》에서 OutOfMemoryError 조건이 명시되지 않은 유일한 영역이기도 하다.

2.2.2 자바 가상 머신 스택

프로그램 카운터처럼 자바 가상 머신 스택도 '스레드 프라이빗'하며, 연결된 스레드와 운명을 같이 한다(생성/삭제 시기가 일치한다). 가상 머신 스택은 자바 메서드를 실행하는 스레드의 메모리 모델을 설명해 준다. 각 메서드가 호출될 때마다 자바 가상 머신은 스택 프레임[2]을 만들어 지역 변수 테이블, 피연산자 스택, 동적 링크, 메서드 반환값 등의 정보를 저장한다. 그런 다음 스택 프레임을 가상 머신 스택에 푸시(push)하고, 메서드가 끝나면 팝(pop)하는 일을 반복한다.

자바의 메모리 영역을 힙 메모리와 스택 메모리로 구분하는 사람이 많다. 이 구분법은 전통적인 C·C++ 프로그램의 메모리 구조에서 기인한 것으로, 자바 언어를 설명하기에는 무리가 있다. 자바의 메모리 영역 구분은 훨씬 복잡하다. 그럼에도 이 구분법이 널리 쓰인다는 사실은 이 두 가지가 객체 메모리 할당과 가장 밀접하고, 개발자들이 가장 신경 써야 할 영역이라는 방증이다. '스택'이라고 하면 보통 방금 이야기한 자바 가상 머신 스택을 가리키는데, 그중 특히 지역 변수 테이블을 가리킬 때가 많다(힙은 나중에 따로 이야기하겠다).

지역 변수 테이블에는 자바 가상 머신이 컴파일타임에 알 수 있는 다양한 기본 데이터 타입,[3] 객체 참조,[4] 반환 주소 타입[5]을 저장한다. 지역 변수 테이블에서 이 데이터 타입들을 저장하는 공간을 지역 변수 슬롯이라 한다. 일반적으로 슬롯 하나의 크기는 32비트다. 따라서 double 타입처럼 길이가 64비트인 데이터는 슬롯 두 개를 차지하며, 나머지 타입은 모두 슬롯 하나에 저장된다. 지역 변수 테이블을 구성하는 데 필요한 데이터 공간은 컴파일 과정에서 할당된다. 자바 메서드는 스택 프레임에서 지역 변수용으로 할당받아야 할 공간의 크기가 이미 완벽하게 결정되

---

2 스택 프레임은 메서드 실행 도중 사용되는 아주 기본적인 데이터 구조다. 8장에서 자세히 설명한다.
3 boolean, byte, char, short, int, float, long, double
4 참조 타입과 객체 자체는 다르다. 참조 타입은 객체의 시작 주소를 가리키는 참조 포인터일 수도 있고, 객체를 대표하는 핸들 또는 객체와 관련한 다른 위치를 가리킬 수도 있다.
5 바이트코드 명령어의 주소

어 있다. 메서드 실행 중에는 절대 변하지 않는다. 여기서 이야기한 '크기'는 변수 슬롯 개수임에 주의하자. 가상 머신이 변수 슬롯을 구현하는 데 사용하는 메모리의 실제 크기는 가상 머신을 어떻게 구현하느냐에 따라 완전히 달라질 수 있다(슬롯 하나가 32비트, 64비트 또는 그 이상일 수 있다).

《자바 가상 머신 명세》는 스택 메모리 영역에서 두 가지 오류가 발생할 수 있도록 정의했다. 첫째, 스레드가 요청한 스택 깊이가 가상 머신이 허용하는 깊이보다 크다면 StackOverflowError를 던진다. 둘째, 스택 용량을 동적으로 확장할 수 있는 자바 가상 머신[6]에서는 스택을 확장하려는 시점에 여유 메모리가 충분하지 않다면 OutOfMemoryError를 던진다.

2.2.3 네이티브 메서드 스택

네이티브 메서드 스택은 가상 머신 스택과 매우 비슷한 역할을 한다. 차이점이라면 가상 머신 스택은 자바 메서드(바이트코드)를 실행할 때 사용하고, 네이티브 메서드 스택은 네이티브 메서드를 실행할 때 사용한다는 것이다.

《자바 가상 머신 명세》는 네이티브 메서드 스택에서 메서드를 어떤 구조로 어떻게 표현해야 하는지와 관련하여 아무것도 명시하지 않았다. 따라서 가상 머신 구현자가 원하는 형태로 자유롭게 표현할 수 있다. 그래서 네이티브 메서드 스택과 가상 머신 스택을 하나로 합쳐 놓은 가상 머신도 있다(핫스팟 가상 머신 포함). 가상 머신 스택처럼 네이티브 메서드 스택도 스택 허용 깊이를 초과하면 StackOverflowError를, 스택 확장에 실패하면 OutOfMemoryError를 던질 수 있다.

2.2.4 자바 힙

자바 힙은 자바 애플리케이션이 사용할 수 있는 가장 큰 메모리다. 자바 힙은 모든 스레드가 공유하며 가상 머신이 구동될 때 만들어진다. 이 메모리 영역의 유일한 목적은 객체 인스턴스를 저장하는 것이고, 자바 세계의 '거의' 모든 객체 인스턴스가 이 영역에 할당된다. 《자바 가상 머신 명세》에는 "모든 객체 인스턴스와 배열은 힙에 할당된다"[7]라고 적혀 있다. 그럼에도 내가 '거의'라고 표현한 이유가 있다. 구

---

6 예전의 클래식 VM과 달리 핫스팟 가상 머신은 스택 용량을 동적으로 늘리지 못하기 때문에 두 번째 이유로 OutOfMemoryError를 던지는 일은 없다.

7 《자바 가상 머신 명세》의 원문: The heap is the run-time data area from which memory for all class instances and arrays is allocated.

현 관점에서 자바 언어가 계속 발전하면서 앞으로는 값 타입도 지원할 것으로 보인다. 당장만 생각하더라도 JIT 컴파일 기술이 발전하면서, 특히 탈출 분석 기술이 날로 발전하면서 스택 할당과 스칼라 치환 최적화 방식이 살짝 달라졌다.[8] 따라서 모든 자바 객체 인스턴스가 힙에 할당된다는 설명이 절대적 진리라고 보기에는 조금씩 애매해지고 있다.

자바 힙은 가비지 컬렉터가 관리하는 메모리 영역이기 때문에 어떤 문헌에서는 GC 힙이라고도 한다. 메모리 회수 관점에서 대다수 현대적인 가비지 컬렉터는 세대별 컬렉션 이론(generational collection theory)을 기초로 설계됐다. 그래서 자바 힙을 설명할 때 '신세대(new generation)', '구세대(old generation)', '영구 세대', '에덴 공간(eden space)', '생존자 공간에서부터(from survivor space)', '생존자 공간으로(to survivor space)' 같은 용어가 자주 등장한다. 이러한 개념은 이어지는 장들에서 반복해서 이야기할 것이다. 여기서 짚고 넘어가야 할 사실은 이 영역 구분은 가비지 컬렉터들의 일반적인 특성 또는 설계 방식일 뿐, 반드시 이 형태로 메모리를 구성해야 한다는 뜻은 아니라는 점이다. 《자바 가상 머신 명세》의 자바 힙 절에는 세부 영역 구분에 관한 이야기 자체가 없다.

여러 문헌에서 "자바 가상 머신의 힙 메모리는 신세대, 구세대, 영구 세대, 에덴, 생존자 공간 등으로 나뉜다"라고 설명한다. G1 컬렉터가 등장한 2010년 전후로 핫스팟 가상 머신은 업계에서 확고한 주류가 되었고, 핫스팟의 가비지 컬렉터들은 모두 신세대 컬렉터와 구세대 컬렉터를 조합해 동작하는 전통적인 세대 구분[9]을 따랐다. 당시라면 앞의 설명이 크게 틀린 게 없다. 하지만 오늘날의 가비지 컬렉터 기술은 그 시절에 머물러 있지 않다. 심지어 핫스팟에도 세대 단위 설계를 따르지 않는 컬렉터가 포함되었다. 따라서 앞의 설명은 따져 볼 게 많은 상황이다.

메모리 할당 관점에서 자바 힙은 모든 스레드가 공유한다. 따라서 객체 할당 효율을 높이고자 스레드 로컬 할당 버퍼 여러 개로 나뉜다. 하지만 어떤 시각에서 보든 또는 어떻게 나뉘든 상관없이 데이터가 자바 힙에 저장된다는 사실은 달라지지 않는다. 어떤 세부 영역이든 객체의 인스턴스만 저장할 수 있다. 자바 힙을 다시 작게 구분하는 목적은 오직 메모리 회수와 할당을 더 빠르게 하기 위함이다. 이번 장

---

8 탈출 분석과 스칼라 치환 관련 설명은 11장을 참고하자.
9 신세대(에덴과 두 생존자 공간 포함)와 구세대라는 개념 구분은 1980년대 중반 UC 버클리에서 개발한 버클리 스몰토크에서 유래했다. 핫스팟과 그 전신인 셀프와 스트롱토크 가상 머신 등 역사적으로 많은 가상 머신이 이 설계를 차용했다. 원 논문: *https://dl.acm.org/citation.cfm?id=808261*

에서는 메모리 영역의 역할만 이야기하겠다. 앞서 언급한 자바 힙 세부 영역에서의 할당 및 회수와 관련된 자세한 이야기는 다음 장의 주제다.

《자바 가상 머신 명세》에 따르면 자바 힙은 물리적으로 떨어진 메모리에 위치해도 상관없으나 논리적으로는 연속되어야 한다. 파일을 저장할 때 디스크 공간을 활용하는 방식과 같다(파일 각각은 논리적으로 연속된 공간에 저장된다). 하지만 대다수 가상 머신이 큰 객체(주로 배열 객체)는 물리적으로도 연속된 메모리 공간을 사용하도록 구현한다. 저장 효율을 높이고 구현 로직을 단순하게 유지하기 위해서다.

자바 힙은 크기를 고정할 수도, 확장할 수도 있게 구현할 수 있다. 요즘 주류 가상 머신들은 모두 확장 가능한 형태로 구현되어 있다(-Xmx와 -Xms 매개 변수 사용). 새로운 인스턴스에 할당해 줄 힙 공간이 부족하고 힙을 더는 확장할 수 없다면 OutOfMemoryError를 던진다.

2.2.5 메서드 영역

메서드 영역도 자바 힙처럼 모든 스레드가 공유한다. 메서드 영역은 가상 머신이 읽어 들인 타입 정보, 상수, 정적 변수 그리고 JIT 컴파일러가 컴파일한 코드 캐시 등을 저장하는 데 이용된다. 《자바 가상 머신 명세》에서는 메서드 영역도 논리적으로는 힙의 한 부분으로 기술하지만, 자바 힙과 구분하기 위해 '논힙(non-heap)'이라 부르기도 한다.

메서드 영역을 설명하려면 영구 세대 이야기를 하지 않을 수 없다. 특히 JDK 7까지는 많은 자바 개발자가 핫스팟 가상 머신용으로 프로그램을 개발하고 배포했다. 그리고 당시 많은 사람이 메서드 영역을 영구 세대라 부르며 두 개념을 혼동했다.

사실 이 둘은 같지 않다. 당시 핫스팟 가상 머신 개발 팀은 가비지 컬렉터의 수집 범위를 메서드 영역까지 확장하기로 결정했다. 그래서 메서드 영역을 영구 세대에 구현했을 뿐이다. 그 결과로 핫스팟의 가비지 컬렉터는 메서드 영역도 마치 자바 힙처럼 관리할 수 있었고, 그 덕분에 메서드 영역을 관리하는 코드가 따로 필요 없으니 작업량을 줄일 수 있었다.

하지만 BEA JRockit이나 IBM J9 등 다른 가상 머신에는 애초부터 영구 세대라는 개념이 없었다. 《자바 가상 머신 명세》가 특정 방식을 강제하지 않았던 터라, 원칙적으로 메서드 영역을 어떻게 구현할지는 가상 머신을 구현하는 쪽에서 정하면 될 사안이었다.

지금에 와서 돌이켜 보면 메서드 영역을 영구 세대에 구현한 결정은 좋은 생각이 아니었다. 이 설계 때문에 자바 애플리케이션들이 메모리 오버플로를 겪을 가능성이 커졌기 때문이다. 영구 세대의 최대 크기는 -XX:MaxPermSize로 제한되며, 이 값을 설정하지 않더라도 기본값이 정해져 있다. 반면 적어도 J9과 JRockit은 프로세스가 쓸 수 있는 메모리 최댓값에 손을 대지 않았다. 예를 들어 32비트 시스템이라면 4GB 한계까지 아무 문제를 일으키지 않았다. 그리고 소수이기는 하나 영구 세대 때문에 가상 머신에 따라 성능이 달라지는 메서드가 생겨났다(예: String::intern()).

BEA를 인수하여 JRockit의 소유권을 얻은 오라클은 JRockit의 훌륭한 기능을 핫스팟에 이식하기 시작했다. 관리 도구인 JMC가 대표적이다. 하지만 두 가상 머신에서 메서드 영역을 구현한 방식이 달라서 쉽지 않은 일이었다.

JDK 6 시절, 핫스팟 개발 팀은 핫스팟의 미래를 위해 영구 세대를 포기하고 점진적으로 메서드 영역을 네이티브 메모리에 구현할 계획을 세운다. 그래서 JDK 7에 이르러 핫스팟은 그 전까지 영구 세대에서 관리하던 문자열 상수와 정적 변수 등의 정보를 자바 힙으로 옮겼다(4.3.1절의 실습에서 직접 확인해 볼 수 있다). JDK 8에 와서는 영구 세대라는 개념을 완전히 지우고 JRockit과 J9처럼 네이티브 메모리에 메타스페이스를 구현했다.[10] JDK 7까지 영구 세대에 남아 있던 모든 데이터(주로 타입 정보)를 메타스페이스로 옮긴 것이다.

《자바 가상 머신 명세》는 메서드 영역에 제약을 거의 두지 않았다. 자바 힙과 마찬가지로 연속될 필요가 없으며, 크기를 고정할 수도 있고, 확장 가능하게 만들 수도 있다. 심지어 가비지 컬렉션을 하지 않아도 괜찮다. 솔직히 이 영역에서는 쓰레기를 회수할 일이 거의 없다. 그렇다고 메서드 영역에 한번 들어온 데이터가 '영구적'이라는 뜻은 아니다.

메서드 영역에서 회수할 대상은 거의 대부분 상수 풀과 타입이라서 회수 효과가 상대적으로 매우 작다. 특히 타입은 회수할 수 있는 조건이 상당히 까다롭기까지 하다. 하지만 가끔은 꼭 필요할 때도 있다. 실제로 썬 시절 핫스팟의 버그 목록에는 메서드 영역을 완벽하게 회수하지 않아 메모리가 누수되는 심각한 버그들이 존재했다.

---

10 JEP 122: Remove the Permanent Generation - *http://openjdk.java.net/jeps/122*

《자바 가상 머신 명세》에 따르면 메서드 영역이 꽉 차서 필요한 만큼 메모리를 할당할 수 없다면 OutOfMemoryError를 던진다.

2.2.6 런타임 상수 풀

런타임 상수 풀은 메서드 영역의 일부다. 상수 풀 테이블에는 클래스 버전, 필드, 메서드, 인터페이스 등 클래스 파일에 포함된 설명 정보에 더해 컴파일타임에 생성된 다양한 리터럴과 심벌 참조가 저장된다. 가상 머신이 클래스를 로드할 때 이러한 정보를 메서드 영역의 런타임 상수 풀에 저장한다.

자바 가상 머신은 (상수 풀을 포함해) 클래스 파일의 각 영역별로 엄격한 규칙을 정해 놓았다. 예컨대 가상 머신이 클래스 파일을 로드해 실행하려면 각 바이트에는 명세가 요구하는 데이터가 들어 있어야 한다. 다만 런타임 상수 풀에 대해서는 《자바 가상 머신 명세》가 요구 사항을 상세하게 정의하지 않아서 가상 머신 제공자가 입맛에 맞게 구현할 수 있다. 그렇지만 클래스 파일에 기술된 심벌 참조는 물론, 심벌 참조로부터 번역된 직접 참조 역시 런타임 풀에 저장되는 게 일반적이다.[11]

클래스 파일의 상수 풀과 비교해 런타임 상수 풀의 중요한 특징이 하나 더 있다. 바로 동적이라는 점이다. 자바 언어에서는 상수가 꼭 컴파일타임에 생성되어야 한다는 규칙이 없다. 즉, 상수 풀의 내용 전부가 클래스 파일에 미리 완벽하게 기술되어 있는 게 아니다. 런타임에도 메서드 영역의 런타임 상수 풀에 새로운 상수가 추가될 수 있다. 개발자들이 많이 사용하는 String 클래스의 intern() 메서드에 바로 이 특성이 반영되어 있다.

런타임 상수 풀은 메서드 영역에 속하므로 자연스럽게 메서드 영역을 넘어서까지 확장될 수는 없다. 그래서 상수 풀의 공간이 부족하면 OutOfMemoryError를 던진다.

2.2.7 다이렉트 메모리

다이렉트 메모리는 가상 머신 런타임에 속하지 않으며 《자바 가상 머신 명세》에 정의된 영역도 아니다. 하지만 자주 쓰이는 메모리이며 OutOfMemoryError의 원인이 될 수도 있어서 지금 설명해 두겠다.

JDK 1.4에서 NIO가 도입되면서 채널과 버퍼 기반 I/O 메서드가 소개됐다. NIO

---

11 클래스 파일 포맷과 심벌 참조의 개념은 6장을 참고하자.

는 힙이 아닌 메모리를 직접 할당할 수 있는 네이티브 함수 라이브러리를 이용하며, 이 메모리에 저장되어 있는 DirectByteBuffer 객체를 통해 작업을 수행할 수 있다. 따라서 자바 힙과 네이티브 힙 사이에서 데이터를 복사해 주고받지 않아도 돼서 일부 시나리오에서 성능을 크게 개선했다.

물리 메모리를 직접 할당하기 때문에 자바 힙 크기의 제약과는 무관하지만, 이 역시 메모리라는 사실에는 변함이 없다. 따라서 하부 기기의 총 메모리 용량(물리 메모리, 스와프 파티션, 페이징 파일 포함)과 프로세서가 다룰 수 있는 주소 공간을 넘어설 수는 없다. 하지만 서버 관리자들이 -Xmx 등의 매개 변수를 설정할 때 가상 머신의 메모리 크기만 고려할 뿐, 다이렉트 메모리는 간과하는 경우가 제법 있다. 사용되는 모든 메모리 영역의 합이 물리 메모리 한계(물리적 제약과 운영 체제 수준의 제약 포함)를 넘어서면 동적 확장을 시도할 때 OutOfMemoryError가 발생한다.

2.3 핫스팟 가상 머신에서의 객체 들여다보기

런타임 데이터 영역에 이어서 알아볼 주제는 메모리 모델이다. 여러분도 가상 머신 메모리에 무엇이 저장되는지는 대략 알고 있겠지만 더 자세한 내용이 궁금할 것이다. 예를 들면 만들어지는 시기, 저장되는 상세 구조, 접근 방식 같은 것 말이다. 이런 상세 내용을 이야기하려면 특정 가상 머신과 특정 메모리 영역으로 범위를 좁혀 시작하는 게 좋다. 이왕이면 실용적인 학습이 되도록 가장 보편적인 가상 머신인 핫스팟과 역시 가장 보편적인 메모리 영역인 자바 힙을 예로 설명해 볼까 한다. 이 야기할 주제는 핫스팟이 관리하는 자바 힙에서의 객체 생성(할당), 레이아웃, 접근 방법 등 전체 과정의 상세 내용이다. 차례로 살펴보자.

2.3.1 객체 생성

자바는 객체 지향 프로그래밍 언어다. 자바 프로그램이 동작하는 동안 언제든 수시로 객체가 만들어진다. 언어 수준에서 객체 생성(복사와 역직렬화 제외)은 보통 단순히 new 키워드를 쓰면 끝난다. 그렇다면 가상 머신 수준에서는 과연 어떤 과정을 거쳐 객체(배열과 Class 객체가 아닌 일반적인 자바 객체)가 생성될까?

자바 가상 머신이 new 명령에 해당하는 바이트코드를 만나면, 이 명령의 매개 변수가 상수 풀 안의 클래스를 가리키는 심벌 참조인지 확인한다. 그런 다음 이 심벌 참조가 뜻하는 클래스가 로딩, 해석(resolve), 초기화(initialize)되었는지 확인한다.

준비되지 않은 클래스라면 로딩부터 해야 한다. 클래스 로딩 과정은 7장에서 자세히 다룬다.

로딩이 완료된 클래스라면 새 객체를 담을 메모리를 할당한다. 객체에 필요한 메모리 크기는 클래스를 로딩하고 나면 완벽하게 알 수 있다(계산 방법은 2.3.2절 참고). 객체용 메모리 공간 할당은 자바 힙에서 특정 크기의 메모리 블록을 잘라 주는 일이라 할 수 있다.

자바 힙이 완벽히 규칙적이라고 가정하면 사용 중인 메모리는 모두 한쪽에, 여유 메모리는 반대편에 자리하며, 포인터가 두 영역의 경계인 가운데 지점을 가리키게 될 것이다. 이 상태에서 메모리를 할당하면 포인터를 여유 공간 쪽으로, 정확히 객체 크기만큼 이동시키게 된다. 이러한 할당 방식을 포인터 밀치기(bump the pointer)라고 한다.

그림 2-2 포인터 밀치기

하지만 자바 힙은 규칙적이지 않다. 사용 중인 메모리와 여유 메모리가 뒤섞여 있어서 포인터를 밀쳐 내기가 그리 간단하지 않다. 그 대신 가상 머신은 가용 메모리 블록들을 목록으로 따로 관리하며, 객체 인스턴스를 담기에 충분한 공간을 찾아 할당한 후 목록을 갱신한다. 이 할당 방식을 여유 목록(free list)이라 한다.

어떤 방식을 쓸지는 자바 힙이 규칙적이냐 아니냐에 따라 달라지며, 자바 힙이 규칙적이냐는 사용하는 가비지 컬렉터가 컴팩트(compact: 모으기)를 할 수 있느냐에 달렸다. 따라서 시리얼과 파뉴(ParNew)처럼 모으기가 가능한 컬렉터를 사용하는 시스템이라면 단순하고 효율적인 포인터 밀치기 방식의 할당 알고리즘을 채택하고, 이론상[12]의 CMS처럼 스윕(sweep: 쓸기) 알고리즘을 적용한 컬렉터를 쓰는 시스템은 더 복잡한 여유 목록 방식을 채택할 것이다. 가비지 컬렉터들에 대해서는 3장에서 자세히 다룬다.

---

12 '이론상'이라고 한 이유가 있다. 대다수 상황에서 할당 속도를 높이기 위해 CMS 구현 시 여유 목록에 거대한 할당 버퍼를 두고 그 안에서는 포인터 밀치기 방식을 이용하기 때문이다. 이 버퍼를 선형 할당 버퍼(linear allocation buffer)라고 한다.

가용 공간을 어떻게 나눌지 외에도 고민할 게 남았다. 가상 머신에서 객체 생성은 매우 빈번히 일어난다. 더욱이 멀티스레딩 환경에서는 여유 메모리의 시작 포인터 위치를 수정하는 단순한 일도 스레드 안전하지 않기 때문에 여러 스레드가 동시에 객체를 생성하려고 할 때 문제가 생길 수 있다. 예컨대 한 스레드가 요청한 객체 A를 위해 메모리를 할당하는 과정에서, 포인터의 값을 아직 수정하기 전에 다른 스레드가 객체 B용 메모리를 요청할 수 있다.

해법은 두 가지다. 첫 번째는 메모리 할당을 동기화하는 방법이다. 실제로 비교 및 교환(CAS)과 실패 시 재시도 방식의 가상 머신은 갱신을 원자적으로 수행한다. 두 번째는 스레드마다 다른 메모리 공간을 할당하는 방법이다. 스레드 각각이 자바 힙 내에 작은 크기의 전용 메모리를 미리 할당받아 놓는 것이다. 이런 메모리를 스레드 로컬 할당 버퍼(TLAB)라고 한다. 각 스레드는 로컬 버퍼에서 메모리를 할당받아 사용하다가 버퍼가 부족해지면 그때 동기화를 해 새로운 버퍼를 할당받는 식이다. 가상 머신이 스레드 로컬 할당 버퍼를 사용할지는 -XX:+/-UseTLAB 매개 변수로 설정한다.

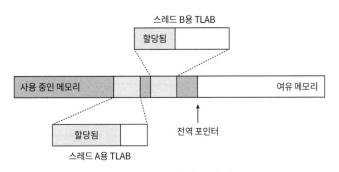

그림 2-3 스레드 로컬 할당 버퍼를 사용하는 모습

메모리 할당이 끝났으면 가상 머신은 할당받은 공간을 0으로 초기화한다(객체 헤더는 제외). 스레드 로컬 할당 버퍼를 사용한다면 초기화는 TLAB 할당 시 미리 수행한다. 자바 코드에서 객체의 인스턴스 필드를 초기화하지 않고도 사용할 수 있는 이유가 바로 이 단계 덕이다. 모든 필드가 자연스럽게 각 데이터 타입에 해당하는 0 값을 담고 있게 되는 것이나.

다음 단계로 자바 가상 머신은 '각 객체에 필요한 설정'을 해 준다. 예를 들어 어느 클래스의 인스턴스인지, 클래스의 메타 정보는 어떻게 찾는지, 이 객체의 해시 코드는 무엇인지(사실 해시 코드는 Object::hashCode() 메서드가 처음 호출될 때 계산함), GC 세대 나이(age)는 얼마인지 등의 정보가 여기 속한다. 이런 정보가 각 객체의 객체 헤더에 저장된다. 객체 헤더를 설정하는 방법은 가상 머신의 현재 구동 모드(편향 락[13] 활성화 여부 등)에 따라 달라질 수 있다. 객체 헤더는 뒤에서 자세히 설명하겠다.

이상의 과정이 끝났다면 가상 머신 관점에서는 새로운 객체가 다 만들어진 셈이다. 하지만 자바 프로그램 관점에서는 이제부터가 시작이다. 생성자(클래스의 <init>() 메서드)가 아직 실행되지 않았고, 모든 필드는 기본값인 0인 상태다. 그외 객체로서 구실하기 위한 여러 자원과 상태 정보 역시 아직 개발자의 의도대로 구성되지 못했다. 일반적으로 new 명령어에 이어서 <init>() 메서드까지 실행되어 객체를 개발자의 의도대로 초기화해야 비로소 사용 가능한 진짜 객체가 완성된다.

 자바 컴파일러는 자바의 new 키워드를 발견하면 바이트코드 명령어인 new와 invokespecial 로 변환한다. new는 앞서 이야기한 메모리 할당 단계를 수행하며 invokespecial은 방금 이야 기한 <init>() 메서드 호출을 담당한다. 하지만 자바 코드에서 new가 아닌 다른 방식으로 객 체를 생성한 경우라면 invokespecial이 연이어 나오지 않을 수 있다.

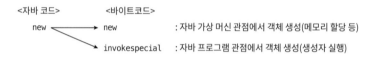

코드 2-1은 핫스팟 가상 머신의 바이트코드 인터프리터에서 발췌한 코드다.[14] OpenJDK의 기본 인터프리터는 템플릿 인터프리터이므로 바이트코드 인터프리터가 실제로 쓰일 일은 거의 없다. 하지만 템플릿 인터프리터에는 다양한 최적화가 적용되어 있어 코드를 이해하기 어렵고, JIT 컴파일러가 쓰인다면 소스 코드와 바이트코드의 차이는 훨씬 커진다. 그래서 핫스팟의 기본적인 동작 방식을 이해하는데는 바이트코드 인터프리터가 나을 것이다.

---

13 (옮긴이) 스레드 간 경쟁이 거의 없는 환경에서 동기화 성능을 높이는 기술이다(13장 참고). 하지만 이 기능은 JDK 15에서 폐기 대상이 되었다가 JDK 18에서 완전히 제거되었다. 편향 락의 혜택을 보던 API 대부분에 대응하는 락 프리(lock free) API들이 추가되어 실용성이 거의 없어졌고 유지 보수도 어려웠기 때문이다.
14 코드 위치: JDK_SRC_HOME/hotspot/share/interpreter/zero/bytecodeInterpreter.cpp

코드 2-1 핫스팟 인터프리터 코드 일부

```
CASE(_new): {
        u2 index = Bytes::get_Java_u2(pc+1);

        // TLAB 할당을 먼저 시도한다.
        //
        // 이렇게 하려면 다음 조건이 만족되어야 한다.
        //    - 클래스 초기화 완료
        //    - 빠른 경로 할당이 가능한 클래스(예: finalizer 없음)
        //    - TLAB 할당 성공
        ConstantPool* constants = istate->method()->constants();
        // 클래스가 해석되었고 상수 풀에 저장되어 있는지 확인
        if (UseTLAB && !constants->tag_at(index).is_unresolved_klass()) {
          Klass* entry = constants->resolved_klass_at(index);
          InstanceKlass* ik = InstanceKlass::cast(entry);
          // 클래스 초기화 완료 여부와 빠른 경로 할당 가능 여부 확인
          if (ik->is_initialized() && ik->can_be_fastpath_allocated()) {
            size_t obj_size = ik->size_helper();  // 객체 크기 계산
            // TLAB에 할당 시도
            HeapWord* result = THREAD->tlab().allocate(obj_size);
            if (result != NULL) { // 할당 성공
              // 객체 필드 블록 초기화
              //   - TLAB가 이미 0이면 이 경로는 건너뜀
              //   - 디버그 모드일 때는 ThreadLocalAllocBuffer::allocate()가
              //     이 영역을 훼손하기 때문에 여전히 초기화 필요
              if (DEBUG_ONLY(true ||) !ZeroTLAB) {
                size_t hdr_size = oopDesc::header_size();
                Copy::fill_to_words(result + hdr_size, obj_size - hdr_size,
                                    0);
              }

              // 일반 객체 포인터(ordinary object pointer)로 형 변환
              oop obj = cast_to_oop(result);

              // 객체 헤더 정보 설정
              assert(!UseBiasedLocking, "Not implemented"); // 편향 락은 지원 중단
              obj->set_mark(markWord::prototype()); // 마크 워드 설정(다음 절 참고)
              obj->set_klass_gap(0);
              obj->set_klass(ik); // 클래스 워드 설정(다음 절 참고)

              OrderAccess::storestore();
              // 객체 참조를 스택에 추가하고
              SET_STACK_OBJECT(obj, 0);
              // 다음 명령어 수행을 계속한다.
              UPDATE_PC_AND_TOS_AND_CONTINUE(3, 1);
            }
          }
        }
```

```
// 느린 경로 할당
CALL_VM(InterpreterRuntime::_new(THREAD, METHOD->constants(), index),
        handle_exception);
OrderAccess::storestore();
SET_STACK_OBJECT(THREAD->vm_result(), 0);
THREAD->set_vm_result(NULL);
UPDATE_PC_AND_TOS_AND_CONTINUE(3, 1);
}
```

2.3.2 객체의 메모리 레이아웃

핫스팟 가상 머신은 객체를 세 부분으로 나눠 힙에 저장한다. 바로 객체 헤더, 인스턴스 데이터, 길이 맞추기용 정렬 패딩(alignment padding)이다. 하나씩 자세히 들여다보자.

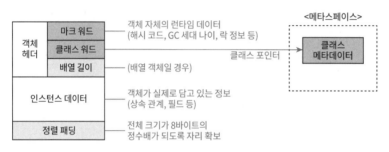

그림 2-4 객체의 메모리 레이아웃

객체 헤더

핫스팟 가상 머신은 객체 헤더에 두 유형의 정보를 담는다. 첫 번째 유형은 객체 자체의 런타임 데이터다. 해시 코드, GC 세대 나이, 락 상태 플래그, 스레드가 점유하고 있는 락들, 편향된 스레드의 아이디, 편향된 시각의 타임스탬프 등이다.[15] 이 부분을 마크 워드(mark word)라고 하며 차지하는 크기는 (참조 압축 기능을 켜지 않으면) 32비트 가상 머신에서는 32비트이고, 64비트 가상 머신에서는 64비트다.

객체는 아주 많은 런타임 데이터를 필요로 해서, 사실 32비트나 64비트 구조에다 담을 수는 없다. 더욱이 객체 헤더에는 객체 자체가 정의한 데이터와 관련 없는 정보까지 담아야 해서 한정된 메모리를 최대한 효율적으로 써야 한다. 그래서 마크 워드의 데이터 구조는 동적으로 의미가 달라진다. 작은 공간에 가능한 한 많은 정

---

15 (옮긴이) 편향된 스레드의 아이디와 편향된 시각의 타임스탬프는 모두 편향 락(biased lock) 관련 사항이라 JDK 18 이후 JDK에는 해당하지 않는다.

보를 담고, 객체 상태에 따라 공간을 재활용할 수도 있게 하기 위해서다.

예컨대 32비트 핫스팟 가상 머신에서 (객체가 잠겨 있지 않다면) 마크 워드의 32 비트 저장 공간 중 25비트는 객체 해시 코드를 저장하고, 4비트는 객체의 세대 나이를 저장하고, 1비트는 0으로 고정되며, 마지막 2비트는 락 플래그를 저장하는 데 쓰인다. 락 플래그로는 경량 락, 중량 락, GC 마크, 편향 가능 등의 정보를 표현한다.[16] 다른 상태일 때의 저장 형태는 표 2-1에 정리해 두었다.

표 2-1 핫스팟 가상 머신 객체 헤더의 마크 워드에 담기는 정보

저장 내용	락 플래그	상태
객체 해시 코드, 객체 세대 나이	01	잠기지 않음
락 레코드를 가리킴	00	경량 락
중량 락을 가리킴	10	확장(중량 락)
비어 있음, 정보 기록할 필요 없음	11	GC 마크
편향된 스레드의 아이디, 편향된 시각의 타임스탬프, 객체 세대 나이	01	편향 가능

객체 헤더에서 마크 워드 다음에는 클래스 워드(klass word)가 온다.[17] 클래스 워드에는 객체의 클래스 관련 메타데이터를 가리키는 클래스 포인터가 저장된다. 자바 가상 머신은 이 포인터를 통해 특정 객체가 어느 클래스의 인스턴스인지 런타임에 알 수 있다.[18] 모든 가상 머신 구현이 클래스 포인터를 객체 헤더에 저장하지는 않는다. 달리 말하면 객체의 메타데이터 정보를 반드시 객체 자체에서 찾아야 하는 건 아니다. 자세한 이야기는 다음 절에서 하겠다.

추가로 자바 배열의 경우 배열 길이도 객체 헤더에 저장한다. 위치는 클래스 워드 다음이다. 자바 가상 머신은 객체 헤더의 메타데이터로부터 자바 객체의 크기를 얻는다. 하지만 객체 헤더에 저장되는 객체 타입은 배열에 담긴 '원소'의 타입이다. 따라서 배열 길이(원소 개수)까지 알아야 배열 객체가 차지하는 메모리 크기를 제대로 계산할 수 있다.

---

16 경량 락, 중량 락, 편향 락은 13장에서 설명한다.

17 (옮긴이) 'klass'는 오타가 아니다. klass는 자바 가상 머신이 런타임에 자바 클래스를 다루는 데 필요한 각종 정보(정의된 필드와 메서드 등)가 담겨 있는 데이터 구조를 말한다. 이 데이터는 JDK 7까지는 영구 세대에, JDK 8부터는 메타스페이스에 저장된다.

18 (옮긴이) 메모리 공간을 절약하기 위해 클래스 관련 메타데이터(klass)는 클래스당 하나씩만 생성한 다음 클래스 포인터로 가리키게 했다.

코드 2-2는 JDK_SRC_HOME/hotspot/share/oops/markWord.hpp에서 발췌한 마크 워드 레이아웃 설명을 번역한 것이다.

코드 2-2 핫스팟 가상 머신의 마크 워드 레이아웃

```
// 객체 헤더의 비트 포맷(최상위 비트 먼저, 빅 엔디언):
//
//   32비트:
//   --------
//   해시:25 --------->| 세대_나이:4       편향_락:1 락:2(일반 객체)
//   자바스레드*:23 에폭:2 세대_나이:4      편향_락:1 락:2(편향된 객체)
//
//   64비트:
//   --------
//   미사용:25 해시:31 ->| 미사용:1    세대_나이:4    편향_락:1 락:2(일반 객체)
//   자바스레드*:54 에폭:2  미사용:1    세대_나이:4    편향_락:1 락:2(편향된 객체)
```

인스턴스 데이터

객체 레이아웃의 두 번째 부분인 인스턴스 데이터는 객체가 실제로 담고 있는 정보다. 예컨대 프로그램 코드에서 정의한 다양한 타입의 필드 관련 내용, 부모 클래스 유무, 부모 클래스에서 정의한 모든 필드가 이 부분에 기록된다.

이러한 정보의 저장 순서는 가상 머신의 할당 전략 매개 변수(-XX:FieldsAllocationStyle)와 자바 소스 코드에서 필드를 정의한 순서에 따라 달라진다. 핫스팟 가상 머신은 기본적으로 long·double, int, short·char, byte·boolean, 일반 객체 포인터 순으로 할당한다. 보다시피 기본 할당 전략에서는 길이가 같은 필드들은 항상 같이 할당되고 저장된다. 필드 길이가 같다면 부모 클래스에서 정의된 필드가 자식 클래스의 필드보다 앞에 배치된다.

한편 +XX:CompactFields 매개 변수를 true로 설정하면(기본값이 true임) 하위 클래스의 필드 중 길이가 짧은 것들은 상위 클래스의 변수 사이사이에 끼워 넣어져서 공간이 조금이나마 절약된다.

정렬 패딩

마지막 세 번째 부분은 정렬 패딩이다. 이 부분은 존재하지 않을 수도 있으며, 특별한 의미 없이 자리를 확보하는 역할만 한다. 핫스팟 가상 머신의 자동 메모리 관리 시스템에서 객체의 시작 주소는 반드시 8바이트의 정수배여야 한다. 달리 말하면 모든 객체의 크기가 8바이트의 정수배여야 한다는 뜻이다. 객체 헤더는 정확히 8바이트의 정수배가 되도록 잘 설계되어 있다(1배 또는 2배). 따라서 인스턴스 데이터가 조건을 충족하지 못하는 경우에만 패딩으로 채운다.

2.3.3 객체에 접근하기

대다수 객체는 다른 객체 여러 개를 조합해 만들어진다. 그리고 자바 프로그램은 스택에 있는 참조 데이터를 통해 힙에 들어 있는 객체들에 접근해 이를 조작한다. 《자바 가상 머신 명세》는 참조 타입을 단지 '객체를 가리키는 참조'라고만 정했을 뿐, 힙에서 객체의 정확한 위치를 알아내어 접근하는 구체적인 방법은 규정하지 않았다. 따라서 객체에 접근하는 방식 역시 가상 머신에서 구현하기 나름이며, 주로 핸들이나 다이렉트 포인터를 사용해 구현한다.

핸들 방식에서는 자바 힙에 핸들 저장용 풀이 별도로 존재할 것이다. 참조에는 객체의 핸들 주소가 저장되고 핸들에는 다시 해당 객체의 인스턴스 데이터, 타입 데이터, 구조 등의 정확한 주소 정보가 담길 것이다.

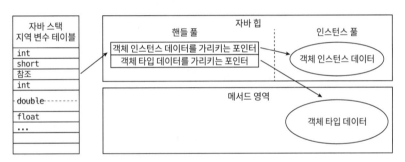

그림 2-5 핸들을 이용해 객체에 접근하기

핸들 방식의 가장 큰 장점은 참조에 '안정적인' 핸들의 주소가 저장된다는 것이다. 가비지 컬렉션 과정에서 객체가 이동하는 일은 아주 흔하다. 핸들을 이용하면 이렇게 객체의 위치가 바뀌는 상황에서도 참조 자체는 손댈 필요가 없다. 그 대신 핸들 내의 인스턴스 데이터 포인터만 변경하면 된다.

다이렉트 포인터 방식에서는 자바 힙에 위치한 객체에서 인스턴스 데이터뿐 아니라 타입 데이터에 접근하는 길도 제공해야 한다. 스택의 참조에는 객체의 실제 주소가 바로 저장되어 있다.

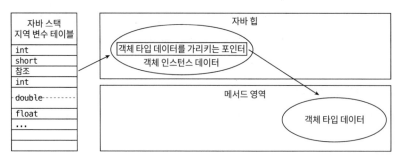

그림 2-6 다이렉트 포인터를 이용해 객체에 접근하기

다이렉트 포인터 방식의 가장 큰 장점은 속도다. 핸들을 경유하는 오버헤드가 없기 때문이다. 자바에서는 다른 객체에 접근할 일이 아주 많기 때문에 이 오버헤드도 실행 시간에 영향을 크게 줄 수 있다.

이 책의 주된 논의 대상인 핫스팟은 주로 다이렉트 포인터 방식을 이용한다. 예외적으로 3장에서 살펴볼 셰넌도어 컬렉터를 이용하면 추가적인 포워드를 거친다. 그리고 고개를 들어 전체 소프트웨어 개발로 시야를 넓혀 보면 핸들 역시 다양한 언어와 프레임워크에서 활용하는 매우 보편적인 기법이다.

2.4 실전: `OutOfMemoryError` 예외

《자바 가상 머신 명세》에 따르면 프로그램 카운터 외에도 가상 머신 메모리의 여러 런타임 영역에서 `OutOfMemoryError`가 날 수 있다. 이번 절에서는 예제 코드 2-3에서 2-9까지 살펴보면서 `OutOfMemoryError`가 실제로 발생하는 코드 시나리오를 확인할 것이다. 또한 그 과정에서 자동 메모리 관리 시스템과 관련한 기본적인 핫스팟 가상 머신 매개 변수 몇 가지를 소개하겠다.

이번 절에는 두 가지 실용적인 목적이 있다. 첫 번째는 《자바 가상 머신 명세》에 정의된 각 런타임 영역에 저장되는 내용을 검증하는 것이고, 두 번째는 실제 메모리 오버플로가 일어나는 과정을 경험해 보는 것이다. 여러분은 예외 메시지를 읽고 나서 어느 메모리 영역에서 오버플로가 났고, 어떤 코드가 원인이 되었고, 또 어떻게 대응해야 할지 빠르게 파악할 수 있게 될 것이다.

지금부터 볼 예제 코드들의 첫 부분에는 예제 실행 시 설정해야 하는 가상 머신 시작 매개 변수가 주석으로 적혀 있다('VM 매개 변수'로 시작하는 주석). 이 매개 변수들은 실행 결과에 영향을 주니 그냥 지나쳐서는 절대 안 된다. 프로그램을 명령 프롬프트에서 직접 실행한다면 java 명령 바로 다음에 매개 변수를 입력한다. 이클립스를 사용한다면 그림 2-7을 참고하여 Debug와 Run 설정을 해 주자. 다른 통합 개발 환경도 비슷한 설정 사용자 인터페이스를 제공할 것이다.

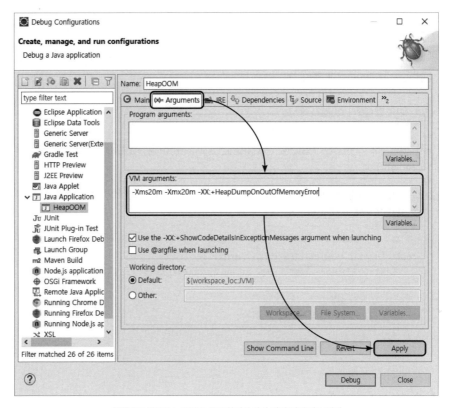

그림 2-7 이클립스 디버그 설정 창에서 가상 머신 매개 변수 입력

이번 절의 예제들은 모두 OpenJDK 17의 핫스팟 가상 머신에서 확인을 마쳤다. 특별한 언급이 없다면 다른 버전의 OpenJDK에서도 동일할 것이다. 하지만 메모리 오버플로는 가상 머신을 어떻게 구현하느냐에 크게 의존하며, 언제 어떻게 발생하는지가 모두 자바 언어 차원에서 합의된 동작이 아니라는 점을 기억해야 한다. 따라서 버전이 다르거나 다른 업체가 만든 자바 가상 머신이라면 설정해야 하는 매개 변수의 실행 결과가 다를 수 있다.

2.4.1 자바 힙 오버플로

자바 힙은 객체 인스턴스를 저장하는 공간이다. 객체를 계속 생성하고 그 객체들에 접근할 경로가 살아 있다면 언젠가는 힙의 최대 용량을 넘어설 것이다. 그러면 메모리가 오버플로된다.

코드 2-3은 자바 힙 크기를 20MB로 제한했다. 힙 자동 확장도 막기 위해 최소 크기와 최대 크기를 똑같이 설정했다. 최소 크기는 –Xms 매개 변수로, 최대 크기는 –Xmx 매개 변수로 설정한다. –XX:+HeapDumpOnOutOfMemoryError 매개 변수를 설정하면 메모리가 오버플로됐을 때 가상 머신이 예외 발생 시점의 힙 메모리 스냅숏을 파일로 저장(dump)해 준다.[19]

코드 2-3 자바 힙 메모리 오버플로 테스트

```
/**
 * VM 매개 변수: -Xms20m -Xmx20m -XX:+HeapDumpOnOutOfMemoryError
 * @author zzm
 */
public class HeapOOM {
    static class OOMObject {
    }

    public static void main(String[] args) {
        List<OOMObject> list = new ArrayList<OOMObject>();

        while (true) {
            list.add(new OOMObject());
        }
    }
}
```

실행 결과는 다음과 같다.

```
java.lang.OutOfMemoryError: Java heap space    ← 자바 힙에서 예외 발생
Dumping heap to java_pid3404.hprof ...
Heap dump file created [31225783 bytes in 0.071 secs]
```

실제로 자바 애플리케이션에서 OutOfMemoryError가 가장 많이 발생하는 영역이 자바 힙이다. 자바 힙에서 오버플로가 발생하면 'java.lang.OutOfMemoryError' 메시지 옆에 'Java heap space'라고 출력될 것이다.

이 메모리 문제를 해결하는 일반적인 방법은 메모리 이미지 분석 도구로 힙 덤프 스냅숏을 분석해 보는 것이다. 첫 번째로 '오버플로를 일으킨 객체가 꼭 필요한 객

---

19 힙 덤프 파일을 분석하는 방법은 4장을 참고하자.

체인가' 확인해야 한다. 다시 말해 메모리 누수인지, 오버플로인지 확인한다. 필요 없는 객체가 원인이라면 메모리 누수다. 그림 2-8은 이클립스 메모리 분석기로 힙 덤프 스냅숏 파일을 연 모습이다.[20]

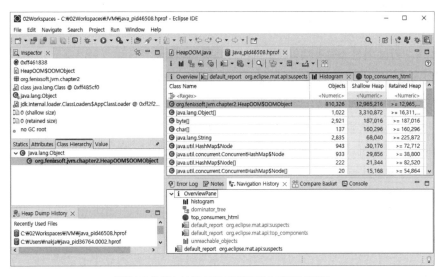

그림 2-8 힙 덤프 스냅숏 파일 내용(이클립스 메모리 분석기)

메모리 누수라면 도구를 이용해 누수된 객체로부터 GC 루트까지의 참조 사슬(reference chain)을 살펴본다. 누수된 객체까지 어떤 참조 경로가 존재하고, 어느 GC 루트와 연결되어 있기에 가비지 컬렉터가 회수하지 못했는지 찾아보는 것이다. 누수된 객체의 타입 정보와 GC 루트까지의 참조 사슬 정보를 보면 대부분의 경우 해당 객체가 만들어진 위치를 더 정확히 알 수 있다. 즉, 메모리 누수를 일으키는 코드의 정확한 위치를 찾을 수 있다.

　메모리 누수가 아니라면, 즉 메모리에 존재하는 모든 객체가 다 살아 있어야 한다면 어떻게 해야 할까? 먼저 자바 가상 머신의 힙 매개 변수 설정(-Xmx와 -Xms)과 컴퓨터의 가용 메모리를 비교하여 가상 머신에 메모리를 더 많이 할당할 수 있는지 알아본다. 그다음에는 코드에서 수명 주기가 너무 길거나 상태를 너무 오래 유지하는 객체는 없는지, 공간 낭비가 심한 데이터 구조를 쓰고 있지는 않은지 살펴 프로그램이 런타임에 소비하는 메모리를 최소로 낮춘다.

---

20 (옮긴이) 이클립스 메모리 분석기는 Help → Eclipse Marketplace 메뉴에서 'Memory Analyzer'로 검색하여 바로 설치할 수 있다.

이상은 자바 힙 메모리 문제를 처리하는 기본적인 아이디어다. 이 문제를 다루는 데 요구되는 지식, 도구, 경험은 앞으로 3개 장에 걸쳐 이야기할 것이다. 나중에 특정 가상 머신과 특정 가비지 컬렉터에서 구체적인 상황들을 분석해 볼 테니 조금만 기다리기 바란다.

2.4.2 가상 머신 스택과 네이티브 메서드 스택 오버플로

핫스팟 가상 머신은 가상 머신 스택과 네이티브 메서드 스택을 구분하지 않는다. 따라서 네이티브 메서드 스택의 크기를 설정하는 –Xoss 매개 변수를 설정하더라도 아무런 효과가 없다. 스택 크기는 오직 –Xss 매개 변수로만 변경할 수 있다. 《자바 가상 머신 명세》에 따르면 가상 머신 스택과 네이티브 메서드 스택에서는 다음 두 경우에 예외가 발생한다.

1. 스레드가 요구하는 스택 깊이가 가상 머신이 허용하는 최대 깊이보다 크면 StackOverflowError를 던진다.
2. 가상 머신이 스택 메모리를 동적으로 확장하는 기능을 지원하나, 가용 메모리가 부족해 스택을 더 확장할 수 없다면 OutOfMemoryError를 던진다.

《자바 가상 머신 명세》에서는 분명 스택을 동적으로 확장할 수 있는 여지를 주었지만 핫스팟 가상 머신은 확장을 지원하지 않는다. 따라서 스레드를 생성할 때 메모리가 부족하여 OutOfMemoryError가 나는 경우를 제외하고는 스레드 실행 중에 가상 머신 스택이 넘치는 일은 없다. 즉, 스택 용량이 부족하여 새로운 스택 프레임을 담을 수 없을 때만 StackOverflowError가 발생한다.

이를 검증하기 위해 두 가지 실험을 해 보겠다. 먼저 실험 범위를 단일 스레드로 한정한 상태에서 다음 두 동작을 수행해 핫스팟 가상 머신이 OutOfMemoryError를 던지는지 실험해 보자.

1. –Xss 매개 변수로 스택 메모리 용량을 줄인다. 결과는 StackOverflowError 발생이다. 예외 발생 시 출력된 스택 깊이는 의도대로 축소되어 있다.
2. 지역 변수를 많이 선언해서 메서드 프레임의 지역 변수 테이블 크기를 키운다. 결과는 StackOverflowError 발생이다. 예외 발생 시 출력된 스택 깊이는 의도대로 축소되어 있다.

먼저 코드 2-4로 첫 번째 상황을 실험해 보겠다.

코드 2-4 가상 머신 스택과 네이티브 메서드 스택 테스트(첫 번째 테스트 프로그램)

```java
/**
 * VM 매개 변수: -Xss180k
 * @author zzm
 */
public class JavaVMStackSOF_1 {
    private int stackLength = 1;

    public void stackLeak() {
        stackLength++;
        stackLeak();
    }

    public static void main(String[] args) throws Throwable {
        JavaVMStackSOF_1 oom = new JavaVMStackSOF_01();
        try {
            oom.stackLeak();
        } catch (Throwable e) {
            System.out.println("스택 길이: " + oom.stackLength);
            throw e;
        }
    }
}
```

실행 결과는 다음과 같다.

```
스택 길이: 1558
Exception in thread "main" java.lang.StackOverflowError
  at JVM/org.fenixsoft.jvm.chapter2.JavaVMStackSOF_1.stackLeak(JavaVMStackSOF_1.java:13)
  at JVM/org.fenixsoft.jvm.chapter2.JavaVMStackSOF_1.stackLeak(JavaVMStackSOF_1.java:14)
  at JVM/org.fenixsoft.jvm.chapter2.JavaVMStackSOF_1.stackLeak(JavaVMStackSOF_1.java:14)
... 생략 ...
```

자바 가상 머신 버전과 운영 체제에 따라, 특히 운영 체제의 메모리 페이지 크기에 따라 최소 스택 크기에 제한이 있을 수 있다. 예컨대 32비트 윈도우와 JDK 6 환경이라면 매개 변수를 –Xss128k로 지정해 실행해도 문제가 없다. 하지만 64비트 윈도우와 JDK 17 환경이라면 최소 스택 크기를 180K 미만으로 줄일 수 없다는 메시지를 보게 될 것이다. 리눅스에서는 228K가 한계이며 이보다 낮게 설정하면 핫스팟 가상 머신 실행 시 다음 메시지가 출력된다.

The Java thread stack size specified is too small. Specify at least 228k

다음으로 두 번째 경우를 실험해 보겠다. 이번 코드는 조금 '지저분'하다. 지역 메모리 테이블 공간을 더 많이 점유하기 위해 변수를 매우 많이 정의했다.

코드 2-5 가상 머신 스택과 네이티브 메서드 스택 테스트(두 번째 테스트 프로그램)

```java
/**
 * @author zzm
 */
public class JavaVMStackSOF_2 {
    private static int stackLength = 0;

    public static void test() {
        long unused1, unused2, unused3, unused4, unused5, unused6, unused7,
                unused8, unused9, unused10, unused11, unused12, unused13,
                unused14, unused15, unused16, unused17, unused18, unused19,
                unused20, unused21, unused22, unused23, unused24, unused25,
                unused26, unused27, unused28, unused29, unused30, unused31,
                unused32, unused33, unused34, unused35, unused36, unused37,
                unused38, unused39, unused40, unused41, unused42, unused43,
                unused44, unused45, unused46, unused47, unused48, unused49,
                unused50, unused51, unused52, unused53, unused54, unused55,
                unused56, unused57, unused58, unused59, unused60, unused61,
                unused62, unused63, unused64, unused65, unused66, unused67,
                unused68, unused69, unused70, unused71, unused72, unused73,
                unused74, unused75, unused76, unused77, unused78, unused79,
                unused80, unused81, unused82, unused83, unused84, unused85,
                unused86, unused87, unused88, unused89, unused90, unused91,
                unused92, unused93, unused94, unused95, unused96, unused97,
                unused98, unused99, unused100;

        stackLength++;
        test();

        unused1 = unused2 = unused3 = unused4 = unused5 = unused6 = unused7
                = unused8 = unused9 = unused10 = unused11 = unused12 = unused13
                = unused14 = unused15 = unused16 = unused17 = unused18 = unused19
                = unused20 = unused21 = unused22 = unused23 = unused24 = unused25
                = unused26 = unused27 = unused28 = unused29 = unused30 = unused31
                = unused32 = unused33 = unused34 = unused35 = unused36 = unused37
                = unused38 = unused39 = unused40 = unused41 = unused42 = unused43
                = unused44 = unused45 = unused46 = unused47 = unused48 = unused49
                = unused50 = unused51 = unused52 = unused53 = unused54 = unused55
                = unused56 = unused57 = unused58 = unused59 = unused60 = unused61
                = unused62 = unused63 = unused64 = unused65 = unused66 = unused67
                = unused68 = unused69 = unused70 = unused71 = unused72 = unused73
                = unused74 = unused75 = unused76 = unused77 = unused78 = unused79
```

```
                    = unused80 = unused81 = unused82 = unused83 = unused84 = unused85
                    = unused86 = unused87 = unused88 = unused89 = unused90 = unused91
                    = unused92 = unused93 = unused94 = unused95 = unused96 = unused97
                    = unused98 = unused99 = unused100 = 0;
    }

    public static void main(String[] args) {
        try {
            test();
        } catch (Error e) {
            System.out.println("스택 길이: " + stackLength);
            throw e;
        }
    }
}
```

실행 결과는 다음과 같다.

```
스택 길이: 5063
Exception in thread "main" java.lang.StackOverflowError
  at JVM/org.fenixsoft.jvm.chapter2.JavaVMStackSOF_2.test(JavaVMStackSOF_2.java:29)
  at JVM/org.fenixsoft.jvm.chapter2.JavaVMStackSOF_2.test(JavaVMStackSOF_2.java:29)
  at JVM/org.fenixsoft.jvm.chapter2.JavaVMStackSOF_2.test(JavaVMStackSOF_2.java:29)
... 생략 ...
```

출력 결과를 보면 스택 프레임이 너무 커서인지, 아니면 가상 머신 스택 용량이 부족해서인지 알 수 있다. 새로운 스택 프레임용 메모리를 할당할 수 없었다면 핫스팟 가상 머신은 StackOverflowError를 던진다. 반면 가상 머신이 스택 크기를 동적으로 확장할 수 있다면 코드 2-5는 다른 결과를 낳았을 것이다. 예를 들어 먼 옛날 클래식 VM은 스택 메모리 용량을 동적으로 확장할 수 있었다. 윈도우와 JDK 1.0.2 환경에서 코드 2-5를 실행하면 다음 결과를 볼 수 있다(단, JDK 1.0.2 가상 머신에서 스택 용량 설정 매개 변수는 -oss다).

```
스택 길이: 3716
java.lang.OutOfMemoryError
at JVM/org.fenixsoft.jvm.chapter2.JavaVMStackSOF_2.test(JavaVMStackSOF_2.java:29)
at JVM/org.fenixsoft.jvm.chapter2.JavaVMStackSOF_2.test(JavaVMStackSOF_2.java:29)
at JVM/org.fenixsoft.jvm.chapter2.JavaVMStackSOF_2.test(JavaVMStackSOF_2.java:29)
... 생략 ...
```

똑같은 코드가 클래식 VM에서는 StackOverflowError가 아닌 OutOfMemoryError를 일으켰다.

실험을 단일 스레드로 제한하지 않고, 코드 2-6처럼 스레드를 계속 만들어 내면 핫스팟에서도 메모리 오버플로를 일으킬 수 있다. 하지만 이렇게 일으키는 오버플로는 스택 공간이 충분한지와는 아무런 관련이 없다. 오히려 운영 체제 자체의 메모리 사용 상태에 영향을 크게 받는다. 심지어 이 경우에는 스레드별 스택을 크게 잡을수록 메모리 오버플로를 쉽게 일으킬 수 있다.

이유를 이해하기는 어렵지 않다. 바로 운영 체제가 각 프로세스에 할당하는 메모리 크기가 제한적이기 때문이다. 예컨대 32비트 윈도우에서 프로세스 하나가 쓸 수 있는 최대 메모리는 2GB이다. 핫스팟 가상 머신은 자바 힙과 메서드 영역의 최댓값을 매개 변수로 설정할 수 있다. 남은 메모리는 운영 체제의 한계인 2GB에서 힙의 최대 크기를 빼고, 다시 메서드 영역의 최대 크기를 뺀 값이다. 프로그램 카운터가 차지하는 메모리는 아주 작으니 무시하겠다. 다이렉트 메모리와 자바 가상 머신 프로세스가 자체적으로 소비하는 메모리를 제외한 나머지가 가상 머신 스택과 네이티브 메서드 스택에 할당된다. 따라서 각 스레드에 스택 메모리를 많이 할당하면 생성할 수 있는 스레드 수가 적어진다. 즉, 새로운 스레드를 생성하려 할 때 메모리가 고갈될 가능성이 커지는 것이다. 다음은 이 상황을 시연하는 코드다.

코드 2-6 메모리 오버플로를 일으키는 스레드 만들기

```
/**
 * VM 매개 변수: -Xss2M(현재는 더 클 수 있으니 32비트 시스템에서 실행할 것)
 * @author zzm
 */
public class JavaVMStackOOM {
    private void dontStop() {
        while (true) {
        }
    }

    public void stackLeakByThread() {
        while (true) {
            Thread thread = new Thread(new Runnable() {
                @Override
                public void run() {
                    dontStop();
                }
            });
            thread.start();
        }
    }
```

```
    public static void main(String[] args) throws Throwable {
        JavaVMStackOOM oom = new JavaVMStackOOM();
        oom.stackLeakByThread();
    }
}
```

> ❗ 코드 2-6을 직접 실행해 보려면 잊지 말고 먼저 현재 작업을 저장해 두자. 윈도우에서 구동되
> 는 가상 머신은 기본적으로 자바 스레드를 운영 체제의 커널 스레드와 매핑시키므로[21] 스레드
> 를 무한정 만들면 운영 체제에 엄청난 압박을 준다. 이 코드를 실행하는 게 위험할 수 있다는
> 이야기다. 스레드를 너무 많이 만들어서 운영 체제가 멈춰 버릴 수도 있다.

32비트 운영 체제에서 실행한 결과는 다음과 같다.

```
Exception in thread "main" java.lang.OutOfMemoryError: unable to create native
    thread
```

StackOverflowError가 발생하면 예외를 일으킨 스택 정보가 분석용으로 제공되어
문제 위치를 찾기가 상대적으로 쉽다. 핫스팟 가상 머신을 기본 매개 변수로 실행
했다면 대부분의 경우 스택 깊이가 1000~2000 수준으로 커져도 문제가 없다(스택
에 추가할 프레임 크기는 메서드마다 다르므로 '대부분의 경우'라고 표현했다). 꼬
리 재귀로 최적화하지 못하는 재귀 호출도 포함하여 일반적인 메서드 호출에서는
이 정도 깊이도 충분하다.

하지만 너무 많은 스레드를 만들어 메모리 오버플로가 일어나는 경우라면 그리
고 프로그램에서 사용하는 스레드 수도 줄일 수 없고 64비트 가상 머신도 사용할
수 없는 상황이라면 어떨까? 이런 조건에서 스레드를 더 많이 만들 수 있는 유일한
방법은 최대 힙 크기와 스택 용량을 줄이는 것뿐이다. 메모리 오버플로를 해결하기
위해 '메모리 용량을 줄인다'는 아이디어는 이 분야에 경험이 없다면 떠올리기 쉽지
않다. 여러분도 32비트 시스템에서 멀티스레드 애플리케이션을 개발한다면 이 사
실에 주의하기 바란다.

다행히 JDK 7부터는 앞의 출력 메시지에서 "unable to create native thread(네
이티브 메서드를 생성할 수 없다)" 다음에 "possibly out of memory or process/re-

---

21 JDK 21부터는 커널 스레드와 직접 매핑되지 않는 가상 스레드를 지원한다. 가상 머신 스레드 구현과 관
련해서는 12장을 참고하자.

source limits reached(메모리가 부족할 수도 있고 또는 프로세스·자원 사용량이 한계에 도달했을 수도 있다)"라는 메시지가 더해졌다.

2.4.3 메서드 영역과 런타임 상수 풀 오버플로

런타임 상수 풀은 메서드 영역에 속하므로 이 두 영역의 오버플로 테스트는 함께 수행할 수 있다. 앞에서 이야기했듯이 핫스팟은 JDK 7부터 영구 세대를 점진적으로 없애기 시작하여 JDK 8에 와서 메타스페이스로 완전히 대체했다. 이번 절에서는 메서드 영역을 '영구 세대'에 구현했는지 '메타스페이스'에 구현했는지 알아보는 테스트 코드를 준비했으며, 이 둘이 실제로 프로그램에 어떤 영향을 주는지 알아보겠다.

String::intern()은 네이티브 메서드다. 문자열 상수 풀에 이 메서드가 호출된 String 객체와 똑같은 문자열이 이미 존재한다면 풀에 있던 기존 문자열의 참조를 반환한다. 같은 문자열이 없다면 현재 String 객체에 담긴 문자열이 상수 풀에 추가되고 이 String의 참조가 반환된다. JDK 6까지 핫스팟은 상수 풀을 영구 세대에 할당했다. 영구 세대의 크기는 -XX:PermSize와 -XX:MaxPermSize 매개 변수로 조절할 수 있고, 이는 상수 풀 용량에도 간접적으로 영향을 준다. 코드 2-7은 구체적인 구현 예다. 이 코드를 먼저 JDK 6에서 실행해 보자.

코드 2-7 런타임 상수 풀에서 발생한 메모리 오버플로

```
/**
 * VM 매개 변수: (JDK 7 이하) -XX:PermSize=6M -XX:MaxPermSize=6M
 * VM 매개 변수: (JDK 8 이상) -XX:MetaspaceSize=6M -XX:MaxMetaspaceSize=6M
 * @author zzm
 */
public class RuntimeConstantPoolOOM_1 {
    public static void main(String[] args) {
        // 전체(full) GC가 상수 풀을 회수하지 못하도록 집합(Set)을 이용해 상수 풀의
        // 참조를 유지
        Set<String> set = new HashSet<String>();
        // short 타입의 범위면 6MB 크기의 영구 세대에서 오버플로를 일으키기 충분함
        short i = 0;

        while (true) {
            set.add(String.valueOf(i++).intern());
        }
    }
}
```

JDK 6에서 실행한 결과는 다음과 같다.

```
Exception in thread "main" java.lang.OutOfMemoryError: PermGen space
at java.lang.String.intern (Native Method)
at org.fenixsoft.oom.RuntimeConstantPoolOOM_1.main (RuntimeConstantPoolOOM_1.
    java: 18)
```

결과에서 보듯이 런타임 상수 풀이 오버플로되면 출력 메시지에서 "OutOfMemory Error" 다음에 "PermGen space"라고 나온다. 이를 통해 런타임 상수 풀이 정말로 메서드 영역의 한 부분임을 알 수 있다(JDK 6의 핫스팟에서 메서드 영역은 영구 세대에 할당된다).

하지만 같은 코드를 JDK 7 이상에서 실행하면 결과가 달라진다. 아무런 예외도 던지지 않고 무한 루프를 돌며 절대 멈추지 않는다.[22] 이유는 영구 세대에 저장했던 문자열 상수 풀을 JDK 7부터 자바 힙으로 옮겼기 때문이다. 따라서 이 테스트에서 설정한 메서드 영역 제한의 의미가 없어진 것이다.

이번에는 매개 변수를 –Xmx6M으로 바꿔 최대 힙 크기를 6MB로 줄여 보자. 그러면 오버플로가 객체 할당 시 일어나느냐 아니냐에 따라 다음 두 결과 중 하나를 보게 될 것이다.

```
// OOM 예외 #1:
Exception in thread "main" java.lang.OutOfMemoryError: Java heap space
    at java.base/java.lang.Integer.toString(Integer.java:456)
    at java.base/java.lang.String.valueOf(String.java:4322)
    at JVM/org...chapter2.RuntimeConstantPoolOOM_1.main(RuntimeConstant
        PoolOOM_1.java:20)

// OOM 예외 #2:
Exception in thread "main" java.lang.OutOfMemoryError: Java heap space
    at java.base/java.util.HashMap.resize(HashMap.java:699)
    at java.base/java.util.HashMap.putVal(HashMap.java:658)
    at java.base/java.util.HashMap.put(HashMap.java:607)
    at java.base/java.util.HashSet.add(HashSet.java:220)
    at JVM/org...chapter2.RuntimeConstantPoolOOM_1.main(RuntimeConstant
        PoolOOM_1.java from InputFile-Object:14)
```

문자열 상수 풀을 구현한 위치가 바뀌어서 일어나는 흥미로운 변화가 하나 더 있다. 코드 2-8을 보자.

---

22 일반적인 상황에서는 멈추지 않을 것이다. 컴퓨터의 메모리가 너무 적어서 자바 힙에 수MB도 할당할 수 없는 상황은 너무 극단적이므로 논의하지 않겠다.

코드 2-8 String.intern()이 반환하는 참조 테스트

```
public class RuntimeConstantPoolOOM_2 {
    public static void main(String[] args) {
        String str1 = new StringBuilder("컴퓨터").append(" 소프트웨어").toString();
        System.out.println(str1.intern() == str1);
    }
}
```

이 코드를 JDK 6에서 실행하면 false를 출력하지만, JDK 7에서 실행하면 true를 출력한다. 차이가 나는 이유는 다음과 같다. JDK 6의 intern() 메서드는 처음 만나는 문자열 인스턴스를 영구 세대의 문자열 상수 풀에 복사한 다음, 영구 세대에 저장한 문자열 인스턴스의 참조를 반환한다. 한편 StringBuilder로 생성한 문자열 객체의 인스턴스(str1)는 자바 힙에 존재한다. 따라서 둘은 같은 참조가 될 수 없고, 자연히 false를 반환한 것이다.

반면 JDK 7 이상과 JRockit 등의 intern() 메서드는 문자열 인스턴스를 영구 세대에 복사할 필요가 없다. 문자열 상수 풀 위치가 자바 힙이므로 그저 풀에 있는 첫 번째 인스턴스의 참조로 바꿔주면 된다. 따라서 intern()이 반환하는 참조는 StringBuilder가 생성한 문자열 인스턴스와 같다.

메서드 영역의 다른 부분에 들어가는 내용도 살펴보자. 메서드 영역의 주 역할은 타입 관련 정보 저장이다. 클래스 이름, 접근 제한자, 상수 풀, 필드 설명, 메서드 설명 등이다. 이 영역을 테스트해 보려면 기본적으로 런타임에 메서드 영역이 가득 찰 때까지 계속해서 클래스를 생성해야 한다. 클래스를 동적으로 생성하기 위해 (리플렉션 중 GeneratedConstructorAccessor와 동적 프락시처럼) 자바 SE API를 바로 쓸 수도 있지만, 이번 테스트를 수행하기에는 더 번거롭다. 코드 2-9에서는 CGLib[23]으로 런타임에 바이트코드를 직접 조작하여 다량의 클래스를 동적으로 생성한다.

이번 예가 꼭 테스트 목적에만 국한된 시나리오는 아니다. 우리 주변의 애플리케이션에서도 실제로 목격할 수 있는 코드다. 스프링과 하이버네이트처럼 현재 널리 쓰이는 프레임워크들도 CGLib과 같은 바이트코드 조작 기술을 써서 클래스들을 동적으로 강화한다. 더 많은 클래스가 강화될수록 동적으로 생성된 새로운 클래스들을 모두 메모리로 로드하기 위해 더 큰 메서드 영역이 필요해지는 것이다.

---

23 CGLib 오픈 소스 프로젝트: *https://github.com/cglib/cglib*

또한 자바 가상 머신에서 구동되는 많은 동적 언어(그루비 등)가 언어의 동적 특 성을 지원하기 위해 계속해서 새로운 클래스를 만들어 내고는 한다. 동적 언어가 유행하면서 코드 2-9와 비슷한 오버플로 시나리오도 더 자주 생길 수 있다.

코드 2-9 CGLib을 사용해 메서드 영역 오버플로 일으키기

```
/**
 * VM 매개 변수: (JDK 7 이하) -XX:PermSize=10M -XX:MaxPermSize=10M
 * VM 매개 변수: (JDK 8 이상) -XX:MetaspaceSize=10M -XX:MaxMetaspaceSize=10M
 *
 * @author zzm
 */
public class JavaMethodAreaOOM {
    public static void main(String[] args) {
        while (true) {
            Enhancer enhancer = new Enhancer();
            enhancer.setSuperclass(OOMObject.class);
            enhancer.setUseCache(false);
            enhancer.setCallback(new MethodInterceptor() {
                public Object intercept(Object obj, Method method,
                    Object[] args, MethodProxy proxy) throws Throwable {
                    return proxy.invokeSuper(obj, args);
                }
            });
            enhancer.create();
        }
    }

    static class OOMObject {
    }
}
```

JDK 7에서 실행한 결과는 다음과 같다.

```
Exception in thread "main"
Exception: java.lang.OutOfMemoryError thrown from the UncaughtExceptionHandler
        in thread "main"
```

한편 JDK 15에서 실행한 결과[24]는 다음과 같다.

```
Exception in thread "main" java.lang.OutOfMemoryError: Metaspace
        at java.base/java.lang.Class.forName0(Native Method)
        at java.base/java.lang.Class.forName(Class.java:468)
```

---

24 (옮긴이) 참고로 JDK 16부터는 보안 강화 차원에서 CGLib이 사용하던 리플렉션 API를 사용할 수 없게 되었다.

```
    at net.sf.cglib.core.ReflectUtils.defineClass(ReflectUtils.java:386)
    ...
    at net.sf.cglib.proxy.Enhancer.create(Enhancer.java:285)
    at org.fenixsoft.jvm.chapter2.JavaMethodAreaOOM.main(JavaMethodArea
        OOM.java:25)
```

메서드 영역의 오버플로도 흔히 발생하는 메모리 오버플로 예외다. 가비지 컬렉터가 클래스 하나를 회수해 가기 위한 조건은 생각보다 까다로운 편이다. 애플리케이션에서 빈번히 실행되는 코드가 동적 클래스를 많이 생성한다면 이 클래스들을 회수하는 시점에 특별히 신경 써야 한다. CGLib으로 바이트코드를 강화하는 앞의 예나 동적 언어들뿐 아니라, 다음과 같은 시나리오 역시 자주 접할 수 있다.

- 동적으로 JSP 파일을 생성하는 웹 사이트 또는 애플리케이션(JSP가 실행되려면 먼저 자바 클래스로 컴파일해야 함)
- OSGi 애플리케이션(같은 클래스 파일이라도 다른 로더가 읽어 들였다면 다른 클래스로 간주함)

JDK 8부터는 영구 세대가 역사의 뒤안길로 완전히 사라졌고, 대체제로 메타스페이스를 이용한다. 그래서 기본 설정으로 실행할 경우 앞의 테스트들과 같은 일반적인 동적 생성 시나리오로는 메서드 영역에서 오버플로를 일으키기 어렵다. 하지만 코드 2-9와 비슷한 파괴적인 동작을 수행하는 걸 방지하기 위해 핫스팟은 여전히 메타스페이스 보호용 매개 변수를 제공한다. 다음은 대표적인 매개 변수들이다.

- –XX:MaxMetaspaceSize: 메타스페이스의 최대 크기를 설정한다. 기본값은 -1이다. '제한 없음' 또는 '네이티브 메모리 크기가 허용하는 만큼'이란 뜻이다.
- –XX:MetaspaceSize: 메타스페이스의 초기 크기를 바이트 단위로 지정한다. 이 크기가 가득 차면 가비지 컬렉터가 클래스 언로딩을 시도한 다음 크기를 조정한다. 클래스 언로딩으로 공간이 넉넉하게 확보됐다면 이 값을 줄이고, 많이 확보하지 못했다면 적절한 값으로 증가시킨다. 단, –XX:MaxMetaspaceSize로 최댓값을 설정했다면 그 값을 초과할 수 없다.
- –XX:MinMetaspaceFreeRatio: 가비지 컬렉션 후 가장 작은 메타스페이스 여유 공간의 비율(%)을 정한다. 이 값을 조절해 메타스페이스 공간이 부족해 발생하는 가비지 컬렉션 빈도를 줄일 수 있다. 비슷하게 –XX:MaxMetaspaceFreeRatio로는 가장 큰 메타스페이스의 남은 공간의 비율을 설정한다.

2.4.4 네이티브 다이렉트 메모리 오버플로

다이렉트 메모리의 용량은 -XX:MaxDirectMemorySize 매개 변수로 설정한다. 따로 설정하지 않았다면 기본적으로 -Xmx로 설정한 자바 힙의 최댓값과 같다.

코드 2-10은 NIO의 DirectByteBuffer 클래스를 건너뛰고 리플렉션을 이용해 Unsafe 인스턴스를 직접 얻어 메모리를 할당받고 있다(Unsafe 클래스의 getUnsafe() 메서드는 부트 클래스 로더만이 인스턴스를 반환하도록 해 두었다. Unsafe는 원래 오직 가상 머신과 표준 클래스 라이브러리에서만 사용하도록 설계된 클래스다. JDK 10에 와서야 VarHandle을 통해 Unsafe의 기능 일부를 외부에서도 사용할 수 있도록 공개했다). DirectByteBuffer를 통해 메모리를 할당해도 오버플로될 수는 있지만, 이 경우는 운영 체제 단에서 메모리를 할당하느라 나는 예외가 아니다. 하지만 Unsafe를 이용하면 할당할 수 없는 크기를 계산해 오버플로를 수동으로 일으킬 수 있다. Unsafe::allocateMemory()가 메모리를 할당하는 메서드다.

코드 2-10 Unsafe를 사용해 네이티브 메모리 할당하기

```
/**
 * VM 매개 변수: -Xmx20M -XX:MaxDirectMemorySize=10M
 * @author zzm
 */
public class DirectMemoryOOM {
    private static final int _1MB = 1024 * 1024;

    public static void main(String[] args) throws Exception {
        Field unsafeField = Unsafe.class.getDeclaredFields()[0];
        unsafeField.setAccessible(true);
        Unsafe unsafe = (Unsafe) unsafeField.get(null);
        while (true) {
            unsafe.allocateMemory(_1MB);
        }
    }
}
```

실행 결과는 다음과 같다.

```
Exception in thread "main" java.lang.OutOfMemoryError: Unable to allocate 1048576 bytes
    at java.base/jdk.internal.misc.Unsafe.allocateMemory(Unsafe.java:632)
    at jdk.unsupported/sun.misc.Unsafe.allocateMemory(Unsafe.java:462)
    at org.fenixsoft.jvm.chapter2.DirectMemoryOOM.main(DirectMemoryOOM.java:21)
```

다이렉트 메모리에서 발생한 메모리 오버플로의 두드러진 특징은 힙 덤프 파일에

서는 이상한 점을 찾을 수 없다는 것이다. 메모리 오버플로로 생성된 덤프 파일이 매우 작다면 그리고 프로그램에서 DirectMemory를 직접 또는 간접적으로(보통 NIO 를 통해) 사용했다면, 다이렉트 메모리에서 원인을 찾는 데 집중해야 할 것이다.

2.5 마치며

지금까지 가상 머신이 메모리를 어떻게 나눠 관리하고, 각 영역에서 어떤 코드와 동작이 메모리 오버플로를 일으키는지 알아봤다. 자바가 가비지 컬렉션을 제공하 더라도 메모리 오버플로는 항상 우리 주변을 서성이고 있다.

이번 장은 다양한 영역에서 메모리 오버플로가 일어나는 원인만 설명했다. 다음 장에서는 자바 가비지 컬렉터들이 메모리 오버플로를 피하기 위해 어떤 노력을 하 고 있는지 자세히 알아보겠다.

3장

가비지 컬렉터와
메모리 할당 전략

3.1 들어가며

가비지 컬렉션을 자바 언어에서 처음 소개한 기술이라고 오해하는 사람이 많다. 하지만 가비지 컬렉션의 역사는 자바보다 훨씬 오래되었다. 동적 메모리 할당과 가비지 컬렉션 기술을 가장 처음 사용한 언어는 1960년에 MIT에서 개발된 리스프다. 리스프가 아직 걸음마 단계였을 무렵, 리스프의 창시자인 존 맥카시(John McCarthy)는 '가비지 컬렉션이 처리해야 하는 문제' 세 가지를 생각해 냈다.

- 어떤 메모리를 회수해야 하나?
- 언제 회수해야 할까?
- 어떻게 회수해야 할까?

그로부터 반세기 이상이 지나 오늘날 동적 메모리 할당과 가비지 컬렉션 기술은 상당히 성숙했다. 마치 모든 것이 '자동화된' 시대에 들어선 듯 보인다. 그럼에도 우리가 가비지 컬렉션과 메모리 할당의 내부를 이해해야 하는 이유는 무엇일까?

답은 간단하다. 다양한 메모리 오버플로와 누수 문제를 해결해야 하는 상황이나 더 높은 동시성을 달성하는 데 가비지 컬렉션이 방해가 되는 상황이 오면, 이 '자동화된' 기술을 직접 모니터링하고 조율할 수 있어야 하기 때문이다.

현재로 돌아와 우리에게 익숙한 자바 언어를 생각해 보자. 2장에서 자바 메모리를 구성하는 다양한 런타임 영역을 소개했다. 그중 프로그램 카운터, 가상 머신 스택, 네이티브 메서드 스택은 스레드와 함께 생성되고 소멸된다. 또한 메서드에 진입하고 빠져나올 때는 스택 메모리에 스택 프레임을 푸시하고 팝한다. 각 스택 프레임에 할당되는 메모리 크기는 기본적으로 클래스가 만들어질 때 결정된다(JIT 컴파일러가 런타임에 최적화하는 경우가 있지만, 지금은 개념 모델을 이야기하는 중이니 컴파일타임에 결정된다고 가정하겠다). 따라서 이 영역의 메모리 할당과 회수는 결정적이라서 어떻게 회수할지는 고민하지 않아도 된다. 메서드가 끝나거나 스레드가 종료되면 자연스럽게 회수될 것이다.

반면 자바 힙과 메서드 영역은 불확실한 게 아주 많다. 같은 인터페이스라 해도 구현한 클래스마다 요구하는 메모리 크기가 다를 수 있다. 하나의 메서드에서도 어떤 조건 분기를 실행하느냐에 따라 메모리 요구량이 달라질 수 있다. 프로그램이 어떤 객체를 생성할지, 얼마나 많이 만들지는 오직 런타임에만 알 수 있는 것이다. 그래서 이 메모리 영역들의 할당과 회수는 동적으로 이루어진다. 가비지 컬렉터는 바로 이런 영역을 관리하는 데 집중한다. 따라서 앞으로 이 책에서 '메모리 할당과 회수'라고 할 때의 '메모리'는 바로 이 영역들만 지칭한다.

3.2 대상이 죽었는가?

자바 세계에서는 거의 모든 객체 인스턴스가 힙에 저장된다. 가비지 컬렉터가 힙을 청소하려면 가장 먼저 어떤 객체가 살아 있고, 또 어떤 객체가 죽었는지 판단해야 한다('죽었다'는 말은 프로그램 코드에서 어떤 식으로도 더는 사용될 수 없다는 뜻이다).

3.2.1 참조 카운팅 알고리즘

많은 교재에서 객체가 살아 있는지 판단하는 알고리즘을 다음과 같이 설명한다.

1. 객체를 가리키는 참조 카운터(reference counter)를 추가한다. 참조하는 곳이 하나 늘어날 때마다 카운터 값을 1씩 증가시킨다.
2. 참조하는 곳이 하나 사라질 때마다 카운터 값을 1씩 감소시킨다.
3. 카운터 값이 0이 된 객체는 더는 사용될 수 없다.

내가 면접을 본 많은 갓 졸업한 입사 지원자와 수년 경력의 개발자 대부분이 참조 카운팅을 묻는 질문에 다음처럼 대답했다.

"참조 카운팅 알고리즘은 횟수를 세기 위해 약간의 메모리를 추가로 사용하지만 원리가 간단하고 판단에 드는 에너지도 적다. 그래서 대다수 상황에서 좋은 알고리즘이며 실제로도 많이 쓰인다. 대표적으로 마이크로소프트 COM, 파이썬, 러스트가 있고 게임용 스크립트 언어인 스쿼럴(Squirrel)도 메모리 관리에 참조 카운팅 알고리즘을 쓴다."

하지만 자바에서는, 적어도 자바 가상 머신에서는 참조 카운팅을 쓰지 않는다. 이 간결한 알고리즘에도 고려해야 할 특이 상황이 적지 않고, 모든 상황에서 문제없이 동작하게 하려면 계산할 게 상당히 늘어나기 때문이다.

예를 들어 간단한 참조 카운팅만으로는 순환 참조(circular reference) 문제를 풀기 어렵다. 코드 3-1의 testGC() 메서드를 보자. objA와 objB 객체에는 모두 instance라는 필드가 있다. 코드 objA.instance = objB와 objB.instance = objA에서 이 필드들에 값을 할당한 다음 두 객체의 참조를 해제했다. 이 시점부터 외부에서 두 객체에 접근할 길이 사라진다. 하지만 서로를 참조하고 있기 때문에 참조 카운터는 아직 0이 아니다. 따라서 참조 카운팅 알고리즘으로는 둘을 회수하지 못한다.

코드 3-1 참조 카운팅 알고리즘의 허점(순환 참조)

```
/**
 * VM Args:-Xlog:gc*
 * testGC() 메서드가 끝나면 objA와 objB는 회수될까?
 *
 * @author zzm
 */
public class ReferenceCountingGC {
    public Object instance = null;
    private static final int _1MB = 1024 * 1024;
    // 메모리를 많이 차지하여 GC 로그에서 회수 여부를 명확히 알아볼 수 있게 한다.
    private byte[] bigSize = new byte[2 * _1MB];

    public static void testGC() {
        // 두 객체 생성
        ReferenceCountingGC objA = new ReferenceCountingGC();
        ReferenceCountingGC objB = new ReferenceCountingGC();
        // 내부 필드로 서로를 참조
        objA.instance = objB;
        objB.instance = objA;
        // 참조 해제
        objA = null;
```

```
        objB = null;

        // 이 라인에서 GC가 수행된다면 objA와 objB가 회수될까?
        System.gc();
    }

    public static void main(String[] args) {
        testGC();
    }
}
```

실행 결과는 다음과 같다.

```
[0.010s][info][gc] Using G1 ← 기본적으로 G1 컬렉터가 쓰임
[0.012s][info][gc,init] Version: 17+35-2724 (release)
...
[0.012s][info][gc,init] Heap Region Size: 4M
[0.012s][info][gc,init] Heap Min Capacity: 8M
[0.012s][info][gc,init] Heap Initial Capacity: 380M
[0.012s][info][gc,init] Heap Max Capacity: 6080M
...
[0.105s][info][gc,start     ] GC(0) Pause Full (System.gc())
[0.105s][info][gc,phases,start] GC(0) Phase 1: Mark live objects
[0.106s][info][gc,phases      ] GC(0) Phase 1: Mark live objects 0.872ms
[0.106s][info][gc,phases,start] GC(0) Phase 2: Prepare for compaction
[0.106s][info][gc,phases      ] GC(0) Phase 2: Prepare for compaction 0.607ms
[0.106s][info][gc,phases,start] GC(0) Phase 3: Adjust pointers
[0.107s][info][gc,phases      ] GC(0) Phase 3: Adjust pointers 0.967ms
[0.107s][info][gc,phases,start] GC(0) Phase 4: Compact heap
[0.108s][info][gc,phases      ] GC(0) Phase 4: Compact heap 0.687ms
...
[0.110s][info][gc             ] GC(0) Pause Full (System.gc()) 10M->0M(16M) 4.950ms
...
```

실행할 때 -Xlog:gc* 매개 변수를 지정하여 가비지 컬렉션 정보를 자세하게 출력하
도록 요청했다.[1] 출력 결과의 10M->0M를 보아 objA와 objB가 메모리에서 회수되었
음을 확인할 수 있다. 즉, 자바 가상 머신은 객체 생사 판단에 참조 카운팅 알고리
즘을 사용하지 않음을 알 수 있다.

그 외에도 다양한 정보를 알 수 있다. 예를 들어 사용한 컬렉터 종류(G1), 힙의 리
전(region), 최소·초기·최대 크기, 가비지 컬렉션 단계(phase)별 소요 시간을 출력
해 준다. 각 정보의 자세한 의미는 '3.5.7 G1 컬렉터'를 읽고 나면 알 수 있을 것이다.

---

1 (옮긴이) JDK 8 이하에서는 -XX:+PrintGCDetails 매개 변수를 이용하자.

3.2.2 도달 가능성 분석 알고리즘

자바, C# 등 오늘날의 주류 프로그래밍 언어들은(그리고 거슬러 올라가 앞서 언급한 오래전 리스프까지) 모두 객체 생사 판단에 도달 가능성 분석(reachability analysis) 알고리즘을 이용한다. 이 알고리즘의 기본 아이디어는 GC 루트라고 하는 루트 객체들을 시작 노드 집합으로 쓰는 것이다. 시작 노드들에서 출발하여 참조하는 다른 객체들로 탐색해 들어간다. 탐색 과정에서 만들어지는 경로를 참조 체인(reference chain)이라 한다. 그리고 어떤 객체와 GC 루트 사이를 이어 주는 참조 체인이 없다면, 즉 GC 루트로부터 도달 불가능한 객체는 더 이상 사용할 수 없는 게 확실해진다. 그림 3-1에서 객체 5, 6, 7은 서로 이어져 있지만 GC 루트로부터 도달할 길이 없으므로 회수 대상이 된다.

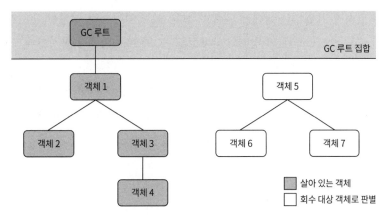

그림 3-1 도달 가능성 분석 알고리즘으로 회수 대상 객체 판별

자바에서 GC 루트로 이용할 수 있는 객체는 정해져 있다. 다음은 대표적인 예다.

- 가상 머신 스택(스택 프레임의 지역 변수 테이블)에서 참조하는 객체: 현재 실행 중인 메서드에서 쓰는 매개 변수, 지역 변수, 임시 변수 등
- 메서드 영역에서 클래스가 정적 필드로 참조하는 객체: 자바 클래스의 참조 타입 정적 변수
- 메서드 영역에서 상수로 참조되는 객체: 문자열 테이블 안의 참조
- 네이티브 메서드 스택에서 JNI(이른바 네이티브 메서드)가 참조하는 객체
- 자바 가상 머신 내부에서 쓰이는 참조: 기본 데이터 타입에 해당하는 Class 객체, (NullPointerException, OutOfMemoryError 등의) 일부 상주 예외 객체, 시스

텝 클래스 로더

- 동기화 락(synchronized 키워드)으로 잠겨 있는 모든 객체
- 자바 가상 머신 내부 상황을 반영하는 JMXBean: JVMTI에 등록된 콜백, 로컬 코드 캐시 등

이상의 정해진 GC 루트들 외에도 가비지 컬렉터 종류나 현재 회수 중인 메모리 영역에 따라 다른 객체들도 '임시로' 추가될 수 있다. 이렇게 해서 전체 GC 루트 집합이 만들어진다.

뒤에서 더 이야기할 세대 단위 컬렉션과 부분 컬렉션의 경우, 자바 힙의 일부 영역(전형적인 가비지 컬렉터라면 신세대)부터 분석을 시작한다. 메모리 영역이 어떻게 구분되는지는 가상 머신을 구현하기 나름이지만, 영역들이 서로 완전히 격리되거나 닫혀 있지 않다는 점에 유의해야 한다. 즉, 객체는 다른 영역에 있는 객체도 참조할 수 있으므로 연관된 영역의 객체들도 GC 루트 집합에 포함시켜야 도달 가능성을 정확하게 분석할 수 있다.

현 시점에서 최신 가비지 컬렉터들[2]은 예외 없이 부분 컬렉션을 지원한다. 또한 GC 루트가 너무 많아지지 않도록 다양한 최적화를 적용한다. 이러한 개념, 최적화 기법, 다양한 컬렉터들을 이번 장에서 곧 만나볼 것이다.

3.2.3 다시 참조 이야기로

객체의 생사 판단과 '참조'는 떼어서 생각할 수 없다. 참조 개수를 세어 판단하는 참조 카운팅 알고리즘이든, 객체까지 이어지는 참조 체인이 존재하는가로 판단하는 도달 가능성 분석 알고리즘이든 마찬가지다. JDK 1.2 전의 자바에서는 '참조'를 다음과 같이 매우 전통적인 의미로 정의했다.

> "참조 타입 데이터에 저장된 값이 다른 메모리 조각의 시작 주소를 뜻한다면, 이 참조 데이터를 해당 메모리 조각이나 객체를 참조한다고 말한다."

문제 될 게 없는 정의지만 현시점에서는 범위가 살짝 좁다. 이 정의에 따르면 객체의 상태는 '참조됐다'와 '참조되지 않았다', 이렇게 딱 두 가지뿐이다. '버리기는 아까운' 객체를 표현할 방법이 없는 것이다. 예를 들어 '메모리가 여유롭다면 그냥 두

---

2 OpenJDK의 G1, 셰넌도어, ZGC 컬렉터와 어줄의 PGC, C4 컬렉터

고, 가비지 컬렉션을 하고 나서도 메모리가 매우 부족하다면 그때 회수하는 객체'를 표현하고 싶다면 어떨까? 실제로 많은 시스템에서 활용하는 캐시 기능에 적합한 시나리오다.

JDK 1.2부터 참조 개념이 확장되어 참조를 네 가지로 구분하기 시작했다. 강한 참조, 부드러운 참조, 약한 참조, 유령 참조인데 나열한 순서대로 강도가 약해진다.

- 강한 참조(strong reference): 가장 전통적인 정의의 참조를 뜻한다. `Object obj = new Object()`처럼 프로그램 코드에서 참조를 할당하는 걸 말한다. 강한 참조 관계가 남아 있는 객체는 가비지 컬렉터가 절대 회수하지 않는다.

- 부드러운 참조(soft reference): 유용하지만 필수는 아닌 객체를 표현한다. 부드러운 참조만 남은 객체라면 메모리 오버플로가 나기 직전에 두 번째 회수를 위한 회수 목록에 추가된다. 두 번째 회수 후에도 메모리가 부족하면 그때 메모리 오버플로 예외를 던진다. 부드러운 참조는 JDK 1.2 때 `SoftReference` 클래스 형태로 추가되었다.

- 약한 참조(weak reference): 부드러운 참조와 비슷하지만 연결 강도가 더 약하다. 약한 참조뿐인 객체는 다음번 가비지 컬렉션까지만 살아 있다. 가비지 컬렉터가 동작하기 시작하면 메모리가 넉넉하더라도 약하게 참조된 객체는 모두 회수된다. JDK 1.2 때 추가된 `WeakReference` 클래스가 구현한다.

- 유령 참조(phantom reference): 참조 중에 가장 약하다('ghost reference'라고도 한다). 유령 참조는 객체 수명에 아무런 영향을 주지 않으며, 유령 참조를 통해 객체 인스턴스를 가져오는 것마저 불가능하다. 유령 참조를 거는 유일한 목적은 대상 객체가 회수될 때 알림을 받기 위해서다. 유령 참조 역시 JDK 1.2 때 추가되었으며 `PhantomReference` 클래스로 구현되어 있다.

> ☑ '파이널 참조'를 아냐고요?
>
> JDK 내부적으로는 파이널 참조(final Reference)라는 유형도 쓰인다. 참조 강도는 약한 참조와 유령 참조 사이다. `finalize()` 메서드를 구현한 객체는 모두 파이널 참조의 대상이 되어 별도의 대기열(queue)에 등록된다. 그런 다음 해당 객체에 도달할 수 있는 강한 참조, 부드러운 참조, 약한 참조가 모두 없어지면 `finalize()` 메서드를 호출한다.

3.2.4 살았나 죽었나?

도달 가능성 분석 알고리즘이 '도달 불가능'으로 판단한 객체라고 해서 반드시 죽어야 하는 건 아니다. 아직 '유예' 단계가 남았다. 확실한 사망 선고를 내리려면 두 번의 표시(marking) 과정을 거쳐야 한다.

도달 가능성 분석으로 GC 루트와 연결된 참조 체인을 찾지 못한 객체에는 첫 번째 표시가 이루어지며 이어서 필터링이 진행된다. 필터링 조건은 종료자(finalizer), 즉 'finalize() 메서드를 실행해야 하는 객체인가'이다. finalize()가 필요 없는 객체이거나 가상 머신이 finalize()를 이미 호출한 경우 모두 '실행할 필요 없음'으로 처리한다.

finalize()를 실행해야 하는 객체로 판명되면 F-큐(F-Queue)라는 대기열에 추가된다. 그러면 가상 머신이 나중에 우선순위가 낮은 종료자 스레드를 생성해 F-큐에 들어 있는 객체들의 finalize() 메서드를 실행한다. 참고로 가상 머신은 이 메서드를 시작만 시킬 뿐 끝날 때까지 기다려 주진 않는다. 끝날 때까지 기다린다면 어떤 객체의 finalize()가 너무 오래 걸리거나 무한 루프에 빠질 때 문제가 되기 때문이다. 이런 상황이 생기면 F-큐에서 대기 중인 다른 객체들은 무작정 기다려야 한다. 최악의 경우 가비지 컬렉션 시스템 전체를 비정상 종료시킬 수도 있다.

finalize() 메서드는 죽음에 직면한 객체가 부활할 수 있는 마지막 기회다. finalize()를 이용해 부활을 꾀하는 객체라면 참조 체인상의 아무 객체와 다시 연결하면 된다. 예를 들어 자기 자신(this 키워드)을 특정 클래스 변수나 다른 객체의 인스턴스 변수에 할당하면 된다. 이렇게 하면 두 번째 표시 과정에서 '회수 대상' 목록에서 제외될 것이다. 이때 빠져나오지 못한 객체는 진짜로 회수된다. 코드 3-2는 finalize()가 호출되고도 여전히 살아남는 객체를 보여 준다.

코드 3-2 객체가 스스로를 구원하는 예시

```
/**
 * 이 코드가 보여 주려는 핵심은 두 가지다.
 * 1. 객체는 GC 프로세스 중간에 스스로를 구원할 수 있다.
 * 2. 이 자가 구원 기회는 단 한 번뿐이다. finalize() 메서드는 시스템이 최대 한 번만
 *    호출해 주기 때문이다.
 * @author zzm
 */
public class FinalizeEscapeGC {

    public static FinalizeEscapeGC SAVE_HOOK = null;
```

```java
    public void isAlive() {
        System.out.println("이야, 나 아직 살아 있어. :)");
    }

    @Override
    protected void finalize() throws Throwable {
        super.finalize();
        System.out.println("finalize() 메서드 실행됨!");
        FinalizeEscapeGC.SAVE_HOOK = this;   // 자신의 참조를 할당
    }

    public static void main(String[] args) throws Throwable {
        SAVE_HOOK = new FinalizeEscapeGC();

        // 회수 대상이 첫 번째 기회를 잡아 스스로를 구원한다.
        SAVE_HOOK = null;
        System.gc();
        // 종료자 스레드의 우선순위가 낮으니 0.5초간 기다린다.
        Thread.sleep(500);
        if (SAVE_HOOK != null) {
            SAVE_HOOK.isAlive();
        } else {
            System.out.println("안 돼, 내가 죽다니. :(");
        }

        // 다음 코드는 위와 완전히 같지만 이번에는 자가 구원에 실패한다.
        SAVE_HOOK = null;
        System.gc();
        // 종료자 스레드의 우선순위가 낮으니 0.5초간 기다린다.
        Thread.sleep(500);
        if (SAVE_HOOK != null) {
            SAVE_HOOK.isAlive();
        } else {
            System.out.println("안 돼, 내가 죽다니. :(");
        }
    }
}
```

실행 결과는 다음과 같다.

```
finalize() 메서드 실행됨!
이야, 나 아직 살아 있어. :)
안 돼, 내가 죽다니. :(
```

결과에서 보듯 가비지 컬렉터가 SAVE_HOOK 객체의 finalize() 메서드를 호출해서, 처음 한 번은 죽음의 문턱에서 탈출하는 데 성공할 수 있었다. 완전히 같은 코드가

두 번 반복되는데 두 번째에는 탈출에 실패했다. 어떤 객체든 시스템이 finalize() 를 호출해 주는 건 오직 한 번뿐이기 때문이다.

특별히 주의할 점이 아직 하나 남았다. 앞의 코드에서 객체가 죽어 갈 때 final ize() 메서드에서 수행한 동작은 비극적인 몸부림이라 할 수 있다. 독자들은 절대 이런 식으로 객체를 구원하려고 하지 않기 바란다.

다시 말하지만 가능한 한 사용하지 말자. finalize()는 C·C++의 파괴자와 다르 다. 종료자 기능은 자바가 막 탄생했을 때 기존 C·C++ 개발자들을 자바로 더 쉽게 끌어들이려고 도입한 타협안일 뿐이다. 실행하는 비용도 높고 불확실성도 크다. 어느 객체부터 호출되는지도 보장하지 않는다. 이런 이유로 finalize() 메서드는 JDK 9부터 폐기 대상으로 지정되었다.

낡은 교재에서는 이 메커니즘이 '외부 자원 닫기' 같은 청소 작업에 적합하다고 설명하기도 하는데, finalize()를 어떻게든 사용해 보려는 정신 승리라 말할 수 있 다. finalize()로 할 수 있는 일은 전부 try-finally 등의 다른 방법으로 제때 더 잘 처리할 수 있다. 그러니 자바 언어에 이런 메서드가 있다는 사실조차 머릿속에서 완전히 지워 버리길 권한다.

3.2.5 메서드 영역 회수하기

(핫스팟 가상 머신의 메타스페이스나 영구 세대 같은) 메서드 영역은 가비지 컬렉 션 대상이 아니라고 생각하는 사람도 있다. 《자바 가상 머신 명세》에 따르면 가비 지 컬렉터가 메서드 영역을 반드시 청소해야 하는 건 아니다. 실제로도 메서드 영 역 타입 언로딩을 구현하지 않거나 완벽하게 수행하지 않는 가상 머신도 있다. 예 를 들어 JDK 11에 처음 탑재된 시험 버전의 ZGC 컬렉터는 클래스 언로딩을 지원 하지 않았다(JDK 12부터 지원). 메서드 영역 가비지 컬렉션은 대체로 '비용 효율'이 좋지 않기 때문이다. 일반적인 애플리케이션에서 자바 힙은, 그중에서도 특히 신세 대는 가비지 컬렉션 한 번으로 메모리 공간의 70~99%를 회수해 낸다. 반면 메서드 영역은 회수 조건이 까다로워서 효율이 훨씬 떨어진다.

메서드 영역의 가비지 컬렉션은 크게 두 가지를 회수한다. 더 이상 사용되지 않 는 '상수'와 '클래스'다.

다 쓴 '상수'를 회수하는 방법도 자바 힙에서 객체를 회수하는 방법과 매우 비슷 하다. 상수 풀에서 리터럴을 회수하는 예를 보자. 문자열 "java"가 상수 풀에 들어 있으나, 현재 시스템에서 값이 "java"인 문자열 객체는 하나도 없다고 해 보자. 즉, 상수 풀 안의 "java" 상수를 참조하는 문자열 객체가 전혀 없고, 가상 머신에서 이 리터럴을 사용하는 코드가 한 곳도 없다. 이 시점에 회수가 시작되면 가비지 컬렉터는 "java" 상수를 상수 풀에서 치워 버려야 한다고 판단할 것이다. 상수 풀에 있는 다른 클래스(인터페이스 포함), 메서드, 필드의 심벌 참조도 비슷한 방법으로 회수한다.

다 쓴 상수인지 판단하는 일은 비교적 간단하지만, 더 이상 쓰이지 않는 '클래스' 인지 판단하는 조건은 더 까다롭다. 다음 세 조건을 동시에 만족해야 한다.

- 이 클래스의 인스턴스가 모두 회수되었다. 즉, 자바 힙에는 해당 클래스와 하위 클래스의 인스턴스가 하나도 존재하지 않는다.
- 이 클래스를 읽어 들인 클래스 로더가 회수되었다. 이 조건은 OSGi나 JSP 리로 딩처럼 세심하게 설계된 대안 클래스 로더 없이는 충족하기 어렵다.
- 이 클래스에 해당하는 java.lang.Class 객체를 아무 곳에서도 참조하지 않고, 리 플렉션 기능으로 이 클래스의 메서드를 이용하는 곳도 전혀 없다.

자바 가상 머신은 세 조건에 부합하는 쓸모없는 클래스들을 회수하도록 허용한다. 그런데 '허용'한다고 했지, 반드시 회수한다고 하지는 않았다.

핫스팟 가상 머신은 클래스 회수 여부를 제어할 수 있도록 –Xnoclassgc 매개 변수를 제공한다. 또한 –verbose:class, –Xlog:class+load=info, –Xlog:class+unload =info 매개 변수로는 클래스가 로딩되고 언로딩되는 정보를 볼 수 있다.[3]

리플렉션, 동적 프락시, CGLib과 같은 바이트코드 프레임워크를 많이 사용하는 경우나 JSP를 동적으로 생성하고 클래스 로더를 자주 사용자화하는 OSGi 환경 등 에서는 일반적으로 자바 가상 머신이 타입 언로딩을 지원해야 한다. 그래야 메서드 영역이 과도한 압박에 시달리는 일을 막을 수 있다.

3.3 가비지 컬렉션 알고리즘

가비지 컬렉션 알고리즘을 구현하는 데는 수많은 기법이 활용되며 가상 머신 또는 플랫폼에 따라 차이가 많다. 이번 절에서는 알고리즘 구현에 관해서는 이야기하지 않고, 세대 단위 컬렉션 이론을 포함한 몇 가지 알고리즘에 담긴 아이디어와 발전

---

3 (옮긴이) JDK 8 이하에서는 –XX:+TraceClassLoading과 –XX:+TraceClassUnloading 매개 변수를 이용하자.

과정에 집중할 것이다. 상세 이론이 궁금한 독자는 리처드 존스(Richard Jones) 등이 저술한 《The Garbage Collection Handbook》(2nd edition, Chapman and Hall/CRC, 2023)의 2~4장을 참고하자.

객체의 생사를 판별하는 방식을 기준으로 가비지 컬렉션 알고리즘을 '참조 카운팅 GC'와 '추적 GC'로 나눌 수 있다. 이 둘을 '직접 가비지 컬렉션'과 '간접 가비지 컬렉션'이라 부르기도 한다. 참조 카운팅 GC 알고리즘은 이 책에서 다루는 주류 자바 가상 머신들에서는 사용하지 않기 때문에 따로 설명하지 않을 것이다. 그래서 이번 절에서 소개할 알고리즘들은 모두 추적 GC에 속한다.

3.3.1 세대 단위 컬렉션 이론

현재 상용 가상 머신들이 채택한 가비지 컬렉터는 대부분 세대 단위 컬렉션 이론에 기초해 설계되었다. 세대 단위 컬렉션 이론의 본질은 대다수 프로그램에서 관측된 실제 상황들에서 얻은 경험 법칙을 구현한 것이다. 기본적으로 다음 두 가지 가정이 뿌리를 이룬다.

1. 약한 세대 가설(weak generational hypothesis): 대다수 객체는 일찍 죽는다.
2. 강한 세대 가설(strong generational hypothesis): 가비지 컬렉션 과정에서 살아남은 횟수가 늘어날수록 더 오래 살 가능성이 커진다.

이 두 가정이 합쳐져 널리 알려진 가비지 컬렉터들에 일관된 설계 원칙을 제공한다. 자바 힙을 몇 개의 영역으로 나누고 객체들을 나이에 따라 각기 다른 영역에 할당하는 것이다. 여기서 나이란 가비지 컬렉션에서 살아남은 횟수를 말한다.

영역 안의 객체 대부분이 곧바로 죽을 운명이라면, 그 객체들을 한데 몰아넣고 (곧 회수될 다수의 객체에 표시하는 대신) 살아남는 소수의 객체를 유지하는 방법에 집중하는 편이 유리하다. 확실히 적은 비용으로 대량의 메모리를 확보할 수 있다. 한 번 살아남은 객체는 통계적으로 잘 죽지 않으니 다른 영역에 따로 모아 두고, 가상 머신이 그 영역을 회수하는 빈도를 줄이는 것이다. 이렇게 하면 가비지 컬렉션에 드는 전체 시간도 줄고 메모리 공간도 효율적으로 이용할 수 있다.

자바 힙을 여러 영역으로 나누면 가비지 컬렉터는 한 번에 하나 또는 몇 개 영역만 선택해 회수할 수 있는데 이를 기준으로 마이너 GC, 메이저 GC, 전체 GC 식으로 부르곤 한다. 한편 각 영역에 담긴 객체들의 생존 특성에 따라 마크-스윕

(mark-sweep: 표시 후 쓸기), 마크-카피(mark-copy: 표시 후 복사), 마크-컴팩트 (mark-compact: 표시 후 모으기) 등의 가비지 컬렉션 알고리즘을 구분해 적용한다. 새로운 용어를 몇 개 소개했는데 모두 이번 장에서 중요한 역할을 하며 곧 하나씩 살펴볼 것이다. 당장은 이 모두가 세대 단위 컬렉션 이론에서 비롯했다는 정도만 기억해 두면 충분하다.

세대 단위 컬렉션 이론을 가상 머신에 적용한 설계자들은 자바 힙을 최소 두 개 영역으로 나눈다. 바로 신세대와 구세대다.[4] 이름에서 알 수 있듯이 신세대에서는 가비지 컬렉션 때마다 다수의 객체가 죽고 살아남은 소수만 구세대로 승격된다. 핫스팟의 소스 코드를 읽어 본 독자라면 DefNewGeneration이나 ParNewGeneration처럼 뒤에 Generation이 붙는 구현 코드를 보았을 것이다. 이것이 핫스팟의 세대별 가비지 컬렉터 프레임워크다.

원래 핫스팟은 개발자들에게 새로운 가비지 컬렉터를 되도록 이 프레임워크 위에서 개발하라고 장려했다. 하지만 초기 네 컬렉터 중 두 가지를 제외하고는 이 프레임워크를 활용하지 않았다. 이유는 여러 가지였는데, 가장 근본적인 이유라면 당시 세대 단위 컬렉션 이론 자체가 계속 발전하는 중이어서 구현 방식 역시 개선할 점이 많았기 때문이다. 그래서 프레임워크라는 이미 굳어진 틀에 갇혀 지내기에는 불편했던 것이다.

사실 곰곰이 생각해 보면 세대 단위 컬렉션이 단순히 메모리 영역을 나누는 것뿐이 아님은 어렵지 않게 눈치챌 수 있다. 적어도 확실히 복잡해 보이는 상황이 하나 있다. 객체들은 단독으로 존재하는 게 아니기 때문에 다른 세대에 존재하는 객체들을 참조하는 상황이 자연스럽게 나타난다.

신세대에서만 가비지 컬렉션을 하고 싶더라도(마이너 GC), 신세대에 속하지만 구세대에서 참조 중인 객체도 충분히 있을 수 있다. 따라서 살아남을 객체를 찾으려면 도달 가능성을 분석할 때 고정된 GC 루트들뿐 아니라 구세대 객체까지 모두 탐색해야 결과를 신뢰할 수 있다. 반대도 마찬가지다.[5] 구세대 전체의 객체들까지 탐색한다는 게 이론적으로야 가능하지만 성능 면에서는 확실히 부담이 클 것이다. 이 문제를 풀려면 세대 단위 컬렉션 이론에 세 번째 경험 법칙을 추가해야 한다.

---

4   신세대와 구세대라는 이름은 핫스팟 가상 머신에서 쓰는 용어지만 업계에서 통용된다. IBM J9 가상 머신에서는 'nursery(유아원, 탁아소)'와 'tenured(종신)'로 부르는데, 이름만 다를 뿐 같은 뜻이다.
5   일반적으로 신세대에만 적용되며 '반대' 상황은 이론적으로는 그렇다고 생각해 주자. 사실 CMS 외에는 구세대만 회수하는 컬렉터는 없다.

3. 세대 간 참조 가설(intergenerational reference hypothesis): 세대 간 참조의
   개수는 같은 세대 안에서의 참조보다 훨씬 적다.

세 번째 가설은 사실 처음 두 가설로부터 논리적으로 유추해 낼 수 있는 암묵적인
추론이다. 상호 참조 관계의 두 객체는 삶과 죽음을 함께하는 경향이 있다. 예컨대
신세대 객체가 세대 간 참조를 가지고 있다고 해 보자. 구세대 객체는 잘 죽지 않는
다. 따라서 가비지 컬렉션을 거쳐도 신세대 객체는 세대 간 참조 덕에 구세대로 승
격될 것이다. 그러면 (같은 세대가 되었으므로) 세대 간 참조는 자연스럽게 사라
진다.

이 가설에 따르면 세대 간 참조의 수는 아주 적기 때문에 구세대 전체를 훑는 건
낭비다. 또한 어떤 객체들이 존재하고 어떤 세대 간 참조가 있는지 일일이 기록하
느라 공간을 낭비할 필요도 없다. 그저 신세대에 기억 집합이라는 전역 데이터 구
조를 하나 두면 된다. 이 구조를 통해 구세대를 작은 조각 몇 개로 나누고, 그중 어
느 조각에 세대 간 참조가 있는지 기록해 관리하는 것이다. 그리고 마이너 GC가 수
행되면 세대 간 참조를 포함하는 작은 메모리 블록 안의 객체들만 GC 루트에 추가
된다. 이 방식에서는 객체 사이에서의 참조 관계 변화를 정확하게 관리해야 한다.
그래서 런타임에 할 일이 늘어나지만 구세대 전체를 훑는 비용보다는 여전히 싸다.

☑ **세대 단위 컬렉션에서의 다양한 GC 방식**

방금까지 '마이너 GC'라는 용어를 써 왔는데, 책을 읽다 보면 다른 세대에서도 비슷한 용어가 등장
할 것이다. 여러분이 혼동하지 않도록 이쯤에서 용어를 정리하고 가겠다.

- 부분 GC: 자바 힙의 일부만 회수하는 가비지 컬렉션을 말하며 다음과 같이 세분화된다.
  - 마이너 GC(또는 신세대 GC): 신세대만 대상으로 하는 가비지 컬렉션
  - 메이저 GC(또는 구세대 GC): 구세대만 대상으로 하는 가비지 컬렉션. 집필 시점 기준으로
    는 오직 CMS 컬렉터만 구세대를 따로 회수한다. '메이저'라는 단어가 다소 혼동을 줄 수 있
    는데 문헌에 따라 다르게 부르기도 한다. 맥락을 살펴 구세대 회수인지, 힙 전체 회수인지
    구분해야 한다.
  - 혼합 GC: 신세대 전체와 구세대 일부를 대상으로 하는 가비지 컬렉션. 집필 시점 기준으로
    G1 컬렉터만 이렇게 동작한다.
- 전체 GC: 자바 힙 전체와 메서드 영역까지 모두를 대상으로 하는 가비지 컬렉션

3.3.2 마크-스윕 알고리즘

마크-스윕은 리스프의 아버지 존 맥카시가 1960년에 제안한 최초이자 가장 기본적인 가비지 컬렉션 알고리즘이다. 이름처럼 이 알고리즘은 작업을 표시(mark)와 쓸기(sweep)라는 두 단계로 나눠 진행한다. 먼저 회수할 객체들에 모두 표시한 다음, 표시된 객체들을 쓸어 담는 식이다. 또는 반대로 살릴 객체에 표시하고 표시되지 않은 객체를 회수하기도 한다. 표시 단계는 객체가 쓰레기인지 판단하는 과정으로 앞 절에서 이미 소개했다.

마크-스윕이 가장 기본적인 알고리즘인 이유는 뒤이어 나온 컬렉션 알고리즘들 대부분이 이를 기초로 그 단점을 보완하는 식으로 발전했기 때문이다. 마크-스윕 알고리즘의 큰 단점은 두 가지다.

첫째, 실행 효율이 일정하지 않다. 자바 힙이 다량의 객체로 가득 차 있고 그 대부분이 회수 대상이라면 표시하는 일도, 회수하는 일도 모두 커진다. 즉, 객체가 많아질수록 표시하고 쓸어 담는 작업의 효율이 떨어지는 구조다.

둘째, 메모리 파편화가 심하다. 가비지 컬렉터가 쓸고 간 자리에는 불연속적인 메모리 파편이 만들어진다. 파편화가 너무 심하면 프로그램이 큰 객체를 만들려 할 때 충분한 크기의 연속된 메모리를 찾기가 점점 어려워지고, 그 결과 또 다른 가비지 컬렉션을 유발한다.

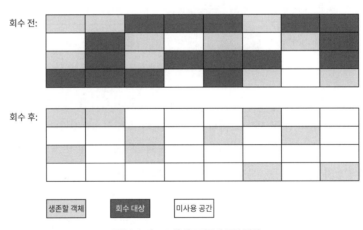

그림 3-7 마크-스윕 알고리즘의 동작 방식

3.3.3 마크-카피 알고리즘

마크-카피는 간단히 카피 알고리즘이라고도 한다. 회수할 객체가 많아질수록 효율이 떨어지는 마크-스윕 알고리즘의 문제를 해결하기 위해, 1969년 로버트 페니첼

(Robert Fenichel)은 세미스페이스 복사라는 가비지 컬렉션 알고리즘을 제안한다. 이 알고리즘은 가용 메모리를 똑같은 크기의 두 블록으로 나눠 한 번에 한 블록만 사용한다. 한쪽 블록이 꽉 차면 살아남은 객체들만 다른 블록에 복사하고 기존 블록을 한 번에 청소한다.

대다수 객체가 살아남는다면 메모리 복사에 상당한 시간을 허비하는 반면, 대다수가 회수된다면 생존한 소수의 객체만 복사하면 된다. 더욱이 복사 과정에서 객체들이 메모리의 한쪽 끝에서부터 차곡차곡 쌓이기 때문에 골치 아픈 메모리 파편화 문제로부터 해방된다.

이 알고리즘은 구현하기 쉽고 실행 효율도 좋다. 하지만 단점도 명백하다. 바로 가용 메모리를 절반으로 줄여 낭비가 제법 심하다는 점이다.

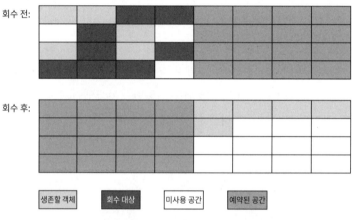

그림 3-3 마크-카피 알고리즘의 동작 방식

오늘날 상용 자바 가상 머신 대부분은 신세대에 이 알고리즘을 활용한다.

IBM은 '객체들의 생존 기간이 짧다'는 신세대의 특성을 더 정량적으로 해석하고자 특별한 연구를 수행했다. 그 결과 신세대 객체 중 98%가 첫 번째 가비지 컬렉션에서 살아남지 못했다. 즉, 신세대용 메모리 영역을 1:1로 나눌 필요가 없다는 결론이다.

1989년 앤드류 아펠(Andrew Appel)은 이 특성을 반영해 더 최적화된 전략을 제안했다. 이 전략을 요즘은 '아펠 스타일 컬렉션'이라고 부르며, 시리얼과 파뉴 같은 핫스팟 가상 머신의 신세대 컬렉터는 모두 신세대 메모리의 레이아웃을 이 전략에

부합하게 구성한다.[6]

아펠 스타일 컬렉션 방식을 구체적으로 보자. 먼저 신세대를 하나의 큰 에덴 공간과 두 개의 작은 생존자 공간으로 나눈다. 그리고 메모리를 할당할 때는 생존자 공간 중 하나와 에덴만 사용한다. 가비지 컬렉션이 시작되면 에덴과 생존자 공간에서 살아남은 객체들을 나머지 생존자 공간으로 하나씩 복사한 후 에덴과 이전 생존자 공간을 곧바로 비운다.

핫스팟 가상 머신에서 에덴과 생존자 공간의 비율은 기본적으로 8:1이다. 즉, 신세대에 할당된 전체 메모리 중 90%를 활용한다(에덴 80%+생존자 공간 중 하나 10%). 낭비하는 공간은 단 10%뿐이다.

98%의 객체가 회수된다는 데이터는 물론 '일반적인 상황'에서 측정된 결과라서, 10% 넘게 살아남는 일이 절대 없다고 단정할 수는 없다. 그래서 아펠 스타일 컬렉션에서도 10%가 넘는 특이 케이스에 대처하기 위한 설계가 하나 추가되어 있다. 메모리 할당 보증이라는 메커니즘으로, 마이너 GC에서 살아남은 객체를 생존자 공간이 다 수용하지 못할 경우 다른 메모리 영역(대부분의 경우 구세대)을 활용해 메모리 할당을 보증하는 것이다(핸들 승격).

메모리 할당 보증은 돈을 빌리러 은행에 방문하는 일에 비유할 수 있다. 고객 평판이 좋다면 은행은 고객이 돈을 제때 상환할 가능성이 크다고 믿고, 보증인 한 명만 데려오면 위험하지 않다고 판단할 것이다. 메모리 할당 보증도 똑같다. 신세대 가비지 컬렉션에서 살아남은 객체를 생존자 공간에 다 담을 수 없다면, 할당 보증 메커니즘을 통해 객체들을 구세대에 바로 추가한다.

신세대의 할당 보증은 가비지 컬렉터의 실행 규칙을 설명하는 3.8.5절에서 자세히 다룬다.

3.3.4 마크-컴팩트 알고리즘

앞 절에서 설명한 마크-카피 알고리즘은 객체 생존율이 높을수록 복사할 게 많아져서 효율이 나빠진다. 더구나 공간을 50%나 낭비하기 싫다면 할당 보증용 공간을 따로 마련하여 대다수 객체가 살아남는 극단적 상황에 대처해야 한다. 그래서 구세대에는 적합하지 않다.

---

6 사실 핫스팟은 초기부터 메모리 레이아웃을 이렇게 잡아 왔으며 IBM의 연구와는 관계가 없다. 여기서 IBM의 연구를 언급한 이유는 세대 단위 레이아웃의 중요성을 설명하기 위해서다.

구세대 객체들의 생존 특성을 감안하여 에드워드 루더스(Edward Lueders)는 1974년 마크-컴팩트 알고리즘을 제안했다. 표시 단계는 마크-스윕과 같다. 하지만 다음 컴팩트 단계에서 (회수 대상 객체들을 곧바로 쓸어 담는 대신) 생존한 모든 객체를 메모리 영역의 한쪽 끝으로 모은 다음, 나머지 공간을 한꺼번에 비운다.

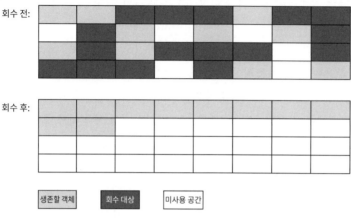

그림 3-4 마크-컴팩트 알고리즘의 동작 방식

마크-스윕과의 핵심적인 차이는 메모리 이동이 일어난다는 점이다. 그런데 가비지 컬렉션 후 살아남은 객체를 이동할지는 양날의 검과 같은 결정이다. 특히 구세대에서는 회수 때마다 살아남는 객체가 상당히 많을 것이다. 따라서 생존한 객체를 이동시킨 후, 이동된 객체들을 가리키던 기존 참조들을 모두 갱신하기는 매우 부담될 것이다. 더욱이 이런 식의 객체 이동은 사용자 애플리케이션을 모두 멈춘 상태에서 진행해야 하므로[7] 아주 신중하게 고려해야 할 단점이다. 이와 같은 일시 정지 현상을 초기 가상 머신 설계자는 "스톱 더 월드(stop the world)"라는 말로 아주 생생하게 표현해 냈다.[8]

하지만 마크-스윕 알고리즘처럼 살아 있는 객체를 전혀 이동시키지 않는다면 힙이 파편화된다. 결국은 메모리 할당과 접근 방식을 더 복잡하게 만들어야 한다는 뜻이다. 예컨대 메모리 할당 문제는 '파편화 없는 할당 연결 리스트(partition free allocation linked list)'로 해결할 수 있다.[9] 메모리 읽기는 사용자 프로그램에서 단

---

7 최신 컬렉터인 ZGC와 셰넌도어는 읽기 장벽(read barrier) 기술을 이용해 마무리 프로세스와 사용자 스레드를 동시에 실행한다. 이 컬렉터들의 동작 원리는 3.6절에서 소개한다.
8 보통은 마크-스윕 알고리즘도 사용자 스레드를 일시 정지시켜야 하지만 정지 시간이 상대적으로 짧다.
9 하드 디스크나 SSD에는 물리적으로 연속된 공간이 없더라도 큰 파일을 저장할 수 있다. 파일을 조각으로 나눠 물리적으로 떨어진 파티션에 저장한 다음 이를 파티션 테이블로 관리하면 된다.

연 가장 빈번하게 일어나는 동작이다. 이 동작을 수행하는 부담이 커진다면 필시 애플리케이션 성능이 눈에 띄게 느려질 것이다.

이상의 두 관점에서 객체를 이동시킬 때와 아닐 때 모두 단점이 있다. 객체를 이 동시키면 회수 작업이 복잡해지고, 이동시키지 않으면 할당 작업이 복잡해진다. 가 비지 컬렉션 시의 '일시 정지 시간'을 기준으로 판단하면 객체를 이동시키지 않는 편이 유리하다. 정지 시간이 짧아지거나 전혀 정지하지 않아도 될 것이다. 하지만 전체 프로그램의 '처리량'이 기준이라면 객체를 이동시키는 편이 효율적이다. 지금 맥락에서 '처리량'은 사용자 프로그램과 가비지 컬렉터의 효율을 포괄하는 개념이 다. 객체를 이동시키지 않으면 컬렉터의 효율이 높아진다. 하지만 메모리를 할당하 고 접근하는 빈도가 가비지 컬렉션 수행 빈도보다 훨씬 많으므로 할당과 접근 효율 이 떨어지면 전체적인 처리량은 여전히 나빠진다.

핫스팟 가상 머신에서 처리량에 중점을 둔 패러렐 올드 컬렉터는 마크-컴팩트 알 고리즘에 기초하고, 지연 시간에 중점을 둔 CMS 컬렉터는 마크-스윕 알고리즘에 기초한다는 점도 이러한 사실을 간접적으로 확인해 준다.

메모리 할당과 접근에 부담을 많이 더하지 않는 '축복받은' 해법도 있다. 대부분 의 경우에는 메모리 파편화를 감내하면서 마크-스윕을 사용하다가, 객체 할당에 영 향을 줄 만큼 파편화가 심해지면 마크-컴팩트를 돌려 연속된 공간을 확보하는 것이 다. 앞서 CMS는 마크-스윕을 기본으로 한다고 했는데, 메모리 파편화가 심해지면 이 전략을 실행하여 단점을 보완한다.

3.4 핫스팟 알고리즘 상세 구현

앞서 3.2절과 3.3절에서는 일반적인 객체 생존 판단 알고리즘과 가비지 컬렉션 알 고리즘 이론을 소개했다. 효율적인 가상 머신을 만들려면 각 알고리즘의 실행 효율 을 깐깐하게 따져 봐야 한다. 다음 절부터 다양한 가비지 컬렉터를 소개하는데, 지 금 설명하는 내용의 주된 목표는 이때 필요한 기초 지식을 쌓는 것이다. 혹시 지루 하거나 이해하기 어렵다면 건너뛰었다가, 실무에서 어려움에 직면했을 때 관련 내 용을 찾아보고 다시 도전하는 방법도 괜찮을 것이다.

3.4.1 루트 노드 열거

'효율적인 가상 머신 구현하기'의 첫 번째 예로 루트 노드 열거(root node enumeration)를 알아보자. 루트 노드 열거란 도달 가능성 분석 알고리즘에서 GC 루트 집합으로부터 참조 체인을 찾는 작업을 말한다. GC 루트로 고정할 수 있는 노드는 주로 전역 참조(상수와 클래스 정적 속성 등)와 실행 콘텍스트(스택 프레임의 지역 변수 테이블 등)에 존재한다. 목표는 명백하지만 참조 체인 스캔 과정을 효율적으로 구현하기는 만만치 않다.

오늘날 자바 애플리케이션은 점점 거대해지고 있다. 메서드 영역의 크기만 수백 GB에 달하는 사례도 드물지 않다. 그 안에 들어 있는 클래스와 상수의 수를 다 합치면 무수히 많을 터라, 모든 참조를 하나하나 확인하려면 엄청난 시간이 걸릴 것임은 불 보듯 뻔하다.

지금까지 모든 컬렉터는 루트 노드 열거 단계에서 사용자 스레드를 일시 정지해야 했다. 루트 노드를 열거하려면 '스톱 더 월드' 문제를 피할 수 없다는 이야기다. 앞서 파편화된 메모리 조각들을 모을 때처럼 말이다.

현재 도달 가능성 분석 알고리즘의 참조 체인 찾기 과정에서 가장 오래 걸리는 작업은 다행히도 사용자 스레드와 동시에 실행할 수 있다('3.4.6 동시 접근 가능성 분석' 참고). 하지만 루트 노드 열거만큼은 반드시 일관성이 보장되는 스냅숏 상태에서 수행해야 한다. 여기서 '일관성'이란 열거 작업이 진행되는 동안 실행 서브시스템이 '특정 시점으로 고정'된 것처럼 보인다는 뜻이다. 더 구체적으로 표현하면 루트 노드들의 참조 관계가 변하지 않아야 한다는 말이다. 이 조건을 지키지 못하면 분석 결과를 신뢰할 수 없다.

이것이 가비지 컬렉션 시 모든 사용자 스레드가 일시 정지해야 하는 이유다. 심지어 일시 정지 기간을 제어할 수 있거나 (거의) 정지하지 않는 CMS, G1, ZGC 같은 컬렉터들도 루트 노드를 열거할 때만은 일시 정지를 피할 수 없다.

현재 주류 자바 가상 머신들은 '정확한 가비지 컬렉션'[10]을 사용한다. 따라서 사용자 스레드가 정지한 후 실행 콘텍스트와 전역 참조의 위치를 빠짐없이 확인할 필요가 없다. 그 대신 가상 머신이 객체 참조가 저장된 위치를 직접 알아낼 방법이 있어야 한다.

핫스팟은 OopMap이라는 데이터 구조를 이용해 이 문제를 해결한다. 먼저 클래스 로딩이 완료되면 객체에 포함된 각 데이터의 타입을 확인한다. 그리고 JIT 컴파일

---

10 '정확한 메모리 관리' 기술을 적용한 가비지 컬렉션을 말한다. '정확한 메모리 관리' 개념은 1.4.1절에서 클래식 VM 대비 이그젝트 VM의 개선점을 소개할 때 설명했다.

과정(11장 참고)에서 스택의 어느 위치와 어느 레지스터의 데이터가 참조인지 기록한다. 이런 식으로 컬렉터는 메서드 영역과 다른 GC 루트들로부터 시작하여 추적해 보지 않고도 스캔 과정에서 이 정보를 직접 얻어 낸다.

코드 3-3은 핫스팟 클라이언트 가상 머신이 생성한 String::hashCode() 메서드의 네이티브 코드 중 일부다.

코드 3-3 String.hashCode() 메서드를 컴파일해 생성된 네이티브 코드

```
[Verified Entry Point]
0x026eb730: mov    %eax,-0x8000(%esp)
............
;; ImplicitNullCheckStub slow case
0x026eb7a9: call   0x026e83e0  ; OopMap{ebx=Oop [16]=Oop off=142}  ← ❶
                               ; *caload
                               ; - java.lang.String::hashCode@48 (line 1489)
                               ;    {runtime_call}
   0x026eb7ae: push   $0x83c5c18  ;    {external_word}
   0x026eb7b3: call   0x026eb7b8
   0x026eb7b8: pusha
   0x026eb7b9: call   0x0822bec0  ;    {runtime_call}
   0x026eb7be: hlt  ← ❷
```

❶ 주소 0x026eb7a9의 call 명령어에 OopMap이라는 레코드가 보인다. 이 레코드는 EBX 레지스터 그리고 스택의 오프셋 16 지점에 일반 객체 포인터 참조가 있다고 알려 준다. 유효 영역은 call 명령어의 시작부터 ❷ hlt 명령어가 있는 0x026eb7be까지다. 0x026eb7be 주소는 명령어 스트림의 시작점인 0x026eb730에다 OopMap에 기록된 오프셋 값인 142를 더해 구한다(142는 십육진수로 8E다).

3.4.2 안전 지점

핫스팟은 OopMap을 활용하여 GC 루트들을 빠르고 정확하게 열거할 수 있다. 하지만 진짜 큰 문제가 뒤따른다. 참조 관계나 OopMap의 내용을 변경할 수 있는 명령어가 많으며, 이런 명령어 모두에 OopMap을 만들어 넣으면 메모리를 더 많이 사용해야 한다. 실제로 가비지 컬렉션에 드는 공간 비용을 감당하기 어려울 만큼 커진다.

그래서 핫스팟은 모든 명령어 가가에 OopMap을 생성하지는 않는다. 그 대신 안전 지점(safe point)이라고 하는 특정한 위치에만 기록한다. 가비지 컬렉터는 사용자 프로그램이 안전 지점에 도달할 때까지는 절대 멈춰 세우지 않는다. 따라서 안전 지점을 너무 적게 설정해서 컬렉터가 너무 오래 기다리게 하거나, 반대로 너무 많이 설정해서 런타임 메모리 부하가 지나치게 커지지 않도록 주의해야 한다.

안전 지점의 위치를 선택하는 기준은 기본적으로 '프로그램이 장시간 실행될 가능성이 있는가'이다. 명령어 하나의 실행 시간은 매우 짧기 때문에 단순히 명령어 스트림이 길어서 실행 시간이 길어질 가능성은 적다. '장시간 실행'될 가능성을 보여 주는 가장 분명한 상황은 명령어 흐름이 다중화(multiflexing)될 때다. 메서드 호출, 순환문, 예외 처리 등이 명령어 흐름을 다중화하는 대표적인 예이며 이런 기능을 하는 명령어만이 안전 지점을 생성한다.

안전 지점과 관련하여 고려해야 할 문제가 더 있다. 가비지 컬렉션이 시작되면 JNI 호출을 실행 중인 스레드를 제외한 모든 스레드가 가장 가까운 안전 지점까지 실행하고 멈추게 할 방법이 필요하다. 선제적 멈춤과 자발적 멈춤이라는 두 가지 선택지가 있다.

선제적 멈춤(preemptive suspension) 방식에서는 스레드의 코드가 가비지 컬렉터를 특별히 신경 쓸 필요가 없다. 가비지 컬렉션이 실행되면 시스템이 모든 사용자 스레드를 인터럽트한다. 사용자 스레드가 중단된 위치가 안전 지점이 아니라면 스레드를 재개하고 안전 지점에 도달할 때까지 인터럽트를 반복한다. 가비지 컬렉션에 선제적 멈춤 방식을 이용하는 가상 머신은 거의 없다.

자발적 멈춤(voluntary suspension) 방식에서는 가비지 컬렉터가 스레드 수행에 직접 관여하지 않는다. 그 대신 간단히 플래그 비트를 설정하고, 각 스레드가 실행 중에 플래그를 적극적으로 폴링(polling)한다. 그러다가 플래그 값이 true면 가장 가까운 안전 지점에서 스스로 멈춘다. 폴링 플래그들은 안전 지점에 위치한다. 또한 객체 생성 등 자바 힙 메모리를 소비하는 장소에도 폴링 플래그가 추가된다. 메모리가 부족해 새로운 객체를 할당하지 못하는 일을 예방하기 위해 적절한 시점에 가비지 컬렉션을 수행하기 위함이다.

폴링은 코드에서 자주 일어나므로 매우 효율적이어야 한다. 핫스팟은 메모리 보호 트랩(memory protection trap)이라는 방법을 써서 폴링을 어셈블리 명령어 하나만으로 수행할 수 있게 단순화했다. 코드 3-4의 test 명령어가 핫스팟이 생성한 폴링 명령어다.

코드 3-4 폴링 명령어

```
0x01b6d627: call    0x01b2b210          ; OopMap{[60]=Oop off=460}
                                        ; *invokeinterface size
                                        ; - Client1::main@113 (line 23)
                                        ;   {virtual_call}
   0x01b6d62c: nop                      ; OopMap{[60]=Oop off=461}
                                        ; *if_icmplt
                                        ; - Client1::main@118 (line 23)
   0x01b6d62d: test    %eax,0x160100    ;   {poll}
   0x01b6d633: mov     0x50(%esp),%esi
   0x01b6d637: cmp     %eax,%esi
```

사용자 스레드를 일시 정지해야 하는 경우 가상 머신은 0x160100 메모리 페이지를 읽을 수 없게 설정한다. 그러면 스레드가 test 명령어를 실행할 때 트랩에 걸렸다는 예외 시그널을 던지고, 사전 등록된 예외 핸들러에서 스레드를 일시 정지시킨다. 이런 식으로 안전 지점 폴링과 스레드 인터럽트를 단 하나의 어셈블리 명령어 (test)로 처리하는 것이다.

3.4.3 안전 지역

안전 지점을 사용하면 사용자 스레드를 멈춰 세운 후 가비지 컬렉션을 수행하는 문제가 완벽하게 해결되는 듯 보인다. 하지만 실상은 꼭 그렇지만은 않다.

안전 지점 메커니즘은 실행 중인 프로그램이 그리 길지 않은 시간에 안전 지점에 도달하여 가비지 컬렉션 프로세스가 제대로 임무를 다할 수 있게끔 보장한다. 하지만 실행 중이 '아닌' 프로그램이라면 어떨까? 실행 중이 아닌 프로그램이란 프로세서를 할당받지 못한 프로그램을 말한다. 일반적으로 잠자기 상태이거나 블록된 상태의 사용자 스레드가 여기 속한다. 이 상태의 스레드들은 가상 머신의 인터럽트 요청에 응답할 수 없고, 따라서 안전 지점까지 수행한 후 인터럽트되어 스스로를 일시 정지시킬 수 없다. 또한 이런 스레드가 다시 활성화되어 프로세서를 할당받을 때까지 가상 머신이 무한정 기다리는 것도 말이 안 된다. 이런 경우를 위해 안전 '지역'이라는 개념이 필요하다.

안전 지역(safe region)은 일정 코드 영역에서는 참조 관계가 변하지 않음을 보장한다. 안전 지역 안이라면 어디서든 가비지 컬렉션을 시작해도 무방하다는 뜻이다. 안전 지점을 확장한 개념이라고 생각해도 좋다.

사용자 스레드는 안전 지역의 코드를 실행하기 앞서 안전 지역에 진입했음을 표시한다. 그러면 가비지 컬렉터는 안전 지역에 있다고 선언한 스레드들을 신경 쓸 필요가 없다. 안전 지역에서 벗어나려는 스레드는 가상 머신이 루트 노드 열거를 완료했는지 또는 사용자 스레드를 일시 정지시켜야 하는 다른 가비지 컬렉션 단계를 완료했는지 확인한다. 완료했다면 계속 실행해도 아무 일도 일어나지 않는다. 반대로 아직 완료되지 않았다면 안전 지역을 벗어나도 좋다는 신호를 받을 때까지 기다려야 한다.

3.4.4 기억 집합과 카드 테이블

앞에서 세대 단위 컬렉션 이론을 설명하면서, 가비지 컬렉터는 신세대에 기억 집합이라는 데이터 구조를 두어 객체들의 세대 간 참조 문제를 해결한다고 했다. 구세대와 GC 루트 전부를 스캔해야 하는 사태를 기억 집합을 이용하여 방지하는 것이다. 그런데 세대 간 참조가 신세대와 구세대 사이로 국한되는 것은 아니다. G1, ZGC, 셰넌도어 컬렉터 등 부분 GC를 지원하는 모든 가비지 컬렉터가 세대 간 참조 문제를 겪을 수 있다. 따라서 이어지는 장들에서 소개할 최신 컬렉터들을 만나 보려면 기억 집합의 원리와 구현을 더 명확하게 이해해야 한다.

기억 집합은 비회수 영역(회수 대상이 아닌 영역)에서 회수 영역을 가리키는 포인터들을 기록하는 추상 데이터 구조다. 효율과 비용을 고려하지 않는다면 비회수 영역에 있는 세대 간 참조들을 Object 배열에 담아 코드 3-5처럼 간단히 구현할 수 있다.

코드 3-5 Object 포인터를 사용해 기억 집합을 구현한 의사 코드

```
Class RememberedSet {
    Object[] set[OBJECT_INTERGENERATIONAL_REFERENCE_SIZE];
}
```

이 방식으로 세대 간 참조 객체를 기록하려면 차지하는 공간과 관리 비용이 모두 상당히 높을 것이다. 가비지 컬렉션 시 컬렉터는 기억 집합을 이용해 특정 비회수 영역에서 회수 영역을 가리키는 포인터가 존재하는지만 확인하면 된다. 세대 간 포인터들 각각에 대해 더 이상 자세한 내용을 알 필요는 없다. 따라서 기억 집합 설계자는 정밀도를 낮춰서, 즉 기록 단위를 더 크게 잡아서 공간과 관리 비용을 절약할 수 있을 것이다. 다음은 가능한 선택지다(물론 이 외의 정밀도로도 기록할 수 있다).

- 워드 정밀도: 레코드 하나가 메모리의 워드 하나에 매핑된다. 워드 길이는 32비트 기기에서는 32비트, 64비트 기기에서는 64비트다. 특정 레코드가 마킹되어 있다면, 해당 메모리 워드가 세대 간 포인터라는 뜻이다.
- 객체 정밀도: 레코드 하나가 객체 하나에 매핑된다. 특정 레코드가 마킹되어 있다면, 해당 객체에 다른 세대의 객체를 참조하는 필드가 있다는 뜻이다.
- 카드 정밀도: 레코드 하나(카드)가 메모리 블록 하나에 매핑된다. 특정 레코드가 마킹되어 있다면, 해당 블록에 세대 간 참조를 지닌 객체가 존재한다는 뜻이다.

이 중 세 번째인 카드 정밀도로 기억 집합을 구현한 것을 카드 테이블이라 한다.[11] 현재 가장 널리 쓰이는 방식이며, 그래서인지 어떤 문헌에서는 카드 테이블을 기억 집합 자체와 혼동하기도 한다.

앞의 정의에서도 말했듯이 기억 집합은 사실 '추상' 데이터 구조다. 기억 집합의 동작 의도만 정의했을 뿐, 구체적인 구현 방법은 정의하지 않았다는 뜻이다. 카드 테이블은 기록 정밀도와 힙 메모리의 매핑 관계 등을 정의하여 기억 집합을 구체적으로 구현한 방법 중 하나다. 카드 테이블과 기억 집합의 관계는 자바 언어에서 HashMap과 Map의 관계 정도로 이해하면 좋을 것이다.

카드 테이블을 구현하는 가장 간단한 형태는 바이트 배열이며[12] 실제로 핫스팟 가상 머신도 정확히 이렇게 구현했다. 다음 코드는 핫스팟의 기본 카드 테이블 표시 로직이다.[13]

```
CARD_TABLE[this address >> 9] = 1;
```

바이트 배열인 CARD_TABLE의 원소 각각이 메모리 영역에서 특정 크기의 메모리 블록 하나에 대응한다. 이 메모리 블록을 카드 페이지라고 한다. 일반적으로 카드 페이지의 크기는 2의 N제곱 바이트로 정한다. 앞의 코드에서 핫스팟은 카드 페이지의 크기를 2의 9제곱, 즉 512바이트로 정한 걸 알 수 있다(주소를 9비트 오른쪽으로

---

11 안토니 호스킹(Antony Hosking)이 1993년 출간한 논문인 〈Remembered sets can also play cards〉에서 제안했다.

12 비트 배열 대신 바이트 배열을 쓰는 주된 이유는 속도다. 현대 컴퓨터 하드웨어는 주소를 처리하는 최소 단위가 바이트이며, 비트 하나만 저장하는 명령어는 제공하지 않는다. 따라서 비트를 사용하려면 시프트 (shift)와 마스크(mask) 명령어를 곁들여야 한다. 핫스팟의 원 논문인 〈A Fast Write Barrier for Generational Garbage Collectors〉에서 기억 집합 구현 시 쓰기 장벽(write barrier)을 어떻게 적용했는지 살펴보기 바란다.

13 출처: http://psy-lob-saw.blogspot.com/2014/10/the-jvm-write-barrier-card-marking.html

시프트(>>)한 값은 주소를 512로 나눈 값과 같다). 카드 테이블로 관리하는 메모리 영역의 시작 주소가 0x0000이라 가정하면, 그림 3-5와 같이 배열 CARD_TABLE의 원소 0, 1, 2가 주소 영역이 0x0000~0x01FF, 0x0200~0x03FF, 0x0400~0x05FF인 메모리 블록에 해당하는 카드 페이지가 된다.[14]

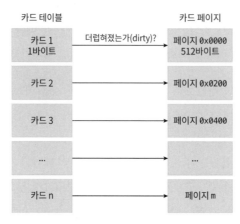

그림 3-5 카드 테이블과 대응하는 카드 페이지

카드 페이지 하나의 메모리에는 보통 하나 이상의 객체가 들어 있다. 이 객체들 중 하나에라도 세대 간 포인터를 갖는 필드가 있다면, 카드 테이블에서의 해당 원소(카드)를 1로 표시하고, 그 원소는 '더럽혀졌다(dirty)'고 말한다. 세대 간 포인터를 갖는 객체가 하나도 없다면 0으로 표시된다.

그리고 객체를 회수할 때는 카드 테이블에서 더럽혀진 원소만 확인하면 어떤 카드 페이지의 메모리 블록이 세대 간 포인터를 포함하는지 쉽게 파악할 수 있다. 이런 식으로 세대 간 참조를 포함한 블록만 GC 루트에 추가해 함께 스캔하는 것이다.

3.4.5 쓰기 장벽

앞 절에서 기억 집합을 이용해 GC 루트의 스캔 범위를 줄이는 문제를 해결했다. 하지만 카드 테이블 원소를 관리하는 문제, 예를 들어 언제 더럽혀지고 더럽히는 주체는 무엇인지 같은 문제가 남아 있다.

카드 테이블의 원소가 언제 더럽혀지는지는 명확하다. 다른 세대의 객체가 현 블록 안의 객체를 참조하면 카드 테이블의 해당 원소가 더럽혀진다. 원칙적으로 더럽

---

14 십육진수로 200과 400은 각각 십진수로 512와 1024다. 이 세 메모리 블록은 주소 0에서 시작하여 용량이 512바이트씩인 인접 영역이다.

혀지는 시점은 참조 타입 필드에 값이 대입되는 순간이다.

희지만 문제는 더럽혀졌다는 표시를 어떻게 하느냐, 즉 객체가 대입되는 순간 해당 카드 테이블을 어떻게 갱신하느냐다. 바이트코드를 해석해 실행하는 경우라면 상대적으로 쉽다. 가상 머신이 모든 바이트코드 명령의 실행을 담당하니 끼어들 여지가 충분하다. 하지만 컴파일해 실행하는 경우는 어떨까? JIT 컴파일 후의 코드는 순수한 기계어 명령어들이다. 따라서 대입 연산 시 카드 테이블을 갱신하려면 기계어 코드 수준의 방법이 동원되어야 한다.

핫스팟 가상 머신은 쓰기 장벽 기술을 이용해 카드 테이블을 관리한다. 먼저 독자들은 지금 이야기하는 '쓰기 장벽'과 뒤에서 저지연 컬렉터를 이야기할 때 언급할 '읽기 장벽'을 확실하게 구분해야 한다.

읽기 장벽은 동시 비순차 실행(concurrent out-of-order execution) 문제를 해결하기 위한 메모리 장벽 기술이다.[15]

반면 쓰기 장벽은 가상 머신 수준에서 '참조 타입 필드 대입' 시 끼어드는 AOP 애스팩트(aspect)에 비유할 수 있다.[16] 참조 타입에 객체가 대입되면 어라운드 어드바이스(around advice)[17]가 생성되어, 대입 전후로 추가 동작을 수행할 수 있게 하는 것이다. 이런 기능 모두를 쓰기 장벽으로 구현할 수 있다. 대입 전 쓰기 장벽을 사전 쓰기 장벽이라 하며, 대입 후 쓰기 장벽을 사후 쓰기 장벽이라 한다. 핫스팟 가상 머신의 컬렉터 다수가 쓰기 장벽을 이용한다. 하지만 G1 컬렉터가 등장하기 전까지 컬렉터들은 모두 사후 쓰기 장벽만 이용했다. 코드 3-6은 카드 테이블 갱신 로직을 간소화해 보여 준다.

코드 3-6 사후 쓰기 장벽이 카드 테이블을 갱신함

```
void oop_field_store(oop* field, oop new_value) {
    // 참조 타입 필드에 대입
    *field = new_value;
    // 쓰기 완료 후, 장벽이 카드 테이블 상태를 갱신
    post_write_barrier(field, new_value);
}
```

---

15 컴파일러 최적화나 CPU 실행 최적화기 일어나면 명령어 실행 순서가 바뀔 수 있다. 이를 비순차 실행이라 한다. 지금 이야기하는 메모리 장벽의 목적은 비순차 실행을 예방하는 것이다. 읽기 명령 순서를 보장하기 위한 메모리 장벽과 쓰기 명령 순서를 보장하기 위한 메모리 장벽으로 세분화할 수도 있다.

16 AOP(관점 지향 프로그래밍)란 사전 컴파일과 런타임 동적 프락시 기술을 활용해 프로그램의 기능을 통합 관리하는 기술이다. 본문에서 언급한 '어라운드 어드바이스' 역시 AOP 개념으로, 스프링 프레임워크 사용자라면 친숙한 개념일 것이다.

17 (옮긴이) 대상을 감싸서, 대상이 실행되기 직전과 직후에 다른 추가 작업을 진행할 수 있도록 해 주는 역할을 한다.

쓰기 장벽을 적용하면 가상 머신은 추가로 실행할 명령어를 생성해 대입 연산 모두에 추가한다. 그래서 컬렉터가 쓰기 장벽으로 카드 테이블 갱신 연산을 추가한다면 참조가 갱신될 때마다 오버헤드가 더해진다. 구세대 객체가 신세대를 참조하는 대입이 아니라도 마찬가지다. 그래도 마이너 GC 때 구세대 전체를 스캔하는 비용보다는 훨씬 저렴하다.

쓰기 장벽에 의한 오버헤드 말고도, 카드 테이블은 멀티스레드 시나리오에서 거짓 공유(false sharing) 문제를 일으킬 수 있다. 거짓 공유는 낮은 수준에서 동시성을 다룰 때 고려해야 하는 문제다. 현대적인 CPU의 캐시 시스템은 데이터를 캐시 라인 단위로 관리한다. 여러 스레드가 서로 다른 변수를 수정하는 상황에서 그 변수들이 마침 같은 캐시 라인에 저장되어 있다면 라이트백(write back), 무효화, 동기화 등의 작업 시 서로 영향을 주어 성능을 떨어뜨린다. 실제로는 공유하고 있지 않음에도 마치 공유하는 것처럼 서로 영향을 준다고 하여 이를 거짓 공유 문제라고 한다.

프로세서의 캐시 라인 크기가 64바이트라고 가정하면, 카드 테이블 원소 하나가 1바이트를 차지하므로 총 64개의 원소가 캐시 라인 하나를 공유할 것이다. 그리고 이 64개 원소에 대응하는 카드 페이지의 총 메모리 크기는 32KB다(64×512바이트). 따라서 서로 다른 스레드가 갱신하는 객체들이 32KB 영역 안에 존재한다면, 카드 테이블 갱신 시 같은 캐시 라인에 쓸 것이고 성능에 영향을 줄 것이다.

거짓 공유 문제는 쓰기 장벽을 조건부로 사용하여 간단히 피할 수 있다. 카드 테이블을 먼저 확인하여 원소가 더럽혀지지 않았을 때만 더럽히는 것이다. 그러면 카드 테이블 갱신 로직이 다음 코드처럼 바뀐다.

```
if (CARD_TABLE [this address >> 9]! = 1)
    CARD_TABLE [this address >> 9] = 1;
```

JDK 7부터 핫스팟 가상 머신은 -XX:+UseCondCardMark 매개 변수를 새로 추가하여 카드 테이블 갱신 시 조건을 판단할 수 있는 길을 열어 주었다.[18] 이 매개 변수를 설정하면 조건을 판단하는 오버헤드가 더해지지만 거짓 공유 문제는 피할 수 있다. 어느 쪽이든 성능 저하는 있으니 애플리케이션을 실제로 수행해 보며 성능을 비교해 결정하기 바란다.

---

18 (옮긴이) JDK 7과 8에서는 핫스팟 가상 머신을 서버 모드로 실행할 때만 이 매개 변수를 인식하니 -server 매개 변수도 함께 지정해야 한다. JDK 9부터는 모드에 상관없이 인식한다.

3.4.6 동시 접근 가능성 분석

3.2절에서 현재 주류 프로그래밍 언어의 가비지 컬렉터들은 기본적으로 도달 가능성 분석 알고리즘을 써서 객체의 생사를 판단한다고 했다. 이론적으로 도달 가능성 분석 알고리즘은 일관성이 보장되는 스냅숏 상태에서 전체 과정을 진행해야 한다. 다시 말해 사용자 스레드는 분석 과정 내내 멈춰 있어야 한다.

루트 노드 열거(3.4.1절 참고) 단계에서 GC 루트는 전체 자바 힙에 존재하는 모든 객체와 비교해 그 수가 아주 적다. 또한 OopMap 같은 다양한 최적화 기법 덕에 스레드가 멈춰 있는 시간은 매우 짧으며 상대적으로 일정하다(힙 용량이 늘어난다고 해서 더 오래 걸리지는 않는다).

루트 노드 열거가 끝나면 가비지 컬렉터는 GC 루트로부터 객체 그래프를 탐색할 수 있다. 이 단계의 일시 정지 시간은 자바 힙 크기에 비례한다. 힙이 클수록 더 많은 객체를 담게 되고 객체 그래프 구조도 복잡해진다. 더 많은 객체를 확인해 표시하려면 일시 정지 시간은 당연히 길어진다.

참조 관계를 추적하는 가비지 컬렉션 알고리즘들에는 공통적으로 '표시' 단계가 등장한다. 표시 단계의 일시 정지 시간이 힙 크기에 비례해 증가한다면 거의 모든 가비지 컬렉터에 악영향을 준다는 뜻이다. 같은 이유로, 이 단계의 일시 정지 시간을 줄일 수 있다면 거의 모든 컬렉터에 득이 된다.

사용자 스레드의 일시 정지 문제를 해결하거나 줄이고 싶다면 일관성이 보장되는 스냅숏 상태에서 객체 그래프를 탐색해야 하는 이유를 먼저 파악해야 한다. 삼색 표시(tri-color marking) 기법[19]을 활용해 이 문제를 명확히 설명해 보겠다. 객체 그래프를 여행하는 과정에서 마주치는 객체들에 '방문한 객체인가'라는 조건에 따라 다음과 같이 세 가지 색 중 하나를 칠하는 기법이다.

- 흰색: 가비지 컬렉터가 방문한 적 없는 객체다. 도달 가능성 분석을 시작하면 처음에는 당연히 모든 객체가 흰색이다. 분석을 마친 뒤에도 흰색인 객체는 도달 불가능함을 뜻한다.
- 검은색: 가비지 컬렉터가 방문한 적이 있으며, 이 객체를 가리키는 모든 참조를 스캔했다. 검은 객체는 스캔되었고 확실히 생존함을 뜻한다. 다른 객체에서 검은 객체를 가리키는 참조가 있다면 다시 스캔하지 않아도 된다. 검은 객체가 흰

---

19 삼색 표시 알고리즘: *https://en.wikipedia.org/wiki/Tracing_garbage_collection#Tri-color_marking*

객체를 곧바로 가리키는 건 불가능하다. 회색 객체를 거쳐 가리킬 수는 있다.

- 회색: 가비지 컬렉터가 방문한 적 있으나 이 객체를 가리키는 참조 중 스캔을 완료하지 않은 참조가 존재한다.

접근 가능성 분석의 스캔 과정은 마치 회색 물결이 일렁이며 하얀 객체 그래프를 검은색으로 칠해 가는 모습과 비슷하다. 그동안 사용자 스레드들은 멈춘 채로 컬렉터의 GC 스레드만 실행된다면 아무 문제가 없다. 하지만 사용자 스레드와 컬렉터가 동시에 실행된다면 어떨까? 컬렉터가 객체 그래프에 색을 칠해 가는 도중에 사용자 스레드가 참조 관계를 변경하는 것이다. 그러면 두 가지 결과를 가져올 수 있다.

첫째, 죽은 객체를 살았다고 잘못 표시할 수 있다. 좋지 않은 일이지만 그래도 감내할 수는 있다. 컬렉터의 눈을 피해 굴러다니는 쓰레기가 좀 생기지만 다음번 청소 때 회수할 수 있을 것이다.

둘째, 살아 있는 객체를 죽었다고 표시할 수 있다. 아주 치명적인 데다 프로그램 오류로 이어질 것이다. 표 3-1에 이런 심각한 오류가 발생하는 과정을 그려 보았다.

1994년 윌슨은 다음 두 조건이 동시에 만족될 때만 객체 사라짐 문제(검은색이었어야 할 객체를 실수로 하얗게 칠함)가 나타남을 증명했다.

- 사용자 스레드가 흰색 객체로의 새로운 참조를 검은색 객체에 추가
- 사용자 스레드가 회색 객체에서 흰색 객체로의 직간접적인 참조를 삭제

동시 스캔 도중 객체 사라짐 문제를 해결하려면 두 조건 중 하나만 깨뜨리면 된다. 따라서 해법도 두 가지다. 바로 증분 업데이트와 시작 단계 스냅숏(snapshot at the beginning)이다.

첫 번째 조건을 깨뜨려 주는 증분 업데이트는 검은색 객체에 흰색 객체로의 참조가 추가되면 새로 추가된 참조를 따로 기록해 둔다. 그리고 동시 스캔이 끝난 후 기록해 둔 검은색 객체들을 루트로 하여 다시 스캔한다. '검은색 객체에 흰색 객체로의 참조가 추가되면 검은색이 다시 회색으로 바뀐다'고 단순화해 생각하면 이해하기 쉬울 것이다.

표 3-1 동시 수행 시 객체 사라짐 문제 예시[20]

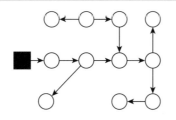	처음에는 GC 루트만 검은색이다. 그림의 화살표를 잘 살펴보자. 참조에는 방향이 있다. 결국은 검은색 객체가 참조하는 객체만 살아남는다. 수없이 많은 객체가 자신을 참조하더라도 그중 검은색 객체가 하나도 없다면 결국 회수된다.
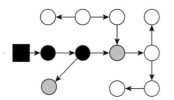	스캔하는 동안 검은색에서 흰색 쪽으로 회색 물결이 친다. 회색 객체는 검은색 객체와 흰색 객체를 나누는 경계가 된다.
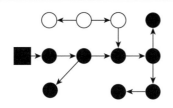	스캔이 성공적으로 끝났다. 이제 검은색 객체는 살아남고 흰색 객체는 죽어서 회수된다.
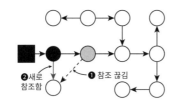	하지만 표시 작업을 하는 동안 사용자 스레드가 참조 관계를 수정한다면 스캔이 매끄럽게 진행되지 않을 것이다. 예컨대 물결이 전진하는 중간에 ❶ 스캔 중인 회색 객체가 가리키던 참조가 끊기고, 동시에 ❷ 이미 스캔이 끝난 검은색 객체가 방금 떨어져 나간 객체를 참조하게 될 수 있다.
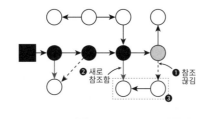	또 다른 예로, ❶ 참조가 끊겼다가 ❷ 검은색 객체로부터 다시 참조된 객체가 참조 체인의 일부로 포함될 수 있다. 검은색 객체는 다시 스캔되지 않으므로 스캔이 끝난 뒤에는 ❸ (검은색 객체가 참조함에도 불구하고) 흰색으로 남는 객체들이 생겨난다. 이 객체들은 회수될 터라 아주 위험한 상황에 처한다.

---

20 그림은 알렉세이 시필료프의 데복스(Devoxx) 2017 기조연설 'Shenandoah GC Part I: The Garbage Collector That Could'에서 인용했다: *https://shipilev.net/talks/devoxx-Nov2017-shenandoah.pdf*

시작 단계 스냅숏은 두 번째 조건을 깨뜨려 준다. 이번에는 회색 객체가 흰색 객체로의 참조 관계를 끊으려 하면 그 사실을 기록한다. 동시 스캔이 끝난 후 기록해 둔 회색 객체들을 루트로 하여 다시 스캔한다. '참조 관계 삭제 여부와 상관없이 스캔을 막 시작한 순간의 객체 그래프 스냅숏을 기준으로 스캔한다'고 생각하면 이해하기 쉬울 것이다.

이상의 두 방식에서 하나는 참조가 추가될 때 기록하고, 다른 하나는 참조가 끊길 때 기록한다. 어느 쪽이든 가상 머신은 쓰기 장벽을 이용해 기록 작업을 구현한다. 핫스팟 가상 머신은 증분 업데이트와 시작 단계 스냅숏을 모두 활용한다. 예컨대 CMS는 증분 업데이트를, G1과 셰넌도어는 시작 단계 스냅숏을 활용한다.

지금까지 핫스팟 가상 머신이 메모리 회수를 시작하는 방법, 성능을 높이는 방법, 정확성을 보장하는 방법을 간략하게 소개했다. 하지만 구체적인 내용까지는 들어가지 못했다. 메모리를 다시 확보하는 구체적인 방법은 가상 머신이 사용하는 가비지 컬렉터에 따라 다르며, 일반적으로 가상 머신은 다수의 가비지 컬렉터를 제공한다. 다음 절에서는 핫스팟 가상 머신이 제공하는 가비지 컬렉터들을 하나씩 소개하겠다.

3.5 클래식 가비지 컬렉터

컬렉션 알고리즘이 방법론이라면 가비지 컬렉터는 실무자다. 《자바 가상 머신 명세》는 가비지 컬렉터를 어떻게 구현해야 하는지 규정하지 않았다. 그래서 가상 머신 업체나 버전에 따라 다른 가비지 컬렉터를 제공한다. 또한 다양한 사용자 매개변수를 제공하여 애플리케이션 특성과 요구 조건에 맞게 메모리 세대별로 다른 컬렉터를 조합해 사용할 수 있는 가상 머신도 있다.

절 제목에서 사용한 '클래식'은 컬렉터들의 범위를 말한다. 이번 절에서는 JDK 7 업데이트 4[21]부터 JDK 11 공식 릴리스까지 오라클 JDK[22]의 핫스팟 가상 머신에 포함된 모든 가비지 컬렉터를 다룬다. 이 컬렉터들을 고성능·저지연 컬렉터들과 구분하려고 '클래식'이란 수식어를 썼다. 클래식 컬렉터들은 더 이상 최첨단 기술은 아니다. 그래도 오랜 기간 실전에서 단련되었고, 이 중 일부는 앞으로도 몇 년은 상

---

21 실험 버전 상태였던 G1 컬렉터가 이 버전부터 공식으로 포함됐다.
22 오라클 JDK라고 꼬집어 말한 이유는 (특히 OpenJDK·셰넌도어·JDK 8처럼 백포트된) OpenJDK를 배제하기 위해서다. 셰넌도어는 다음 절에 등장하니 조금만 더 기다리자.

용 제품에 사용해도 충분할 만큼 성숙되어 있다. 그림 3-6에 다양한 클래식 컬렉터들의 관계를 나타내 보았다

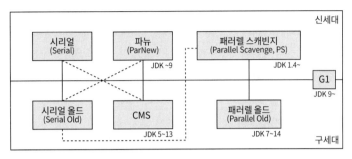

그림 3-6 핫스팟 가상 머신의 '클래식' 가비지 컬렉터들

그림 3-6에는 서로 다른 세대에서 동작하는 일곱 가지 컬렉터가 보이며, 함께 사용할 수 있는 컬렉터들을 선으로 연결해 두었다.[23] 가운데 가로선은 신세대용 컬렉터와 구세대용 컬렉터를 나누는 경계다. 이번 절에서는 목적, 특성, 원리, 사용 시나리오를 컬렉터별로 하나씩 설명할 것이다. 이 중 상대적으로 복잡하고 널리 쓰이는 CMS와 G1 컬렉터는 더 깊이 분석해 보며 동작 특성을 상세히 알아보겠다.

컬렉터들의 특성을 소개하기 앞서 분명하게 짚고 넘어갈 게 있다. 곧 다양한 컬렉터를 비교해 볼 텐데, 최고의 컬렉터를 찾으려는 목적은 아니다. 가비지 컬렉터 기술은 계속 발전 중이며, 아직까지 '최고'라거나 '만능'인 컬렉터는 등장하지 않았다. 우리는 그저 특정 시나리오에 가장 적합한 컬렉터를 선택할 수 있을 뿐이다. 이 주장을 뒷받침하기 위해 설명을 덧붙일 필요는 없을 것 같다. 모든 시나리오에 최적인 완벽한 컬렉터가 있었다면 핫스팟 가상 머신이 이렇게 많은 컬렉터를 구현해 제공할 필요도 없었을 테니 말이다.

3.5.1 시리얼 컬렉터

시리얼 컬렉터는 가장 기초적이고 오래된 컬렉터로, JDK 1.3.1 전까지 핫스팟 가상 머신의 구세대용 컬렉터로는 유일한 선택지였다. 이름만으로도 누구나 동작 방식을 예상할 수 있는 이 컬렉터는 '단일 스레드'로 동작한다. 하지만 여기서 '단일 스

---

23 이 관계가 딱 고정된 것은 아니다. 예를 들어 JDK 8에서는 유지 보수와 호환성 검사에 드는 비용 때문에 '시리얼+CMS' 조합과 '파뉴+시리얼 올드' 조합을 사용하지 않겠다고 선언했고(JEP 173), JDK 9에서는 지원 대상에서 완전히 제외했다.
(옮긴이) '패러렐 스캐빈지+시리얼 올드' 조합도 JDK 14 때 폐기 대상으로 지정 후 15 때 곧바로 지원을 중단했다.

레드'라는 단어에는 가비지 컬렉션을 단순히 하나의 GC 스레드가 모두 처리한다는
의미만 있는 건 아니다. 더 중요한 사실은 가비지 컬렉션이 시작되면 '회수가 완료
될 때까지 다른 모든 작업 스레드가 멈춰 있어야 한다'는 점이다.

'스톱 더 월드'라는 말은 멋지게 들리지만, 스레드 일시 정지는 순전히 가상 머신
이 시작하고 끝내는 작업이다. 사용자가 만든 보통의 스레드들은 자신이 언제 멈출
지 제어할 수도, 알 수도 없다. 수많은 애플리케이션에서 용납될 수 없는 제약이다.
상상해 보자. 자기 컴퓨터가 한 시간마다 5분씩 멈춘다면 어떤 기분이 들까? 시리
얼과 시리얼 올드 컬렉터 조합은 그림 3-7처럼 동작한다.

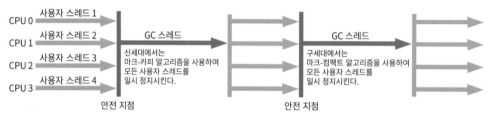

그림 3-7 시리얼과 시리얼 올드 컬렉터 조합의 동작 방식[24]

초기 핫스팟 가상 머신 설계자들은 '스톱 더 월드'가 가져올 불쾌한 경험을 완벽히
이해했다. 그리고 그 고충을 다음과 같이 표현했다. "어머니가 여러분 방을 청소할
때면 분명 의자에 가만히 있으라고 하거나 밖에 나가 있으라고 할 것이다. '나는 청
소를 할 테니 너는 계속 어질러라' 하는 식으로는 청소가 되지 않는다." 합리적인
말이지만 한편으로는 모순이다. 가비지 컬렉션은 방 청소와 비슷하게 들리지만 실
제로는 훨씬 복잡하다!

JDK 1.3부터 지금까지 핫스팟 가상 머신 개발 팀은 가비지 컬렉터가 사용자 스레
드를 멈추는 시간을 줄이기 위해 끊임없이 노력했다. 시리얼 컬렉터에서 패러렐 컬
렉터로, 다시 CMS와 G1 컬렉터로, 더 최신 성과물인 셰넌도어와 ZGC까지, 계속해
서 더 정교하고 더 좋고 더 복잡한 컬렉터가 등장하며 사용자 스레드의 일시 정지
시간을 줄여 왔다. 하지만 아직도 이를 완벽히 없앨 방법은 나오지 않았고(RTSJ용
컬렉터들은 논외) 더 나은 방법을 찾는 여정은 계속되고 있다.

지금까지 시리얼 컬렉터를 구시대 유물이자 쓸모없는 컬렉터로 묘사한 것 같지
만 사실은 다르다. 시리얼 컬렉터는 최신 JDK에서도 꾸준히 지원하고 있다. 다만

---

24 시리얼 올드 컬렉터는 시리얼 컬렉터의 구세대용 버전이다. 자세한 설명은 3.5.4절을 참고하자.

신세대/구세대 구분 없이 모든 세대를 아우른다. 시리얼 컬렉터는 다른 컬렉터의 단일 스레드 알고리즘보다 간단하고 효율적이라는 이점이 있다. 가용 메모리가 적은 환경에서는 알고리즘 자체가 요구하는 메모리 사용량[25]이 가장 적다. 단일 코어 프로세서 또는 코어 수가 적은 환경이라면 시리얼 컬렉터는 스레드 상호 작용에 의한 오버헤드가 없다. 온전히 가비지 컬렉션에 집중하므로 자연스럽게 회수 효율을 최대로 끌어낸다. 시리얼 컬렉터를 사용하고 싶다면 -XX:+UseSerialGC 매개 변수를 추가하면 된다.

3.5.2 파뉴 컬렉터

파뉴 컬렉터는 여러 스레드를 활용하여 시리얼 컬렉터를 병렬화한 버전이다. 스레드 회수에 멀티스레드를 이용한다는 점만 제외하면, 컬렉터 제어용 매개 변수 (-XX:SurvivorRatio, -XX:PretenureSizeThreshold 등), 컬렉션 알고리즘, '스톱 더 월드', 객체 할당 규칙, 회수 전략 등 모든 것이 시리얼 컬렉터와 완전히 같다. 구현 측면에서도 상당히 많은 코드를 공유한다. 파뉴 컬렉터는 그림 3-8처럼 동작한다.

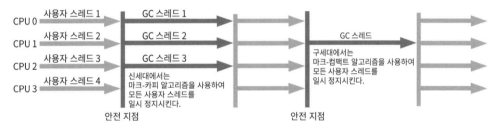

그림 3-8 파뉴와 시리얼 올드 컬렉터 조합의 동작 방식

여러 스레드를 사용한 병렬 회수 외에 파뉴 컬렉터가 시리얼 컬렉터보다 나아진 점은 딱히 없다. 하지만 핫스팟 서버 버전에서는 큰 의미가 있어서 JDK 7 전까지의 시스템들에서 신세대용 컬렉터로 특히 인기가 높았다. 기능이나 성능과는 상관없지만 매우 중요한 이유인데, 시리얼 컬렉터를 제외하고는 CMS 컬렉터와 조합하여 사용할 수 있는 유일한 컬렉터였기 때문이다.

　JDK 5의 핫스팟에는 기념비적으로 중요하고 당시 기준으로 매우 강력한 CMS 컬렉터가 탑재되었다. CMS는 핫스팟 역사상 진정한 동시성을 지원하는 최초의 가비

---

25 가비지 컬렉션을 매끄럽고 효율적으로 수행하기 위해 필요한 추가 정보를 저장하는 공간을 말한다.

지 컬렉터다. GC 스레드와 사용자 스레드가 (기본적으로) 동시에 실행된다는 목표를 최초로 실현해 낸 것이다.

안타깝게도 구세대용 컬렉터인 CMS는 JDK 1.4부터 탑재된 신세대용 컬렉터인 패러렐 스캐빈지와 조합해 사용할 수 없었다.[26] 그래서 JDK 5에서 구세대에 CMS를 사용하려면 신세대용은 파뉴와 시리얼 중 하나를 선택할 수밖에 없었다. -XX:+UseConcMarkSweepGC 매개 변수로 CMS를 활성화하면 신세대 컬렉터는 기본적으로 파뉴가 선택된다. 파뉴는 따로 -XX:+UseParNewGC나 -XX:-UseParNewGC 매개 변수로 강제로 활성화하거나 비활성할 수 있었다.

CMS 등장과 함께 파뉴의 입지가 탄탄해졌다. 하지만 굳이 따지자면 실패라고 말할 수 있다. 가비지 컬렉션 기술의 지속적인 발전으로 더 진보된 G1이 등장하여 CMS를 밀어내고 계승자가 되었다. G1은 힙 전체를 대상으로 하는 컬렉터라서 더는 신세대용 컬렉터와 협력할 필요가 없게 되었다.

그래서 JDK 9부터는 공식 서버용 컬렉터 권장안에서 '파뉴+CMS' 조합을 빼 버렸다. G1이 모든 컬렉터를 완벽히 대체하기를 원했으며, 그 일환으로 '파뉴+시리얼 올드' 조합과 '시리얼+CMS' 조합은 지원 대상에서 제외했다. 다행히 이 조합을 쓰던 사람은 애초부터 많지 않았다. 그리고 -XX:+UseParNewGC 매개 변수도 삭제했다. 이는 파뉴와 CMS는 반드시 함께 사용해야 한다는 의미였다. 다른 컬렉터와의 조합은 불가능했다. 이때부터 파뉴는 CMS에 통합되어 신세대를 전담하게 되었다. CMS의 일부가 되었다고 생각해도 좋을 것이다. 파뉴는 핫스팟 가상 머신 역사에서 사라진 최초의 가비지 컬렉터라 할 수 있다.

파뉴 컬렉터는 단일 코어 프로세서에서는 시리얼 컬렉터보다 성능이 떨어진다. 심지어 스레드들의 상호 작용에 따른 오버헤드 때문에 하이퍼스레딩 기술을 활용한 가상 듀얼 코어 환경에서도 시리얼 컬렉터보다 낫다고 보장할 수 없다.

물론 사용할 수 있는 코어 수가 늘어나면 파뉴는 가비지 컬렉션을 하는 동안에 시스템 자원을 매우 효율적으로 사용할 가능성이 커진다. GC 스레드 수는 기본적으로 프로세서의 코어 수와 같게 설정된다. 코어가 아주 많은 시스템이라면 -XX:ParallelGCThreads 매개 변수로 GC 스레드 수를 제한할 수 있다. 참고로 요즘

---

26 낮은 지연 시간과 높은 처리량이라는 목표 사이의 균형이 맞지 않는 문제 외에 기술적인 문제도 있었다. 나중에 이야기할 패러렐 스캐빈지 컬렉터와 G1 컬렉터는 원래 핫스팟에서 제공하는 세대 단위 가비지 컬렉터 프레임워크를 사용하지 않는다는 문제였다. 이와 달리 시리얼과 파뉴 컬렉터는 이 프레임워크 위에서 동작한다. 자세한 내용은 *https://blogs.oracle.com/jonthecollector/our_collectors*를 참고하자.

CPU는 멀티코어와 하이퍼스레딩 기술로 무장하여 서버 환경에서는 논리 코어 32개 이상도 흔히 볼 수 있다.

☑ **병렬과 동시**

파뉴 컬렉터를 시작으로, 앞으로 '병렬' 또는 '동시'라는 개념을 반영한 컬렉터가 몇 개 더 등장한다. 독자들이 헷갈리기 전에 두 용어의 차이를 명확히 설명하고 넘어가겠다. 병렬과 동시는 모두 '동시성 프로그래밍'과 관련한 기술 용어다. 가비지 컬렉터와 관련해서는 다음의 뜻으로 사용된다.

- 병렬(parallel): GC 스레드들 사이의 관계를 설명하며, 'GC 스레드 다수가' 동시에 함께 작업을 수행한다는 뜻이다. 보통 이때 사용자 스레드는 정지 상태다.
- 동시(concurrent): GC 스레드와 사용자 스레드의 관계를 설명하며, 'GC 스레드와 사용자 스레드가' 동시에 일을 진행한다는 뜻이다. 사용자 스레드가 멈춰 있지 않기 때문에 애플리케이션은 서비스 요청에 여전히 응답할 수 있다. 하지만 GC 스레드가 시스템 자원 일부를 점유하므로 애플리케이션 처리량은 평소보다 낮아질 수 있다.

3.5.3 패러렐 스캐빈지 컬렉터

패러렐 스캐빈지 컬렉터도 신세대용이다. 줄여서 PS 컬렉터라고 한다. 마크-카피 알고리즘에 기초하며 여러 스레드를 이용해 병렬로 회수하는 등, 많은 면에서 파뉴 컬렉터와 닮았다. 그렇다면 이 컬렉터만의 특별한 점은 무엇일까?

PS 컬렉터의 특징은 다른 컬렉터들과는 다른 데 집중한다는 것이다. CMS 같은 컬렉터(3.5.6절 참고)는 사용자 스레드의 일시 정지 시간을 최소로 줄이는 데 집중한다. 반면 PS 컬렉터는 처리량을 제어하는 게 목표다. 여기서 처리량이란 프로세서가 사용자 코드를 실행하는 데 사용하는 시간과 프로세서가 소비하는 총시간의 비율이다.

$$\text{처리량} = \frac{\text{사용자 코드 실행 시간}}{\text{사용자 코드 실행 시간} + \text{가비지 컬렉터 실행 시간}}$$

예를 들어 가상 머신이 일을 완료하기까지 사용자 코드와 가비지 컬렉션에 쓴 시간이 총 100분이라 해 보자. 이때 가비지 컬렉션에 1분이 소요되었다면 처리량은 99%가 된다.

사용자와 상호 작용하거나 응답 속도를 보장해야 하는 QoS 프로그램이라면 정지 시간이 짧을수록 좋다. 응답 속도가 빠르면 사용자 경험을 개선할 수 있다. 반면 처리량이 높다면 프로세서 자원을 가장 효율적으로 써서 프로그램이 전체 작업을 최대한 빠르게 끝내도록 해 준다. 계산 중간에 상호 작용할 일이 많지 않은 분석 업무 등에 특히 알맞은 지표다.

PS 컬렉터는 처리량을 정밀하게 제어할 수 있도록 매개 변수를 두 개 제공한다. 가비지 컬렉션 정지 시간의 최댓값을 지정하는 -XX:MaxGCPauseMillis 매개 변수와 처리량을 직접 지정하는 -XX:GCTimeRatio 매개 변수다.

-XX:MaxGCPauseMillis는 밀리초 단위이며 0보다 큰 값을 설정하면 된다. 그러면 컬렉터는 메모리 회수에 소요되는 시간이 이 설정값을 넘지 않도록 최선을 다할 것이다. 하지만 값을 작게 설정한다고 해서 시스템의 가비지 컬렉션이 빨라질 거라 섣불리 판단하면 안 된다. 가비지 컬렉션 정지 시간을 줄여 버리면 반대급부로 처리량이 낮아지며, 신세대의 크기가 더 작게 할당된다.

즉, 이 값을 줄이면 시스템은 신세대 메모리를 더 작게 조절할 것이다. 예컨대 500MB짜리 메모리보다 300MB짜리 메모리를 회수하는 쪽이 빠른 건 당연하기 때문이다. 하지만 용량이 줄어든 만큼 더 자주 회수해야 한다. 원래 10초마다 회수를 하며 매번 100밀리초씩 정지했던 것이, 설정값을 70밀리초로 줄이면 회수를 5초마다 수행하게 될 수 있다. 정지 시간은 줄었지만 처리량 역시 줄어드는 것이다.

-XX:GCTimeRatio 매개 변수의 값은 양의 정수여야 한다. 이 값은 애플리케이션의 총 실행 시간에 대한 가비지 컬렉션 시간의 비율을 뜻한다. 이 값이 N이라면 가비지 컬렉터가 사용자 코드 실행 시간의 $1/(1+N)$ 이상을 소비하지 않게 해 달라는 뜻이다. 기본값은 99다. 애플리케이션이 가비지 컬렉터보다 99배 이상의 시간을 쓰게 해 달라는 뜻이다. 반대로 표현하면 가비지 컬렉터가 전체 실행 시간의 1%를 초과하지 않도록 보장한다.

처리량에 관심이 많다고 해서 PS 컬렉터를 처리량 컬렉터라고 부르기도 한다. 앞서 두 매개 변수 말고도 언급해 둘 만한 매개 변수로 -XX:+UseAdaptiveSizePolicy가 있다. 일종의 스위치 매개 변수다. 이 매개 변수를 켜면 신세대의 크기(-Xmn), 에덴과 생존자 공간의 비율(-XX:SurvivorRatio), 구세대로 옮겨갈 객체의 크기(-XX:PretenureSizeThreshold) 등 세부 설정용 매개 변수들을 일일이 지정하지 않아도 된다. 가상 머신이 성능 모니터링 정보를 수집하여 최적의 정지 시간과 최대 처리량을 제공할 수 있도록 모든 매개 변수의 값을 동적으로 조율해 주기 때문이다. 인간을 복잡한 세부 설정에서 해방시켜 준다고 하여 이런 적응형 조율 전략(adaptive adjustment strategy)을 GC 인간 공학이라고도 한다.[27]

컬렉터의 동작 방식에 조예가 깊지 않아서 수동으로 최적하기가 어려운 운영자에게는 적응형 조율 전략을 지원하는 PS 컬렉터가 괜찮은 선택일 수 있다. 메모리 관리 최적화를 가상 머신에 맡겨 보는 것이다. (힙의 최대 크기를 지정하는 -Xmx 같은) 기본적인 메모리 정보만 설정해 두고, (최대 정지 시간에 신경 쓰는) -XX:MaxGC PauseMillis 매개 변수나 (처리량에 더 신경 쓰는) -XX:GCTimeRatio 매개 변수로 목표만 설정해 주자. 나머지 상세 설정은 가상 머신이 스스로 조율할 것이다.

적응형 조율 전략은 PS 컬렉터를 파뉴 컬렉터와 차별화하는 중요한 특성이기도 하다.

3.5.4 시리얼 올드 컬렉터

시리얼 올드 컬렉터는 시리얼 컬렉터의 구세대용 버전이다. 마찬가지로 단일 스레드 컬렉터이며 마크-컴팩트 알고리즘을 쓴다. 이 컬렉터도 주로 클라이언트용 핫스팟 가상 머신에서 사용한다.

시리얼 올드 컬렉터를 서버용으로 쓴다면 목적은 둘 중 하나일 것이다. 첫 번째는 JDK 5와 그 이전의 PS 컬렉터와 함께 사용하기 위해서다.[28] 두 번째는 CMS 컬렉터가 실패할 때를 위한 대비책으로, 동시 회수 중 동시 모드 실패(concurrent mode failure)가 발생했을 때 쓰인다. 두 상황 모두 뒤에서 자세히 설명하겠다. 시리얼 올드 컬렉터는 그림 3-9처럼 동작한다.[29]

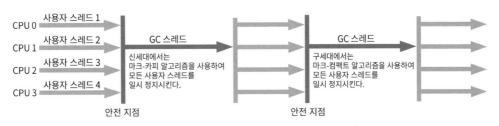

그림 3-9 시리얼과 시리얼 올드 컬렉터 조합의 동작 방식

---

27 GC 인간 공학: *http://download.oracle.com/javase/1.5.0/docs/guide/vm/gc-ergonomics.html*
28 (옮긴이) PS+시리얼 올드 조합은 거의 쓰이지 않아서 JDK 14 때 폐기 대상으로 지정되었고 JDK 15부터는 선택 자체가 불가능해졌다.
29 PS 컬렉터 아키텍처 자체는 구세대 회수 시 시리얼 올드 컬렉터가 아닌 PS 마크-스윕 컬렉터를 이용한다. 하지만 구현 측면에서 PS 마크-스윕과 시리얼 올드가 거의 같기 때문에 공식 문서에서도 시리얼 올드 컬렉터로 설명하고는 한다. 이 책에서도 시리얼 올드로 설명하겠다.

3.5.5 패러렐 올드 컬렉터

패러렐 올드 컬렉터는 PS 컬렉터의 구세대용 버전이다. 멀티스레드를 이용한 병렬 회수를 지원하며 마크-컴팩트 알고리즘을 기초로 구현되었다.

이 컬렉터는 JDK 6까지는 이용할 수 없었다. 그전까지 신세대에 쓰이던 PS 컬렉터는 다소 어정쩡한 상태였다. 신세대용으로 PS를 선택하면 구세대에는 자연스럽게 시리얼 올드(엄밀하게는 PS 마크-스윕)를 선택해야 했다. CMS처럼 더 나은 구세대용 컬렉터는 PS와 함께 사용할 수 없기 때문이었다. 서버용 애플리케이션에서 구세대에 시리얼 올드를 적용하면 성능이 좋지 않기 때문에 PS 컬렉터로 신세대만 병렬화해서는 전체적인 처리량이 크게 나아진다는 보장이 없었다.

비슷하게 단일 스레드로 동작하는 구세대 컬렉터들은 서버용 프로세서의 병렬 처리 역량을 제대로 끌어낼 수 없다. 구세대의 메모리 용량은 크고 하드웨어는 상대적으로 우수한 상황에서 이 조합의 총처리량은 파뉴와 CMS 조합보다 좋지 않을 수 있다.

패러렐 올드 컬렉터의 등장으로 처리량을 중시하는 PS 컬렉터는 마침내 딱 맞는 파트너를 찾게 되었다. 처리량이 중요하거나 프로세서 자원이 부족한 상황이라면 PS와 패러렐 올드 조합을 고려해 보자. 이 조합을 사용하려면 -XX:+UseParallelGC 매개 변수를 지정하자.

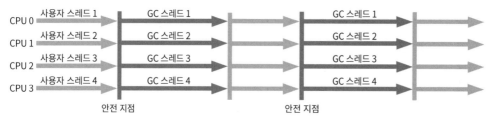

그림 3-10 PS와 패러렐 올드 컬렉터 조합의 동작 방식

3.5.6 CMS 컬렉터

CMS 컬렉터는 표시와 쓸기 단계 모두를 사용자 스레드와 동시에 수행한다. CMS 컬렉터의 목적은 가비지 컬렉션에 따른 일시 정지 시간을 최소로 줄이는 것이다. 현재 자바 애플리케이션의 주력 분야는 인터넷 서비스의 백엔드와 브라우저 기반의 브라우저-서버 시스템이다. 이 분야에서는 서비스 응답 시간이 중요하므로 시스템의 일시 정지 시간이 짧아야 사용자에게 더 나은 경험을 선사할 수 있다. CMS는 이런 종류의 애플리케이션 요구에 적합한 컬렉터다.

이름에서 예상할 수 있듯이 마크-스윕 알고리즘을 기초로 구현됐다. 동작 방식은 기존 컬렉터들보다 훨씬 복잡하다. 전체 과정은 다음 네 단계로 구성된다.

1. 최초 표시
2. 동시 표시
3. 재표시
4. 동시 쓸기

이 중 '최초 표시'와 '재표시' 단계는 여전히 '스톱 더 월드' 방식이다.

최초 표시 단계에서는 GC 루트와 직접 연결된 객체들만 표시하기 때문에 아주 빠르게 끝난다.

동시 표시 단계에서는 GC 루트와 직접 연결된 객체들로부터 시작해 객체 그래프 전체를 탐색한다. 시간이 오래 걸리지만 사용자 스레드를 멈추지는 않는다. GC 스레드와 동시에 실행된다는 뜻이다.

재표시 단계에서는 동시 표시 도중 사용자 스레드가 참조 관계를 변경한 객체들을 바로잡는다(자세한 내용은 '3.4.6 증분 업데이트' 참고). 이 단계의 일시 정지 시간은 보통 최초 표시 단계보다 살짝 길다. 하지만 동시 표시 단계보다는 훨씬 짧다.

마지막 단계는 동시 쓸기다. 이 단계에서는 앞의 세 가지 표시 단계에서 죽었다고 판단한 객체들을 쓸어 담는다. 살아 있는 객체는 옮길 필요가 없기 때문에 이 단계 역시 사용자 스레드를 멈추지 않고 동시에 수행된다.

중요한 특성은 전체 과정 중 가장 긴 동시 표시와 동시 쓸기 단계에서 사용자 스레드를 멈추지 않는다는 것이다. 그래서 일반적으로 CMS는 '사용자 스레드와 동시에 수행된다'고 말할 수 있다.

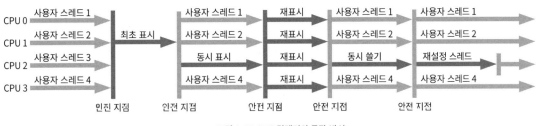

그림 3-11 CMS 컬렉터의 동작 방식

CMS는 훌륭한 컬렉터다. 가장 큰 이점인 동시 회수 능력 덕분에 정지 시간이 매우 짧다. 그래서인지 어떤 공식 문서에서는 CMS를 '동시적 짧은 정지 시간 컬렉터

(concurrent low pause collector)'라 기술하기도 한다. CMS는 짧은 정지 시간을 추구하는 핫스팟 가상 머신의 첫 번째 성공작이라 할 수 있지만 완벽하지는 않다. 최소한 다음과 같은 세 가지 명백한 단점이 남아 있었다.

첫째, CMS는 프로세서 자원에 아주 민감하다. 사실 동시성을 위해 설계된 프로그램은 모두 프로세서 자원에 민감하다. 동시 수행 단계에서 사용자 스레드를 멈추지는 않더라도 애플리케이션을 느리게 하고 전체 처리량을 떨어뜨리는 건 피할 수 없다. GC 스레드도 결국은 프로세서의 계산 능력을 나눠 쓰는 스레드 중 하나이기 때문이다.

CMS가 가동하는 GC 스레드 수는 기본적으로 '(프로세서의 코어 수+3)/4'개다. 예를 들어 코어가 4개 이상이면 동시 회수 동안 GC 스레드는 프로세서 계산 능력의 25% 정도를 사용한다. 하지만 코어가 3개 이하면 사용자 프로그램에 미치는 영향은 상당히 클 것이다. 원래부터 프로세서를 많이 사용하는 애플리케이션인데 그 절반을 가비지 컬렉션에 빼앗긴다면 사용자 프로그램은 눈에 띄게 느려질 것이다.

이런 상황을 줄이기 위해 가상 머신은 이른바 점진적 동시 마크 스윕(incremental concurrent mark sweep, i-CMS)이라고 하는 CMS의 변종을 제공했다. 이 컬렉터는 단일 코어 프로세서 시절의 PC 운영 체제가 멀티태스킹을 구현하기 위해 사용한 선점형 멀티태스킹(preemptive multitasking) 기법을 똑같이 사용한다. 즉, 동시 표시와 동시 쓰기 단계에서 GC 스레드와 사용자 스레드를 교대로 실행하여 GC 스레드가 자원을 독점하는 시간을 최소화한다. 그 결과 전체 컬렉션 시간은 늘어나지만 사용자 프로그램에 미치는 영향은 줄어드는 것이다. 다행히 실제 속도 저하는 그리 심하지 않았지만, 실전에서 성과는 상당히 미미했다. i-CMS 모드는 JDK 7부터 폐기 대상이 되었고, JDK 9에 와서 완전히 제거되었다.

두 번째 단점은 CMS가 부유 쓰레기(floating garbage)를 처리하지 못해서 동시 모드 실패를 유발할 가능성이 있다는 것이다. 동시 모드 실패가 발생하면 또 다른 완벽한 '스톱 더 월드' 방식의 전체 GC가 시작된다. CMS의 동시 표시와 동시 쓰기 단계 동안 사용자 스레드는 여전히 실행 중이다. 프로그램이 실행 중이라면 새로운 쓰레기가 자연스럽게 생겨난다. 그래서 어떤 객체는 표시 스레드가 지나간 후에 쓰레기가 될 수도 있다. 이런 객체는 쓰기 단계에서 회수할 수 없다. 어쩔 수 없이 다음번 컬렉션까지 기다려야 한다. 이런 쓰레기들을 부유 쓰레기라고 한다.

가비지 컬렉션 단계 동안 사용자 스레드는 계속 일을 해야 하므로 사용자 스레드가 사용할 메모리 공간이 충분히 확보되어야 한다. 따라서 다른 컬렉터들과 달리 CMS는 구세대가 거의 가득 찰 때까지 여유롭게 기다릴 형편이 못 된다. 동시 쓸기 동안에도 프로그램이 올바르게 구동되는 데 필요한 메모리 공간을 확보해 두어야 하기 때문이다.

기본 설정의 JDK 5는 구세대가 68%까지 차면 CMS를 가동한다. 물론 보수적으로 설정한 값이다. 실제로 운영할 애플리케이션이 구세대 메모리를 그렇게 급격하게 소모하지 않는다면 이 설정을 적당히 조율해도 된다. -XX:CMSInitiatingOccupancy Fraction 매개 변수의 값을 높게 설정하면 CMS 가동 조건이 완화되어 회수 빈도는 줄고 애플리케이션 성능은 높아질 것이다.

JDK 6에서는 CMS의 기본 시작 문턱값을 92%로 높였다. 하지만 그 결과 새로운 위험에 직면하기 쉬워졌다. 확보해 둔 메모리보다 많은 양을 프로그램이 요구한다면 '동시 모드 실패'가 발생하며 가상 머신은 대비책을 가동한다. 사용자 스레드들을 모두 멈춰 세우고, 임시로 시리얼 올드 컬렉터를 가동해 구세대 가비지 컬렉션을 다시 시작하는 것이다. 이때 일시 정지는 상당히 길어진다. 따라서 -XX:CMSIni tiatingOccupancyFraction 매개 변수를 너무 높게 설정하면 동시 모드 실패가 자주 발생하여 성능이 낮아질 수 있다. 그래서 프로덕션 환경에서 운영 중인 실제 애플리케이션의 특성을 고려해 설정해야 한다.

마지막으로 세 번째 단점을 살펴보자. 이번 절을 시작하며 이야기했듯이 CMS의 토대는 마크-스윕 알고리즘이다. '3.3.2 마크-스윕 알고리즘'의 설명을 기억하고 있다면 이 알고리즘은 회수 작업 끝에 상당한 파편화를 일으킨다는 사실이 떠오를 것이다. 파편화가 심하면 큰 객체를 할당할 때 특히 문제가 된다. 구세대에서 쓰이지 않는 공간의 총량은 많으나 새로운 객체 하나를 할당하는 데 필요한 '연속된' 공간을 찾지 못할 수 있다. 그러면 객체 할당에 앞서 전체 GC를 수행해야만 한다.

이 문제를 해결하고자 CMS는 -XX:+UseCMSCompactAtFullCollection이라는 스위치 매개 변수를 제공한다(기본으로 활성화되어 있으나 JDK 9 이후로는 제공되지 않는다). 이 스위치를 켜면 CMS가 전체 GC를 수행할 때 조각 모음도 수행한다. 이 작업은 살아 있는 객체를 이동시켜야 하기 때문에 사용자 스레드와 동시에 수행할 수 없다(3.6절에서 설명하는 셰넌도어와 ZGC가 등장하기 전까지는).

이런 식으로 파편화 문제는 해결되지만 일시 정지 시간이 길어진다. 그래서 가상 머신 설계자들은 또 다른 매개 변수인 -XX:CMSFullGCsBeforeCompaction을 제공하기 시작했다(역시 JDK 9 이후로 제공되지 않는다). 이 매개 변수는 CMS가 매개 변수로 지정한 횟수만큼은 메모리 조각 모음 없이 전체 GC를 수행하고, 다음번 전체 GC 때 조각 모음을 한다. 기본값은 0이다. 즉, 전체 GC 때마다 조각 모음을 수행한다.

매우 훌륭한 컬렉터였던 CMS는 차기 주력 자리를 G1, 세넌도어, ZGC에 물려주고 안식을 취하고 있다. JDK 9 때 폐기 대상으로 지정된 후 JDK 14에서 완전히 제거되었다.

3.5.7 G1 컬렉터(가비지 우선 컬렉터)

G1 컬렉터의 'G1'은 'Garbage First(가비지 우선)'를 짧게 줄인 표현이다. G1 컬렉터는 가비지 컬렉션 기술 역사에 한 획을 그었다. G1은 부분 회수(partial collection)라는 컬렉터 설계 아이디어와 리전(region)을 회수 단위로 하는 메모리 레이아웃 분야를 개척했다. 오라클의 로드맵에 따르면 G1은 JDK 7용 핫스팟 가상 머신에 포함될 중요한 혁신이었으며, JDK 6 업데이트 14부터 조기 접근(early access) 버전이 함께 배포되었다. 하지만 수년이 흘러 JDK 7 업데이트 4가 되어서야 간신히 '실험 버전' 딱지를 뗄 수 있었다. 그 후 JDK 8 업데이트 40에 와서 동시 클래스 언로딩을 지원하게 되면서 원래 계획된 기능 퍼즐의 마지막 조각이 끼워졌다. 오라클은 이 버전의 G1부터를 공식적으로 '완전한 기능을 갖춘 가비지 컬렉터(fully-featured garbage collector)'라고 부르기 시작했다.

G1은 주로 서버용 애플리케이션에 집중한 컬렉터다. 핫스팟 개발 팀은 G1이 장기적으로는 CMS를 대체하리라 기대했고 결국 목표를 이뤘다. JDK 9 출시와 함께 'PS+패러렐 올드' 조합을 밀어내고 서버 모드용 기본 컬렉터가 되었다. 이에 반해 CMS는 폐기 대상으로 지정되면서 위상이 낮아졌다. JDK 9부터는 핫스팟에서 -XX:+UseConcMarkSweepGC 매개 변수를 지정해 CMS를 활성화하면 다음과 같이 "CMS는 앞으로 사라질 것이다"라는 경고 메시지가 뜬다.

```
OpenJDK 64-Bit Server VM warning: Option UseConcMarkSweepGC was deprecated in
    version 9.0 and will likely be removed in a future release.
```

하지만 수차례 개발 주기를 거치는 동안 CMS를 포함한 옛 컬렉터들의 코드는 핫스팟의 서브시스템(메모리 관리, 실행, 컴파일, 모니터링 등)과 복잡하게 얽혀 있었다. 이런 배경 때문에 관심사의 분리(separation of concerns) 설계 원칙이 제대로 지켜지지 못했다. 그래서 JDK 10의 기능 목표를 세울 때 핫스팟 가상 머신에 '통합 가비지 컬렉터 인터페이스'[30]를 도입하여 가비지 컬렉터의 행위(behavior)와 구현을 분리하기로 했다. 그리고 CMS와 기타 컬렉터들을 이 인터페이스에 맞게 재구성했다. 그 덕분에 이후로는 특정 컬렉터를 제거하거나 새로 추가하기가 훨씬 쉬워지고 위험 요소도 통제할 수 있게 되었다. 이로써 CMS가 무대에서 퇴장하기 위한 마지막 단추가 끼워졌고, 결국 JDK 14에서 완전히 제거되었다.

CMS의 대체제이자 후계자를 목표로, G1의 설계자들은 정지 시간 예측 모델(pause prediction model)을 만들고자 했다. 정지 시간 예측 모델은 목표 시간을 M밀리초로 설정하면 가비지 컬렉터가 쓰는 시간이 M밀리초가 넘지 않도록 통제하는 것이다. 리얼타임 자바(RTSJ)의 소프트 리얼타임 가비지 컬렉터와 거의 같은 기능이다.

이 목표를 이루려면 구체적으로 무엇을 해내야 할까? 무엇보다 생각의 전환이 필요했다. G1의 등장 전까지 CMS를 포함한 모든 컬렉터의 회수 범위는 신세대 전체(마이너 GC), 구세대 전체(메이저 GC) 또는 자바 힙 전체(전체 GC)였다. 그리고 마침내 G1이 무대에 등장한다. G1은 힙 메모리의 어느 곳이든 회수 대상에 포함할 수 있다. 이를 회수 집합(collection set)이라 하며 짧게 CSet라고 한다. 어느 세대에 속하느냐가 아니라 '어느 영역에 쓰레기가 가장 많으냐'와 '회수했을 때 이득이 어디가 가장 크냐'가 회수 영역을 고르는 기준이 된 것이다. 이것이 G1의 혼합 GC 모드다.

G1이 개척한 영역 기반 힙 메모리 레이아웃이 정지 시간 예측 모델이라는 목표를 이루는 열쇠다. G1도 여전히 세대 단위 컬렉션 이론에 기초하고 있다. 하지만 힙 메모리 레이아웃은 다른 컬렉터와 매우 다르다. G1은 크기와 수가 고정된 세대 단위 영역 구분에서 벗어나, 연속된 자바 힙을 동일 크기의 여러 독립 리전으로 나눈다. 각 리전은 필요에 따라 신세대의 에덴이나 생존자 공간이 될 수도, 구세대용 공간으로 쓰일 수도 있다. 그래서 모든 리전은 새로 생성된 객체를 담을 수도, 긴 시간 동안 몇 차례의 컬렉션에서 살아남은 객체를 담을 수도 있다. G1은 리전 각각에 역할별 전략을 구분하여 적용할 수 있어서 회수 효율을 극대화한다.

한편 '큰' 객체를 저장하기 위해 거대 리전(humongous region)이라는 특별한 유형도 활용한다. G1은 리전 용량의 절반보다 큰 객체를 큰 객체로 취급한다. 리전 하나의 크기는 -XX:G1HeapRegionSize 매개 변수로 설정할 수 있다. 범위는 1MB에서 32MB까지 2의 제곱수면 된다. 리전 하나의 크기를 넘어서는 큰 객체는 N개의

---

30 JEP 304: Garbage Collector Interface

연속된 거대 리전에 저장된다. 그림 3-12에서 보듯 G1은 거대 리전을 주로 구세대로 취급한다.

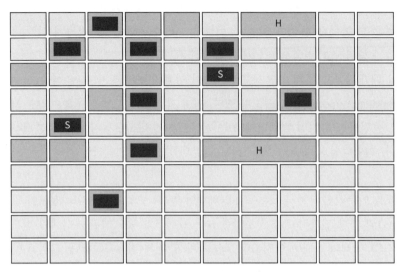

	빈 리전
	에덴
S	생존자 공간
	구세대
H	거대 리전

그림 3-12 G1 컬렉터가 힙을 리전으로 분할해 관리하는 모습[31]

G1은 여전히 신세대/구세대 개념을 사용하지만 세대가 고정되어 있지는 않다. 리전별 역할을 동적으로 바꿀 수 있고, 같은 역할의 리전이 연이어 배치될 필요도 없다. G1에서 정지 시간 예측 모델이 가능한 이유는 리전을 최소 회수 단위로 사용하기 때문이다. 즉, 매번 적절한 수의 리전을 계획적으로 회수하는 식으로 자바 힙 전체를 회수해야 하는 상황을 피할 수 있다.

처리 방식을 더 구체적으로 살펴보자. G1은 각 리전의 쓰레기 누적값을 추적한다. 여기서 값이란 가비지 컬렉션으로 회수할 수 있는 공간의 크기와 회수에 드는 시간의 경험값이다. 그리고 우선순위 목록을 관리하며 사용자가 -XX:MaxGCPause Millis 매개 변수로 설정한 일시 정지 시간(기본값은 200밀리초)이 허용하는 한도 내에서 회수 효과가 가장 큰 리전부터 회수하는 것이다. '가비지 우선'이라는 이름이 탄생한 이유다. 메모리 공간을 리전 단위로 분할해 우선순위대로 회수함으로써 제한된 시간 내에 가장 효율적으로 회수할 수 있는 것이다.

'힙 메모리를 리전 단위로 나눈다'는 G1의 전략은 크게 놀랍지도, 이해하기 어렵지도 않다. 하지만 구현하기 위한 세부 기술은 생각만큼 간단하지 않다. G1은 2004

---

31 그림 출처: *https://bit.ly/3KfR7jk*

년 썬 연구소의 논문에서 처음 소개되고 나서 2012년 JDK 7 업데이트 4에 와서야 비로소 정식 데뷔했다. 간단했다면 그렇게까지 오래 걸리지 않았을 것이다. 상업적으로 이용해도 될 수준에 오르기까지 거의 10년이 걸린 셈이다. 실제로 G1이 해결해야 했던 주된 문제 몇 개를 살펴보자.

- 첫째, 자바 힙을 다수의 독립된 리전으로 나눈다면 객체들의 리전 간 참조 문제를 해결해야 한다. 물론 우리는 해법을 이미 알고 있다(3.3.1절과 3.4.4절 참고). 기억 집합을 도입하여 GC 루트부터 힙 전체를 스캔하는 일을 피하는 것이다. 하지만 기억 집합을 G1에 응용하기는 훨씬 복잡하다. 모든 리전이 각자의 기억 집합을 관리하며, 기억 집합에는 다른 리전으로부터의 모든 참조 정보를 기록하고, 이 참조가 어떤 카드 페이지에 속하는지 표기한다. G1의 기억 집합은 기본적으로 해시 테이블 구조다. 키는 다른 리전으로부터의 시작 주소이고 값은 하나의 집합이다. 값에 저장되어 있는 원소들은 카드 테이블의 인덱스 번호다. 이처럼 '내가 가리키는 대상'과 '나를 가리키는 대상'을 모두 기록하는 양방향 카드 테이블 구조가 되다 보니 기본적인 카드 테이블 구현보다 훨씬 복잡하다. 그리고 리전 개수 역시 전통적인 컬렉터보다 훨씬 많기 때문에 세대의 수 역시 훨씬 많다. 이런 이유로 G1 컬렉터는 전통적인 컬렉터들보다 메모리를 많이 사용한다. 실험 결과 G1은 자신이 관리하는 자바 힙의 최소 10~20% 정도를 추가로 사용했다. 다행히 이 크기는 기술의 성숙과 함께 빠르게 줄어들고 있다.

- 둘째, 동시 표시 단계 동안 GC 스레드와 사용자 스레드가 서로 간섭하지 않도록 보장해야 한다. 가장 먼저 해결할 문제는 사용자 스레드가 객체 참조 관계를 수정해도 원래의 객체 그래프 구조를 파괴하지 않도록 보장하는 일이다. 그렇지 않으면 표시 단계가 끝나고 오류가 날 수 있다. 이 문제의 해법은 3.4.6절에서 설명한 바 있다. CMS 컬렉터는 증분 업데이트 알고리즘을 택한 데 반해 G1은 시작 단계 스냅숏 알고리즘을 택했다. 또한 가비지 컬렉션은 사용자 스레드가 만드는 새로운 객체를 위한 메모리 할당에도 영향을 준다. 프로그램이 멈추지 않고 계속 수행된다면 당연히 새로운 객체가 계속 만들어질 것이다. G1은 각 리전을 위해 TAMS라는 두 개의 포인터를 설계했다. 리전의 공간 일부가 동시 회수 프로세스 동안 새로운 객체를 할당하기 위한 공간으로 나뉘고, 동시 회수 동안 새로 생성되는 객체의 주소는 반드시 이 두 포인터보다 높은 주소 영역에 할당되어야 한다. G1은 기본적으로 이 주소보다 높이 있는 객체는 암묵적으로 표시

된 것으로 간주한다. 즉, 회수 대상에서 제외한다. CMS의 '동시 모드 실패'와 비슷하게, 이 방식도 전체 GC를 유발할 수 있다. 메모리 회수 속도가 메모리 할당 속도를 따라가지 못한다면 G1 역시 사용자 스레드들을 모두 멈추고 전체 GC를 수행해야 한다. 긴 '스톱 더 월드'를 경험해야 한다는 뜻이다.

- 셋째, 신뢰할 수 있는 정지 시간 예측 모델을 구현해야 한다. 사용자가 -XX:Max GCPauseMillis 매개 변수로 설정한 일시 정지 시간은 가비지 컬렉션이 일어나기 전의 기댓값일 뿐이다. G1이 기대를 저버리지 않으려면 어떻게 해야 할까?

G1의 정지 시간 예측 모델의 이론적 기초는 감소 평균(decaying average)이다. 가비지 컬렉션이 이루어지는 동안 G1은 리전별 회수 시간, 리전별 기억 집합에서 더 럽혀진 카드 개수 등 측정할 수 있는 각 단계의 소요 시간을 기록한다. 그리고 이 정보로부터 평균, 표준 편차, 신뢰도 같은 통계를 분석한다. 앞에서 강조한 감소 평균은 일반 평균과 비교해 새로운 데이터에 더 민감하다. 일반 평균은 전체적으로 균등한 평균 상태를 알려 주지만 감소 평균은 '최근'의 평균적인 상태를 더 정확하게 알려 준다. 즉, 리전의 통계적 상태가 더 최근일수록 회수해서 얻는 가치를 더 높게 처 준다. 그런 다음 가비지 컬렉션이 시작되면 이 정보를 기초로 어느 리전들을 회수해야 사용자가 기대하는 정지 시간 내에 가장 큰 효과를 거둘지 예측하는 것이다.

사용자 스레드가 실행되는 동안 수행하는 작업(기억 집합을 관리하기 위해 쓰기 장벽을 사용하는 동작 등)을 제외한다면 G1의 동작은 대략 다음 네 단계로 나뉜다.

1. 최초 표시: GC 루트가 직접 참조하는 객체들을 표시하고 TAMS 포인터의 값을 수정한다. 즉, 시작 단계 스냅숏을 생성한다. 사용자 스레드와 동시에 수행되는 다음 단계에서 새로운 객체들이 가용 리전에 올바르게 할당되도록 하는 조치다. 최초 표시 단계에서는 사용자 스레드를 일시 정지해야 한다. 하지만 소요 시간이 매우 짧은 데다 마이너 GC가 실행되는 시간을 틈타 동시에 끝나므로 G1이 추가로 일으키는 일시 정지는 없다고 할 수 있다.

2. 동시 표시: GC 루트로부터 시작하여 객체들의 도달 가능성을 분석하고, 전체 힙의 객체 그래프를 재귀적으로 스캔하며 회수할 객체를 찾는다. 이 단계는 시간이 걸리지만 사용자 스레드와 동시에 수행된다. 객체 그래프 스캔이 끝난 후에는 시작 단계 스냅숏과 비교하여 동시 실행 도중 참조가 변경된 객체들을 다시 스캔해야 한다.

3. 재표시: 또 한 번 사용자 스레드를 잠시 멈춰야 하는 단계다. 시작 단계 스냅숏 이후 변경된 소수의 객체만 처리하면 되므로 매우 빠르게 끝난다.

4. 복사 및 청소: 통계 데이터를 기초로 리전들을 회수 가치와 비용에 따라 줄 세운 다음, 목표한 일시 정지 시간에 부합하도록 회수 계획을 세운다. 회수할 리전들을 적절히 선별하고 선별된 리전들에서 살아남은 객체들을 빈 리전에 이주시킨다(복사 후 기존 리전은 말끔히 비운다). 이 단계는 생존한 객체를 이동시켜야 하므로 사용자 스레드가 잠시 멈춰야 한다. 다행히 다수의 GC 스레드가 병렬로 처리한다.

이상의 단계 설명에서 알 수 있듯이 G1 컬렉터는 동시 표시 단계를 제외하고는 사용자 스레드를 멈춰야 한다. 다시 말해 단순히 짧은 지연 시간만 추구하는 게 아니다. G1이 천명한 공식 목표는 지연 시간을 제어하는 동시에 처리량을 최대한 높이는 것이다. 이것이 '완전한 기능을 갖춘' G1 컬렉터에 바라는 역할이자 기대다.[32]

오라클에 따르면 이주 단계는 원래 사용자 스레드와 동시에 실행되도록 설계했지만 생각보다 복잡했다고 한다. G1은 리전 중 일부만 회수하며 일시 정지 시간을 사용자가 제어할 수 있다는 점을 생각하면, 이주 단계를 동시 실행되도록 구현하는 게 시급하지는 않았다. 그래서 이 기능은 (ZGC 등) G1 이후에 등장하는 저지연 가비지 컬렉터로 미루어졌다.

또한 G1의 최우선 목표가 짧은 지연 시간이 아님을 생각하면, 사용자 스레드를 일시 정지함으로써 회수 효율을 극대화한다는 선택이 이해된다. 처리량을 보장하기 위해 사용자 스레드를 완전히 멈춰 세우기로 한 것이다.

그림 3-13 G1 컬렉터의 동작 방식

---

32 원문은 다음과 같다. "It meets garbage collection pause time goals with a high probability, while achieving high throughput(높은 처리량을 달성하면서 동시에 높은 확률로 가비지 컬렉션 일시 정지 시간 목표도 충족한다)."

정지 시간의 '기댓값'을 사용자 설정할 수 있다는 건 G1의 매우 큰 장점이다. 이 값을 잘 조율하면 우리가 운영하는 애플리케이션에 이상적인 '처리량 대 지연 시간' 균형점을 찾을 수 있다.

하지만 반드시 현실적인 기댓값이어야 한다. G1은 객체를 복사하기 위해 사용자 스레드를 멈춰 세우는데, 이때 필요한 일시 정지 시간을 낮추는 데는 한계가 있기 때문이다. 목표 정지 시간의 기본값은 200밀리초. 회수 단계의 소요 시간이 수십에서 100밀리초 또는 200밀리초에 근접하는 일은 흔하다. 하지만 정지 시간이 매우 짧다면, 예컨대 20밀리초로 설정한다면 어떻게 될까? 목표한 시간이 너무 짧아서 힙 메모리의 아주 적은 일부만 회수하고 컬렉션을 마쳐야 한다. 그 여파로 회수 속도가 새로 할당되는 속도를 따라잡지 못하여 쓰레기가 점차 쌓여 간다. 초기에는 힙에 빈 공간이 많으니 컬렉터도 숨 쉴 여유가 있겠지만 애플리케이션이 가동되는 시간이 길어지면 종국에는 힙이 가득 찰 것이다. 그러면 전체 GC가 일어나 성능을 떨어뜨리게 된다. 일반적으로 적정한 기대 정지 시간은 100~200밀리초 또는 200~300밀리초 정도다.

G1을 시작으로 최신 가비지 컬렉터 대다수는 자바 힙 전체를 한 번에 청소하는 대신, 애플리케이션의 메모리 할당 속도(할당률)에 맞춰 회수하는 방향으로 변화했다. 애플리케이션은 쓰레기를 버리고 동시에 컬렉터는 청소를 한다. 객체가 버려지는 속도를 컬렉터가 따라갈 수만 있다면 모든 것이 완벽하게 동작하는 모델이다. 이 아이디어를 실제로 구현한 최초의 컬렉터가 G1이다. 'G1이 컬렉터 기술 개발 역사에 한 획을 그었다'고 말하는 이유가 여기에 있다.

☑ G1 대 CMS

G1은 CMS와 자주 비교되기도 한다. 둘 모두 일시 정지 시간을 제어하는 데 집중하며, JDK 13까지는 공식 문서에서도 'The Mostly Concurrent Collectors'로 묶어 설명했다.[33] JDK 14부터는 G1이 CMS를 완전히 대체했지만, 아직 옛 버전 JDK도 많이 쓰이니 둘의 장단점을 알고 있는 게 좋다.

G1은 많은 면에서 CMS보다 개선되었다. 최대 정지 시간을 지정할 수 있고 메모리를 리전 단위로 나눠 회수 효율이 가장 좋은 리전들을 그때그때 판단한다는 혁신적인 설계는 말할 것도 없다. 그 외에 가장 전통적인 알고리즘 이론 측면에서도 G1의 성장 잠재력이 더 크다.

---

33 핫스팟 가상 머신 가비지 컬렉션 최적화 가이드: *https://docs.oracle.com/en/java/javase/11/gctuning/available-collectors.html*

CMS는 마크-스윕 알고리즘에 기초한다. 한편 G1은 광역적으로는 마크-컴팩트를 활용하면서 지엽직(투 리진 사이)으로는 미그-기피를 쓴다. 어떤 경우든 메모리가 파편하되지 않아서 가비지 컬렉션이 끝나면 남은 공간 전체를 활용할 수 있다. 오래 운영되는 프로그램에 특히 좋은 특성이다. 프로그램이 큰 객체를 만들려 할 때 연속된 메모리 공간을 찾지 못해 가비지 컬렉션을 유발하는 일이 줄어들기 때문이다.

그렇다고 G1이 만능은 아니다. CMS보다 압도적이지도 않다. 일부 시나리오에서 수년간 CMS를 완전히 대체하지 못했다는 점에서 짐작할 수 있는 사실이다. 실제로 G1이 CMS보다 불리한 점도 많다. 예컨대 메모리를 더 많이 사용하고 실행 오버헤드가 더 커서 사용자 프로그램의 성능에 영향을 줄 가능성이 더 높다.

메모리 사용량 관점에서 먼저 살펴보자. G1과 CMS는 모두 세대(또는 리전) 간 참조를 다루기 위해 카드 테이블을 이용하지만 구현하기에는 G1 쪽이 더 복잡하다. 특히 신세대 역할이든, 구세대 역할이든 상관없이 모든 리전이 카드 테이블을 가지고 있어야 한다. 그 결과 초기 G1은 기억 집합과 기타 용도의 메모리를 합하면 전체 힙 용량의 20% 이상을 CMS보다 더 사용하기도 했다. 반면 CMS의 카드 테이블은 상당히 단순하다. 단 하나의 카드 테이블로 오직 구세대에서 신세대를 참조하는 경우만 처리하면 된다. 반대는 필요 없다. 신세대의 객체들은 안정적이지 않아 참조가 수시로 바뀌므로 이 영역의 관리 비용을 줄이는 편이 전체 비용 측면에서 효율적이다.[34]

하지만 지속적인 개선으로 G1의 메모리 사용량은 가파르게 줄어들고 있다. 대량의 메모리를 사용하는 테스트를 JDK 8, 11, 17, 18에서 수행한 결과 차례로 5.8GB → 4GB → 2GB → 1.3GB로 줄었다.[35]

실행 오버헤드 관점에서도 살펴보자. 두 컬렉터는 구현 방식이 달라서 사용자 프로그램에 미치는 부하도 차이가 난다. 예컨대 CMS와 G1 모두 카드 테이블 관리에 사후 쓰기 장벽을 이용하지만, G1은 카드 테이블 구조가 복잡하여 자연스럽게 작업량이 더 많다. 여기에 더해 G1은 시작 단계 스냅숏 알고리즘을 구현하기 위해 동시 작업 시에도 사전 쓰기 장벽을 이용하여 참조가 변경되는 걸 추적한다. CMS가 이용하는 증분 업데이트 알고리즘과 비교하여, 시작 단계 스냅숏 검색은 동시 표시와 재표시 단계의 자원 소비를 줄일 수 있다. 또한 최종 표시 단계에서의 일시 정지 시간이 길다는 CMS의 단점도 피할 수 있다. 하지만 사용자 프로그램이 실행되면서 변경하는 참조를 추적하는 부담이 늘어난다. 종합적으로는 쓰기 장벽을 이용해 수행하는 G1의 작업이 CMS보다 더 많은 컴퓨팅 자원을 소비한다. 그래서 CMS의 쓰기 장벽은 동기적으로 바로 수행되게끔 구현하지만 G1은 메시지 큐와 비슷한 구조를 쓴다. 사전 쓰기 장벽과 사후 쓰기 장벽에서 수행할 작업을 큐에 저장한

---

34 여기서 비용이란 CMS에서 구세대 GC가 실행되면 신세대 전체를 GC 루트로 삼아 스캔하는 걸 말한다. 참고로 모든 컬렉터 중 오직 CMS만 구세대용 GC가 따로 존재한다.

35 JDK 18 G1/Parallel/Serial GC changes: *https://bit.ly/3U5jJx3*

후 비동기로 처리하는 것이다.

지금까지 G1과 CMS의 구현 시 장단점을 정성적으로 분석해 보았다. 하지만 어느 컬렉터가 더 좋다거나 얼마나 더 좋은지 말하려면 정확한 시나리오하에서 정량적으로 비교해야 한다. 과거 내 경험에 비춰 보면 메모리를 적게 쓰는 애플리케이션에서는 CMS가 우수하고, 메모리를 많이 쓰는 애플리케이션에서는 G1이 장점을 최대로 끌어내는 것 같다. 이 경계가 되는 자바 힙 용량은 보통 6~8GB 사이이다. 하지만 모두 내 경험에 한정된 이야기이니, 독자들은 자신의 애플리케이션에 맞춰 실제로 테스트하여 최상의 결론을 찾아야 한다.

물론 JDK 14 이후의 핫스팟에서는 CMS가 제공되지 않으니 고민할 필요도 없다. JEP 363[36]의 설명에 따르면 CMS를 뛰어넘지 못하는 시나리오에서도 굳이 CMS를 고집하지 않아도 될 정도로 성능 차이가 미미하다. 더욱이 서문에서 언급한 토마스 샤츨의 블로그[37]를 보면 G1은 그 후로도 빠르게 개선되어 왔다.

3.5.8 오늘날의 가비지 컬렉터들

지금까지 매우 많은 컬렉터를 만나 보았다. 하지만 모두 기억할 필요는 없다. 일부는 이미 사라졌고 일부는 통폐합되어 그림 3-14에서 보듯이 모던 자바에서 이용할 수 있는 선택지는 몇 개 되지 않기 때문이다.

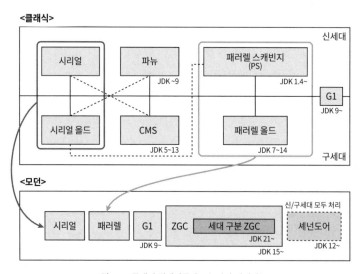

그림 3-14 클래식 컬렉터들과 오늘날의 컬렉터들

---

36 JEP 363: Remove the CMS Garbage Collector - *https://openjdk.org/jeps/363*
37 토마스 샤츨의 블로그: *https://tschatzl.github.io*

가장 큰 특징은 신세대용과 구세대용의 구분이 사라졌다는 점이다. '어떤 조합이 처선인까' 하는 큰 고민거리가 사라졌다.

시리얼 컬렉터가 시리얼 올드를 흡수했고 PS와 패러렐 올드가 합쳐져 패러렐이 되었다. 사실 패러렐의 경우 JDK 14까지는 -XX:-UseParallelOldGC 매개 변수로 구세대에서의 병렬 모으기만 비활성화할 수 있었다. 하지만 이 매개 변수조차 JDK 15부터 제공하지 않는다. 한편 '처리량 컬렉터'라는 PS 컬렉터의 별칭도 패러렐 컬렉터가 이어받았다.

CMS는 G1에 자리를 완전히 내주었다.

ZGC와 셰넌도어는 지연 시간 최소화를 목표로 하는 최첨단 컬렉터들이다. 초기에 이 컬렉터들은 신세대와 구세대를 구분하지 않았다. 그러다가 JDK 21부터는 '세대 구분 ZGC'라고 하여, ZGC에는 세대 구분 모드가 추가되었다. 장기적으로는 세대 구분 모드를 기본 설정으로 격상할 계획이다. 셰넌도어도 세대 구분 기능을 개발하는 중이다. 셰넌도어를 점선으로 그린 이유는 JDK 배포자와 JDK 버전에 따라 기본으로 제공하지 않을 수 있기 때문이다.[38] 다음 절에서 두 컬렉터를 자세히 알아보자.

3.6 저지연 가비지 컬렉터

핫스팟의 가비지 컬렉터는 시리얼에서 CMS로, 다시 G1으로 진화해 왔다. 20년이 넘는 세월 동안 서버 수억 대에 적용되며 새로 정의되고 제법 성숙해졌다. 하지만 완벽과는 여전히 꽤나 멀리 떨어져 있다. 어떤 컬렉터라야 '완벽'이란 수식어를 붙일 수 있을까? 아주 주관적인 질문처럼 들리지만 실제로는 그렇지 않다. 완벽이란 도달하기는 어렵지만 객관적으로 기술할 수는 있다.

가비지 컬렉터를 측정하는 가장 중요한 지표는 세 가지다. 처리량, 지연 시간, 메모리 사용량이다. 이 셋이 모여 불가능의 삼각 정리(impossible trinity)[39]를 만들어 낸다. 전반적인 성능은 기술 진보와 함께 조금씩 나아지겠지만, 세 지표 모두에서 괄목할 만한 성능을 내는 '완벽한' 컬렉터를 만들기는 너무 어렵거나 심지어 불가능할 것이다. 그래서 좋은 컬렉터라고 해도 보통 셋 중 최대 두 가지만 달성할 수 있다.

---

[38] 셰넌도어를 포함하는 배포자와 JDK 버전은 OpenJDK의 셰넌도어 페이지에서 확인할 수 있다: *https://wiki.openjdk.org/display/shenandoah/*

[39] 원래는 경제학 용어로 개방 경제의 세 가지 목표인 '환율 안정', '독립적인 통화 정책', '자유로운 자본 이동'을 동시에 달성하기란 불가능하므로 적어도 하나는 포기해야 하는 현상을 말한다.

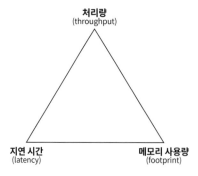

그림 3-15 가비지 컬렉터 성능 지표 삼각형

처리량, 지연 시간, 메모리 사용량이라는 세 지표 중 지연 시간의 중요성이 점점 커지고 있다. 하드웨어가 발전하면서 컬렉터가 메모리를 살짝 더 사용하는 건 큰 문제가 되지 않는 추세다. 또한 하드웨어 성능은 소프트웨어 시스템의 처리량에 직결된다. 사양 좋은 하드웨어를 쓰면 컬렉터가 애플리케이션 동작에 미치는 영향이 그만큼 줄어든다. 달리 말해 처리량이 늘어난다.

하지만 지연 시간은 다르다. 메모리를 늘리면 지연 시간에는 악영향을 준다. 직관적으로도 그렇다. 힙 메모리 1TB를 청소하려면 1GB를 청소할 때보다 오래 걸리는 게 당연하다. 이러한 이유들을 곱씹어 보면 가비지 컬렉터에서 가장 중요한 성능 지표가 왜 지연 시간이 되었는지 쉽게 이해될 것이다.

그림 3-16은 지금까지 다룬 가비지 컬렉터들에서 일시 정지되는 단계들을 보여준다.

그림에서 밝은 색은 사용자 스레드가 멈춰 서는 단계를 뜻하며, 어두운 단계들은 GC 스레드와 동시에 수행됨을 뜻한다. 그림에서 보듯이 CMS 등장 전에는 모든 과정이 '스톱 더 월드'였다. CMS와 G1은 차례로 증분 업데이트와 시작 단계 스냅숏(3.4.6절 참고) 기술을 적용해 표시 단계를 동시에 수행하기 시작했다. 그 덕에 힙 메모리가 커지고 표시할 객체가 많아져도 일시 정지 시간은 늘지 않았다. 하지만 표시 단계 이후의 처리는 제대로 해결하지 못했다.

CMS는 마크-스윕 알고리즘을 사용한다. 마지막 단계에서 일시 정지는 피하게 되었지만, (컬렉션 알고리즘이 아무리 최적화되더라도) 설계상 공간 파편화가 점점 심해질 수밖에 없다. 그리고 파편이 계속 쌓이면 여전히 '스톱 더 월드'의 손아귀에서 벗어나지 못한다. G1은 마지막 단계에서 일시 정지가 지나치게 길어지지 않도록 작은 단위(리전)로 회수한다. 하지만 여전히 동시에 수행할 수는 없다.

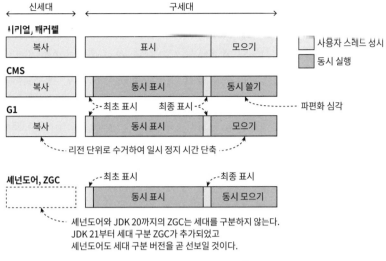

그림 3-16 다양한 컬렉터의 동시성 비교[40]

마지막 두 컬렉터인 셰넌도어와 ZGC는 거의 모든 과정이 동시에 수행됨을 눈치 챘을 것이다. 최초 표시와 최종 표시에서만 일시 정지가 짧게 일어난다. 이 부분의 일시 정지 시간은 거의 고정적이다. 즉, 힙 크기와 힙 안의 객체 수가 늘어난다고 해서 더 길어지지 않는다. 사실 관리 가능한 힙 용량 이내라면(예컨대 JDK 13 이후 의 ZGC는 최대 16TB) 가비지 컬렉션으로 인한 일시 정지는 10밀리초를 넘지 않는 다. 예전이었다면 믿을 수 없는 목표로 들렸을 것이다. 그래서 이 두 컬렉터를 '저 지연 가비지 컬렉터'라고 한다.

3.6.1 셰넌도어

이 책에서 소개한 많은 가비지 컬렉터 중 셰넌도어는 가장 애착이 가는 컬렉터다. 오늘날은 경쟁 사회여서 심지어 같은 회사 안에서도 팀 사이에 '벽'이 있다. 그래서 (썬 시절을 포함해) 오라클의 가상 머신 개발 팀이 주도하지 않은 첫 번째 핫스팟 가비지 컬렉터인 셰넌도어는 필연적으로 견제를 받을 수밖에 없었다.

오라클은 JDK 12 시절에 셰넌도어 지원을 거부하는 입장을 밝힌 바 있으며 JDK 21까지도 여전히 지원 목록에서 빠져 있고 앞으로도 지원할 의사는 없어 보인다. 실제로 셰넌도어 코드를 오라클 JDK 패키지에서 완전히 제외하도록 조건부 컴파일

---

40 알렉세이 시필료프의 데복스 2017 기조연설 'Shenandoah GC Part I: The Garbage Collector That Could'의 그림을 살짝 가공했다. 참고: *https://shipilev.net/jvm/anatomy-quarks/3-gc-design-and-pauses/*

을 걸어 놓았다.[41] 다시 말해 셰넌도어는 오라클 JDK에는 없고 다른 회사(레드햇, 아마존 등)의 OpenJDK에만 존재하는 컬렉터다. '무료 오픈 소스' 버전이 '유료 상용' 버전보다 더 많은 기능을 제공하는 흔치 않은 상황이 벌어지고 있는 것이다.[42] 독자들의 프로젝트에서 오라클의 유료 지원을 받아야 한다면 셰넌도어는 선택할 수 없다.

원래 셰넌도어는 레드햇이 독립적으로 시작한 프로젝트다. 2014년 레드햇은 셰넌도어를 OpenJDK에 기증하고 OpenJDK 12의 공식 기능에 포함되게끔 지원했다 (JEP 189). 셰넌도어 프로젝트의 목표는 힙 크기와 상관없이 가비지 컬렉션으로 인한 일시 정지를 10밀리초 이내로 묶어 두는 것이다. 목표를 이루기 위해 셰넌도어는 (CMS나 G1과 달리) 표시 단계는 물론 객체 회수 후 마무리 작업까지 사용자 스레드와 동시에 수행해야 했다.

코드 측면에서 셰넌도어는 다음 절에서 소개할 오라클 혈통의 ZGC보다 G1을 더잘 계승했다. 셰넌도어와 G1은 힙 레이아웃이 비슷하며, 최초 표시와 동시 표시 등여러 단계의 처리 방식에도 공통점이 많다. 심지어 코드 일부를 직접 공유하여 G1의 개선 사항과 버그 수정이 셰넌도어에 동시에 반영되기도 한다. 반대로 셰넌도어에 추가된 신기능도 G1 컬렉터에서 쓸 수 있기도 하다. 대표적인 예로, G1은 셰넌도어의 코드를 통합한 덕분에 동시 실패의 탈출구인 전체 GC를 멀티스레드로 처리할 수 있게 되었다.[43]

개선 사항

그렇다면 셰넌도어는 어떤 면에서 G1보다 나아졌을까? 셰넌도어 역시 힙을 리전들로 쪼개 처리하며, 큰 객체 전용의 거대 리전을 지원하고, 기본적으로 회수 가치가큰 리전을 먼저 회수한다. 하지만 최소 세 가지 면에서 확실히 다르다.

첫째, 가장 중요한 차이는 역시 동시 모으기 지원이다. G1 역시 여러 스레드를 이용해 모으기 단계를 병렬로 수행하지만 사용자 스레드와 동시에 수행할 수는 없다. 이 점이 셰넌도어의 핵심으로 나중에 자세히 들여다보겠다.

둘째, JDK 21까지의 셰넌도어는 세대 단위 컬렉션을 사용하지 않는다. 다시 말해

---

41 Disable shenandoah in Oracle builds: *https://bugs.openjdk.java.net/browse/JDK-8215030*
42 다소 우스운 상황이지만, OpenJDK와 오라클 JDK는 단순히 유료나 무료냐의 관계는 아니다. 자세한 이야기는 1장을 참고하자.
43 JEP 307: Parallel Full GC for G1

신세대 리전과 구세대 리전을 구별하지 않는다. 세대 단위 컬렉션을 쓰지 않는다고 해서 세대 구분이 셰넌도어에 아무런 가치가 없다는 뜻은 아니다. 그보다는 복잡도와 일정을 고려해 개발 우선순위를 낮췄을 뿐이다.[44]

마지막으로 메모리와 컴퓨팅 자원을 많이 사용하는 기억 집합 대신 '연결 행렬(connection matrix)'로 리전 간 참조 관계를 기록한다. 그 덕분에 관리 비용도 줄고 거짓 공유 문제(3.4.5절 참고)가 발생할 가능성도 줄었다. 연결 행렬은 간단히 이차원 표로 이해하면 편하다. 리전 N에 리전 M을 가리키는 객체가 있다면 표의 N행 M열에 표시한다. 예를 들어 그림 3-17의 오른쪽과 같이 리전 5의 객체 A가 리전 3의 객체 B를 참조하고, B는 다시 리전 1의 C를 참조한다고 해 보자. 그러면 연결 행렬의 5행 3열과 3행 1열에 표시를 해 둔다. 그런 다음 회수 때 다시 표를 참고하여 리전 간 참조를 포함하는 리전들을 알아내는 것이다.

 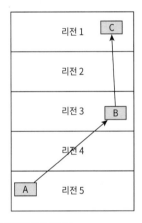

그림 3-17 셰넌도어 컬렉터의 연결 행렬 개념도

동작 방식[45]

셰넌도어의 동작 과정은 대략 아홉 단계로 나눌 수 있다.

1. 최초 표시: (G1처럼) 가장 먼저 GC 루트에서 직접 참조하는 객체들에 표시한다. 이 단계는 여전히 '스톱 더 월드'다. 하지만 일시 정지 시간은 매우 짧으며, 힙 크기와 상관없이 오직 GC 루트 수에만 영향을 받는다.

---

44 (옮긴이) 2021년 11월. 아마존 코레토(Amazon Corretto) 팀에서 OpenJDK 17에서 쓸 수 있는 미리 보기 버전을 공개했다: *https://go.aws/3VRefae* 또한 JDK 21에 실험 버전의 세대 구분 셰넌도어(JEP 404)를 포함시킬 계획이었으나 최종 탈락했다. 머지않아 정식 버전을 만나볼 수 있을 것이다.
45 Shenandoah GC(OpenJDK 위키): *https://wiki.openjdk.org/display/shenandoah*

2. 동시 표시: (G1처럼) 객체 그래프를 타고 힙을 탐색하며 도달 가능한 모든 객체를 표시한다. 이 단계는 사용자 스레드와 동시에 수행된다. 수행 시간은 살아 있는 객체 수와 객체 그래프의 복잡도에 달렸다. 사용자 스레드가 새로운 객체를 생성할 수 있으므로 힙 사용량이 늘어날 수 있다.

3. 최종 표시: (G1처럼) 보류 중인 모든 표시를 완료하고 GC 루트 집합을 다시 스캔한다. 또한 회수 가치가 가장 큰 리전들을 추려 회수 집합을 생성한다. 이 단계도 짧지만 일시 정지된다.

4. 동시 청소: 살아 있는 객체가 하나도 없는 리전(immediate garbage region)들을 청소한다.

5. 동시 이주: 동시 이주는 셰넌도어를 핫스팟의 다른 컬렉터들과 구분해 주는 핵심적인 차이다. 이 단계에서는 회수 집합 안에 살아 있는 객체들을 다른 빈 리전으로 복사한다. 사용자 스레드가 멈춰 있다면 객체 복사는 어려운 일이 아니다. 하지만 사용자 스레드와 동시에 수행하려면 문제가 복잡해진다. 객체를 이동하는 동안 사용자 스레드가 계속해서 그 객체를 읽고 쓸 수 있다는 게 문제다. 객체 이동은 단번에 할 수 있다지만, 이동 직후에는 해당 객체를 가리키던 참조 모두가 여전히 이동 전 객체를 가리키고 있을 것이다. 이 모든 참조의 주소를 동시에 수정하는 일이 골치다. 문제를 해결하기 위해 셰넌도어는 읽기 장벽과 포워딩 포인터를 이용한다(셰넌도어의 전체 프로세스를 알아본 후 자세히 설명하겠다). 이 단계의 실행 시간은 회수 집합의 크기에 달렸다.

6. 최초 참조 갱신: 동시 이주 단계에서 객체를 복사한 다음, 힙에서 옛 객체를 가리키는 모든 참조를 복사 후의 새로운 주소로 수정해야 한다. 이 작업을 참조 갱신이라 한다. 참조 갱신의 초기 단계에서는 사실 별다른 처리를 하지 않는다. 그저 스레드들이 집결지를 설정해 동시 이주 단계의 모든 GC 스레드와 사용자 스레드가 이주를 끝마쳤음을 보장한다. 사용자 스레드를 일시 정지시키지만 아주 금방 끝난다.

7. 동시 참조 갱신: 참조 갱신을 실제로 시작하며 사용자 스레드와 동시에 수행한다. 수행 시간은 메모리에 존재하는 참조의 수에 달렸다. 동시 참조 갱신은 동시 표시와 다르다. 객체 그래프를 탐색할 필요 없이, 물리 메모리 주소의 순서대로 참조 타입을 선형 검색하여 이전 값을 새로운 값으로 수정한다.

8. 최종 참조 갱신: 힙의 참조를 다 갱신했다면 GC 루트 집합의 참조도 갱신해야
   한다. 이 단계가 셰넌도어의 마지막 일시 정지 단계다. 정지 시간은 GC 루트의
   개수에 달렸다.

9. 동시 청소: 이주와 참조 갱신이 끝나면 회수 집합의 모든 리전에는 살아 있는
   객체가 더 이상 남지 않게 된다. 그래서 동시 청소를 다시 수행하여 새로운 객
   체를 할당할 공간을 확보한다.

이상 아홉 단계에 걸친 셰넌도어 컬렉터의 처리 과정을 간략히 살펴보았다. 이 중
가장 중요한 단계는 동시 표시, 동시 이주, 동시 참조 갱신이다. 이 세 단계만 확실
히 기억하면 셰넌도어의 작동 방식을 이해하기가 더 쉬워질 것이다. 그림 3-18의
흰색 직사각형 영역은 회수 후 실제로 회수된 리전을 뜻하며, 진한 직사각형 영역
은 생존한 객체를, 빗금이 그어진 정사각형 영역은 사용자 스레드가 객체를 할당받
을 수 있는 영역을 뜻한다.

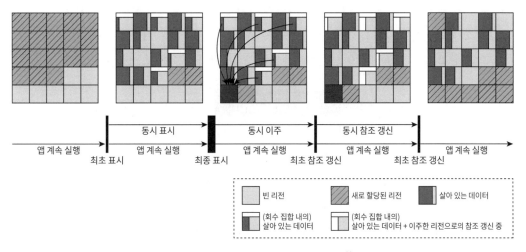

그림 3-18 셰넌도어 컬렉터의 동작 방식[46]

그림 3-18은 셰넌도어의 세 가지 동시 수행 단계를 보여 준다. 구체적으로는 동시
표시 단계에서 회수할 객체를 찾는 방법, 동시 이주 단계에서 살아 있는 객체를 옮
기는 방법, 동시 참조 갱신 단계에서 생존한 객체들의 참조를 모두 수정하는 방법
이다. 그리고 마지막에는, 최종적으로 회수 집합에 살아 있는(도달 가능한) 객체가
하나도 남지 않은 모습을 시각적으로 보여 준다.

---

46 그림 출처: 알렉세이 시필료프의 데복스 2017 기조연설 'Shenandoah GC Part I: The Garbage Collector
That Could'

동시 이주의 핵심, 포워딩 포인터

셰넌도어가 이주를 동시에 수행할 수 있도록 하는 핵심 개념인 포워딩 포인터에 대해 알아보자(개념을 소개한 사람의 이름을 따 브룩스 포인터라고도 한다).

1984년, 로드니 A. 브룩스는 논문 ⟨Trading Data Space for Reduced Time and Code Space in Real-Time Garbage Collection on Stock Hardware⟩에서 포워딩 포인터(간접 포인터라고도 함)를 이용해 객체 이동과 사용자 프로그램을 동시에 수행하는 방법을 제안했다.

기존에는 주로 이동될 객체의 원래 메모리에 메모리 보호 트랩을 설정하여 비슷하게 동시 이주를 구현했다. 사용자 프로그램이 옛 객체가 저장된 메모리 공간에 접근하려 하면 트랩이 발동하여 미리 설정해 둔 예외 처리기가 실행된다. 그리고 이 처리기에서 복사된 새 객체를 사용하게끔 하는 것이다. 객체 이동과 사용자 스레드를 동시에 실행하는 방법이다. 하지만 운영 체제의 지원 없이는 사용자 모드와 커널 모드를 수시로 전환해야 해서 비용이 큰 해법이었다.[47]

브룩스는 메모리 보호 트랩을 사용하지 않는 새로운 해법을 제안했다. 바로 원래의 객체 레이아웃 구조 상단에 참조 필드를 하나 추가한다. 동시 이주가 아닌 경우에는 참조 필드가 그림 3-19처럼 객체 자신을 가리킨다.

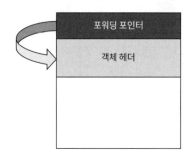

그림 3-19 포워딩 포인터(1)

 JDK 13에서는 포워딩 포인터를 객체 헤더 자체에 담도록 개선되었지만[48] 이해하기 쉽도록 일단 초기 방식대로 설명하겠다.

---

47 운영 체제 커널이 지원해 준다면 해결책이 없는 건 아니다. 대표적으로 명성이 자자한 어줄의 C4 컬렉터가 이 방식을 사용한다.
48 Shenandoah GC in JDK 13, Part 2: Eliminating the forward pointer word - *https://red.ht/3LVB4s3*

구조 면에서 포워딩 포인터는 몇몇 초기 자바 가상 머신이 사용하던 핸들 방식과 비슷하다(2.3.3절 참고). 둘 다 우회하여 객체에 접근하는 방법이다. 차이는 핸들 방식은 보통 여러 핸들을 하나의 핸들 풀에 모아 두는 반면, 포워딩 포인터는 각 객체의 헤더 앞에 흩어 놓는다는 점이다.

포워딩 포인터는 물론 장점도 있지만, 우회 방식의 접근 기술에서는 피할 수 없는 단점이 똑같이 따라온다. 아주 큰 단점이다. 비록 다음 코드처럼 어셈블리 명령어 한 줄로 최적화할 수는 있다지만, 우회하여 접근하는 오버헤드가 결국 각 객체 모두에 더해진다.

```
mov r13, QWORD PTR [r12 + r14 * 8-0x8]
```

애플리케이션 실행 중 객체 위치 찾기는 수시로 일어나므로 실행 시간에 무시할 수 없는 비용을 치러야 한다. 그래도 메모리 보호 트랩보다는 훨씬 낫다. 포워딩 포인터가 가져다주는 이점은 포인터 하나의 값만 수정하면 끝이라는 것이다. 옛 객체의 포워딩 포인터가 새로운 객체를 가리키도록 수정하기만 하면 된다. 이렇게 해서 옛 객체가 아직 회수되지 않았더라도 기존 참조를 통해 자동으로 새로운 객체로 포워딩된다. 그림 3-20처럼 말이다.

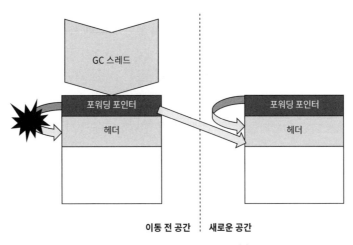

그림 3-20 포워딩 포인터(2)

여기서 주의할 점이 있다. 브룩스가 설계한 포워딩 포인터 방식은 필연적으로 스레드들의 경쟁에 직면한다. GC 스레드와 사용자 스레드가 데이터를 읽기만 한다면 옛 객체의 필드에 접근하든, 새 객체의 필드에 접근하든 결과는 같다. 하지만 데이터를 쓰려고 할 때는 반드시 새로 복사된 객체에만 써야 한다. 다음 세 작업이 동시에 수행되는 시나리오를 상상해 보자.

1. GC 스레드가 객체의 복사본을 만든다.
2. 사용자 스레드가 객체의 필드를 덮어쓴다.
3. GC 스레드가 옛 객체의 포워딩 포인터 값을 복사본(새 객체)의 주소로 수정한다.

2번 작업이 아무런 보호 장치 없이 1번과 3번 사이에 수행된다면 사용자 스레드는 옛 객체를 변경하게 될 것이다. 따라서 포워딩 포인터에 접근하는 동작을 동기화해야 한다. 즉, GC 스레드와 사용자 스레드 중 하나만 포워딩 포인터에 접근할 수 있고, 다른 스레드는 순서를 기다려야 한다. 셰넌도어 컬렉터는 CAS[49] 기법을 써서 동시 이주 중에도 객체 접근 시 문제가 없도록 했다.

포워딩 포인터와 관련하여 또 다른 주의 사항으로 '실행 빈도'가 있다. 앞서 이야기했듯이 객체 헤더에 추가된 포워딩 포인터 덕분에 동시 이주 중에도 옛 객체와 복제된 객체로의 접근에 일관성을 줄 수 있다. 간단한 원리다. 하지만 사실 '객체로의 접근'이란 말은 많은 것을 숨기고 있다. 객체 지향 프로그래밍 언어에서 '객체를 읽고 쓴다', '객체를 비교한다', '객체의 해시 값을 계산한다', '객체 락을 사용한다' 등으로 표현되는 수많은 작업이 모두 '객체로의 접근' 범주에 들어간다. 이런 작업들은 코드 전역에서 광범위하게 이루어진다. 그래서 '객체로의 접근'에 속하는 동작을 모두 보호하려면 셰넌도어는 이 작업 모두에 읽기 장벽과 쓰기 장벽을 동시에 설정해야 한다.

앞에서 소개한 다른 컬렉터들은 카드 테이블을 관리하거나 동시 표시를 구현할 때 쓰기 장벽을 많이 사용했고, 이를 위해 상당량의 작업을 처리해야 했다. 셰넌도어에서도 이 중 상당 부분의 쓰기 장벽을 그대로 사용한다. 게다가 포워딩 포인터를 구현하기 위한 읽기 장벽과 쓰기 장벽까지 추가된 것이다. 특히 읽기 장벽은 쓰기 장벽보다 비용이 크다. 일반적으로 코드에서 객체를 읽는 경우가 쓰는 경우보다 훨씬 많기 때문에 자연스럽게 쓰기 장벽보다 읽기 장벽을 거치는 횟수가 훨씬 많

---

49 컴퓨터 시스템을 이해하려면 임계 구역, 락, CAS 등의 개념은 반드시 알아 두어야 한다. 이 개념에 익숙하지 않은 독자는 13장을 참고하자.

다. 그래서 읽기 장벽에서 처리하는 코드는 무거운 일을 하지 않도록 더욱 신경 써야 한다.

계속되는 개선

로드 참조 장벽 도입[50]

이 책에서 읽기 장벽을 이용하는 컬렉터는 세넌도어가 처음이다. 세넌도어 개발자들도 수많은 읽기 장벽으로 인한 성능 오버헤드가 세넌도어가 앞으로 극복해야 할 난제가 될 것임을 인지했다.[51] 그리고 JDK 13에서 로드 참조 장벽(load reference barrier)[52]을 이용해 세넌도어의 메모리 장벽 모델을 개선했다. 로드 참조 장벽이란 객체 참조 타입의 데이터를 읽거나 쓸 때만 끼어드는 메모리 장벽 모델이다. 다시 말해 원시 데이터 타입처럼 참조가 아닌 필드를 읽거나 쓸 때는 간섭하지 않는다. 그 덕분에 원시 타입 데이터 관련 작업, 객체 비교, 객체 락 등의 시나리오에서는 메모리 장벽을 설정하지 않아도 되어 오버헤드를 상당히 줄여 준다.

이를 토대로 JDK 14에서는 자가 수리 장벽(self-fixing barrier)을 도입하고[53] 최종 표시 단계에서 일시 정지 후 수행하던 GC 루트 처리와 클래스 언로딩까지 동시에 실행되게 하는 등 한층 더 최적화했다.[54]

포워딩 포인터를 객체 헤더에 통합[55]

JDK 13에서는 포워딩 포인터를 객체 헤더에 통합하는 작업도 함께 이루어졌다. 앞서 2.3.2절에서 보았듯이 객체 헤더는 마크 워드, 클래스 워드, (배열일 경우) 배열 길이로 구성된다. 이 중 마크 워드의 마지막 2비트를 락 플래그라고 하며, 이 값에 따라 나머지 비트들의 의미가 달라진다('13.3.4 경량 락' 참고). 그런데 락 플래그가 0b11일 때는 용도가 정의되어 있지 않다는 점에서 착안하여 마크 워드를 포워딩 포인터로 활용하는 방법을 찾게 되었다.

---

50 Shenandoah GC in JDK 13, Part 1: Load reference barriers - *https://red.ht/3CAXPMu*
51 JEP 189의 제인자인 로만 켕게(Roman Kennke)는 "이것으로 세넌도어를 향한 큰 비판 하나, 즉 원시 데이터 타입에 쓰이는 비싼 읽기 장벽 문제를 해결할 수 있다"라고 말했다.
52 (옮긴이) ZGC 관련 문서에서는 'read/write barrier' 대신 'load/store barrier'라고 쓴다. 이 책에서는 일관성을 위해 모두 읽기/쓰기 장벽으로 옮겼다.
53 Shenandoah GC in JDK 14, Part 1: Self-fixing barriers - *https://red.ht/3GBoOca*
54 Shenandoah GC in JDK 14, Part 2: Concurrent roots and class unloading - *https://red.ht/42TNlDF*
55 Shenandoah GC in JDK 13, Part 2: Eliminating the forward pointer word - *https://red.ht/3LVWKEq*

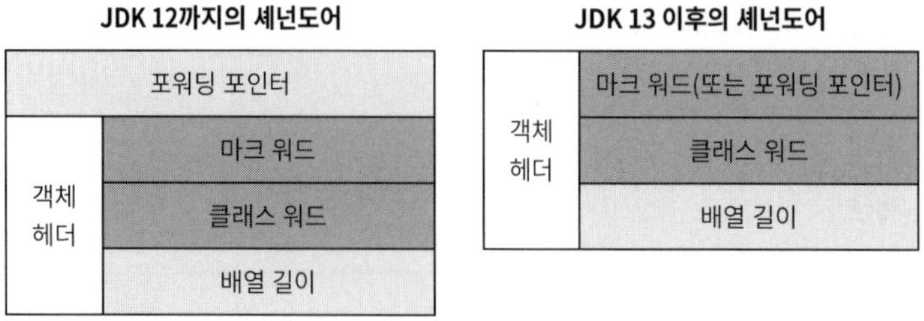

JDK 12까지의 셰넌도어	JDK 13 이후의 셰넌도어

포워딩 포인터			마크 워드(또는 포워딩 포인터)
객체 헤더	마크 워드	객체 헤더	클래스 워드
	클래스 워드		배열 길이
	배열 길이		

그림 3-21 셰넌도어 사용 시 JDK 13 전후의 객체 헤더 구조

JDK 13 전에도 이 아이디어를 실험해 보았으나 읽기 장벽을 추가로 써야 해서 기대하는 효과를 얻지 못했다. 그런데 직전에 설명한 로드 참조 장벽 덕분에 읽기 장벽 없이도 구현할 길이 열린 것이다. 포인터 하나가 별거 아닌 것 같지만, 포워딩 포인터 때문에 셰넌도어는 다른 가비지 컬렉터를 쓸 때보다 메모리를 5~10% 정도 더 소비하고 있었다. 이 외에 포워딩 포인터 통합은 다음과 같은 이점을 제공했다.

- 같은 공간에 더 많은 객체를 담을 수 있어서 가비지 컬렉션 수행 횟수가 줄어든다.
- CPU 캐시에 더 많은 객체를 담을 수 있어서 캐시 적중률이 높아진다.
- 다른 가비지 컬렉터들과 객체 할당 코드를 공유할 수 있어서 구현 로직이 단순해진다.

이 개선으로 셰넌도어는 가비지 컬렉션에 민감한 벤치마크에서는 10~15% 높은 성능을 보였다.

스택 워터마크를 활용한 스레드 스택 동시 처리[56]

이번에는 JDK 17에 반영된 개선이다. 자바 스레드는 각각 고유한 스택을 가지고 있으며, 스택은 스택 프레임들로 채워지고, 스택 프레임은 다시 현재 메서드를 실행하는 데 필요한 지역 변수와 모니터 등의 정보로 채워진다. 그리고 가비지 컬렉터 관점에서는 힙 객체의 참조들이 여기 담겨 있다.

가비지 컬렉션이 시작되면 모든 스레드의 스택을 스캔하여 참조들을 표시 큐에 담는다. 이 과정에서 사용자 스레드들이 스택을 계속 변경하지 못하도록 스레드들을 안전 지점에 멈춰 세운 후 진행한다. 작업을 다 마치면 사용자 스레드들을 깨운

---

56 Shenandoah in OpenJDK 17: Sub-millisecond GC pauses - *https://red.ht/3K96PfV*

다음, 큐 안의 참조들로부터 도달 가능한 객체를 찾는다. 한편 도달 가능한 객체들을 빈 리전으로 이주시킬 때는 스레드 스택 안의 참조들이 새로운 리전으로 옮겨진 객체를 가리키게 갱신해야 한다. 이 작업 역시 일시 정지가 필요하다.

이러한 스레드 스택 스캔과 처리에는 시간이 걸린다. 애플리케이션 서버처럼 작업량이 많은 경우에는 수십 밀리초가 걸리기도 한다. 이 처리를 어떻게 하면 동시에 수행할 수 있을까?

스레드 스택 중 변화가 생기는 부분은 최상위 스택 프레임뿐이다. 그 밑의 모든 스택 프레임은 고정되어 변하지 않는다. 최상위 스택 프레임이 바로 현재 실행 중인 메서드를 표현한다는 점을 떠올리면 어렵지 않게 이해될 것이다. 이 사실은 곧 나머지 스택 프레임들은 사용자 스레드가 실행되는 중에도 GC 스레드가 마음 놓고 스캔할 수 있다는 뜻이다. 사용자 스레드가 메서드 반환이나 예외 등으로 스택 프레임을 파괴할 때만 잘 조율하면 된다. 이 조율을 위해 셰넌도어는 스택 워터마크를 도입했다.[57]

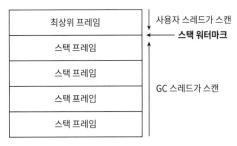

그림 3-22 스택 워터마크를 활용한 스레드 스택 동시 처리

최초 표시 때는 모든 스레드의 최상위 프레임에 스택 워터마크를 설정한다. 모든 프레임이 동시 스캔에는 안전하지만 동시 실행에는 (아직) 안전하지 않다는 뜻이다. 안전 지점을 벗어나면 사용자 스레드가 최상위 프레임을 사용해야 한다. 이때 스택 워터마크 장벽이 작동하여 가비지 컬렉터가 최상위 프레임을 처리하도록 한다. 사용자 스레드가 최상위 프레임을 스캔하고 워터마크를 한 칸 낮춘다. 동시에 GC 스레드는 스택을 밑에서부터 워터마크까지 스캔한다. 그리고 사용자 스레드는 최상위 스택 프레임을 파괴할 때마다 다음 과정을 거친다.

---

57 (옮긴이) 여기서 워터마크는 '수위(수면 높이)'로 해석하면 개념이 곧바로 이해될 것이다.

1. 워터마크를 한 칸 낮춘다.
2. GC 스레드가 워터마크 위로는 스캔하지 못하게 막는다.
3. 1의 결과로 워터마크 위로 떠오른 스택 프레임을 스캔한다.

이렇게 하여 최초 표시 때 일시 정지 후 진행하던 모든 작업을 사용자 스레드와 동시에 수행하게 되었다. 스택 워터마크는 원래 JDK 16용 ZGC 컬렉터에서 먼저 구현되었는데[58] 셰넌도어에도 적용한 것이다.

실전 성능

마지막으로 셰넌도어의 성능은 어떤지 이야기해 보자. 셰넌도어 개발 팀과 여러 서드 파티 테스터가 다양한 측정 결과를 인터넷에 공개했다. 이 책에서는 그중 레드햇이 공개한 셰넌도어 구현 논문에서 실제 애플리케이션 데이터로 실험한 결과를 보여 주겠다. 일래스틱 서치를 써서 위키백과 데이터 200GB를 인덱싱하는 실험이다. 결과는 표 3-2와 같다.

표 3-2 실제 애플리케이션에서의 셰넌도어 테스트 결과(2015년 버전 기준)

컬렉터	실행 시간	총 정지 시간	최장 정지 시간	평균 정지 시간	정지 횟수
셰넌도어	387.602s	320ms	89.79ms	53.01ms	6(최초 표시 3, 최종 표시 3)
G1	312.052s	11.7s	1.24s	450.12ms	26(신세대 26)
CMS	285.264s	12.78s	4.39s	852.26ms	15(신세대 15)
PS	260.092s	6.59s	3.04s	823.75ms	8(신세대 6, 구세대 2)

표에서 보듯이 2015년의 셰넌도어는 목표를 완벽하게 달성했다고 볼 수 없다. 다른 컬렉터들보다 일시 정지 시간은 극적으로 줄였지만 '최장 정지 시간을 10밀리초 이내로 제어하겠다'는 목표와는 거리가 있다. 또한 처리량이 크게 저하되어 테스트한 컬렉터 중 실행 시간이 가장 길다. 같은 테스트를 자바원 2017에서 수행했을 때는 실행 시간이 335초로 다소 줄었다.

  실망하기는 이르다. 같은 테스트는 아니지만 앞서 설명한 스택 워터마크까지 적용된 OpenJDK 17 버전 셰넌도어는 평균 일시 정지 시간을 1밀리초 미만까지 줄이는 데 성공했다.

---

[58] JEP 376: ZGC: Concurrent Thread-Stack Processing - *https://openjdk.org/jeps/376*

표 3-3 OpenJDK 17에서 셰넌도어 컬렉터의 '평균' 일시 정지 시간[59]

	최초 표시	최종 표시
JDK 11	421µs	1294µs
JDK 16	321µs	704µs
JDK 17	63µs	328µs

셰넌도어는 오라클 외부에서 개발된 첫 번째 가비지 컬렉터다. 그래서 오라클과 비교하여 경험 많은 연구 인력이 부족해 여러 어려움에 직면할 것으로 점쳐졌다. 이에 대한 대책으로 셰넌도어는 '짧은 보폭으로 빠르게 달리기' 전략을 택했다. 최종 목표를 작게 나눠 점진적으로 개선하기로 한 것이다. 그래서 현재도 셰넌도어의 성능은 '저지연'이라는 목표에 날마다 꾸준히 가까워지고 있다.

또한 레드햇은 셰넌도어의 사용 범위를 공격적으로 넓히고 있다. 최신 JDK는 물론 JDK 8에까지 백포팅하여 JDK 버전을 업그레이드하기 곤란한 애플리케이션에서도 최첨단 가비지 컬렉터 기술을 누릴 수 있게 한 것이다.

3.6.2 ZGC

ZGC는 오라클이 개발한 저지연 가비지 컬렉터다. JDK 11에 실험 버전으로 최초로 탑재되었고, JDK 15에 마침내 정식 버전이 들어갔다. 또한 JDK 21부터는 신세대와 구세대를 구분해 처리하는 세대 구분 ZGC가 추가되었다. 이번 절에서는 세대를 구분하지 않는 기본 ZGC에 집중하고, 세대 구분 ZGC는 다음 절에서 따로 설명하겠다.

ZGC와 셰넌도어의 목표는 아주 흡사하다. 둘 다 처리량에 미치는 영향을 최소로 억제하면서[60] 힙 크기에 상관없이 가비지 컬렉션으로 인한 일시 정지 시간을 10밀리초 안쪽으로 줄이고자 했다(JDK 17용 ZGC부터 이미 평균 1밀리초 이하로 줄이는 데 성공했다).

하지만 구현 방향은 사뭇 달랐다. 레드햇이 개발한 셰넌도어는 오라클이 만든 G1 컬렉터의 후계자에 가까웠던 반면, 정작 오라클이 개발한 ZGC는 어줄 시스템스의 독창적인 PGC와 C4 컬렉터의 형제처럼 보였다.

59 Shenandoah in OpenJDK 17: Sub-millisecond GC pauses - https://red.ht/3K96PfV
60 JEP 333에 따르면 G1 컬렉터와 비교해 처리량 저하가 15%를 넘지 않는 것이 원래 목표였다. 그런데 JDK 17에서 SPECjbb 2015로 테스트한 결과를 보면 G1은 물론, '처리량 컬렉터'라고 불리는 패러렐 스캐빈지보다도 우수하다: https://kstefanj.github.io/2021/11/24/gc-progress-8-17.html

2005년부터 어줄 VM에 탑재된 PGC는 마크-컴팩트 단계를 사용자 스레드와 동시 수행하도록 구현했다. 한편 징 VM에서 실행되는 C4 컬렉터는 PGC가 꾸준히 발전하여 낳은 산물로, 세대 단위 컬렉션 지원이 추가되어 객체 할당 속도가 크게 개선되었다. 알고리즘과 구현 원칙 면에서 PGC와 C4는 기원이 같다고 할 수 있다. 그리고 ZGC는 어줄의 작품은 아니지만 어줄의 또 다른 계보로 봐야 한다. PGC나 C4가 사용하는 기술과 비교하여 ZGC의 기술은 용어만 다를 뿐 본질은 거의 같기 때문이다.

지금쯤이면 여러분도 자바 가상 머신 컬렉터들에서 쓰는 공통된 전문 용어 대부분을 이해하고 있을 것이다. 그래서 기술 용어들을 동원해 정의하자면, ZGC의 주요 특성을 다음과 같이 요약할 수 있다.

> "ZGC는 세대 구분 없이 리전 기반 메모리 레이아웃을 사용한다. 낮은 지연 시간을 최우선 목표로 하며, 동시 마크-컴팩트 알고리즘을 구현하기 위해 읽기 장벽, 컬러 포인터, 메모리 다중 매핑 기술을 이용하는 가비지 컬렉터다."

이제부터 ZGC의 이러한 기술적 특성을 하나씩 소개하겠다.

리전 기반 메모리 레이아웃

메모리 레이아웃부터 시작하자. 셰넌도어와 G1처럼 ZGC도 힙 메모리를 리전들로 나누지만 차이가 있다. ZGC의 리전은 동적으로 생성/파괴된다(일부 공식 문서에서는 리전을 Page 또는 ZPage라고 표기한다. 하지만 이 책에서는 일관성을 위해 계속 리전이라 쓰겠다). 그뿐 아니라 크기도 동적으로 달라진다. x86-64 하드웨어 플랫폼에서 ZGC의 리전 크기는 그림 3-23과 같이 대·중·소 세 가지다.

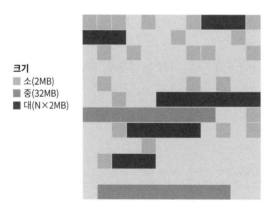

크기
- ■ 소(2MB)
- ■ 중(32MB)
- ■ 대(N×2MB)

그림 3-23 ZGC의 힙 메모리 레이아웃

- 소리전: 2MB로 고정되며 256KB 미만의 작은 객체를 담는다.
- 중리전: 32MB로 고정되며 256KB 이상 4MB 미만 객체를 담는다.
- 대리전: 크기가 동적으로 변할 수 있다. 단, 2MB의 배수여야 한다. 4MB 이상의 큰 객체용 공간이다. 대리전 하나는 큰 객체를 단 하나만 담는다. 그래서 이름은 '대리전'이지만 실제로는 중리전보다 작을 수도 있다. 최소 크기는 4MB다. ZGC 는 대리전은 재할당하지 않는데, 큰 객체를 복사하는 비용이 매우 크기 때문이다(재할당이란 ZGC가 객체를 복사하는 단계에서 수행하는 동작으로, 뒤에서 설명하겠다).

병렬 모으기와 컬러 포인터

다음으로 ZGC의 핵심인 병렬 모으기 알고리즘을 살펴보자. 셰넌도어는 동시 이주를 구현하기 위해 포워딩 포인터와 읽기 장벽을 사용했다. ZGC도 마찬가지로 읽기 장벽을 이용하지만 완전히 다르게, 셰넌도어보다 더 복잡하고 정교한 방식으로 사용한다.

ZGC를 상징하는 설계는 바로 컬러 포인터 기술이다(태그 포인터 또는 버전 포인터라고도 한다). 가비지 컬렉터나 가상 머신 자체에서만 이용하는 추가 데이터를 객체에 저장하고 싶을 때 ZGC 이전에는 주로 객체 헤더에 필드를 추가했다(2.3.2 절 참고). 예를 들어 객체의 해시 코드, 세대 나이, 락 레코드 같은 정보를 이렇게 저장했다. 객체에 접근하는 자연스럽고 매끄러운 방식이면서 추가 부담도 없다.

하지만 객체가 이동할 수 있는 환경에서도 객체로의 접근이 반드시 성공한다고 보장할 수 있을까? 또는 애플리케이션에서 객체에 직접 접근하지는 않지만 해당 객체에 관한 정보를 알고 싶은 시나리오도 있다. 이런 상황에서, 예컨대 이동한 객체와 관련해 필요한 정보를 객체와 관련 없는 포인터나 장소로부터 얻을 수 있을까?

결코 비현실적인 요구가 아니다. 여러 객체가 동시에 이동하면서 생기는 접근 문제는 논외로 하자. 우리는 전에도 이런 요구 사항과 마주한 적이 있다. 참조 관계를 추적하여 객체의 생사를 판단하는 컬렉션 알고리즘의 표시 단계에서는 포인터만 처리하면 됐다. 즉, 포인터가 참조하는 객체까지 처리할 필요는 없었다.

예를 들어 접근 가능성을 분석할 때 객체 표시 단계에서 흰색, 검은색, 회색 중 어느 색으로 표시할지 판단해야 한다(3.4.6절 참고). 이 색 표시는 해당 객체의 참조와만 관련될 뿐 객체 자체와는 아무런 관련이 없다. 객체의 생사는 오직 참조 관계로만 결정되기 때문이다. 그 외에는 객체의 어떤 속성도 생사 판단에 영향을 주지 않는다.

핫스팟 가상 머신의 컬렉터들은 자신만의 표시 방식을 사용한다. 어떤 컬렉터는 객체 헤더에 직접 표시하고(예: 시리얼 컬렉터), 어떤 컬렉터는 객체와 독립된 자료 구조에 표시한다(G1과 셰넌도어는 힙 메모리의 1/64 크기의 비트맵 구조에 기록). 이 중 ZGC의 컬러 포인터는 단연 가장 단순하고 직접적이라 할 수 있다. 객체를 가리키는 포인터에 직접 표시하기 때문이다. 따라서 이때 도달 가능성 분석은 "객체 그래프를 순회하며 객체에 표시하는 일이 아니라 '참조 그래프'를 순회하며 '참조' 에 표시한다"라고 이야기해야 더 적절할 것이다.

컬러 포인터는 포인터 자체에 소량의 추가 정보를 직접 저장하는 기술이다. 그런데 어떻게 해야 포인터 자체에 더 많은 정보를 담을 수 있을까?

64비트 시스템은 이론상 최대 16EB(2의 64제곱)[61] 크기의 메모리를 이용할 수 있다. 하지만 현실적인 요구 사항, 성능, 비용을 고려해야 한다. 이렇게 많은 메모리는 필요 없다. 메모리 주소가 크면 주소 변환에 더 큰 페이지 테이블을 써야 하고, CPU 제작 시 더 많은 트랜지스터를 집적해야 한다. 그래서 x86-64 아키텍처는 최대 52비트(4PB)의 주소 버스와 48비트(256TB)의 가상 주소 공간만 사용한다. 따라서 현재 64비트 하드웨어가 지원할 수 있는 최대 메모리는 256TB다.

운영 체제도 나름대로 제약에 갇혀 있다. 64비트 리눅스의 프로세스 가상 주소 공간은 47비트(128TB)이며, 물리 주소 공간은 46비트(64TB)다. 64비트 윈도우 시스템은 최대 물리 주소 공간이 44비트(16TB)로 더 적다.

리눅스에서 64비트 포인터 중 46비트로 표현할 수 있는 64TB 메모리만 해도 오늘날의 서버에는 충분한 용량이다. 이 점을 이용해 ZGC의 컬러 포인터 기술은 주소 공간을 44비트까지로 제한하고, 그다음 상위 4비트를 네 가지 플래그 정보를 저장하는 데 이용한다. 그림 3-24와 같이 가상 머신은 이 플래그들을 통해 포인터만 보고도 객체의 삼색 표시 상태를 바로 알 수 있는 것이다. 즉, 해당 객체가 재매핑 집합에 추가되었는지(이동했는지), finalize() 메서드를 통해서만 접근할 수 있는지 등을 알 수 있다.

---

61 1EB = 1024PB, 1PB = 1024TB

그림 3-24 컬러 포인터[62]

물론 플래그 비트들 때문에 원래 46비트였던 주소 공간이 더 줄어서 ZGC가 관리할 수 있는 메모리는 16TB(2에 44제곱)를 넘지 못한다.[63]

이처럼 컬러 포인터는 메모리 용량이 제한되고, 32비트 플랫폼에서는 동작하지 않으며, 압축 포인터(-XX:+UseCompressedOops) 같은 여러 기술을 지원할 수 없다. 하지만 장점도 아주 크다. JEP 333[64]을 보면 ZGC의 설계자 페르 리덴은 컬러 포인터의 이점 세 가지를 설명하는 데 많은 지면을 할애했다.

• 한 리전 안의 생존 객체들이 이동하면 그 즉시 해당 리전을 재활용할 수 있다. 전체 힙에서 해당 리전으로의 참조들을 전부 수정할 때까지 기다릴 필요가 없다는 뜻이다. 셰넌도어와 비교해 이는 엄청난 이점이다. 이론적으로 빈 리전이 하나라도 존재하는 한 ZGC는 가비지 컬렉션을 완료할 수 있다. 그에 반해 셰넌도어는 참조 갱신 단계가 끝나기 전에는 회수 중인 리전을 재활용하지 못한다. 셰넌도어는 힙의 거의 모든 객체가 살아 있는 극단적인 상황이라면, 리전 중 절반이 비어 있어야 가비지 컬렉션을 완료할 수 있다. 객체들을 새로운 리전으로 1:1 복사해야 하기 때문이다. 컬러 포인터에서 이런 일이 벌어지지 않는 이유는 나중에 '자가 치유(self healing)'를 설명할 때 자세히 다루겠다.

• 가비지 컬렉션 과정에서 메모리 장벽의 수를 크게 줄일 수 있다. 메모리 장벽, 특히 쓰기 장벽을 설정하는 이유는 주로 객체 참조를 변경하기 위해서다. 이 정보를 포인터 자체에 둔다면 확실히 일부 기록 작업이 필요 없어진다. 실제로도 ZGC는 지금까지 쓰기 장벽을 전혀 사용하지 않고 오직 읽기 장벽만 사용한다 (일부는 컬러 포인터의 덕이고, 일부는 ZGC가 세대 단위 컬렉션을 지원하지 않

---

62 이 그림을 포함해 앞으로 나올 ZGC의 실행 단계 관련 그림은 모두 페르 리덴의 Jfokus VM 2018 콘퍼런스 발표 'The Z Garbage Collector: Low Latency GC for OpenJDK'에서 발췌했다: *http://cr.openjdk.java.net/~pliden/slides/ZGC-Jfokus-2018.pdf*

63 (옮긴이) JDK 12까지는 주소 공간을 42비트로 제한하여 최대 4TB만 쓸 수 있었다. 그래서 인터넷에는 여전히 42비트(4TB)로 설명하는 자료가 많이 떠돌고 있으니 주의하자.

64 JEP 333: A Scalable Low-Latency Garbage Collector(Experimental) - *https://openjdk.java.net/jeps/333*

아서 세대 간 참조 문제가 애초부터 불가능하기 때문이다[65]). 메모리 장벽이 프로그램 런타임 성능에 미치는 악영향은 앞 장에서 설명했다. 메모리 장벽을 덜 사용한다는 것은 프로그램 운영 효율 면에서 확실한 이점으로 작용하여 ZGC의 처리량에 미치는 영향도 상대적으로 적다.

- 컬러 포인터를 객체 표시 및 재배치와 관련해 더 많은 정보를 담을 수 있는 확장 가능한 저장 구조로 쓸 수 있다. 다시 말해 미래에 또 다른 성능 향상을 이끌어 낼 잠재력이 있다. 현재 리눅스에서는 64비트 포인터의 상위 16비트를 사용하지 않는다. 주소 지정에는 쓸 수 없지만 다른 정보를 저장하는 용도로는 쓸 수 있다. 이 16비트를 활용할 수 있다면 현재 컬러 포인터가 쓰는 플래그 비트 4개를 주소 지정용으로 다시 돌려주어 ZGC의 힙 제한을 64TB로 늘릴 수 있다. 또는 남는 비트에 또 다른 유용한 정보를 저장할 수도 있다. 예를 들어 추적 정보를 저장해 자주 사용하지 않는 객체들을 자주 접근하지 않는 메모리 영역으로 옮기는 데 활용할 수도 있을 것이다.

하지만 컬러 포인터를 매끄럽게 적용하려면 해결해야 할 문제가 있다. 컬러 포인터는 자바 가상 머신이 메모리를 가리키는 데 쓰는 포인터의 의미를 임의로 재정의한다. 그런데 과연 운영 체제도 새로 정의한 의미대로 동작할까? 프로세서는 어떨까? 아주 현실적인 문제다. 프로그램 코드는 결국 기계어 명령어로 변환되어 프로세서에 전달되어야만 실행될 수 있다. 프로세서는 명령어에 포함된 포인터에서 어느 부분이 플래그 비트이고, 어느 부분이 진짜 주소인지 신경 쓰지 않는다. 그저 전체를 메모리 주소라고 생각할 뿐이다.

스팍용 솔라리스 시스템에서는 상대적으로 쉽게 해결할 수 있다. 스팍은 가상 주소 마스크를 하드웨어 수준에서 지원하기 때문이다. 가상 주소 마스크를 설정해 주면 기계어 명령어에서 컬러 포인터가 사용하는 플래그 비트들을 무시할 수 있다.

하지만 x86-64에는 비슷한 기술이 없어서 ZGC 설계자들은 다른 수단을 강구해야 했다. 가상 메모리 매핑 기술과 관련한 해법인데, 먼저 x86 시스템의 고전적인 설계부터 이야기를 시작하겠다.

아주 오래전 x86 시스템은 모든 프로세스가 같은 물리 메모리 공간을 공유했다.

---

65 (옮긴이) 세대 구분 ZGC에서는 다시 쓰기 장벽을 활용한다. 하지만 다방면의 수많은 최적화가 함께 적용되어 전반적인 효율은 훨씬 좋아졌다. 자세한 이야기는 다음 절을 참고하자.

메모리를 프로세스별로 독립적으로 관리할 수 없었다는 이야기다. 한 프로세스가 다른 프로세스의 메모리를 오염시키면 시스템 전체를 다시 시작해야만 복구할 수 있었다.

이 문제를 풀기 위해 1985년에 출시된 80386 프로세서부터 보호 모드(protected mode)라는 기술을 도입해 각각의 프로세스를 격리했다. 보호 모드에서도 386 프로세서의 32비트 주소 공간을 모두 사용할 수 있어서 프로세스는 여전히 메모리를 최대 4GB까지 활용했다. 하지만 기존 실제 모드(real mode)의 물리 메모리 주소와는 다른 주소를 사용했다. 프로세서는 페이지 관리 메커니즘을 활용해 선형 메모리 공간과 물리 메모리 공간을 똑같은 크기의 여러 블록으로 나누고, 이 메모리 블록을 페이지라고 불렀다. 그리고 매핑 테이블을 이용해 선형의 가상 공간 페이지와 물리 공간 페이지 사이의 변환을 처리했다.[66]

컴퓨터 아키텍처에 친숙하지 않은 독자들을 위해 비유를 하나 준비했다. 'A 아파트 102동 1004호'에 사는 친구 집을 찾아가려 한다. 그런데 친구가 사는 지역이 서울이냐, 부산이냐, 인천이냐에 따라 이 '똑같은 주소'가 물리적으로는 완전히 다른 위치가 될 수 있다. 논리적인 주소 하나가 물리적 위치와 일대다(1:N) 관계로 매핑되는 것이다.

가상 메모리와 물리 메모리의 변환 관계는 하드웨어 수준에서도, 운영 체제 수준에서도, 소프트웨어 프로세스 수준에서도 구현할 수 있다. 또한 필요에 따라 주소 변환을 일대일(1:1), 다대일(N:1), 다대다(N:M) 등 어떤 방식으로도 설계할 수 있다.

x86-64용 리눅스 플랫폼에서 ZGC는 서로 다른 여러 가상 메모리 주소를 똑같은 물리 메모리 주소로 매핑하기 위해 다중 매핑을 이용한다. 다중 매핑은 다대일 매핑으로, ZGC가 가상 메모리로 다루는 주소 공간이 실제 메모리 용량보다 크다는 뜻이다. 컬러 포인터의 플래그 비트들을 주소의 세그멘테이션 기호로 사용한다면, (이러한 서로 다른 주소 세그먼트가 동일한 물리 메모리 공간에 매핑되는 한) 다중 매핑 변환을 거친 다음에는 컬러 포인터 역시 일반적인 주소 지정에 사용할 수 있다. 효과는 그림 3-25에 나와 있다.

---

66 현대적인 x86 운영 체제는 가상 주소 변환을 운영 체제와 하드웨어에서 두 단계로 나눠 처리한다. 프로세스가 접근하려는 논리 주소는 먼저 메모리 관리 유닛의 세그멘테이션 유닛에서 선형 주소로 변환되고, 이어서 페이징 유닛에서 물리 주소로 변환된다. 이 내용은 이 책의 주제가 아니므로 단순화해 설명했다.

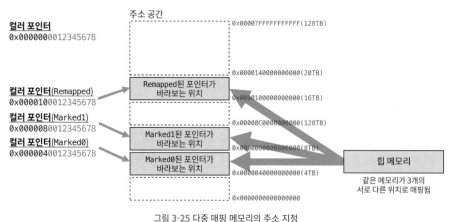

그림 3-25 다중 매핑 메모리의 주소 지정

시나리오에 따라 다중 매핑 기술은 큰 객체 복사를 쉽게 해 주는 등 부가적인 이점도 제공한다. 하지만 근본은 컬러 포인터 기술의 자매품일 뿐, 다른 목적으로 추가된 건 아니다.

ZGC의 동작 방식

다음으로 ZGC가 어떻게 동작하는지 알아보자. ZGC의 동작은 크게 네 단계로 나뉜다. 네 단계 모두 사용자 스레드와 동시에 실행되지만, 사이사이에 사용자 스레드를 일시 정지시키는 작은 단계가 끼어 있다. 이 작은 단계들, 예를 들어 GC 루트가 직접 가리키는 객체들을 표시하는 '표시 시작' 단계는 G1이나 셰넌도어의 최초 표시 단계와 다를 게 없으므로 따로 설명하지 않겠다.

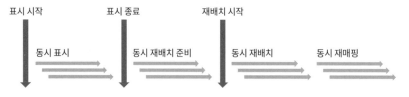

그림 3-26 ZGC 동작 프로세스

1. 동시 표시: G1과 셰넌도어처럼 동시 표시는 객체 그래프를 탐색하며 도달 가능성을 분석하는 단계다. 또한 G1과 셰넌도어의 최초 표시 및 최종 표시와 비슷하게(ZGC에서 부르는 이름은 다르지만) 짧은 일시 정지가 발생하며, 이 일시 정지 동안 수행하는 일의 목표도 비슷하다. G1이나 셰넌도어와 다른 점은, ZGC의 표시는 객체가 아니라 포인터에서 이루어진다는 것이다. 컬러 포인터의

Marked0과 Marked1 플래그가 이 표시 단계에서 갱신된다.

2. **동시 재배치 준비**: 청소해야 할 리전들을 선정하여 재배치 집합(relocation set)을 만든다. 재배치 집합과 G1의 회수 집합은 차이가 있다. G1이 리전을 나눈 이유는 회수 효율 순서로 줄을 세워 점진적으로 회수하기 위해서였다. 하지만 ZGC가 리전을 나눈 목적은 다르다. G1과 달리 ZGC는 가비지 컬렉션 때마다 모든 리전을 스캔한다. G1이 기억 집합을 관리하는 비용 대신 스캔을 광범위하게 하는 비용을 선택한 것이다. 그래서 ZGC의 재배치 집합에서는 리전 안의 생존 객체들을 다른 리전으로 복사한 후 리전 자체를 회수할지 여부만 결정한다. 그리고 앞 단계의 표시 대상이 힙 전체이므로 재배치 집합에 포함되지 않은 리전들도 회수 대상이 될 수 있다. 또한 JDK 12의 ZGC부터 지원하기 시작한 클래스 언로딩과 약한 참조 처리도 이 단계에서 이루어진다.

3. **동시 재배치**: 재배치는 ZGC의 핵심 단계다. 이 단계에서 재배치 집합 안의 생존 객체들을 새로운 리전으로 복사한다. 또한 재배치 집합에 속한 각 리전의 포워드 테이블에 옛 객체와 새 객체의 이주 관계를 기록한다. 컬러 포인터 덕분에 ZGC는 객체가 재배치 집합에 속하는지 참조만 보고 바로 알 수 있다. 사용자 스레드가 재배치 집합에 포함된 객체에 동시에 접근하려 들면 미리 설정해 둔 메모리 장벽이 끼어들어, 즉시 해당 리전의 포워드 테이블에 기록된 정보를 보고 새로운 객체로 포워드시킨다. 그와 동시에 해당 참조의 값도 새로운 객체를 직접 가리키도록 갱신한다. ZGC에서는 이 동작을 포인터의 자가 치유라고 한다. 자가 치유의 장점은 옛 객체에 처음 접근할 때만 포워드가 일어난다는 것이다(세넌도어의 포워딩 포인터는 객체에 접근할 때마다 포워드 오버헤드가 생겨서 사용자 프로그램에 주는 런타임 부하가 ZGC보다 크다). 한편 컬러 포인터 덕분에 재배치 집합에 속한 생존 객체들의 복사가 모두 끝나는 즉시 해당 리전을 재활용할 수 있다는 점 역시 큰 장점이다(단, 포워드 테이블은 아직 회수되면 안 된다). 심지어 옛 객체들을 가리키는 참조들이 힙의 다른 영역에 남아 있더라도 상관없다. 이 낡은 참조들은 사용되는 순간 모두 자가 치유될 것이기 때문이다.

4. **동시 재매핑**: 재매핑이란 힙 전체에서 재배치 집합에 있는 옛 객체들을 향하는 참조 전부를 갱신하는 작업이다. 목적은 세넌도어의 동시 참조 갱신 단계와 같다. 하지만 ZGC의 동시 재매핑은 시급히 처리하지 않아도 괜찮다. 앞에서 이야

기했듯이 낡은 참조라 해도 자가 치유되어, 최악의 경우라도 처음 접근할 때만 한 번의 포워딩과 갱신을 거치면 되기 때문이다. 낡은 참조들을 재매핑하고 정리하는 주된 목표는 속도 저하를 방지하는 것이므로 매우 시급하지는 않다(정리 후에는 포워드 테이블을 삭제할 수 있다는 부수적인 이점도 있다). 이 점을 활용해 ZGC는 '동시 재매핑 단계를 다음 가비지 컬렉션 주기가 시작되는 동시 표시 단계와 통합한다'는 아주 영리한 아이디어를 구현해 냈다. 두 단계 모두 객체를 전부 탐색해야 하므로 둘을 통합함으로써 객체 그래프를 탐색하는 부하를 한 번 줄인 셈이다.[67] 옛 객체를 가리키는 마지막 포인터까지 모두 갱신했다면 옛 객체와 새 객체를 이어 주는 정보를 담은 포워드 테이블을 삭제할 수 있다.

ZGC의 설계는 어줄 시스템스의 PGC나 C4 컬렉터와 맥을 같이 한다.[68] 그리고 현시점에서 가비지 컬렉터 연구가 낳은 최고의 결실이라고 할 수 있다. 셰넌도어처럼 거의 모든 회수 단계가 사용자 스레드와 동시에 수행되며, 짧은 일시 정지 단계도 GC 루트 크기에만 영향을 받는다. 힙 메모리 크기와는 관련이 없다. 그 결과 힙 크기와 상관없이 정지 시간을 10밀리초 이내로 줄이겠다는 목표를 달성할 수 있었다.

다른 컬렉터들과의 비교

다른 최신 가비지 컬렉터인 G1이나 셰넌도어와 비교해서, ZGC는 상세 구현 면에서 조금 다른 절충안을 선택했다. 예를 들어 G1은 세대 간 참조와 리전들의 점진적 회수를 처리하기 위해 기억 집합을 활용하기로 했고, 기억 집합 관리에는 쓰기 장벽을 활용했다. 기억 집합은 메모리 공간을 상당히 차지한다. 쓰기 장벽 역시 사용자 애플리케이션 성능에 영향을 준다. 선택에 따른 비용인 것이다. 반면 ZGC는 기억 집합을 전혀 사용하지 않는다. 심지어 세대 구분도 없어서, CMS처럼 신세대와 구세대를 구분하기 위한 카드 테이블도 필요 없다. 자연스럽게 쓰기 장벽 역시 전혀 사용하지 않아서 사용자 애플리케이션에 주는 부담이 훨씬 적다.

하지만 장점만 있다면 '절충'이라고 표현하지 않았을 것이다. ZGC의 선택[69]은 객체 할당 속도를 제한하는 결과로 이어졌다. 다음 시나리오를 상상해 보면 어떤 단

---

67 사실 두 단계를 병합하지 않는다면 재매핑은 객체 그래프를 따라 진행하지 않아도 상관없다. 단순히 힙 전체를 스캔하면서 낡은 참조를 정리하기만 해도 된다.

68 '완전히 같다'고 말하고 싶지만 그러면 오라클을 무시하는 것처럼 들릴지 모르겠다. 오라클은 어떤 공식 정보에서도 어줄 시스템의 논문이나 구현을 참조했다고 이야기하지 않았다.

69 페르 리덴에 따르면 초기 ZGC에서 세대를 구분하지 않기로 선택한 것은 작업 부하를 줄이기 위함이지, 순수 기술적인 절충은 아니라고 한다. *https://www.zhihu.com/question/287945354/answer/458761494*

점인지 이해할 수 있을 것이다.

ZGC가 거대한 힙에서 동시 회수를 시작할 것이고, 완료까지 전체 과정이 10분 이상 걸린다고 가정해 보자(동시 수행 시간과 일시 정지 시간을 명확히 구분하자. ZGC가 플래그를 설정하는 이유는 일시 정지 시간이 10밀리초를 넘지 않도록 하기 위해서다). 그동안 애플리케이션의 객체 할당 속도가 너무 빨라서 아주 많은 객체 가 새로 만들어진다고 해 보자. 객체가 너무 많으면 현 회수 단계에서는 다 표시하 기 어려워서 대부분 살아남을 것이다. 그런데 실제로 살아 있는 것은 아니므로 다 량의 부유 쓰레기가 만들어진다. 애플리케이션이 대량의 객체를 새로 만드는 일을 계속한다면, 각각의 동시 회수 주기가 매우 길어질 것이고, 회수되는 메모리 공간 이 같은 기간에 만들어지는 부유 쓰레기보다 적어질 것이다. 힙의 여유 공간은 계 속 줄어들어 결국 고갈될 것이다.

현재 이 문제의 유일한 해법은 힙 크기를 최대한 늘려서 숨 쉴 시간을 늘리는 것 뿐이다. 하지만 ZGC가 감당할 수 있는 객체 할당 속도를 근본적으로 끌어올리고 싶다면 세대 단위 컬렉션을 도입해야 한다. 그래서 새로운 객체들을 특별한 영역에 생성하고, 이 영역들을 더 자주 더 빠르게 회수해야 한다. 비슷한 예로, 어줄의 C4 컬렉터에 세대 단위 컬렉션을 도입하니 세대 단위 컬렉션을 지원하지 않는 PGC 컬 렉터보다 감당할 수 있는 객체 할당 속도가 10배나 빨라졌다.

ZGC의 또 다른 상점으로 NUMA 메모리를 고려한 메모리 할당이 있다. NUMA는 멀티프로세서 또는 멀티코어 프로세서를 탑재한 컴퓨터를 위해 설계된 메모리 아 키텍처다.

무어의 법칙이 점점 힘을 잃자 프로세서들은 동작 주파수를 높이는 대신 코어 수 를 늘리는 쪽으로 발전하고 있다. 또한 예전에는 노스브리지 칩에 있던 메모리 컨 트롤러가 프로세서 코어에 통합되어, 프로세서 코어[70] 각각에서 메모리를 직접 관 리하게 되었다. 즉, 다른 프로세서 코어가 관리하는 메모리에 접근하려면 내부 채 널을 통과해야만 해서 훨씬 느릴 수밖에 없다.

NUMA 아키텍처가 적용된 환경에서라면, ZGC는 객체 생성을 요청한 스레드가 수행 중인 프로세서의 지역 메모리에 우선적으로 객체를 할당하여 메모리 접근 효 율을 높인다. 과거에는 처리량 극대화가 목표인 패러렐 컬렉터만이 NUMA를 고려 했지만, 이제 ZGC라는 선택지가 생긴 것이다. 물론 JDK 14부터는 G1도 NUMA를

---

[70] 참고로 다이(die)란 특정한 기능을 수행하는 회로가 집적된 반도체 블록을 말한다.

지원하기 시작했다.[71]

테스트 결과 ZGC는 괄목할 만한 성능을 보여 주었다.[72] 가히 "충격적이고 혁신적이다"라고 표현해도 과언이 아닐 정도다.

그림 3-27 ~ 그림 3-29는 SPECjbb 2015로 테스트한 패러렐, G1, ZGC 컬렉터의 성능이다.[73] 먼저 처리량을 테스트한 그림 3-27을 보자.

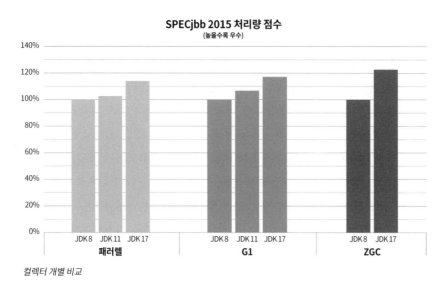

그림 3-27 ZGC 처리량 테스트(높을수록 우수)

ZGC의 최우선 목표는 일시 정지 시간 단축이다. 그런데 ZGC의 약점인 처리량을 보더라도 처리량 극대화가 목표인 패러렐의 성능을 넘어섰다. JDK 11까지는 다른 컬렉터들에 밀렸으나 JDK 17에서 역전에 성공했다.

이어서 지연 시간을 테스트한 그림 3-28을 보겠다.

여기서 '지연 시간'은 '일시 정지 시간'과는 다른 개념임에 주의하자. 지연 시간은 애플리케이션이 요청을 한 후 응답을 받기까지의 시간이다. JDK 11 시절 ZGC는 지연 시간이 가장 길었다. 하지만 JDK 17로 오면서 가장 큰 폭으로 상승하여 2위로 올라섰다.

---

71 JEP 345: NUMA-Aware Memory Allocation for G1 - *https://openjdk.org/jeps/345*
72 페르 리덴의 Jfokus VM 2018 콘퍼런스 발표 'The Z Garbage Collector: Low Latency GC for OpenJDK' 참고
73 출처: GC progress from JDK 8 to JDK 17 - *https://kstefanj.github.io/2021/11/24/gc-progress-8-17.html*

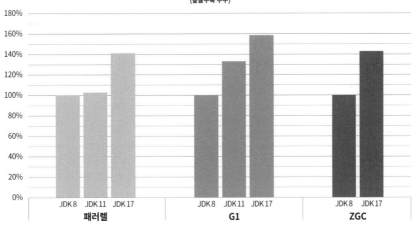

그림 3-28 ZGC 지연 시간 테스트(높을수록 우수)

마지막으로 ZGC의 지상 목표인 일시 정지 시간을 볼 차례다.

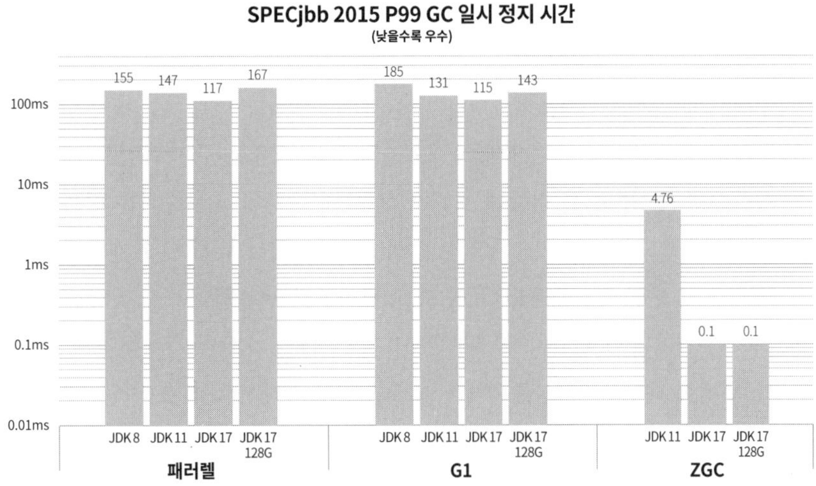

SPECjbb 2015 P99 GC 일시 정지 시간
(낮을수록 우수)

	패러렐				G1					ZGC		
	JDK 8	JDK 11	JDK 17	JDK 17 128G		JDK 8	JDK 11	JDK 17	JDK 17 128G		JDK 11	JDK 17	JDK 17 128G
	155	147	117	167		185	131	115	143		4.76	0.1	0.1

그림 3-29 ZGC의 일시 정지 시간 테스트(낮을수록 우수)

패러렐과 G1을 현격한 차이로 앞서는 모습이다. '척도가 로그 스케일'임에 주의하자. JDK 17 기준으로 ZGC는 0.1밀리초 수준이고, 다른 컬렉터들은 100밀리초가 훌쩍 넘어간다. 즉, ZGC가 1000배 이상 우수하다.

오라클은 원래 ZGC를 JFR과 JMC처럼 상용화할 생각이었다. 하지만 ZGC가 탄생한 JDK 11 시절에 라이선스 정책을 바꿔서 상용 기능 모두를 OpenJDK에 기증하여 전부 아무 대가 없이 사용할 수 있게 되었다('1.3 자바의 과거와 현재' 참고). ZGC는 모든 개발자가 열망하는 뛰어난 성능을 제공한다. 대부분의 개발자가 소문으로만 들어본 '어줄 스타일의 가비지 컬렉터'가 어느 날 갑자기 모두의 현관 앞에 배달된 것이다. 이 컬렉터가 완전히 성숙되면 대용량 메모리와 낮은 지연 시간이 필요한 서버용 애플리케이션들에서 최우선으로 고려하는 강력한 컬렉터가 될 것이라 믿는다.

 앞서 테스트 결과 그림들에서 ZGC뿐 아니라 패러렐과 G1 역시 성능이 꾸준히 개선되고 있음을 알 수 있다. 각 가비지 컬렉터의 최신 개발 동향이 궁금하다면 다음 블로그를 참고하자.

- 페르 리덴의 블로그(ZGC 최신 동향): *https://malloc.se*
- 토마스 샤츨의 블로그(패러렐과 G1 최신 동향): *https://tschatzl.github.io*

3.6.3 세대 구분 ZGC

세대 구분 ZGC(generational ZGC)는 ZGC를 확장하여 신세대와 구세대를 구분하도록 했다. 세대를 구분해서 얻는 가장 큰 이점은 물론 수명이 짧은 젊은 객체들을 더 자주 회수한다는 것이다.

초기 ZGC와 셰넌도어에서 세대를 구분하지 않은 이유는 구현 복잡도 때문이다. 다른 혁신적인 아이디어를 검증해 보기 위해 세대 구분의 우선순위를 뒤로 미루어 두었을 뿐이다. 그래서 ZGC가 어느 정도 성숙되자 자연스럽게 세대 개념을 적용한 세대 구분 ZGC 구현에 착수했고, JDK 21에 정식으로 추가되었다.

ZGC는 힙 크기와 상관없이 대부분의 시나리오에서 가비지 컬렉션과 관련한 지연 시간 문제를 해결한다. 애플리케이션 스레드들이 메모리를 소비하는 속도보다 ZGC가 회수하는 속도가 빠르게 유지되는 한 문제 될 일이 없다. 하지만 나이에 상관없이 모든 객체를 함께 보관하므로 매번 모든 객체를 대상으로 회수 작업을 진행해야 한다.

약한 세대 가설에 따라 젊은 객체는 일찍 죽는 경향이 강하다. 따라서 젊은 객체들만 대상으로 하면 더 적은 노력으로 더 많은 메모리 공간을 확보할 수 있다. 다시 말해 젊은 객체를 더 자주 회수하면 ZGC를 활용하는 애플리케이션의 성능을 개선할 수 있다.

JDK 21 기준으로 세대 구분 ZGC가 ZGC를 대체한 것은 아니다. –XX:+UseZGC 매개 변수를 지정하면 여전히 세대 구분 없는 ZGC가 선택되며, 다음과 같이 –XX:+ZGenerational까지 덧붙여야 비로소 세대 구분 ZGC가 선택된다.

```
$ java -XX:+UseZGC -XX:+ZGenerational ...
```

앞으로는 세대 구분 ZGC가 기본 ZGC 자리를 꿰찰 것이다. 그때가 되면 –XX:+UseZGC만으로 세대 구분 ZGC가 선택될 것이다. 반대로 세대 구분을 없애려면 –XX:-ZGenerational 매개 변수를 덧붙여야 할 것이다. 한동안 이렇게 공존하다가 궁극적으로는 세대 구분 ZGC만 남기는 것이 현재 계획이다.

세대 구분 ZGC는 ZGC에 적용된 컬러 포인터와 읽기 장벽을 그대로 계승하고 있다. 여기에 더해 세대 간 참조를 효율적으로 추적하기 위해 쓰기 장벽도 활용한다. 세대 구분 ZGC의 컬러 포인터에는 새로운 메타데이터를 추가했다. 그리고 쓰기 장벽은 이 데이터를 확인하여 현재 값이 써지는 필드가 세대 간 참조를 포함하는지 알 수 있다. 이처럼 컬러 포인터와 연계하여 세대 구분 ZGC의 쓰기 장벽은 기존 세대별 컬렉터들에서 쓰던 쓰기 장벽보다 더 효율적이다.

한편 읽기 장벽에서 수행하던 도달 가능 객체 표시 작업을 쓰기 장벽으로 옮겨 왔다. 일반적으로 쓰기보다 읽기가 훨씬 많이 수행되기 때문에 이 역시 전체 작업량을 상당히 줄여 준다.

그 외에도 수많은 기법이 더 적용되어 세대 구분 ZGC를 더욱 뛰어난 가비지 컬렉터로 만들었다. 자원 사용량도 더 적기 때문에 일부 시나리오에서는 처리량도 눈에 띄게 증가했다. 예를 들어 NoSQL 데이터베이스인 아파치 카산드라 벤치마크에서는 ZGC의 4배에 달하는 처리량을 보여 주었다. 이제부터 세대 구분 ZGC에 적용된 대표적인 기술 몇 가지를 간단히 살펴보자.

다중 매핑 메모리 제거

ZGC는 읽기 장벽의 부하를 줄이기 위해 다중 매핑 메모리 기법을 사용한다(그림 3-24와 3-25 및 관련 설명 참고).

다중 매핑은 같은 힙 메모리를 세 개의 독립된 가상 주소로 매핑한다. 그래서 유닉스의 ps 같은 도구로 메모리 사용량을 확인하면 실제보다 3배가량 높게 측정된다.

한편 세대 구분 ZGC는 읽기 장벽과 쓰기 장벽의 코드를 명확히 구분한다. 그 덕분에 사용자 관점에서 메모리 사용량을 더 정확히 측정할 수 있다.

가비지 컬렉터 관점에서의 이점도 물론 크다. 컬러 포인터에서 다중 매핑 관련 메타데이터 비트들이 제거되니, 확보된 비트를 다른 용도로 활용할 수 있다. 잠재적으로 새로운 메타데이터를 추가할 수도 있고, 최대 힙 크기를 16TB 이상으로 키울 수도 있다.

다양한 장벽 최적화

쓰기 장벽이 도입되고 읽기 장벽의 역할도 바뀌면서, 더 많은 가비지 컬렉터 코드가 컴파일된 애플리케이션 코드에 섞여 실행되게 되었다. 그래서 처리량을 극대화하려면 장벽들을 정밀하게 최적화하는 데 심혈을 기울여야 한다. 그 결과 기억 집합 장벽, 시작 단계 스냅숏 표시 장벽, 쓰기 장벽 버퍼, 장벽 패치 등 수많은 기법을 고안해 적용했다.

이중 버퍼를 이용한 기억 집합 관리

많은 가비지 컬렉터가 세대 간 포인터 관리에 기억 집합을 이용한다. 애플리케이션 스레드가 객체 필드에 값을 쓸 때 카드 테이블이라는 거대한 바이트 배열의 한 바이트에 더럽혀졌다고 표시한다. 일반적으로 테이블의 한 바이트는 힙의 512바이트에 대응한다. 그러면 구세대에서 신세대를 가리키는 포인터를 찾으려는 가비지 컬렉터는 더럽혀진 바이트 각각에 해당하는 512바이트 범위에 존재하는 객체 필드 모두를 확인해야 한다.

한편 세대 구분 ZGC는 비트맵을 이용해서 객체 필드의 위치를 정확하게 기록한다. 비트맵의 비트 하나가 객체 필드 주소 하나를 표현한다. 그리고 구세대 리전 각각이 한 쌍의 기억 집합 비트맵을 가지고 있다. 비트맵 하나는 애플리케이션 스레드들의 쓰기 장벽에서 수정하게 되며, 그 읽기 전용 복사본인 다른 비트맵은 GC 스레드가 참고한다. 그리고 마이너 GC가 시작될 때마다 두 비트맵을 원자적으로 교환한다. 이로써 애플리케이션 스레드와 GC 스레드는 서로 신경 쓰지 않고 일을 진행할 수 있다.

밀집도 기반 리전 처리

신세대에서 객체를 재배치할 때 살아 있는 객체 수와 이들이 차지하는 메모리양은 리전에 따라 다르다. 예를 들어 최근에 할당된 리전이라면 더 많은 객체가 살아 있을 가능성이 크다.

세대 구분 ZGC는 어느 리전부터 회수해야 할지 정하기 위해 신세대 리전들의 밀집도를 분석한다. 회수 대상으로 선정되지 않은 리전들은 그대로 나이를 먹어서 생존자 리전이 되거나, 나이를 더 먹으면 구세대 리전으로 승격된다. 생존자 리전들은 다음번 신세대 GC 때는 밀집도가 더 높아질 테니 회수 대상이 될 가능성이 커진다.

이처럼 리전을 그대로 둔 채 노화시키는 방식으로 신세대 리전들을 회수하는 비용을 줄일 수 있다.

거대 객체 처리

세대 구분 ZGC에서는 거대한 객체도 신세대에 바로 할당한다. 하지만 살아남은 거대한 객체를 구세대로 재배치하는 비용은 걱정할 필요가 없다. 객체 재배치 없이 리전을 노화시킬 수 있기 때문이다. 신세대에 할당된 거대 객체가 곧바로 죽는다면 신세대 GC 때 빠르게 회수하여 많은 양의 메모리를 확보할 수 있다. 반대로 오래 살아남는다면 해당 리전 자체가 그대로 구세대로 승격될 것이다.

3.7 적합한 가비지 컬렉터 선택하기

핫스팟 가상 머신은 다양한 가비지 컬렉터를 제공한다. 너무 많아서 선택하기 어려울 정도다. 또한 가장 진보한 컬렉터를 선택한다고 해서 모든 시나리오에서 최상의 성능을 내는 건 불가능하기 때문에, 당연히 '주어진 조건을 잘 확인하고 필요에 맞게 선택해야' 한다. 이번 절에서는 적합한 가비지 컬렉터를 선택하는 방법을 이야기할 것이다.

3.7.1 엡실론 컬렉터

G1, 세넌도어, ZGC 등 점점 더 복잡하고 진보된 가비지 컬렉터가 등장함과 동시에 '정반대'의 가비지 컬렉터도 나타났다. 바로 JDK 11에 포함된 엡실론 컬렉터다. 엡실론은 가비지 컬렉션을 전혀 하지 않는 컬렉터다. 말도 안 되는 소리 같은데, 과연 이 '일하지 않는' 가비지 컬렉터는 어떤 쓰임이 있어 탄생한 것일까?

레드햇의 제안[74]에서도 엡실론을 '노옵 가비지 컬렉터'라 설명하고는 있지만, 자바 가상 머신이 동작하는 한 가비지 컬렉터가 정말로 아무런 일도 하지 않을 수는 없다. 사실 가비지 컬렉터에 맡겨진 역할은 '가비지 컬렉터'라는 말에 다 담을 수 없기 때문이다. 차라리 '자동 메모리 관리 서브시스템'이 더 적절한 이름일 것이다. 즉, 가비지 컬렉션 말고도 힙 관리와 레이아웃, 객체 할당, 인터프리터·컴파일러·모니터링 서브시스템 연동 같은 일을 가비지 컬렉터가 담당한다. 그중 최소한 힙 관리와 객체 할당은 수행해야 자바 가상 머신이 동작할 수 있다.

JDK 10부터는 가비지 컬렉터를 인터프리터·컴파일러·모니터링 등의 서브시스템들로부터 떼어 놓기 위해 레드햇이 제안한 가비지 컬렉터용 통합 인터페이스[75]가 적용되었다. 엡실론은 이 인터페이스가 유효한지 입증하는 참조 구현이라 볼 수 있으며, 그와 동시에 가비지 컬렉터의 영향을 배제해야 하는 성능 테스트나 스트레스 테스트에도 이용된다.

또한 비록 가비지 컬렉션을 하지 않음에도 실제 프로덕션 환경에서도 쓰임이 있다. 오랜 세월 자바 기술 시스템은 거대한 기업용 애플리케이션과 서버 애플리케이션을 장기간 운영하는 데 초점을 두고 발전해 왔다. 모바일(자바 ME)이나 데스크톱 플랫폼으로도 쓰였지만 서버용 자바에 비하면 인기가 한참 모자랐다.

하지만 최근 들어 거대 시스템의 트렌드가 전통적인 모노리식 시스템에서 마이크로서비스나 서버리스 쪽으로 변해 가고 있다. 고 언어처럼 떠오르는 스타와 비교하면 자바는 이 영역에서 태생적인 단점을 지니고 있다. 점유율도 조금씩 떨어지는 추세다. 전통적인 자바는 메모리를 많이 차지하고, 구동이 느리며, JIT로 인해 최적화가 늦게 이루어진다. 대규모 애플리케이션에서는 사소한 문제지만, 단기 소규모 서비스 형태에서는 많은 불편을 초래한다.

이 새로운 기술 트렌드를 따라잡기 위해 최근 버전의 JDK들에서는 사전 컴파일과 애플리케이션 지향 데이터 공유(application-oriented data sharing) 같은 기능을 추가하고 있다.

엡실론의 목표도 비슷하다. 단 몇 분 또는 몇 초만 동작하는 애플리케이션이라면 힙이 가득 차기 전에 일을 마칠 것이다. 엡실론은 동작 부하가 아주 적고 메모리 회수 활동을 전혀 하지 않기 때문에 이런 환경에 안성맞춤이다.

---

[74] JEP 318: Epsilon: A No-Op Garbage Collector(Experimental) - *https://openjdk.org/jeps/318*
[75] JEP 304: Garbage Collector Interface - *https://openjdk.org/jeps/304*

3.7.2 컬렉터들 간 비교 및 취사선택

어줄 시스템스의 PGC와 C4 그리고 엡실론까지 포함하면 지금까지 총 11개의 핫스팟 가상 머신 가비지 컬렉터를 소개했다. 또한 이번 장에서 다루지는 않았지만 OpenJ9의 가비지 컬렉터들도 실제로 꽤 널리 쓰인다. 이 컬렉터들을 주욱 나열하면 가비지 컬렉션 기술 발전의 역사가 될 것이다.

이쯤 되면 선택하는 데 혼란이 느껴진다. 각자 애플리케이션에 맞는 컬렉터는 어떻게 선택해야 할까? 이 질문의 답은 다음 세 요인이 크게 좌우한다.

- 애플리케이션의 주목적이 무엇인가? 데이터 분석이나 과학 계산을 수행한다면 결과를 최대한 빠르게 도출해야 할 테니 처리량이 중요할 것이다. SLA 애플리케이션이라면 일시 정지 시간이 서비스 품질에 직접적인 영향을 준다. 심할 경우 트랜잭션이 타임아웃될 수도 있으니 지연 시간이 주된 관심사일 것이다. 클라이언트 애플리케이션이나 임베디드 애플리케이션이라면 가비지 컬렉션에 드는 메모리 사용량을 간과할 수 없다.
- 애플리케이션을 구동하는 서브시스템은 무엇인가? 하드웨어 아키텍처(x86-32 또는 x86-64, 스팍, ARM 또는 AArch64), 프로세서 개수, 가용 메모리 용량, 운영 체제(리눅스, 윈도우, 맥OS 등) 등이 여기 속한다.
- JDK 제공자는 어디인가? 버전은? ZingJDK·줄루, 오라클 JDK, OpenJDK, OpenJ9 또는 다른 업체인가? 어느 버전의 《자바 가상 머신 명세》를 지원하는가?

대체로 컬렉터 선택은 이상의 요소들에 의해 결정된다. 사용자에게 직접 서비스를 제공하는 브라우저-서버 시스템을 예로 생각해 보자. 이런 시스템의 최고 관심사는 지연 시간이며, 따라서 다음과 같은 흐름으로 선택하면 된다.

- 자금 사정은 여유로우나 최적화 경험이 부족하다면 → 유료 기술 지원을 받을 수 있는 전용 하드웨어와 소프트웨어 솔루션이 좋은 선택이 될 것이다. 어줄의 이전 베가 시스템과 현재의 징 VM이 여기 해당하며, 이 경우 전설적인 C4 컬렉터를 사용할 수 있다.
- 상용 제품을 쓸 형편은 못 되나 소프트웨어와 하드웨어 모델을 제어할 능력이 된다면 → 최신 버전을 사용하자. 특히 지연 시간이 중요하다면 ZGC를 시도해 보자.
- 레거시 시스템을 물려받아서 제법 오래된 하드웨어와 소프트웨어 시스템에서

운영해야 한다면 → 메모리 용량에 따라 선택하자. 힙 메모리가 4GB에서 6GB 이하면 대체로 CMS가 괜찮을 것이고, 그보다 많다면 G1을 시도해 보자.

한편 가장 많은 독자가 오라클 JDK나 OpenJDK를 이용할 것이다. 이 JDK에 포함된 가비지 컬렉터 중 선택해야 하는 독자들을 위해 오라클은 다음과 같이 안내하고 있다.[76]

- 최대 100MB 정도의 작은 데이터를 다루는 애플리케이션이라면 → 시리얼 컬렉터
- 애플리케이션이 단일 프로세서만 사용하고 일시 정지 시간 관련 제약이 없다면 → 시리얼 컬렉터
- (a) 애플리케이션의 최대 성능이 가장 중요하고 (b) 지연 시간 관련 제약이 없거나 1초 이상의 지연 시간도 허용된다면 → 가상 머신의 기본 컬렉터나 패러렐 컬렉터
- 처리량보다 응답 시간이 중요하고 가비지 컬렉션에 따른 일시 정지가 짧아야 한다면 → G1
- 응답 시간이 매우 중요하면 → (세대 구분) ZGC

물론 실전에서는 이론에만 의지해서는 절대 안 된다. 실제 상황에서 시스템을 테스트해 보는 것만큼 정확한 기준은 없다. 뒤에서 테스트하는 방법을 알려 주겠다.

3.7.3 가상 머신과 가비지 컬렉터 로그

자바 가상 머신의 메모리 문제를 다루려면 기본적으로 가상 머신과 가비지 컬렉터가 기록한 로그를 읽고 분석할 줄 알아야 한다. 그런데 안타깝게도 가비지 컬렉터 로그에는 엄격한 규칙이 없고 개발 당시 개발자 마음에 따라 다소 차이가 난다. 또 업계 표준이 없어서 컬렉터마다 포맷이 다를 수도 있다.

문제는 여기서 끝이 아니다. JDK 8까지 핫스팟에는 통합된 로그 처리 프레임워크가 없었다. 그래서 로그 레벨, 순환 로그(circular log) 크기, 출력 포맷, 리디렉션 같은 로그 스위치(매개 변수)를 가상 머신의 기능 모듈마다 따로 설정해야 했다.

이런 혼란스러운 상황은 JDK 9에 와서야 드디어 종식되었다. -Xlog 매개 변수로

---

[76] 핫스팟 가상 머신 가비지 컬렉션 최적화 가이드: *https://docs.oracle.com/en/java/javase/21/gctuning/avail-able-collectors.html*

모든 핫스팟 기능의 로그를 설정할 수 있게 되었고, 이 매개 변수 자체의 기능 역시 그게 늘었다.

```
-Xlog[:[selector][:[output][:[decorators][:output-options]]]]
```

이 중 가장 중요한 매개 변수는 실렉터(selector)다. 실렉터는 태그와 로그 레벨로 구성된다.

태그는 가상 머신의 기능 모듈 이름을 뜻하며, 어떤 기능의 로그를 보고 싶은지 로깅 프레임워크에 알려 주는 역할을 한다. 가비지 컬렉터의 태그명은 gc다. 가비지 컬렉터 로그는 핫스팟의 수많은 기능 로그 중 하나일 뿐이다. 전체 기능 모듈은 다음과 같이 매우 많다.

add, age, alloc, annotation, aot, arguments, attach, barrier, biasedlocking, blocks, bot, breakpoint, bytecode, census, class, classhisto, cleanup, compaction, comparator, constraints, constantpool, coops, cpu, cset, data, defaultmethods, dump, ergo, event, exceptions, exit, fingerprint, freelist, gc, hashtables, heap, humongous, ihop, iklass, init, itables, jfr, jni, jvmti, liveness, load, loader, logging, mark, marking, metadata, metaspace, method, mmu, modules, monitorinflation, monitormismatch, nmethod, normalize, objecttagging, obsolete, oopmap, os, pagesize, parser, patch, path, phases, plab, preorder, promotion, protectiondomain, purge, redefine, ref, refine, region, remset, resolve, safepoint, scavenge, scrub, setting, stackmap, stacktrace, stackwalk, start, startuptime, state, stats, stringdedup, stringtable, subclass, survivor, sweep, system, task, thread, time, timer, tlab, unload, update, verification, verify, vmoperation, vtables, workgang

로그 레벨은 출력 정보의 상세함 정도를 정하는 값이다. Trace(추적), Debug(디버그), Info(정보), Warning(주의), Error(오류), Off(끔)까지 총 여섯 단계가 있다. 기본값은 Info다. 핫스팟의 로그 규칙은 Log4j나 SLF4j 같은 자바 로깅 프레임워크의 규칙과 거의 같다.

각 로그 출력마다 데커레이터(decorator)로 정보를 덧붙일 수 있다. 로그에 덧붙일 수 있는 데커레이터는 다음과 같다.

- time: 현재 날짜와 시간
- uptime: 가상 머신 구동 시각부터 흐른 시간(단위: 초)
- timemillis: 밀리초 단위의 현재 시각(System.currentTimeMillis()와 같음)
- uptimemillis: 가상 머신 구동 시각부터 흐른 시간(단위: 밀리초)

- timenanos: 나노초 단위의 현재 시각(System.nanoTime()과 같음)
- uptimenanos: 가상 머신 구동 시각부터 흐른 시간(단위: 나노초)
- pid: 프로세스 아이디
- tid: 스레드 아이디
- level: 로그 레벨
- tags: 출력된 로그와 관련된 기능 모듈들의 태그들

추가 정보를 따로 지정하지 않으면 기본적으로 uptime, level, tags가 설정된다. 그러면 로그의 모양은 대략 다음과 같은 형태가 된다.

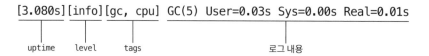

이어서 통합 로깅 프레임워크가 추가된 JDK 9와 추가되기 이전의 JDK 버전에서 가비지 컬렉터 프로세스 관련 정보를 얻는 방법을 알려 주는 예를 몇 개 준비했다. 다음은 JDK 9에서 G1 컬렉터를 사용할 때의 예다(G1은 JDK 9의 기본 컬렉터이므로 명령 줄에서 아무런 컬렉터도 명시하지 않았다).

1) 기본 정보를 보려면 –Xlog:gc를 사용한다(JDK 8까지는 –XX:+PrintGC).[77]

```
$ java -Xlog:gc GCTest
[0.222s][info][gc] Using G1
[2.825s][info][gc] GC(0) Pause Young (G1 Evacuation Pause) 26M->5M(256M)
    355.623ms
[3.096s][info][gc] GC(1) Pause Young (G1 Evacuation Pause) 14M->7M(256M)
    50.030ms
[3.385s][info][gc] GC(2) Pause Young (G1 Evacuation Pause) 17M->10M(256M)
    40.576ms
```

2) 상세 정보를 보려면 –Xlog:gc*를 사용한다(JDK 8까지는 –XX:+PrintGCDetails). 와일드카드(*) 문자는 gc 태그의 모든 하위 프로세스를 포함한다는 뜻이다. 로그 레벨을 Debug나 Trace로 수정하면 더 상세한 정보를 얻을 수 있다(지면 관계상 책에는 예를 싣지 않았다).

---

77 (옮긴이) 같은 G1이라도 JDK 버전에 따라 출력 형식과 포함된 내용은 다소 다를 수 있다. 가비지 컬렉터들도 계속 발전하며 세부 메커니즘이 달라지는 이유가 가장 크다.

```
$ java -Xlog:gc* GCTest
[0.233s][info][gc,heap] Heap region size: 1M
[0.383s][info][gc ] Using G1
[0.383s][info][gc,heap,coops] Heap address: 0xfffffffe50400000,
    size: 4064 MB, Compressed Oops mode: Non-zero based:
0xfffffffe50000000, Oop shift amount: 3
[3.064s][info][gc,start ] GC(0) Pause Young (G1 Evacuation Pause)
gc,task ] GC(0) Using 23 workers of 23 for evacuation
[3.420s][info][gc,phases ] GC(0) Pre Evacuate Collection Set: 0.2ms
[3.421s][info][gc,phases ] GC(0) Evacuate Collection Set: 348.0ms
gc,phases ] GC(0) Post Evacuate Collection Set: 6.2ms
[3.421s][info][gc,phases ] GC(0) Other: 2.8ms
gc,heap ] GC(0) Eden regions: 24->0(9)
[3.421s][info][gc,heap ] GC(0) Survivor regions: 0->3(3)
[3.421s][info][gc,heap ] GC(0) Old regions: 0->2
[3.421s][info][gc,heap ] GC(0) Humongous regions: 2->1
[3.421s][info][gc,metaspace ] GC(0) Metaspace: 4719K->4719K(1056768K)
[3.421s][info][gc ] GC(0) Pause Young (G1 Evacuation Pause) 26M->5M(256M)
    357.743ms
[3.422s][info][gc,cpu ] GC(0) User=0.70s Sys=5.13s Real=0.36s
[3.648s][info][gc,start ] GC(1) Pause Young (G1 Evacuation Pause)
[3.648s][info][gc,task ] GC(1) Using 23 workers of 23 for evacuation
[3.699s][info][gc,phases ] GC(1) Pre Evacuate Collection Set: 0.3ms
gc,phases ] GC(1) Evacuate Collection Set: 45.6ms
gc,phases ] GC(1) Post Evacuate Collection Set: 3.4ms
gc,phases ] GC(1) Other: 1.7ms
gc,heap ] GC(1) Eden regions: 9->0(10)
[3.699s][info][gc,heap ] GC(1) Survivor regions: 3->2(2)
[3.699s][info][gc,heap ] GC(1) Old regions: 2->5
[3.700s][info][gc,heap ] GC(1) Humongous regions: 1->1
[3.700s][info][gc,metaspace ] GC(1) Metaspace: 4726K->4726K(1056768K)
[3.700s][info][gc ] GC(1) Pause Young (G1 Evacuation Pause) 14M->7M(256M)
    51.872ms
[3.700s][info][gc,cpu ] GC(1) User=0.56s Sys=0.46s Real=0.05s
```

3) 가비지 컬렉션 전후로 가용한 힙과 메서드 영역의 용량 변화를 확인하려면
   −Xlog:gc+heap=debug를 사용한다(JDK 8까지는 −XX:+PrintHeapAtGC).

```
$ java -Xlog:gc+heap=debug GCTest
[0.113s][info][gc,heap] Heap region size: 1M
[0.113s][debug][gc,heap] Minimum heap 8388608 Initial heap 268435456
    Maximum heap 4261412864
[2.529s][debug][gc,heap] GC(0) Heap before GC invocations=0 (full 0):
[2.529s][debug][gc,heap] GC(0) garbage-first heap total 262144K,
    used 26624K
[0xfffffffe50400000, 0xfffffffe50500800,
0xffffffff4e400000)
```

```
[2.529s][debug][gc,heap] GC(0) region size 1024K, 24 young (24576K),
    0 survivors (0K)
[2.530s][debug][gc,heap] GC(0) Metaspace used 4719K, capacity 4844K,
    committed 5120K, reserved 1056768K
[2.530s][debug][gc,heap] GC(0) class space used 413K, capacity 464K,
    committed 512K, reserved 1048576K
[2.892s][info ][gc,heap] GC(0) Eden regions: 24->0(9)
[2.892s][info ][gc,heap] GC(0) Survivor regions: 0->3(3)
[2.892s][info ][gc,heap] GC(0) Old regions: 0->2
[2.892s][info ][gc,heap] GC(0) Humongous regions: 2->1
[2.893s][debug][gc,heap] GC(0) Heap after GC invocations=1 (full 0):
[2.893s][debug][gc,heap] GC(0) garbage-first heap total 262144K, used 5850K
    [0xffffffe50400000, 0xffffffe50500800, 0xfffffff4e400000)
[2.893s][debug][gc,heap] GC(0) region size 1024K, 3 young (3072K),
    3 survivors (3072K)
[2.893s][debug][gc,heap] GC(0) Metaspace used 4719K, capacity 4844K,
    committed 5120K, reserved 1056768K
[2.893s][debug][gc,heap] GC(0) class space used 413K, capacity 464K,
    committed 512K, reserved 1048576K
```

4) 가비지 컬렉션 중 사용자 스레드의 동시 실행 시간과 일시 정지 시간을 확인
하려면 -Xlog:safepoint를 사용한다(JDK 8까지는 -XX:+PrintGCApplication
StoppedTime).

```
$ java -Xlog:safepoint GCTest
[1.376s][info][safepoint] Application time: 0.3091519 seconds
[1.377s][info][safepoint] Total time for which application threads were
    stopped: 0.0004600 seconds, Stopping threads took:
0.0002648 seconds
[2.386s][info][safepoint] Application time: 1.0091637 seconds
[2.387s][info][safepoint] Total time for which application threads were
    stopped: 0.0005217 seconds, Stopping threads took:
0.0002297 seconds
```

5) 컬렉터에서 제공하는 인간 공학 메커니즘의 자동 조절 관련 정보(패러렐 컬렉
터부터 지원하는 힙 공간의 세대 영역별 크기나 회수 대상 설정 등)를 보고 싶
다면 -Xlog:gc+ergo*=trace를 사용한다(JDK 8까지는 -XX:+PrintAdaptiveSize
Policy).

```
$ java -Xlog:gc+ergo*=trace GCTest
[0.122s][debug][gc,ergo,refine] Initial
    Refinement Zones: green: 23, yellow:
69, red: 115, min yellow size: 46
[0.142s][debug][gc,ergo,heap ] Expand the heap. requested expansion
```

```
                 amount:268435456B expansion amount:268435456B
        [2.475s][trace][gc,ergo,cset ] GC(0) Start choosing CSet. pending cards: 0
            predicted base time: 10.00ms remaining time:
        190.00ms target pause time: 200.00ms
        [2.476s][trace][gc,ergo,cset ] GC(0) Add young regions to CSet. eden: 24
            regions, survivors: 0 regions, predicted young
        region time: 367.19ms, target pause time: 200.00ms
        [2.476s][debug][gc,ergo,cset ] GC(0) Finish choosing CSet. old: 0 regions,
            predicted old region time: 0.00ms, time
        remaining: 0.00
        [2.826s][debug][gc,ergo ] GC(0) Running G1 Clear Card Table Task using
            1 workers for 1 units of work for 24 regions.
        [2.827s][debug][gc,ergo ] GC(0) Running G1 Free Collection Set using
            1 workers for collection set length 24
        [2.828s][trace][gc,ergo,refine] GC(0) Updating Refinement Zones: update_rs
            time: 0.004ms, update_rs buffers: 0, update_rs
        goal time: 19.999ms
```

6) 회수 후 남은 객체들의 나이 분포를 보려면 –Xlog:gc+age=trace를 사용한다
   (JDK 8까지는 –XX:+PrintTenuringDistribution).

```
    $ java -Xlog:gc+age=trace GCTest
    [2.406s][debug][gc,age] GC(0) Desired survivor size 1572864 bytes,
        new threshold 15 (max threshold 15)
    [2.745s][trace][gc,age] GC(0) Age table with threshold 15 (max threshold
        15)
    [2.745s][trace][gc,age] GC(0) - age 1: 3100640 bytes, 3100640 total
    [4.700s][debug][gc,age] GC(5) Desired survivor size 2097152 bytes,
        new threshold 15 (max threshold 15)
    [4.810s][trace][gc,age] GC(5) Age table with threshold 15 (max threshold
        15)
    [4.810s][trace][gc,age] GC(5) - age 1: 2658280 bytes, 2658280 total
    [4.810s][trace][gc,age] GC(5) - age 2: 1527360 bytes, 4185640 total
```

지면 관계상 모든 예를 싣지는 못하고, 대신 다음에 나오는 표 3-4에 JDK 9 전후의
로그 관련 매개 변수들을 정리했다.

3.7.4 가비지 컬렉터 매개 변수 정리

이상으로 핫스팟 가상 머신의 다양한 가비지 컬렉터를 모두 소개했다. 설명하는 과
정에서 안정적이지 않은 가상 머신 매개 변수도 이따금 언급했다. 이 매개 변수들
을 모두 표 3-5에 정리했으니 필요할 때 참고하기 바란다.

표 3-4 JDK 9 전후의 로그 관련 매개 변수 변화

JDK 8까지의 로그 매개 변수	JDK 9 이후의 형태
G1PrintHeapRegions	Xlog:gc+region=trace
G1PrintRegionLivenessInfo	Xlog:gc+liveness=trace
G1SummarizeConcMark	Xlog:gc+marking=trace
G1SummarizeRSetStats	Xlog:gc+remset*=trace
GCLogFileSize, NumberOfGCLogFiles, UseGCLog File Rotation	Xlog:gc*:file=<file>::filecount=<count>, filesize=<filesize in kb>
PrintAdaptiveSizePolicy	Xlog:gc+ergo*=trace
PrintClassHistogramAfterFullGC	Xlog:classhisto*=trace
PrintClassHistogramBeforeFullGC	Xlog:classhisto*=trace
PrintGCApplicationConcurrentTime	Xlog:safepoint
PrintGCApplicationStoppedTime	Xlog:safepoint
PrintGCDateStamps	time 데커레이터 사용
PrintGCTaskTimeStamps	Xlog:gc+task=trace
PrintGCTimeStamps	uptime 데커레이터 사용
PrintHeapAtGC	Xlog:gc+heap=debug
PrintHeapAtGCExtended	Xlog:gc+heap=trace
PrintJNIGCStalls	Xlog:gc+jni=debug
PrintOldPLAB	Xlog:gc+plab=trace
PrintParallelOldGCPhaseTimes	Xlog:gc+phases=trace
PrintPLAB	Xlog:gc+plab=trace
PrintPromotionFailure	Xlog:gc+promotion=debug
PrintReferenceGC	Xlog:gc+ref=debug
PrintStringDeduplicationStatistics	Xlog:gc+stringdedup
PrintTaskqueue	Xlog:gc+task+stats=trace
PrintTenuringDistribution	Xlog:gc+age=trace
PrintTerminationStats	Xlog:gc+task+stats=debug
PrintTLAB	Xlog:gc+tlab=trace
TraceAdaptiveGCBoundary	Xlog:heap+ergo=debug
TraceDynamicGCThreads	Xlog:gc+task=trace
TraceMetadataHumongousAllocation	Xlog:gc+metaspace+alloc=debug
G1TraceConcRefinement	Xlog:gc+refine=debug
G1TraceEagerReclaimHumongousObjects	Xlog:gc+humongous=debug
G1TraceStringSymbolTableScrubbing	Xlog:gc+stringtable=trace

표 3-5 가비지 컬렉터와 관련해 많이 쓰이는 매개 변수들

매개 변수	설명
UseSerialGC	클라이언트 모드로 수행되는 가상 머신의 기본값. 시리얼+시리얼 올드 컬렉터 조합을 이용한다.
UseParNewGC	파뉴+시리얼 올드 컬렉터 조합을 이용한다. JDK 9부터는 지원하지 않는다.
UseConcMarkSweepGC	파뉴+CMS+시리얼 올드 컬렉터 조합을 이용한다. 시리얼 올드 컬렉터는 CMS 컬렉터에서 '동시 모드 실패'가 발생했을 때 동작하는 백업 컬렉터 역할이다. JDK 14부터는 지원하지 않는다.
UseParallelGC	JDK 8까지 서버 모드로 수행되는 가상 머신의 기본값. 패러렐 컬렉터 조합을 이용한다.
UseParallelOldGC	PS+패러렐 올드 컬렉터 조합을 이용한다. JDK 15부터는 지원하지 않는다.
SurvivorRatio	신세대에서 에덴과 생존자 공간의 용량 비율. 기본값은 8이다(에덴: 생존자 = 8:1).
TargetSurvivorRatio	생존자 공간의 최대 사용 비율. 생존자 공간이 이 이상 차면 살아 있는 모든 객체를 나이에 상관없이 구세대로 승격시킨다.
PretenureSizeThreshold	곧바로 구세대에 생성할 객체 크기의 최솟값. 이 매개 변수를 설정하면 설정값보다 큰 객체는 처음부터 구세대에 생성된다.
MaxTenuringThreshold	구세대로 올릴 나이. 마이너 GC가 한 번 수행될 때마다 나이가 1씩 증가하며, 이 설정값을 초과하면 구세대로 옮겨진다. 유효 범위는 0~16이다.
UseAdaptiveSizePolicy	자바 힙의 각 영영 크기, 구세대로 옮길 나이, 생존자 공간의 최대 사용 비율 등의 세부 설정값을 가상 머신이 동적으로 조율한다.
HandlePromotionFailure	할당 보증 실패 허용 여부. 할당 보증 실패란 신세대의 에덴과 생존자 공간 전체의 생존 객체를 전부 옮기기에는 구세대에 남은 공간이 충분하지 않은 극한 상황을 말한다.
ParallelGCThreads	패러렐 GC가 메모리 회수에 사용할 스레드의 수
GCTimeRatio	전체 시간 중 GC 시간의 비율. 기본값은 99로, GC 시간의 비율이 1%라는 뜻이다. PS 컬렉터를 이용할 때만 적용된다.
MaxGCPauseMillis	GC의 최대 일시 정지 시간. PS 컬렉터를 이용할 때만 적용된다.
CMSInitiatingOccupancyFraction	구세대의 공간이 얼마나 차야 가비지 컬렉션을 시작할지 설정한다. CMS 컬렉터를 이용할 때만 적용된다. 기본값은 68%다.
UseCMSCompactAtFullCollection	가비지 컬렉션 완료 후 메모리 조각 모음을 수행하게 한다. CMS 컬렉터를 이용할 때만 적용된다. JDK 9부터 폐기 대상이 되었다.
CMSFullGCsBeforeCompaction	몇 차례의 가비지 컬렉션 후 메모리 조각 모음을 수행하게 한다. CMS 컬렉터를 이용할 때만 적용된다. JDK 9부터 폐기 대상이 되었다.
UseG1GC	G1 컬렉터 사용. JDK 9 이후로 서버 모드의 기본값이다.
G1HeapRegionSize	리전 크기(최종값 아님)

MaxGCPauseMillis	G1 회수 프로세스의 목표 시간. 기본값은 200밀리초다. 반드시 지켜져야 하는 값은 아니다.
G1NewSizePercent	신세대의 최소 크기. 기본값은 5%다.
G1MaxNewSizePercent	신세대의 최대 크기. 기본값은 60%다.
ConcGCThreads	동시 표시 등의 동시 처리 시 실행할 스레드의 수. 컬렉터와 동시 수행 단계별로 의미가 다르다.
InitiatingHeapOccupancyPercent	표시 주기를 시작하는 자바 힙 점유 문턱값. 기본값은 45%다. 여기서 말하는 자바 힙 퍼센트는 old_humongous를 포함한 non_young_capacity_bytes를 뜻한다.
UseShenandoahGC	셰넌도어 컬렉터 사용. OpenJDK 12부터 또는 셰넌도어가 백포트된 릴리스에서만 사용할 수 있다. -XX:+UnlockExperimental VMOptions 매개 변수를 함께 지정해야 한다.
ShenandoahGCHeuristics	셰넌도어가 GC를 시작하는 전략. adaptive, static, compact, passive, aggressive 중 선택할 수 있다.
UseZGC	ZGC 사용. 정식 지원 전인 JDK 14까지는 -XX:+UnlockExperi mentalVMOptions 매개 변수를 함께 지정해야 한다.
ZGenerational	세대 구분 ZGC 사용. UseZGC와 함께 사용해야 한다. JDK 21부터 지원한다. 장기적으로는 UseZGC만 지정해도 세대 구분 ZGC가 동작하도록 할 계획이다.
UseNUMA	NUMA 메모리 할당 지원. 패러렐과 ZGC가 지원하며, G1은 JDK 14부터 지원한다.

3.8 실전: 메모리 할당과 회수 전략

자바 기술 시스템이 제공하는 자동 메모리 관리의 가장 근본적인 목표는 객체의 메모리를 '자동으로 할당'하고 객체에 할당된 메모리를 '자동으로 회수'하는 것이다. 이 중 자동 회수와 관련해서는 지금까지 '가상 머신의 가비지 컬렉터 시스템과 동작 원리'라는 주제로 길게 설명했다. 그러니 이제 자동 할당에 대해 이야기해 보자.

객체 메모리 할당이란 개념적으로는 힙에 할당한다는 뜻이다.[78] 전통적인 세대 단위 설계에서는 새로 태어난 객체는 보통 신세대에 할당된다. 특수한 경우, 예컨대 객체 크기가 특정 문턱값보다 큰 경우 곧바로 구세대에 할당되기도 한다.

객체 할당 규칙은 고정된 게 아니다. 《자바 가상 머신 명세》는 객체 생성과 저장 방식을 상세하게 명시하지 않는다. 그 대신 현재 사용하는 가비지 컬렉터와 메모리

---

78 실제로는 스칼라 타입으로 쪼개지거나 JIT 컴파일 후 간접적으로 스택에 할당될 수도 있다. JIT 컴파일러의 스택 할당 최적화는 11장을 참고하자.

관련 가상 머신 매개 변수 설정값에 따라 달라질 수 있게 했다.

이번 절에서는 가장 기본적인 메모리 할당 정책을 설명하고, 코드를 이용해 검증해 볼 것이다. 결과를 쉽게 해석하고 이해할 수 있도록 메모리 할당과 회수는 시리얼 컬렉터의 전략을 따른다. 연구·개발 목적으로는 시리얼 컬렉터도 제법 이용되지만 프로덕션 환경에서는 일반적이지 않을 것이다. 또한 요즘에는 연구·개발 단계부터 G1이나 ZGC를 사용하는 경우도 많다. 하지만 이번 절의 목표는 '분석 방법 익히기'이므로 가장 단순한 시리얼 컬렉터를 예로 살펴보겠다. 이번 절의 예들을 응용하면 각자 프로젝트에서 사용 중인 컬렉터의 메모리 할당 규칙을 확인하는 데 아무 무리가 없을 것이다.

3.8.1 객체는 먼저 에덴에 할당된다

대부분의 경우 객체는 신세대의 에덴에 할당된다. 에덴의 공간이 부족해지면 가상 머신은 마이너 GC를 시작한다.

핫스팟 가상 머신의 -Xlog:gc* 매개 변수는 가비지 컬렉션 시 메모리 회수 로그를 출력하고, 프로세스 종료 시 메모리 각 영역의 할당 내용을 출력한다. 실전에서는 컬렉터 로그를 파일로 출력하여 전문 분석 도구로 분석하기도 한다. 하지만 이번 절의 실험에서는 로그양이 많지 않아서 눈으로도 명확하게 확인할 수 있을 것이다.

코드 3-7의 testAllocation() 메서드는 크기가 2MB인 객체 3개와 4MB인 객체 1개를 생성한다.

코드 3-7 마이너 GC

```
private static final int _1MB = 1024 * 1024;

/**
 * VM 매개 변수: -XX:+UseSerialGC -Xms20M -Xmx20M -Xmn10M -XX:SurvivorRatio=8
 *             -Xlog:gc*
 */
public static void testAllocation() {
    byte[] alloc1, alloc2, alloc3, alloc4;
    alloc1 = new byte[2 * _1MB];
    alloc2 = new byte[2 * _1MB];
    alloc3 = new byte[2 * _1MB];
    alloc4 = new byte[4 * _1MB]; // 마이너 GC 발생
}
```

실행 결과[79]는 다음과 같다.

```
Using Serial ← 시리얼 가비지 컬렉터 사용
Version: 17+35-2724 (release)
...
GC(0) Pause Young (Allocation Failure)    ← 할당 실패로 GC 촉발
GC(0) DefNew: 7292K(9216K)->672K(9216K)   ← GC 결과(신세대)
        Eden: 7292K(8192K)->0K(8192K)
        From: 0K(1024K)->672K(1024K)
GC(0) Tenured: 0K(10240K)->6144K(10240K)  ← GC 결과(구세대)
...
Heap
 def new generation   total 9216K, used 4850K ← 신세대
  eden space 8192K,   51% used ← ❶ 에덴
  from space 1024K,   65% used ← ❷ 생존자 공간(from)
  to   space 1024K,    0% used ← ❸ 생존자 공간(to)
 tenured generation   total 10240K, used 6144K ← 구세대
```

가상 머신 매개 변수 -Xms20M -Xmx20M -Xmn10M은 자바의 런타임 힙 크기를 20MB
로 제한한다. 확장은 불가하고 10MB는 신세대에, 나머지 10MB는 구세대에 배정된
다. -XX:SurvivorRatio=8은 신세대의 에덴과 생존자 공간 비율을 8:1로 설정한다.
실행 결과 중간 정도에 ❶ 'eden space 8192K', ❷ 'from space 1024K', ❸ 'to space
1024K' 부분에서 이 사실을 확인할 수 있다. 그래서 신세대에서 사용할 수 있는 총
공간은 9216KB다(에덴의 용량+생존자 공간 1개의 용량).

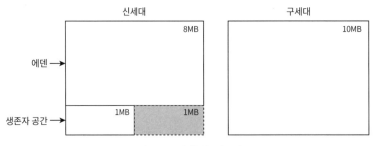

그림 3-30 초기 힙 메모리 구성

testAllocation()에서 alloc4 객체를 생성하려 할 때 마이너 GC가 한 차례 수행될
것이다. alloc4용 메모리를 할당하려고 보니 에덴에 6MB 이상이 이미 차 있어서
4MB 크기인 alloc4에 내어 줄 공간이 부족하기 때문이다.

---

79 (옮긴이) 보기 편하도록 출력 결과를 살짝 가공했다.

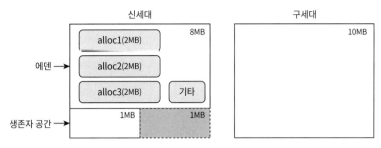

그림 3-31 alloc4 할당 직전의 힙 상황

생존자 공간의 크기는 겨우 1MB다. 따라서 이 가비지 컬렉션 과정에서 가상 머신은 에덴에 있던 2MB 객체 3개를 생존자 공간으로 옮길 수 없음을 깨닫고, 할당 보증 메커니즘을 발동해 곧바로 구세대로 옮긴다.

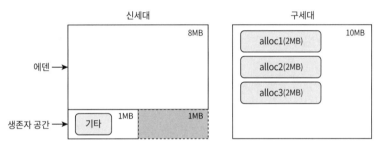

그림 3-32 마이너 GC 직후 힙 상황

실행 결과 중 마이너 GC 결과와 비교해 보자.

```
GC(0) DefNew: 7292K(9216K)->672K(9216K)    ← ❶ 신세대 전체(에덴+생존자 공간)
        Eden: 7292K(8192K)->0K(8192K)      ← 깨끗하게 비워짐
        From: 0K(1024K)->672K(1024K)       ← 에덴의 '기타' 객체들 중 생존한 객체
GC(0) Tenured: 0K(10240K)->6144K(10240K)   ← ❷ 구세대: 에덴에서 바로 넘어온 alloc1,
                                                 2, 3
```

마이너 GC 결과로 ❶ 신세대 사용량은 7292KB에서 672KB로 줄었지만, ❷ 줄어든 용량 대부분이 구세대로 이동하여(6144KB) 총사용량은 크게 줄지 않았다. alloc1, alloc2, alloc3 객체가 여전히 살아 있어서 가상 머신이 회수할 수 있는 객체가 많지 않았기 때문이다.

이제 에덴에 공간이 충분히 확보되었으니 4MB인 alloc4 객체를 에덴에 할당한다.

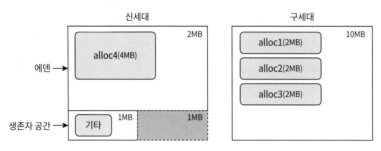

그림 3-33 alloc4까지 할당한 후의 힙 상황

출력 결과와 비교해 살펴보자.

```
Heap
 def new generation   total 9216K, used 4850K ...
  eden space 8192K,   51% used ← alloc4
  from space 1024K,   65% used ← 생존한 기타 객체들
  to   space 1024K,   0% used
  tenured generation   total 10240K, used 6144K ← alloc1, 2, 3
```

그래서 최종적으로 에덴은 총 8MB 중 51%가 차 있고, 생존자 공간에는 기타 작은 객체들이 들어 있다. 구세대는 6MB가 차 있다.

 (옮긴이) 출력 로그에서 구세대를 'old generation'이 아니라 'tenured generation'이라고 표현한다. 'tenured'는 우리말로 '종신직의'라는 뜻이다. '남은 여생 동안 머무르는 공간' 정도로 이해하면 될 것이다.

3.8.2 큰 객체는 곧바로 구세대에 할당된다

큰 객체란 커다란 '연속된' 메모리 공간을 필요로 하는 자바 객체를 말한다. 매우 긴 문자열이나 원소가 매우 많은 배열이 대표적인 예다. 이번 절 예제에 등장하는 byte[] 배열도 여기 속한다.

메모리를 할당해야 하는 가상 머신에 큰 객체의 등장은 타협이 불가능한 나쁜 소식이다. 큰 객체의 등장보다 더 나쁜 소식은 '곧 사라질' 큰 객체들을 '떼로' 만나는 것이다. 그래서 프로그램을 작성할 때 이런 코드는 피해야 한다. 여유 공간이 많이 있음에도 가비지 컬렉션을 해야만 하는 상황을 자주 만들기 때문이다. 큰 객체들을 담기 위한 '연속된' 공간을 확보하기 위해 수많은 다른 객체를 옮겨야 하므로 심각한 메모리 복사 오버헤드를 동반한다.

이럴 때 –XX:PretenureSizeThreshold 매개 변수를 설정하면 설정값보다 큰 객체를 곧바로 구세대에 할당한다. 이 매개 변수의 목적은 에덴과 두 생존자 공간 사이의 대규모 복사를 줄이는 데 있다.

코드 3-8 큰 객체는 곧바로 구세대에 할당

```
/**
 * VM 매개 변수: -XX:+UseSerialGC -Xms20M -Xmx20M -Xmn10M -XX:SurvivorRatio=8
 *             -Xlog:gc* -XX:PretenureSizeThreshold=3M
 */
public static void testPretenureSizeThreshold() {
    byte[] alloc;
    alloc = new byte[4 * _1MB];  // 곧장 구세대에 할당
}
```

실행 결과는 다음과 같다.

```
Heap
 def new generation   total 9216K, used 1312K
  eden space 8192K,   16% used
  from space 1024K,    0% used
  to   space 1024K,    0% used
 tenured generation    total 10240K, used 4096K ← alloc
```

이 코드를 실행하면 에덴은 거의 쓰이지 않고 10MB짜리 구세대는 4096KB가 사용됐음을 확인할 수 있다. 4MB 크기의 alloc 객체가 곧바로 구세대에 할당되었기 때문이다. –XX:PretenureSizeThreshold 값을 3M으로 설정하여, 3MB보다 큰 객체를 곧바로 구세대에 할당한 것이다.[80]

 –XX:PretenureSizeThreshold 매개 변수는 시리얼과 파뉴 신세대 컬렉터에만 적용된다. PS 같은 다른 신세대 컬렉터들은 이 매개 변수를 지원하지 않는다. 꼭 이 매개 변수를 이용해 튜닝하고자 한다면 파뉴+CMS 컬렉터 조합을 고려해 보자.

3.8.3 나이가 차면 구세대로 옮겨진다

핫스팟 가상 머신의 컬렉터 대부분은 힙 메모리 관리에 세대 단위 컬렉션을 활용한다. 그래서 메모리를 청소할 때 어떤 생존 객체를 신세대에 남겨 두고 어떤 생존 객

---

[80] (옮긴이) JDK 10까지는 –XX:PretenureSizeThreshold 매개 변수의 값을 3145728로 지정해야 한다. 이 버전까지는 3M 형태를 인식하지 못하기 때문이다.

체를 구세대로 옮길지 정해야 한다. 이를 위해 가상 머신은 각 객체의 객체 헤더에
세대 나이 카운터를 두도록 했다('2.3.2 객체의 메모리 레이아웃' 참고).

객체는 주로 에덴에서 태어난다. 태어났을 때의 나이는 0이다. 첫 번째 마이너
GC에서 살아남은 객체는, 생존자 공간이 충분하면 생존자 공간으로 옮겨지면서 나
이가 1 증가한다. 그리고 생존자 공간에서 마이너 GC를 한 번 겪을 때마다 다시 1
씩 증가한다. 그리고 특정 나이가 되면 구세대로 승격된다. 구세대로 승격되는 나
이는 -XX:MaxTenuringThreshold 매개 변수로 정한다. 기본값은 가비지 컬렉터 종류
와 JDK 버전에 따라 다를 수 있다.

다음 코드를 -XX:MaxTenuringThreshold 값을 바꿔가며 총 두 번 실행해 보기 바
란다. 처음에는 값을 1로 설정해 실행하고 두 번째는 15로 설정해 실행해 보자.

코드 3-9 오래 생존한 객체는 구세대로 이동

```
/**
 * VM 매개 변수: -XX:+UseSerialGC -Xms20M -Xmx20M -Xmn10M -XX:SurvivorRatio=8
 *              -Xlog:gc* -Xlog:gc+age=trace -XX:MaxTenuringThreshold=1
 * 또는
 * VM 매개 변수: -XX:+UseSerialGC -Xms20M -Xmx20M -Xmn10M -XX:SurvivorRatio=8
 *              -Xlog:gc* -Xlog:gc+age=trace -XX:MaxTenuringThreshold=15
 *              -XX:TargetSurvivorRatio=80
 */
@SuppressWarnings("unused")
public static void testTenuringThreshold() {
    byte[] alloc1, alloc2, alloc3;
    // 구세대 이동 시기는 -XX:MaxTenuringThreshold가 결정
    alloc1 = new byte[_1MB / 8];
    alloc2 = new byte[4 * _1MB];
    alloc3 = new byte[4 * _1MB];  // 첫 번째 GC 발생
    alloc3 = null;
    alloc3 = new byte[4 * _1MB];  // 두 번째 GC 발생
}
```

이 메서드에서 alloc1 객체는 크기가 64KB이므로 생존자 공간에 수용된다. 그리고
-XX:MaxTenuringThreshold=1로 설정했으므로 두 번째 GC 때 구세대로 이동하여,
최종적으로 신세대 메모리 사용량은 가비지 컬렉션 후 깔끔하게 0KB가 될 것이다.
실제 결과도 그럴지 확인해 보자.

실행 결과는 다음과 같다(-XX:MaxTenuringThreshold=1).

```
GC(0) Pause Young (Allocation Failure) ← 첫 번째 GC
GC(0) Age table with threshold 1 (max threshold 1) ← ❶ 최대 나이
```

```
GC(0) DefNew: 5372K(9216K)->800K(9216K)
       Eden: 5372K(8192K)->0K(8192K)
       From: 0K(1024K)->800K(1024K)      ← ❷ alloc1
GC(0) Tenured: 0K(10240K)->4096K(10240K) ← alloc2
...
GC(1) Pause Young (Allocation Failure) ← 두 번째 GC
GC(1) DefNew: 4896K(9216K)->0K(9216K)
       Eden: 4096K(8192K)->0K(8192K)
       From: 800K(1024K)->0K(1024K)       ← ❸ 나이가 차 구세대로 이동
GC(1) Tenured: 4096K(10240K)->4896K(10240K) ← ❹ alloc2 + alloc1
...
Heap
 def new generation    total 9216K, used 4178K ...
  eden space 8192K,   51% used ... ← alloc3
  from space 1024K,    0% used ...
  to   space 1024K,    0% used ...
 tenured generation    total 10240K, used 5024K ... ← alloc1, alloc2
```

결과가 예상대로 나왔다. ❶ 최대 나이는 1로 잘 설정되어 있다. alloc1은 첫 번째
GC 때는 ❷ 아직 생존자 공간에 남아 있다가(GC가 끝나야 1살이 된다) 두 번째 GC
때 ❸ 생존자 공간에서 사라져 ❹ 구세대로 이동했다. 1살이 되었기 때문이다.

이번에는 -XX:MaxTenuringThreshold=15 -XX:TargetSurvivorRatio=80으로 지정
해 실행해 보자.

실행 결과는 다음과 같다(-XX:MaxTenuringThreshold=15 -XX:TargetSurvivor
Ratio=80).

```
GC(0) Pause Young (Allocation Failure) ← 첫 번째 GC
GC(0) Desired survivor size 838856 bytes, ← ❶
      new threshold 15 (max threshold 15) ← ❷
GC(0) DefNew: 5372K(9216K)->800K(9216K)
       Eden: 5372K(8192K)->0K(8192K)
       From: 0K(1024K)->800K(1024K)      ← alloc1
GC(0) Tenured: 0K(10240K)->4096K(10240K) ← alloc2
...
GC(1) Pause Young (Allocation Failure) ← 두 번째 GC
GC(1) DefNew: 4896K(9216K)->800K(9216K)
       Eden: 4096K(8192K)->0K(8192K)
       From: 800K(1024K)->800K(1024K)     ← ❸ alloc1
GC(1) Tenured: 4096K(10240K)->4096K(10240K) ← alloc2
...
Heap
 def new generation    total 9216K, used 4978K ...
  eden space 8192K,   51% used ... ← alloc3
  from space 1024K,   78% used ... ← ❹ alloc1
```

```
to    space 1024K,    0% used ...
tenured generation    total 10240K, used 4096K ... ← alloc2
```

보다시피 ❷ 최대 나이도 잘 설정되었고, ❸ alloc1 객체는 두 번째 GC 후에도 여전히 생존자 공간에 남아 있다.

그런데 이번에는 -XX:TargetSurvivorRatio 매개 변수도 함께 지정했다. 이 매개 변수는 생존자 공간이 지정한 비율 이상 차면 살아남은 객체들을 구세대로 승격시킨다. 이때 나이는 상관하지 않는다. 지금 예에서는 80으로 설정했는데, ❶의 83만 8856바이트(838856bytes, 약 819KB)가 생존자 공간 크기(1024KB)의 80%에 해당한다. 그리고 ❸ 생존자 공간이 800KB만큼 채워졌는데 전체의 78% 수준이기 때문에 여유가 아직 살짝 있었다. 목표 비율을 이보다 작게 정했다면 나이가 차지 않았음에도 구세대로 바로 옮겼을 것이다.

이것으로 우리는 구세대로 옮기는 조건이 객체 크기와 나이뿐이 아님을 알 수 있다. 다음 절에서 이어서 설명하겠다.

3.8.4 공간이 비좁으면 강제로 승격시킨다

다양한 프로그램의 메모리 사용 패턴에 더 정밀하게 대응하기 위해 핫스팟 가상 머신은 나이가 -XX:MaxTenuringThreshold보다 적어도 구세대로 승격시키기도 한다. 바로 앞 절 마지막에서 이야기한 '생존자 공간 점유율'이 바로 그 조건이다. 기본값은 50%라서 생존 객체 전체의 크기 총합이 생존자 공간의 절반을 넘어서면 모든 객체를 구세대로 옮긴다. -XX:MaxTenuringThreshold로 정한 나이는 무시된다.

앞 절의 예제에서는 생존자 공간 점유율이 78%라서 설정한 80%보다 살짝 적었다. 이번에는 alloc_new라는 객체를 추가해 80%를 넘기는 상황을 만들어 보자.

코드 3-10 세대 동적 결정

```
/**
 * VM 매개 변수: -XX:+UseSerialGC -Xms20M -Xmx20M -Xmn10M -XX:SurvivorRatio=8
 *             -Xlog:gc* -Xlog:gc+age=trace -XX:MaxTenuringThreshold=15
 *             -XX:TargetSurvivorRatio=80
 */
public static void testTenuringThreshold2() {
    byte[] alloc1, alloc_new, alloc2, alloc3;
    alloc1 = new byte[_1MB / 8];
    alloc_new = new byte[_1MB / 16];
    // alloc1 + alloc_new = 생존자 공간의 80% 초과
    alloc2 = new byte[4 * _1MB];
```

```
    alloc3 = new byte[4 * _1MB];  // 첫 번째 GC 발생
    alloc3 = null;
    alloc3 = new byte[4 * _1MB];  // 두 번째 GC 발생
}
```

실행 결과는 다음과 같다(-XX:MaxTenuringThreshold=15 -XX:TargetSurvivor
Ratio=80).

```
GC(0) Pause Young (Allocation Failure) ← 첫 번째 GC
GC(0) Desired survivor size 838856 bytes,
      new threshold 1 (max threshold 15)
GC(0) Age table with threshold 1 (max threshold 15)
GC(0) - age   1:    885400 bytes,    885400 total
GC(0) DefNew: 5436K(9216K)->864K(9216K)
       Eden: 5436K(8192K)->0K(8192K)
       From: 0K(1024K)->864K(1024K)      ← ❶ alloc1, alloc_new
GC(0) Tenured: 0K(10240K)->4096K(10240K) ← alloc2
...
GC(1) Pause Young (Allocation Failure) ← 두 번째 GC
GC(1) Desired survivor size 838856 bytes,
      new threshold 15 (max threshold 15)
GC(1) Age table with threshold 15 (max threshold 15)
GC(1) DefNew: 4960K(9216K)->0K(9216K)
       Eden: 4096K(8192K)->0K(8192K)
       From: 864K(1024K)->0K(1024K)      ← ❷ 80% 초과, 구세대로 이동
GC(1) Tenured: 4096K(10240K)->4960K(10240K) ← ❸ alloc2 + alloc1, alloc_new
...
Heap
 def new generation   total 9216K, used 4178K
  eden space 8192K,  51% used ← alloc3
  from space 1024K,   0% used
  to   space 1024K,   0% used
 tenured generation   total 10240K, used 4960K ← alloc1, alloc_new, alloc2
...
```

가상 머신 매개 변수는 앞 예제와 똑같이 설정했다. 실행 결과 첫 번째 마이너 GC
때도 ❶ alloc1 객체는 똑같이 생존자 공간에 존재했다. 그런데 두 번째 GC 때는 ❷
생존자 공간 목표 비율인 80%를 훌쩍 넘어서 ❸ 나이가 차지 않았음에도 구세대로
이동되었다.

3.9 마치며

이번 장에서는 가비지 컬렉션 알고리즘과 핫스팟 가상 머신이 제공하는 가비지 컬

렉터들의 특성과 동작 원리를 소개했다. 그리고 자바 가상 머신의 자동 메모리 할당과 회수의 주요 규칙들을 코드 예제와 함께 직접 검증해 보았다.

가비지 컬렉터는 많은 경우에 시스템의 일시 정지 시간과 처리량에서 중요한 요인으로 작용한다. 사용자가 실제 애플리케이션의 요구 조건과 구현 방식에 가장 적합한 컬렉션 방법을 선택할 수 있도록 가상 머신은 다양한 컬렉터와 많은 조율 매개 변수를 제공한다. 모든 상황에서 최고인 단 하나의 컬렉터나 매개 변수 조합이란 없다. 따라서 가상 머신 메모리에 대한 지식을 쌓고 최적화 노하우를 얻고 싶다면, 각 컬렉터의 동작 방식과 장단점 그리고 매개 변수들을 이해해야 한다.

4장과 5장에서는 메모리 분석 도구와 실제 최적화 예시들을 소개하겠다.

4장

가상 머신 성능 모니터링과 문제 해결 도구

4.1 들어가며

2~3장에서 가상 머신의 다양한 메모리 할당과 회수 전략을 알아보며 한 걸음 더 내딛기 위한 이론적 기반을 다졌다. 이론은 실습으로 인도하는 안내자 역할을 한다. 그리고 우리의 최종 목표는 배운 지식을 현실에 적용하는 것이다. 그런 의미에서 이번 장과 다음 장에서는 가상 머신의 메모리 관리를 실용적인 관점에서 이해해볼 것이다.

시스템에서 발생한 문제의 원인을 찾을 때 관련 기초 지식은 탄탄한 토대가 되고 데이터는 근거가 되며 도구는 지식을 활용해 데이터를 처리하는 수단이 된다. 여기서 말하는 데이터는 예외 스택, 가상 머신 운영 로그, 가비지 컬렉터 로그, 스레드 덤프 스냅숏(javacore 파일), 힙 덤프 스냅숏(hprof 파일) 등을 모두 포괄한다. 가상 머신 장애 처리 및 분석 도구를 적절히 이용하면, 데이터를 분석하여 문제를 식별하고 해결하는 일이 훨씬 쉬워진다. 하지만 도구를 익히기 앞서, 도구를 자유자재로 다루는 힘은 지식과 기술에 있다는 사실을 깨달아야 한다. 아무리 좋은 도구라도 그저 갖고 있기만 해서는 문제를 해결하는 최종 병기가 될 수 없다.

4.2 기본적인 문제 해결 도구

그림 4-1에서 보듯이 JDK의 bin 디렉터리에는 다양한 도구가 있다. 그중 java.exe와 javac.exe는 자바 개발자라면 누구나 알아야 하겠지만, 그 외 도구들의 역할까지

모든 개발자가 알 필요는 없다. JDK 버전이 업그레이드되면서 도구의 수와 기능은 알게 모르게 많아지고 개선되어 왔다. 자바 프로그램을 컴파일하고 실행하는 일 외에도 이 도구들은 패키징, 배포, 서명, 디버깅, 모니터링, 운영, 유지 보수 등 다양한 시나리오에 활용된다.

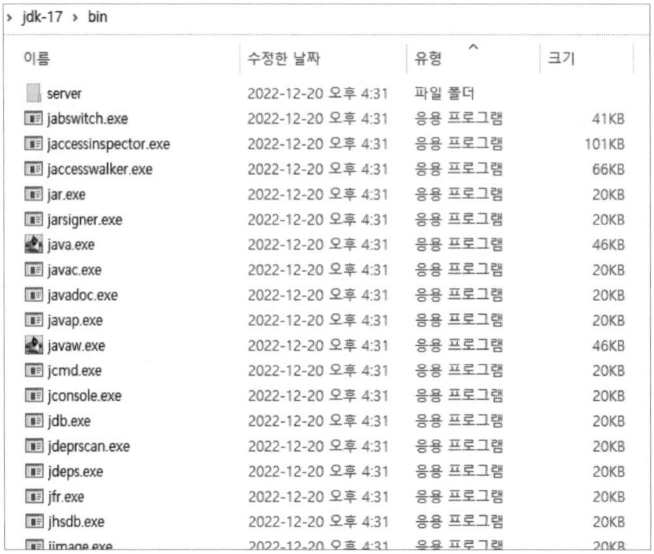

그림 4-1 JDK가 제공하는 도구들

이번 장에서는 이 중 주로 가상 머신 상태 모니터링과 문제 해결에 쓰이는 도구 몇 가지를 소개하려 한다. 이 도구들은 라이선스와 성숙 수준에 따라 다음 세 범주로 나눌 수 있다.

- 상용 인증 도구: JMC와 JFR이 여기 속한다. JRockit에서 유래한 운영 및 관리 통합 도구인 JMC는 JDK 7 업데이트 40부터 오라클 JDK에 통합되었다. 하지만 JDK와 별도로 제공되기 시작하다가 2020년 7월부터 JDK 7에서 제외되었다. 개인 개발 목적으로는 무료이나 상용 환경에서 이용하려면 비용을 지불해야 한다.
- 공식 지원 도구: 장기간 지원되는 도구들이다. 플랫폼이나 JDK 버전에 따라 작은 차이는 있을 수 있지만 갑자기 사라지는 일은 없을 것이다.[1]

---

[1] 제거되기 전에 '폐기 대상' 기간이 주어진다는 의미다. 실제로 지금까지 사라진 공식 지원 도구의 수가 사라진 실험적 도구 수보다 적지 않다.

• 실험적 도구: '공식 지원되지 않으며 실험적'이라는 딱지가 붙은 도구들이다. 차
후 앞의 두 범주로 승격될 수도 있고 소리 소문 없이 사라질 수도 있다.

그림 4-1을 잘 들여다보면 도구들 대부분은 크기가 이상하리만치 작다. 상당수 도
구의 크기가 고작 20KB 내외다. JDK 개발 팀이 일부러 통일한 건 아니고 그저 얇은
래퍼 형태의 명령 줄 도구들이기 때문이다. 실제 동작하는 코드는 자바로 구현되어
JDK 도구 라이브러리에 담겨 있다. 앞의 그림을 그림 4-2와 비교해 보면 명확해질
것이다. 리눅스 버전 JDK에서는 이 도구들 중 상당수가 셸 스크립트로 작성되어 있
어서 텍스트 편집기로 수정할 수도 있다.

› jdk-17 › jmods			
이름 ⌃	수정한 날짜	유형	크기
jdk.javadoc.jmod	2022-12-20 오후 4:31	JMOD 파일	1,354KB
jdk.jcmd.jmod	2022-12-20 오후 4:31	JMOD 파일	154KB
jdk.jconsole.jmod	2022-12-20 오후 4:31	JMOD 파일	472KB
jdk.jdeps.jmod	2022-12-20 오후 4:31	JMOD 파일	739KB
jdk.jdi.jmod	2022-12-20 오후 4:31	JMOD 파일	861KB
jdk.jdwp.agent.jmod	2022-12-20 오후 4:31	JMOD 파일	135KB
jdk.jfr.jmod	2022-12-20 오후 4:31	JMOD 파일	633KB
jdk.jlink.jmod	2022-12-20 오후 4:31	JMOD 파일	406KB
jdk.jpackage.jmod	2022-12-20 오후 4:31	JMOD 파일	1,004KB
jdk.jshell.jmod	2022-12-20 오후 4:31	JMOD 파일	668KB
jdk.jsobject.jmod	2022-12-20 오후 4:31	JMOD 파일	11KB
jdk.jstatd.jmod	2022-12-20 오후 4:31	JMOD 파일	41KB
jdk.localedata.jmod	2022-12-20 오후 4:31	JMOD 파일	10,010KB

그림 4-2 JDK 클래스 라이브러리 중 도구 모듈들

도구들을 자바로 구현한 데는 이유가 있다. 애플리케이션이 프로덕션 환경에 배포
되면 서버에 물리적으로 직접 접근하거나 SSH 등으로 원격 접속하는 데 제약이 있
을 수 있다. 이럴 경우라도 개발자는 JDK 도구 라이브러리의 인터페이스와 구현 코
드를 이용하여 강력한 모니터링과 분석 기능을 애플리케이션에서 직접 제공할 수
있다.[2]

이번 장에서는 주로 윈도우용 JDK를 기준으로 시연할 것이다. 독자들이 사용하
는 JDK 버전과 운영 체제가 책과 다르다면 도구의 수도 다르고, 같은 도구라도 제
공되는 기능과 효과가 다를 수 있다. 또한 (별도 언급이 없다면) JDK 5 때부터 제공
되던 도구들을 소개할 것이다. 하지만 런타임 환경에 따른 미묘한 차이와 호환성

---

2 일부 도구는 자바 SE 표준이 아닌 API를 쓰기도 한다. 이에 해당하는 도구는 핫스팟(또는 오라클에서
   JDK 소스 코드 라이선스를 구입한 가상 머신)에서만 실행될 수 있다. 아니면 애플리케이션 배포 시 해당
   도구 라이브러리도 함께 배포해야 한다.

문제를 원치 않는다면 더 높은 버전을 사용하길 권한다. 대체로 상위 버전 JDK의 도구들은 하위 버전 JDK의 가상 머신에서 구동되는 프로그램과 호환되며 반대도 마찬가지다.

 혹시라도 JDK 5 가상 머신에서 구동되는 프로그램을 모니터링해야 한다면 프로그램 시작 시 -Dcom.sun.management.jmxremote 매개 변수를 추가하여 JMX 관리 기능을 켜기 바란다. 도구들 대부분이 JMX를 기반으로 하거나 (다음 절에서 배울 가상화 도구와 함께) JMX를 이용하기 때문이다. 모니터링할 프로그램이 JDK 6 이상에서 구동된다면 JMX가 기본으로 켜져 있으므로 별다른 매개 변수를 추가하지 않아도 된다.

4.2.1 jps: 가상 머신 프로세스 상태 도구

JDK 도구의 이름 중 상당수가 유닉스 명령어에서 유래했는데, 대표적으로 JVM 프로세스 상태 도구(JVM process status tool)인 jps가 있다. jps의 이름은 유닉스 ps 명령어에서 따왔고 기능 역시 비슷하다. 즉, 동작 중인 가상 머신 프로세스 목록을 보여 주며 각 프로세스에서 가상 머신이 실행한 메인 클래스(main() 메서드를 포함하는 클래스)의 이름과 로컬 가상 머신 식별자(이하 LVMID)를 알려 준다. 간단한 기능이지만 가장 빈번히 사용되는 JDK 명령 줄 도구임에는 틀림없다. 대다수 다른 JDK 도구에서 모니터링할 가상 머신 프로세스를 명시하려면 LVMID를 알아야 하기 때문이다.

로컬 가상 머신 프로세스의 LVMID 값은 운영 체제의 프로세스 아이디, 즉 PID와 같다. 따라서 가상 머신 프로세스의 LVMID를 윈도우의 작업 관리자나 유닉스의 ps 명령어로도 알아낼 수 있다. 하지만 여러 가상 머신 프로세스가 동시에 시작하여 프로세스 이름으로 구분할 수 없다면, jps를 통해 메인 클래스가 무엇인지 확인해 봐야 한다.

jps 명령어 형식은 다음과 같다.

```
jps [options] [hostid]
```

jsp 실행 예는 다음과 같다.

```
$ jps -l
2388 D:\Develop\glassfish\bin\..\modules\admin-cli.jar
2764 com.sun.enterprise.glassfish.bootstrap.ASMain
3788 jdk.jcmd/sun.tools.jps.Jps
```

jps로는 원격 가상 머신의 프로세스 상태도 알아낼 수 있다. 이때 RMI 서비스를 이용하는데, hostid 매개 변수가 바로 RMI 레지스트리에 등록된 호스트명을 가리킨다. 이외에 자주 쓰이는 jsp 옵션을 표 4-1에 정리했다.

표 4-1 jps의 주요 옵션

옵션	설명
-q	LVMID만 출력(메인 클래스 이름 생략)
-m	가상 머신 프로세스 시작 시 main( ) 메서드에 전달된 매개 변수 출력
-l	메인 클래스의 완전한 이름 출력(프로세스가 JAR 패키지를 실행 중이라면 JAR 경로 출력)
-v	가상 머신 프로세스 시작 시 주어진 가상 머신 매개 변수 출력

4.2.2 jstat: 가상 머신 통계 정보 모니터링 도구

JVM 통계적 모니터링 도구(JVM statistics monitoring tool)인 jstat은 가상 머신의 다양한 작동 상태 정보를 모니터링하는 데 사용한다. 로컬 또는 원격 가상 머신 프로세스의 클래스 로딩, 메모리, 가비지 컬렉션, JIT 컴파일과 같은 런타임 데이터를 보여 준다. 텍스트 콘솔 환경만 제공하는 서버에서는 런타임에 가상 머신의 성능 문제를 찾는 보편적인 도구일 것이다.

jstat 명령어 형식은 다음과 같다.

```
jstat [option vmid [interval[s|ms] [count]]]
```

명령어 형식 중 vmid는 로컬 가상 머신 프로세스일 때는 LVMID와 똑같다. 하지만 원격 가상 머신 프로세스에서는 다음과 같은 형태다.

```
[protocol:][//]lvmid[@hostname[:port]/servername]
```

jstat 매개 변수 중 interval과 count는 질의 간격과 횟수를 뜻한다. 이 두 매개 변수를 생략하면 질의를 한 번만 수행한다. 예컨대 프로세스 2764의 가비지 컬렉션 상태를 250밀리초 간격으로 20번 질의하고 싶다면 다음처럼 실행하면 된다.

```
jstat -gc 2764 250 20
```

option 매개 변수로는 궁금한 가상 머신 정보를 자세히 지정할 수 있으며, 크게 3개 부류로 나뉜다(클래스 로딩, 가비지 컬렉션, 런타임 컴파일 대상). 상세 옵션은 표 4-2에 정리했다.

표 4-2 jstat의 주요 옵션

옵션	설명
-class	클래스 로딩/언로딩 횟수, 총 점유 공간, 클래스 로딩 시간 모니터링
-gc	자바 힙 상태 모니터링. 에덴, 생존자 공간, 구세대 등의 사용량, 총 가비지 켈렉션 시간 등
-gccapacity	기본적으로 -gc와 같지만 자바 힙의 다양한 공간의 최대/최소 사용량에 초점을 둠
-gcutil	기본적으로 -gc와 같지만 전체 공간 중 사용률(%)에 초점을 둠
-gccause	-gcutil 기능에 추가로, 최근 가비지 컬렉션이 일어난 이유 출력
-gcnew	신세대 가비지 컬렉션 상태 모니터링
-gcnewcapacity	기본적으로 -gcnew와 같지만 최대/최소 사용량에 초점을 둠
-gcold	구세대의 가비지 컬렉션 상태 모니터링
-gcoldcapacity	기본적으로 -gcold와 같지만 최대/최소 사용량에 초점을 둠
-compiler	JIT 컴파일러가 컴파일한 메서드와 소요 시간 등의 정보 출력
-printcompilation	런타임에 컴파일된 메서드들 출력

보다시피 jstat에는 다양한 모니터링 옵션이 제공되나 지면 관계상 사용 예는 한 가지만 살펴보기로 하자. 다음은 이클립스를 막 시작한 후 메모리 상태를 모니터링하는 예다. 매개 변수로는 -gcutil을 주었고 5404는 jps로 알아낸 LVMID다.

```
$ jstat -gcutil 5404
S0     S1     E      O      M      CCS    YGC  YGCT   FGC  FGCT   CGC  CGCT   GCT
0.00   87.26  31.15  61.28  97.83  92.61  17   0.156  0    0.000  8    0.014  0.170
```

수많은 약자와 수치가 등장하는데 크게 힙 공간별 사용률과 GC 통계로 구분할 수 있다.

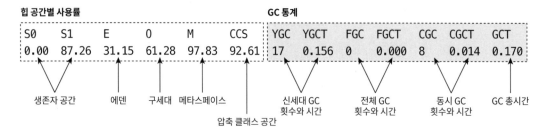

해석해 보자. 이클립스는 신세대의 에덴 공간을 31.15% 사용 중이며, 두 생존자 공간 중 하나의 87.26%를 쓰고 있다. 구세대는 61.28%를, 메타스페이스와 압축 클래

스 공간은 각각 97.83%와 92.61%를 사용하고 있다.[3]

신세대 컬렉션은 17차례 수행했고 걸린 시간은 총 0.156초다. 전체 GC는 0차례 수행해서 걸린 시간은 0초다. 동시 GC는 8차례 수행하는 데 0.014초가 걸렸다.[4] 그래서 가비지 컬렉션에 든 시간은 총 0.170초다.

jstat은 가상 머신 상태 정보를 텍스트로만 보여 주어 뒤에서 살펴볼 VisualVM이나 JMC처럼 시각적으로 보여 주는 모니터링 도구보다 직관적이지 않다. 하지만 실제 프로덕션 환경에서는 그래픽 인터페이스를 사용하지 못하는 경우가 많다. 또한 대다수 서버 관리자가 텍스트 콘솔을 능숙하게 다루기 때문에 실무 현장에서도 jstat을 사용하는 모습을 흔히 볼 수 있다.

4.2.3 jinfo: 자바 설정 정보 도구

jinfo는 가상 머신의 다양한 매개 변수를 실시간으로 확인하고 변경하는 도구다. 가상 머신 시작 시 명시한 매개 변수 목록을 보고 싶을 때는 -flag 매개 변수를 사용한다. 명시하지 않은 매개 변수의 시스템 기본값을 알고 싶다면 -flag 옵션 다음에 원하는 매개 변수 이름을 적어 주면 된다.[5] 또한 -sysprops 매개 변수는 자바 시스템의 속성, 즉 System.getProperties() 내용을 출력한다.

jinfo는 JDK 5 시절에 리눅스 버전 JDK와 함께 소개되었다. 당시에는 정보를 얻는 기능만 제공했다. 하지만 JDK 6부터는 윈도우도 지원하기 시작했고, 실행 중에 일부 매개 변수의 값을 수정할 수 있게 되었다(-flag [+|-]이름 또는 -flag 이름=값 형태로 사용한다).

jinfo 명령어 형식은 다음과 같다.

```
jinfo [options] vmid
```

다음은 매개 변수 ConcGCThreads의 값을 출력하는 예다.

```
$ jinfo -flag ConcGCThreads 1444
-XX:ConcGCThreads=2
```

---

3 JDK 7까지는 영구 세대를 이용했기 때문에 M과 CCS 대신 P 항목을 출력한다.
4 JDK 11부터 등장한 통계나 의아하게도 오라클 공식 문서(*https://bit.ly/3sZXeC3*)에는 JDK 21까지도 동시 GC(CGC와 CGCT) 항목을 설명하지 않고 있다. 이럴 때는 어쩔 수 없이 jstat 도구의 소스 코드를 직접 확인해 봐야 한다. JDK 17과 21 기준으로 jstat 소스 코드는 JDK_SRC_HOME/src/jdk.jcmd/share/classes/sun/tools/jstat 디렉터리에 있다.
5 JDK 6 이상에서는 java -XX:+PrintFlagsFinal 명령으로도 매개 변수 기본값을 확인할 수 있다.

4.2.4 jmap: 자바 메모리 매핑 도구

jmap은 힙 스냅숏을 파일로 덤프해 주는 자바용 메모리 맵 명령어다. jmap을 사용하지 않고도 자바 힙을 덤프하는 방법이 몇 가지 더 있기는 하다. 예를 들어 2장에서 이야기한 -XX:+HeapDumpOnOutOfMemoryError 매개 변수를 사용하면 메모리가 오버플로될 때 가상 머신이 자동으로 힙을 덤프해 준다. 리눅스에서는 kill -3 명령으로 가상 머신에 프로세스 종료 시그널을 보내도 된다.

힙 스냅숏 덤프 외에도 jmap으로 F-큐,[6] 자바 힙과 메서드 영역 상세 정보(사용량, 적용 중인 컬렉터 등)도 알아낼 수 있다.

jmap 명령어 형식은 다음과 같다.

```
jmap [options] vmid
```

각 옵션의 정확한 값(형식)과 의미를 표 4-3에 정리했다.

표 4-3 jmap의 주요 옵션

옵션	설명
-dump	자바 힙의 스냅숏을 덤프한다. 형식은 -dump:[live,]format=b,file=<filename>이다. 하위 매개 변수인 live를 추가하면 살아 있는 객체만 덤프한다.
-finalizerinfo	F-큐 안의 객체들을 출력한다. F-큐에는 Finalizer 스레드가 finalize() 메서드를 실행해 주길 기다리는 객체들이 담겨 있다.
-heap	사용 중인 컬렉터, 매개 변수 설정, 세대 상태 등 자바 힙 관련 상세 정보를 출력한다.
-histo	클래스와 인스턴스 개수, 총 용량 등 힙에 있는 객체들의 통계 정보를 출력한다.

다음은 JConsole 프로세스의 힙 스냅숏을 덤프하는 예다. 15396은 jps로 알아낸 LVMID 값이다.

```
$ jmap -dump:format=b,file=jconsole.bin 15396
Dumping heap to C:\Users\IcyFenix\jconsole.bin ...
Heap dump file created [12671288 bytes in 0.034 secs]
```

4.2.5 jhat: 가상 머신 힙 덤프 스냅숏 분석 도구

jhat은 JDK 8까지 제공되던 JVM 힙 분석 도구(JVM heap analysis tool)로, jmap으로

---

6 finalize() 메서드 호출을 기다리는 객체들을 담는 큐

덤프한 힙 스냅숏을 분석할 수 있다. JDK 9부터 4.3.1절의 jhsdb가 그 자리를 대신한다.

jhat은 작은 HTTP-웹 서버를 내장하고 있어서 분석이 완료되면 웹 브라우저로 결과를 살펴볼 수 있다. 하지만 실무에서 jhat을 직접 사용해 분석하는 사람은 많지 않다. 이유는 크게 두 가지다.

첫째, 힙 스냅숏 덤프를 애플리케이션이 배포된 서버에서 직접 분석하는 일은 드물다. 가능한 한 덤프 파일을 다른 기기[7]로 복사해 분석할 것이다. 분석은 시간이 오래 걸리고 하드웨어 자원을 많이 소모하는 작업이기 때문에 반드시 다른 기기에서 수행해야 한다. 따라서 명령 줄 도구에 얽매일 이유도 없다.

둘째, jhat의 분석 기능은 단순한 편이다. 나중에 소개할 VisualVM이나 이클립스 메모리 분석기, IBM 힙 분석기(IBM HeapAnalyzer)[8] 등의 전문 분석 도구가 기능 면에서 jhat보다 뛰어나다.

다음은 앞 절에서 jmap으로 생성한 JConsole의 메모리 스냅숏을 jhat으로 분석하는 모습이다.

```
$ jhat jconsole.bin
Reading from jconsole.bin...
Dump file created Fri Mar 31 19:55:11 KST 2023
Snapshot read, resolving...
Resolving 90565 objects...
Chasing references, expect 18 dots..................
Eliminating duplicate references..................
Snapshot resolved.
Started HTTP server on port 7000
Server is ready.
```

마지막 줄의 'Server is ready.'가 분석을 완료했다는 뜻이다. 이제 브라우저로 http://localhost:7000 주소에 접속하면 결과를 볼 수 있다.

분석 결과는 기본적으로 패키지 단위로 묶어 보여 준다. 메모리 누수 분석에는 주로 힙 히스토그램(jmap -histo와 같은 기능)과 OQL을 이용한다. 힙 히스토그램

---

7 대체로 분석용 기기로는 또 다른 서버를 이용한다. 생성된 덤프 파일을 읽어 들이려면 메모리가 상당히 많이 필요하기 때문에 일반적으로 64비트 JDK와 대용량 메모리를 갖춘 서버를 이용한다.
8 IBM J9 가상 머신이 생성한 덤프 파일을 분석하는 데 쓰인다. 가상 머신에 따라 덤프 파일 형식이 다르기 때문에 다른 가상 머신 분석에는 쓰일 수 없다.

은 메모리를 가장 많이 차지하는 객체를 찾는 방식이고, OQL은 메모리상의 객체를 세는 표준 객체 질의 언어다. OQL의 문법은 SQL과 비슷하다.[9]

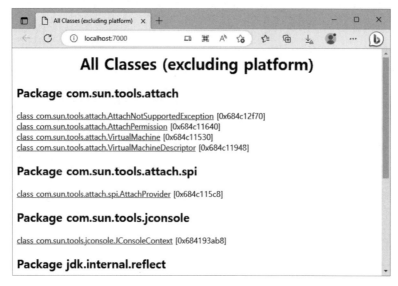

그림 4-3 jhat의 분석 결과

4.2.6 jstack: 자바 스택 추적 도구

스택 추적 도구인 jstack은 현재 가상 머신의 스레드 스냅숏을 생성하는 데 쓰인다 (일반적으로 스레드 덤프 또는 자바 코어 파일이라고 부른다). 스레드 스냅숏은 현재 가상 머신에서 실행 중인 각 스레드의 메서드 스택들의 집합이다. 주로 스레드가 장시간 멈춰 있을 때 원인을 찾기 위해 생성한다. 주된 원인은 스레드 사이의 교착 상태(deadlock), 무한 루프, 외부 자원 요청으로 인한 긴 기다림 등이다. 스레드가 멈춰 있다면 jstack으로 각 스레드의 호출 스택을 볼 수 있다. 그러면 응답하지 않는 스레드가 뒤에서 무슨 일을 하고 있는지 또는 어떤 자원을 기다리고 있는지 알 수 있다.

jstack 명령어 형식은 다음과 같다.

```
jstack [options] vmid
```

jstack에서 사용할 수 있는 옵션을 표 4-4에 정리했다.

---

9   OQL 상세 문법: *https://help.eclipse.org/latest/index.jsp?topic=/org.eclipse.mat.ui.help/reference/oqlsyntax.*
html(단축 URL: *https://bit.ly/3olEb2N*)

표 4-4 jstack의 주요 옵션

옵션	설명
-l	스택 정보에 더해 락 관련 정보도 함께 출력한다.
-e	스레드 관련 정보를 추가로 출력한다.

다음은 jstack으로 이클립스의 스레드 스택을 출력하는 예다. 너무 많은 정보를 쏟아 내기 때문에 대부분 생략했다. 예시의 3500은 jps 명령으로 알아낸 LVMID 값이다.

```
$ jstack -l 3500
2023-03-30 10:42:55
Full thread dump OpenJDK 64-Bit Server VM (17.0.6+10 mixed mode):

Threads class SMR info:
_java_thread_list=0x00000245f39ee290, length=32, elements={
0x00000245bf407880, 0x00000245d95043b0, 0x00000245d95068e0, 0x00000245d9545430,
...
0x00000245dd653e20, 0x00000245dd652610, 0x00000245dd658650, 0x00000245dd653950
}

"main" #1 prio=6 os_prio=0 cpu=10750.00ms elapsed=7005.02s
    tid=0x00000245bf407880 nid=0x9ed0 runnable  [0x00000071910fe000]
    java.lang.Thread.State: RUNNABLE
        at org.eclipse.swt.internal.win32.OS.WaitMessage(Native Method)
        at org.eclipse.swt.widgets.Display.sleep(Display.java:4752)
        ...
        at java.lang.reflect.Method.invoke(java.base@17.0.6/Method.java:568)
        at org.eclipse.equinox.launcher.Main.invokeFramework(Main.java:659)
        at org.eclipse.equinox.launcher.Main.basicRun(Main.java:596)
        at org.eclipse.equinox.launcher.Main.run(Main.java:1467)

    Locked ownable synchronizers:
        - None
...
"Finalizer" #3 daemon prio=8 os_prio=1 cpu=0.00ms elapsed=7004.94s
    tid=0x00000245d95068e0 nid=0x4424 in Object.wait()  [0x0000007191cff000]
    java.lang.Thread.State: WAITING (on object monitor)
        at java.lang.Object.wait(java.base@17.0.6/Native Method)
        - waiting on <no object reference available>
        at java.lang.ref.ReferenceQueue.remove(java.base@17.0.6/
                                        ReferenceQueue.java:155)
        - locked <0x0000000080566f50> (a java.lang.ref.ReferenceQueue$Lock)
        at java.lang.ref.ReferenceQueue.remove(java.base@17.0.6/
                                        ReferenceQueue.java:176)
```

```
        at java.lang.ref.Finalizer$FinalizerThread.run(java.base@17.0.6/
                                              Finalizer.java:172)

   Locked ownable synchronizers:
     - None
...
```

보다시피 각 스레드의 우선순위, CPU 사용 시간, 생성 후 경과 시간, 스레드 상태, 메서드 호출 스택 등 다양한 정보를 알 수 있다.

한편 JDK 5부터는 java.lang.Thread 클래스에 추가된 getAllStackTraces() 메서드로 가상 머신이 실행하는 모든 스레드의 StackTraceElement 객체를 얻을 수 있다. 이 메서드를 이용하면 코드 단 몇 줄로 jstack의 기능 대부분을 구현할 수 있다. 독자들도 실제 프로젝트에서 이 메서드를 이용하면 관리자 페이지를 만들어 브라우저에서 언제든지 스레드 스택 정보를 확인할 수 있다. 코드 4-1은 내가 실제로 활용하는 코드다.

코드 4-1 스레드 상태를 보여 주는 JSP 페이지

```jsp
<%@ page import="java.util.Map"%>

<html>
<head>
<title>서버 스레드 정보</title>
</head>
<body>
<pre>
<%
    for (Map.Entry<Thread, StackTraceElement[]> stackTrace : Thread.
        getAllStackTraces().entrySet())
    {
        Thread thread = (Thread) stackTrace.getKey();
        StackTraceElement[] stack = (StackTraceElement[]) stackTrace.
            getValue();
        if (thread.equals(Thread.currentThread())) {
            continue;
        }
        out.print("\n스레드:" + thread.getName() + "\n");
        for (StackTraceElement element : stack) {
            out.print("\t"+element+"\n");
        }
    }
%>
</pre>
</body>
</html>
```

4.2.7 기본 도구 요약

지금까지 내가 특별히 선별한 도구 여섯 개를 소개했다. 이 도구들은 가장 널리 쓰이는 명령 줄 도구이면서 역사가 깊어서 대다수 독자가 실무나 학습에 이용할 수 있을 것이다. 최신 JDK에서는 JCMD와 JHSDB의 명령 줄 모드처럼 더 강력한 대체제가 제공되지만 사용법은 비슷하다. 앞으로 JDK가 어떻게 발전해 가든 이 기본 도구들을 익히는 데 들인 노력과 시간은 결코 낭비가 아닐 것이다.

이어지는 표 4-5부터 표 4-14에 JDK 7 이후 버전이 제공하는 모든 도구의 주요 용도를 정리했다. 중간에 사라진 도구도 포함했다.[10]

표 4-5 기본 도구(기본적인 프로그램 작성과 관리 지원)

이름	주 용도	JDK 버전
appletviewer	웹 브라우저 없이 애플릿 실행 및 디버깅	7~10
extcheck	JAR 충돌 검사	7~8
jar	JAR 파일 생성 및 관리	7~
java	클래스 파일이나 JAR 파일 실행	7~
javac	자바 언어용 컴파일러	7~
javadoc	자바 API 문서 생성기	7~
javah	JNI 메서드 작성용 C 언어 헤더 파일과 스터브(stub) 파일 생성기	7~9
javap	자바 바이트코드 분석	7~
jlink	모듈과 의존성들을 런타임 이미지 파일로 패키징	7~
jdb	JPDA 프로토콜 기반의 자바 코드 디버거(사용법은 GDB와 비슷)	7~
jdeps	자바 클래스 의존성 분석기	7~
jdeprscan	JAR 패키지에서 사용 중인 폐기 대상 클래스 검색	7~
jwebserver	프로토타이핑, 테스팅, 디버깅용 간단한 웹 서버. HTTP 1.1과 정적 파일만 지원	18~

표 4-6 보안 도구(프로그램 서명, 보안 테스트 설정 등)

이름	주 용도	JDK 버전
keytool	키 저장소와 인증서 관리	7~
jarsigner	JAR 서명 생성 및 검증	7~
policytool	정책 파일 관리용 GUI 도구. 사용자 징책 파일(.java.policy) 관리에 시용힌디.	7 9

---

10 JDK 21 기준 도구 목록: *https://docs.oracle.com/en/java/javase/21/docs/specs/man/*

표 4-7 국제화 도구(로컬 언어 파일 생성)

이름	주 용도	JDK 버전
native2ascii	네이티브 → 아스키 변환기. '지원되는 문자 인코딩'과 해당 '아스키 인코딩 및 유니코드 탈출 문자' 사이를 변환하는 데 사용한다.	7~8

표 4-8 원격 메서드 호출 도구(네트워크를 통한 서비스 상호 작용)

이름	주 용도	JDK 버전
rmic	자바 RMI 컴파일러. 스터브와 스켈레톤 그리고 JRMP나 IIOP를 사용하는 원격 객체용 연결(tie) 객체를 생성한다. OMG IDL 생성에도 쓰인다.	7~14
rmiregistry	원격 객체 레지스트리 서비스. 포트를 지정하여 현재 호스트에서 원격 객체 레지스트리를 생성하고 시작한다.	7~
rmid	활성화 시스템 데몬 시작. 가상 머신에서 객체들의 등록과 활성화를 허용한다.	7~16
serialver	명시한 클래스의 직렬화 버전 아이디를 생성해 반환한다.	7~

표 4-9 자바 IDL과 RMI-IIOP[11]

이름	주 용도	JDK 버전
tnameserv	이름 서비스에 접근	7~10
idlj	IDL → 자바 컴파일러. OMG IDL 인터페이스에 바인딩되는 자바 소스 파일을 생성해서 자바로 작성된 애플리케이션에서 CORBA 함수를 이용할 수 있게 한다. IDL은 인터페이스 정의 언어(interface definition language)를 뜻한다.	7~10
orbd	객체 요청 브로커 데몬(object request broker daemon). 클라이언트에서 CORBA 환경의 서버들에 존재하는 영속 객체를 찾고 호출한다. 임시 이름 서비스인 tnameserv 대신 ORBD를 사용하자. ORBD는 임시 이름 서비스와 영구 이름 서비스를 모두 제공한다. orbd는 부트스트랩 서비스, 임시 이름 서비스, 영구 이름 서비스, 서버 관리자를 통합한 도구다. servertool 도구와 함께 사용하면 클라이언트가 서버를 찾고 등록하고 활성화할 수 있다.	7~10
servertool	손쉬운 애플리케이션 등록 및 해지, 서버 시작 및 종료 인터페이스를 제공한다.	7~10

표 4-10 배포 도구(프로그램 패키징, 릴리스, 배포)

이름	주 용도	JDK 버전
javapackager	자바 또는 자바FX 애플리케이션 패키징 및 서명	7~10
jpackage	자족형(self-contained) 자바 애플리케이션 패키징 도구. 자족형 자바 애플리케이션이란 마치 네이티브 애플리케이션처럼 설치/제거할 수 있는 형태를 말한다. 기존 자바 애플리케이션은 JAR 파일을 배포하고 클래스패스를 설정하는 식으로 설치했다.	14~

---

11 10년 이상 지속된 CORBA 지원이 JDK 11에서 끝이 났다(JEP 320: Remove the Java EE and CORBA Modules - http://openjdk.java.net/jeps/320)

pack200	자바 GZIP 압축기를 사용하여 JAR 파일을 압축된 Pack200 파일로 변환. Pack200은 고도로 압축된 JAR 파일이며 그대로 배포할 수 있어 네트워크 사용량과 다운로드 시간을 줄여 준다.	7~13
unpack200	Pack200 파일의 압축을 풀어 JAR 파일로 변환	7~13

표 4-11 자바 웹 스타트

이름	주 용도	JDK 버전
javaws	자바 웹 스타트 프로그램을 시작하고 다양한 옵션 제공	7~10

표 4-12 JVM 성능 모니터링 및 문제 해결 도구

이름	주 용도	JDK 버전
jps	JVM 프로세스 상태 도구. 지정한 시스템의 모든 핫스팟 가상 머신 프로세스를 출력한다.	7~
jstat	JVM 통계적 모니터링 도구. 핫스팟 가상 머신의 다양한 런타임 데이터를 수집한다.	7~
jstatd	JVM 통계적 모니터링 도구 데몬. jstat의 데몬이다. 테스트할 핫스팟 가상 머신의 생성과 종료를 모니터링하기 위한 RMI 서버 애플리케이션을 띄운다. 또한 로컬 시스템에서 실행 중인 가상 머신에 원격 모니터링 도구를 연결할 수 있는 인터페이스를 제공한다.	7~
jinfo	가상 머신의 설정 정보를 출력한다.	7~
jmap	가상 머신의 메모리 덤프 스냅숏(heapdump 파일)을 생성한다.	7~
jfr	자바 애플리케이션의 런타임 진단 및 프로파일링	13~
jhat	힙 덤프 스냅숏 분석에 쓰인다. HTTP-웹 서버를 내장하여 사용자가 웹 브라우저로 분석 결과를 확인할 수 있다.	7~8(※JDK 9에서 jhsdb로 대체)
jstack	가상 머신의 스레드 스냅숏을 보여 준다.	7~
jhsdb	SA 기반의 핫스팟 프로세스 디버거	9~
jsadebugd	SA 기반의 디버거 데몬. 명시한 자바 프로세스에 SA를 부착하거나, 사후에 디버거를 실행하여 코어 덤프의 내용을 분석한다. 또는 디버그 서버로 동작한다.	7~8
jcmd	가상 머신 진단용 명령 줄 도구. 실행 중인 자바 가상 머신에 진단 명령을 보낸다.	7~
jconsole	자바 가상 머신 모니터링용 GUI 도구. JMX 명세를 따른다. 로컬/원격 가상 머신을 모니터링할 수 있고 애플리케이션들을 모니터링, 관리할 수 있다.	7~
jmc	성능 오버헤드 없이 자바 애플리케이션을 모니터링하고 관리한다.	7~10(※JDK 11부터 별도 제공)
jvisualvm	자바 VisualVM. 자바 가상 머신에서 실행 중인 자바 애플리케이션에 대한 상세 정보를 제공하는 GUI 도구다. 메모리와 CPU 분석, 힙 덤프 분석, 메모리 누수 검출, MBean 접근, 가비지 컬렉션 등의 정보를 제공한다.	7~8(※JDK 9부터 별도 제공)

표 4-13 웹 서비스 도구[12]

이름	주 용도	JDK 버전
schemagen	XML 바인딩용 스키마 생성기. XML 스키마 파일을 생성한다.	7~10
wsgen	XML 웹 서비스 2.0용 자바 API. JAX-WS 웹 서비스에서 쓰이는 JAX-WS 아티팩트를 생성한다.	7~10
wsimport	XML 웹 서비스 2.0용 자바 API. 주로 서버에서 게시한 WSDL 파일을 기반으로 클라이언트를 생성하는 데 사용한다.	7~10
xjc	주로 XML 스키마 파일을 기반으로 자바 클래스 파일을 생성한다.	7~10

표 4-14 REPL과 스크립트 도구

이름	주 용도	JDK 버전
jshell	자바 기반 셸 REPL 도구	9~
jjs	나스혼(Nashorn) 엔진 기반 명령 줄 도구. 나스혼은 자바로 만든 자바스크립트 실행 환경으로 가볍고 빠르다.	7~14
jrunscript	자바 명령 줄 스크립트 셸. 자바스크립트, 그루비, 루비 등의 스크립트 언어를 해석하고 실행한다.	7~

4.3 GUI 도구

명령 줄 도구 외에도 JDK는 더 많은 기능을 통합한 GUI 도구도 몇 가지 제공한다. 대체로 GUI 도구로 프로세스 오류를 더 쉽게 진단하고 디버깅할 수 있다. 가상 머신 문제 해결용 GUI 도구로는 JConsole, JHSDB, VisualVM, JMC가 대표적이다.

이 중 역사가 가장 오래된 도구는 JConsole로 무려 JDK 5 시절부터 존재했다. JHSDB는 공식적으로는 JDK 9에 와서야 제공되었지만 훨씬 전부터 sa-jdi.jar 패키지 안에 HSDB(GUI 도구)와 CLHSDB(명령 줄 도구) 형태로 존재했다.[13] 그러다 정식 도구로 JDK에 편입되면서 별도로 찾아 다운로드하지 않고도 무료로 사용할 수 있게 되었다.

VisualVM은 JDK 6 업데이트 7에 처음 포함되었다. JRockit 미션 컨트롤과 오라클 JDK의 통합이 완료되기 전까지 VisualVM은 오라클이 가장 권장하는 일체형 문제 해결 도구였다. 현재는 JDK에서 분리되어 독립적으로 개발되는 오픈 소스 프로젝트가 되었다.[14] 더는 JDK 공식 도구가 아니지만 여전히 무료로 사용할 수 있다.

---

12 CORBA와 함께 JDK 11부터 제거되었다.
13 정확히는 리눅스와 솔라리스에서는 오라클 JDK 6부터 사용할 수 있었고, 윈도우에서는 오라클 JDK 7부터 이용할 수 있었다.
14 VisualVM 공식 사이트: *https://visualvm.github.io*

한때 BEA의 유명 GUI 진단 도구였던 JMC는 BEA가 오라클에 인수되면서 오라클 JDK에 통합되었다. JDK 7 업데이트 40부터 포함되었고, 그 후 자바 SE 어드밴스트 제품군이 만들어졌다. 오라클은 OpenJDK와 오라클 JDK를 명확히 구분했으며[15] JDK 11부터는 다시 JDK에서 제거되었다. 2018년 오라클이 JMC를 오픈 소스로 풀어 OpenJDK 재단에 관리를 맡겼으나 오픈 소스가 공짜를 뜻하지는 않았다. JMC가 동작하려면 핫스팟 내부의 JFR을 이용해야 하는데, JFR을 이용하려면 상용 라이선스의 오라클 JDK 기능을 사용해야 한다(JCMD의 `VM.unlock_commercial_features` 또는 시작 시 `-XX:+UnlockCommercialFeatures` 매개 변수 추가). 따라서 프로덕션 환경에서 이 기능을 사용하려면 여전히 비용을 지불해야 한다.

이번 절에서 설명하는 내용이 도구 설명 문서를 단순히 번역하는 데 그치지 않도록 하기 위해 몇 가지 코드 샘플을 준비했다. 대부분은 내가 특별히 준비한 '잘못된' 예들이다. 나중에는 몇 가지 도구를 사용하여 이 코드들의 문제를 모니터링하고 분석해 볼 계획이니, 이번 절은 간단한 연습이라고 생각하기 바란다. 앞의 2장과 3장에서 설명한 이론과 곧 관찰할 데이터 및 현상을 비교하며 검증해 볼 수 있을 것이다.

4.3.1 JHSDB: 서비스 에이전트 기반 디버깅 도구

JDK는 JCMD와 JHSDB라는 두 가지 다목적 통합 도구를 제공한다. 이 둘은 앞 절에서 소개한 기본 도구들의 기능을 거의 다 제공할 뿐 아니라 나중에 나온 도구답게 더 강력하다. 표 4-15는 기본 도구들과 똑같은 기능을 JCMD와 JHSDB에서 수행하는 방법을 간략히 정리한 것이다.

표 4-15 기본 도구, JCMD, JHSDB 비교

기본 도구	JCMD	JHSDB
`jps -lm`	`jcmd`	N/A
`jmap -dump <pid>`	`jcmd <pid> GC.heap_dump`	`jhsdb jmap -binaryheap`
`jmap -histo <pid>`	`jcmd <pid> GC.class_histogram`	`jhsdb jmap -histo`
`jstack <pid>`	`jcmd <pid> Thread.print`	`jhsdb jstack -locks`
`jinfo -sysprops <pid>`	`jcmd <pid> VM.system_properties`	`jhsdb info -sysprops`
`jinfo -flags <pid>`	`jcmd <pid> VM.flags`	`jhsdb jinfo --flags`

---

15 자세한 내용은 다음 블로그 글 참고: *https://blogs.oracle.com/java-platform-group/oracle-jdk-releases-for-java-11-and-later*

이번 절의 주제는 '문제를 시각적으로 해결하기'여서 JCMD와 JHSDB의 명령 줄 모드에 관해서는 자세히 설명하지 않을 것이다. 앞 절에서 설명한 기본 명령들, 표 4-15, 오라클의 공식 문서[16]를 참고해서 JCMD와 JHSDB를 함께 응용해 보면 둘의 유사점을 아주 쉽게 유추해 낼 수 있을 것이다. 그 대신 이 책은 간단한 실험과 함께 JHSDB의 GUI 모드에서 제공하는 기능을 설명한다.

JHSDB는 SA를 통해 프로세스 외부에서 디버깅할 수 있는 도구다. SA는 핫스팟 가상 머신이 제공하는 API 집합으로, 자바 가상 머신의 런타임 정보를 제공한다. 대부분 자바 언어로 구현되었고 JNI 코드도 일부 사용한다. SA는 핫스팟의 내부 데이터 구조를 참고해 설계되었다. 이 구조들은 핫스팟 C++ 코드의 데이터를 자바 객체로 그대로 추상화한 것이다. SA의 API를 이용하면 다른 핫스팟의 내부 데이터를 독립된 자바 가상 머신 프로세스에서 분석할 수 있다. 또한 핫스팟이 런타임에 메모리를 어떻게 활용하는지 스냅숏의 덤프 파일로부터 상세하게 복원할 수 있다. SA의 작동 원리는 리눅스의 GDB나 윈도우의 Windbg와 비슷하다.

이제부터 JHSDB를 사용하여 코드 4-2[17]를 분석하며 "staticObj, instanceObj, localObj 변수들 자체(변수가 가리키는 객체가 아닌)는 어디에 저장될까?"라는 간단한 질문에 답해 볼 것이다.

코드 4-2 JHSDB 테스트 코드

```
/**
 * VM 매개 변수: -Xmx10m -XX:+UseSerialGC -XX:-UseCompressedOops
 *
 * staticObj, instanceObj, localObj는 어디에 저장될까?
 */
public class JHSDBTestCase {

    static class Test {
        static ObjectHolder staticObj = new ObjectHolder();
        ObjectHolder instanceObj = new ObjectHolder();

        void foo() {
            ObjectHolder localObj = new ObjectHolder();
            System.out.println("done");       // ❶ 중단점 설정
        }
    }
}
```

---

16 jcmd 명령어 매뉴얼 페이지: *https://docs.oracle.com/en/java/javase/17/docs/specs/man/jcmd.html*
17 RednaxelaFX의 블로그를 참고해 작성했다: *https://rednaxelafx.iteye.com/blog/1847971*

```
    private static class ObjectHolder {}

    public static void main(String[] args) {
        Test test = new JHSDBTestCase.Test();
        test.foo();
    }
}
```

독자들도 물론 답을 이미 알 것이다. staticObj는 Test의 클래스 정보와 함께 메서드 영역에 저장되고, instanceObj는 Test의 객체 인스턴스와 함께 자바 힙에 저장된다. 마지막으로 localObject는 foo() 메서드의 스택 프레임의 지역 변수 테이블에 저장된다.

이상의 답은 앞선 두 개 장에서 배운 지식만으로 얻은 것이다. 이제부터 JHSDB를 이용해서 실제로 그런지 확인해 보겠다.

가장 먼저 변수들이 메모리에 제대로 할당되었는지 확인하기 위한 시간을 벌기 위해 프로그램을 일시 정지할 것이다. 코드의 ❶ 지점에 중단점을 설정한 후 디버그 모드로 실행하면 된다.

JHSDB는 압축 포인터를 지원하지만 일부 버전에서는 결함이 많아서 64비트 시스템을 사용하는 독자라면 이번 실험 동안 압축 포인터를 비활성화하길 권한다. 또한 앞으로 작업 중 메모리에서 객체를 찾는 속도를 높이려면 자바 힙 크기도 제한하는 게 좋다. 다음은 이 책에서 사용한 매개 변수다.

```
-Xmx10m -XX:+UseSerialGC -XX:-UseCompressedOops
```

테스트 프로그램이 실행되면 jps로 프로세스 아이디를 얻어 온다.

```
$ jps -l
24020 Eclipse
43208 jdk.jcmd/sun.tools.jps.Jps
22700 JVM/org.fenixsoft.jvm.chapter4.JHSDBTestCase
```

테스트 프로그램의 프로세스 아이디는 22700으로 확인되었다.[18] 이어서 다음 명령으로 JHSDB를 GUI 모드로 실행하고 프로세스 22700에 연결한다.

```
$ jhsdb hsdb --pid 22700
```

---

18 (옮긴이) 사용자 환경에 따라 다를 수 있다.

그러면 그림 4-4와 같이 JHSDB가 실행될 것이다.

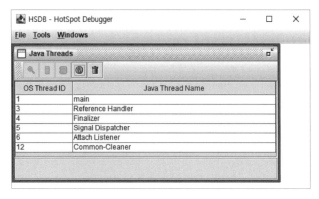

그림 4-4 JHSDB 인터페이스

코드 4-2를 중단점까지 실행하면 총 3개의 ObjectHolder 객체 인스턴스가 생성된다. 우리 목표는 이 세 객체가 참조하는 포인터가 저장된 위치를 찾는 것이다. 객체 인스턴스는 자바 힙에 할당되어야 하므로 자바 힙부터 확인해 보자.

메뉴에서 Tools → Heap Parameters를 클릭하자.[19] 책에서처럼 실행 매개 변수로 시리얼 컬렉터를 선택하면 그림 4-5와 같은 화면이 보일 것이다. 그림에서 시리얼 컬렉터의 전형적인 세대별 메모리 레이아웃을 확인할 수 있다. Heap Parameters 창을 보면 신세대의 에덴, S1, S2와 구세대의 용량(바이트 단위) 및 가상 메모리 주소의 시작 주소와 끝나는 범위를 확인할 수 있다.

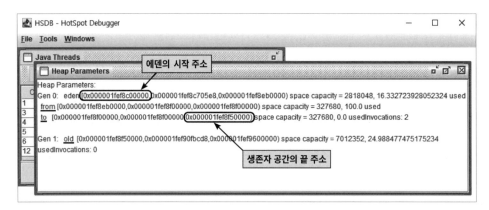

그림 4-5 시리얼 컬렉터 힙 레이아웃

---

19 Windows → Console에서 universe 명령을 실행해도 된다. JHSDB의 GUI가 제공하는 모든 작업은 명령 줄에서도 수행할 수 있다. 콘솔에서 help 명령을 실행하면 더 자세한 정보를 얻을 수 있으니 관심 있는 독자는 참고하기 바란다.

JDK의 기본값이 G1이므로 컬렉터를 지정하지 않았다면 다음과 비슷한 정보가 출력됐을 것이다.

```
Heap Parameters:
garbage-first heap [0x00007f32c7800000, 0x00007f32c8200000] region size 1024K
```

각 공간의 메모리 주소 범위는 계속 사용되니 잘 확인하기 바란다. Windows → Console 메뉴에서 명령 줄 창을 열고, scanoops 명령으로 자바 힙의 신세대에서 ObjectHolder의 인스턴스를 찾아보자. 에덴의 시작 주소에서 생존자 공간의 끝 주소를 이용하면 된다. ObjectHolder는 패키지명을 포함한 완전한 이름을 사용해야 한다. 결과는 다음과 같다.

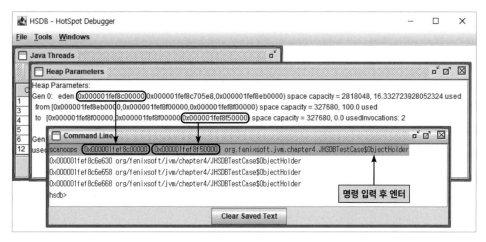

그림 4-6 신세대에서 ObjectHolder 인스턴스의 위치

기대한 대로 인스턴스 3개를 찾아 주소를 출력했고 모두 에덴의 주소 범위에 있다. 이로써 일반적인 환경에서 새로운 객체는 에덴에 만들어진다는 규칙이 잘 지켜졌음을 확인했다.

이어서 Tools → Inspector 메뉴로 인스펙터를 실행하여 방금 얻은 3개 주소에 객체가 저장되어 있는지 확인해 보자. 결과는 그림 4-7과 같다.

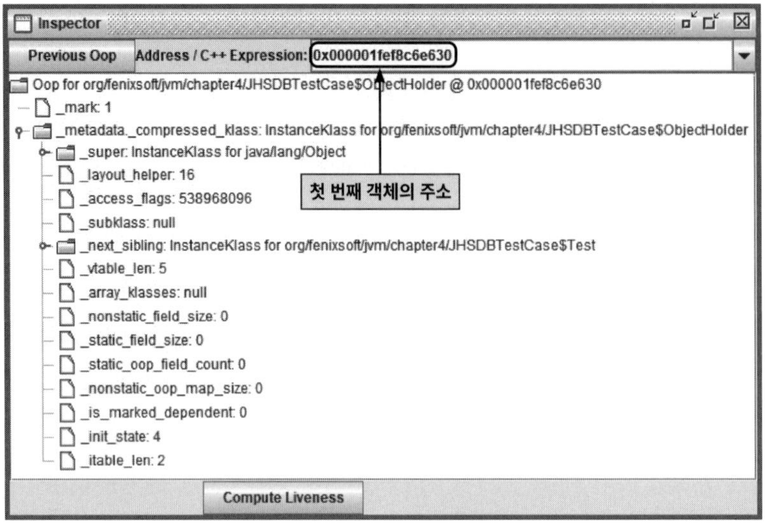

그림 4-7 객체 인스턴스 데이터 뷰

인스펙터는 객체 헤더와 객체 메타데이터를 가리키는 포인터를 보여 준다. 객체 메타데이터에는 자바 클래스 이름, 상속 관계, 인터페이스 구현 관계, 필드 정보, 메서드 정보, 런타임 상수 풀 포인터, 내부 가상 메서드 테이블(vtable), 인터페이스 메서드 테이블(itable) 등의 정보가 담겨 있다. 앞서 ObjectHolder에 아무런 필드도 정의하지 않았기 때문에 그림에서 인스턴스 필드 데이터는 찾아볼 수 없다. 궁금한 독자는 다양한 데이터 타입의 필드를 정의해서 실험해 보면 핫스팟 가상 머신이 필드들을 어떻게 저장하는지 확인할 수 있을 것이다.

이어서 힙 안의 객체 인스턴스 주소를 이용해 이 객체들을 참조하는 포인터를 찾아야 한다. 원래 JHSDB의 Tools → Compute Reverse Ptrs 메뉴를 실행하면 된다. 그러나 내 환경에서는 스윙 인터페이스에서 예외가 발생했다. 로그를 살펴보니 널 포인터 예외였는데, 가상 머신과는 관련이 없어 보였다. 그래서 더 파고들지 않고 간단한 명령 줄을 대신 사용하기로 했다. 첫 번째 객체부터 시작하자.

당연하게도 이 객체를 참조하는 곳을 찾았다. java.lang.Class의 인스턴스이며 주소는 0x000001fef8c6b650이다. 그림 4-9와 같이 ❶ 인스펙터에 이 주소를 입력해 보면 ❷ 실제로 java.lang.Class 타입의 객체 인스턴스이며, Class 타입 객체 인스턴스는 ❸ staticObj라는 이름의 인스턴스 필드를 가지고 있음을 확인할 수 있다.

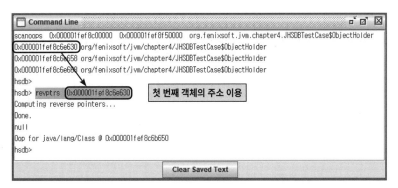

그림 4-8 첫 번째 객체를 참조하는 포인터 찾기

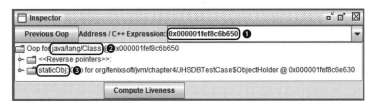

그림 4-9 Class 객체

《자바 가상 머신 명세》의 개념 모델에 따르면 Class 관련 정보는 모두 메서드 영역에 저장된다. 하지만 메서드 영역을 어떻게 구현해야 하는지는 정의하지 않아서 가상 머신에 따라 고유한 방식을 선택할 수 있다.

JDK 7 이후의 핫스팟 가상 머신은 정적 변수와 그에 매핑된 Class 객체를 함께 자바 힙에 저장하기로 했다. 실험 결과에서도 분명하게 확인할 수 있다.[20]

계속해서 두 번째 객체를 찾아보자.

```
hsdb> revptrs 0x00007f32c7a7c480
Oop for org/fenixsoft/jvm/chapter4/JHSDBTestCase$Test @ 0x000001fef8c6e640
```

객체 인스턴스의 타입은 JHSDBTestCase$Test다. 인스펙터로 보면 그림 4-10처럼 표시된다.

예상과 완벽히 일치하는 결과다. 자바 힙에 있는 JHSDBTestCase$Test 객체의 instanceObj 필드가 두 번째 ObjectHolder를 가리킨다. 하지만 같은 방식으로 세

---

20 JDK 7 이전, 즉 영구 세대 퇴출을 시작하기 전에는 정적 변수를 영구 세대에 저장했다. JDK 7부터는 정적 변수와 문자열 상수를 영구 세대에 저장하지 않게 바뀌었다.

그림 4-10 JHSDBTestCase$Test 객체

번째 ObjectHolder 인스턴스를 찾아보면 JHSDB가 null을 반환한다. 아무것도 찾지 못했다는 뜻이다.

```
hsdb> revptrs 0x000001fef8c6e668
null
```

revptrs 명령이 스택을 참조하는 포인터는 찾지 못하는 걸로 보인다. 하지만 문제 될 건 없다. 다행히 테스트 코드가 아주 간단하니 우리가 직접 찾아내면 된다. ❶ Java Threads 창에서 main 스레드를 선택한 다음 ❷ Stack Memory 버튼을 클릭하자(그림 4-11).

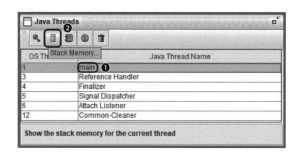

그림 4-11 main 스레드의 스택 메모리 확인하기

그림 4-12처럼 main 스레드의 스택 메모리를 볼 수 있다.

이 스레드에는 메서드 스택 프레임이 단 둘뿐이다. 검색 기능은 없다지만 주소 0x00000056dccff490의 값이 ❶ 정확히 0x000001fef8c6e668임을 눈으로 확인할 수 있다. 그리고 JHSDB가 그 옆에 생성해 둔 주석을 보면 ❷ 신세대의 JHSDBTest Case$ObjectHolder 객체를 참조함을 알 수 있다.

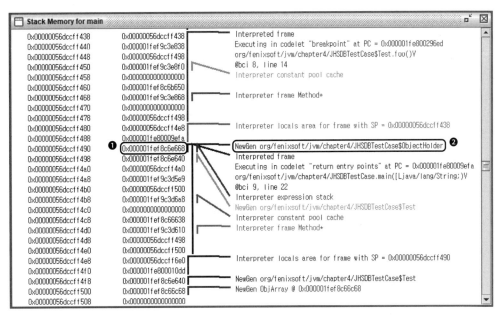

그림 4-12 main 스레드의 스택 메모리

지금까지 실험을 통해 테스트 코드의 객체 3개를 어디에서 참조하고 있는지 성공적으로 추적해 냈다. 또한 절 초반에 제기한 "변수들 자체는 어디에 저장될까?"라는 질문의 답도 확인할 수 있었다.

JHSDB는 매우 강력하고 유연하다. 이번 절에서는 아주 살짝 맛만 본 수준이다. 독자들도 실무 개발 프로젝트에서 이 도구를 활용하여 가상 머신 프로세스나 덤프된 메모리 스냅숏을 디버깅하며 구체적인 경험을 쌓아 보기 바란다.

4.3.2 JConsole: 자바 모니터링 및 관리 콘솔

JConsole은 JMX에 기반한 GUI 모니터링 및 관리 도구다. 주로 정보를 수집하고 JMX MBean(Managed Bean)을 통해 시스템의 매개 변숫값을 동적으로 조정하는 데 쓰인다. JMX는 가상 머신 자체는 물론 가상 머신에서 구동되는 소프트웨어를 관리하는 용도다. 공개 기술이라서 모니터링과 관리 기능을 제공하는 미들웨어들은 대체로 JMX를 이용한다. 가상 머신이 JMX MBean을 다루는 프로토콜도 완전히 공개되어 있다. 따라서 JMX 프로토콜을 지원하는 관리 콘솔의 API를 호출해도 되고, JMX 명세를 따르는 다른 소프트웨어를 이용해도 무방하다.

JConsole 실행

JDK/bin 디렉터리의 jconsole.exe를 실행하면 그림 4-13처럼 실행 중인 가상 머신 프로세스들을 자동으로 찾아 주므로 jps를 따로 실행하지 않아도 된다. 화면에 표시된 Local Process 목록에서 하나를 선택하면 메인 화면(그림 4-14)으로 진입하고 모니터링이 시작된다. 또한 JMX는 서버 간 관리도 지원한다. Remote Process 부분에 원격 서버 정보를 입력하면 원격 가상 머신을 모니터링할 수 있다.

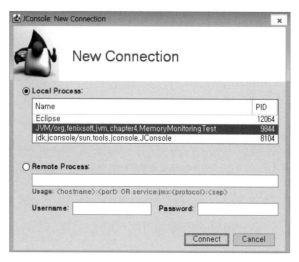

그림 4-13 JConsole 연결 화면

그림 4-13에서는 총 3개의 로컬 가상 머신 프로세스가 구동 중임을 확인할 수 있다. 이클립스와 JConsole과 MemoryMonitoringTest다. 이 중 MemoryMonitoringTest는 뒤에 나올 코드 4-3을 실행한 프로세스다. 이 프로세스를 더블 클릭하여 JConsole 메인 화면으로 들어가 보자. 그림 4-14에서 보듯 메인 화면은 Overview, Memory, Threads, Classes, VM Summary, MBeans 총 6개의 탭으로 이루어져 있다.

Overview 탭은 Heap Memory Usage, Threads, Classes, CPU Usage 등 전체 가상 머신의 주요 운영 데이터를 요약해 보여 준다. 이는 각각 Memory, Threads, Classes 탭의 정보를 요약한 내용이며 구체적인 설명은 뒤에서 하겠다.

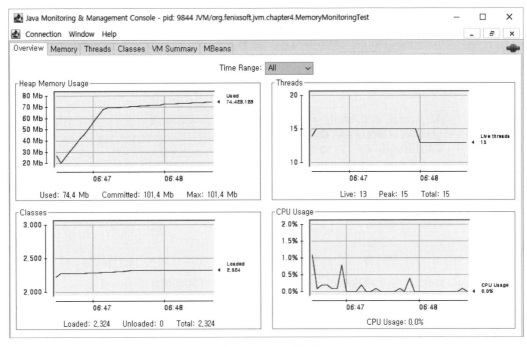

그림 4-14 JConsole 메인 화면

메모리 모니터링

Memory 탭은 jstat 도구의 GUI 버전이라 할 수 있다. 주요 용도는 가비지 컬렉터가 관리하는 가상 머신 메모리의 변화 추이 관찰이다. 자바 힙은 컬렉터가 직접 관리하며 메서드 영역은 간접적으로 관리한다. 이제 코드 4-3을 실행하여 모니터링 기능을 직접 살펴보자. 가상 머신 매개 변수를 지정하는 걸 잊지 말자.

코드 4-3 JConsole 모니터링 코드

```
/**
 * VM 매개 변수: -XX:+UseSerialGC -Xms100m -Xmx100m
 */
public class MemoryMonitoringTest {
    /**
     * 메모리 영역 확보 객체(placeholder), OOMObject의 크기는 약 64KB다.
     */
    static class OOMObject {
        public byte[] placeholder = new byte[64 * 1024];  // 64KB짜리 객체
    }

    public static void fillHeap(int num) throws InterruptedException {
        List<OOMObject> list = new ArrayList<OOMObject>();
        for (int i = 0; i < num; i++) {
```

```
        // 모니터링 곡선의 변화를 더 분명하게 만들기 위한 약간의 지연
        Thread.sleep(50);              // ❶
        list.add(new OOMObject());  // ❶
    }
    System.gc();  // ❷
}

public static void main(String[] args) throws Exception {
    fillHeap(1000);  // ❸
    while(true) {     // ❹ 강제 종료 시까지 대기
        System.out.println("대기 시작");
        Thread.sleep(1000);
    }
}
}
```

이 코드는 자바 힙에 ❶ 64KB/50ms의 속도로 ❸ 총 1000개의 데이터를 채워 넣는다.
JConsole의 Memory 탭에서 이 코드의 곡선과 히스토그램의 변화를 관찰해 보자.

프로그램을 실행하면 그림 4-15에서 보듯이 Memory 탭에서 메모리 풀 중 에덴
의 추이를 볼 수 있다. 그리고 객체 1000개를 다 채워 넣고 나면 ❷ System.gc()가
호출되고 ❹ 대기한다. 바로 종료하지 않고 대기하는 이유는 가비지 컬렉션 후의
데이터를 전달할 때까지 JConsole과의 연결을 유지하기 위해서다.

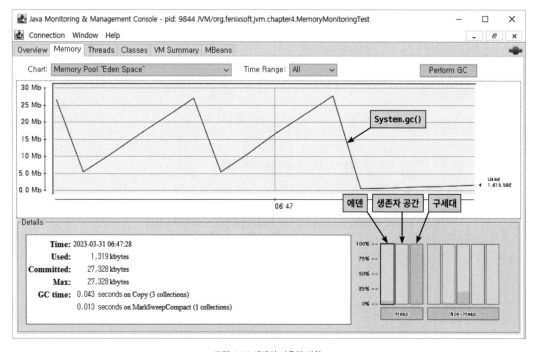

그림 4-15 에덴의 사용량 변화

가비지 컬렉션 후 대기 상태의 모습을 보면 신세대의 에덴과 생존자 공간은 거의 깨끗하게 비워진다. 하지만 구세대는 여전히 최고치를 유지하고 있다. System.gc() 가 실행된 후에도 힙에 채워진 데이터가 여전히 살아 있음을 뜻한다.

이쯤에서 생각해 볼 질문 두 개를 던져 본다. 답을 읽기 전에 곰곰이 생각해 보자.

1. 가상 머신 실행 시 -Xms와 -Xmx 매개 변수로 자바 힙을 100MB로 제한했다. 하지만 이 매개 변수들은 신세대의 크기를 명시하는 용도가 아니다. JConsole의 모니터링 그래프를 보고 신세대의 용량을 예측할 수 있을까?

2. 그림 4-15에서 System.gc() 후에도 힙이 최대치를 유지하는 이유는 무엇일까? 그리고 System.gc()가 힙의 객체들을 회수하도록 하려면 코드를 어떻게 수정해야 할까?

첫 번째 질문의 답: 그림 4-15에 따르면 에덴의 크기는 27.328KB다. -XX:Survivor Ratio 매개 변수를 따로 설정하지 않았으므로 에덴과 생존자 공간의 비율은 기본 값인 8:1이다. 따라서 신세대 전체의 용량은 대략 27.328KB×125%=34.160KB다.

두 번째 질문의 답: System.gc()가 공간을 확보하지 못한 이유는, 호출 시점이 fillHeap() 메서드를 빠져나가기 전이라서 List<OOMObject> 객체가 여전히 살아 있기 때문이다. System.gc()가 실행될 때 리스트 객체가 여전히 '범위 안'에 존재한다는 뜻이다.[21] 따라서 System.gc()를 fillHeap() 메서드 바깥으로 빼면 메모리를 회수할 수 있다.

스레드 모니터링

JConsole의 Memory 탭이 jstat의 GUI 버전이었다면, Thread 탭은 jstack의 GUI 버전이라 할 수 있다. 스레드가 정지된 상황이라면 이 탭의 기능을 이용해 분석할 수 있다.

앞에서 jstack을 설명할 때 스레드가 장시간 멈춰 있는 주된 원인은 데이터베이스 연결, 네트워크, 디바이스 등 외부 자원 대기 또는 무한 루프나 락 대기 등이라고 했다. 다음 코드 4-4는 이 상황들을 차례로 시연한다.

---

21 정확하게 말하면 가상 머신이 인터프리터로 실행될 때만 '범위 안'에 존재하는 객체가 회수되지 않음이 보장된다. 지금 하는 회수는 지역 변수 테이블의 변수 슬롯 재활용과 JIT 컴파일러의 개입 시점과 관련이 있다. 더 자세한 내용이 궁금한 독자는 8장의 코드 8-1을 참고하기 바란다.

코드 4-4 대기 상태에 빠진 스레드 시연 코드

```java
public class ThreadMonitoringTest {
    /**
     * 무한 루프를 도는 스레드 생성
     */
    public static void createBusyThread() {
        Thread thread = new Thread(new Runnable() {
            @Override
            public void run() {
                while (true)  // 17번째 줄
                    ;
            }
        }, "testBusyThread");
        thread.start();
    }

    /**
     * 락을 대기하는 스레드 생성
     */
    public static void createLockThread(final Object lock) {
        Thread thread = new Thread(new Runnable() {
            @Override
            public void run() {
                synchronized (lock) {
                    try {
                        lock.wait();
                    } catch (InterruptedException e) {
                        e.printStackTrace();
                    }
                }
            }
        }, "testLockThread");
        thread.start();
    }

    public static void main(String[] args) throws Exception {
        BufferedReader br = new BufferedReader(new InputStreamReader(System.in));

        // 콘솔(터미널)에서 '엔터' 키를 치면 다음 줄 실행
        br.readLine();
        createBusyThread();

        // 콘솔(터미널)에서 '엔터' 키를 치면 다음 줄 실행
        br.readLine();
        Object obj = new Object();
        createLockThread(obj);
    }
}
```

이 프로그램을 실행한 다음 그림 4-16과 같이 Threads 탭에서 ❶ main 스레드를 선택하자. 오른쪽 창에 선택한 스레드의 자세한 정보가 나타난다. ❷ 스택 추적(Stack trace:) 부분을 보면 BufferedReader의 readBytes() 메서드가 System.in으로부터 키보드 입력을 기다리고 있음을 볼 수 있다. ❸ 현재 스레드 상태는 RUNNABLE이라서 실행 시간을 할당받지만, readBytes() 메서드는 입력 스트림에 데이터가 없다면 곧바로 실행 토큰을 운영 체제에 반환할 것이다. 그래서 이런 형태의 대기는 프로세서 자원을 조금밖에 사용하지 않는다.

그림 4-16 main 스레드 정보

다음으로 코드 4-5를 실행한 콘솔(터미널)에서 엔터 키를 한 번 입력한다. 그러면 testBusyThread를 생성하면서 그림 4-17처럼 Threads 탭에도 ❶ testBusyThread가 나타난다. 즉, 빈 루프를 실행하는 스레드다. 스택 추적 부분을 보면 ❷ Thread MonitoringTest.java 코드의 17번째 줄에서 대기 중임을 알 수 있고, 17번째 줄의 코드는 바로 while(true)다. 이때도 ❸ 스레드 상태는 RUNNABLE이라서 스레드 실행 토큰을 반환하지 않는다. 따라서 스레드가 전환(switch)될 때까지 운영 체제가 할당해 준 실행 시간을 그저 빈 루프를 돌며 소진할 것이다. 이런 형태의 대기는 프로세서 자원을 많이 사용한다.

그림 4-17 testBusyThread 스레드 정보

콘솔(터미널)에서 엔터 키를 한 번 더 입력하면 testLockThread까지 실행된다. 그림 4-18처럼 ❶ 이 스레드는 Object.wait() 메서드를 실행 중이다. lock 객체의

notify()나 notifyAll() 메서드가 호출되기를 기다리고 있다는 뜻이다. ❷ 또한 현재 WAITING 상태라서 깨어나기 전에는 실행 시간이 할당되지 않을 것이다.

그림 4-18 testLockThread 스레드 정보

testLockThread 스레드는 일반적인 락을 기다리고 있다. 따라서 lock 객체의 notify() 나 notifyAll() 메서드가 호출되기만 하면 다시 활성화되어 작업을 이어갈 것이다.

다음 코드 4-5는 교착 상태에 빠져 다시는 활성화될 수 없는 코드다.

코드 4-5 교착 상태 코드 예

```java
public class DeadLockMonitoringTest {
    static class SynAddRunnalbe implements Runnable {
        int a, b;
        public SynAddRunnalbe(int a, int b) {
            this.a = a;
            this.b = b;
        }

        @Override
        public void run() {
            synchronized (Integer.valueOf(a)) {     // ❶
                synchronized (Integer.valueOf(b)) {  // ❶
                    System.out.println(a + b);
                }
            }
        }
    }

    public static void main(String[] args) {
        for (int i = 0; i < 100; i++) {  // 총 200개의 스레드 생성
            // 1+2를 수행하는 스레드
            new Thread(new SynAddRunnalbe(1, 2)).start();
            // 2+1을 수행하는 스레드
            new Thread(new SynAddRunnalbe(2, 1)).start();
        }
    }
}
```

이 코드는 총 200개의 스레드를 만들어서 1+2와 2+1 계산을 수행한다. 이론적으로는 for 순환문 없이 스레드를 단 2개만 만들어도 교착 상태에 빠질 수 있지만, 가능성이 매우 희박하여 아주 여러 번 시도해야 할 것이다. 하지만 코드 4-5는 운이 좋다면 한두 번 만에도 교착 상태에 빠진다.

교착 상태를 일으키는 근본 원인은 ❶ Integer.valueOf() 메서드의 구현 방식에 있다. 이 메서드는 생성되는 객체 수를 줄여 메모리를 절약하기 위해 값이 −128~127 사이[22]인 Integer 객체를 캐시해서 쓰도록 구현되었다. 그래서 인수로 건네진 값이 이 범위에 있다면 캐시해 둔 객체를 반환한다. 다시 말해 코드 4-5는 Integer.valueOf() 메서드를 200번 호출하지만 만들어지는 객체는 단 2개뿐이다. 그래서 두 동기화 블록 사이에서 스레드 전환이 일어난다면, 스레드 A는 스레드 B가 소유한 Integer.valueOf(1)을 기다리고, B는 A가 소유한 Integer.valueOf(2)를 기다리게 된다. 결국 두 스레드 모두 실행되지 못한다.

교착 상태에 빠지면 JConsole의 Threads 탭 아래쪽에 보이는 Detect Deadlock 버튼을 클릭하자. 그러면 그림 4-19처럼 ❶ Deadlock 탭이 새로 나타날 것이다. 교착 상태에 빠진 스레드만 따로 필터링해 보여 주는 탭이다.

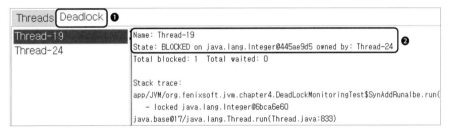

그림 4-19 교착 상태에 빠진 스레드 보기

그림에서 Thread-19를 클릭해 보면 ❷ Thread-24가 소유한 Integer 객체를 기다리고 있음을 알 수 있다. 그리고 Thread-24를 클릭해 보면 반대로 Thread-19가 소유한 Integer 객체를 기다리고 있다. 두 스레드가 서로를 기다리는 상황이라서 어느 하나가 희생하기 전에는 교착 상태를 풀 수 없다.

4.3.3 VisualVM: 다용도 문제 대응 도구

VisualVM은 일반적인 운영 및 문제 대응 기능에 더해 성능 분석까지 제공하는 올

---

22 이는 《자바 가상 머신 명세》가 명시한 기본값이다. 값을 변경하려면 java.lang.Integer.IntegerCache.high 매개 변수를 설정하면 된다.

인원 자바 문제 해결 도구다. 물론 성능 분석 측면에서 JProfiler나 YourKit 같은 상용 프로파일러에는 미치지 못하지만 큰 장점이 하나 있다. VisualVM은 모니터링 대상 프로그램에 특별한 에이전트 소프트웨어를 심지 않아도 돼서 활용하기 쉽고 애플리케이션 성능에 미치는 영향도 적다. 그래서 프로덕션 환경에도 곧바로 적용할 수 있다. JProfiler와 YourKit보다 확실히 나은 점이다.

VisualVM 설치 및 실행

VisualVM은 하위 호환성이 워낙 뛰어나서 2003년에 릴리스된 JDK 1.4.2와도 사용할 수 있다. 현재 OpenJDK와 오라클 JDK는 물론 그랄VM도 지원한다. 그런데 JDK 6~8 시절에만 JDK와 함께 배포되었기 때문에 그 외 버전을 사용하고 있거나 최신 VisualVM을 이용하려면 별도로 설치해야 한다.

1. 홈페이지(*https://visualvm.github.io/*)에서 다운로드 페이지로 이동한 다음 원하는 버전의 VisualVM을 받는다. 이 책에서는 2.1.5 버전을 활용했다.
2. 받은 파일의 압축을 푼 후 원하는 경로로 옮긴다. 별도 설치 과정 없이 바로 실행할 수 있으므로 이 경로가 곧 설치 경로인 셈이다.
3. 명령 프롬프트에서 〈설치 경로〉/bin으로 이동한다.
4. `visualvm --jdkhome <JDK 설치 경로>` 명령을 실행한다.

플러그인 설치

VisualVM은 넷빈즈 플랫폼을 기초로 만들어져서 플러그인 기능을 시작부터 갖추고 있었다. 그 덕분에 많은 플러그인이 제작되어서 다음과 같이 다양한 기능을 활용할 수 있다.

- 가상 머신 프로세스, 프로세스 설정, 환경 정보를 보여 준다(jps, jinfo).
- 애플리케이션의 프로세스, 가비지 컬렉터, 힙, 메서드 영역, 스레드 정보를 모니터링한다(jstat, jstack).
- 힙 스냅숏을 덤프하고 분석한다(jmap, jhat).
- 프로그램 성능을 메서드 수준에서 분석하여 가장 빈번히 호출되고 긴 시간을 소모하는 메서드를 찾을 수 있다.
- 오프라인 프로그램 스냅숏: 프로그램의 런타임 설정, 스레드 덤프, 메모리 덤프 등의 정보를 스냅숏으로 만들어 개발자에게 전송할 수 있다.

VisualVM을 제대로 활용하려면 플러그인이 필요하다. 기초적인 모니터링과 스레드 패널은 기본 플러그인으로 제공되지만, 다른 플러그인을 설치하지 않으면 가장 멋진 기능을 포기하는 것과 같다. 마치 윈도우 운영 체제를 아무런 애플리케이션도 설치하지 않고 사용하는 것과 마찬가지다.

플러그인을 수동으로도 설치할 수 있지만, 자동 설치 기능으로도 필요한 플러그인 대부분을 설치할 수 있다. 인터넷에 연결된 상태에서 Tools → Plugins 메뉴를 선택해 보자. 그런 다음 Available Plugins 탭을 선택하면 그림 4-20과 같이 현 버전의 VisualVM에서 사용할 수 있는 플러그인 목록을 전부 볼 수 있다. 왼쪽 목록에서 플러그인을 선택하면 오른쪽 화면에서 개발자, 버전, 상세 설명 같은 기본적인 정보를 알려 준다.

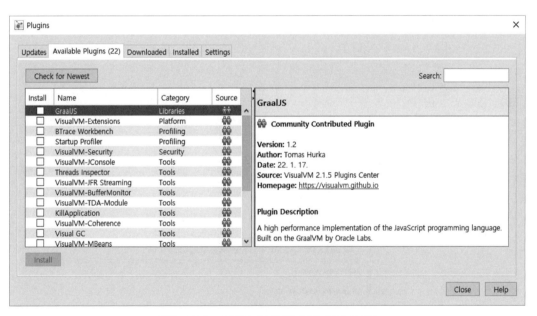

그림 4-20 VisualVM에서 자동 설치할 수 있는 플러그인 목록

필요하거나 궁금한 플러그인을 선택한 다음 아래쪽 Install 버튼을 클릭하자. 그림 4-21의 팝업 창이 뜨면서 다운로드가 시작될 것이다. 화면 안내에 따라 진행하면 설치가 완료된다.

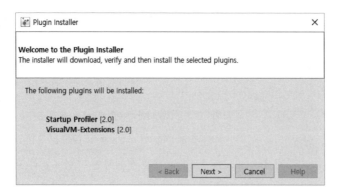

그림 4-21 VisualVM 플러그인 설치 프로세스

메인 화면에서 모니터링할 프로그램을 선택하면 그림 4-22와 같은 모습을 볼 수 있다. VisualVM 버전이나 설치된 플러그인들이 다르면 이 책의 화면과는 조금 다를 것이다.

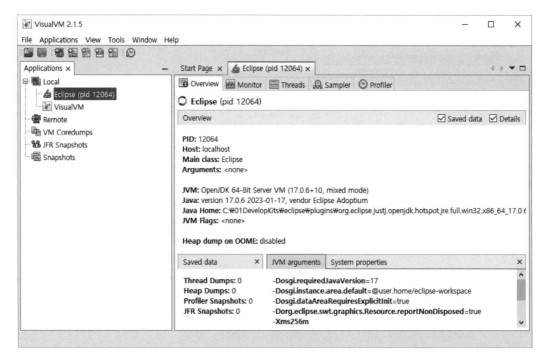

그림 4-22 VisualVM 메인 화면

VisualVM의 Overview, Monitor, Threads 기능은 앞서 소개한 JConsole과 별반 다르지 않으니 앞 절에서 설명한 내용을 바탕으로 충분히 유추할 수 있을 것이다. 그래서 이번 절에서는 고유한 기능과 플러그인을 추려 가볍게 설명해 보겠다.

힙 스냅숏 덤프 생성하고 둘러보기

VisualVM에서 힙 스냅숏을 파일로 덤프하는 방법은 두 가지다. 편한 방법을 이용하면 된다.

1. 왼쪽 Applications 창에서 원하는 애플리케이션을 선택해 마우스 우클릭 후 Heap Dump 메뉴를 선택한다.
2. Applications 창에서 원하는 애플리케이션을 더블 클릭하면 오른쪽에 상세 정보 창이 열린다(그림 4-22). Monitor 탭에서 Heap Dump 버튼을 찾아 클릭한다.

덤프 파일이 만들어지면 그림 4-23처럼 Applications 창에 'heapdump'로 시작하는 자식 노드가 나타난다. 오른쪽 창에는 heapdump 탭이 새로 만들어지며 자동으로

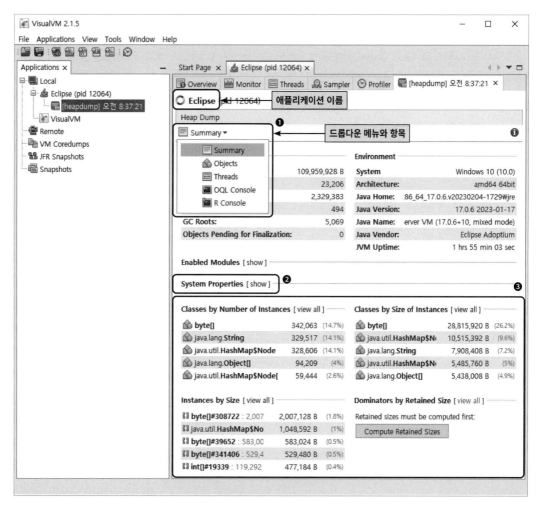

그림 4-23 덤프 파일 살펴보기

선택된다. 이렇게 생성한 덤프 파일은 기본적으로 VisualVM이 닫힐 때 자동으로 지워진다. 따라서 따로 저장하거나 전송해야 한다면 heapdump 노드에서 우클릭 → Save As 메뉴를 이용하자. 기존에 저장해 둔 덤프 파일은 File → Load 메뉴로 읽어 들일 수 있다.

❶의 드롭다운을 클릭하면 Summary, Objects, Threads, OQL Console 등 다양한 항목을 선택할 수 있다. 그중 Summary를 선택하면 덤프된 애플리케이션의 ❷ 시스템 속성 등의 정보를 확인할 수 있다(System.getProperties()의 결과). ❸ 클래스별 인스턴스 수와 차지하는 용량 등의 통계도 보인다. 구체적인 항목은 선택한 애플리케이션에 따라 다를 수 있다.

특정 클래스의 인스턴스 관련 상세 정보가 궁금하면 ❶ 드롭다운에서 Object를 선택하자. 애플리케이션에서 사용한 수많은 클래스 목록이 펼쳐질 것이다. 원하는 클래스를 클릭하면 자세한 정보를 얻을 수 있다.

마지막으로 OQL Console에서는 4.2.5절의 jhat에서 소개한 OQL 쿼리문을 이용할 수 있다.

프로그램 성능 분석하기

Profiler 탭에서는 프로그램이 동작하는 도중의 프로세서(CPU) 사용 시간과 메모리 사용량을 메서드 수준에서 분석할 수 있다. 프로파일링은 프로그램의 런타임 성능에 영향을 주는 편이므로 프로덕션 환경에서는 잘 쓰이지 않는 기능이다. 그래서 프로파일링 기능이 더 뛰어나고 애플리케이션에 주는 부담도 더 적은 JMC를 사용하기도 한다.

그림 4-24를 보자. 성능 분석을 시작하려면 ❶ 가장 먼저 CPU와 Memory 버튼 중하나를 클릭한 다음 해당 애플리케이션에서 분석하길 원하는 기능을 실행한다. 그러면 애플리케이션이 호출하는 모든 메서드를 기록하기 시작한다. CPU를 클릭했다면 각 메서드의 호출 횟수와 소요 시간을 기록한다. Memory를 클릭했다면 각 메서드와 관련한 객체의 수와 이 객체들이 점유한 공간의 크기를 기록한다. ❷ 모니터링을 중단하려면 Stop 버튼을 클릭한다.

그림 4-24는 톰캣 서버를 구동하면서 기록하고 분석한 결과다. 독자들도 자신의 애플리케이션을 분석하여 실제 비즈니스 복잡성과 구현 코드의 소요 시간 및 호출 횟수를 비교해 보면, 더 파헤쳐 봐야 할 메서드를 찾을 수 있을 것이다.

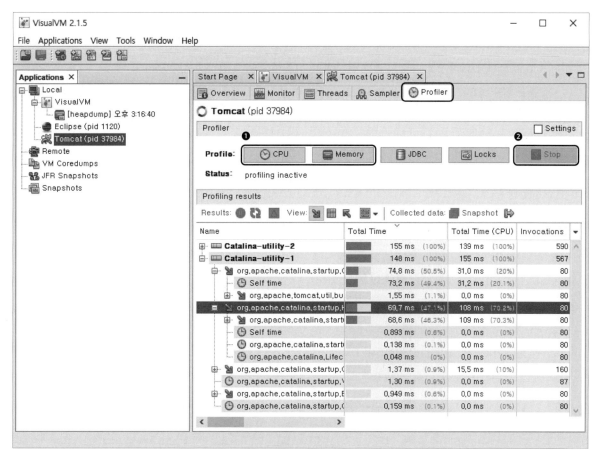

그림 4-24 애플리케이션의 CPU 실행 시간 분석

BTrace 동적 로그 추적하기

BTrace[23]는 아주 멋진 VisualVM 플러그인이자 독립적으로도 사용할 수 있는 프로 그램이다. BTrace는 핫스팟 가상 머신의 인스트루먼트 기능[24]을 이용하여 원래 코 드에 없던 디버깅 코드를 동적으로 삽입할 수 있다. 더구나 이 디버깅 코드는 대상 프로그램의 동작에 간섭하지 않기 때문에 운영 중인 프로그램에 매우 유용하다. 예 를 들어 프로그램에 문제가 생겼는데, 문제 해결에 필요한 정보(메서드 매개 변수 나 반환값 등)를 코드에서 로깅하지 않고 있다고 해 보자. 이런 상황에서 디버깅용

---

23 BTrace 홈페이지: *https://github.com/btraceio/btrace*
24 JVMTI의 주요 구성 요소로, 이미 로딩되어 동작 중인 코드를 핫스팟 가상 머신이 런타임에 갱신할 수 있 도록 해 준다.

로깅 코드를 추가하려면 일반적으로는 서비스를 잠시 중단해야 한다.

먼저 VisualVM에 BTrace Workbench 플러그인을 설치하자. 그런 다음 Applications 창에서 디버깅할 프로그램을 선택해 마우스 우클릭 → Trace Application 메뉴를 클릭하면 그림 4-25처럼 ❶ BTrace 탭이 열린다. 이 탭은 단순한 자바 프로그램 개발 환경처럼 보이며 ❷ 심지어 짧은 자바 코드가 이미 입력되어 있다.

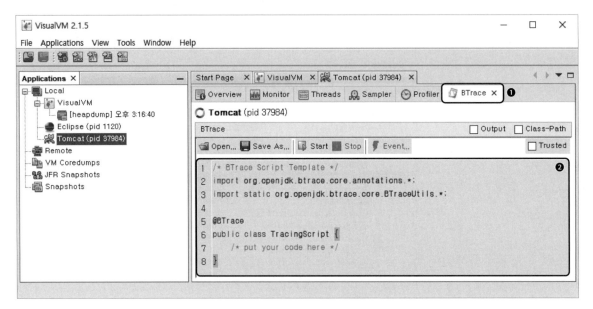

그림 4-25 BTrace 동적 추적

다음은 BTrace의 기능을 체험해 보기 위해 준비한 간단한 자바 코드다.

코드 4-6 **BTrace 추적 데모**

```java
public class BTraceTest {
    public int add(int a, int b) {
        return a + b;
    }

    public static void main(String[] args) throws IOException {
        BTraceTest test = new BTraceTest();
        BufferedReader reader = new BufferedReader(new
            InputStreamReader(System.in));
        for (int i = 0; i < 10; i++) { // ❶ 10회 반복
            reader.readLine();          // ❷ 엔터 키 입력 대기
            int a = (int) Math.round(Math.random() * 1000); // ❸ 무작위 정수 생성
            int b = (int) Math.round(Math.random() * 1000);
```

```
            System.out.println(test.add(a, b));              // ❹ 두 정수 더하기
        }
    }
}
```

보다시피 이 코드는 ❷ 엔터 키를 누를 때마다 ❸ 1000 이하의 무작위 정수 두 개를 생성하여 ❹ 더한 값을 출력하는 작업을 ❶ 총 10회 반복한다.

이 코드를 포함한 프로그램이 이미 서비스 중인 상황에서, 생성된 두 무작위 값을 알 수 있어야 한다는 요구 사항이 새로 들어왔다고 해 보자. 현재 코드에는 그런 기능이 없다. 이때 VisualVM을 실행하여 모니터링을 시작하고, BTrace 탭에 코드 4-7의 디버깅 코드를 입력해 넣는다. 이 작업은 모두 실행 중인 프로그램에 아무런 영향을 주지 않고 진행할 수 있다.

코드 4-7 BTrace 디버깅 코드

```
/* BTrace 스크립트 템플릿 */
import org.openjdk.btrace.core.annotations.*;
import static org.openjdk.btrace.core.BTraceUtils.*;

@BTrace
public class TracingScript {
    @OnMethod(
        clazz="org.fenixsoft.jvm.chapter4.BTraceTest",
        method="add",
        location=@Location(Kind.RETURN)
    )

    public static void func(@Self org.fenixsoft.jvm.chapter4.BTraceTest instance,
                            int a, int b, @Return int result) {
        println("콜 스택:");
        jstack();
        println(strcat("메서드 매개 변수 A:", str(a)));
        println(strcat("메서드 매개 변수 B:", str(b)));
        println(strcat("메서드 결과:", str(result)));
    }
}
```

그림 4-26은 추적 결과 화면이다. ❶ Start 버튼을 클릭하고 잠시 기다리자. 컴파일이 완료되면 ❷ Output 패널에 'BTrace up&running'이라고 출력될 것이다. 이 상태에서 프로그램에 엔터 키를 입력해 계산을 수행하면 앞서 추가한 코드 4-7이 동작하며 ❸ Output 패널에 로그 메시지를 출력할 것이다.

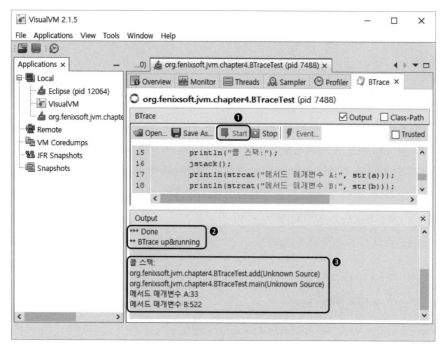

그림 4-26 BTrace 추적 결과[25]

BTrace는 다양한 목적으로 활용된다. 콜 스택, 매개 변수, 반환값 출력은 가장 기본
적인 쓰임이다. BTrace 홈페이지에서는 이 외에도 성능 모니터링, 연결 누수나 메
모리 누수 찾기, 스레드 경합 문제 해결 등을 이야기하고 있다. 관심 있는 독자는
홈페이지를 방문해 보자.[25]

BTrace는 자바 가상 머신의 인스트루먼트를 이용해 개발되었기 때문에 프로그
램 동작을 동적으로 수정할 수 있다. 인스트루먼트는 JVMTI의 주요 구성 요소로,
서드 파티 도구가 자바 가상 머신 내부 데이터에 접근해 수정할 수 있는 메커니즘
을 제공한다. 참고로 알리바바의 오픈 소스 진단 도구인 아서스(Arthas) 역시 이 인
스트루먼트를 이용하여 BTrace와 비슷한 기능을 구현했다.

4.3.4 JMC: 지속 가능한 온라인 모니터링 도구

범용 컴퓨팅에 무료로 이용할 수 있는 자바 SE 외에도 오라클은 유료 기술 지원 서

---

25 (옮긴이) 이 기능은 버전을 많이 타는 듯하다. 코드 4-6을 JDK 11로 컴파일하고 실행했을 때는 책의 설명
처럼 잘 진행되었지만 JDK 17로 컴파일하고 실행할 때는 오류가 났다. 다양한 버전의 JDK 조합으로 수행
해 보았으나 증상이 제각각이었다.

비스도 제공한다. 과거 자바 SE 어드밴스트, 자바 SE 어드밴스트 데스크톱, 자바 SE 스위트 등의 제품군을 선보였다가 다시 오라클 자바 SE 유니버설 구독(Universal Subscription)으로 통합했다.

유료 지원 서비스는 주로 기업 고객을 위한 상시 기술 지원과 맞춤형 설치 패키지를 제공하며, 다수의 모니터링·관리 도구를 추가로 지원한다는 점이 주요 차이점이다. 다음은 대표적인 예다.

- AMC: 기업용 JRE 맞춤 관리
- JUT: 시스템에서 JRE 사용 현황 추적
- JFR: 지속적인 데이터 수집
- JMC: 자바 가상 머신 모니터링

이 기능들을 프로덕션 환경에서 사용하려면 상용 권한을 얻어야 한다. 하지만 오라클 약관에 따르면 개인 용도로는 JMC와 JFR을 무료로 이용할 수 있다. 이번 절에서는 이 두 도구의 원리와 사용법을 간략히 소개하겠다.

JFR은 핫스팟 가상 머신에 내장된 모니터링 및 이벤트 기반 정보 수집 프레임워크다. JProfiler 같은 다른 모니터링 도구와 비교해, 오라클은 '상시 구동(always-on)' 기능을 특히 강조한다. 프로덕션 환경에서 JFR이 처리량에 주는 영향은 대체로 1%를 넘지 않아서 때로는 '성능 오버헤드 0(zero performance overhead)'이라고도 표현한다. 또한 JFR 모니터링 프로세스는 애플리케이션 재시작 없이 언제든 켜고 끌 수 있다. 모니터링 작업 자체도 애플리케이션에 완전히 투명하게 이루어진다. 즉, 애플리케이션 소스 코드를 수정할 필요도 없고 특정 에이전트를 함께 구동할 필요도 없다.

JMC는 원래 BEA 제품이라서 VisualVM과 달리 넷빈즈 플랫폼을 쓰지 않았다. 그대신 IBM이 기증한 이클립스 RCP를 기본 프레임워크로 활용한다. 그래서 JMC는 단독으로 실행하기보다는 이클립스 플러그인 형태로 쓰이는 모습을 더 흔히 볼 수 있다.

JMC와 가상 머신의 통신에는 JMX 프로토콜이 쓰인다. 한편으로 JMC는 가상 머신 MBean이 제공하는 데이터를 보여 수는 JMX 콘솔 역할을 하며, 다른 한편으로는 JFR이 제공하는 데이터를 보여 주는 JFR 분석 도구로도 쓰인다.

JMC는 홈페이지[26]의 Download 링크에서 받을 수 있으니 다운로드해 실행해 보자.

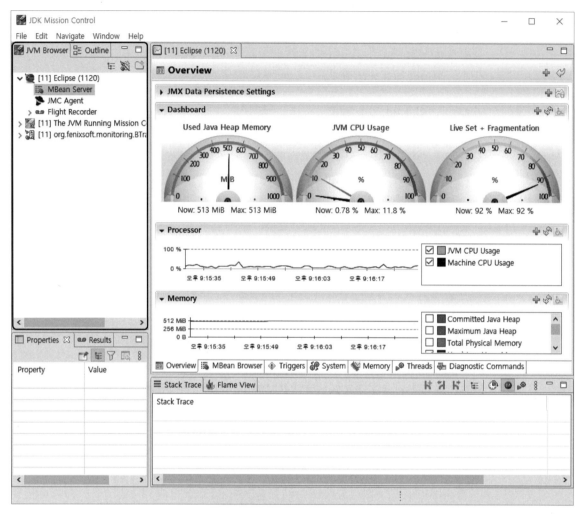

그림 4-27 JMC 메인 화면

말했다시피 이클립스 RCP 기반이라 이클립스 느낌이 난다. 왼쪽 JVM Browser 뷰에는 동작 중인 가상 머신 프로세스들이 보인다. 자바 디스커버리 프로토콜을 이용해 자동으로 찾아낸 것이다. 다른 서버에서 구동 중인 가상 머신을 모니터링하려면

---

26 JMC 홈페이지: *https://www.oracle.com/java/technologies/jdk-mission-control.html*

File → Connect 메뉴에서 Create a new connection을 선택한 다음 Next 버튼을 클릭하다. 그러면 그림 4-28과 같은 화면이 나타날 것이다.

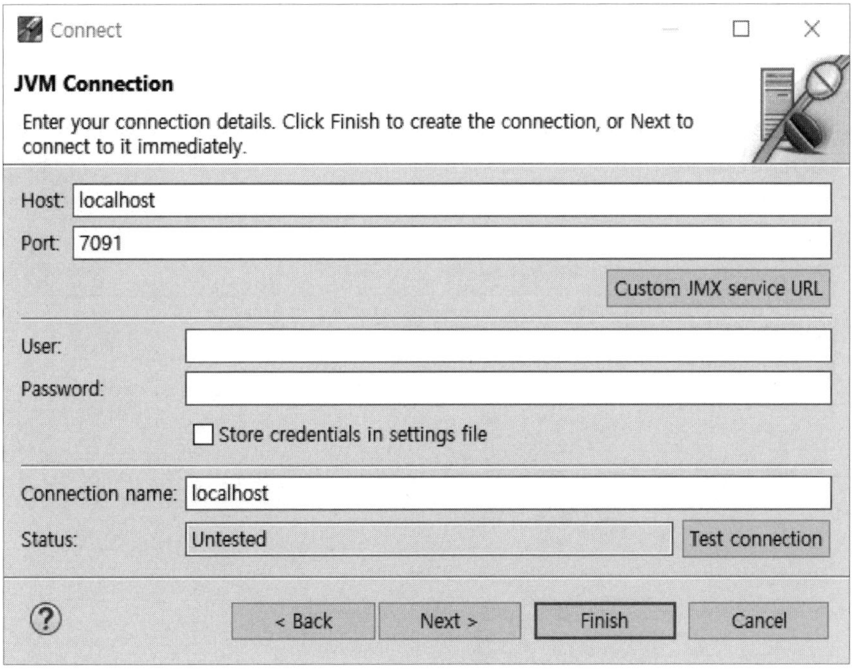

그림 4-28 JMC 연결 설정 인터페이스

이 화면에 기입하는 정보는 모니터링할 가상 머신 프로세스를 시작할 때 가상 머신 매개 변수로 명시해야 한다. 다음은 모니터링 대상에 명시할 시작 매개 변수의 예다.

```
-Dcom.sun.management.jmxremote.port=9999
-Dcom.sun.management.jmxremote.ssl=false
-Dcom.sun.management.jmxremote.authenticate=false
-Djava.rmi.server.hostname=192.168.31.4
-XX:+UnlockCommercialFeatures -XX:+FlightRecorder
```

로컬 가상 머신과 원격 가상 머신 프로세스의 차이는 연결 생성 단계뿐이다. 연결된 뒤로는 모든 것이 동일하다.

JVM Browser 뷰의 프로세스들을 확장해 보면 모든 프로세스가 MBean(MBean Server)과 JFR(Flight Recorder)을 데이터 소스로 가지고 있음을 알 수 있다. MBean 데이터는 JConsole이나 VisualVM에서 본 데이터와 같다. 보여 주는 형태가 살짝 다를 뿐이므로 설명은 생략하겠다. 그 대신 JFR 데이터에 집중해 보자.

Flight Recorder 항목을 더블 클릭하면 그림 4-29와 같은 Start Flight Recording 창이 나타난다(JMC 버전에 따라 처음 실행 시 상용 기능을 활성화하라는 경고 창이 뜨기도 한다).

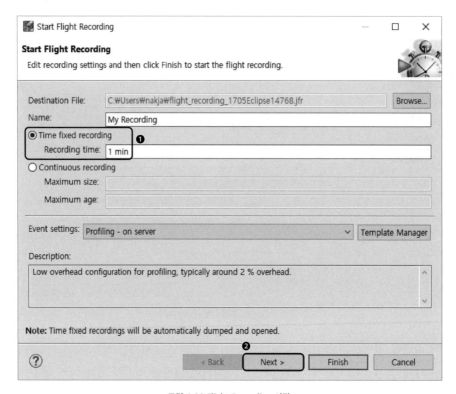

그림 4-29 Flight Recording 시작

이 화면에서는 ❶ 기록 시간을 설정할 수 있다. ❷ Next 버튼을 클릭하면 가비지 컬렉터, 컴파일러, 메서드 프로파일링 방법, 예외 기록 수준, 파일과 소켓 I/O 등 여러 옵션과 빈도를 설정할 수 있다. 직관적인 부분이므로 일일이 화면을 캡처해 설명하지는 않겠다. 설정을 마치고 Finish 버튼을 클릭하면 즉시 기록을 시작하여, 지정한 기록 시간이 지나면 그림 4-30과 같이 결과를 보고한다.

왼쪽 Outline 뷰에서 세부 항목을 선택하면 항목별 상세 정보를 보여 준다. 플라이트 레코드 보고서는 다음과 같은 정보를 담고 있다.

- 자바 애플리케이션(Java Application): 자바 애플리케이션이 사용한 스레드, 락, 메모리, 파일 및 소켓 I/O, 메서드별 프로파일링 정보, 발생한 예외, 스레드 덤프 등

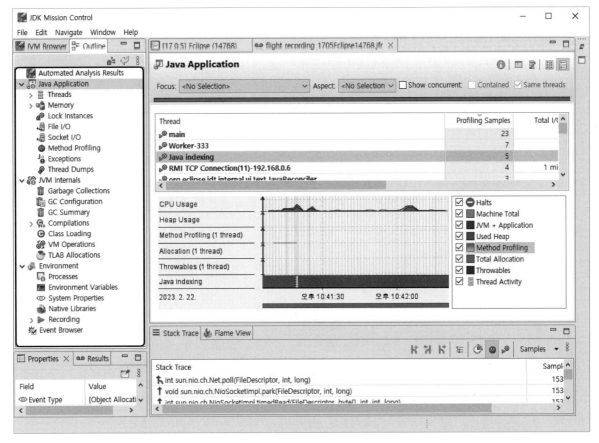

그림 4-30 플라이트 레코드 보고서

- 자바 가상 머신 내부 정보(JVM Internals): 가비지 컬렉션, 클래스 로딩, JIT 컴파일 관련 정보 등
- 환경(Environment): 자바 가상 머신을 실행 중인 시스템 프로세스, 환경 변수, 시스템 속성 등
- 이벤트(Event Browser): 레코드 안의 이벤트 타입 관련 정보

JFR은 기본적으로 연속된 이벤트들을 기록하는 방식으로 동작한다. 이벤트가 발생하면 모든 콘텍스트 데이터를 메모리나 지정된 파일에 순환 로그 형태로 저장한다. 순환 로그란 데이터 스트림을 순환 버퍼(링 버퍼)로 관리하는 것과 같다. 따라서 최근 이벤트들의 데이터만 이용할 수 있다. JMC는 가상 머신 메모리나 파일로부터 이 이벤트 데이터를 읽어 와 보여 주고 성능을 분석해 준다.

JFR은 대상 프로그램의 성능에 영향을 거의 주지 않는다. 그뿐 아니라 일반적으로 프락시 방식의 다른 도구나 MBean에서 얻을 수 있는 데이터보다 훨씬 높은 수준의 데이터를 제공한다. 예컨대 가비지 컬렉션의 경우, 핫스팟의 MBean에는 일반적으로 세대 크기, 컬렉션 횟수, 소요 시간, 점유율(컬렉터마다 다름) 같은 정보가 담긴다. 이 정보는 모두 '결과'에 속한다. JFR은 이에 더해 기록한 시간 동안 어떤 객체가 메모리에 할당되었는지, 어떤 객체가 스레드 로컬 할당 버퍼(또는 외부)에 할당되었는지, 할당 속도와 GC 압력(GC pressure)[27]은 어떤지, 어느 객체가 어느 스레드에 속하는지, 컬렉션 과정에서 어떤 객체가 다음 세대로 승격되었는지 같은 정보도 제공한다. 즉, '과정'에 해당하는 정보를 제공하여 문제 해결에 헤아릴 수 없이 큰 도움을 준다.

4.4 핫스팟 가상 머신 플러그인과 도구

핫스팟 가상 머신의 역사는 20년이 훌쩍 넘어 이제는 매우 복잡한 소프트웨어 시스템으로 성장했다. 핫스팟 소스 코드를 깊게 들여다보면 핫스팟 개발 과정에서 많은 플러그인과 보조 도구가 제작(또는 수집)되어 왔음을 알 수 있다. 실제로 JDK_SRC_HOME/src/utils/ 디렉터리[28]에서 다음 도구들을 찾아볼 수 있다.

- IGV: C2 JIT 컴파일러가 바이트코드를 아이디얼 그래프(ideal graph)로 변환한 후 다시 기계어 코드로 변환하는 과정을 시각화해 준다.
- CCV[29]: C1 JIT 컴파일러가 HIR을 생성하고 저수준 중간 표현(이하 LIR)으로 변환한 후 물리 레지스터를 할당하는 과정을 보여 준다.
- 프로젝트 크리에이터(Project Creator): 비주얼 스튜디오용 .project 파일 생성을 도와준다(JDK 9 때 제거).
- LogCompilation: -XX:+LogCompilation 옵션으로 출력된 로그를 더 읽기 편한 포맷으로 변환한다.
- HSDIS: JIT 컴파일러용 디스어셈블러.

---

27 (옮긴이) GC 압력이란 전체 실행 시간 중 가비지 컬렉션이 차지하는 비중을 말한다. 가비지 컬렉션이 자주 수행될수록, 오래 걸릴수록 GC 압력이 높아진다. GC 압력이 높다는 것은 메모리 관리가 원활하지 않다는 징조이므로 해당 구간의 메모리 사용 실태를 분석해 볼 필요가 있다.
28 JDK 9까지는 JDK_SRC_HOME/hotspot/src/share/tools/ 디렉터리였다.
29 IGV와 달리 CCV는 핫스팟 코드 저장소에 포함된 적은 없다. 다만 C2가 나왔으니 C1도 언급하는 편이 균형이 맞을 것 같아서 목록에 추가했다.

IGV와 CCV는 11장에서 따로 소개할 것이다. 그다음 프로젝트 크리에이터와 Log Compilation은 이 책의 설명과 실험에 그다지 도움을 주지 못한다. 반면 마지막 HSDIS는 이 책의 4부 '컴파일과 최적화'를 학습하는 데 필요한 강력한 보조 도구다. 그래서 HSDIS에 대해서는 지금 간단히 설명해 두고자 한다.

4.4.1 HSDIS

《자바 가상 머신 명세》에는 가상 머신 명령어 세트에 속한 명령어의 의미가 각각 정의되어 있다. 특히 실행 전후에 피연산자 스택과 지역 변수 테이블이 어떻게 변하는지 자세히 알 수 있다. 이 설명은 초기 자바 가상 머신(썬 클래식 VM) 때부터 거의 그대로 유지되고 있지만, 기술이 발전하면서 고성능 가상 머신의 실제 구현은 《자바 가상 머신 명세》의 정의와 조금씩 차이가 생기기 시작했다. 이처럼 《자바 가상 머신 명세》의 조항은 점차 실제 자바 가상 머신을 구현하기 위한 '개념 모델'이 되어 갔다. 다시 말해 결과가 명세의 설명과 똑같다면 실행 방식은 달라도 된다는 뜻이다.

이런 이유로, 프로그램 실행의 '의미(가상 머신이 무엇을 하는지)'를 논할 때는 바이트코드 수준에서 분석하는 게 완전히 합리적이다. 하지만 프로그램 실행의 '동작(가상 머신이 어떻게 하고 성능은 어떠한지)'을 논할 때는 바이트코드 수준의 분석이 무의미하다. 따라서 다른 수단을 찾아야 한다.

프로그램 실행 분석은 일반적으로 GDB나 Windbg 등의 디버깅 도구로 중단점을 설정해 가며 수행한다. 하지만 자바 가상 머신에서도 그렇게 하려면 수많은 문제에 봉착한다. JIT 컴파일러가 엄청난 양의 실행 코드를 동적으로 생성해 코드 캐시에 추가하는데, 이런 혼재된 환경에서 쉽게 디버깅할 간단한 방법은 없다. 그래서 문제를 우회하는 방법을 찾아야 한다. 이번 절의 주인공인 HSDIS가 정식으로 데뷔한 데에는 이런 배경이 있었다.

HSDIS는 오라클이 권장하는 핫스팟 가상 머신 JIT 컴파일 코드용 디스어셈블리 플러그인이다. OpenJDK에 소스가 포함되어 있어 직접 빌드할 수도 있고, 인터넷에서 미리 빌드한 바이너리(*.so 또는 *.dll 파일 형태)도 찾을 수 있을 것이다.[30] 바이너리 파일을 다음 경로에 넣으면 핫스팟이 실행될 때 자동으로 찾을 것이다.

---

30 OpenJDK HSDIS 다운로드 사이트: *https://chriswhocodes.com/hsdis/* (옮긴이) 이 책의 깃허브에도 Open JDK 17용 바이너리를 올려 두었다.

- 리눅스·맥OS: JDK_HOME/lib
- 윈도우: JDK_HOME\bin[31]

실행은 핫스팟에 -XX:+PrintAssembly 매개 변수를 추가하면 된다. 그러면 핫스팟의 JIT 컴파일러가 동적으로 생성한 네이티브 코드를 HSDIS가 어셈블리 코드로 복원해 출력한다. 유용한 주석도 달아 준다. 프로그램을 가장 낮은 수준에서 들여다볼 수 있게 되는 것이다.

SlowDebug나 FastDebug 모드로 컴파일한 핫스팟에서는 -XX:+PrintAssembly 매개 변수만으로 HSDIS를 곧바로 이용할 수 있다. 반면 Product 모드의 핫스팟이라면 -XX:+UnlockDiagnosticVMOptions 매개 변수도 추가해야 한다.

다음은 HSDIS 사용법을 간단히 시연하기 위해 준비한 테스트 코드다.

코드 4-8 테스트 코드

```
package test;

public class Bar {
    int a = 1;
    static int b = 2;

    public int sum(int c) {
        return a + b + c;
    }

    public static void main(String[] args) {
        new Bar().sum(3);
    }
}
```

이 코드를 컴파일하고 나서 실행할 때는 다음 명령을 이용하자.

```
$ java -XX:+UnlockDiagnosticVMOptions -XX:+PrintAssembly -Xcomp -XX:Compile
    Command=dontinline,*Bar.sum -XX:CompileCommand=compileonly,*Bar.sum test.
    Bar
```

각 매개 변수의 의미는 다음과 같다.

---

31 (옮긴이) 문서상으로는 윈도우에서도 JDK_HOME\lib 디렉터리에 넣으면 된다고 하는데, 직접 실행해 보니 무슨 이유에서인지 해당 바이너리 파일을 찾지 못했다.

- –XX:+PrintAssembly: 디스어셈블된 코드 출력
- –Xcomp: 가상 머신이 코드를 컴파일 모드로 실행한다. 핫 코드가 될 때까지 오래 기다리지 않아도 JIT 컴파일이 바로 이루어진다.
- –XX:CompileCommand=dontinline,*Bar.sum: sum() 메서드 인라인 방지
- –XX:CompileCommand=compileonly,*Bar.sum: sum() 메서드만 컴파일

별다른 문제가 없다면 화면에 코드 4-9와 비슷한 결과가 출력될 것이다. sum() 메서드를 디스어셈블한 결과다.

코드 4-9 디스어셈블된 테스트 코드

```
...
=========================== C1-compiled nmethod ===========================
--------------------------------- Assembly -----------------------------

Compiled method (c1)   32   1   3   test.Bar::sum (11 bytes)
...
[Entry Point]
  # {method} {0x00007fd60dc00288} 'sum' '(I)I' in 'test/Bar'
  # this:   rsi:rsi   = 'test/Bar'    ← ⑫ rsi 레지스터 = this 객체를 가리키는 포인터
  # parm0:  rdx       = int           ← ⑬ rdx 레지스터 = 첫 번째 매개 변수
  #         [sp+0x40]  (sp of caller)
...
[Verified Entry Point]
  0x00007fd6212001c0:   mov    %eax,-0x14000(%rsp)   ← ❶ 스택 오버플로 여부 확인
  0x00007fd6212001c7:   push   %rbp                  ← ❷ 이전 스택 프레임의 기저
                                                        (base) 주소 저장
  0x00007fd6212001c8:   sub    $0x30,%rsp            ← ❸ 새 프레임을 위한 공간을 할당
  0x00007fd6212001cc:   movabs $0x7fd60dc005b8,%rax  ;   {metadata(method data for
                               {method} {0x00007fd60dc00288} 'sum' '(I)I' in 'test/Bar')}
  0x00007fd6212001d6:   mov    0xf4(%rax),%edi
  0x00007fd6212001dc:   add    $0x2,%edi
  0x00007fd6212001df:   mov    %edi,0xf4(%rax)
  0x00007fd6212001e5:   jmp    0x00007fd621200211 ;*aload_0 {reexecute=0 rethrow=0
                               return_oop=0}
                                                    ; - test.Bar::sum@0 (line 8)
  0x00007fd6212001ea:   mov    0xc(%rsi),%eax        ;*getfield a {reexecute=0
                               rethrow=0 return_oop=0}    ← ❹ 인스턴스 변수 a 획득
                                                    ; - test.Bar::sum@1 (line 8)
  0x00007fd6212001cd:   movabs $0x8b918bc8,%rsi   ;   {oop(a 'java/lang/Class'
                               {0x000000008b918bc8} = 'test/Bar')}   ← ❺ 메서드 영역에 있는 test.
                                                        Bar의 포인터 획득
  0x00007fd6212001f7:   mov    0x70(%rsi),%esi       ;*getstatic b {reexecute=0 rethrow=0
                               return_oop=0}             ← ❻ test.Bar에 선언된 정적
                                                        변수 b 획득
                                                    ; - test.Bar::sum@4 (line 8)
```

```
0x00007fd6212001fa:    add    %esi,%eax              ← ❼ a + b
0x00007fd6212001fc:    add    %edx,%eax              ← ❼ (a + b) + c
0x00007fd6212001fe:    add    $0x30,%rsp             ← ❽ 스택 프레임 되돌리기
0x00007fd621200202:    pop    %rbp                   ← ❾ 이전 스택 프레임 복구
0x00007fd621200203:    cmp    0x340(%r15),%rsp    ;   {poll_return} ← ❿ 폴링 메서드가 반환되는
                                                                       안전 지점으로 점프
0x00007fd62120020a:    ja     0x00007fd62120022f     ← ❿
0x00007fd621200210:    ret                           ← ⓫ 메서드 반환
...
[Exception Handler]
..
--------------------------------------------------------------------------

=========================== C2-compiled nmethod ===========================
...
```

어셈블리 코드이기는 하지만 핵심 부분은 그리 길지 않다. Verified Entry Point 부분의 코드를 보자.

❶ mov %eax,-0x14000(%rsp): 스택 오버플로 여부를 확인한다.

❷ push %rbp: 이전 스택 프레임의 기저 주소를 저장한다.

❸ sub $0x30,%rsp: 새 프레임을 위한 공간을 할당한다.

❹ mov 0xc(%rsi),%eax: 인스턴스 변수 a를 얻는다. 0xc(%rsi)는 rsi+0xc를 뜻하는데, ⓬를 보면 rsi 레지스터에는 test/Bar 타입인 this 객체의 주소가 담겨 있다는 뜻이다. 여기서 오프셋 0xc는 this 객체의 객체 헤더를 지나 인스턴스 변수 a의 메모리 위치를 담고 있다. 따라서 이 코드를 실행하면 인스턴스 변수 a의 값이 eax 레지스터에 저장된다. 자바 힙의 데이터에 접근하는 코드다.

❺ movabs $0x8b918bc8,%rsi: 메서드 영역에 있는 test.Bar의 포인터를 얻어 rsi 레지스터에 저장한다.

❻ mov 0x70(%rsi),%esi: test.Bar에 선언된 클래스 변수(정적 변수) b의 값을 얻어 esi 레지스터에 저장한다. 메서드 영역에 있는 데이터에 접근하는 코드다.

❼ add %esi,%eax와 add %edx,%eax: a + b + c를 계산하기 위해 더하기 연산을 두 번 수행한다. 앞의 두 코드에서 a는 eax에, b는 esi에 저장했다. 또한 ⓭의 parm0: rdx = int를 통해 edx에는 첫 번째 매개 변수(즉, c)가 담겨 있음을 알 수 있다. 참고로 rdx는 64비트 레지스터이며, edx는 rdx의 첫 32비트 부분이다.

❽ add $0x30,%rsp: 스택 프레임을 되돌린다.

❾ pop %rbp: 이전 스택 프레임을 복구한다.

❿ test %eax,0x2b0100: 폴링 메서드가 반환되는 안전 지점이다.

⓫ ret: 메서드가 실행을 마치고 반환된다.

이번 예는 워낙 간단해서 맨눈으로도 디스어셈블된 코드를 해석하는 데 큰 무리가 없다. 하지만 일반적으로는 너무 거대한 코드가 쏟아져 나온다. 그럴 때는 도구의 힘을 빌려야 한다.

> ✅ 출력 내용을 보면 C1 컴파일러가 컴파일한 버전에 이어 C2 컴파일러가 컴파일한 버전도 등장한다. 이는 핫스팟이 계층형 컴파일을 한 결과다. 계층형 컴파일은 '11.2 JIT 컴파일러'에서 자세히 이야기하겠다.

4.4.2 JITWatch

JITWatch는 핫스팟 JIT 컴파일러용 로그 분석 및 시각화 도구로, HSDIS와 자주 함께 쓰인다. 홈페이지[32]에서 소스 코드뿐 아니라 빌드된 바이너리도 플랫폼별로 제공한다.

이번에는 매개 변수에 -XX:+LogCompilation -XX:LogFile=logfile.log를 추가해 실행해 보자. JITWatch가 읽어 들일 로그를 logfile.log 파일로 저장해 달라는 매개 변수다.

```
$ java -XX:+UnlockDiagnosticVMOptions -XX:+PrintAssembly -Xcomp -XX:
    CompileCommand=dontinline,*Bar.sum -XX:CompileCommand=compileonly,*Bar.sum
    -XX:+LogCompilation -XX:LogFile=logfile.log test.Bar
```

이제 JITWatch를 실행하자.

```
$ java -jar jitwatch-ui-1.4.7-shaded-win.jar
```

JITWatch의 메인 화면은 그림 4-31처럼 생겼다.

---

32 JITWatch 홈페이지: *https://github.com/AdoptOpenJDK/jitwatch*

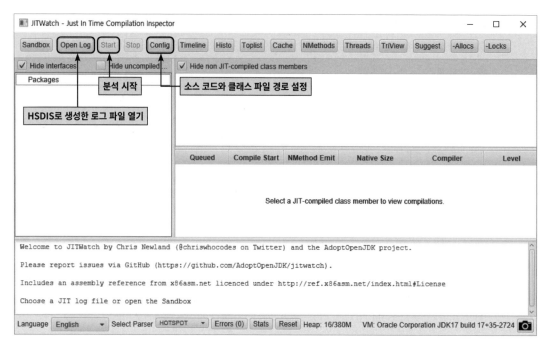

그림 4-31 JITWatch 메인 화면

기능이 굉장히 많지만 지금은 앞서 생성한 로그만 간단하게 살펴볼 것이다. 먼저 Config 버튼을 클릭하여 소스 코드와 클래스 파일의 경로를 설정하자.

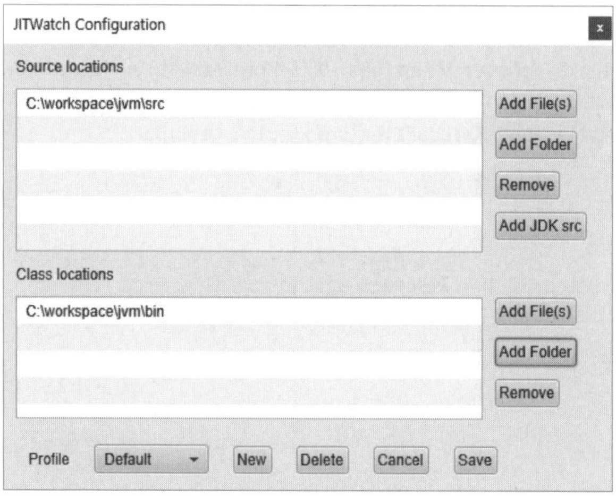

그림 4-32 소스와 클래스 경로 설정

자신의 환경에 맞게 적절히 설정한 후 Save 버튼을 클릭해 저장한다.

다시 메인 화면에서 Open Log 버튼을 클릭하여 앞서 생성한 logfile.log 파일을 읽어 온다. 이어서 Start 버튼을 클릭하면 분석을 시작한다. 이번 로그 파일은 워낙 작기 때문에 바로 끝날 것이다.

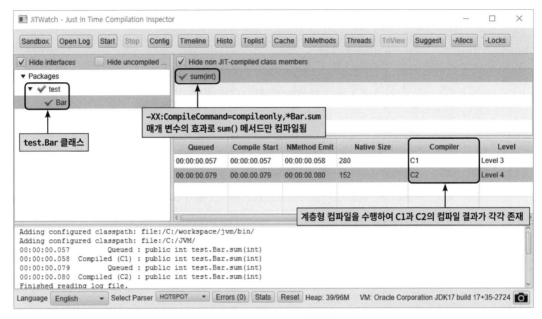

그림 4-33 logfile.log 분석 후 화면

그리고 sum(int) 메서드를 선택하면 그림 4-34처럼 해당하는 자바 소스 코드, 바이트코드, JIT 컴파일러가 생성한 어셈블리 코드를 동시에 확인할 수 있다.

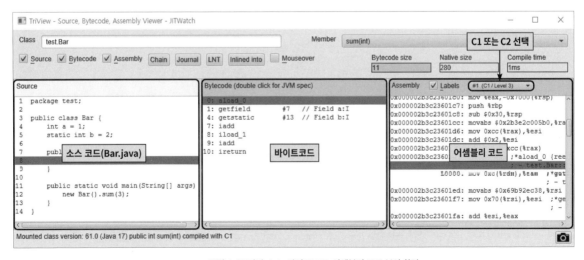

그림 4-34 자바 소스, 바이트코드, 어셈블리 코드 뷰어 화면

4.5 마치며

이번 장에서는 JDK와 함께 배포되는 명령 줄 도구 여섯 개와 GUI 문제 해결 도구 네 개를 살펴보았다. 이 도구들을 잘 활용하면 당면한 문제에 훨씬 쉽게 대응할 수 있다. 물론 이 외에도 수많은 도구가 존재한다. 그런데 《자바 가상 머신 명세》 자체는 모니터링이나 문제 해결 방법을 정의하고 있지 않으므로 도구에 따라 지원하는 가상 머신과 기능 범위가 다를 수 있다. 따라서 핫스팟 외의 가상 머신을 이용하는 독자라면 적합한 분석 도구를 선택하는 게 특히 중요하다. 이럴 때 다음 목록이 도움이 될 것이다.

- IBM J9·OpenJ9 VM
  - IBM의 Support Assistant,[33] Heap Analyzer,[34] Thread and Monitor Dump Analyzer,[35] Pattern Modeling and Analysis Tool for Java Garbage Collector[36]
  - 이클립스의 Memory Analyzer Tool[37](IBM DTFJ 플러그인[38] 필요)
- HP-UX, SAP, 핫스팟 VM
  - HP의 HPjmeter와 HPjtune

---

33 IBM Support Assistant: *https://www.ibm.com/docs/en/ibm-mq/7.5?topic=support-assistant-isa*
34 IBM Heap Analyzer: *https://www.ibm.com/support/pages/ibm-heapanalyzer*
35 IBM Thread and Monitor Dump Analyzer: *https://www.ibm.com/support/pages/ibm-thread-and-monitor-dump-analyzer-java-tmda*
36 IBM Pattern Modeling and Analysis Tool for Java Garbage Collector: *https://www.ibm.com/support/pages/ibm-pattern-modeling-and-analysis-tool-java-garbage-collector-pmat*
37 이클립스 Memory Analyzer(MAT): *http://www.eclipse.org/mat/*
38 IBM DTFJ 이클립스 플러그인: *https://public.dhe.ibm.com/ibmdl/export/pub/software/websphere/runtimes/tools/dtfj/*

5장

최적화 사례 분석 및 실전

5.1 들어가며

2~4장에서는 자바 가상 머신의 메모리 문제를 다루는 데 필요한 지식과 도구를 소개했다. 하지만 애플리케이션에서 실제로 발생하는 문제들에 대처하려면 지식과 도구만으로는 부족하다. 경험 역시 절대 빠져서는 안 될 요인이다. 그래서 이번 장에서는 실제 사례 몇 가지를 공유하겠다.

가상 머신 문제 해결과 최적화는 대체로 서버 애플리케이션에서 많이 필요하다. 하지만 개발자들이 프로덕션 환경의 서버를 직접 만져 볼 기회는 흔치 않기 때문에 그렇지 못한 독자도 직접 경험해 볼 수 있도록 실전 연습 문제도 다수 준비했다.

5.2 사례 분석

여기서 소개하는 사례 일부는 내가 고객의 문제를 해결하며 실제로 겪은 것이고, 나머지는 인터넷에서 수집한 특징적이고 대표적인 사례다. 참고로 고객들의 비즈니스 정보는 보호해야 해서 실제 환경과 사용자 정보는 숨기거나 단순화했다.

이번 장에서는 애플리케이션 배포 수준에서 문제 해결에 집중할 것이다. 설계와 개발 단계에서 미리 피할 수 있는 문제도 많지만 이 책의 주제는 아니다. 또한 어떤 문제는 하드웨어를 업그레이드하거나 최신 JDK 기술을 적용하면 바로 해결되기노 할 것이다. 하지만 여기서는 기존 하드웨어와 소프트웨어를 유지한 채 배포와 설정 전략을 조율하여 문제를 풀거나 완화하는 방법을 이야기하겠다.

5.2.1 대용량 메모리 기기 대상 배포 전략

첫 번째로 살펴볼 사례는 매우 오래전에 경험했지만 지금까지도 흔하게 목격되는 유형의 문제다.

하루 페이지 뷰가 15만 정도 되는 웹 사이트가 하드웨어 시스템을 교체했다. 쿼드 제온 프로세서에 16GB 메모리, 운영 체제는 64비트 CentOS 5.4, 웹 서버로는 레진(Resin)을 이용했다. 당시 이 시스템에 배포된 다른 애플리케이션은 없었기 때문에 모든 하드웨어 자원을 온전히 이 웹 사이트 혼자 쓸 수 있어서 여유로운 상황이었다. 웹 사이트는 64비트 JDK 5로 구동되었고, 관리자는 -Xmx와 -Xms 매개 변수를 지정하여 자바 힙 크기를 12GB로 고정했다. 그렇게 얼마간 운영해 본 결과 서버 실행 효율이 기대에 한참 못 미치고, 웹 사이트가 장시간 응답하지 않는 일이 자주 벌어졌다.

서버 운영 조건과 동작을 관찰해 보니 응답이 지연되는 원인은 가비지 컬렉션이었다. 시스템 하드웨어와 소프트웨어 구성을 고려하여 핫스팟 가상 머신을 서버 모드로 실행했고, 기본 설정인 패러렐 컬렉터(패러렐 스캐빈지+패러렐 올드)가 메모리 관리를 책임졌다. 패러렐 컬렉터는 일시 정지 시간보다는 처리량에 중점을 둔 컬렉터다. 그래서 12GB에 달하는 힙 메모리를 전체 GC하기 위해 최장 14초까지 일시 정지하게 된 것이다. 또한 프로그램 설계상 사용자가 웹 페이지를 요청하면 해당 파일을 디스크에서 메모리로 읽어 들인다. 이때 웹 페이지를 직렬화하는 과정에서 메모리에는 수많은 거대 객체가 쌓여 갔다. 거대 객체 대부분은 곧장 구세대에 만들어졌다. 비록 힙을 12GB나 준비해 두었지만 금세 가득 차서 몇 분마다 10초씩 일시 정지되는 사태로 이어졌다. 그래서 개발자와 관리자 모두가 자바 기술은 웹 사이트 개발에 적합하지 못하다고 생각하게 되었다.

이 사례의 상황을 분석해 보면 프로그램 코드는 굳이 언급할 필요가 없다. 힙 메모리를 너무 크게 잡아서 회수하고 재활용하는 데 너무 오래 걸리는 것이 주된 문제임이 분명했다. 확인해 보니 하드웨어 교체 전에는 32비트 운영 체제를 썼고, 가상 머신에 할당된 힙 메모리는 겨우 1.5GB에 불과했다. 당시에도 웹 사이트가 다소 느리다고 느껴지기는 했지만, 10초 이상 답이 없는 경우는 없었다고 했다. 응답성을 개선하기 위해 64비트 시스템과 넉넉한 메모리를 준비했는데 오히려 더 좋지 않게 바뀐 것이다. 간단히 힙 크기를 1.5GB나 2GB 정도로만 줄여도 일시 정지 시간은 줄일 수 있다. 하지만 비싼 하드웨어를 구매하느라 괜한 낭비를 한 셈이 된다.

자바 가상 머신의 모든 가비지 컬렉터는 특정한 애플리케이션 타입과 동작 시나리오를 목표로 설계되었다. 따라서 애플리케이션을 이 시나리오에 알맞게 설정하여 배포한다면 절반의 노력으로 두 배의 효과를 거둘 수 있다. 현재 대용량 메모리를 갖춘 하드웨어에 단일 자바 애플리케이션을 배포하는 주된 방식은 다음 두 가지다.

1. 가상 머신 인스턴스 하나가 거대한 자바 힙 메모리를 관리한다.
2. 가상 머신 여러 개를 동시에 띄워 논리적인 클러스터를 구성한다.

지금 사례에서는 관리자가 첫 번째 방식을 선택했다. 사용자와 상호 작용이 많고 일시 정지 시간에 민감하고 대용량 메모리를 갖추고 있다. 따라서 셰넌도어나 ZGC처럼 지연 시간 통제를 목표로 하는 가비지 컬렉터를 이용하면 이 문제를 해결할 수 있다. 상황이 허락된다면 첫 번째로 고려해야 하는 선택지다.

한편 패러렐 컬렉터로 대량의 힙을 성공적으로 관리하는 사례도 많다. 이때는 전체 GC 빈도를 가능한 한 낮게, 적어도 사용자가 이용하는 도중에는 일어나지 않게 제어해야 한다. 예를 들어 전체 GC 없이 하루 이상 가동될 수 있도록 만들어 두고, 매일 새벽에 전체 GC를 수행하거나 애플리케이션 서버를 자동으로 재시작하도록 스케줄링하는 것이다. 그러면 애플리케이션 서버의 가용 메모리를 안정적으로 유지할 수 있다.

전체 GC 빈도를 제어하려면 구세대가 안정되어야 한다. 너무 오래 생존하는 객체가 적어야 한다는 뜻이다. 특히 장수하는 거대 객체가 대량으로 만들어지는 일이 없어야 한다. 이렇게만 하면 구세대 공간을 여유 있게 관리할 수 있다.

웹 사이트와 브라우저-서버 애플리케이션에서 대다수 객체는 요청이나 페이지 범위를 넘어 생존해서는 안 된다. 즉, 세션이나 전역 수준으로 오래 살아남는 객체는 매우 적어야 한다. 따라서 코드가 합리적으로 작성되었다면 거대한 힙에서 전체 GC가 수행되는 일을 막는 건 어렵지 않다. 이런 식으로 거대 힙을 이용하는 애플리케이션의 반응성을 보장할 수 있다.

추가로 여러분이 단일 가상 머신으로 거대 메모리를 관리할 계획이라면 다음 잠재 문제들도 고려해야 한다.

- 힙 메모리의 거대 블록들을 수거하느라 일어나는 긴 일시 정지는 G1 컬렉터의 등장과 점진적 회복(incremental recovery)이 활발히 활용되면서[1] 많이 줄어들었다. 다행히도 이제는 ZGC와 셰넌도어까지 상당히 성숙되어 상황이 눈부시게 개선되었다('3.6 저지연 가비지 컬렉터' 참고).

- 64비트 자바 가상 머신에서는 대용량 메모리를 사용할 수 있다. 하지만 압축 포인터나 프로세서 캐시 라인 용량 같은 요인 때문에 64비트 가상 머신의 성능은 일반적으로 동일 버전의 32비트 가상 머신보다 조금씩 느리다.

- 애플리케이션이 충분이 안정적이어야 한다. 대규모 단일 애플리케이션에서 힙 메모리가 오버플로되면 힙 덤프 스냅숏을 생성하기가 거의 불가능하기 때문이다. 스냅숏 파일 크기만 해도 10GB는 우습게 넘긴다. 설령 스냅숏을 제대로 만들었다고 해도 분석 역시 만만치 않다. 무언가 잘못되어 진단이 필요하면 JMC와 같이 프로덕션 환경에서 수행할 수 있는 운영 도구를 활용해야 할 수 있다.

- 같은 프로그램이라도 32비트 가상 머신보다 64비트 가상 머신에서 메모리를 많이 사용한다. 포인터 확장, 데이터 타입 정렬, 패딩 등의 요인 때문이다. 압축 포인터를 이용하면 이런 요인이 일으키는 메모리 추가 소비를 줄일 수 있다.

이상의 문제들 때문에 두 번째 배포 방식을 선택하는 시스템 관리자도 많다. 즉, 가상 머신 여러 개로 논리 클러스티를 구축해 하드웨어 자원을 십분 활용하는 것이다. 예를 들어 같은 물리 머신에서 애플리케이션 서버 프로세스를 여러 개 띄우고 각각에 서로 다른 포트를 할당한다. 그런 다음 앞단에 부하 분산기(load balancer)를 두어 역프락시 방식으로 요청을 분배하는 것이다. 부하 분산기가 성능에 미치는 영향은 크지 않으니 걱정하지 않아도 된다. 사실 첫 번째 배포 방식을 따른다고 해도 서버 한 대로 운영되는 애플리케이션은 많지 않다. 따라서 부하 분산기는 거의 필수라고 생각해도 좋다.

물리 머신 한 대에서 논리 클러스티를 구축하는 유일한 목적은 하드웨어 자원을 최대한 끌어 쓰기 위함이다. 따라서 애플리케이션을 역할이나 분야별로 분할하거나 상태 보존 또는 핫 전송 같은 고가용성 요구 사항은 고려하지 않아도 상관없다. 마찬가지로 가상 머신 프로세스들에 부하를 완벽히 균등하게 분산하지 않아도

---

1 과거에는 CMS 역시 i-CMS라는 점진적 회복 모드를 지원했다. 하지만 G1의 점진적 회복 모드와는 달랐으며 활용하기도 어려워서 결국 폐지되었다.

되므로 세션 복제 없이 선호도 클러스터를 이용해도 충분하다. 클러스터가 선호도 (affinity)를 지원하는지만 확인하면 된다. 즉, 부하 분산기는 특정 규칙에 따라(가령 할당된 세션 아이디에 따라) 특정 사용자 요청을 매번 선호하는 특정 클러스터 노드에 할당할 수 있다. 그 덕분에 개발 단계에서는 클러스터 환경을 크게 고려할 필요가 없다.

물론 두 번째 배포 방식에도 단점이 있다. 애플리케이션을 논리 클러스터 형태로 배포한다면 다음과 같은 문제들을 겪을 수 있다.

- 노드들이 전역 자원을 놓고 경합한다. 가장 흔한 예는 디스크다. 각 노드가 동시에 디스크를 읽으려고 하면 I/O 예외가 일어나기 쉽다. 특히 동시 쓰기 연산이 문제를 잘 일으킨다.

- 연결 풀과 같은 자원 풀을 효율적으로 활용하기 어렵다. 자원 풀은 일반적으로 노드별로 따로 만들어 관리한다. 따라서 다른 노드들의 풀은 여유로운데, 특정 노드의 풀만 가득 찰 수 있다. 중앙화된 JNDI로 해결할 수 있다지만 다소 복잡하고 성능 비용이 추가로 발생한다.

- 클러스터 노드로 32비트 가상 머신을 이용한다면 노드별 메모리는 여전히 32비트로 제한된다. 32비트 윈도우 플랫폼이라면 프로세스 하나가 메모리를 최대 2GB밖에 쓰지 못한다. 힙 외의 메모리도 필요하므로 힙에 할당할 수 있는 용량은 기껏해야 1.5GB일 것이다. 어떤 리눅스나 유닉스 시스템에서는 이 용량을 3GB까지, 심지어 4GB 가까이까지 높일 수 있다. 하지만 32비트의 한계인 4GB를 넘어서는 건 불가능하다.

- 해시 맵이나 키-값 캐시 등의 로컬 캐시를 많이 이용하는 애플리케이션이라면 논리 클러스터 방식에서는 상당량의 메모리가 낭비된다. 캐시를 노드당 하나씩 두기 때문이다. 이런 경우라면 로컬 캐시 대신 중앙화한 캐시를 준비해 활용하는 방안을 고려해 보자.

이상으로 두 가지 배포 방식을 모두 소개했다. 이제 사례 이야기로 다시 돌아오자. 이번 사례의 문제를 해결한 최종 배포 방식은 무엇이었을까? JDK 버전 업그레이드가 아니라 32비트 가상 머신 다섯 개로 논리 클러스터를 구축하는 것이었다. 메모리를 프로세스당 2GB씩 할당해서(힙 크기는 1.5GB로 고정) 총 10GB를 활용하게 했다. 그리고 앞단에 아파치 서비스를 두어 웹 사이트로 들어오는 부하를 분산하는 역할을 맡겼다.

고객들은 응답 속도를 더 중요하게 생각하므로 페이지 기반 웹 사이트에서는 디스크와 메모리 접근 시간이 중요하고 프로세서 자원에는 상대적으로 둔감하다. 따라서 가비지 컬렉터는 CMS로 변경했다. 배포 방식을 조정하자 서비스가 장시간 정지하는 문제가 사라졌고, 응답 속도 역시 하드웨어 업그레이드 전보다 확연히 빨라졌다.

5.2.2 클러스터 간 동기화로 인한 메모리 오버플로

이번 예는 브라우저-서버 기반 경영 정보 시스템이다. 듀얼 프로세서와 8GB 메모리를 갖춘 HP 미니컴퓨터 2대를 사용했고, 각각 미들웨어인 웹로직 9.2를 3개씩 구동하여 총 6노드의 선호도 클러스터를 구성했다. 선호도 클러스터이므로 노드 사이에 세션 동기화는 일어나지 않지만 일부 데이터를 공유해야만 했다. 처음에는 공유 데이터를 데이터베이스로 관리했지만 읽기와 쓰기가 잦고 경합이 치열하여 성능에 미치는 영향이 컸다. 그래서 나중에는 JBossCache로 글로벌 캐시를 구축했다. 글로벌 캐시를 구축한 뒤로는 오랜 기간 서비스가 원활하게 운영되었다. 하지만 시간이 지나자 메모리 오버플로가 가끔씩 발생하기 시작했다.

메모리 오버플로가 발생하지 않을 때는 서비스의 가비지 컬렉션이 항상 매끄럽게 이루어졌고, 컬렉션 후 가용 공간도 매번 충분하게 확보되었다. 자주 수행되지 않는 코드 경로에서 메모리 누수가 생기는 것으로 의심됐다. 하지만 관리자는 최근에 프로그램을 업데이트하지도 않았고 설정을 바꾼 일도 없다고 했다. 그래서 -XX:+HeapDumpOnOutOfMemoryError 매개 변수를 추가한 다음 서비스를 한동안 운영해 보았다. 이 상태에서 발생한 오버플로의 힙 덤프 스냅숏을 살펴보니 수많은 org.jgroups.protocols.pbcast.NAKACK 객체가 발견되었다.

JBossCache는 클러스터 사이의 데이터 통신에 JGroups라는 개념을 이용한다. JGroups는 데이터 패킷을 보내고 받는 데 필요한 다양한 필수 특성을 자유롭게 조합할 수 있는 프로토콜 스택을 이용한다. 이 프로토콜 스택 계층의 up()과 down() 메서드를 호출하여 패킷들을 순차적으로 주고받는 식이다.

데이터 전송이 100% 성공하리라는 보장은 없다. 따라서 실패 시 재전송을 위해 그룹 멤버십 서비스(GMS)에 등록된 모든 노드가 데이터를 제대로 수신했는지 확인할 때까지는 메모리에 보관해야 한다. 이 시스템은 서버단에서 보안용 글로벌 필터를 활용했다. 필터는 요청이 수신될 때마다 마지막 작업 시간을 갱신하고 그 시간을 모든 노드로 동기화했다. 사용자가 한 번에 여러 머신에 로그인할 수 없게 한 것이다. 하지만 서비스를 이용하는 과정에서 페이지당 수십 개의 요청이 일어나는 경우도 흔하기 때문에 이 필터는 클러스터 노드들 사이의 네트워크 통신을 빈번하게 일으키고 있었다. 특정 상황에서 네트워크가 데이터 전송량을 다 처리하지 못하게 되면 재전송된 데이터가 메모리에 계속 쌓이다가 오버플로를 일으키는 것이다.

이번 경우는 JBossCache의 결함과 시스템 구현 방식의 결함이 모두 문제가 됐다. JBossCache 공식 메일 토론 그룹에서는 비슷한 메모리 오버플로 예외가 여러 번 논의되었고 후속 버전에서 개선되었다. 하지만 더 중요한 결함이 남아 있다. 이번 사례처럼 클러스터 전체에서 공유해야 하는 데이터를 JBossCache 같은 분산 클러스터 캐시를 이용해 동기화하면 네트워크 통신이 자주 일어날 수 있다. 다행히 로컬 메모리에 복사본을 두기 때문에 읽기 작업에는 자원을 많이 소비하지 않는다. 하지만 쓰기는 네트워크 동기화 오버헤드를 일으키므로 너무 빈번하게 해서는 안 된다.

5.2.3 힙 메모리 부족으로 인한 오버플로 오류

이번에는 한 학교의 소규모 프로젝트 사례를 가져왔다. 브라우저-서버 기반 온라인 시험 시스템이었는데, 서버 푸시 기술을 활용해 클라이언트가 서버로부터 시험 데이터를 실시간으로 받아 볼 수 있었다. 서버 푸시 프레임워크로는 CometD 1.1.1을 선택하고 서버 소프트웨어는 제티(Jetty) 7.1.4로 구동했다. 하드웨어는 인텔 코어 i5 CPU, 4GB 메모리, 32비트 윈도우가 설치된 매우 평범한 컴퓨터였다.

테스트 중 서버에서 메모리 오버플로가 이따금 발생했다. 자주는 아니더라도 시스템이 한 번만 비정상 종료되면 온라인 시험 전체가 엉망이 될 터였다. 관리자는 힙 메모리를 최대로 늘려서 해결하고자 시도했다. 32비트 시스템이라서 활용할 수 있는 최대 크기는 1.6GB였다. 하지만 오버플로는 여전히 발생했다. 여유 메모리가 부족해진 탓에 -XX:+HeapDumpOnOutOfMemoryError 매개 변수를 추가해도 시스템은 덤프 파일을 생성해 내지 못했다.

자포자기한 마음에 jstat을 구동해 화면을 지켜봤더니 가비지 컬렉션은 자주 일어나지 않았다. 에덴, 생존자 공간, 구세대, 메서드 영역 모두 안정적이었다. 그럼에도 여전히 메모리 오버플로가 나다니 이상한 일이었다. 그래서 시스템 로그로 눈을 돌렸다. 오버플로 발생 시 예외 스택은 다음과 같았다.

```
[org.eclipse.jetty.util.log] handle failed java.lang.OutOfMemoryError: null
at sun.misc.Unsafe.allocateMemory(Native Method)
at java.nio.DirectByteBuffer.<init>(DirectByteBuffer.java:99)
at java.nio.ByteBuffer.allocateDirect(ByteBuffer.java:288)
at org.eclipse.jetty.io.nio.DirectNIOBuffer.<init>
......
```

2장을 주의 깊게 읽었다면 이 예외 스택에서 메모리 부족 예외가 발생한 원인을 알수 있을 것이다. 운영 체제에는 개별 프로세스가 관리할 수 있는 메모리 최대 크기에 제한이 있다. 지금 사례에서 사용한 32비트 윈도우의 경우 그 크기가 2GB이고, 이 중 1.6GB를 자바 힙에 할당한 상황이다. 한편 다이렉트 메모리는 힙에 속하지 않으므로 남은 0.4GB에서 일부를 떼어 할당할 수밖에 없다.

이번 사례에서 오버플로를 일으키는 핵심은 이렇다. 다이렉트 메모리 역시 가비지 컬렉션의 대상이다. 하지만 힙과 달리 공간이 부족하더라도 가비지 컬렉터에 능동적으로 알리지 못한다. 그 대신 힙의 구세대가 꽉 차서 전체 GC가 수행되기만 기다려야 한다. catch 블록에서 메모리 오버플로 예외를 잡아서 System.gc()를 호출하는 방법도 있다. 하지만 가상 머신에 -XX:+DisableExplicitGC 매개 변수가 설정되어 있다면 가비지 컬렉션을 수동으로 시작하는 길이 막혀 버린다. 힙은 여전히 넉넉하더라도 메모리 오버플로가 발생하는 상황을 피할 수 없다.

지금 사례에서 이용한 CometD 1.1.1 프레임워크는 다이렉트 메모리를 이용하는 NIO 연산을 매우 많이 수행했다.

경험상 물리 메모리 용량이 적은 시스템이나 32비트 애플리케이션에서는 자바 힙과 메서드 영역 외에 다음 영역들도 가용 메모리에서 상당한 비중을 차지한다. 그 결과 메모리 총합이 운영 체제가 프로세스에 허용하는 한계를 넘어서는 경우가 많다.

- 다이렉트 메모리: -XX:MaxDirectMemorySize 매개 변수로 크기를 조절할 수 있다. 이 메모리가 부족하면 OutOfMemoryError가 발생한다.

- 스레드 스택: -Xss 매개 변수로 크기를 조절할 수 있다. 가상 머신의 허용치를 넘는 깊이의 스택을 스레드가 요구하면 StackOverflowError가 발생한다. 한편 가상 머신이 스택 용량을 동적으로 확장하려 시도할 때 메모리가 충분하지 않으면 OutOfMemoryError가 발생한다.

- 소켓 버퍼 영역: 각 소켓 연결에는 Receive와 Send라는 두 가지 버퍼 영역이 할 당된다. 용량은 각각 37KB와 25KB다. 소켓 연결이 아주 많다면 이 메모리들 역시 결코 사소하지 않다. 이 메모리가 부족해지면 IOException: Too many open files가 발생할 수 있다.

- JNI 코드: 자바 코드에서 네이티브 라이브러리를 이용하기 위해 JNI를 호출할 수 있다. 이때 네이티브 라이브러리는 힙이 아니라 자바 가상 머신의 네이티브 메서드 스택과 네이티브 메모리를 이용한다.

- 가상 머신과 가비지 컬렉터: 가상 머신과 가비지 컬렉터 역시 일을 하려면 어느 정도 메모리를 사용해야 한다.

5.2.4 시스템을 느려지게 하는 외부 명령어

이번 사례는 대학교 운영을 디지털화해 주는 시스템으로, 프로세서 4개가 장착된 솔라리스 10 시스템에 글래스피시(GlassFish)라는 미들웨어를 이용했다. 이 시스템에 동시성 스트레스 테스트를 수행하자 응답 속도가 지나치게 느려졌다. 운영 체제의 mpstat 도구로 확인해 보니 프로세서 이용률은 매우 높았으나, 프로세서 자원 대부분을 소비하는 주체는 이 시스템이 아니었다. 비정상적인 현상이다. 정상 동작하는 시스템이라면 사용자 애플리케이션이 프로세서를 많이 점유하는 게 일반적이다.

이럴 때는 솔라리스 10의 dtrace 스크립트를 이용해 프로세서 자원 대부분을 소비하는 시스템 콜이 무엇인지 알아낼 수 있다. dtrace를 실행하자 fork 시스템 콜이 범인이라고 알려 주었다. fork 시스템 콜은 유닉스에서 새로운 프로세스를 생성할 때 호출한다. 하지만 자바 개발자는 스레드를 이용하지, 프로세스를 만드는 일은 거의 없다. 확실히 이상한 상황이었다.

이 시스템의 개발자를 찾아 드디어 답을 얻을 수 있었다. 사용자 요청을 처리하려면 특정한 시스템 정보가 필요해서 요청 각각이 외부 셸 스크립트를 실행하도록 작성했다는 것이다. 셸 스크립트는 자바의 Runtime.getRuntime().exec() 메서드로 실행했다. 이 방식으로는 셸 스크립트를 실행한다는 목적은 이룰 수 있지만 자원을 매우 많이 소비한다. 외부 명령 자체는 빠르게 실행되더라도 빈번히 호출되는 경우라면 프로세스 생성 비용을 간과해서는 안 된다.

자바 가상 머신에서 이 명령을 실행하는 과정은 다음과 같다.

1. 현재 가상 머신과 똑같은 환경 변수 설정을 공유하는 프로세스를 복사한다.
2. 새로운 프로세스에서 외부 명령을 실행한다.
3. 프로세스를 종료한다.

따라서 이 동작을 자주 수행한다면 프로세서 자원뿐 아니라 메모리 부담 역시 크게 늘어난다.

셸 스크립트를 실행하는 코드를 지우고 그 대신 필요한 정보를 자바 API로 가져 오게 고치자 시스템은 곧바로 정상으로 돌아왔다.

5.2.5 서버 가상 머신 프로세스 비정상 종료

5.2.2절의 브라우저-서버 기반 경영 정보 시스템에서 겪은 또 다른 사례를 가져왔 다. 듀얼 프로세서와 8GB 메모리를 갖춘 HP 미니컴퓨터 2대에서, 각각 웹로직 9.2 를 3개씩 구동하여 총 6노드의 선호도 클러스터로 구성한 시스템이었다.

한동안 문제없이 운영되던 시스템에서 클러스터 노드의 가상 머신 프로세스가 갑자기 닫히는 일이 빈번해졌다. 가상 머신 프로세스는 hs_err_pid###.log 파일만 남긴 채 사라졌고, 두 미니컴퓨터의 모든 노드에서 프로세스들이 충돌했다. 시스템 로그를 살펴보니 모든 가상 머신 프로세스가 종료 전에 다음과 같은 예외를 다량으 로 쏟아 냈다.

```
java.net.SocketException: Connection reset
at java.net.SocketInputStream.read(SocketInputStream.java:168)
at java.io.BufferedInputStream.fill(BufferedInputStream.java:218)
at java.io.BufferedInputStream.read(BufferedInputStream.java:235)
at org.apache.axis.transport.http.HTTPSender.readHeadersFromSocket(HTTPSender.
    java:583)
at org.apache.axis.transport.http.HTTPSender.invoke(HTTPSender.java:143)
... 99 more
```

예외 메시지는 "원격지에서 연결을 끊었다"라고 말해 주고 있다. 시스템 관리자에 게 물어보니 최근에 사무 자동화 포털과 연동하는 작업을 수행했다고 알려 주었다. 경영 정보 시스템에서 할 일 항목의 상태가 바뀌면 사무 자동화 포털 시스템이 웹 서비스를 통해 이 정보를 받아 와서 동기화하는 식이었다. 나는 SoapUI를 사용해 동기화가 실제로 잘 이루어지는지 확인해 보았다. 그런데 동기화 요청을 보내자 최대 3분이 되어서야 응답이 왔고, 그마저도 돌아온 결과는 모두 타임아웃에 의한 연결 중단이었다.

경영 정보 시스템 이용자가 매우 많았기 때문에 할 일 항목은 수시로 변경될 수밖에 없었다. 그래서 사무 자동화 시스템 속도에 발이 묶이지 않도록 웹 서비스 호출을 비동기로 수행하고 있었다. 하지만 사무 자동화 시스템이 제때 응답해 주지 않아서 대기 중인 스레드와 소켓 연결이 점점 많아졌다. 그러다가 결국 가상 머신의 한계를 넘어서서 가상 머신 프로세스가 비정상 종료된 것이었다.

사무 자동화 포털 쪽에 이 사실을 통보하여 문제가 되던 연동 인터페이스를 수정하고, 비동기 호출 부분을 생산자/소비자 방식의 메시지 큐로 변경하니 시스템이 정상으로 돌아왔다.

5.2.6 부적절한 데이터 구조로 인한 메모리 과소비

이번에는 64비트 자바 가상 머신을 이용하는 백그라운드 원격 프로시저 호출(RPC) 서버 사례다. 메모리는 -Xms4g -Xmx8g -Xmn1g로 설정했고 파뉴+CMS 컬렉터 조합을 이용했다. 마이너 GC 시간은 보통 30밀리초 안쪽이라서 RPC를 이용하는 외부 서비스들에 아무런 문제를 일으키지 않았다. 하지만 데이터를 분석하기 위해 10분 단위로 80MB 크기의 파일을 메모리로 읽어 들여야 했는데, 이때 100만 개 이상의 HashMap<Long, Long> 객체를 만들어 냈다. 그러면 마이너 GC가 100만 개가 넘는 객체를 검사하느라 일시 정지가 500밀리초로 늘어났다. 도저히 수용할 수 없는 긴 시간이었다. 다음은 이때 가비지 컬렉터가 기록한 로그다.

```
{Heap before GC invocations=95 (full 4):
par new generation   total 903168K, used 803142K [0x00002aaaae770000,
     0x00002aaaebb70000, 0x00002aaaebb70000)
   eden space 802816K, 100% used [0x00002aaaae770000, 0x00002aaadf770000,
     0x00002aaadf770000)
   from space 100352K,   0% used [0x00002aaae5970000, 0x00002aaae59c1910,
     0x00002aaaebb70000)
   to   space 100352K,   0% used [0x00002aaadf770000, 0x00002aaadf770000,
     0x00002aaae5970000)
concurrent mark-sweep generation total 5845540K, used 3898978K
     [0x00002aaaebb70000, 0x00002aac507f9000, 0x00002aacae770000)
concurrent-mark-sweep perm gen total 65536K, used 40333K [0x00002aacae770000,
     0x00002aacb2770000, 0x00002aacb2770000)
```

```
2011-10-28T11:40:45.162+0800: 226.504: [GC 226.504: [ParNew: 803142K->
        100352K(903168K), 0.5995670 secs] 4702120K->4056332K(6748708K),
        0.5997560 secs] [Times: user=1.46 sys=0.04, real=0.60 secs]
Heap after GC invocations=96 (full 4):
par new generation   total 903168K, used 100352K [0x00002aaaae770000,
        0x00002-aaaebb70000, 0x00002aaaebb70000)
    eden space 802816K,   0% used [0x00002aaaae770000, 0x00002aaaae770000,
        0x00002aaadf770000)
    from space 100352K, 100% used [0x00002aaadf770000, 0x00002aaae5970000,
        0x00002aaae5970000)
    to   space 100352K,   0% used [0x00002aaae5970000, 0x00002aaae5970000,
        0x00002aaaebb70000)
concurrent mark-sweep generation total 5845540K, used 3955980K
        [0x00002aaaebb70000, 0x00002aac507f9000, 0x00002aacae770000)
concurrent-mark-sweep perm gen total 65536K, used 40333K [0x00002aacae770000,
        0x00002aacb2770000, 0x00002aacb2770000)
}
Total time for which application threads were stopped: 0.6070570 seconds
```

로그를 보면 마이너 GC 시간은 대체로 매우 짧다. 신세대의 객체 대부분을 회수할 수 있기 때문이다. 마이너 GC 후 에덴과 생존자 공간은 거의 빈 상태나 다름없다. 하지만 데이터 파일을 분석하는 동안은 총 800MB 용량의 에덴이 빠르게 채워져서 가비지 컬렉션이 일어나게 된다. 하지만 마이너 GC 후에도 신세대의 객체 대부분이 여전히 살아 있다.

파뉴 컬렉터는 복사 알고리즘을 이용한다. 복사 알고리즘은 대부분의 객체가 '죽어야' 효율이 좋다. 생존한 객체가 매우 많다면 그 모두를 생존자 공간으로 복사하는데, 이 과정에서 객체 사이의 참조들까지 정확하게 관리해야 한다. 매우 무거운 작업일 수밖에 없어서 가비지 컬렉션 시간이 급격히 늘어난 것이다.

프로그램을 고치지 않은 채 GC 최적화만으로 해결하려면 어떻게 해야 할까? 생존자 공간을 제거하여 첫 번째 마이너 GC 후 신세대에서 살아남은 객체들을 곧바로 구세대로 옮기는 방법을 고려할 수 있다. 죽은 객체 회수는 다음번 메이저 GC에 맡기는 것이다. 생존자 공간을 제거하려면 -XX:SurvivorRatio=65536과 -XX:Max TenuringThreshold=0 매개 변수를 추가하거나 -XX:+AlwaysTenure 매개 변수를 지정하면 된다. 그런데 증상을 완화할 수는 있지만 부작용이 만만치 않은 방식이다.

올바른 해법은 프로그램 자체를 고치는 것이다. 지금 문제의 근본 원인은 Hash Map<Long, Long>이다. 이 구조는 공간을 효율적으로 활용하지 못해서 지금처럼 데이터가 많을 때는 적합하지 않다.

HashMap의 공간 효율성을 구체적으로 계산해 보자. HashMap<Long, Long> 구조에서 키와 값에 해당하는 long 정수 2개만이 사용자에게 의미가 있는 데이터다(총 16바이트). 이 두 long 데이터 각각은 java.lang.Long 객체로 감싸지며, Long 객체는 8바이트의 마크 워드, 8바이트의 클래스 포인터, 데이터를 담기 위한 8바이트의 long 변수로 구성된다(총 24바이트). Long 객체는 Map.Entry에 저장되며, Map.Entry는 16바이트의 객체 헤더, 8바이트의 next 필드, 4바이트의 해시 필드로 구성된다. 여기에 총 32바이트 크기로 맞추기 위한 정렬용 패딩 4바이트도 추가된다(총 32바이트). 마지막으로 HashMap에서는 8바이트 참조를 통해 Map.Entry를 가리킨다. 결과적으로 long 정수 두 개를 담는 데 쓰이는 실제 메모리는 (Long(24바이트)×2)+Entry(32바이트)+HashMap 안의 참조(8바이트)까지 해서 총 88바이트다. 메모리 사용량 중 유효 데이터의 비율은 겨우 18%다(16/88). 정말 낮은 효율이라 할 수 있다.

5.2.7 윈도우 가상 메모리로 인한 긴 일시 정지[2]

이번 문제는 심장 박동을 보여 주는 GUI 데스크톱 프로그램에서 발생했다. 심장 박동 데이터는 서드 파티 서비스로부터 15초마다 얻어 왔으며, 서드 파티 서비스가 30초 내로 회신하지 않으면 연결이 끊긴 것으로 간주했다. 그런데 제품 출시 후 거짓 양성(false positive) 데이터가 자주 섞여 들어오는 문제가 발견되었다. 로그를 확인해 보니 거짓 양성이 생기는 이유는 프로그램이 약 1분 간격으로 로그 출력 없이 일시 정지 상태가 되기 때문으로 밝혀졌다.

이 프로그램은 데스크톱용이라서 메모리가 많이 필요하지 않았다. 그래서 처음에는 가비지 컬렉션이 원인일 거라고는 꿈에도 생각하지 못했다. 하지만 -XX:+PrintGCApplicationStoppedTime -XX:+PrintGCDate-Stamps -Xloggc:gclog.log 매개 변수를 추가한 후 로그를 살펴보자 가비지 컬렉션이 원흉임이 드러났다. 대체로 100밀리초 이내로 끝났지만 이따금 1분 가까이 길게 진행되었던 것이다.

```
Total time for which application threads were stopped:  0.0112389 seconds
Total time for which application threads were stopped:  0.0001335 seconds
Total time for which application threads were stopped:  0.0003246 seconds
Total time for which application threads were stopped: 41.4731411 seconds
```

---

2 이번 사례는 ITEye HLLVM 그룹의 토론에서 가져왔다: *http://hllvm.group.iteye.com/group/topic/28745*

```
Total time for which application threads were stopped:  0.0489481 seconds
Total time for which application threads were stopped:  0.1110761 seconds
Total time for which application threads were stopped:  0.0007286 seconds
Total time for which application threads were stopped:  0.0001268 seconds
```

-XX:+PrintReferenceGC 매개 변수를 추가하여 긴 일시 정지 때의 로그 정보를 자세히 들여다보았다. 가비지 컬렉션 자체는 그리 길지 않았다. 그 대신 컬렉션 준비 단계에서 실제 시작까지가 시간을 다 잡아먹고 있었다.

```
2012-08-29T19:14:30.968+0800: 10069.800: [GC10099.225: [SoftReference, 0 refs,
        0.0000109 secs]10099.226: [WeakReference, 4072 refs, 0.0012099 secs]
        10099.227:
    [FinalReference, 984 refs, 1.5822450 secs]10100.809: [PhantomReference,
        251 refs, 0.0001394 secs]10100.809: [JNI Weak Reference,
        0.0994015 secs]
    [PSYoungGen: 175672K->8528K(167360K)] 251523K->100182K(353152K),
        31.1580402 secs] [Times: user=0.61 sys=0.52, real=31.16 secs]
```

컬렉터 로그와 더불어 프로그램의 메모리 변화 측면에서도 특이점이 관찰되었다. 프로그램 창을 최소화하면 메모리 사용량이 급격하게 줄어들었으나 가상 메모리에는 변화가 없었다. 창을 최소화하면 작업 메모리가 디스크로 스와프된다고 짐작되는 상황이었다. 이 상태에서 가비지 컬렉션을 하려면 스와프된 데이터를 메모리로 다시 불러와야 한다. 비정상적으로 긴 일시 정지 현상이 잘 설명되었다.

　이 추측을 뒷받침하는 근거를 당시 MSDN에서도 확인할 수 있었다. MSDN은 자바 GUI 프로그램에서 이 현상을 없애려면 -Dsun.awt.keepWorkingSetOnMinimize =true 매개 변수를 추가하라고 안내해 주었다. 실제로도 많은 AWT 프로그램에서 사용하는 설정이다. 한때 JDK와 함께 배포되던 VisualVM이 대표적인 예다. 이 매개 변수를 추가하면 프로그램이 최소화되어도 작업 메모리를 유지해 준다. 지금 사례에서도 매개 변수를 추가하자마자 증상이 말끔히 사라졌다.

5.2.8 안전 지점으로 인한 긴 일시 정지[3]

일반적인 컴퓨팅 작업을 처리하는 비교적 큰 HBase 클러스터가 있었다. JDK 8로 구동했으며 G1 컬렉터를 이용했다. 이 클러스터는 매일 대량의 맵리듀스나 스파크

3　원래 사례는 '샤오미 클라우드 테크놀러지' 공식 계정에서 가져왔다. 원 주소는 *https://juejin.im/post/5d1b1 fc46fb9a07ef7108d82*이나 책에는 몇 가지를 수정하여 실었다.

오프라인 분석을 수행하느라 바빴다. 오프라인 분석에서 지연 시간은 그리 중요하지 않기 때문에 -XX:MaxGCPauseMillis 매개 변수를 500밀리초로 넉넉하게 설정했다. 하지만 일정 기간 운영 후 가비지 컬렉션의 일시 정지가 3초 이상까지 길어지는 일이 자주 생겼다. 그래서 로그를 보았으나 다음과 같이 가비지 컬렉터가 객체를 회수하는 실제 시간은 단 수백 밀리초가 걸렸을 뿐이다.

```
[Times: user=1.51 sys=0.67, real=0.14 secs]
2019-06-25T 12:12:43.376+0800: 3448319.277: Total time for which application
    threads were stopped: 2.2645818 seconds
```

상황을 정확하게 이해하려면 로그 첫 번째 줄에 등장하는 user, sys, real이 컴퓨터 시스템과 운영 체제에서 어떤 의미로 쓰이는지 알아야 한다.

- user: 프로세스가 사용자 모드 코드를 실행하면서 소비한 '프로세서 시간'
- sys: 프로세스가 커널 모드 코드를 실행하면서 소비한 '프로세서 시간'
- real: 동작이 시작해서 끝날 때까지 소비한 '클록 시간'

user와 sys는 '프로세서' 시간이고 real은 '클록' 시간인 점에 주의하자. 프로세서 시간은 스레드가 프로세서의 코어 하나에서 실행된 시간을 뜻하며, 클록 시간은 현실 세계 시간을 뜻한다. 코어 하나에 스레드도 하나인 경우라면 둘 사이에 차이가 없다. 하지만 멀티코어 환경에서는 똑같은 클록 시간이 흐르는 동안에도 코어 여러 개가 구동될 수 있다. 프로세서 시간은 이 값들을 더하여 구한다.

가비지 컬렉션을 최적화할 때는 보통 현실 세계 시간을 기준으로 한다. 최종 사용자는 요청을 보낸 후 응답이 올 때까지 시간, 즉 응답 속도만 신경 쓰기 때문이다. 빠르게만 응답한다면 프로그램이 스레드나 프로세서를 몇 개나 활용하는지는 관심 밖이다.

앞의 로그를 보면 가비지 컬렉션에는 단 0.14초만 걸렸지만 사용자 스레드가 일시 정지한 시간은 무려 2.26초나 되었다. 정상적인 TTSP 범주를 크게 벗어나는 차이다. 그래서 우선 -XX:+PrintSafepointStatistics와 -XX:PrintSafepointStatisticsCount=1 매개 변수를 추가하여 안전 지점에서의 통계를 로그로 출력하도록 했다.

```
vmop       [threads: total initially_running wait_to_block]
65968.203: ForceAsyncSafepoint [931    1    2]
[time: spin block sync cleanup vmop] page_trap_count
[     2255 0     2255 11     0   ] 1
```

로그 첫 줄의 vmop는 가상 머신의 동작 방식(VM operation)을 뜻한다. 여기서는 사용자 스레드 모두가 안전 지점에 도착할 때까지 기다리게 설정되어 있다. 그런데 스레드 2개가 특히 느려서 장시간 공회전하며 대기하고 있음을 보여 준다. 로그에서 공회전 시간 2255밀리초는 일부 스레드가 안전 지점에 도착한 후 나머지 스레드가 도착할 때까지 기다린 시간을 뜻한다. 가비지 컬렉션 스레드 역시 이 시간 동안은 작업에 착수하지 못하고 함께 대기하게 된다.

　문제를 해결하려면 특히 느린 두 스레드의 정체부터 찾아야 할 것이다. 다행히 어렵지는 않았다. -XX:+SafepointTimeout과 -XX:SafepointTimeoutDelay=2000 매개 변수를 추가하여 스레드들이 안전 지점에 도착할 때까지 가상 머신을 기다리게 한 다음, 추가로 2000밀리초가 지나면 타임아웃을 일으켜서 문제의 스레드를 찾아 이름을 출력하게 했다. 결과 로그는 다음과 같았다.

```
# SafepointSynchronize::begin: Timeout detected:
# SafepointSynchronize::begin: Timed out while spinning to reach a safepoint.
# SafepointSynchronize::begin: Threads which did not reach the safepoint:
# "RpcServer.listener,port=24600" #32 daemon prio=5 os_prio=0
    tid=0x00007f4c14b22840 nid=0xa621 runnable [0x0000000000000000]
    java.lang.Thread.State: RUNNABLE
# SafepointSynchronize::begin: (End of list)
```

오류 로그로부터 "RpcServer.listener,port=24600" 스레드가 원흉임을 찾아냈다. 그런데 이 스레드가 이토록 느린 이유는 무엇일까? 어떤 요인이 이 스레드가 안전 지점에 진입하는 걸 막고 있을까? 3장에서 설명한 것처럼 안전 지점은 "프로그램을 장시간 실행하는 특성이 있는가?"라는 원칙에 기초하여 선택한다. 따라서 메서드 호출, 순환문 점프, 비정상적인 점프는 모두 안전 지점이 될 수 있다. 하지만 안전 지점이 너무 많아지는 부담을 줄이고자 핫스팟 가상 머신은 순환문을 평가하여 최적화한다. 반복 횟수가 많지 않은 순환문은 일반적으로 금방 끝날 것이다. 따라서 int나 범위가 더 좁은 데이터 타입을 루프 변수로 이용하는 순환문은 기본적으로 안전 지점으로 설정되지 않는다. 이런 유형의 순환문을 카운티드 루프라고 한다. 반대로 long처럼 범위가 큰 데이터 타입을 루프 변수로 사용하는 순환문을 언카운티드 루프라고 하며 안전 지점으로 설정된다. 대체로 이 최적화는 기대한 대로 잘 동작하지만 함정이 있다. 순환문의 실행 시간을 결정하는 요인이 반복 횟수만은 아니라는 점이다. 순환문 본문을 한 번 수행하는 시간 자체가 너무 길다면 카운티드 루프일지라도 오래 걸릴 수밖에 없다.

핫스팟은 처음부터 -XX:+UseCountedLoopSafepoints 매개 변수를 지원하여, 원한다면 카운티드 루프도 안전 지점으로 지정할 수 있게 했다. 하지만 JDK 8에는 이 매개 변수에 가상 머신을 비정상 종료시키는 버그가 있었다.[4] 그래서 지금 사례에서는 다른 해법을 찾아야 했다. 즉, RpcServer 스레드에서 문제의 코드를 찾아 수정해야 하는 상황이었다.

마침내 HBase의 연결 타임아웃 초기화 기능이 문제였음을 알아냈다. 클러스터에는 맵리듀스와 스파크 태스크의 연결이 다수 있었고, 태스크 각각이 다수의 Mapper·Reducer·Executer를 동시에 시작시켰다. 그리고 그 각각은 다시 HBase 클라이언트로 동작하면서 동시에 엄청난 수의 연결을 만들어 냈다. 여기에 더해 하필이 연결을 초기화하는 순환문의 루프 변수가 int 타입이었기 때문에, 즉 카운티드 루프였기 때문에 핫스팟이 순환문 안에 안전 지점을 설정하지 않은 것이다.

가비지 컬렉션이 시작되려 할 때 RpcServer의 리스너 스레드가 하필 카운티드 루프에 진입했다면, 이 순환문을 다 끝마치고 그 뒤의 안전 지점에 도착할 때까지 기다려야만 한다. 이때 다른 스레드들 역시 함께 대기하게 되므로 긴 일시 정지라는 현상으로 이어진 것이다.

원인이 밝혀지자 해결하기는 식은 죽 먹기였다. 단순히 문제의 루프 변수 타입을 long으로 변경하면 끝! 하지만 안전 지점과 가비지 컬렉션에 대한 지식이 없다면 해결하기가 매우 까다로운 문제 유형이다.

5.3 실전: 이클립스 구동 시간 줄이기

서버 애플리케이션이 아니라면 시스템을 최적화할 일이 없을 것이라고 오해하는 개발자가 많다. 물론 시스템이 클수록 더 전문적인 최적화, 운영, 유지 보수 팀이 필요하다. 그래서 틀린 관점은 아니다. 단지 조금 좁게 본 것일 뿐이다. 앞 절에서 나열한 사례들도 대부분 서버 쪽 예였지만, 다른 분야의 애플리케이션에도 최적화가 필요한 경우는 많다. 평범한 자바 개발자인 나는 가상 머신과 관련한 다양한 원칙과 모범 사례가 결코 멀리 있지 않음을 배웠고, 이 지식들을 활용할 수 있는 시나리오가 주변에 많이 있음을 깨달았다. 이제부터 보통의 개발자가 일상 업무 중 언제든 접할 수 있는 개발 도구들을 통해 실전 연습을 시작해 보자.

---

4 *https://bugs.openjdk.java.net/browse/JDK-8161147*

참고로 최신 상황에 맞춰 이번 절의 내용을 다시 썼는데 2판 때처럼 극적인 개선은 이루어지지 않았다. 64비트 시스템과 대용량 메모리를 탑재한 컴퓨터가 대중화되었고, 가비지 컬렉터 기술도 훨씬 성숙했기 때문이다. 하지만 어느 정도 성능 개선은 여전히 가능하며, 다른 상황에서 유용한 팁들이 녹아 있다.

5.3.1 최적화 전 상태

내가 주로 사용하는 통합 개발 환경은 이클립스다. 스프링 툴스와 소나린트(SonarLint) 등 비교적 큰 플러그인들을 설치해 놓았고 코드도 많기 때문에, 이클립스를 실행해 프로젝트들이 다 컴파일되기까지는 제법 오랜 시간이 걸린다. 이처럼 개발 환경의 느린 속도에 항상 불만이었는데, 마침 이 책을 쓰게 되어 이클립스를 최적화해 보기로 했다.

내 시스템은 64비트 윈도우 10이고 가상 머신은 OpenJDK 11의 핫스팟이다. 하드웨어는 인텔 i5 CPU에 램은 24GB인 랩톱 컴퓨터다. 설정 파일인 eclipse.ini는 살짝 수정하여 별도로 설치된 JDK 11을 기본 가상 머신으로 사용하도록 했다. 그래서 최적화 전 설정은 코드 5-1과 같다.

코드 5-1 이클립스 2022-03 설정(최적화 전)

```
...
-startup
plugins/org.eclipse.equinox.launcher_1.6.400.v20210924-0641.jar
...
-vm
C:/jdks/jdk-11/bin
-vmargs
-Dosgi.requiredJavaVersion=11
-Dosgi.instance.area.default=@user.home/eclipse-workspace
-Dsun.java.command=Eclipse
-XX:+UseG1GC
-XX:+UseStringDeduplication
...
-Xms256m
-Xmx2048m
```

먼저 간단한 테스트를 수행하여 초기 데이터를 확보했다. 최적화 후 결과와 정량적으로 비교해 보기 위해서다. 가상 머신의 실행 데이터는 VisualVM과 확장 플러그인인 비주얼 GC(Visual GC)로 수집했다. 테스트하는 동안 운영 체제가 디스크 캐싱을 제때 수행하지 못하는 영향을 피하기 위해 테스트 결과가 안정되게 나올 때까지 이클립스를 여러 번 재시작하여 마지막 결과를 데이터 샘플로 취했다. CPU 과열로 인한 스로틀링 영향을 줄이기 위해 재시작 사이에는 쿨러가 조용해질 때까지 기다려야 해서 정성이 많이 드는 작업이었다. 데이터 샘플은 그림 5-1과 같다.

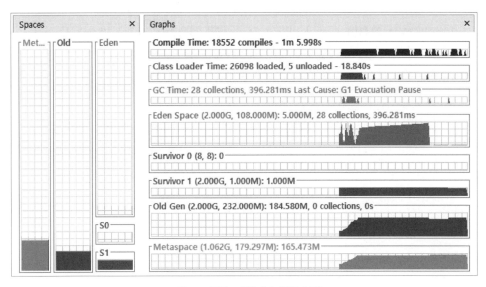

그림 5-1 이클립스 실행 데이터(최적화 전)

Graphs 부분을 위에서부터 간단히 해석해 보자.

- 컴파일: 총 1만 8552번 컴파일에 약 1분 6초 소요. 컴파일 시간은 여러 컴파일 스레드가 동시에 수행한 시간의 총합이므로 이클립스 구동에 이만큼 걸렸다는 뜻은 아니다.

- 클래스 로딩: 총 2만 6098개의 클래스 로딩에 18.84초 소요. 컴파일 시간과 비슷하게 여러 스레드가 수행한 시간의 총합이다.

- 가비지 컬렉션: 28번 수행에 396밀리초 소요. 28번 모두 에덴에서 이루어졌다.

- 힙 메모리 구성
  - 에덴: 최대 2GB 중 108MB 할당
  - 생존자 공간: 최대 2GB 중 1MB 할당
  - 구세대: 최대 2GB 중 232MB 할당

그런데 에덴, 생존자 공간, 구세대 모두 최대 크기는 2GB다. 이는 G1 컬렉터가 힙 메모리를 리전 단위로 관리하며, 각 공간에 필요한 리전을 동적으로 할당/회수하기 때문이다. eclipse.ini 파일에서 힙 최대 크기를 2GB로 설정했는데 이 2GB 내에서 어느 영역에 얼마나 할당할지 가비지 컬렉터가 결정하므로 모두 잠재적 최대 크기를 2GB로 표시하는 것이다. 실제 할당된 크기는 에덴, 생존자 공간, 구세대가 각각 108MB, 1MB, 232MB다. 또한 비주얼 GC 화면을 처음부터 계속 관찰하면 각 공간의 크기가 동적으로 달라짐을 알 수 있다. 특히 생존자 공간은 구동 초기에는 수십 MB까지 늘어났다. 그 후 이클립스의 초기 백그라운드 작업이 모두 끝나자 안정되어 1MB로 줄어든 것이다.

그런데 이클립스를 구동하는 데 소요된 시간은 VisualVM에서 직접 얻을 수 없다. VisualVM은 이클립스가 어떤 상태에 있는지 알 수 없기 때문이다. 그래서 이클립스 구동 시간을 측정하는 간단한 플러그인을 제작했다(코드 5-2). 코드가 매우 간단하니 참고용으로 읽고 이해하는 데는 무리가 없을 것이다.

코드 5-2 이클립스 구동 시간 측정용 플러그인

```java
# ShowTime.java 코드:
import org.eclipse.jface.dialogs.MessageDialog;
import org.eclipse.swt.widgets.Display;
import org.eclipse.swt.widgets.Shell;
import org.eclipse.ui.IStartup;

/**
 * 이클립스 구동 시간 측정
 * @author zzm
 */
public class ShowTime implements IStartup {
  public void earlyStartup() {
    Display.getDefault().syncExec(new Runnable() {
      public void run() {
        long eclipseStartTime =
            Long.parseLong(System.getProperty("eclipse.startTime"));
        long costTime = System.currentTimeMillis() - eclipseStartTime;
        Shell shell = Display.getDefault().getActiveShell();
        String message = "Eclipse startup time: " + costTime + "ms";
        MessageDialog.openInformation(shell, "Information", message);
      }
    });
  }
}
```

```
# plugin.xml 코드:
<?xml version="1.0" encoding="UTF-8"?>
<?eclipse version="3.4"?>
<plugin>
   <extension
         point="org.eclipse.ui.startup">
         <startup class="eclipsestarttime.actions.ShowTime"/>
   </extension>
</plugin>
```

이클립스 플러그인을 만드는 방법은 이 책의 주제가 아니므로 간단하게만 언급하
겠다. 상세한 내용은 인터넷에서 '이클립스 플러그인 개발'로 검색해 보기 바란다.

- 'Eclipse IDE for RCP and RAP Developers' 패키지를 설치하거나 이클립스 마켓
  플레이스에서 'Eclipse PDE(Plug-in Development Environment)' 플러그인을 설
  치한다.

- File → New → Other → Plug-in Development → Plug-in Project를 선택하여 플
  러그인 프로젝트를 만든다.

- src 경로에 ShowTime.java를 작성해 넣는다(코드 5-2 참고).

- META-INF/MANIFEST.MF 파일을 연다.
  - Dependencies 탭에서 `org.eclipse.ui`를 의존성으로 추가한다.
  - Extensions 탭에서 `org.eclipse.ui.startup`과 ShowTime.java를 연결한다.

- Export → Plug-in Development → Deployable plug-ins and fragments를 선택
  하여 현재 프로젝트를 이클립스의 plugins 디렉터리로 익스포트한다.

플러그인을 설치한 후 이클립스를 몇 차례 실행하니 구동 시간이 그림 5-2처럼 10
초 내외에서 안정화되었다.

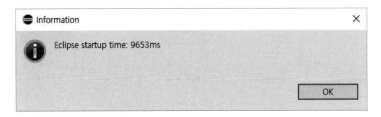

그림 5-2 구동 시간 측정 플러그인 실행 결과(최적화 전)

내 컴퓨터의 하드웨어 사양을 고려하면 10초 정도면 납득할 만한 수준일 것이다. 하지만 스로틀링이 걸리지 않은 상황에서의 시간이고, 이클립스를 새로 시작할 때마다 답답함을 많이 느꼈기에 여전히 최적화할 가치는 있다고 판단했다.

5.3.2 JDK 버전 업그레이드에 따른 성능 변화

이클립스 최적화의 첫 번째 단계는 최신 가상 머신으로 업그레이드해 보는 것이었다. 잘만 하면 손대지 않고 코를 풀 수 있다.

JDK 배포사들은 새로운 메이저 버전을 출시할 때마다 가상 머신 구동이 이전 버전보다 얼마나 빨라졌는지 강조한다. 물론 홍보 성격도 짙기 때문에 대다수 개발자는 크게 신경 쓰지 않는 것 같다. 하지만 기술 진보는 실제로 성능 향상으로 이어지기도 한다. 제삼자가 평가한 데이터를 종합해 판단해 봐도 JDK 버전이 업그레이드되면 적어도 일부 측면에서는 성능이 확실히 개선된다.[5] 앞서 '3.6.2 ZGC 컬렉터'에서 JDK 8, 11, 17의 성능을 측정한 결과를 제시한 바 있다. 그중 지연 시간 테스트 결과를 다시 살펴보자.

보다시피 JDK는 버전이 업그레이드될 때마다 전반적인 성능이 개선되었다. 예컨대 G1 컬렉터 사용 기준으로, JDK 17은 JDK 11보다 10% 정도 개선되었다.

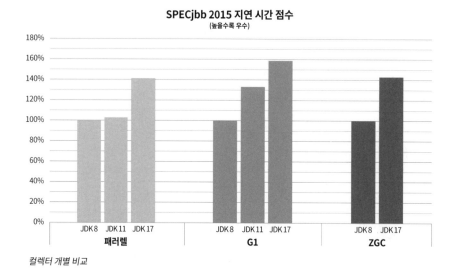

그림 5-3 JDK 버전별 지연 시간 테스트(높을수록 우수)

---

5 물론 버전 업그레이드 시 성능이 퇴보하는 경우도 많다. 프로그램 자체의 한계, 미들웨어나 서드 파티 패키지와의 호환성 등 고려할 게 많으므로 기업용 애플리케이션에서는 JDK 업그레이드를 신중히 결정해야 한다.

그렇다면 이 효과가 이클립스 구동에도 영향을 줄까? eclipse.ini 파일에서 -vm 설정을 수정해 JDK 17을 이용하도록 고친 다음 이클립스를 다시 구동해 보았다. 여러 차례 수행해 보니 평균 8초대 후반까지 단축됐음을 확인할 수 있었다.

그림 5-4 구동 시간 측정 결과(JDK 17 사용 시)

큰 차이는 아니지만 최신 JDK를 사용하기만 해도 구동 시간을 10% 정도 단축할 수 있었다. 나쁘지 않은 결과다. 프로젝트와 설치한 플러그인이 크고 많을수록 단축되는 정도가 더 커질 것이다.

5.3.3 클래스 로딩 시간 최적화

이제부터는 좀 더 노력이 필요한 최적화다. 앞서 비주얼 GC의 결과를 보면 클래스를 무려 2만 6000여 개나 로딩하느라 19초 가까이 쓰고 있었다. 물론 사용자 프로그램과 여러 스레드가 수행된 시간을 합한 것이지만 무시하기에는 적지 않은 시간이다.

클래스 로딩에 걸리는 시간은 다음처럼 jstat으로도 간단히 측정할 수 있다. 먼저 jps로 이클립스를 구동하는 가상 머신의 프로세스 아이디를 알아낸 다음 jstat에 알려 주면 된다. JDK 버전을 17로 변경한 후 측정하니 클래스 로딩에는 평균 16초가 조금 넘게 소요되는 것으로 나왔다.

```
$ jps
7272 Jps
7216 Eclipse

$ jstat -class 7216
Loaded  Bytes  Unloaded  Bytes    Time
 25942 53044.3       0    0.0    16.43
```

클래스 로딩에 대해서는 7장에서 자세히 소개하니, 여기서는 로딩 과정에서 안전한 바이트코드인지 검증하는 단계를 거친다는 점만 이야기하겠다. 그런데 사실 이클립스는 사용자가 매우 많고 오랜 기간 검증된 통합 개발 환경이기 때문에 안전하다고 가정해도 좋을 것이다. 즉, 이클립스 자체 클래스들을 로딩할 때는 바이트코드 검증이 굳이 필요 없을 것이다.

가상 머신에 -Xverify:none 매개 변수를 설정하면 바이트코드 검증을 건너뛰는데, 이를 최적화 수단으로도 활용할 수 있다. 실제로 eclipse.ini에 이 매개 변수를 추가하니 클래스 로딩 속도가 개선되었다.

```
$ jps
4724 Eclipse
5412 Jps

$ jstat -class 4724
Loaded   Bytes  Unloaded  Bytes      Time
 23163  48229.0        2   19.9     14.44
```

2초 남짓 줄어들었다. 그렇다고 이클립스 구동 시간이 2초만큼 빨라지지는 않는다. 앞에서도 이야기했듯이 클래스 로딩은 사용자 스레드와 동시에 수행되기 때문이다. 여러 차례 테스트해 보니 전체 구동 시간은 7초 후반대로, 평균 0.8초 정도가 단축되었다.

그림 5-6 구동 시간 측정 결과(JDK 17+바이트코드 검증 비활성화)

5.3.4 컴파일 시간 최적화

비주얼 GC의 결과에 따르면 클래스 로딩 시간 외에도 비사용자 프로그램에서 시간을 크게 잡아먹는 요인이 두 가지가 더 있다. 바로 컴파일 시간과 가비지 컬렉션 시간이다. 이제 독자들도 가비지 컬렉션 시간이 무엇인지는 명확히 알 것이다. 그렇다면 컴파일 시간은 무엇인가? 이클립스는 미리 컴파일된 상태가 아니란 말인가?

가상 머신의 적시 컴파일(JIT 컴파일)은 가비지 컬렉션과 함께 이 책의 핵심 주제이므로 뒤에서 따로 몇 개 장을 할애해 설명할 것이다. 간단히 소개하자면, 여기서 컴파일 시간은 시간이 많이 소요되는 코드(핫 코드)를 가상 머신의 JIT 컴파일러가 컴파일하는 데 쓴 시간이다.

자바 언어는 크로스 플랫폼을 지원하기 위해 자바 코드를 바이트코드로 컴파일해 클래스 파일(.class)에 담아 둔다. 그런 다음 가상 머신이 클래스 파일을 해석하여 바이트코드를 실행하는 구조다. 그래서 네이티브 코드로 컴파일되는 C·C++보다 일반적으로 실행 속도가 훨씬 느리다.

프로그램을 해석해 실행하는 데 따른 속도 문제를 풀기 위해 JDK 1.2 이후의 핫스팟 가상 머신은 두 가지 JIT 컴파일러를 제공하기 시작했다.[6] 핫스팟 가상 머신은 일정 횟수 이상 호출되는 자바 메서드를 핫 코드로 분류하여 JIT 컴파일러에 넘긴다. 그러면 JIT 컴파일러가 해당 코드를 런타임에 네이티브 코드로 변환하여 수행 속도를 개선한다. '핫스팟' 가상 머신이라는 이름이 여기서 기원했다.

이러한 동적 컴파일 기술로 컴파일타임 방식인 C·C++보다 나은 성능을 끌어낼 수 있다. 정적 컴파일러는 알 수 없는 다양한 런타임 정보를 활용할 수 있어서 더 급진적인 최적화 기법을 적용할 수 있기 때문이다. '대부분의 경우'를 가정한 최적화 대신 현 상황에만 해당하는 '극단적인 경우'의 최적화를 적용할 수 있다. 또한 최적화가 가정한 조건이 실제와 다르면 최적화 없이 컴파일한 코드로 돌아갈 수 있다. 또는 심지어 인터프리터 모드로 돌아가기도 한다. 따라서 자바 프로그램의 코드 자체에 문제가 없는 한(일반적으로 메모리 누수나 연결 누수 같은 누수 문제) 프로그램을 오래 실행할수록 코드가 꾸준히 최적화되어 점점 빨라진다.

하지만 동적 컴파일은 프로그램의 정상적인 실행 시간에 영향을 준다. 사용자 프로그램이 실행되는 와중에 컴파일 자체에도 컴퓨팅 자원을 할애해야 하기 때문이다. 이것이 비주얼 GC가 알려 주는 '컴파일 시간'의 정체다.

핫스팟 가상 머신은 JIT 컴파일을 억제하는 -Xint 매개 변수를 제공한다. 즉, 가상 머신을 순수한 인터프리트 방식으로 수행하게도 해 준다. 하지만 이클립스 구동 시간을 앞당길 목적으로 이 매개 변수를 추가한다면 크게 실망할 것이다. 이 매개 변수를 추가하면 컴파일 시간은 0으로 떨어지지만 총 구동 시간은 30초 이상으로 크게 늘어난다. JIT 컴파일러의 혜택이 모두 사라져서 '전반적인' 실행 속도가 급격히 느려지기 때문이다. 일부 디버깅 용도 외에, 지금 시점에서 이 매개 변수의 가

---

6   JDK 1.2 전에는 외부 JIT 컴파일러가 네이티브 컴파일에도 이용됐다. 하지만 인터프리터와 JIT 컴파일러 중 하나만 선택하는 방식이라서 동시에 이용할 수는 없었다.

장 큰 존재 의미는 JDK 1.2 이전 시절 자바의 끔찍했던 속도를 상기시켜 주는 정도일 것이다.

그렇다고 모든 걸 미리 컴파일해도 득 될 게 없다. 가상 머신을 컴파일 모드로 실행하는 –Xcomp 매개 변수를 지정하면 분 단위의 구동 시간을 경험하게 될 것이다.

 혹시 JDK 8 이하의 가상 머신이라면 –client 매개 변수라는 선택지가 있다. 가상 머신을 클라이언트 모드로 실행하는 매개 변수로, 가벼운 최적화만 수행하여 애플리케이션 구동 시간을 줄여 준다. 반대 개념인 –server는 구동 시간을 늦추는 대신 더 많이 최적화된 코드를 생성하여 장기간 운영되는 서버 애플리케이션에 유리하다. JDK 9부터는 –client 매개 변수를 지정해도 무시하고 서버 모드로 실행한다. 서버 모드에서도 어차피 계층형 컴파일이 이미 자리를 잡았기 때문이다. 계층형 컴파일은 응답 속도와 효율 사이에서 최적의 균형을 잡아 주는 기술로, 11장에서 자세히 설명한다.

이렇게 해서 컴파일 시간 측면에서는 시간을 더 단축할 요인을 찾지 못했다. 자바 기술 시스템이 발전하여 최적의 방식을 자동으로 찾아 주는 덕분이다.

5.3.5 메모리 설정 최적화

클래스 로딩 시간과 컴파일 시간까지 검토했으니 이제 가비지 컬렉션 시간만 남았다. 앞서 비주얼 GC의 결과를 보면 가비지 컬렉션은 에덴에서 28번 수행되어 총 396밀리초가 소요됐다. 구세대에서는 컬렉션이 한 번도 일어나지 않았다. 다 합해도 짧은 시간이라 최적화할 의미가 크지 않아 보인다.

일반적으로 성능에 영향을 많이 주는 가비지 컬렉션은 구세대를 포함하는 전체 GC다. 하지만 힙의 최대 크기인 2GB 중 사용 중인 용량은 0.5GB도 되지 않는다. 매우 여유로운 상황이다. 이클립스 구동 후 이런저런 작업을 더 수행해도 어지간해서는 구세대에서 GC를 일으키기가 쉽지 않았다.

사실 이 책 2판에서는 메모리 설정 최적화로 짭짤한 재미를 봤다. 당시에는 32비트 윈도우에서 32비트 가상 머신을 사용 중이었고, 내 컴퓨터의 물리 메모리도 고작 4GB였다. 당시 내 작업 환경을 그대로 구동하는 데 19번의 전체 GC와 378번의 마이너 GC가 수행되었다. 그래서 GC 로그를 분석하여 에덴, 생존자 공간, 구세대 크기를 각각 조절하고 심지어 영구 세대 크기도 적절히 수정했다.

대용량 메모리와 64비트 시스템이 보편화된 지금은 메모리 용량 걱정은 거의 사라졌다. 가비지 컬렉터 기술도 나날이 발전하여 영역별 필요 용량을 가상 머신이 알아서 동적으로 정해 준다. 지연 시간도 획기적으로 줄었고 처리량도 꾸준히 증가하고 있다.

그럼에도 실무를 하다 보면 가비지 컬렉션 로그를 살펴봐야 할 때가 올 것이다. 그럴 때는 -Xlog:gc*,gc:gc.log 매개 변수를 추가하자. -Xlog:gc*까지는 자세한 GC 로그를 출력해 주는 기능을 하며, 그 뒤의 gc:gc.log는 출력된 GC 로그를 gc.log 파일에 저장해 준다. GC 로그의 형태와 내용은 가비지 컬렉터마다 다르기 때문에 사용하는 컬렉터의 특성을 잘 알아 두면 분석하는 데 큰 도움이 된다. 가비지 컬렉터에 따른 자세한 내용은 3장을 참고하자.

한편 오래전 이클립스에서는 메모리가 충분한데 전체 GC가 수행되는 경우가 있었다. 이럴 때는 다음처럼 jstat로 가장 최근에 수행된 GC의 원인을 살펴볼 수 있다.

```
$ jstat -gccause 4068
   S0    S1    E     O     M     CCS   YGC  YGCT   FGC  FGCT   GCT    LGCC        GCC
  0.00  0.00  0.00  8.20  43.21  6.79   0   0.000   1  0.005  0.005  System.gc()  No GC
```

실행 명령에서 4068은 물론 이클립스의 프로세스 아이디다. 출력 결과 중 LGCC 열을 보면 System.gc()가 전체 GC를 일으켰음을 알려 준다. 메모리가 넉넉한 상황에서 굳이 가비지 컬렉션을 수행할 필요가 없다고 판단되면, 가상 머신 차원에서 System.gc()의 효력을 없앨 수도 있다. 즉, -XX:+DisableExplicitGC 매개 변수를 지정하면 된다.

5.3.6 적절한 컬렉터 선택으로 지연 시간 단축

지금까지 이클립스 구동 시간 단축에 집중했으나 이클립스는 프로그램을 작성하기 위한 도구이므로 구동 시간이 전부는 아니다. 우리는 이클립스를 이용하여 시간 소모적인 작업인 코드 컴파일을 매우 자주 수행한다. 그림 5-6은 현재 설정의 이클립스에서 프로젝트들을 다시 빌드하는 동안 측정한 동작 데이터다. 그림에서 알 수 있듯이 신세대는 컬렉션당 약 37밀리초씩 소요되고, 구세대는 이번에도 컬렉션이 일어나지 않았다. 전체적으로 만족할 만하다. 37밀리초의 일시 정지는 사람이 인지하기 어렵기 때문이다.

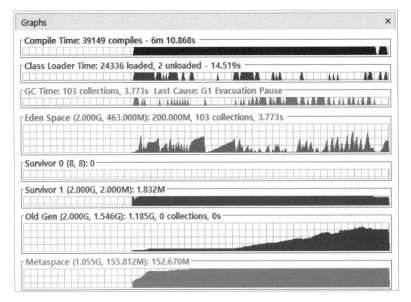

그림 5-6 프로젝트 빌드 동안의 동작 데이터(JDK 17 + G1)

빌드하는 동안의 CPU 자원 사용량도 살펴보자. 그림 5-7은 빌드 중 이클립스의 CPU 사용량 그래프다. VisualVM의 Monitor 탭에서 확인할 수 있다. 보다시피 CPU 사용량 평균은 40%를 조금 넘는 수준으로 보인다. 가비지 컬렉터 활동량(activity) 은 0에 가깝다. 달리 말하면 CPU 자원은 넉넉하므로 필요하면 다른 작업에 더 끌어 다 쓸 여력이 많다는 뜻이다.

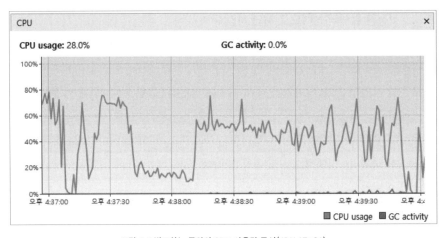

그림 5-7 빌드하는 동안의 CPU 사용량 곡선(JDK 17+G1)

가비지 컬렉션의 일시 정지 시간과 CPU 사용량을 살펴본 이유는 G1 컬렉터보다 이클립스용으로 더 적합한 컬렉터가 있는지 이야기해 보기 위해서다. 즉, 여유로운 CPU 자원을 일시 정지 시간 단축에 더 투입해 보자.

이클립스는 사용자와 매우 활발하게 상호 작용하는 애플리케이션이다. 그중 프로젝트 전체 빌드나 클린 작업은 일반적으로 백그라운드 스레드가 처리한다. 앞서 3장에서 여러 가지 컬렉터를 소개했는데, JDK 17이 제공하는 컬렉터 중에는 G1과 ZGC가 현재 시나리오에 가장 적합함을 쉽게 유추할 수 있다. G1은 JDK 9부터 기본 컬렉터로 승격되어 지금까지 테스트는 모두 G1에서 이루어졌다. 그렇다면 ZGC는 G1보다 나은 결과를 보여 줄까? eclipse.ini에 −XX:+UseZGC 매개 변수를 추가하여 ZGC를 이용하도록 했다.

하지만 안타깝게도 현재의 비주얼 GC는 ZGC를 지원하지 않는다.[7] 아쉬운 대로 Monitor 탭에서 CPU 사용량 곡선만 확인해 보자. 그림 5-8을 보면 CPU 사용량은 여전히 40%를 조금 넘어 보이지만 GC 활동량은 눈에 띄게 늘었다.

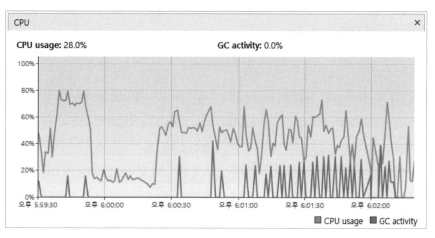

그림 5-8 빌드하는 동안의 CPU 사용량 곡선(JDK 17+ZGC)

물론 이 데이터만으로는 ZGC가 지연 시간을 줄여 주는지 확신할 수 없다. 더욱이 G1의 컬렉션당 지연 시간이 겨우 37밀리초 정도이기 때문에 더 줄였다고 해서 체감하기는 어렵다. 그렇다면 JDK 기본 컬렉터인 G1을 두고, 성능 최적화를 위해 굳

---

7 (옮긴이) 번역 시점 기준 VisualVM용 비주얼 GC 플러그인의 최신 버전은 2.1.3이다. 독자들이 이 책을 읽는 시점에는 ZGC를 지원하는 버전이 출시됐기를 기대해 본다.

이 ZGC를 선택할 필요는 없어 보인다. 구동 시간 역시 유의미한 차이를 발견하지 못했다.

참고로 ZGC는 JDK 11 때 실험 버전 딱지를 달고 처음으로 소개되었고, JDK 15 때 정식 기능으로 승격됐다. 3.6.2절에서 보았듯이 애플리케이션 관점에서 지연 시간은 G1을 따라잡지 못했지만, 처리량과 일시 정지 시간 기준으로는 이미 가장 우수한 가비지 컬렉터다. 그래도 가장 빠르게 성장하고 있고 최신 가비지 컬렉터인 만큼 장래가 밝아 보인다. 최신 가비지 컬렉터와 친해지고 싶다면 지금부터 ZGC를 활용해도 나쁘지 않을 것이다.

지금까지 가상 머신 메모리 최적화의 기본을 알아보았다. 이번 실전 연습은 서버 애플리케이션 최적화를 단순화한 측면도 있다고 생각할 수 있다. 데이터베이스, 자원 풀, 디스크 I/O 등 서버단 최적화는 고려해야 할 요인이 더 많을 것이다. 하지만 가상 머신의 메모리 관련 최적화는 이번 사례에서 살펴본 아이디어와 크게 다르지 않다. 그리고 서버 애플리케이션을 다루지 않는 독자라도 이처럼 자신의 환경에 맞게 몇 가지 테스트를 수행해 매개 변수를 조정하면 작업 환경을 좀 더 쾌적하게 개선할 수 있을 것이다.

이번 사례에서 JDK를 11에서 17로 변경한 것 외에 최종 eclipse.ini에 추가한 설정은 -Xverify:none뿐이다. 2판에서는 11개나 추가했던 것에 비해 최적화할 여지가 많이 줄었다. 모두 기술 발전 덕분이다. 메모리 공간이 광활해졌고 힙 구성을 가상 머신이 알아서 최적의 크기로 설정해 준다. 가비지 컬렉터 역시 눈부시게 발전하여 기본 컬렉터의 전반적인 성능이 매우 좋아졌다.

물론 기술을 깊이 이해할수록 최적화할 요소를 많이 발견할 수 있다. 오라클에서 여러 버전의 자바 SE 공식 문서 자료[8]를 제공한다. 해당 웹 사이트를 방문하여 독자들이 사용하는 JDK 또는 최신 JDK의 핫스팟 가상 머신 가이드와 가비지 컬렉션 최적화 가이드를 찾아보자. 두 문서를 천천히 훑으며 자신의 프로젝트 특성에 맞는 최적의 설정은 무엇일지 고민하고 시험해 보면 가상 머신 최적화 역량이 한층 높아질 것이다.

---

8 *https://docs.oracle.com/en/java/javase/index.html*

5.4 마치며

메모리 관리와 가비지 컬렉션은 자바 가상 머신 아키텍처에서 가장 중요한 요소이며 프로그램의 성능과 안정성에 지대한 영향을 준다. 이 책의 2~5장에서는 독자들이 무엇이라도 얻어 갈 수 있기를 바라며 이론적 지식, 변칙적인 상황, 코드, 도구, 사례와 실전 연습 등을 소개했다.

가상 머신의 메모리 관리 관련 내용은 여기서 마무리하겠다. 이어지는 3부에서는 클래스 파일 구조와 가상 머신의 실행 서브시스템을 살펴보기 시작할 것이다.

3부

가상 머신
실행 서브시스템

컴파일 결과물을 기계어 코드에서 바이트코드로 바꾼 것은

저장 형식 관점에서는 작은 한 걸음이지만 프로그래밍 언어에는 위대한 도약이다.

6장

클래스 파일 구조

6.1 들어가며

첫 프로그래밍 수업에서 선생님이 하신 말씀이 기억난다.

> "컴퓨터는 0과 1만 인식할 수 있다. 그렇기 때문에 우리가 작성하는 프로그램이 컴퓨터에서 실행되려면 먼저 컴파일러를 실행해서 0과 1로 구성된 바이너리 형식으로 변환해야 한다."

그 후 오랜 세월이 흘렀음에도 컴퓨터는 여전히 0과 1만 인식한다. 하지만 지난 20여 년간 가상 머신이 출현하면서 그 위에서 동작하는 수많은 프로그래밍 언어가 등장했다. 프로그램을 네이티브 코드로 컴파일하지 않아도 되는 길이 생긴 것이다. 그리고 점점 더 많은 프로그래밍 언어가 운영 체제나 기계어에 종속되지 않는, 플랫폼 독립적 저장 형식을 선택하고 있다.

6.2 플랫폼 독립을 향한 초석

세상 모든 컴퓨터의 명령어 집합이 x86이고 운영 체제도 윈도우뿐이었다면 자바라는 언어가 탄생하기는 어려웠을 것이다. 자바 탄생 시 내건 구호인 '한 번 작성하면 어디서든 실행된다'에는 여러 이질적인 플랫폼의 경계를 허물고자 하는 소프트웨어 개발자들의 염원이 잘 표현되어 있다.

경쟁이 치열한 IT 산업에서 윈텔(WinTel)[1]만 존재할 수는 없다. 우리도 경쟁자 없는 윈텔 독주 세상은 원하지 않는다. 그리고 앞으로도 오랫동안 다양한 하드웨어 아키텍처와 운영 체제가 공존할 것이며, '플랫폼 독립적'이라는 이상은 결국 운영 체제 위의 애플리케이션 계층에서만 실현될 것이다.

오라클과 기타 가상 머신 제공자들은 다양한 하드웨어 플랫폼과 운영 체제에서 실행할 수 있는 자바 가상 머신들을 출시해 왔다. 이 가상 머신들은 모두 똑같은 '플랫폼 독립적'인 바이트코드를 읽고 실행할 수 있기 때문에, 자바 개발자들이 '한 번 작성하면 어디서든 실행'되는 프로그램을 작성할 수 있었다.

자바 가상 머신이 다양한 플랫폼을 지원하고, 모든 가상 머신이 동일한 프로그램 저장 형식(바이트코드)을 지원한다는 사실이 플랫폼 독립성의 핵심이다. 하지만 이번 절의 제목에서는 '플랫폼'이라는 단어를 일부러 쓰지 않았다. 최근에는 자바 가상 머신이 제공하는 또 하나의 독립성인 '언어 독립성'이 개발자 사이에서 점점 더 중요하게 여겨지고 있기 때문이다.

자바 가상 머신이라면 당연히 자바 프로그램을 실행한다고 생각하는 개발자가 여전히 많을 것이다. 하지만 자바 기술은 초기 설계부터 가상 머신에서 다른 언어를 실행할 가능성을 염두에 두었다. 자바 기술 명세서도 일부러 《자바 언어 명세》와 《자바 가상 머신 명세》를 나눠 놓았다. 나아가 1997년에 발표한 최초의 《자바 가상 머신 명세》에서는 "미래에는 다른 언어들을 더 잘 지원하도록 자바 가상 머신을 확장할 것이다(In the future, we will consider bounded extensions to the Java virtual machine to provide better support for other languages)"라고 명시했다. 그 후 자바 가상 머신은 발전을 거듭했고, 특히 2018년에는 핫스팟을 확장한 그랄VM을 발표하면서 이 약속을 지켰다.

오늘날에는 기업과 오픈 소스 세계에서 코틀린, 클로저, 그루비, JRuby, JPython, 스칼라 등 자바 가상 머신에서 동작하는 수많은 언어를 개발해 사용 중이다. 자바 개발자가 워낙 많다 보니 다른 언어를 사용해 본 개발자가 상대적으로 적을 수는 있지만 이름 정도는 대부분 들어 보았을 것이다. 앞으로 자바 가상 머신에서 플랫폼 독립적이라는 이점보다 언어 독립적이라는 이점이 훨씬 커지지 않으리라고는 아무도 장담할 수 없을 것이다.

언어 독립성을 보장하는 핵심은 가상 머신과 바이트코드 저장 형식이다. 자바 가

---

1   한때 IT 업계에서 가장 강력한 동맹이었던 마이크로소프트 윈도우와 인텔 CPU 조합을 말한다.

상 머신은 자바를 포함하여 어떠한 프로그래밍 언어에도 종속되지 않는다. '클래스 파일'이라는 특정한 바이너리 파일 형식에만 의존할 뿐이다. 클래스 파일에는 자바 가상 머신 명령어 집합과 심벌 테이블 그리고 몇 가지 추가 정보가 담긴다. 보안을 위해《자바 가상 머신 명세》는 클래스 파일이 여러 가지 필수 구문을 갖추고 특정 구조를 따르도록 제약하고 있다. 하지만 바이트코드 형식은 튜링 완전(Turing complete)하기 때문에 자바 가상 머신에서 어떠한 언어도 표현할 수 있도록 보장한다. 다른 언어에서도 자바 가상 머신을 하드웨어 독립적인 범용 실행 플랫폼으로 활용할 수 있고, 클래스 파일은 프로그램을 전달하는 매체로 이용할 수 있다. 예컨대 자바 컴파일러를 사용하면 자바 코드를 바이트코드로 바꿔 '클래스 파일'로 저장할 수 있고, 코틀린 등 다른 언어의 컴파일러 역시 해당 언어의 소스 코드를 '클래스 파일'로 컴파일할 수 있다. 가상 머신 자체는 클래스의 원래 소스 코드가 어떤 언어인지 상관하지 않는다. 따라서 가상 머신과 프로그래밍 언어의 관계는 그림 6-1과 같다.

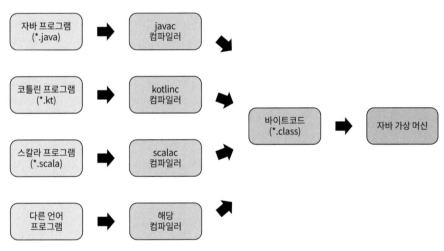

그림 6-1 자바 가상 머신이 제공하는 언어 독립성

자바 언어의 다양한 구문, 키워드, 상수, 변수, 연산 기호는 결국 바이트코드 명령어 조합으로 표현된다. 그런데 바이트코드 명령어의 표현 능력이 자바 언어 자체보다 뛰어나다. 즉, 자바 언어에서 효과적으로 표현하지 못하는 개념(언어 특성)도 바이트코드에서는 효과적으로 표현할 수 있다. 이런 식으로 자바가 지원하지 않는 개념이라도 다른 언어에서는 제공할 수 있는 길을 열어 두었다.

6.3 클래스 파일의 구조

이번 장에서는 주로 클래스 파일의 구조를 분석한다. 책 서문에서 밝힌 것처럼 이 책은 '논리를 정확하게 전달한다'는 전제로, 가상 머신에서의 개발과 가장 밀접한 내용을 가장 친숙한 언어로 설명할 것이다. 하지만 파일 형식과 구조는 '사전 읽기'와 비슷하여 이번 장은 어쩔 수 없이 조금 지루할 것이다. 그렇더라도 자바 가상 머신에서 가장 중요한 기초이므로 더 깊이 학습하기 위해서는 절대 피해 갈 수 없는 주제다. 최대한 쉽게 설명하려 노력했으니 천천히 따라와 주길 부탁드린다.

자바 기술은 항상 하위 호환성을 매우 잘 유지해 왔는데, 클래스 파일 구조가 안정적이지 않았다면 불가능했을 일이다. 옛 버전으로 컴파일한 제품이라는 이유로 실행할 수 없다면 어떤 프로그래밍 언어든 상업적으로 성공하기는 매우 어렵다. 그래서 이번 장에서 설명하는 클래스 파일 구조 대부분은 《자바 가상 머신 명세》 1판 때 내용 그대로다(1997년 발행되어 JDK 1.2 시대 가상 머신까지 대응). 물론 정말 오래전이고 지금까지 자바는 수십 번의 메이저 버전 업그레이드와 셀 수 없는 작은 개선이 있어 왔다. 그럼에도 클래스 파일의 기본 구조는 거의 변하지 않았다. 물론 《자바 가상 머신 명세》가 몇 차례 개정되면서 클래스 파일 세부 내용은 몇 차례 갱신됐다. 기본적으로 원래 구조를 유지한 채 내용을 추가하거나 기능을 확장하는 형태였다.

모든 클래스 파일은 각각 하나의 클래스 또는 인터페이스를 정의한다.[2] 반면 클래스나 인터페이스를 꼭 파일에 담아 둘 필요는 없다. 예컨대 동적으로 생성하여 클래스 로더에 직접 제공할 수 있다. 이번 장에서는 클래스나 인터페이스가 반드시 따라야 하는 형식을 '클래스 파일 형식'으로 지칭할 것이다. 즉, 디스크에 파일 형태로 존재할 필요는 없다.

클래스 파일은 바이트를 하나의 단위로 하는 이진 스트림 집합체다. 각 데이터 항목이 정해진 순서에 맞게, 구분 기호 없이 조밀하게 나열된다. 그래서 클래스 파일 전체가 낭비되는 공간 없이 프로그램을 실행하는 데 꼭 필요한 데이터로 채워진다. 1바이트가 넘는 데이터 항목은 바이트 단위로 분할되며, 이때 큰 단위의 바이

---

2 사실 예외가 있다. package-info.class와 module-info.class는 특정 클래스나 인터페이스를 정의하지 않으며, 그 대신 해당 패키지와 모듈에 대한 정보를 기술한다.

트가 먼저 저장되는 빅 엔디언 방식으로 표현된다.[3]

《자바 가상 머신 명세》에 따르면 클래스 파일에 데이터를 저장하는 데는 C 언어의 구조체와 비슷한 의사 구조(pseudo structure)를 이용한다. 이 의사 구조에는 '부호 없는 숫자'와 '테이블'이라는 두 가지 데이터 타입만 존재한다. 그러니 두 개념을 명확히 알아 두면 이어지는 분석이 훨씬 수월할 것이다.

- 부호 없는 숫자(unsigned number): 기본 데이터 타입을 표현한다. u1, u2, u4, u8은 각각 1바이트, 2바이트, 4바이트, 8바이트를 뜻한다. 숫자, 인덱스 참조, 수량 값을 기술하거나 UTF-8로 인코딩된 문자열 값을 구성할 수 있다.

- 테이블: 여러 개의 부호 없는 숫자나 또 다른 테이블로 구성된 복합 데이터 타입을 표현한다. 구분이 쉽도록 테이블 이름은 관례적으로 '_info'로 끝난다. 테이블은 계층적으로 구성된 복합 구조의 데이터를 설명하는 데 사용된다. 클래스 파일 전체는 본질적으로 테이블이며 구조는 다음과 같다.

구조 정의 6-1 클래스 파일 구조

```
ClassFile {
    u4              magic;
    u2              minor_version;
    u2              major_version;
    u2              constant_pool_count;
    cp_info         constant_pool[constant_pool_count-1];
    u2              access_flags;
    u2              this_class;
    u2              super_class;
    u2              interfaces_count;
    u2              interfaces[interfaces_count];
    u2              fields_count;
    field_info      fields[fields_count];
    u2              methods_count;
    method_info     methods[methods_count];
    u2              attributes_count;
    attribute_info  attributes[attributes_count];
}
```

---

3   빅 엔디언은 가장 큰 단위의 바이트가 가장 낮은 주소에, 가장 작은 단위의 바이트가 가장 높은 주소에 저장된다. 반대 순서로 저장하는 방식은 리틀 엔디언이라 한다. 현재 x86이 리틀 엔디언을 이용하는 대표적인 아키텍처다. 그 외에는 대부분 빅 엔디언을 기본으로 한다. 하지만 빅 엔디언만 고집하는 아키텍처도 많지는 않다. 현재 파워(Power), AArch64, RISC-V 등 대부분의 주류 프로세서는 엔디언 방식을 변환할 수 있는 바이 엔디언(Bi Endian) 명령어 집합 아키텍처다.

같은 타입의 데이터 여러 개를 표현할 때 그 개수가 정해져 있지 않다면 개수를 알려 주는 타입이 바로 앞에 등장한다. *_count 형태의 항목들이 여기 속한다. 이처럼 {개수 + 개수만큼의 데이터 타입} 형태를 해당 타입의 '컬렉션'이라고 한다.

클래스 구조는 XML 같은 언어를 이용하지 않는다. 구분자가 없기 때문에 구조 정의 6-1의 데이터 항목은 데이터가 저장되는 바이트 순서(byte ordering), 각 바이트의 의미, 길이, 순서가 모두 엄격하게 제한되며 변경할 수 없다. 클래스 파일의 바이트 순서는 빅 엔디언이다.

다음 절부터는 구조 정의 6-1에 나열한 데이터 항목 각각의 의미를 구체적으로 살펴보겠다.

6.3.1 매직 넘버와 클래스 파일의 버전

모든 클래스 파일의 처음 4바이트는 매직 넘버로 시작한다. 매직 넘버는 가상 머신이 허용하는 클래스 파일인지 여부를 빠르게 확인하는 용도로만 쓰인다. 클래스 파일뿐 아니라 다양한 파일 형식에서 파일 타입 식별용으로 매직 넘버를 즐겨 쓴다. 예컨대 GIF와 JPEG 같은 이미지 파일에도 파일 헤더에 매직 넘버가 등장한다. 파일 확장자는 사용자가 마음대로 변경할 수 있기 때문에 파일 형식 식별용으로는 매직 넘버가 더 안정적이다. 다른 파일 표준에서 흔히 쓰이지 않고 혼동의 여지만 없다면 매직 넘버는 자유롭게 선택할 수 있다. 클래스 파일의 매직 넘버는 '낭만적인' 0xCAFEBABE다. 이 값은 자바의 이름이 아직 오크이던 시절에 결정되었다. 자바 개발 팀의 핵심 멤버인 패트릭 노튼(Patrick Naughton)에 따르면 재미난 뒷이야기가 있다.

> "우리는 재미있고 기억하기 쉬운 값을 찾고 있었다. 그런데 마침 즐겨 찾는 카페 (Peet's Coffee)의 인기 바리스타가 눈에 띄어 0xCAFEBABE로 선정했다."[4]

이 매직 넘버는 마치 훗날 브랜드 이름이 '자바'가 될 것임을 예언하는 듯했다.

매직 넘버 다음의 4바이트는 클래스 파일의 버전 번호다. 5~6번째 바이트는 마이너 버전을, 7~8번째 바이트는 메이저 버전을 뜻한다. 자바 버전 번호는 45부터 시작한다. JDK 1.1 이후 주요 JDK 릴리스의 메이저 버전은 1씩 증가하며(JDK

---

4 자바의 아버지 제임스 고슬링에 따르면 'CAFEDEAD'도 한때 다른 객체 저장 형식으로 이용되었다고 한다. 이후 폐기되어 널리 확산되지 못했다.

1.0~1.1은 45.0~45.3 사용), 상위 버전 JDK는 하위 버전을 인식할 수 있다. 하지만 하위 버전 JDK에서 상위 버전의 클래스 파일을 실행할 수는 없다. 《자바 가상 머신 명세》의 '클래스 파일 검증' 절에서 "파일 형식이 변경되지 않았더라도 상위 버전의 클래스 파일을 실행하면 안 된다"라고 규정했기 때문이다.

예를 들어 JDK 1.1은 버전 번호 45.0~45.65535 범위의 클래스 파일을 지원한다. 즉, 버전이 46.0인 클래스 파일은 실행할 수 없다. JDK 1.2는 45.0~46.65535 버전을 지원한다.

이해를 돕기 위해 간단한 자바 코드를 준비했다. 이제부터는 이 프로그램을 JDK 17로 컴파일해 생성된 클래스 파일을 기준으로 설명하겠다. 독자들은 이번 장의 실험 과정을 따르되, 각자 환경에 설치된 JDK를 사용하여 비교해 보기를 권한다.

코드 6-1 간단한 자바 코드

```java
package org.fenixsoft.clazz;

public class TestClass {
    private int m;

    public int inc() {
        return m + 1;
    }
}
```

그림 6-2는 이 코드의 클래스 파일을 HxD[5]라는 십육진수 편집기로 열어 본 모습이다. 첫 번째 4바이트에서 0xCAFEBABE 값을 확인할 수 있다. 5~6번째 바이트는 마이너 버전인 0x0000이고, 이어서 메이저 버전인 0x003D가 이어진다. 십육진수 3D는 십진수로는 61이다. 이 버전 번호로부터 이 클래스 파일은 JDK 17 이상의 가상 머신에서 실행할 수 있음을 알 수 있다.

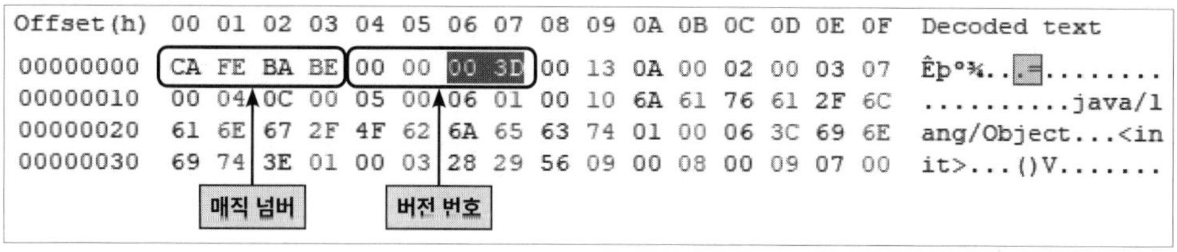

그림 6-2 자바 클래스 파일 구조

---

5 HxD 홈페이지: *https://mh-nexus.de/en/hxd/*

JDK 1.1부터 21까지의 주류 JDK 버전의 컴파일러가 생성하는 클래스 파일의 기본
및 지원 버전은 표 6-1과 같다.[6]

표 6-1 클래스 파일 버전 번호와 지원 범위

JDK 버전	-target 매개 변수	-source 매개 변수	버전 번호
JDK 1.1.8	지원 안 함	지원 안 함	45.3
JDK 1.2.2	지정 안 함(기본값 1.1)	1.1~1.2	45.3
JDK 1.2.2	1.2	1.1~1.2	46.0
JDK 1.3.1_19	지정 안 함(기본값 1.1)	1.1~1.3	45.3
JDK 1.3.1_19	1.3	1.1~1.3	47.0
JDK 1.4.2_10	지정 안 함(기본값 1.2)	1.1~1.4	46.0
JDK 1.4.2_10	1.4	1.1~1.4	48.0
JDK 5.0_11	지정 안 함(기본값 1.5). 이후로는 기본값이 JDK 버전과 같아짐	1.1~1.5	49.0
JDK 5.0_11	-target 1.4 -source 1.4	1.1~1.5	48.0
JDK 6	지정 안 함(기본값 6)	1.1~6	50.0
JDK 7	지정 안 함(기본값 7)	1.1~7	51.0
JDK 8	지정 안 함(기본값 8)	1.1~8	52.0
JDK 9	지정 안 함(기본값 9)	6~9[6]	53.0
JDK 10	지정 안 함(기본값 10)	6~10	54.0
JDK 11	지정 안 함(기본값 11)	6~11	55.0
JDK 12	지정 안 함(기본값 12)	7~12(버전 6 지원 종료)	56.0
JDK 13	지정 안 함(기본값 13)	7~13	57.0
JDK 14	지정 안 함(기본값 14)	7~14	58.0
JDK 15	지정 안 함(기본값 15)	7~15	59.0
JDK 16	지정 안 함(기본값 16)	7~16	60.0
JDK 17	지정 안 함(기본값 17)	7~17	61.0
JDK 18	지정 안 함(기본값 18)	7~18	62.0
JDK 19	지정 안 함(기본값 19)	7~19	63.0
JDK 20	지정 안 함(기본값 20)	8~20(버전 7 지원 종료)	64.0
JDK 21	지정 안 함(기본값 21)	8~21	65.0

6 JDK 9부터는 -source 매개 변수로 버전 번호 1.5 이하를 지정할 수 없다.

마이너 버전 번호는 JDK 1.x 이전에 잠시 사용되었다. JDK 1.0.2는 45.0~45.3을 지원했다. JDK 1.1은 45.0~45.65535를 지원했다. 하지만 JDK 1.2부터는 마이너 버전을 사용하지 않아서 모두 값이 0으로 고정되어 있다.

한편 JDK 12에서는 일부 복잡한 새 기능을 '공개 베타' 형태로 출시할 때 마이너 버전을 다시 활용했다. 미리 보기 기능을 사용하는 경우는 마이너 버전을 65535로 지정하여 자바 가상 머신이 해당 클래스 파일을 로드할 때 인지할 수 있도록 했다.

6.3.2 상수 풀

버전 번호 다음은 상수 풀 항목이다. 상수 풀은 클래스 파일의 자원 창고라 할 수 있다. 클래스 파일 구조에서 다른 클래스와 가장 많이 연관된 부분이다. 차지하는 공간도 대체로 가장 크다. 또한 클래스 파일에서 가장 먼저 등장하는 테이블 타입 데이터 항목이기도 하다.

상수 풀에 들어 있는 상수의 수는 고정적이지 않으므로 상수 풀 항목들에 앞서 항목 개수를 알려 주는 u2 타입 데이터가 필요하다. 자바 언어의 관례상 이 개수를 셀 때는 0이 아닌 '1부터 시작'한다. 그림 6-3을 보면 TestClass 클래스의 상수 풀 크기(오프셋 주소: 0x00000008)는 십육진수로 0x0013이다. 십진수 19에 해당한다. 즉, 상수 풀에는 상수가 18개 존재하며 인덱스 범위는 1~18까지다.

```
Offset(h)  00 01 02 03 04 05 06 07 08 09 0A 0B 0C 0D 0E 0F  Decoded text
00000000   CA FE BA BE 00 00 00 3D 00 13 0A 00 02 00 03 07  Êþº¾...=........
00000010   00 04 0C 00 05 00 06 00 10 6A 61 76 61 2F 6C     .........java/l
00000020   61 6E 67 2F 4F 62 6A 65 63 74 01 00 06 3C 69 6E  ang/Object...<in
00000030   69 74 3E 01 00 03 28 29 56 09 00 08 00 09 07 00  it>...()V.......
```

그림 6-3 상수 풀 구조

클래스 파일 형식 설계자가 0번째 상수를 비운 이유가 있다. 상수 풀 인덱스를 가리키는 데이터에서 '상수 풀 항목을 참조하지 않음'을 표현해야 하는 특수한 경우에 인덱스를 0으로 설정하도록 한 것이다. 클래스 파일 구조에서 오직 상수 풀만이 개수를 1부터 센다. 그 외에 인터페이스 인덱스 컬렉션, 필드 테이블 컬렉션, 메서드 테이블 컬렉션 등의 원소 개수는 모두 0부터 센다.

상수 풀에 담기는 상수 유형은 리터럴과 심벌 참조 두 가지다. 리터럴은 자바 언어 수준에서 이야기하는 상수(final로 선언된 문자열이나 상수)와 비슷한 개념이다. 심벌 참조는 컴파일과 관련된 개념으로, 다음 유형의 상수들이 포함된다.

- 모듈에서 익스포트하거나 임포트하는 패키지
- 클래스와 인터페이스의 완전한 이름(fully qualified name)
- 필드 이름과 서술자(descriptor)
- 메서드 이름과 서술자
- 메서드 핸들과 메서드 타입(method handle, method type, invoke dynamic)
- 동적으로 계산되는 호출 사이트와 동적으로 계산되는 상수(dynamically-computed call site, dynamically-computed constant)

자바 코드를 javac로 컴파일할 때는 C·C++와 달리 링크 단계가 없다. 자바에서 링크는 가상 머신이 클래스 파일을 로드할 때 동적으로 이루어진다. 필드와 메서드가 메모리에서 어떤 구조로 표현되는가에 관한 정보는 클래스 파일에 저장되지 않는다는 뜻이다. 따라서 가상 머신이 필드와 메서드의 심벌 참조를 런타임에 변환하지 않으면 각 항목의 실제 메모리 주소를 알 수 없다. 가상 머신은 클래스 파일을 로드할 때 상수 풀에서 해당 심벌 참조들을 가져온다. 그런 다음 클래스가 생성되거나 구동할 때 해석하여 실제 메모리 주소로 변환한다. 가상 머신이 클래스 파일을 읽어 들이며 수행하는 동적 링크는 8장에서 자세히 설명하겠다.

상수 풀 안의 상수 각각이 모두 테이블이다. 자바 초기 상수 풀은 총 11가지 테이블 구조 데이터만 이용했다. 하지만 나중에 동적 언어 호출을 더 잘 지원하기 위해 동적 언어 관련 상수 4개[7]를 추가했고, 다시 모듈 시스템을 지원하기 위한 상수 2개[8]를 추가했다. 그래서 JDK 21 기준으로 총 17가지 상수 타입이 존재한다.

이 17가지 타입의 테이블들은 공통적으로 u1 타입의 플래그 비트(tag, 값은 표 6-2의 플래그 열 참고)로 시작하며, 그 값은 현재 상수가 속한 상수 타입을 나타낸다.

상수 풀이 가장 복잡한 데이터인 이유는 17가지 상수 타입 각각의 데이터 구조가 완전히 독립적이기 때문이다. 공통점이나 연관성이 딱히 없어서 각 항목을 따로 설명할 수밖에 없다.

그림 6-3에서 첫 번째 상수를 보자. 플래그 비트(오프셋 주소: 0x0000000A)는

---

7 넷 중 3개(CONSTANT_MethodHandle_info, CONSTANT_MethodType_info, CONSTANT_InvokeDynamic_info)는 JDK 7 때 먼저 추가되었고, 성능과 사용 편의성을 높여 주는 CONSTANT_Dynamic_info는 JDK 11 때 추가되었다(JDK 7 설계 시 총 17개 상수 플래그 비트를 예약해 두었다). 이상의 네 가지 추가 타입은 이번 장에서는 다루지 않고, 8장에서 바이트코드 실행과 메서드 호출을 설명할 때 자세히 다룰 것이다.

8 JDK 9 때 CONSTANT_Module_info와 CONSTANT_Package_info를 추가했다.

표 6-2 상수 풀의 항목 타입

타입	플래그	설명
CONSTANT_Utf8_info	1	UTF-8로 인코딩된 문자열
CONSTANT_Integer_info	3	int 타입 리터럴
CONSTANT_Float_info	4	float 타입 리터럴
CONSTANT_Long_info	5	long 타입 리터럴
CONSTANT_Double_info	6	double 타입 리터럴
CONSTANT_Class_info	7	클래스나 인터페이스를 가리키는 심벌 참조
CONSTANT_String_info	8	문자열 타입 리터럴
CONSTANT_Fieldref_info	9	필드를 가리키는 심벌
CONSTANT_Methodref_info	10	같은 클래스의 메서드를 가리키는 심벌
CONSTANT_InterfaceMethodref_info	11	같은 인터페이스의 메서드를 가리키는 심벌
CONSTANT_NameAndType_info	12	필드나 메서드를 가리키는 심벌 (소속 클래스나 인터페이스 정보 없음)
CONSTANT_MethodHandle_info	15	메서드 핸들
CONSTANT_MethodType_info	16	메서드 타입
CONSTANT_Dynamic_info	17	동적으로 계산된 상수
CONSTANT_InvokeDynamic_info	18	동적으로 계산된 메서드 호출 사이트
CONSTANT_Module_info	19	모듈
CONSTANT_Package_info	20	모듈에서 외부로 공개하거나 익스포트한 패키지

0x0A이다(십진수로 10). 이제 표 6-2의 플래그 열을 보면 값이 10인 상수의 타입은 CONSTANT_Methodref_info임을 알 수 있다. 이 타입은 '같은 클래스의 메서드'를 가리키는 심벌 참조다. 구조는 다음처럼 비교적 간단하다.

구조 정의 6-2 CONSTANT_Methodref_info 타입 상수의 구조

```
CONSTANT_Methodref_info {
    u1 tag;
    u2 index;
    u2 index;
}
```

tag는 플래그 비트로, 상수 타입을 구분하는 용도다. 첫 번째 index와 두 번째 index 모두 상수 풀에서의 인덱스로, 값이 각각 2와 3이다. 따라서 전체 의미를 파악하려면 두 번째와 세 번째 상수도 확인해 봐야 한다.

```
Offset(h)  00 01 02 03 04 05 06 07 08 09 0A 0B 0C 0D 0E 0F   Decoded text
00000000   CA FE BA BE 00 00 00 3D 00 13 0A 00 02 00 03 07   Êþº¾...=..⬛⬛⬛⬛⬛.
00000010   00 04 0C 00 05 00 06 01 00 10 6A 61 76 61 2F 6C   ..........java/l
00000020   61 6E 67 2F 4F 62 6A 65 63 74 01 00 06 3C 69 6E   ang/Object...<in
00000030   69 74 3E 01 00 03 28 29 56 09 00 08 00 09 07 00   it>...()V.......
```
                                        [tag] [index] [index]

그림 6-4 상수 풀 구조(첫 번째 상수)

두 번째 상수의 플래그 비트(오프셋 주소: 0x0000000F)의 값은 07이므로 타입은 CONSTANT_Class_info다. 이 타입은 '클래스나 인터페이스를 가리키는 심벌 참조'이 며 구조는 다음과 같다.

구조 정의 6-3 CONSTANT_Class_info 타입 상수의 구조

```
CONSTANT_Class_info {
    u1 tag;
    u2 name_index;
}
```

name_index의 값은 04이므로 상수 풀의 네 번째 상수를 보면 이 메서드가 정의된 클래스의 이름을 알 수 있다. 이런 식으로 하나씩 추적해 조합하면 그림 6-5처럼 첫 번째 상수의 의미는 Object 클래스의 기본 인스턴스 생성자임을 알 수 있다.

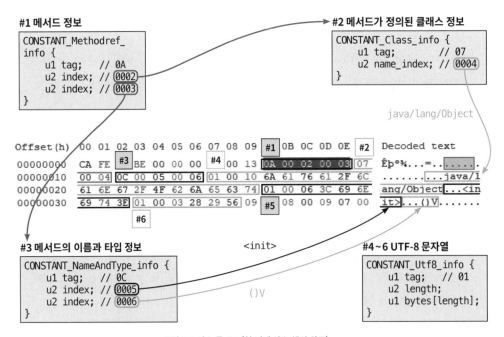

그림 6-5 상수 풀 구조(첫 번째 상수 해석 완료)

그림의 분석 결과를 보면 클래스 이름(#4), 메서드 이름(#5), 메서드의 타입(#6) 정보는 모두 UTF-8로 인코딩된 문자열로 표현된다(플래그 비트가 0x01). 표 6-3에서 확인해 보면 CONSTANT_Utf8_info 타입 상수이며 그 구조는 다음과 같다.

구조 정의 6-4 CONSTANT_Utf8_info 타입 상수의 구조

```
CONSTANT_Utf8_info {
    u1 tag;
    u2 length;
    u1 bytes[length];
}
```

length 값은 UTF-8 축약 인코딩된 문자열이 몇 바이트인지 나타낸다. 바로 이어서 이 길이만큼의 데이터가 문자열의 실제 데이터다. UTF-8 축약 인코딩은 일반 UTF-8 인코딩과 달리 \u0001~\u007f 범위 문자(아스키의 1~127에 해당)를 1바이트로 표현하며, \u0080~\u07ff 범위는 2바이트로 표현한다. 그 이후, 즉 \u0800부터는 일반 UTF-8 인코딩 규칙을 그대로 적용해 3바이트로 표현한다.

한편 클래스 파일에서 메서드와 필드 등의 이름을 기술하는 데 CONSTANT_Utf8_info 타입 상수를 참조한다. 이 상수의 최대 길이가 결국 자바 메서드와 필드 이름의 최대 길이를 규정한다는 뜻이다. 최대 길이는 length의 최댓값, 즉 u2 타입이 표현할 수 있는 최댓값인 65535다. 따라서 자바 프로그램에서 변수나 메서드 이름의 길이가 64KB를 넘으면 컴파일되지 않는다.

지금 예에서는 클래스 이름이 되는 문자열의 길이(오프셋 주소: 0x00000018)는 0x0010, 즉 16바이트다. 이어지는 16바이트는 모두 아스키코드로 1~127 범위에 있으며, 값은 "java/lang/Object"다. 확인해 보고 싶은 독자는 이 문자열을 바이트 단위로 변환해 보자. 변환 결과는 그림 6-6에서 오른쪽의 선택된 부분과 일치할 것이다.

그림 6-6 상수 풀의 UTF-8 문자열 구조

지금까지 TestClass.class 상수 풀의 18개 상수 중 6개를 분석했다. 나머지 12개도 같은 방식으로 하나씩 해석할 수 있다. 단조로운 해석이 지면을 너무 많이 차지하지 않도록 나머지 상수 해석에는 소프트웨어의 도움을 받아 볼까 한다. JDK의 bin 디렉터리를 보면 javap라는 실행 파일이 있다. 클래스 파일의 바이트코드 분석 도구다. 코드 6-2는 javap로 분석한 TestClass.class 파일의 바이트코드다(지면을 절약하기 위해 상수 풀 이외의 정보는 생략했다).

앞에서 클래스 파일에는 상수 풀 안의 상수를 참조하는 데이터 항목이 많다고 이야기했다. 즉, 코드 6-2는 후속 설명에서 자주 참조할 것이므로 이 페이지에 책갈피를 끼워 두기 바란다.

코드 6-2 javap로 출력한 상수 풀의 내용

```
$ javap -verbose TestClass
...
  Compiled from "TestClass.java"
public class org.fenixsoft.clazz.TestClass
  minor version: 0
  major version: 61
  flags: (0x0021) ACC_PUBLIC, ACC_SUPER
  this_class: #8                        // org/fenixsoft/clazz/TestClass
  super_class: #2                       // java/lang/Object
  interfaces: 0, fields: 1, methods: 2, attributes: 1
Constant pool:
   #1 = Methodref          #2.#3          // java/lang/Object."<init>":()V
   #2 = Class               #4            // java/lang/Object
   #3 = NameAndType        #5:#6          // "<init>":()V
   #4 = Utf8                java/lang/Object
   #5 = Utf8                <init>
   #6 = Utf8                ()V
   #7 = Fieldref           #8.#9          // org/fenixsoft/clazz/TestClass.m:I
   #8 = Class               #10           // org/fenixsoft/clazz/TestClass
   #9 = NameAndType        #11:#12        // m:I
  #10 = Utf8                org/fenixsoft/clazz/TestClass
  #11 = Utf8                m
  #12 = Utf8                I
  #13 = Utf8                Code
  #14 = Utf8                LineNumberTable
  #15 = Utf8                inc
  #16 = Utf8                ()I
  #17 = Utf8                SourceFile
  #18 = Utf8                TestClass.java
```

코드 6-2를 보면 상수 풀 안의 상수 18개를 모두 해석해 놓았다. 1~6번째 상수의 해석 결과는 앞에서 직접 해석한 결과와 정확하게 일치한다. 그런데 자세히 보면 "I", "()V", "<init>", "LineNumberTable" 등은 소스 코드에서는 찾아볼 수 없는 상수들이다. 이런 상수들은 대체 어디서 온 것일까?

이 상수들은 컴파일러가 자동으로 생성한 것으로, 나중에 이야기할 필드 테이블 (6.3.5절), 메서드 테이블(6.3.6절), 속성 테이블(6.3.7절)에서 참조된다. 메서드의 반환값이 무엇인지, 매개 변수는 몇 개인지, 각 매개 변수의 타입은 무엇인지 설명하는 등 '길이가 일정하지 않은' 항목을 설명하는 데 사용된다.

자바에서 클래스는 무수히 만들 수 있으니 메서드가 사용하는 클래스를 u2처럼 범위가 한정된 숫자로 지칭할 수는 없다. 그래서 상수 테이블의 심벌 참조를 참고하는 형태로 표현한다. 자세한 설명은 좀 더 뒤에서 하겠다.

마지막으로 17개 상수 항목의 구조를 표 6-3에 요약해 두었다.

표 6-3 상수 풀의 17개 데이터 타입의 일반적인 구조

상수	항목	타입	설명
CONSTANT_Utf8_info	tag	u1	값 = 1
	length	u2	UTF-8 인코딩된 문자열의 바이트 수
	bytes	u1	UTF-8 인코딩된 문자열 내용(길이 = lenth)
CONSTANT_Integer_info	tag	u1	값 = 3
	bytes	u4	int 값(빅 엔디언)
CONSTANT_Float_info	tag	u1	값 = 4
	bytes	u4	float 값(빅 엔디언)
CONSTANT_Long_info	tag	u1	값 = 5
	bytes	u8	long 값(빅 엔디언)
CONSTANT_Double_info	tag	u1	값 = 6
	bytes	u8	double 값(빅 엔디언)
CONSTANT_Class_info	tag	u1	값 = 7
	index	u2	완전한 이름의 상수 항목의 인덱스
CONSTANT_String_info	tag	u1	값 = 8
	index	u2	문자열 리터럴의 인덱스
CONSTANT_Fieldref_info	tag	u1	값 = 9
	index	u2	선언된 필드의 클래스나 인터페이스의 서술자인 CONSTANT_Class_info의 인덱스
	index	u2	필드 서술자인 CONSTANT_NameAndType_info의 인덱스

CONSTANT_Methodref_info	tag	u1	값 = 10
	index	u2	메서드가 선언된 클래스의 서술자인 CONSTANT_Class_info의 인덱스
	index	u2	이름 및 타입 서술자인 CONSTANT_NameAndType_info의 인덱스
CONSTANT_Interface Methodref_info	tag	u1	값 = 11
	index	u2	메서드가 선언된 인터페이스의 서술자인 CONSTANT_Class_info의 인덱스
	index	u2	이름 및 타입 서술자인 CONSTANT_NameAndType_info의 인덱스
CONSTANT_NameAndType_info	tag	u1	값 = 12
	index	u2	필드 또는 메서드 이름 상수 항목의 인덱스
	index	u2	필드 또는 메서드 서술자 상수 항목의 인덱스
CONSTANT_MethodHandle_info	tag	u1	값 = 15
	reference_kind	u1	메서드 핸들 타입(1~9). 메서드 핸들의 바이트코드 동작을 나타냄
	reference_index	u2	상수 풀에서 유효한 인덱스 값
CONSTANT_MethodType_info	tag	u1	값 = 16
	descriptor_index	u2	상수 풀에서 유효한 인덱스 값. 인덱스가 가리키는 항목은 메서드의 서술자를 표현하는 CONSTANT_Utf8_info여야 함
CONSTANT_Dynamic_info	tag	u1	값 = 17
	bootstrap_method_attr_index	u2	현재 클래스 파일의 부트스트랩 메서드 테이블의 bootstrap_methods[] 배열에 대한 유효한 인덱스 값
	name_and_type_index	u2	상수 풀에서 유효한 인덱스 값. 인덱스가 가리키는 항목은 메서드 이름 및 메서드 서술자인 CONSTANT_NameAndType_info 구조여야 함
CONSTANT_InvokeDynamic_info	tag	u1	값 = 18
	bootstrap_method_attr_index	u2	현재 클래스 파일에 있는 부트스트랩 메서드 테이블의 bootstrap_methods[] 배열에 대한 유효한 인덱스 값
	name_and_type_index	u2	상수 풀에서 유효한 인덱스 값. 인덱스가 가리키는 항목은 모듈 이름을 나타내는 CONSTANT_Utf8_info 구조여야 함
CONSTANT_Module_info	tag	u1	값 = 19
	name_index	u2	상수 풀에서 유효한 인덱스 값. 인덱스가 가리키는 항목은 모듈 이름을 나타내는 CONSTANT_Utf8_info 구조여야 함
CONSTANT_Package_info	tag	u1	값 = 20
	name_index	u2	상수 풀에서 유효한 인덱스 값. 인덱스가 가리키는 항목은 패키지 이름을 나타내는 CONSTANT_Utf8_info 구조여야 함

6.3.3 접근 플래그

상수 풀 다음의 2바이트는 현재 클래스(또는 인터페이스)의 접근 정보를 식별하는 접근 플래그(access_flags)다. 현재 클래스 파일이 표현하는 대상이 클래스인지, 인터페이스인지, public인지, abstract인지, 클래스인 경우 final인지 등의 정보가 담긴다. 클래스 파일에서 사용할 수 있는 접근 플래그의 종류와 의미를 표 6-4에 정리했다.

표 6-4 접근 플래그

플래그 이름	값	의미
ACC_PUBLIC	0x0001	public 타입인지 여부
ACC_FINAL	0x0010	final로 선언되었는지 여부(클래스만 가능)
ACC_SUPER	0x0020	invokespecial 바이트코드 명령어의 새로운 의미 허용 여부. invoke special 명령어의 의미가 JDK 1.0.2에서 변경되었다. invokespecial이 어떤 의미인지 구별하려면 1.0.2 이후 JDK로 컴파일된 클래스에서는 이 플래그가 true여야 한다.
ACC_INTERFACE	0x0200	인터페이스인지 여부
ACC_ABSTRACT	0x0400	추상 클래스나 인터페이스라면 이 플래그가 true이고, 그렇지 않으면 false
ACC_SYNTHETIC	0x1000	컴파일러가 자동 생성한 클래스인지 여부
ACC_ANNOTATION	0x2000	애너테이션인지 여부
ACC_ENUM	0x4000	열거 타입인지 여부
ACC_MODULE	0x8000	모듈인지 여부

access_flags 크기는 2바이트이므로 플래그 비트를 최대 16개 사용할 수 있다. 현재는 표 6-4처럼 9개만 정의되어 있다.[9] 정의되지 않은 플래그 비트의 값은 모두 0이어야 한다. 코드 6-1을 예로 살펴보면 TestClass는 인터페이스·열거형·애너테이션·모듈이 아닌 일반 자바 클래스이며, public 클래스이고, final과 abstract는 아니다. 또한 JDK 1.2 이상을 사용했으므로 ACC_PUBLIC과 ACC_SUPER 플래그는 true여야 하고, 나머지 7개 플래그는 모두 false여야 한다. 즉, access_flags의 값은 0x0001 | 0x0020 = 0x0021이 되어야 한다. 그림 6-7에서 실제로도 0x0021임을 확인할 수 있다.

---

9 최초의 《자바 가상 머신 명세》에는 처음 5개 플래그만 정의되어 있다. 이후 JDK 5 때 《자바 가상 머신 명세》도 2판으로 개정되며, JSR 202 명세에 정의된 3개가 추가되었다. 그리고 JDK 9 때 모듈 시스템을 지원하기 시작하면서 9번째 플래그가 추가되었다.

```
Offset(h)  00 01 02 03 04 05 06 07 08 09 0A 0B 0C 0D 0E 0F  Decoded text
000000A0   01 00 0E 54 65 73 74 43 6C 61 73 73 2E 6A 61 76  ...TestClass.jav
000000B0   61 00 21 00 08 00 02 00 00 00 01 00 02 00 0B 00  a.!............
000000C0   0C 00 00 00 02 00 01 00 05 00 06 00 01 00 0D 00  ................
```

그림 6-7 access_flags 플래그

6.3.4 클래스 인덱스, 부모 클래스 인덱스, 인터페이스 인덱스

이어서 현재 클래스 인덱스(this_class)와 부모 클래스 인덱스(super_class), 인터페이스 인덱스 컬렉션(interfaces)이 나온다. 이러한 정보는 클래스 파일의 상속 관계를 규정한다. 앞의 두 인덱스는 u2 타입이며, 세 번째인 인터페이스 인덱스 컬렉션은 u2 타입 데이터들의 '묶음'이다.

클래스 인덱스와 부모 클래스 인덱스는 각각 현재 클래스와 부모 클래스의 완전한 이름을 결정하는 데 쓰인다. 자바 언어는 다중 상속을 허용하지 않으므로 부모 클래스 인덱스는 하나뿐이다. 단, 모든 자바 클래스의 부모인 java.lang.Object만은 부모 클래스가 없다. 따라서 java.lang.Object를 제외한 모든 자바 클래스의 부모 클래스 인덱스는 값이 0이 아니다.

인터페이스 인덱스 컬렉션은 현재 클래스가 구현한 인터페이스들을 기술한다. 컬렉션 내의 인터페이스 순서는 자바 코드에서 implements 키워드(현재 클래스 파일이 인터페이스를 표현한다면 extends 키워드) 뒤에 나열한 순서를 따른다.

클래스 인덱스, 부모 클래스 인덱스, 인터페이스 인덱스 컬렉션은 모두 접근 플래그 뒤에 나온다. 클래스 인덱스와 부모 클래스 인덱스는 모두 u2 타입이며, 값은 CONSTANT_Class_info 타입의 클래스 서술자 상수를 가리킨다. 클래스의 완전한 이름 문자열은 CONSTANT_Class_info 타입에 담긴 상수의 값을 인덱스로 하는 CONSTANT_Utf8_info 타입으로 정의된다.

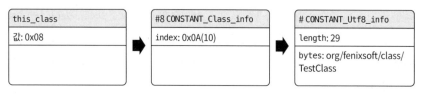

그림 6-8 클래스 인덱스로부터 완전한 이름을 찾는 과정

인터페이스 인덱스 컬렉션의 첫 항목은 u2 타입이며, 값은 인덱스 테이블의 크기를 뜻한다. 즉, 현재 클래스가 구현한 인터페이스의 수(interfaces_count)다. 아무런

인터페이스도 구현하지 않았다면 값이 0이고, 인터페이스 인덱스 컬렉션은 더 이상의 바이트를 차지하지 않고 곧바로 끝난다. 코드 6-1의 클래스 인덱스, 부모 클래스 인덱스, 인터페이스 인덱스 컬렉션은 그림 6-9와 같다.

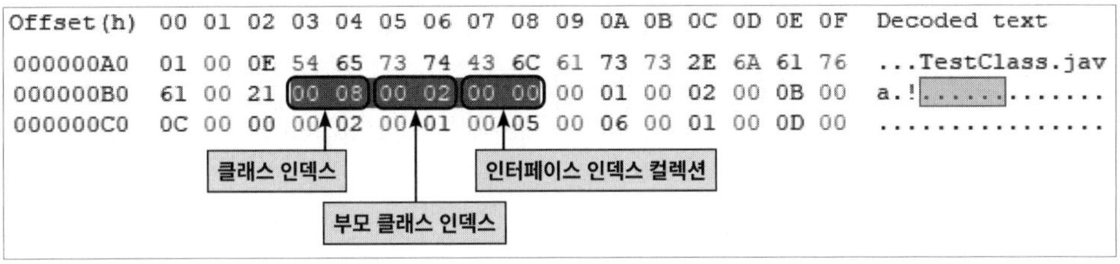

```
Offset(h)  00 01 02 03 04 05 06 07 08 09 0A 0B 0C 0D 0E 0F  Decoded text
000000A0   01 00 0E 54 65 73 74 43 6C 61 73 73 2E 6A 61 76  ...TestClass.jav
000000B0   61 00 21 00 08 00 02 00 00 00 01 00 02 00 0B 00  a.!.............
000000C0   0C 00 00 00 02 00 01 00 05 00 06 00 01 00 0D 00  ................
```

그림 6-9 클래스 인덱스, 부모 클래스 인덱스, 인터페이스 인덱스 컬렉션

u2 타입 값 세 개는 오프셋 주소 0x000000B3에서 시작한다. 값은 각각 0x0008, 0x0002, 0x0000이다. 즉, 클래스 인덱스는 8, 부모 클래스 인덱스는 2, 인터페이스 인덱스 컬렉션의 크기는 0이라는 뜻이다.

이에 해당하는 클래스와 부모 클래스를 javap로 해석한 상수 풀(코드 6-2)에서 찾아보자. 해당 부분만 발췌해 보면 코드 6-3과 같다. 각 줄 맨 앞의 #<숫자> 부분이 인덱스다.

코드 6-3 상수 풀 내용의 일부

```
#2 = Class           #4              // java/lang/Object
#4 = Utf8            java/lang/Object
#8 = Class           #10             // org/fenixsoft/clazz/TestClass
#10 = Utf8           org/fenixsoft/clazz/TestClass
```

6.3.5 필드 테이블

필드 테이블(field_info)은 인터페이스나 클래스 안에 선언된 변수들을 설명하는 데 쓰인다. 자바 언어에서 필드란 클래스 변수와 인스턴스 변수를 뜻한다. 메서드 안에 선언된 지역 변수는 필드가 아니다.

자바 언어에서 필드가 어떤 정보를 담고 있는지 생각해 보자. 필드에 접근할 수 있는 범위 제한(public, private, protected), 인스턴스 변수와 클래스 변수의 구분(static), 불변 여부(final), 휘발성(volatile, CPU 캐시가 아닌 메인 메모리를 직접 읽거나 쓰게 함), 직렬화 시 포함 여부(transient), 데이터 타입(기본 타입, 객체, 배열), 필드 이름이 있다.

이상의 정보 중 한정자(modifier) 각각은 'true 아니면 false'로 설정 여부를 나타 낼 수 있으니 플래그로 표현하기에 안성맞춤이다. 반면 필드의 이름과 타입은 크기 가 일정하지 않으니 상수 풀에 정의된 상수를 참조해 설명해야 한다. 그래서 필드 테이블의 최종 형태는 다음과 같다.

구조 정의 6-5 필드 테이블 구조

```
field_info {
    u2                  access_flags;
    u2                  name_index;
    u2                  descriptor_index;
    u2                  attributes_count;
    attribute_info      attributes[attributes_count];
}
```

필드의 access_flags 항목이 가질 수 있는 값은 클래스의 access_flags와 매우 비 슷하다. 데이터 타입은 u2이며, 지원하는 플래그 비트와 의미는 표 6-5와 같다.

표 6-5 필드 한정자 플래그

필드 이름	값	의미
ACC_PUBLIC	0x0001	public 필드인지 여부
ACC_PRIVATE	0x0002	private 필드인지 여부
ACC_PROTECTED	0x0004	protected 필드인지 여부
ACC_STATIC	0x0008	static 필드인지 여부
ACC_FINAL	0x0010	final 필드인지 여부
ACC_VOLATILE	0x0040	volatile 필드인지 여부
ACC_TRANSIENT	0x0080	transient 필드인지 여부
ACC_SYNTHETIC	0x1000	컴파일러가 자동으로 생성한 필드인지 여부
ACC_ENUM	0x4000	enum 필드인지 여부

언어 문법상 ACC_PUBLIC, ACC_PRIVATE, ACC_PROTECTED는 셋 중 하나만 선택할 수 있 으며 ACC_FINAL과 ACC_VOLATILE도 동시에 선택할 수 없다. 인터페이스의 필드라면 ACC_PUBLIC, ACC_STATIC, ACC_FINAL이 모두 설정되어야 한다.

access_flags 다음에는 name_index와 descriptor_index가 온다. 이 둘은 상수 풀 에서 인덱스로, 각각 '필드의 단순 이름'과 '필드 및 메서드 서술자' 참조를 가리킨 다. 이쯤에서 단순 이름, 서술자 그리고 벌써 여러 번 등장한 완전한 이름이라는 세 가지 특수 문자열에 대해 알아보자.

완전한 이름과 단순 이름은 어렵지 않을 것이다. 코드 6-1을 예로 살펴보면, 이 클래스의 완전한 이름은 "org/fenixsoft/clazz/TestClass"다. 클래스 전체 이름에서 "."를 "/"로만 바꾼 값이다. 단순 이름은 메서드나 필드의 이름을 참조할 때 이용하며 타입과 매개 변수 정보가 생략된 형태다. 예컨대 코드 6-1에서 inc() 메서드와 m 필드의 단순 이름은 "inc"와 "m"이다.

메서드와 필드의 서술자는 완전한 이름이나 단순 이름보다 살짝 복잡하다. 서술자의 역할은 필드의 경우 데이터 타입까지, 메서드의 경우 매개 변수 목록(개수, 타입, 순서 포함)과 반환값까지 기술하는 것이다. 서술자에서 기본 데이터 타입(byte, char, double, float, int, long, short, boolean)과 void 타입(반환값 없음)은 대문자 하나를 쓰며, 객체 타입은 타입의 완전한 이름 앞에 "L"을 추가해 표현한다.

표 6-6 서술자 식별 문자의 의미

식별 문자	의미	식별 문자	의미
B	기본 타입인 byte	J	기본 타입인 long
C	기본 타입인 char	S	기본 타입인 short
D	기본 타입인 double	Z	기본 타입인 boolean
F	기본 타입인 float	V[10]	특수 타입인 void
I	기본 타입인 int	L	객체 타입(예: Ljava/lang/Object)

배열 타입은 차원 수만큼 앞에 "["가 붙는다. 예를 들어 "java.lang.String[][]"은 "[[Ljava/lang/String"이 되고 "int[]"는 "[I"가 된다.

서술자가 메서드를 기술할 때는 매개 변수 목록을 먼저 적고 반환값을 적는다. 매개 변수 목록은 "()" 안에 정확한 순서로 기술한다. 다음은 몇 가지 메서드와 해당 서술자의 예다.

- void inc() → "()V"
- java.lang.String.toString() → "()Ljava/lang/String"
- int indexOf(char[] source, int sourceOffset, int sourceCount, char[] target, int targetOffset, int targetCount, int fromIndex) → "([CII[CIII)I"

---

10 void 타입은 《자바 가상 머신 명세》에서 'VoidDescriptor'라는 별도 항목으로 정의한다. 이 책에서는 구조를 통일하기 위해 기본 타입들과 함께 설명했다.

코드 6-1을 컴파일해 생성한 TestClass.class 파일의 경우 필드 테이블 컬렉션이 0x000000B9부터 시작한다. 첫 번째 데이터는 필드 개수를 뜻하는 fields_count이며 타입은 u2다. 그림 6-10에서 보듯이 값이 0x0001이다. 이 클래스의 필드 테이블에는 데이터가 '단 하나'라는 뜻이다.

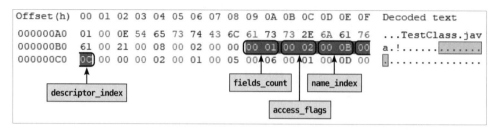

그림 6-10 필드 테이블 구조 예시

필드 개수에 이어서 access_flags가 나온다. 값은 0x0002다. 따라서 ACC_PRIVATE 플래그만 true이며, 나머지 플래그들은 모두 false임을 알 수 있다(표 6-6 참고). 다음의 name_index는 필드 이름을 가리키며 값이 0x000B다. 코드 6-2를 참고해 상수 풀의 11번째 상수를 확인해 보면, CONSTANT_Utf8_info 타입의 문자열이고 값은 "m"이다. 이어서 필드 서술자인 descriptor_index의 값은 0x000C이고, 상수 풀에서 찾아보면 문자열 "I"다. 이상의 정보를 조합하면 소스 코드에 정의된 필드는 하나이며 "private int m"임을 알 수 있다.

필드 테이블에 반드시 포함되어야 하는 데이터 항목은 descriptor_index까지다. 이 뒤로는 몇 가지 추가 정보를 저장하는 속성 테이블 컬렉션이 따라온다. 필드 테이블에는 속성 테이블에 0개 이상의 항목을 설명하는 0개 이상의 추가 정보를 덧붙일 수 있다.

지금 예에서 필드 m의 경우 속성 테이블 개수가 0이다. 추가 설명이 필요한 정보가 없다는 뜻이다. 소스 코드에서 필드 m을 "final static int m = 123;"으로 선언했다면 상수 123을 가리키는 ConstantValue 속성이 등장했을 것이다. attribute_info의 다른 내용에 대해서는 6.3.7절에서 속성 테이블의 데이터 항목을 소개할 때 자세히 알아보겠다.

부모 클래스나 부모 인터페이스로부터 상속받은 필드는 필드 테이블 컬렉션에 나열하지 않는다.

한편 소스 코드에는 존재하지 않는 필드가 등장하는 경우가 있다. 예컨대 내부 클래스는 외부 클래스를 가리킬 수단이 필요한데, 이를 위해 컴파일러가 외부 클래스의 인스턴스를 가리키는 필드를 자동으로 추가한다.

또한 자바 언어에서는 필드를 오버로딩할 수 없는데, 이때 오버로딩의 기준은 필드의 이름이다. 즉, 필드의 데이터 타입과 한정자가 다르더라도 이름이 같다면 같은 클래스에 정의할 수 없다. 그런데 클래스 파일 형식 차원에서는 (자바 언어와 달리) 서술자만 다르면 이름이 같더라도 다른 필드로 취급한다.

6.3.6 메서드 테이블

앞 절에서 설명한 필드 테이블의 내용을 이해했다면 메서드 테이블(method_info)은 매우 쉬울 것이다. 클래스 파일에서 메서드 저장 형태는 필드 저장 형태와 거의 같다. 구조는 다음과 같다.

구조 정의 6-6 메서드 테이블 구조

```
method_info {
    u2              access_flags;
    u2              name_index;
    u2              descriptor_index;
    u2              attributes_count;
    attribute_info  attributes[attributes_count];
}
```

보다시피 필드 테이블과 구조가 완전히 같다. 각 데이터 항목의 의미도 필드 테이블의 항목과 매우 비슷하다. 접근 플래그(access_flags)와 속성 테이블 컬렉션(attributes)에서 선택할 수 있는 값만 살짝 다를 뿐이다. 메서드에는 volatile과 transient 키워드를 붙일 수 없으므로 메서드 테이블의 접근 플래그에는 ACC_VOLATILE과 ACC_TRANSIENT가 존재하지 않는다. 반면 필드에는 없던 synchronized, native, strictfp, abstract 키워드에 대응하는 ACC_SYNCHRONIZED, ACC_NATIVE, ACC_STRICTFP, ACC_ABSTRACT 플래그가 추가되었다. 메서드 테이블에서 이용할 수 있는 플래그 종류와 값은 표 6-7과 같다.

표 6-7 메서드 접근 플래그

플래그 이름	값	의미
ACC_PUBLIC	0x0001	public 메서드인지 여부
ACC_PRIVATE	0x0002	private 메서드인지 여부
ACC_PROTECTED	0x0004	protected 메서드인지 여부
ACC_STATIC	0x0008	static 메서드인지 여부
ACC_FINAL	0x0010	final 메서드인지 여부
ACC_SYNCHRONIZED	0x0020	synchronized 메서드인지 여부
ACC_BRIDGE	0x0040	컴파일러가 생성한 브리지 메서드인지 여부
ACC_VARARGS	0x0080	가변 길이 매개 변수를 받는지 여부
ACC_NATIVE	0x0100	네이티브 메서드인지 여부
ACC_ABSTRACT	0x0400	abstract 메서드인지 여부
ACC_STRICTFP	0x0800	strictfp 메서드인지 여부
ACC_SYNTHETIC	0x1000	컴파일러가 자동 생성한 메서드인지 여부

이처럼 '메서드 정의'는 접근 플래그, 이름 인덱스, 서술자 인덱스만으로 명확하게 표현된다. 그런데 '메서드 본문의 코드'는 어디에 있을까? 메서드 본문의 자바 코드는 javac 컴파일러에 의해 바이트코드 명령어로 변환된 후, 메서드 속성 테이블 컬렉션의 "Code" 속성에 따로 저장된다. 속성 테이블은 클래스 파일 형식에서 확장성이 가장 큰 데이터 항목이다(자세한 설명은 다음 절에서 하겠다).

코드 6-1의 클래스 파일을 예로 메서드 테이블 컬렉션의 내용을 분석해 보자. 그림 6-11과 같이 메서드 테이블 컬렉션의 시작 주소는 0x000000C3이다. 첫 번째 u2 타입 데이터의 값, 즉 테이블의 항목 수는 0x0002다. 메서드가 두 개라는 뜻이다. 두 메서드의 정체는 소스 코드에 정의된 inc()와 컴파일러가 추가한 인스턴스 생성자인 <init>다.

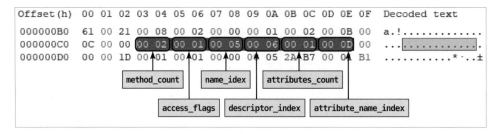

그림 6-11 메서드 테이블 구조 예시

첫 번째 메서드의 접근 플래그 값은 0x0001이므로 ACC_PUBLIC 플래그만 true다. 이름 인덱스의 값은 0x0005이므로 메서드 이름은 "<init>"다(코드 6-2의 상수 풀 참고). 서술자 인덱스의 값은 0x0006이고 해당 상수는 "()V"다. 속성 테이블 카운터 attributes_count의 값은 0x0001이므로 이 메서드의 속성 테이블 컬렉션에는 속성이 1개뿐이다. 속성 이름 인덱스의 값은 0x000D이고 해당하는 상수는 "Code"다. 이 속성이 메서드의 바이트코드임을 나타낸다.

필드 테이블 컬렉션과 마찬가지로 부모 클래스의 메서드를 오버라이딩하지 않았다면, 부모 클래스의 메서드 정보는 자식 클래스의 메서드 테이블 컬렉션에 나타나지 않는다. 한편 이번에도 컴파일러가 자동으로 메서드를 추가할 수 있다. 대표적인 예가 클래스 생성자인 "<cinit>()"와 인스턴스 생성자인 "<init>()"다.[11]

자바 언어에서 '메서드를 오버로딩한다'고 함은 메서드의 단순 이름은 같고 서술자가 다르다는 뜻이다. 자바 언어의 메서드 시그너처에는 반환값이 포함되지 않기 때문이다. 따라서 자바 언어에서는 반환값만 다르게 하여 메서드를 오버로딩하는 일은 불가능하다. 반면 클래스 파일 형식에서는 시그너처의 범위가 훨씬 넓어서, 서술자가 완전히 같지 않다면 두 메서드가 공존할 수 있다. 즉, 이름과 시그너처가 같고 반환값이 다른 메서드가 하나의 클래스에 공존해도 문제 될 게 없다.[12]

6.3.7 속성 테이블

속성 테이블(attribute_info)은 지금까지 여러 번 언급되었다. 클래스 파일, 필드 테이블, 메서드 테이블, Code 속성, 레코드 구성 요소(record_component_info)는 모두 특정 시나리오에서 특정한 정보를 설명하기 위해 고유한 속성 테이블을 포함할 수 있다.

클래스 파일의 다른 데이터 항목들은 순서, 길이, 내용을 엄격하게 지켜야 하는데 반해 속성 테이블 컬렉션은 제약이 살짝 느슨하며 순서에도 엄격하지 않다. 또한 《자바 가상 머신 명세》는 기존 속성 이름과 중복되지 않는 한, 자체 제작한 컴파일러가 새로운 속성 정보를 속성 테이블에 추가할 수 있도록 허용한다. 자바 가상

---

11 <init>() 및 <cinit>()와 관련된 자세한 설명은 '10장 프런트엔드 컴파일과 최적화' 참고
12 자바 코드에서 메서드 시그너처는 메서드 이름, 매개 변수 수, 매개 변수 순서, 매개 변수 타입만을 포함한다. 바이트코드의 메서드 시그너처는 여기에 더해 메서드의 반환값과 검사 예외(checked exception)들도 포함되므로 맥락에 맞게 구분할 줄 알아야 한다.

머신은 자신이 인식하지 못하는 속성은 그저 무시한다. 최초의 《자바 가상 머신 명세》에는 사전 정의된 속성이 9개뿐이었지만 JDK 21에서는 총 30개로 늘었다.

표 6-8 가상 머신 명세에 사전 정의된 속성

속성 이름	쓰이는 위치	의미	추가된 JDK
ConstantValue	필드 테이블	final 키워드로 정의된 상숫값	1.0.2
Code	메서드 테이블	자바 코드가 컴파일된 결과인 바이트코드 명령어들	1.0.2
Exceptions	메서드 테이블	메서드가 던질 수 있는 예외 목록	1.0.2
SourceFile	클래스 파일	소스 파일의 이름	1.0.2
LineNumberTable	Code 속성	바이트코드 명령어에 해당하는 자바 소스 코드의 줄 번호	1.0.2
LocalVariableTable	Code 속성	메서드의 지역 변수 설명	1.0.2
InnerClasses	클래스 파일	내부 클래스 목록	1.1
Synthetic	클래스 파일, 메서드 테이블, 필드 테이블	컴파일러가 자동으로 생성한 메서드나 필드인지 여부	1.1
Deprecated	메서드 테이블, 필드 테이블	deprecated로 선언된 메서드나 필드	1.1
EnclosingMethod	클래스 파일	현재 클래스를 감싸는 외부 메서드(지역 클래스와 익명 클래스에만 해당)	5.0
Signature	메서드 테이블, 필드 테이블	제네릭을 지원하기 위해 추가 ※ 자바 언어에서 타입 변수나 매개 변수화된 타입(parameterized type)을 포함하는 클래스, 인터페이스, 초기화 메서드, 멤버는 Signature 속성으로 제네릭 시그너처 정보를 관리한다. 자바는 소거법을 쓰기 때문에 타입 정보가 소거된 후 시그너처 혼동을 피하려면 이 속성에 관련 정보를 기록해 두어야 한다.	5.0
SourceDebug Extension	클래스 파일	추가적인 디버깅 정보 제공 ※ 예를 들어 JSP 파일의 줄 번호는 자바 스택에 담을 곳이 없다. 이에 JSR 45에서 자바 이외의 언어로 작성되어 바이트코드로 컴파일되는 프로그램을 디버깅하는 표준 메커니즘을 제안했다. 이 속성을 이용하여 JSR 45에서 추가한 디버깅 정보를 저장한다.	5.0
LocalVariable TypeTable	클래스 파일	제네릭 매개 변수화 타입을 서술하기 위해 추가 ※서술자가 아닌 시그너처 정보 제공	5.0
RuntimeVisible Annotations	클래스 파일, 메서드 테이블, 필드 테이블, 레코드 구성 요소 테이블	동적 애너테이션을 지원하기 위해 추가 ※ 런타임에 어떤 애너테이션이 유효한지(표시되는지) 나타내는 데 사용 (실제로는 리플렉션 호출을 이용)	5.0
RuntimeInvisible Annotations	클래스 파일, 메서드 테이블, 필드 테이블, 레코드 구성 요소 테이블	RuntimeVisibleAnnotations 속성의 반대 의미 ※ 어떤 애너테이션이 런타임에 유효하지 않은지 나타내는 데 사용	5.0
RuntimeVisible ParameterAnnotations	메서드 테이블	RuntimeVisibleAnnotations와 비슷하나 메서드 매개 변수에 적용	5.0

RuntimeInvisible ParameterAnnotations	메서드 테이블	RuntimeInvisibleAnnotations와 비슷하나 메서드 매개 변수에 적용	5.0
AnnotationDefault	메서드 테이블	애너테이션 클래스 요소의 기본값을 기록	5.0
StackMapTable	Code 속성	대상 메서드의 지역 변수와 피연산자 스택이 일치하는지 확인하고 처리하는 용도	6
BootstrapMethods	클래스 파일	invokedynamic 지시문이 참조하는 부트스트랩 메서드 한정자를 담음	7
RuntimeVisible TypeAnnotations	클래스, 메서드 테이블, 필드 테이블, Code 속성, 레코드 구성 요소 테이블	JSR 308에서 정의한 새로운 타입 애너테이션 구현 지원 ※ 어떤 클래스 애너테이션이 런타임에 유효한지 나타내는 데 사용(실제로는 리플렉션 호출을 이용)	8
RuntimeInvisible TypeAnnotations	클래스 파일, 메서드 테이블, 필드 테이블, Code 속성, 레코드 구성 요소 테이블	JSR 308에서 정의한 새로운 타입 애너테이션 구현 지원 ※ RuntimeVisibleTypeAnnotations 속성과 반대로 어느 애너테이션이 런타임에 유효하지 않은지 나타내는 데 사용	8
MethodParameters	메서드 테이블	메서드 매개 변수 이름을 클래스 파일에 컴파일해 넣고 런타임에 가져올 수 있도록 지원(컴파일 시 -parameters 매개 변수 지정) ※ 이전까지는 (주로 통합 개발 환경의 코드 힌트처럼) 매개 변수 이름을 자바독(JavaDoc)에서 얻어 왔어야 했다.	8
Module	클래스 파일	모듈 이름 및 관련 정보 기록(requires, exports, opens, uses, provides)	9
ModulePackages	클래스 파일	모듈 안의 모든 exported와 opened 패키지 기록	9
ModuleMainClass	클래스 파일	모듈의 메인 클래스 명시	9
NestHost	클래스 파일	중첩 클래스(자바의 내부 클래스)의 리플렉션과 접근 제어 API 지원 ※ 내부 클래스는 이 속성을 통해 자신의 호스트 클래스를 알아낸다.	11
NestMembers	클래스 파일	중첩 클래스(자바의 내부 클래스)의 리플렉션과 접근 제어 API 지원 ※ 호스트 클래스는 이 속성을 통해 자신에게 속한 내부 클래스들을 알아낸다.	11
Record	클래스 파일	레코드 클래스의 레코드 구성 요소 정보	16
PermittedSubclasses	클래스 파일	현재 클래스(인터페이스)를 '직접' 확장(구현)할 수 있도록 허용된 클래스 (인터페이스) 목록	17

속성 이름은 모두 CONSTANT_Utf8 타입 상수를 참조해 표현하며, 속성값의 길이는 u4 타입으로 나타낸다. 속성값 자체의 구조는 완벽하게 사용자 정의할 수 있다. 따라서 속성 테이블이 만족해야 하는 공통 구조는 다음과 같다.

구조 정의 6-7 속성 테이블 구조

```
attribute_info {
    u2 attribute_name_index;
    u4 attribute_length;
    u1 info[attribute_length];
}
```

Code 속성

자바 프로그램의 메서드 본문 코드는 자바 컴파일러에 의해 최종적으로 바이트코드 명령어로 변환된 후 Code 속성에 저장된다. Code 속성은 메서드 테이블의 속성 컬렉션에 자리하지만, 모든 메서드 테이블에 포함되는 것은 아니다. 예컨대 인터페이스나 추상 클래스의 추상 메서드에는 Code 속성이 없다. 메서드 테이블에 Code 속성이 있다면 그 구조는 다음과 같다.

구조 정의 6-8 Code **속성 테이블**

```
Code_attribute {
    u2 attribute_name_index;    // 속성 이름을 가리키는 상수의 인덱스
    u4 attribute_length;        // 속성의 길이
    u2 max_stack;               // 피연산자 스택의 최대 깊이
    u2 max_locals;              // 지역 변수 테이블에 필요한 저장소 공간
    u4 code_length;             // 바이트코드 스트림 길이
    u1 code[code_length];       // 바이트코드 스트림
    u2 exception_table_length;  // 예외 테이블 길이
    {   u2 start_pc;
        u2 end_pc;
        u2 handler_pc;
        u2 catch_type;
    } exception_table[exception_table_length];  // 예외 테이블
    u2 attributes_count;
    attribute_info attributes[attributes_count];
}
```

attribute_name_index는 CONSTANT_Utf8_info 타입 상수를 가리키는 인덱스다. 이 상수의 값은 이 속성의 이름을 뜻하는 "Code"로 고정되어 있다.

attribute_length는 이 속성의 값이 차지하는 길이를 뜻한다. attribute_name_index와 attribute_length까지가 6바이트를 차지하므로 이 값의 크기는 속성 테이블 전체의 길이에서 6바이트를 뺀 만큼이 된다.

max_stack은 피연산자 스택의 최대 깊이를 뜻한다. 메서드가 실행되는 동안 피연산자 스택은 이 깊이를 절대 넘을 수 없다. 가상 머신은 깊이가 이 값만큼인 피연산자 스택을 스택 프레임에 할당한다.

max_locals는 지역 변수 테이블에 필요한 저장소 공간을 뜻한다. max_locals의 단위는 변수 슬롯이다. 변수 슬롯은 가상 머신이 지역 변수용으로 메모리를 할당하는 가장 작은 단위다. byte, char, float, int, short, boolean, returnAddress와 같이 32비트를 넘지 않는 데이터 타입들은 변수 하나가 하나의 변수 슬롯을 차지한다.

자연스럽게 64비트 데이터 타입인 double과 long은 변수 슬롯 두 개를 차지한다.

메서드 매개 변수(인스턴스 메서드의 경우 숨겨진 this 매개 변수 포함), 명시적 예외 핸들러 매개 변수(try-catch 문의 catch 블록에 정의된 예외), 메서드 본문에 정의된 지역 변수는 모두 지역 변수 테이블에 저장된다. max_locals의 값은 메서드가 이용하는 지역 변수의 숫자가 아니라, 이 지역 변수들이 차지하는 변수 슬롯의 개수를 뜻하니 주의하자.

피연산자 스택과 지역 변수 테이블은 메서드 스택 프레임의 메모리 사용량에 직접 영향을 준다. 따라서 피연산자 스택의 깊이와 변수 슬롯의 개수를 필요 이상으로 크게 잡으면 메모리가 낭비된다. 그래서 자바 가상 머신은 사실 사용을 마친 변수 슬롯을 재사용한다. 실행하는 코드가 지역 변수의 유효 범위를 벗어나면 그 변수가 차지하던 슬롯을 다른 지역 변수가 사용할 수 있다. 자바 컴파일러는 변수의 유효 범위를 참고해 변수별로 적합한 변수 슬롯을 할당한 다음, '동시에 존재하는 지역 변수들'이 차지하는 슬롯의 최대 개수만큼을 max_locals의 크기로 잡는다.

code_length와 code는 자바 소스 코드가 컴파일되어 생성된 바이트코드 명령어들을 저장하는 데 이용된다. code_length는 바이트코드의 길이이고, code는 이 바이트코드 명령어들이 순서대로 저장되는 바이트 스트림이다. '바이트코드 명령어'라는 이름처럼 명령어 각각의 크기는 1바이트라서 타입은 u1이다. 가상 머신은 code에서 바이트코드를 하나씩 읽어 어떤 명령어인지 파악한다. 명령어가 식별되면 매개 변수가 딸려 있는지, 딸려 있다면 어떻게 읽어 해석해야 하는지 알 수 있다.

u1 데이터 타입의 값 범위는 0x00~0xFF다. 십진수로는 0~255다. 최대 256가지 명령어를 표현할 수 있다는 뜻이다. 현재 《자바 가상 머신 명세》에는 약 200가지 명령어가 정의되어 있다. 이 명령어들과 각 명령어가 어떻게 인코딩되어 있는지는 6.4절을 참고하기 바란다.

code_length와 관련하여 주의할 게 하나 있다. code_length의 타입은 u4라서 이론적인 최댓값은 2^{32}이다. 하지만 《자바 가상 머신 명세》에는 이 값이 65535를 넘을 수 없다고 분명하게 기록되어 있다. 그래서 사실상 u2 타입에 해당하며, 이 제한을 넘어서면 자바 컴파일러가 컴파일을 거부한다. 컴파일러를 괴롭힐 목적으로 매우 긴 메서드를 작성하지 않는 한 현실적으로 자바 코드가 이 제한을 초과할 일은 없다고 봐도 된다. 하지만 특이한 경우, 가령 JSP 컴파일러가 매우 복잡한 JSP 파일의 내용과 페이지 출력 정보를 모두 하나의 메서드에 담으려 한다고 해 보자. 그러면 이 한계를 넘어서는 매우 긴 메서드가 만들어져서 결국 컴파일 실패로 이어질 수 있다.

Code 속성은 클래스 파일에서 가장 중요한 속성이다. 자바 프로그램의 정보를 코드(메서드 본문의 자바 코드)와 메타데이터(클래스, 필드, 메서드 정의 등)로 나눈다면 클래스 파일 전체는 '코드를 설명하는 Code 속성'과 '메타데이터를 설명하는 나머지 데이터 항목'으로 구분할 수 있다. Code 속성은 다음 두 개 장에서 다룰 바이트코드 실행 엔진을 이해하기 위해 반드시 이해하고 넘어가야 한다. 바이트코드를 직접 읽을 수 있는 능력 또한 현업에서 자바 코드의 의미를 분석하는 데 필요한 도구이자 기초에 속한다. 이런 이유로 자바 가상 머신이 Code 속성을 활용하는 방법을 좀 더 확실하게 설명하고자 더 자세한 예제를 준비했다.

코드 6-1의 TestClass.class 파일을 다시 살펴보자. 그림 6-12는 앞 절에서 분석한 인스턴스 생성자 <init>()의 Code 속성이다.

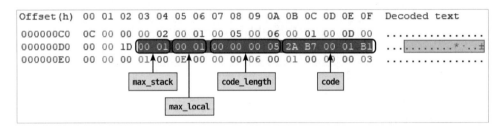

그림 6-12 Code 속성 구조 예시

피연산자 스택의 최대 깊이와 지역 변수 테이블의 용량 모두 0x0001이며, 바이트코드 영역이 차지하는 공간의 길이는 0x0000 0005다. 가상 머신은 바이트코드 영역의 길이를 보고 이어지는 5바이트("2A B7 00 01 B1")를 더 읽어 들인다. 그러고는 바이트코드 명령어들로 번역할 것이다. 실제로 "2A B7 00 01 B1"을 번역하는 과정을 살펴보자.

1. 2A를 읽고 바이트코드 명령어 테이블에서 0x2A에 해당하는 명령어를 찾는다. 결과는 aload_0다. aload_0 명령어는 0번째 변수 슬롯에 담긴 참조 타입 지역 변수를 피연산자 스택의 맨 위로 읽어 들이라는 뜻이다.

2. B7을 읽고 바이트코드 명령어 테이블에서 0xB7에 해당하는 명령어가 invoke

special임을 찾아낸다. invokespecial은 스택 맨 위의 참조 타입 데이터가 가리키는 객체를 메서드의 수신자(receiver)로 사용하여 해당 객체의 인스턴스 생성자나 private 메서드 또는 상위 클래스의 메서드를 호출한다. 이 메서드는 호출할 메서드를 가리키는 u2 타입 매개 변수를 받는데, 상수 풀 안의 CONSTANT_Methodref_info 타입 상수를 가리킨다. 이 상수는 이 메서드의 심벌 참조다.

3. invokespecial 명령어에 딸린 매개 변수인 00 01을 읽는다(u2 타입이므로 2바이트). 이 내용은 심벌 참조이니 상수 풀에서 0x0001에 해당하는 상수를 찾아보자. 인스턴스 생성자인 "<init>()" 메서드를 가리키는 심벌 참조임을 알 수 있다.

4. 마지막으로 B1을 읽고 바이트코드 명령어 테이블에서 0xB1에 해당하는 명령어가 return임을 알아낸다. 즉, 현재 메서드에서 반환됨을 뜻하며 반환값은 void다. 이 명령이 실행되면 현재 메서드가 정상적으로 끝나게 된다.

이상으로 이 메서드의 바이트코드는 다음과 같이 해석되었다.

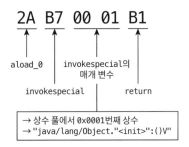

매우 짧은 바이트코드지만 데이터 교환과 메서드 호출 같은 작업이 모두 스택(피연산자 스택)을 기반으로 이루어짐을 알 수 있다. 이를 통해 자바 가상 머신이 스택 기반 아키텍처라고 추측할 수 있다. 하지만 매개 변수가 없는 일반적인 스택 기반 명령어 집합과는 조금 다르다. invokespecial 같은 일부 명령어에는 매개 변수가 뒤따르기 때문이다. 가상 머신이 바이트코드를 실행하는 방식은 7~8장에서 다룬다. 8장까지 읽으면 모든 의문이 풀릴 것이다.

이번에는 javap 도구로 TestClass.class 파일의 메서드를 분석해 보사. 결과는 코드 6-4와 같다.

코드 6-4 javap로 바이트코드 명령어 분석하기

```
// 컴파일 전 자바 코드(코드 6-1)
package org.fenixsoft.clazz;

public class TestClass {
    private int m;

    public int inc() {
        return m + 1;
    }
}

$ javap -verbose TestClass
// 지면 관계상 상수 풀 부분은 생략했음
{
  public org.fenixsoft.clazz.TestClass();
    descriptor: ()V
    flags: (0x0001) ACC_PUBLIC
    Code:
      stack=1, locals=1, args_size=1      // ❶
         0: aload_0
         1: invokespecial #1 // Method java/lang/Object."<init>":()V
         4: return
      LineNumberTable:
         line 3: 0

  public int inc();
    descriptor: ()I
    flags: (0x0001) ACC_PUBLIC
    Code:
      stack=2, locals=1, args_size=1      // ❷
         0: aload_0
         1: getfield      #7             // Field m:I
         4: iconst_1
         5: iadd
         6: ireturn
      LineNumberTable:
         line 7: 0
}
```

javap 실행 결과에서 ❶❷ args_size의 값을 보면 조금 의아할 것이다. <init>()와 inc(), 두 메서드 모두 분명 매개 변수가 없다. 그런데 args_size 값은 왜 1일까? 또한 매개 변수 목록이나 메서드 본문 어디에서도 지역 변수를 정의하지 않았는데 locals의 값은 또 왜 1일까?

이는 자바 언어가 암묵적으로 제공하는 기능 때문이다. 모든 인스턴스 메서드에서는 this 키워드를 통해 해당 메서드가 속한 객체에 접근할 수 있다. 이 접근 메커니즘은 자바 프로그램을 작성할 때 매우 중요하며 아주 간단하게 구현할 수 있다. javac 컴파일러가 소스 코드를 컴파일할 때 this 키워드를 이용하는 코드를 발견하면 일반적인 메서드 매개 변수를 통해 접근하는 코드로 변환한다. 그리고 가상 머신이 인스턴스 메서드를 호출할 때마다 이 매개 변수에 인스턴스의 참조를 전달하기만 하면 된다.

따라서 인스턴스 메서드의 지역 변수 테이블에 현재 객체의 인스턴스를 가리키는 지역 변수를 하나 두고, 첫 번째 변수 슬롯은 객체 인스턴스의 참조를 저장하는 용도로 예약되어 있다. 그래서 인스턴스 메서드의 매개 변수 수는 최소 1이다. 단, 이 방식은 인스턴스 메서드에만 해당한다. 코드 6-1의 inc() 메서드가 static으로 선언되었다면 args_size는 1이 아니라 0이 된다.

바이트코드 명령어(code) 뒤에는 해당 메서드와 관련한 명시적 예외 처리 테이블(exception_table, 이하 '예외 테이블') 집합이 나온다. 하지만 예외 테이블은 필수가 아니다. 실제로 코드 6-4에서도 예외 테이블이 생성되지 않았다. 구조 정의 6-8에서 예외 테이블 부분만 다시 살펴보자.

구조 정의 6-9 Code 속성 내에서의 예외 테이블

```
...
u2 exception_table_length;
{    u2 start_pc;
     u2 end_pc;
     u2 handler_pc;
     u2 catch_type;
} exception_table[exception_table_length];
...
```

바이트코드의 start_pc 줄[13]과 end_pc 줄 사이에서(end_pc 줄 자체는 포함 안 됨) catch_type 또는 그 하위 예외가 발생하면 handler_pc 줄로 이동하라는 뜻이다 (catch_type은 CONSTANT_Class_info 타입 상수를 가리키는 인덱스다). 한편 catch_type의 값이 0이면 어떤 비정상 상황이 발생하든 handler_pc로 이동해야 한다는 뜻이다.

---

13 여기서 말하는 줄(line)은 자바 소스 코드의 줄 번호가 아니라, 메서드 본문 바이트코드의 시작 주소부터의 상대적인 위치를 뜻한다.

예외 테이블은 자바 코드에 해당하는 개념이다. 사실 바이트코드에는 예외 처리 목적으로 설계된 점프 명령어가 존재한다. 그럼에도 《자바 가상 머신 명세》에는 자바 컴파일러가 자바 예외나 finally를 처리할 때 점프 명령어 대신 예외 테이블을 사용해야 한다고 명시하고 있다.[14]

코드 6-5는 예외 테이블의 동작 방식을 보여 주는 예로, try-catch-finally가 바이트코드 수준에서 어떻게 표현되는지 알 수 있다. 바이트코드를 읽기 전에 자바 소스 코드를 보고 예외가 발생하는 경우와 아닌 경우 각각의 반환값이 어떻게 될지 생각해 보자.

코드 6-5 예외 테이블 동작 시연

```
// 자바 소스 코드
public int inc() {
    int x;
    try {
        x = 1;
        return x;
    } catch (Exception e) {
        x = 2;
        return x;
    } finally {
        x = 3;
    }
}

// 컴파일된 바이트코드와 예외 테이블
public int inc();
  descriptor: ()I
  flags: (0x0001) ACC_PUBLIC
  Code:
    stack=1, locals=5, args_size=1
       0: iconst_1  // 정수 1을..                          ← try 블록 시작
       1: istore_1  //          .. 변수 슬롯 1, 즉 x에 저장
       2: iload_1   // x의 값을..
       3: istore_2  //          .. 변수 슬롯 2에 저장
       4: iconst_3  // 정수 3을..        (finally 블록의 내용 복사)
       5: istore_1  //          .. x에 저장(finally 블록의 내용 복사)
       6: iload_2   // 변수 슬롯 2의 값을 스택에 푸시
       7: ireturn   // 스택 맨 위의 값(1)을 반환              ← try 블록의 return
```

14 JDK 1.4.2까지 javac 컴파일러는 finally 문을 jsr과 ret 명령어로 구현했다. 하지만 이후로 각 분기 뒤에 finally 블록의 내용을 중복 생성하도록 변경되었다. 나아가 JDK 7부터는 클래스 파일에서 jsr과 ret 명령어가 완전히 금지되었다. 가상 머신이 클래스를 로딩할 때 이 두 명령어를 발견하면 바이트코드 검증 단계에서 예외를 던진다.

```
 8: astore_2  // Exception e의 값을 변수 슬롯 2에 저장    ← catch 블록 시작
 9: iconst_2  // 정수 2를..
10: istore_1  //          .. x에 저장
11: iload_1   // x의 값을..
12: istore_3  //          .. 변수 슬롯 3에 저장
13: iconst_3  // 정수 3을..        (finally 블록의 내용 복사)
14: istore_1  //          .. x에 저장(finally 블록의 내용 복사)
15: iload_3   // 변수 슬롯 3의 값을 스택에 푸시
16: ireturn   // 스택 맨 위의 값(2)을 반환              ← catch 블록의 return
17: astore       4  // 발생한 예외를 변수 슬롯 4에 저장   ← finally 블록 시작
19: iconst_3         // 정수 3을..
20: istore_1         //          .. x에 저장
21: aload        4  // 예외를 스택에 푸시
23: athrow           // 스택 맨 위의 예외를 throw
Exception table:
 from  to  target type
    0   4     8   Class java/lang/Exception
    0   4    17   any
    8  13    17   any
```

이 자바 코드에서 예외가 발생할 수 있는 실행 경로는 세 가지이며, 컴파일러는 모든 경로 각각에 해당하는 예외 테이블 레코드를 생성한다. 자바 코드에서 각 경로는 다음과 같다. 차례로 예외 테이블의 1~3번째 레코드에 해당한다.

1. try 블록에서 Exception 또는 그 하위 예외가 발생하면 catch 블록으로 이동해 처리한다.
2. try 블록에서 Exception이 아니고 그 하위도 아닌 예외가 발생하면 finally 블록으로 이동해 처리한다.
3. catch 블록에서 예외가 발생하면 finally 블록으로 이동해 처리한다.

앞서의 질문으로 돌아가 보자. 이 코드는 어떤 값을 반환해야 할까? 자바 언어에 익숙한 독자라면 쉽게 답할 수 있어야 한다. 예외가 발생하지 않으면 1을, Exception 또는 하위 예외가 발생하면 2를 반환한다. 그 외의 예외가 발생하면 반환값 없이 비정상 종료된다.

그렇다면 이제부터 바이트코드 실행 과정을 분석하여 왜 이런 결과가 나오는지 바이트코드 수준에서 알아보자.

바이트코드의 0~3행에서는 변수 x에 정수 1을 할당하고, x의 값을 지역 변수 테이블의 마지막 변수 슬롯에 복사한다(이 변수 슬롯의 값은 반환 명령어가 실행되기

전에 다시 읽어 연산 스택의 맨 위에 저장한 다음 메서드 반환값으로 사용된다. 편의상 이 책에서는 이 변수 슬롯의 이름을 returnValue라 하겠다).

이상의 과정에서 예외가 발생하지 않으면 4~7행을 이어서 실행한다. 변수 x에 3을 할당한 다음(finally 블록의 내용을 복사해 온 코드), 앞서 returnValue에 저장된 정수 1을 연산 스택의 맨 위로 읽어 들이고, 마지막으로 ireturn 명령으로 이 값을 반환한다. ireturn은 스택 맨 위의 값을 int 형태로 바꾸고 메서드를 종료하는 명령어다.

예외가 발생하면 PC 레지스터 포인터는 8행으로 이동한다. 8~16행은 변수 x에 2를 할당하고, x의 값을 returnValue에 복사한 후, 변수 x의 값을 3으로 바꾼다(finally 블록의 내용). 그리고 메서드가 반환되기 전에 returnValue에 담아 둔 정수 2를 작업 스택의 맨 위로 읽어 들인 후 그 값을 반환한다.

17행부터는 발생한 예외를 변수 슬롯 4에 저장한 다음, 변수 x에 값 3을 할당하고 슬롯 4에 저장해 둔 예외를 스택에 푸시한 후 throw하며 메서드를 종료한다.

물론 이 코드에서 예외가 발생할 확률은 극히 낮지만, 그렇다고 예외 테이블의 역할에 영향을 주는 것은 아니다. 바이트코드 실행 방식이 아직 쉽게 와닿지 않더라도 괜찮다. 가상 머신이 바이트코드를 실행하는 방식은 8장에서 자세히 설명한다.

Exceptions 속성

Exceptions '속성'은 메서드 테이블의 Code '속성'과 같은 맥락이다. 앞 절에서 설명한 예외 테이블과 혼동하면 안 된다.

Exceptions 속성은 메서드에서 throw될 수 있는 검사 예외, 즉 메서드 설명에서 throws 키워드 뒤에 나오는 예외들을 나열하는 기능을 한다. 구조는 다음과 같다.

구조 정의 6-10 Exceptions 속성

```
Exceptions_attribute {
    u2 attribute_name_index;
    u4 attribute_length;
    u2 number_of_exceptions;  // 이 메서드가 던질 수 있는 검사 예외 개수
    // 검사 예외 각각의 타입(상수 풀 인덱스)
    u2 exception_index_table[number_of_exceptions];
}
```

number_of_exceptions 항목은 해당 메서드가 던질 수 있다고 명시한 검사 예외의 수를 뜻하며, 검사 예외 각각은 exception_index_table 항목으로 표현한다. exception_index_table은 상수 풀의 CONSTANT_Class_info 타입 상수를 가리키는 인덱스다. 이 상수는 검사 예외의 클래스를 알려 준다.

LineNumberTable 속성

자바 소스 코드의 줄 번호와 바이트코드의 줄 번호(바이트코드 오프셋) 사이의 대응 관계를 설명하는 속성이다. 프로그램을 실행하는 데 꼭 필요한 속성은 아니지만 클래스 파일에 기본적으로 생성된다. javac에 -g:none 또는 -g:lines 옵션을 주어 생성 여부를 지정할 수 있다.

이 속성을 생성하지 않으면 어떤 영향이 있을까? 프로그램에서 예외가 발생했을 때 오류를 일으킨 코드의 줄 번호가 스택 추적 정보에 나타나지 않는다. 디버깅할 때도 자바 소스의 특정 줄에 중단점을 설정할 수 없게 된다.

구조 정의 6-11 LineNumberTable 속성

```
LineNumberTable_attribute {
    u2 attribute_name_index;
    u4 attribute_length;
    u2 line_number_table_length;
    {   u2 start_pc;       // 바이트코드의 줄 번호
        u2 line_number;   // 자바 소스 코드의 줄 번호
    } line_number_table[line_number_table_length];
}
```

line_number_table은 타입이 u2인 start_pc와 line_number 항목으로 구성된다. start_pc는 바이트코드의 줄 번호이고 line_number는 자바 소스의 줄 번호다.

LocalVariableTable과 LocalVariableTypeTable 속성

LocalVariableTable은 스택 프레임에 있는 지역 변수 테이블 안의 변수와 자바 소스 코드에 정의된 변수 사이의 관계를 설명하는 속성이다. 이 역시 프로그램 실행에 꼭 필요한 정보는 아니지만 기본적으로 생성된다. javac에 -g:none 또는 -g:vars 옵션을 주어 생성 여부를 지정할 수 있다.

이 속성을 생성하지 않으면 다른 사람이 이 메서드를 참조할 때 매개 변수 이름을 알 수 없게 된다. 예를 들어 통합 개발 환경은 매개 변수의 원래 이름 대신 arg0

또는 arg1 같은 임의 이름을 사용한다. 프로그램 실행에는 아무런 영향이 없다. 하지만 이 클래스를 참조해 프로그래밍할 때 매우 불편하며, 디버깅할 때도 매개 변수 이름을 이용해 값을 가져올 수 없게 된다.

구조 정의 6-12 LocalVariableTable 속성

```
LocalVariableTable_attribute {
    u2 attribute_name_index;
    u4 attribute_length;
    u2 local_variable_table_length;
    {   u2 start_pc;  // 지역 변수의 유효 범위가 시작되는 바이트코드의 오프셋
        u2 length;      // 유효 범위의 길이
        u2 name_index;          // 지역 변수 이름(상수 풀 인덱스)
        u2 descriptor_index;  // 지역 변수 서술자(상수 풀 인덱스)
        u2 index;               // 스택 프레임 지역 변수 테이블에서의 변수 슬롯 인덱스
    } local_variable_table[local_variable_table_length];
}
```

local_variable_table 항목은 소스 코드에서 스택 프레임과 지역 변수 사이의 관계를 나타낸다.

start_pc는 지역 변수의 수명 주기가 시작되는 바이트코드의 오프셋이고, length는 유효 범위의 길이를 나타낸다. 이 둘의 조합으로 바이트코드에서 지역 변수의 유효 범위를 표현한다.

name_index와 descriptor_index는 모두 상수 풀 안의 CONSTANT_Utf8_info 타입 상수를 가리키는 인덱스다. 각각 지역 변수의 이름과 서술자를 나타낸다.

index는 스택 프레임의 지역 변수 테이블에서 해당 지역 변수를 담고 있는 변수 슬롯의 위치다. double과 long 같은 64비트 타입 변수라면 인덱스가 가리키는 변수 슬롯은 물론 '인덱스+1'에 해당하는 변수 슬롯도 차지한다.

한편 JDK 5에서 제네릭이 도입되면서 LocalVariableTable의 '자매 속성'인 LocalVariableTypeTable이 추가되었다.

구조 정의 6-13 LocalVariableTypeTable 속성

```
LocalVariableTypeTable_attribute {
    u2 attribute_name_index;
    u4 attribute_length;
    u2 local_variable_type_table_length;
    {   u2 start_pc;
        u2 length;
        u2 name_index;
```

```
        u2 signature_index;   // 지역 변수 '시그너처'를 가리키는 상수의 인덱스
        u2 index;
    } local_variable_type_table[local_variable_type_table_length];
}
```

보다시피 LocalVariableTable과 쌍둥이다. 필드 서술자를 가리키는 descriptor_index가 시그너처를 가리키는 signature_index로 대체된 점만 다르다. 제네릭이 아닌 타입에서는 필드 서술자와 필드 시그너처를 일관되게 설명할 수 있다. 하지만 서술자는 매개 변수화된 타입을 담을 수 없으므로(타입 정보가 소거됨) 제네릭 타입을 제대로 설명할 수 없다.[15] 그래서 제네릭 타입의 필드 시그너처를 완벽하게 설명할 수 있는 새로운 속성이 추가된 것이다.

SourceFile과 SourceDebugExtension 속성

SourceFile 속성에는 클래스 파일을 생성한 자바 소스 파일 이름이 기록된다. 이 속성도 선택 사항이며 javac에 –g:none 또는 –g:soucre 옵션을 지정해 끄고 켤 수 있다.

자바에서는 클래스 이름과 파일 이름이 대체로 같다. 단, 내부 클래스처럼 특수한 경우는 예외다. 이 속성을 생성하지 않으면 예외를 일으킨 코드가 어느 파일에 담겨 있는지가 스택 추적 정보에 나타나지 않는다.

구조는 다음과 같으며 보다시피 길이가 일정하다.

구조 정의 6-14 SourceFile 속성

```
SourceFile_attribute {
    u2 attribute_name_index;
    u4 attribute_length;
    u2 sourcefile_index;
}
```

sourcefile_index 항목은 상수 풀 안의 CONSTANT_Utf8_info 타입 상수를 가리키는 인덱스다. 그 값은 소스 파일 이름이다.

한편 JDK 5부터는 SourceDebugExtension 속성이 추가되었다. 컴파일러에 의해 또는 동적으로 생성된 클래스에 개발사를 위한 사용자 징의 정보를 쉽게 추가할 수 있도록 설계된 속성이다. 예컨대 이전에는 JSP 파일을 디버깅할 때 자바 스택에 JSP

---

15 자세한 내용은 10.3절 참고

파일의 줄 번호가 나타나지 않았다. 이에 JSR 45에서 자바 외의 언어로 작성하여 바이트코드로 컴파일한 프로그램의 디버깅을 도와주는 표준 메커니즘을 정의했다. SourceDebugExtension 속성을 이용하면 예외 스택 추적 정보에서 JSP 파일의 줄 번호를 찾는 등, JSR 45 표준이 새로 정의한 디버깅 정보를 담을 수 있다. 이 속성의 구조는 다음과 같다.

구조 정의 6-15 SourceDebugExtension 속성

```
SourceDebugExtension_attribute {
    u2 attribute_name_index;
    u4 attribute_length;
    u1 debug_extension[attribute_length];
}
```

debug_extension은 가변 길이인 UTF-8 형식의 문자열로, 추가 디버깅 정보를 담게 된다. SourceDebugExtension 속성은 클래스당 최대 하나만 허용된다.

ConstantValue 속성

정적 변수에 값을 자동으로 할당하도록 가상 머신에 알린다. static 키워드로 선언된 변수(클래스 변수)에만 이 속성이 붙는다.

int x = 123과 static int x = 123 같은 코드는 모두 자바 프로그램에서 매우 흔히 볼 수 있다. 하지만 가상 머신이 두 형태의 변수를 할당하는 방식과 시기는 전혀 다르다. 인스턴스 변수 할당은 인스턴스 생성자인 <init>()에서 수행한다. 반면 클래스 변수는 클래스 생성자인 <clinit>()를 사용하거나 ConstantValue 속성을 사용하는 방법 중 선택할 수 있다. 현재 오라클이 구현한 javac 컴파일러는 final static 변수(보통 '상수'라고 부른다) 중 데이터 타입이 기본형이거나 java.lang.String일 경우 ConstantValue 속성을 이용해 초기화한다. 반면 final이 아닌 변수 또는 기본형이나 String이 아닌 변수는 <clinit>() 메서드에서 초기화한다.

자바 언어에서 상수는 final static으로 선언한다. 따라서 '상숫값'이라는 이름 때문에 ConstantValue 속성으로 초기화하는 필드에 ACC_FINAL 플래그도 설정해야 한다고 생각하기 쉽다. 하지만 《자바 가상 머신 명세》에서는 ACC_STATIC 플래그만 설정하도록 했다. final 키워드는 가상 머신이 아닌 javac 컴파일러 차원에서 추가한 제약 사항이기 때문이다.

ConstantValue의 속성값은 기본형과 String으로 제한된다. 사실 제한된다기보다는 자연스러운 결과다. ConstantValue 속성의 값은 상수 풀의 인덱스 번호일 뿐이고, 클래스 파일 형식의 상수 타입에는 기본형에 해당하는 리터럴과 문자열만 존재한다. 따라서 ConstantValue 속성이 다른 타입을 지원하고자 해도 의미가 없다.

구조 정의 6-16 ConstantValue 속성

```
ConstantValue_attribute {
    u2 attribute_name_index;
    u4 attribute_length;
    u2 constantvalue_index;  // 리터럴 상수(상수 풀 인덱스)
}
```

보다시피 ConstantValue 속성은 길이가 일정하다. constantvalue_index는 상수 풀의 리터럴 상수를 가리키는 참조라서 타입이 항상 u2이므로 attribute_length의 값이 2로 일정하기 때문이다. 필드 타입에 따라 리터럴 상수는 CONSTANT_Long_info, CONSTANT_Float_info, CONSTANT_Double_info, CONSTANT_Integer_info, CONSTANT_String_info 중 하나가 된다.

InnerClasses 속성

내부 클래스와 호스트 클래스 사이의 연결 관계를 기록한다. 내부 클래스를 정의하면 컴파일러가 InnerClasses 속성을 자동으로 생성한다.

구조 정의 6-17 InnerClasses 속성

```
InnerClasses_attribute {
    u2 attribute_name_index;
    u4 attribute_length;
    u2 number_of_classes;            // 내부 클래스 정보의 개수
    {   u2 inner_class_info_index;    // 내부 클래스의 심벌 참조(상수 풀 인덱스)
        u2 outer_class_info_index;    // 호스트 클래스의 심벌 참조(상수 풀 인덱스)
        u2 inner_name_index;          // 내부 클래스 이름(상수 풀 인덱스)
        u2 inner_class_access_flags;  // 내부 클래스의 접근 플래그
    } classes[number_of_classes];
}
```

number_of_classes는 내부 클래스 정보가 몇 개 등장하는지 나타낸다. 내부 클래스 각각의 정보는 classes 테이블에 기록된다.

inner_class_info_index와 outer_class_info_index는 모두 상수 풀에서 CONSTANT _Class_info 타입 상수를 가리키는 인덱스다. 각각 내부 클래스와 호스트 클래스의 심벌 참조를 뜻한다.

inner_name_index는 상수 풀의 CONSTANT_Utf8_info 타입 상수를 가리키는 인덱스로, 내부 클래스 이름을 나타낸다. 익명 내부 클래스는 이 값이 0이다.

inner_class_access_flags는 내부 클래스의 접근 플래그다. 클래스의 access_flags와 비슷하다. 지정할 수 있는 값의 범위는 표 6-9와 같다.

표 6-9 inner_class_access_flags 플래그의 값과 의미

플래그 이름	값	의미
ACC_PUBLIC	0x0001	public 내부 클래스인지 여부
ACC_PRIVATE	0x0002	private 내부 클래스인지 여부
ACC_PROTECTED	0x0004	protected 내부 클래스인지 여부
ACC_STATIC	0x0008	static 내부 클래스인지 여부
ACC_FINAL	0x0010	final 내부 클래스인지 여부
ACC_INTERFACE	0x0200	내부 클래스 타입이 인터페이스인지 여부
ACC_ABSTRACT	0x0400	abstract 내부 클래스인지 여부
ACC_SYNTHETIC	0x1000	컴파일러가 생성한 내부 클래스인지 여부
ACC_ANNOTATION	0x2000	내부 클래스 타입이 애너테이션인지 여부
ACC_ENUM	0x4000	열거 타입 내부 클래스인지 여부

Deprecated와 Synthetic 속성

두 속성은 모두 플래그 타입의 불(Boolean) 속성이다. '예'와 '아니요'의 차이만 있을 뿐, 속성값이라는 개념은 따로 없다.

Deprecated 속성은 클래스, 필드 또는 메서드를 프로그램 작성자가 폐기 대상으로 지정했음을 나타낸다. 소스 코드에서 @deprecated 애너테이션을 달아 설정할 수 있다.

Synthetic 속성은 컴파일러가 추가한 필드나 메서드임을 나타낸다. JDK 5부터는 접근 플래그에 ACC_SYNTHETIC을 설정하여 컴파일러가 자동 생성해 추가한 필드와 메서드를 식별할 수 있다. 소스 코드에 존재하지 않는 Synthetic 메서드나 필드 또는 클래스를 통째로 생성함으로써 컴파일러는 (초기 최적화 기술이라 할 수 있는) 무허가 접근(private 한정자 우회)이나 언어 제한을 우회하는 기법을 구현한다. 대

표적인 예로는 열거형 클래스에서 자동으로 생성되는 열거형 원소 배열과 중첩 클래스의 브리지 메서드가 있다. 소스 코드로부터 생성되지 않은 클래스, 메서드, 필드는 모두 Synthetic 속성이나 ACC_SYNTHETIC 플래그 중 하나가 필요하다. 단, 인스턴스 생성자인 <init>()와 클래스 생성자인 <clinit>() 메서드는 예외다.

두 속성의 구조는 다음과 같이 매우 간단하다.

구조 정의 6-18 Deprecated 속성과 Synthetic 속성

```
Deprecated_attribute {
    u2 attribute_name_index;
    u4 attribute_length;
}

Synthetic_attribute {
    u2 attribute_name_index;
    u4 attribute_length;
}
```

이 속성들은 따로 설정할 값이 없으므로 attribute_length의 값은 항상 0x00000000이어야 한다.

StackMapTable 속성

JDK 6 때 클래스 파일 명세에 추가된 StackMapTable은 Code 속성의 attributes 테이블에 자리하는 상당히 복잡한 가변 길이 속성이다. 이 속성은 가상 머신이 클래스를 로드할 때 바이트코드 검증 단계(자세한 내용은 7.3.2절 중 '바이트코드 검증' 부분 참고)에서 타입 검증기가 활용한다. 이전 JDK에서는 데이터 흐름을 분석하여 타입을 추론했는데, 클래스 로딩 성능을 떨어뜨리는 주된 요인이었다.

타입 검사 기반의 새로운 검증기는 성량(가상 머신 팀의 중국인 팀원)이 개발한 자바 ME CLDC용 바이트코드 검증기에서 파생되었다. 이 검증기는 클래스 파일의 적법성(legality)까지 보장할 수 있어서, 런타임에 타입을 추론하기 위해 데이터 흐름을 분석하던 논리적 적법성 확인 단계를 생략한다. 먼저 컴파일 단계에서 일련의 검증 타입을 클래스 파일에 기록해 둔다. 그런 다음 런타임에는 타입을 추론하는 대신 이 검증 타입을 바로 확인한다. 그 덕분에 바이트코느 섬쭝 성능이 크게 개선되었다.

이 검증기는 JDK 6 때 처음 도입되었고, JDK 7에서는 기존 타입 추론 기반 바이트코드 검증기의 자리를 대신했다. 자바 SE 7의《자바 가상 머신 명세》를 보면 이 검증기의 작동 방식을 설명하는 데 무려 120쪽을 할애하고 있다. 내용이 너무 방대하고 복잡하므로 이 책에서는 따로 자세히 설명하지 않겠다.

StackMapTable 속성에는 0개 이상의 스택 맵 프레임이 포함된다. 각 프레임은 명시적 또는 암묵적으로 바이트코드 오프셋을 나타낸다. 이는 바이트코드 실행 시 지역 변수 테이블과 피연산자 스택을 나타내는 데 사용하는 유효성 검사의 한 방법이다. 타입 검사 기반 검증기는 대상 메서드의 지역 변수와 피연산자 스택의 필수 타입을 검사하여 바이트코드 명령어가 논리적 제약 조건을 준수하는지 확인한다. StackMapTable 속성의 구조는 다음과 같다.

구조 정의 6-19 StackMapTable 속성

```
StackMapTable_attribute {
    u2              attribute_name_index;
    u4              attribute_length;
    u2              number_of_entries;
    stack_map_frame entries[number_of_entries];
}
```

자바 SE 7 이후 《자바 가상 머신 명세》에서는 버전 번호가 50.0 이상인 클래스 파일에서 메서드의 Code 속성에 StackMapTable 속성이 없으면 암묵적인 스택 맵 속성을 갖고 있다고 해석한다. 암묵적인 스택 맵 속성이란 number_of_entries의 값이 0인 StackMapTable 속성과 같다. 각 메서드의 Code 속성은 StackMapTable 속성을 최대 하나만 가질 수 있다. 그렇지 않으면 ClassFormatError 예외를 던진다.

Signature 속성

JDK 5 때 제네릭을 지원하기 위해 추가된 Signature 속성은 클래스의 속성 테이블, 필드 테이블, 메서드 테이블에 선택적으로 등장할 수 있다. 길이는 일정하다.

이 속성은 클래스, 인터페이스, 초기화 메서드, 기타 클래스 멤버가 타입 변수나 매개 변수화 타입을 포함할 경우 제네릭 시그너처 정보를 담기 위해 이용한다. 제네릭 타입 정보를 기록하는 데 이 속성이 필요한 이유는 자바 언어가 제네릭을 소거법으로 구현했기 때문이다. 즉, 컴파일 후 바이트코드(Code 속성)에서는 어떠한 제네릭 정보(타입 변수, 매개 변수화 타입)도 찾아볼 수 없다.

소거법의 장점은 구현하기 쉽다는 것이다. 대부분의 변경이 javac 컴파일러에서 이루어져서 가상 머신 내부는 손볼 게 거의 없다. 백포트하기도 쉽고 일부 타입이

런타임에 차지하는 메모리양도 줄일 수 있다. 반면 진정한 제네릭을 지원하는 C#
등의 언어와 비교하면 제네릭 타입과 사용자 정의 타입을 다루는 수준이 다소 아쉽
다는 단점이 있다. 예를 들어 리플렉션을 이용해도 런타임에 제네릭 정보를 얻을
수 없다.

Signature 속성은 이 단점을 보완하기 위해 추가되었다. 이 속성 덕분에 자바의
리플렉션 API로 제네릭 정보를 얻을 수 있다. 자바의 제네릭, Signature 속성, 타입
소거 등에 대해서는 10장에서 컴파일러 최적화를 이야기하며 더 구체적인 예를 살
펴볼 것이다.

Signature 속성의 구조는 다음과 같다.

구조 정의 6-20 Signature 속성

```
Signature_attribute {
    u2 attribute_name_index;
    u4 attribute_length;
    u2 signature_index;
}
```

signature_index가 가리키는 상수 풀 항목은 클래스 시그너처, 메서드 타입 시그
너처, 필드 타입 시그너처 중 하나를 나타내는 CONSTANT_Utf8_info 구조여야 한다.
현재 Signature 속성이 클래스 파일의 속성이라면 이 구조는 클래스 시그너처가 된
다. 같은 식으로 현재 Signature 속성이 메서드 테이블의 속성이면 메서드 타입 시
그너처가 되고, 필드 테이블의 속성이면 필드 타입 시그너처가 된다.

BootstrapMethods 속성

JDK 7 때 추가된 BootstrapMethods는 복잡한 가변 길이 속성으로, 클래스 파일의
속성 테이블에 위치한다. 이 속성에는 invokedynamic 명령어가 참조하는 부트스트
랩 메서드 한정자가 담긴다.

자바 SE 7의 《자바 가상 머신 명세》에 따르면 클래스 파일 구조의 상수 풀에 CON
STANT_InvokeDynamic_info 타입 상수가 등장하면 BootstrapMethods도 있어야 한
다. 또한 CONSTANT_InvokeDynamic_info 타입 상수가 상수 풀에서 여러 번 등장하더
라도 클래스 파일의 속성 테이블에는 BootstrapMethods 속성이 최대 하나만 등장
한다.

이 속성은 JSR 292 및 java.lang.invoke 패키지의 invokedynamic 명령어와 밀접

하게 관련되어 있다. 그래서 이 속성의 기능을 소개하려면 invokedynamic의 작동 원리를 먼저 설명해야 한다. 자세한 이야기는 8.4절에서 하고 지금은 구조만 살펴보겠다.

invokedynamic은 JDK 7부터 지원됐지만 당시 버전의 javac는 이 명령어와 BootstrapMethods 속성 생성을 지원하지 않아서 우회적인 방법을 사용해야 했다. 그래서 람다식과 인터페이스 디폴트 메서드가 도입된 JDK 8 전까지 invokedynamic은 자바 언어로부터 생성된 클래스 파일에는 등장하지 않았다. 구조는 다음과 같다.

구조 정의 6-21 BootstrapMethods 속성

```
BootstrapMethods_attribute {
    u2 attribute_name_index;
    u4 attribute_length;
    u2 num_bootstrap_methods;              // 부트스트랩 메서드 개수
    {   u2 bootstrap_method_ref;           // 부트스트랩 메서드 참조(상수 풀 인덱스)
        u2 num_bootstrap_arguments;        // 부트스트랩 메서드가 받는 정적 인수 개수
        u2 bootstrap_arguments[num_bootstrap_arguments]; // 정적 인수 배열
    } bootstrap_methods[num_bootstrap_methods];          // 부트스트랩 메서드 배열
}
```

bootstrap_methods[] 배열의 원소 각각은 하나의 부트스트랩 메서드를 뜻한다. 각 원소는 부트스트랩 메서드를 가리키는 참조(bootstrap_method_ref)와 부트스트랩 메서드가 받는 일련의 정적 인수들(bootstrap_arguments[])로 구성된다.

bootstrap_method_ref의 값은 상수 풀에서 CONSTANT_MethodHandle_info 타입 상수를 가리켜야 한다. 그리고 bootstrap_arguments[]의 원소들이 가리키는 상수들은 CONSTANT_String_info, CONSTANT_Class_info, CONSTANT_Integer_info, CONSTANT_Long_info, CONSTANT_Float_info, CONSTANT_Double_info, CONSTANT_MethodHandle_info, CONSTANT_MethodType 중 하나여야 한다.

MethodParameters 속성

메서드 테이블에서 사용되는 가변 길이 속성으로, 메서드가 받는 매개 변수 각각의 이름과 정보를 기록한다. JDK 8 때 추가되었다.

자바 초기에는 저장 공간을 절약하기 위해 메서드의 매개 변수 이름은 클래스 파일에 기록하지 않는 게 기본이었다. 소스 코드에서와 달리 프로그램을 실행하는 컴퓨터 입장에서는 매개 변수 이름이 무엇이냐는 중요하지 않기 때문이다. 하지만 자

바가 대중화되면서 이 점이 프로그램 보급과 재사용에 큰 불편을 초래했다. 클래스 파일 자체에는 매개 변수 이름이 기록되지 않기 때문에, 자바독 문서가 첨부되지 않은 JAR 패키지의 메서드를 사용할 때 매개 변수들의 의미를 파악하기 어려웠다.

이 점을 개선하고자 점차 많은 자바 컴파일러와 통합 개발 환경에서 -g:var 옵션을 기본으로 설정하여 매개 변수 이름을 담는 LocalVariableTable 속성을 생성하도록 했다. 하지만 완벽한 해결책은 되지 못했다. LocalVariableTable은 Code 속성의 하위 속성이다. 메서드 본문이 없으면 지역 변수 테이블도 존재할 수 없다는 뜻이다. 예를 들어 추상 메서드와 인터페이스 메서드는 메서드 본문을 가질 수 없다.

그래서 JDK 8에서는 MethodParameters 속성을 새로 도입하여 컴파일러가 매개 변수 이름을 클래스 파일에 기록할 수 있게 했다(컴파일 시 -parameters 옵션 사용). MethodParameters는 메서드 테이블의 속성으로, Code 속성과 같은 수준으로 관리된다. 따라서 리플렉션 API를 이용해서 얻어 올 수도 있다. 구조는 다음과 같다.

구조 정의 6-22 MethodParameters 속성

```
MethodParameters_attribute {
    u2 attribute_name_index;
    u4 attribute_length;
    u1 parameters_count;  // 매개 변수 개수
    {   u2 name_index;    // 매개 변수 이름(상수 풀 인덱스)
        u2 access_flags;  // 매개 변수 상태 정보
    } parameters[parameters_count];
}
```

name_index는 상수 풀의 CONSTANT_Utf8_info 타입 상수를 가리키는 인덱스 값으로, 매개 변수 이름을 나타낸다.

access_flags는 매개 변수의 상태 표시기다. 유효한 값은 다음과 같다.

- 0x0010(ACC_FINAL): 매개 변수가 final로 선언되었다.
- 0x1000(ACC_SYNTHETIC): 소스 파일에는 없는, 즉 컴파일러가 자동으로 생성한 매개 변수다.
- 0x8000(ACC_MANDATED): 소스 파일에 암묵적으로 정의된 매개 변수다. 자바 언어에서는 this 키워드가 여기 속한다.

모듈화 관련 속성

JDK 9에서는 모듈 도입이라는 큰 변화가 있었다. 모듈 설명 파일인 module-info.java는 결국 독립된 클래스 파일로 컴파일되어 저장된다. 그래서 모듈 관련 기능을 지원하기 위해 클래스 파일 형식도 확장하여 Module, ModulePackages, ModuleMainClass 속성을 추가했다.

Module은 매우 복잡한 가변 길이 속성이다. 모듈 이름, 버전, 플래그 정보는 물론 모듈에 정의된 requirements, exports, opens, uses, provides 요구 사항의 내용을 모두 담는다. 구조는 다음과 같다.

구조 정의 6-23 **Module 속성**

```
Module_attribute {
    u2 attribute_name_index;
    u4 attribute_length;

    u2 module_name_index;       // 모듈 이름(상수 풀 인덱스)
    u2 module_flags;            // 모듈 상태 정보
    u2 module_version_index;    // 모듈 버전(상수 풀 인덱스)

    u2 requires_count;
    {   u2 requires_index;
        u2 requires_flags;
        u2 requires_version_index;
    } requires[requires_count];

    u2 exports_count;
    {   u2 exports_index;       // 익스포트한 패키지(상수 풀 인덱스)
        u2 exports_flags;       // 익스포트한 패키지의 상태 정보
        u2 exports_to_count;    // 익스포트한 패키지에 접근할 수 있는 모듈 개수
        u2 exports_to_index[exports_to_count]; // 익스포트한 패키지에 접근할 수
                                               // 있는 모듈들
    } exports[exports_count];

    u2 opens_count;
    {   u2 opens_index;
        u2 opens_flags;
        u2 opens_to_count;
        u2 opens_to_index[opens_to_count];
    } opens[opens_count];

    u2 uses_count;
    u2 uses_index[uses_count];

    u2 provides_count;
```

```
    {   u2 provides_index;
        u2 provides_with_count;
        u2 provides_with_index[provides_with_count];
    } provides[provides_count];
}
```

module_name_index는 상수 풀의 CONSTANT_Utf8_info 타입 상수를 가리키는 인덱스 값으로, 모듈 이름을 의미한다.

module_flags는 다음 세 값 중 하나 이상을 포함할 수 있는 모듈 상태 표시기다.

- 0x0020(ACC_OPEN): 공개 모듈이다.
- 0x1000(ACC_SYNTHETIC): 소스 파일에는 없는, 즉 컴파일러가 자동 생성한 모듈이다.
- 0x8000(ACC_MANDATED): 소스 파일에 암묵적으로 정의된 모듈이다.

module_version_index는 상수 풀의 CONSTANT_Utf8_info 타입 상수를 가리키는 인덱스 값으로, 모듈의 버전 번호를 의미한다.

이어지는 속성들은 차례로 모듈의 requires, exports, opens, uses, provides 정의에 대응한다. 구조가 모두 비슷하니 편의상 exports 하나만 설명하겠다.

exports의 항목 각각은 모듈이 익스포트한 패키지를 나타낸다. 이 중 exports_index는 상수 풀의 CONSTANT_Package_info 타입 상수를 가리키는 인덱스 값으로, 모듈이 익스포트한 패키지를 의미한다. exports_flags는 익스포트한 패키지의 상태 표시기다. 다음 두 값 중 하나 이상을 포함할 수 있다.

- 0x1000(ACC_SYNTHETIC): 익스포트한 패키지의 소스 파일에는 없는, 즉 컴파일러가 자동 생성한 패키지다.
- 0x8000(ACC_MANDATED): 익스포트한 패키지의 소스 파일에 암묵적으로 정의된 패키지다.

exports_to_count는 익스포트한 패키지에 접근할 수 있는 모듈 개수다. 이 값이 0이면 아무런 제약 없이 익스포트했다는 뜻이다. 완벽하게 공개된 패키지라서 어떤 모듈에서든 이 패키지 안의 내용에 접근할 수 있다. 값이 0이 아니면 바로 다음 항목인 exports_to_index 배열의 길이를 뜻한다. 이 배열의 원소 각각은 상수 풀의 CONSTANT_Module_info 타입 상수를 가리키는 인덱스 값이다. 이 배열로 명시한 모듈들만 익스포트한 패키지에 접근할 수 있다.

ModulePackages 역시 자바의 모듈 기능에 필요한 가변 길이 속성이며, exports나 opens 여부에 관계없이 해당 모듈의 모든 패키지를 설명하는 역할을 한다. 구조는 다음과 같다.

구조 정의 6-24 **ModulePackages 속성**

```
ModulePackages_attribute {
    u2 attribute_name_index;
    u4 attribute_length;
    u2 package_count;                 // 현재 모듈에 속한 패키지 개수
    u2 package_index[package_count];  // 현재 모듈에 속한 패키지들(상수 풀 인덱스)
}
```

package_count는 package_index 배열의 길이이다. package_index의 원소 각각은 상수 풀 안의 CONSTANT_Package_info 타입 상수를 가리키는 인덱스 값이며, 현재 모듈에 속한 패키지를 뜻한다.

마지막으로 ModuleMainClass는 모듈의 메인 클래스를 명시하는 용도의 고정 길이 속성이다. 구조는 다음과 같다.

구조 정의 6-25 **ModuleMainClass 속성**

```
ModuleMainClass_attribute {
    u2 attribute_name_index;
    u4 attribute_length;
    u2 main_class_index;  // 모듈의 메인 클래스(상수 풀 인덱스)
}
```

main_class_index는 상수 풀의 CONSTANT_Class_info 타입 상수를 가리키는 인덱스 값으로, 모듈의 메인 클래스를 나타낸다.

런타임 애너테이션 관련 속성

일찍이 JDK 5에서 자바 언어 구문에 몇 가지 큰 개선이 이루어졌는데, 그중 하나가 바로 애너테이션이다. 이때 애너테이션 정보를 담기 위해 새로운 속성 네 가지가 클래스 파일에 동시에 추가되었다. 바로 RuntimeVisibleAnnotations, Runtime InvisibleAnnotations, RuntimeVisibleParameterAnnotations, RuntimeInvisible ParameterAnnotations다.

그리고 다시 JDK 8에 와서는 자바 언어에서 애너테이션 활용 범위가 확장되었다. 정확히는 타입 애너테이션(JSR 308)이 도입되면서 클래스 파일 구조에 Runtime

VisibleTypeAnnotations와 RuntimeInvisibleTypeAnnotations 속성이 추가되었다.

이상의 여섯 가지 속성은 구조와 기능이 비슷하므로 RuntimeVisibleAnnotations 를 대표로 설명하겠다.

RuntimeVisibleAnnotations는 클래스, 필드, 메서드 선언에 딸린 애너테이션 중 런타임에 확인할 수 있는 애너테이션들을 나타내는 가변 길이 속성이다. 리플렉션 API를 써서 클래스, 필드, 메서드의 애너테이션을 가져올 때 이용된다. 구조는 다음과 같다.

구조 정의 6-26 **RuntimeVisibleAnnotations 속성**

```
RuntimeVisibleAnnotations_attribute {
    u2          attribute_name_index;
    u4          attribute_length;
    u2          num_annotations;
    // 런타임에 확인할 수 있는 애너테이션들
    annotation annotations[num_annotations];
}
```

annotations 배열의 원소 각각은 물론 런타임에 확인할 수 있는 애너테이션이다. 이 애너테이션들은 클래스 파일에 annotation이라는 구조로 담겨 있다. 구조는 다음과 같다.

구조 정의 6-27 **annotation**

```
annotation {
    u2 type_index;  // 필드 서술자 형태의 애너테이션(상수 풀 인덱스)
    u2 num_element_value_pairs;
    {   u2          element_name_index;      // 애너테이션 매개 변수 이름(상수 풀 인덱스)
        element_value value;                 // 애너테이션 매개 변숫값
    } element_value_pairs[num_element_value_pairs];
}
```

type_index는 상수 풀의 CONSTANT_Utf8_info 타입 상수를 가리키는 인덱스 값이다. 애너테이션의 유형을 설명하는 필드 서술자를 의미한다.

element_value_pairs 배열의 원소 각각은 키-값 쌍이다. 해당 애너테이션의 매개 변수와 값을 나타낸다.

Record 속성

레코드는 불변 객체를 쉽게 생성할 수 있도록 해 주는 클래스로, JDK 16부터 정식

으로 도입되었다. Record 속성이 있다면 현재 클래스가 레코드 클래스임을 뜻한다. 이 속성에는 당연히 레코드 클래스의 구성 요소와 관련된 정보가 담겨 있다. 구조는 다음과 같다.

구조 정의 6-28 **Record 속성**

```
Record_attribute {
    u2 attribute_name_index;
    u4 attribute_length;
    u2 components_count;              // 구성 요소 개수
    {   u2              name_index;       // 구성 요소 이름(상수 풀 인덱스)
        u2              descriptor_index; // 구성 요소 서술자(상수 풀 인덱스)
        u2              attributes_count; // 추가 속성 개수
        attribute_info attributes[attributes_count];  // 속성 배열
    } components[components_count];                    // 구성 요소 배열
}
```

components 배열의 원소 각각에 레코드 구성 요소가 담긴다. 순서는 소스 코드에서 선언한 순서를 따른다.

PermittedSubclasses 속성

JDK 17부터 정식 도입된 봉인된 클래스(봉인 인터페이스)를 지원하기 위한 속성이다. 봉인된 클래스는 자신을 '직접' 확장할 수 있는 대상을 명시한다. 그 외 클래스에서는 직접 확장할 수 없다. PermittedSubclasses 속성은 봉인된 클래스가 허용하는 서브클래스 정보를 담으며 구조는 다음과 같다.

구조 정의 6-29 **PermittedSubclasses 속성**

```
PermittedSubclasses_attribute {
    u2 attribute_name_index;
    u4 attribute_length;
    u2 number_of_classes;            // 허용하는 클래스 개수
    u2 classes[number_of_classes];   // 허용하는 클래스(상수 풀 인덱스) 목록
}
```

classes 배열의 원소 각각은 상수 풀에서의 인덱스다. 해당 인덱스에는 CONSTANT_Class_info 구조체가 담겨 있어야 한다.

6.4 바이트코드 명령어 소개

자바 가상 머신의 명령어는 특정 작업을 뜻하는 바이트 길이 숫자인 연산 코드 (opcode)와 해당 작업에 필요한 0개 이상의 피연산자로 이루어진다. 명령어 대부 분이 피연산자 없이 연산 코드 하나로 구성되며, 피연산자는 피연산자 스택에 저장 된다.

바이트코드 명령어 집합은 고유한 특징과 장단점이 있는 명령어 집합 아키텍처 다. 연산 코드 길이가 1바이트(0~255)로 제한되기 때문에 최대 256개의 연산 코드 만 표현할 수 있다. 또한 클래스 파일 구조에서는 컴파일된 코드에 들어 있는 피연 산자의 길이 정렬(length alignment)을 허용하지 않는다. 따라서 1바이트가 넘는 데 이터를 처리할 때는 가상 머신이 런타임에 해당 바이트들을 특정 구조로 재구성해 야 한다. 예를 들어 부호 없는 16비트 정수는 부호 없는 바이트 2개를 이용하여 다 음과 같은 형태로 저장한다.

(byte1 << 8) | byte2

이러한 작업 때문에 바이트코드를 해석하고 실행하는 속도가 조금 느려진다.

하지만 장점 역시 명확하다. 피연산자 길이 정렬을 포기하면 수많은 패딩과 공백 을 없앨 수 있다.[16] 또한 연산 코드들이 바이트 하나로 표현되기 때문에 컴파일된 결과물이 짧고 간결하다. 최소한의 데이터로 높은 전송 효율을 추구하는 이 설계는 자바 언어가 목표하던 시장이 주로 네트워크와 스마트 가전이었다는 기술적 배경 에서 유래되어 지금까지 이어지고 있다.

예외 처리를 고려하지 않는다면 자바 가상 머신이 해석하는 가장 기본적인 실행 모델을 다음 의사 코드로 표현할 수 있을 것이다. 간단한 모델이지만 매우 효과적 이고 정확하게 동작한다.

```
do {
    PC 레지스터의 값을 자동으로 계산한다.
    바이트코드 스트림에서 PC 레지스터가 가리키는 위치의 연산 코드를 가져온다.
    (피연산자가 필요한 바이트코드라면) 바이트코드 스트림에서 피연산자를 가져온다.
    연산 코드가 정의하는 동작을 수행한다.
} while(바이트코드 스트림 길이 > 0);
```

16 바이트코드 명령어 스트림은 기본적으로 1바이트 단위로 정렬된다. 단, talbeswitch와 lookupswitch 명령 어는 예외다. 이 두 명령어는 피연산자가 특수하기 때문에(4바이트 단위로 구분) 패딩용 빈 공간을 확보해 야 한다.

6.4.1 바이트코드와 데이터 타입들

자바 가상 머신 명령어 집합을 보면 대다수 명령어 자체에 해당 연산에 필요한 데이터의 타입 정보가 포함되어 있다. 예컨대 iload 명령어는 지역 변수 테이블에서 피연산자 스택으로 int 타입 데이터를, fload 명령어는 float 타입 데이터를 읽어 들인다. 이 두 명령어의 동작은 가상 머신 내부에서는 똑같은 코드 조각으로 구현할 수 있지만 클래스 파일에는 별도의 연산 코드로 기록되어야 한다.

데이터 타입과 관련된 대부분의 바이트코드 명령어는 연산 코드 이름이 전용 데이터 타입을 뜻하는 문자로 시작된다. 필요한 데이터 타입을 구분하기 쉽도록 설계한 것이다. 예컨대 i는 int 타입 데이터 연산을 뜻하고, l은 long 타입, s는 short, b는 byte, f는 float, d는 double, a는 참조 타입의 연산을 뜻한다. 물론 다른 유형의 명령어도 있다. 대표적으로 arraylength 명령어의 피연산자는 배열 타입 객체여야 하지만 특정한 문자로 시작하지 않는다. 한편 무조건 점프 명령어인 goto와 같이 데이터 타입과 무관한 명령어도 있다.

겨우 1바이트에 불과한 연산 코드에 데이터 타입 정보까지 포함시키려면 명령어 종류를 설계하는 데 신중을 기해야 했다. 자바 가상 머신의 런타임 데이터 타입을 전부 구분해 지원하려 했다면 1바이트로는 도저히 표현할 수 없었을 것이다. 그래서 자주 쓰이는 연산과 데이터 타입 조합에만 전용 명령어를 배정했다. 그래서 전용 명령어가 없는 타입은 별도 지시문을 이용해서 지원되는 타입으로 변환해 사용한다.

표 6-10은 자바 가상 머신이 제공하는 데이터 타입 관련 명령어들이다. 연산 코드 열의 명령어 이름 형태에서 맨 앞의 T를 각 데이터 타입을 뜻하는 특정 문자로 대체하면 실제 연산 코드의 이름을 얻을 수 있다. 비어 있는 칸은 가상 머신이 해당 데이터 타입 전용 연산 코드를 지원하지 않는다는 뜻이다. 세 번째 줄의 load 명령어들을 예로 보면, int 타입 전용인 iload는 제공되지만 byte 타입 전용 명령어는 지원하지 않는다.

표에서 보듯이 byte, char, short 전용 명령어는 거의 없으며 boolean 타입 전용 명령어는 하나도 없다. 그래서 컴파일러는 컴파일타임이나 런타임에 byte와 short 데이터는 int 타입으로 부호 확장(sign extension)한다. boolean과 char 데이터는 역시 int 타입으로 제로 확장하여 해당하는 int 전용 명령어로 실행한다. 비슷하게 boolean, byte, short, char 타입 배열을 처리할 때도 대응하는 int 타입 바이트코드 명령어를 사용하도록 변환한다. 즉, 이 네 가지 데이터 타입 관련 연산은 실제로는 해당 int 타입 연산 코드를 사용하여 수행된다.

표 6-10 자바 가상 머신 명령어 집합에서 지원하는 데이터 타입

연산 코드	byte	short	int	long	float	double	char	참조
Tipush	bipush	sipush						
Tconst			iconst	lconst	fconst	dconst		aconst
Tload			iload	lload	fload	dload		aload
Tstore			istore	lstore	fstore	dstore		astore
Tinc			iinc					
Taload	baload	saload	iaload	laload	faload	daload	caload	aaload
Tastore	bastore	sastore	iastore	lastore	fastore	dastore	castore	aastore
Tadd			iadd	ladd	fadd	dadd		
Tsub			isub	lsub	fsub	dsub		
Tmul			imul	lmul	fmul	dmul		
Tdiv			idiv	ldiv	fdiv	ddiv		
Trem			irem	lrem	frem	drem		
Tneg			ineg	lneg	fneg	dneg		
Tshl			ishl	lshl				
Tshr			ishr	lshr				
Tushr			iushr	lushr				
Tand			iand	land				
Tor			ior	lor				
Txor			ixor	lxor				
i2T	i2b	i2s		i2l	i2f	i2d		
l2T			l2i		l2f	l2d		
f2T			f2i	f2l		f2d		
d2T			d2i	d2l	d2f			
Tcmp				lcmp				
Tcmpl					fcmpl	dcmpl		
Tcmpg					fcmpg	dcmpg		
if_TcmpOP			if_icmpOP					if_acmpOP
Treturn			ireturn	lreturn	freturn	dreturn		areturn

지면 관계상 연산 코드 각각을 상세히 설명하지는 않겠지만, 자바 가상 머신을 이해하려면 기본적으로 바이트코드를 능숙하게 읽을 수 있어야 한다. 그래서 바이트코드 연산들을 아홉 가지 범주로 나눠 쉽게 설명해 보겠다. 다음 절부터 범주별로

명령어들을 이해하는 지침을 간략히 소개한다. 더 자세한 설명이 필요하면 《자바 가상 머신 명세》를 참고하기 바란다.[17]

6.4.2 로드와 스토어 명령어

로드와 스토어 명령어는 스택 프레임의 지역 변수 테이블과 피연산자 스택 사이에서 데이터를 주고받는 데 쓰인다(메모리 영역에 관해서는 2장 참고).

- 지역 변수를 피연산자 스택으로 읽어 오기: iload, iload_<n>, lload, lload_<n>, fload, fload_<n>, dload, dload_<n>, aload, aload_<n>
- 피연산자 스택의 값을 지역 변수 테이블에 저장하기: istore, istore_<n>, lstore, lstore_<n>, fstore, fstore_<n>, dstore, dstore_<n>, astore, astore_<n>
- 상수를 피연산자 스택으로 읽어 오기: bipush, sipush, ldc, ldc_w, ldc2_w, aconst_null, icont_m1, icont_<i>, lconst_<l>, fconst_<f>, dconst_<d>
- 더 넓은 인덱스를 사용하여 더 많은 지역 변수에 접근하거나 더 큰 피연산자에 접근하기: wide

데이터를 담는 역할의 피연산자 스택과 지역 변수 테이블은 주로 로드와 스토어 명령어로 조작한다. 그 외에 객체의 필드나 배열의 원소에 접근할 때도 데이터를 피연산자 스택으로 전송하며 이와 관련한 명령어도 몇 가지 있다.

앞에 나열한 명령어 중 일부는 iload_<n>처럼 끝에 홑화살괄호가 붙는다. 이는 이름 앞부분이 똑같은 명령어족(instruction family)을 총칭한다. 예컨대 iload_<n>은 iload_0, iload_1, iload_2, iload_3을 총칭한다. 명령어족들은 모두 피연산자가 하나뿐인 기본 명령어(예: iload)의 특수 형태다. 이러한 특수 명령어들은 피연산자를 따로 가져올 필요가 없다. 필요한 피연산자가 명령어 자체에 암묵적으로 포함되어 있기 때문이다. 이 점만 빼면 기본 명령어와 완전히 같다. 예컨대 iload_0는 피연산자가 0인 iload 명령어와 의미가 완벽하게 일치한다. 한편 홑화살괄호 안의 문자는 암묵적 피연산자의 타입을 뜻한다. 구체적으로 <n>은 0 이상의 정수, <i>는 int, <l>은 long, <f>는 float, <d>는 double을 의미한다.

---

[17] 《자바 가상 머신 명세》 '6장 자바 가상 머신 명령어 집합': *https://docs.oracle.com/javase/specs/jvms/se21/html/jvms-6.html*

6.4.3 산술 명령어

산술 명령어들은 피연산자 스택의 값 두 개를 이용해 특정한 산술 연산을 수행하고, 결괏값을 다시 피연산자 스택의 맨 위에 저장한다. 이 명령어들은 대체로 정수 데이터를 다루는 부류와 부동 소수점 데이터를 다루는 부류로 구분할 수 있다. 정수와 부동 소수점 산술 명령어 역시 오버플로 상황이나 0으로 나누는 상황에서는 다르게 동작한다. byte, short, char, boolean 타입을 직접 지원하는 산술 연산자는 없기 때문에 int 타입용 명령어를 대신 이용한다. 다음은 지원되는 산술 명령어들이다.

- 더하기: iadd, ladd, fadd, dadd
- 빼기: isub, lsub, fsub, dsub
- 곱하기: imul, lmul, fmul, dmul
- 나누기: idiv, ldiv, fdiv, ddiv
- 나머지: irem, lrem, frem, drem
- 부정: ineg, lneg, fneg, dneg
- 시프트: ishl, ishr, iushr, lshl, lshr, lushr
- 비트 단위 OR: ior, lor
- 비트 단위 AND: iand, land
- 비트 단위 XOR: ixor, lxor
- 지역 변숫값 증가: iinc
- 비교: dcmpg, dcmpl, fcmpg, fcmpl, lcmp

자바 가상 머신 명령어 집합은 《자바 언어 명세》에서 설명하는 정수와 부동 소수점 수에 대한 다양한 연산을 그대로 지원한다(자세한 내용은 《자바 언어 명세》의 4.2.2절과 4.2.4절 참고).

데이터를 다루다 보면 오버플로가 발생할 수 있다. 예를 들어 큰 양의 정수 두 개를 더하면 음수가 될 수 있다. 오버플로는 순수 수학에서는 불가능한 현상이지만 개발자라면 쉽게 이해할 것이다. 그런데 《자바 가상 머신 명세》에는 정수 데이터가 오버플로되었을 때 어떤 결과를 내야 하는지가 명시되어 있지 않다. 한편 정수 데이터의 나누기(idiv와 ldiv)와 나머지(irem과 lrem) 연산 시 나누는 값이 0이면 ArithmeticException을 던져야 한다는 점은 규정해 놓았다. 이 외의 다른 정수 산술 시나리오에서는 런타임 예외를 던지지 않아야 한다.

《자바 가상 머신 명세》는 가상 머신이 부동 소수점 수를 처리할 때 IEEE 754 명세가 지정한 동작과 제한 사항을 엄격히 준수하도록 했다. 즉, 자바 가상 머신은 IEEE 754가 정의한 비정규화된 부동 소수점 수(denormalized floating-point number)와 점진적 언더플로(gradual underflow) 연산 규칙을 완벽하게 지원해야 한다. 이 규칙들은 특정 수학 알고리즘에서 모호성을 없애 더 명확하게 만들어 준다. 예를 들어 모든 연산 결과를 적절한 정밀도로 반올림하고, 정확하지 않은 결과는 표현 가능한 가장 가까운 값으로 반올림한다. 표현 가능한 두 값이 '수학적으로 정확한 값'과 차이가 똑같다면 최하위 비트가 0인 값을 우선한다. IEEE 754의 기본 정책인 이 반올림 모드를 '가까운 값으로 반올림(round to nearest)'이라고 한다. 한편 부동 소수점 수를 정수로 변환할 때는 '0에 가까운 값으로 반올림(round toward zero)'한다 (양수면 내림, 음수면 올림). 이 방식에서는 결과를 반올림하여 소수부의 모든 중요 바이트(significant byte)를 버린다. 0에 가까운 값으로 반올림은 대상 숫자 타입이 표현할 수 있는 숫자 중 '정확한 값과 가장 가까우면서 더 크지 않은 값'을 선택해 준다.

자바 가상 머신은 부동 소수점 연산을 수행할 때 런타임 예외를 던지지 않는다 (자바 언어 수준의 예외를 말한다. IEEE 754 명세의 부동 소수점 예외와 헷갈리지 말자. IEEE 754의 부동 소수점 예외는 연산 시그널이라고 한다). 연산이 오버플로 되면 부호 있는 무한대로 표현하며, 연산 결과에 대한 명확한 수학적 정의가 없다면 NaN(숫자가 아님) 값으로 표현한다. 참고로 피연산자가 NaN이면 어떤 산술 연산이든 결과는 NaN이 된다.

자바 가상 머신은 long 타입 값을 비교할 때는 부호 있는 비교 방식을 사용하고, 부동 소수점 값을 비교하는 dcmpg, dcmpl, fcmpg, fcmpl 연산자들은 IEEE 754가 정의한 시그널(예외)을 보내지 않는 비교(nonsignaling comparison)를 수행한다.

6.4.4 형 변환 명령어

형 변환 명령어는 숫자 타입 데이터를 다른 숫자 타입으로 변환한다. 주로 개발자가 소스 코드에 명시한 형 변환을 구현하거나, 주어진 피연산자의 데이터 타입을 처리하는 전용 연산 코드가 없는 경우를 처리하는 데 이용된다.

데이터 타입의 표현 범위가 넓어지는 경우는 변환 명령어를 명시하지 않아도 자바 가상 머신이 알아서 수행해 준다. 이 변환에서는 정보를 잃을 게 없으니 항상 안전하다.

- int → long
- float → double
- long → float, double
- float → double

반대로 표현 범위가 축소될 때는 형 변환 명령어를 반드시 명시해야 한다(i2b, i2c, i2s, l2i, f2i, f2l, d2i, d2l, d2f 등). 축소 변환 시에는 결과의 부호나 단위가 바뀌거나 수치 정밀도가 떨어질 가능성이 있다.

예를 들어 int나 long 타입을 크기가 N바이트인 정수 타입 T로 축소한다면, 변환 과정에서 N바이트를 넘어서는 내용은 단순히 버려진다. 즉, 변환 결과가 입력과 달라질 수 있을 뿐 아니라 +/- 부호가 뒤바뀔 수도 있다. 원래 타입의 최상위 비트가 부호를 뜻하는데, 변환 과정에서 상위 비트들이 버려지면서 하위 N바이트 중 첫 번째 비트가 부호로 해석되기 때문이다. 개발자라면 컴퓨터가 값을 저장하고 표현하는 이 방식을 이해하기는 어렵지 않을 것이다.

자바 가상 머신이 부동 소수점 값을 정수 타입 T로 축소 변환할 때는 다음 규칙을 따라야 한다(T는 int나 long 타입 중 하나로 제한됨).

- 부동 소수점 값이 NaN이면 변환 결과는 int 또는 long 타입의 값 0이다.
- 부동 소수점 값이 무한대가 아니라면 IEEE 754의 '0에 가까운 값으로 반올림' 규칙을 따라 정숫값 v를 구한다. v가 대상 타입(int 또는 long)의 표현 범위에 있다면 변환 결과는 v가 된다. 범위를 벗어날 경우, v의 부호가 양수면 결과는 T가 표현할 수 있는 가장 큰 값이다. 반대로 v의 부호가 음수면 결과는 T가 표현할 수 있는 가장 작은 값이 된다.

double에서 float으로 축소 변환 과정은 IEEE 754의 정의와 일치한다. float 타입으로 표현할 수 있는 숫자는 IEEE 754에 따라 '가까운 값으로 반올림'한다. 변환 결과의 절댓값이 너무 작아서 float으로 표현할 수 없다면, float 타입의 양수 0 또는 음수 0으로 변환된다. 반대로 변환 결과의 절댓값이 너무 커서 float으로 표현할 수 없다면, float 타입의 양의 무한대 또는 음의 무한대로 변환된다. double 타입의 NaN 값은 float 타입의 NaN 값으로 변환된다.

이처럼 데이터 타입을 축소 변환하면 오버플로, 언더플로, 정밀도 손실이 발생할 수 있다. 하지만 《자바 가상 머신 명세》는 숫자 타입의 축소 변환 명령어가 런타임 예외를 던질 수 없다고 규정하고 있다.

6.4.5 객체 생성과 접근 명령어

클래스 인스턴스와 배열도 객체다. 하지만 자바 가상 머신은 이 두 가지 객체의 생성과 조작에 서로 다른 바이트코드 명령어를 사용한다(보통의 클래스 타입과 배열 생성 과정의 차이는 7장 참고). 생성된 객체나 배열 인스턴스의 필드들 또는 배열의 원소들은 객체 접근 명령어를 이용해 얻어 올 수 있다. 다음은 객체 생성과 접근 관련 명령어들이다.

- 클래스 인스턴스 생성: new
- 배열 생성: newarray, anewarray, multianewarray
- 클래스의 필드(static 필드, 즉 클래스 변수)와 인스턴스의 필드(static이 아닌 필드, 즉 인스턴스 변수) 접근: getfield, putfield, getstatic, putstatic
- 배열 원소를 피연산자 스택으로 읽어 오기: baload, caload, saload, iaload, laload, faload, daload, aaload
- 피연산자 스택의 값을 배열 원소에 저장: bastore, castore, sastore, iastore, fastore, dastore, aastore
- 배열 길이 얻기: arraylength
- 클래스 인스턴스 또는 배열의 타입 확인: instanceof, checkcast

6.4.6 피연산자 스택 관리 명령어

다음은 피연산자 스택을 직접 조작하는 명령어들이다.

- 피연산자 스택에서 최상위 원소 한 개 또는 두 개 꺼내기: pop, pop2
- 스택의 최상위 값 한 개 또는 두 개를 복제한 다음, 복제된 값을 스택 최상위에 다시 넣기: dup, dup2, dup_x1, dup2_x1, dup_x2, dup2_x2
- 스택의 최상에 있는 값 두 개를 치환: swap

6.4.7 제어 전이 명령어

프로그램의 실행 흐름을 조건에 따라 또는 무조건적으로 지정한 위치의 명령어로 이동시킨다. 단, 이동할 위치의 명령어는 제어 전이 명령어가 아니어야 한다. 개념적으로 보면 PC 레지스터의 값을 조건부로 또는 무조건적으로 변경한다고 이해할 수 있다. 다음 명령어들이 이 분류에 속한다.

- 조건 분기: ifeq, iflt, ifle, ifne, ifgt, ifge, ifnull, ifnonnull, if_icmpeq, if_icmpne, if_icmplt, if_icmpgt, if_icmple, if_icmpge, if_acmpeq, if_acmpne
- 복합 조건 분기: tableswitch, lookupswitch
- 무조건 분기: goto, goto_w, jsr, jsr_w, ret

보다시피 (if_icmp로 시작하는) int 타입용 조건 분기 명령어와 (if_acmp로 시작하는) 참조 타입용 조건 분기 명령어가 따로 있다. 또한 null 여부를 명시적으로 확인할 필요가 없도록 null 값 확인용 명령어도 별도로 제공한다(ifnull과 ifnonnull).

산술 연산의 경우 앞서의 규칙과 일관되게 boolean, byte, char, short 타입 조건 분기에는 모두 int 타입용 명령어를 사용하고 long, float, double 타입의 조건 분기에는 각 타입 전용의 비교 연산 명령어(dcmpg, dcmpl, fcmpg, fcmpl, lcmp)를 먼저 실행한다(6.4.3절 참고). 이 비교 연산 명령어들이 결괏값으로 int 타입 값을 피연산자 스택에 넣어 두면, 이어서 int 타입용 조건 분기 연산을 수행하여 전체 분기를 마무리하는 형태다.

다양한 타입의 비교가 결국 int 타입 비교 연산으로 변환되기 때문에 int 타입 비교가 편리하고 완전한지 여부가 중요해진다. 그래서 자바 가상 머신에서 int 타입용 조건 분기 명령어가 가장 풍부하고 강력하다.

6.4.8 메서드 호출과 반환 명령어

메서드 호출 명령어는 다음 5개가 전부다.

- invokevirtual: 객체의 인스턴스 메서드를 호출하며, 객체의 실제 타입에 따라 디스패치(가상 메서드 디스패치)한다. 자바 언어에서 가장 많이 쓰이는 메서드 디스패치 방식이다.
- invokeinterface: 인터페이스 메서드를 호출하며, 런타임에 이 인터페이스 메서드를 구현한 객체를 검색하여 적절한 메서드를 찾는다.
- invokespecial: 인스턴스 초기화 메서드, private 메서드, 부모 클래스의 메서드를 포함하여 특수 처리가 필요한 일부 인스턴스 메서드를 호출한다.
- invokestatic: 클래스 메서드(static 메서드)를 호출한다.
- invokedynamic: 런타임에 호출 사이트 한정자가 참조하는 메서드를 동적으로 찾아 호출한다. 앞의 4개 호출 명령어의 디스패치 로직은 사용자가 변경할 수 없는

반면, invokedynamic의 디스패치 로직은 자바 가상 머신 실행 시 사용자가 설정할 수 있다.

메서드 호출 명령어 자체는 데이터 타입과 무관하다. 단지 메서드 반환 명령어만 반환값의 타입에 따라 구분되어 있다. 메서드 반환 명령어로는 ireturn(반환값이 boolean, byte, char, short, int일 때), lreturn, freturn, dreturn, areturn이 제공된다. 마지막으로 void를 반환하는 메서드, 인스턴스 초기화 메서드, 클래스와 인터페이스용 클래스 초기화 메서드에서 쓰는 return이 있다.

메서드 호출 메커니즘은 8장에서 자세하게 설명한다.

6.4.9 예외 처리 명령어

자바 프로그램에서 throw 문으로 예외를 명시적으로 던지는 작업은 athrow 명령어로 구현된다. throw 문을 이용하는 명시적 방법 외에도 자바 가상 머신에서는 비정상적인 상황을 만나면 예외를 던질 수 있다. 예를 들어 idiv나 ldiv로 정수 연산을 수행할 때 나누는 수가 0이면 ArithmeticException을 던진다.

자바 가상 머신은 예외 처리(catch 문)를 바이트코드 명령어 대신 예외 테이블을 이용해 구현한다(오래전에는 jsr과 ret 명령어로 구현했지만 더는 사용되지 않는다).

6.4.10 동기화 명령어

자바 가상 머신은 메서드 수준 동기화와 메서드 안의 명령어 블록 동기화를 지원한다. 두 구조의 동기화 모두 구현에는 모니터(보통 락이라고 부름)를 이용한다.

메서드 수준 동기화는 바이트코드 명령어가 아니라 메서드 호출과 반환 명령어로 구현된다. 가상 머신은 메서드 상수 풀 안의 메서드 테이블에 있는 ACC_SYNCHRONIZED 접근 플래그를 확인하여 동기화된 메서드인지 알 수 있다. 즉, sycnronized로 선언된 메서드인지 알 수 있다. 메서드가 호출되면 호출 명령어는 우선 해당 메서드의 ACC_SYNCHRONIZED 접근 플래그가 설정되어 있는지 확인한다. 설정되어 있다면 실행 스레드가 메서드 본문으로 진입하기 전에 모니터를 획득해야 한다. 본문 실행을 마치면 정상 완료 여부와 관계없이 모니터를 해제한다. 한 스레드가 메서드를 실행하는 동안 다른 스레드는 동일한 모니터를 얻을 수 없다. 동기화된 메서드를 실행하는 도중 예외가 발생했는데, 메서드 안에서 직접 처리할 수 없다면 예외를 외부로 던진다. 이때 해당 스레드가 보유한 모니터가 자동으로 해제된다.

한편 명령어 블록 동기화는 일반적으로 자바 언어에서 synchronized {} 블록으로 표현한다. synchronized 문을 지원하기 위해 자바 가상 머신은 monitorenter와 monitorexit 명령어를 준비했다. synchronized 키워드의 요구 사항을 올바르게 구현하려면 javac 컴파일러와 자바 가상 머신이 잘 협력해야 한다. 다음 코드를 예로 살펴보자.

코드 6-6 코드 동기화 예시

```java
void onlyMe(Foo f) {
    synchronized(f) {
        doSomething();
    }
}
```

이 소스 코드를 컴파일하면 다음과 같은 바이트코드가 생성된다.

```
Method void onlyMe(Foo)
    0: aload_1          // 객체 f를 스택에 푸시
    1: dup              // 스택의 최상위 원소(f의 참조)를 복사
    2: astore_2         // 스택의 최상위 원소를 지역 변수 테이블의 변수 슬롯 2에 저장
    3: monitorenter     // 스택 최상위 원소(f)를 락으로 사용하여 동기화 시작
    4: aload_0          // 변수 슬롯 0의 원소(this 포인터)를 스택에 푸시
    5: invokevirtual #5 // doSomething() 메서드 호출
    8: aload_2          // 변수 슬롯 2의 원소(f)를 스택에 푸시
    9: monitorexit      // 동기화 끝
   10: goto 18          // 메서드 정상 종료(18행 return 명령어로 점프)
   13: astore_3         // 이 단계는 예외 발생 시 시작. 아래 예외 테이블에서 target 13 참고
   14: aload_2          // 변수 슬롯 2의 원소(f)를 스택에 푸시
   15: monitorexit      // 동기화 끝
   16: aload_3          // 변수 슬롯 3의 원소(예외 객체)를 스택에 푸시
   17: athrow           // onlyMe() 메서드의 호출자로 예외 객체 던짐
   18: return           // 메서드 반환

Exception table:
  from  to  target type
     4  10     13   any
    13  16     13   any
```

메서드가 어떻게 종료되는지와 상관없이 컴파일러는 monitorenter 명령어 각각에 대응하는 monitorexit 명령어가 실행되도록 보장해야 한다.

코드 6-6의 바이트코드에서 볼 수 있듯이 컴파일러는 메서드가 비정상 종료되더라도 monitorenter와 monitorexit 명령어가 여전히 올바르게 짝지어져 실행되도록

예외 처리 로직을 자동으로 구성한다. 예외 테이블을 보면 어떤 예외가 발생해도 처리할 수 있도록 만들어졌음을 알 수 있다(type 열의 any). 그래야 어떠한 경우에도 monitorexit 명령어를 빠뜨리는 일이 없기 때문이다.

6.5 설계는 공개, 구현은 비공개

《자바 가상 머신 명세》는 공통된 프로그램 저장 형식(클래스 파일 형식과 바이트코드 명령어 집합)을 정의하고 있다. 이는 모든 자바 가상 머신이 지켜야 하는 약속이며, 어떤 하드웨어나 운영 체제를 사용하든 상관없어야 한다. 자바 프로그램이 다양한 회사의 자바 플랫폼들에서 안전하게 상호 운용될 수 있게 해 주는 힘이 여기서 나온다.

하지만 어떻게 구현했느냐는 공개되지 않을 수 있음을 이해해야 한다. 자바 가상 머신은 클래스 파일을 읽어서 안에 담긴 바이트코드의 의미를 정확히 해석해 실행해야 한다. 물론 《자바 가상 머신 명세》를 읽고 그대로 구현해도 된다. 하지만 뛰어난 가상 머신이 목표라면 명세가 세워 둔 울타리를 벗어나지는 않되, 일부 구현은 수정하거나 최적화해야 할 것이다. 《자바 가상 머신 명세》 자체도 그렇게 하라고 권장한다.

클래스 파일을 정확하게 읽을 수 있고 그 안의 의미 체계도 완벽하게 유지하는 한, 가상 머신 구현자는 구현 방식을 자유롭게 선택할 수 있다. 외부에서 봤을 때 명세대로만 보인다면 내부에서 클래스 파일을 어떻게 처리하는지는 온전히 구현자에게 달려 있다.[18]

가상 머신 구현자는 이러한 확장성을 십분 활용하여 고성능, 적은 메모리 소비, 훌륭한 이식성을 갖춘 가상 머신을 구현할 수 있다. 어떠한 측면에 집중할지는 구현 목표에 따라 다르지만 주로 다음 두 가지로 귀결된다.

- 로딩 시 또는 런타임에 자바 가상 머신 코드를 다른 가상 머신용 명령어 집합으로 변환
- 로딩 시 또는 런타임에 자바 가상 머신 코드를 호스트 CPU의 네이티브 명령어 집합으로 변환(예: JIT 컴파일러의 코드 생성 기술)

---

18 사실 몇 가지 예외가 있다. 디버거, 프로파일러, JIT 컴파일러 등은 일반적으로 '가상 머신 내부'로 간주되는 구성 요소 중 일부를 참조하기도 한다.

가상 머신 동작 방식과 클래스 파일 형식은 가상 머신 구현자의 창의력을 너무 구속하지 않게끔 충분히 유연해야 한다. 실제로 자바 가상 머신은 많은 가능성을 열어 두고 있어서 호환성을 지키면서도 새롭고 흥미로운 해법을 수없이 제시할 수 있다.

6.6 클래스 파일 구조의 진화

《자바 가상 머신 명세》의 초판이 쓰인 지도 20년이 훨씬 더 지났다. 그 후로 자바 기술 시스템은 엄청난 변화를 겪어 왔다. 1.0에서 출발한 JDK 버전 역시 어느덧 20을 넘겼다. 하지만 언어 문법, API, 가상 머신 구현 기술 측면의 변경과 비교하면 클래스 파일의 구조는 상당히 안정되게 유지되었다. 실제로 주요 구조, 의미, 바이트 코드 명령어 수는 거의 그대로다. 접근 플래그나 속성 테이블 등의 구조가 애초부터 확장을 고려해 설계된 덕분이다. 그래서 모든 개선이 새로운 내용을 추가하는 형태로 이루어질 수 있었다.

JDK 1.4 이후로 클래스 파일 형식에는 총 5개의 접근 플래그가 추가되었다. 속성 테이블에는 총 21개의 속성이 추가되었다. 추가된 속성들은 대부분 열거형, 가변 길이 변수, 제네릭, 동적 애너테이션, 모듈화, 레코드 클래스, 봉인된 클래스 등 새로운 언어 기능을 지원하는 데 사용된다. 한편 JDK 6에서는 새로운 타입 유효성 검사기를 위한 StackMapTable 속성과 자바가 아닌 언어로 작성된 코드 디버깅을 도와주는 SourceDebugExtension 속성 등 성능 개선과 디버깅 정보 지원용 속성이 추가되었다.

특정 하드웨어나 운영 체제에 종속되지 않는 플랫폼 독립성, 클래스 파일 형식의 간결성·안정성·확장성은 자바 기술 시스템이 플랫폼 독립과 언어 독립이라는 두 마리 토끼를 모두 잡기 위한 중요한 두 기둥이다.

6.7 마치며

클래스 파일은 자바 가상 머신 실행 엔진이 사용하는 데이터이자 자바 기술 시스템을 떠받드는 핵심 기둥 중 하나다. 가상 머신 실행 엔진을 더 깊이 이해하려면 클래스 파일의 구조를 반드시 이해해야 한다.

이번 장에서는 클래스 파일을 구성하는 다양한 요소와 각 요소의 정의, 데이터 구조, 용도를 자세히 설명했다. 코드 6-1의 자바 코드와 클래스 파일 코드를 예로 들어 클래스 데이터를 실제로 저장하고 내용에 접근하는 방법을 보여 주었다. 다음 장에서는 가상 머신 실행 엔진이 바이트코드 스트림을 동적으로 해석하고 실행하는 과정을 알아보겠다.

7장

클래스 로딩 메커니즘

7.1 들어가며

이전 장에서는 클래스 파일 저장 형식을 자세히 알아보았다. 당연하겠지만 클래스 파일에 서술된 정보를 가상 머신이 이용하려면 먼저 로드해야 한다. 가상 머신이 클래스 파일을 로드하는 방법과 그 정보를 가상 머신 안에서 활용하는 방법이 이번 장의 주제다.

자바 가상 머신은 클래스를 설명하는 데이터를 클래스 파일로부터 메모리로 읽어 들이고 그 데이터를 검증, 변환, 초기화하고 나서 최종적으로 가상 머신이 곧바로 사용할 수 있는 자바 타입을 생성한다. 이 과정을 가상 머신의 클래스 로딩 메커니즘이라고 한다.

컴파일 시 링크까지 해야 하는 언어들과 달리 자바 언어에서는 클래스 로딩, 링킹, 초기화가 모두 '프로그램 실행 중에' 이루어진다. 그래서 자바 언어는 AOT 컴파일에 제약이 생기고 클래스 로딩을 거치느라 실행 성능이 살짝 떨어진다. 하지만 이는 자바 애플리케이션의 높은 확장성과 유연성을 가능케 하는 이점으로도 작용한다.

자바가 동적 확장 언어 기능을 제공할 수 있는 것은 런타임에 이루어지는 동적 로딩과 동적 링킹 덕분이다. 예를 들어 애플리케이션을 인터페이스 중심으로 작성해 두면 실제 구현 클래스를 결정하는 일은 실행 시까지 미룰 수 있다. 또한 클래스 로더를 활용하면 실행 중인 프로그램의 코드 일부를 네트워크를 통해 바이너리 스트림으로 읽어 올 수 있다.

이와 같이 애플리케이션을 동적으로 조합하는 기법은 가장 기초적인 예인 JSP부터 비교적 복잡한 OSGi 기술에 이르기까지 자바 프로그램에서 널리 사용되어 왔다. 이는 전부 자바 언어의 런타임 클래스 로딩 기술 덕분이다.

이번 장에서는 애매한 표현으로 독자들이 오해하는 일을 막고자 두 가지 규칙을 세웠다.

첫째, 실질적으로 클래스 파일 하나는 자바 언어에서 말하는 클래스 하나 또는 인터페이스 하나를 나타낼 수 있다. 이번 장에서 '타입'이라는 표현을 쓸 때는 클래스와 인터페이스 모두를 포괄한다. 둘을 구분해야 할 때는 따로 명시했다.

둘째, 이번 장에서 '클래스 파일'이라고 하면 디스크에 존재하는 특정 파일이 아니라 일련의 바이너리 바이트 스트림을 뜻한다. 즉, 클래스 파일은 SSD, 네트워크, 데이터베이스, 메모리 등 어디에도 존재할 수 있고 심지어 동적으로 생성되어도 상관없다.

7.2 클래스 로딩 시점

타입의 생애 주기는 그림 7-1과 같다. 가상 머신의 메모리에 로드되는 걸 시작으로 다시 언로드될 때까지 로딩 → 검증 → 준비 → 해석 → 초기화 → 사용 → 언로딩 과정을 거친다. 이 중 검증, 준비, 해석 단계를 묶어 링킹이라고 한다.

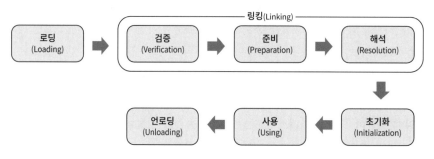

그림 7-1 타입의 생애 주기

그림에서 로딩, 검증, 준비, 초기화, 언로딩은 반드시 순서대로 진행해야 한다. 반면 해석 단계는 그렇지 않아서 때에 따라서는 초기화 후에 시작할 수 있다. 이는 자바 언어의 런타임 바인딩(동적 바인딩 또는 늦은 바인딩)을 지원하기 위해서다.

참고로 여기서 단계별 순서의 기준은 '진행'이나 '완료' 시점이 아니라 '시작' 시점이다. 때로는 한 단계를 진행하는 중간에 다음 단계를 호출해 시작시키는 등 여러 단계가 병렬로 진행되기도 한다. 다시 한번 '시작'의 순서임을 분명히 밝힌다.

《자바 가상 머신 명세》는 클래스 로딩 과정의 첫 단계인 '로딩'을 정확히 어떤 상황에서 시작해야 하는지 명시하지 않았다. 따라서 가상 머신 구현자가 자유롭게 선택할 수 있다. 반면 초기화 단계는 즉시 시작되어야 하는 상황 여섯 가지를 엄격히 규정했다.

1. 바이트코드 명령어인 new, getstatic, putstatic, invokestatic을 만났을 때 해당 타입이 아직 초기화되어 있지 않다면 초기화를 촉발한다. 자바 코드에서 이 명령어들을 생성하는 일반적인 시나리오는 다음과 같다.
   - new 키워드로 객체의 인스턴스 생성
   - 타입의 정적 필드를 읽거나 설정(단, final로 지정된 정적 필드는 컴파일타임에 상수 풀에 채워지므로 제외)
   - 타입의 정적 메서드 호출

2. Class 클래스나 java.lang.reflect 패키지 등 표준 클래스 라이브러리에서 제공하는 리플렉션 메서드를 사용할 때 해당 타입이 아직 초기화되어 있지 않다면 초기화를 촉발한다.

3. 클래스를 초기화할 때 상위 클래스가 초기화되어 있지 않다면 상위 클래스 초기화를 촉발한다.

4. 가상 머신은 구동 직후 사용자가 지정한 메인 타입(main() 메서드를 포함하는 클래스나 인터페이스[1])을 찾아 실행한다. 이때 메인 타입의 초기화를 먼저 시작한다.

5. REF_getStatic, REF_putStatic, REF_invokeStatic, REF_newInvokeSpecial 타입 메서드 핸들을 해석해 얻은 java.lang.invoke.MethodHandle 인스턴스를 호출할 때 해당하는 클래스가 초기화되어 있지 않았다면 초기화를 촉발한다.

6. 인터페이스에 디폴트 메서드(JDK 8부터 지원)를 정의했다면, 해당 인터페이스를 직간접적으로 구현한 클래스가 초기화될 때 인터페이스부터 초기화한다.

---

1 JDK 8부터는 인터페이스에도 public static void main(String[] args) 메서드를 정의하고 바로 실행할 수 있다.

《자바 가상 머신 명세》는 타입 초기화를 촉발하는 상황은 이상의 여섯 가지 시나리오'뿐'이라고 명시했다. 이 시나리오들이 설명하는 동작을 타입에 대한 능동 참조(active reference)라고 한다. 반대로 타입 초기화를 촉발하지 않는 그 외의 모든 참조 방식은 수동 참조(passive reference)라고 한다. 지금부터 예시 코드 3개를 차례로 살펴보며 수동 참조가 무엇인지 알아보자.

코드 7-1 수동 참조 예시(1)

```java
package org.fenixsoft.jvm.chapter7;

/**
 * 클래스 필드를 이용한 수동 참조 시연:
 * 하위 클래스를 통해 부모 클래스의 정적 필드를 참조하는 경우 하위 클래스 초기화는
 * 필요 없다.
 **/
class SuperClass {
    static {
        System.out.println("상위 클래스 초기화!");
    }

    public static int value = 123;
}

class SubClass extends SuperClass {
    static {
        System.out.println("하위 클래스 초기화!");
    }
}

/**
 * 클래스 필드를 통한 수동 참조 동작 확인
 **/
public class NotInitialization_1 {
    public static void main(String[] args) {
        System.out.println(SubClass.value);
    }
}
```

이 코드를 실행하면 "**상위 클래스 초기화!**"는 출력되지만 "**하위 클래스 초기화!**"는 출력되지 않는다. 정적 필드를 참조할 때는 필드를 직접 정의한 클래스만 초기화된다. 따라서 상위 클래스에 정의된 필드를 하위 클래스를 통해 참조하면 하위 클래스는 초기화되지 않는다. 이때 하위 클래스의 로딩과 검증 단계를 촉발할지 여부는 《자바 가상 머신 명세》가 명시하지 않았기 때문에 가상 머신을 구현하기 나름이다. 핫스

팻 가상 머신은 하위 클래스를 로드하는데, JDK 15까지는 가상 머신 실행 시 -XX: +TraceClassLoading 매개 변수를 추가하면 확인할 수 있다(JDK 16에서 제거됨).

다음은 두 번째 예시 코드다. 지면을 절약하기 위해 코드 7-1의 SuperClass를 재 사용했다.

코드 7-2 수동 참조 예시(2)

```java
package org.fenixsoft.jvm.chapter7;

/**
 * 클래스 필드를 통한 수동 참조 예시 2:
 * 배열 정의에서 클래스를 참조하는 경우 클래스 초기화를 촉발하지 않는다.
 **/
public class NotInitialization_2 {
    public static void main(String[] args) {
        SuperClass[] sca = new SuperClass[10];
    }
}
```

코드 7-2는 실행해도 "상위 클래스 초기화!"가 출력되지 않는다. org.fenixsoft.jvm. chapter7.SuperClass 클래스의 초기화 단계가 촉발되지 않는다는 뜻이다. 하지만 이 코드는 [Lorg.fenixsoft.jvm.chapter7.SuperClass라는 다른 클래스의 초기화 단계를 촉발한다. 사용자 코드에서는 유효하지 않은 이름인데, 자바 가상 머신이 java.lang.Object로부터 곧바로 상속하여 자동으로 생성한 하위 클래스다. 이 클래 스 생성을 촉발하는 바이트코드 명령어는 anewarray다.

이 클래스의 정체는 원소 타입(element type)이 org.fenixsoft.jvm.chapter7. SuperClass인 '일차원 배열'이다. 자바 소스 코드에서 배열이 제공하는 속성과 메 서드를 구현한 실체가 바로 이 클래스다(public으로 설정된 length 속성과 clone() 메서드만 사용자 코드에서 직접 이용할 수 있다). 자바 언어의 배열이 C·C++ 배 열보다 안전한 주된 이유는 배열 원소로 직접 접근하지 못하도록 이 클래스가 감 싸 주기 때문이다.[2] C·C++는 배열의 포인터를 이동시켜 원소를 직접 찾아낸다. 반 면 자바 언어는 배열 범위를 벗어나 접근하려는 코드를 발견하면 ArrayIndexOutOf BoundsException을 던져서 잘못된 메모리 접근을 막는다.

---

2 정확하게 말하면 범위 검사 로직은 배열 클래스에 캡슐화되어 있지 않다. 그 대신 배열 접근에 쓰이는 xaload 와 xastore 바이트코드 명령어가 이를 담당한다.

세 번째 예시를 보자.

코드 7-3 **수동 참조 예시(3)**

```
package org.fenixsoft.jvm.chapter7;

/**
 * 클래스 필드를 통한 수동 참조 예시 3:
 * 상수는 컴파일 과정에서 호출하는 클래스의 상수 풀에 저장된다.
 * 상수를 정의한 클래스로의 직접적인 참조가 없는 셈이므로
 * 상수를 정의한 클래스의 초기화를 촉발하지 않는다.
 **/
class ConstClass {
    static {
        System.out.println("ConstClass 초기화!");
    }

    public static final String HELLO_WORLD = "hello world";
}

/**
 * 클래스 필드를 통한 수동 참조 예시 3:
 **/
public class NotInitialization_3 {
    public static void main(String[] args) {
        System.out.println(ConstClass.HELLO_WORLD);
    }
}
```

코드 7-3을 실행해도 "ConstClass 초기화!"는 출력되지 않는다. 비록 자바 소스 코드에서는 ConstClass 클래스에 정의된 상수인 HELLO_WORLD를 이용하고 있지만, 컴파일 과정에서 상수 전파 최적화가 이루어지기 때문이다. 그 결과 상수의 값 "hello world"는 NotInitialization_3 클래스의 상수 풀에 직접 저장되고, ConstClass.HELLO_WORLD를 참조하는 코드는 NotInitialization_3 클래스 자체의 상수 풀을 참조하도록 변경된다. 다시 말해 NotInitialization_3의 클래스 파일에는 ConstClass 클래스의 내용을 가리키는 심벌 참조가 만들어지지 않는다. 컴파일 후에는 두 클래스 파일을 잇는 아무런 연결점도 없다는 뜻이다.

인터페이스 로딩 과정은 클래스 로딩과는 살짝 달라서 몇 가지 전용 명령어가 준비되어 있다. 인터페이스 초기화 역시 클래스 초기화와 공통된 부분이 있다. 앞서 나온 코드 예시들은 초기화 정보를 출력하기 위해 (인터페이스에서는 이용할 수 없는) 정적 코드 블록인 static {}을 이용했다. 하지만 컴파일러는 인터페이스가 정

의한 멤버 변수들을 초기화하는 용도로 여전히 클래스 생성자인 <clinit>() 메서드를 생성한다.[3]

인터페이스와 클래스의 실제 차이는 앞서 '초기화를 촉발하는 6가지 시나리오' 중 세 번째에서 나타난다. 클래스를 초기화하려면 먼저 상위 클래스를 모두 초기화해야 한다. 하지만 인터페이스 초기화에는 상위 인터페이스 초기화가 필요 없다. 상위 인터페이스 초기화는 해당 상위 인터페이스가 실제로 사용될 때 이루어진다 (예: 인터페이스에 정의된 상수 참조).

7.3 클래스 로딩 처리 과정

이번에는 자바 가상 머신이 클래스를 로딩하는 전체 과정, 즉 '로딩 → 검증 → 준비 → 해석 → 초기화'라는 다섯 단계 각각에서 이루어지는 일을 자세히 알아보자.

7.3.1 로딩

로딩은 '클래스 로딩'의 전체 과정 중 한 단계를 말한다. 언뜻 비슷해 보이지만 두 용어를 혼동하지 않기 바란다.

자바 가상 머신은 로딩 단계에서 다음 세 가지 작업을 수행해야 한다.

1. 완전한 이름을 보고 해당 클래스를 정의하는 바이너리 바이트 스트림을 가져온다.
2. 바이트 스트림으로 표현된 정적인 저장 구조를 메서드 영역에서 사용하는 런타임 데이터 구조로 변환한다.
3. 로딩 대상 클래스를 표현하는 java.lang.Class 객체를 힙 메모리에 생성한다. 이 Class 객체는 애플리케이션이 메서드 영역에 저장된 타입 데이터를 활용할 수 있게 하는 통로가 된다.

《자바 가상 머신 명세》가 이 요구 사항을 너무 세세하게 정의하지는 않은 덕분에 가상 머신 구현자와 자바 애플리케이션이 취할 수 있는 운신의 폭이 매우 넓다. 예를 들어 '완전한 이름을 보고 해당 클래스를 정의하는 바이너리 바이트 스트림 가져오기' 규칙에서는 바이너리 바이트 스트림을 읽어 와야 하는 클래스 파일의 위치

---

3 클래스 생성자 <clinit>()와 인스턴스 생성자 <init>()의 생성 과정과 기능은 10장 참고

나 읽어 오는 방법을 구체적으로 명시하지 않았다. 이 작은 자유 덕분에 자바 가상 머신의 로딩 단계에서 상당히 개방적이고 광범위한 작업을 수행할 수 있게 되었다. 자바가 발전하면서 창의적인 개발자들이 이 단계에 참신한 기법을 다수 적용하여 다음 예들과 같이 수많은 자바 기술이 만들어지는 토양을 제공했다.

- ZIP 압축 파일로부터 로딩: 초기부터 흔히 쓰이던 방식으로 이후 JAR, EAR, WAR 형식의 기초가 되었다.

- 네트워크로부터 로딩: 대표적인 응용 예로 웹 애플릿이 있다.

- 런타임에 동적으로 생성: 대표적인 응용 예는 동적 프락시 기술이다. 실제로 java.lang.reflect.Proxy의 ProxyGenerator.generateProxyClass() 메서드는 지정한 인터페이스에 대해 "*$Proxy" 형태의 프락시 클래스에 해당하는 바이너리 바이트 스트림을 생성해 준다.

- 다른 파일로부터 생성: 대표적으로 JSP 애플리케이션은 클래스 파일을 JSP 파일로부터 생성한다.

- 데이터베이스로부터 로딩(비교적 흔치 않음): SAP 넷위버(Netweaver) 같은 일부 미들웨어는 프로그램을 데이터베이스 안에 설치한 후 클러스터에 배포하는 방식을 제공한다.

- 암호화된 파일로부터 로딩: 클래스 파일 디컴파일을 막기 위해 흔히 쓰이는 보호 조치다. 로딩 과정에서 클래스 파일을 해독하여 스누핑 공격으로부터 프로그램 로직을 보호한다.

클래스 로딩의 다른 단계들과 비교하여 배열 외 타입의 로딩(정확하게는 로딩 단계에서 클래스의 바이너리 바이트 스트림을 얻는 동작)은 개발자가 제어하기 가장 쉬운 단계다. 로딩 단계는 자바 가상 머신에 내장된 부트스트랩 클래스 로더를 사용하거나 사용자 정의 클래스 로더를 사용하여 수행할 수 있다. ClassLoader의 findClass() 또는 loadClass() 메서드를 오버라이딩하면 바이트 스트림을 얻는 방법을 통제할 수 있다. 이 방법으로 자신의 애플리케이션에 필요한 코드를 동적으로 가져와 실행하는 역동성을 얻게 된다.

단, 배열 클래스는 상황이 다르다. 배열 클래스는 클래스 로더가 생성하지 않고 자바 가상 머신이 직접 메모리에 동적으로 생성한다. 그렇더라도 클래스 로더와 관계가 끊어지는 건 아니다. 배열 클래스의 원소 타입(배열에서 모든 차원을 제거한 타입[4])은 클래스 로더를 통해 로드되기 때문이다. 배열 클래스(이하 C로 칭함) 생성 과정은 다음 규칙을 따른다.

- 배열의 컴포넌트 타입(배열에서 첫 번째 차원이 제거된 타입으로, 원소 타입과 구분하자[5])이 참조 타입이면, 이번 절에서 설명하는 로딩 과정을 재귀적으로 수행하여 컴포넌트 타입을 로딩한다. 배열 C는 컴포넌트 타입을 로드하는 클래스 로더의 이름 공간(namespace)에 자리하게 된다(중요! 7.4절에서 설명하듯이 타입은 클래스 로더에서 유일해야 한다).

- 배열의 컴포넌트 타입이 참조 타입이 아니면(예: int[] 배열의 컴포넌트 타입은 int다), 자바 가상 머신은 배열 C를 부트스트랩 클래스 로더에 맡긴다.

- 배열 클래스의 접근성은 해당 컴포넌트 타입과 같다. 컴포넌트 타입이 참조 타입이 아닌 배열 클래스라면, 기본적으로 public이라서 모든 클래스와 인터페이스에서 접근할 수 있다.

로딩 단계가 끝나면 바이너리 바이트 스트림은 자바 가상 머신이 정의한 형식에 맞게 메서드 영역에 저장된다. 메서드 영역의 데이터 저장 형식에 대해서는 《자바 가상 머신 명세》에서 아무것도 정의하지 않았으므로 가상 머신을 어떻게 구현하느냐에 온전히 달려 있다. 타입 정보를 메서드 영역에 올바르게 저장한 다음에는 해당 java.lang.Class 객체를 자바 힙에 초기화한다. Class 객체는 프로그램에서 메서드 영역 안의 타입 데이터에 접근하기 위한 통로 역할을 한다.

로딩 단계와 링킹 단계의 일부 동작(예: 바이트코드 파일 형식을 검증하는 동작 중 일부)은 서로 중첩되어 진행된다. 즉, 로딩 단계에서 시작한 작업들이 완료되기 전에 링킹 단계도 시작될 수 있다. 하지만 시작 시간 기준으로는 로딩 단계가 링킹 단계보다 반드시 앞서 일어난다.

7.3.2 검증

검증은 링킹 과정 중 첫 번째 단계다. 검증의 목적은 두 가지다.

---

4 (옮긴이) 예컨대 int[][] 타입 배열의 원소 타입은 int다.
5 (옮긴이) int[][] 타입 배열의 컴포넌트 타입은 int[]이며 원소 타입은 여전히 int다. 한편 int[] 타입 배열에서는 원소 타입과 컴포넌트 타입이 똑같이 int가 된다.

1. 클래스 파일의 바이트 스트림에 담긴 정보가 《자바 가상 머신 명세》에서 규정한 모든 제약을 만족하는지 확인한다.
2. 이 정보를 코드로 변환해 실행했을 때 자바 가상 머신 자체의 보안을 위협하지 않는지 확인한다.

자바 언어 자체는 비교적 안전한 프로그래밍 언어다(적어도 C·C++보다는 안전하다). 예컨대 순수한 자바 언어에서는 배열 경계를 넘어 엉뚱한 데이터에 접근하거나, 객체가 상속하지 않은 타입으로 변환하거나, 존재하지 않는 코드 라인으로 점프하는 등의 동작은 불가능하다. 이런 시도를 하면 컴파일러가 즉시 예외를 던져 컴파일을 거부한다.

하지만 앞서 이야기했듯이 클래스 파일을 꼭 자바 소스 코드로부터 컴파일해야 하는 것은 아니다. 원한다면 바이너리 편집기로 0과 1을 직접 타이핑하여 만들어 낼 수도 있다. 따라서 순수한 자바 코드에서는 할 수 없는 일이라도 바이트코드 수준에서는 가능할 수 있다. 최소한 의미론적으로는 표현할 수 있다. 그래서 자바 가상 머신이 입력 바이트 스트림을 검증하지 않는다면 오류가 있거나 악의적으로 작성된 바이트코드 스트림이 로드되어 시스템 전체를 해칠 수 있다. 바이트코드 검증은 결국 자바 가상 머신이 스스로를 보호하기 위한 필수 조치인 셈이다.

검증 단계는 매우 중요하다. 엄격하게 진행해야 자바 가상 머신이 악성 코드로부터 자신을 보호할 수 있다. 그래서 코드의 양적 측면과 실행 성능 비용 측면 모두에서 검증 단계는 클래스 로딩 과정 중 상당한 비중을 차지한다.

하지만 《자바 가상 머신 명세》의 초기 버전(1판과 2판)에서는 이 단계의 검사를 10쪽도 안 되는 분량으로 다소 모호하게 규정했다. 초기 명세는 클래스 파일 형식의 제약 조건을 일부 나열했고, 입력 바이트 스트림이 제약을 만족하지 못하면 가상 머신에서 `java.lang.VerifyError`나 그 하위 예외를 던지도록 했다. 그런데 무엇을, 언제, 어떻게 검사해야 하는지 정확하게 기술하지 않아서 명확한 지침이라고 하기에는 부족했다.

그러다가 2011년에 발표된 자바 SE 7용 《자바 가상 머신 명세》에서는 제약 조건과 검증 규칙이 구체화되면서 검증 단계에 관한 설명이 130쪽 분량으로 크게 늘었다. 분량이 너무 많아서 이 책에 모두 담을 수는 없지만, 크게 다음 4단계를 거쳐 완료된다.

1. 파일 형식 검증
2. 메타데이터 검증
3. 바이트코드 검증
4. 심벌 참조 검증

각각을 차례로 자세히 알아보자.

1. 파일 형식 검증

첫 번째 단계에서는 바이트 스트림이 클래스 파일 형식에 부합하고 현재 버전의 가상 머신에서 처리될 수 있는지 확인한다. 구체적으로 다음 사항들을 확인한다.

- 매직 넘버인 0xCAFEBABE로 시작하는가?
- 메이저 버전과 마이너 버전 번호가 현재 자바 가상 머신이 허용하는 범위에 속하는가?
- 지원하지 않는 타입의 상수가 상수 풀에 들어 있지는 않은가(상수 태그 플래그 확인)?
- 상수를 가리키는 다양한 인덱스 값 중 존재하지 않는 상수나 타입에 맞지 않는 상수를 가리키는 경우는 없는가?
- CONSTANT_Utf8_info 타입 상수 중 UTF-8 인코딩에 부합하지 않는 데이터는 없는가?
- 클래스 파일 형식을 이루는 요소 중 일부 또는 파일 자체가 생략되었거나 더 추가된 정보가 있는가?

이상의 목록은 핫스팟 가상 머신의 소스 코드[6]를 분석해 알아낸 내용의 일부다. 실제로 검증하는 항목은 훨씬 많다. 검증 단계의 주된 목적은 입력 바이트 스트림이 올바르게 해석되어 메서드 영역에 저장되어 있는지 그리고 파일 형태가 자바 타입 정보 설명에 대한 요구 사항을 준수하는지 확인하는 것이다. 이 단계의 검증은 바이너리 바이트 스트림을 대상으로 이루어지며, 검증을 통과하면 바이트 스트림이 자바 가상 머신 메모리 중 메서드 영역에 저장된다. 따라서 이어지는 3개 단계는 모두 메서드 영역에 저장된 구조가 대상이다. 이후 단계에서는 바이트 스트림을 직접 읽지 않는다는 뜻이다.

---

6 JDK 17과 21에서 소스 코드의 위치: src/hotspot/share/classfile/classFileParser.cpp

2. 메타데이터 검증

두 번째로, 바이트 코드로 설명된 정보의 의미를 분석하여 서술된 정보가 《자바 언어 명세》의 요구 사항을 충족하는지 확인한다. 이 단계에서는 다음 사항들을 확인한다.

- 상위 클래스가 있는가(java.lang.Object 외의 모든 클래스는 상위 클래스가 필요)?
- 상위 클래스가 상속을 허용하는가(상위 클래스가 final이 아니어야 함)?
- (추상 클래스가 아닌 경우) 상위 클래스 또는 인터페이스에서 정의한 필수 메서드를 모두 구현했는가?
- 필드와 메서드가 상위 클래스와 충돌하는가?
  - 상위 클래스의 final 필드를 덮어쓰는가?
  - 오버로딩 규칙을 준수하지 않는 메서드가 있는가(예컨대 매개 변수만 같고 반환값 타입이 다르면 안 됨)?
  - … 생략 …
- … 생략 …

이번 단계의 주된 목적은 클래스의 메타데이터 정보에 대한 의미론적 검증을 수행하여 《자바 언어 명세》와 일치하지 않는 메타데이터가 섞여 있지 않은지 확인하는 것이다.

3. 바이트코드 검증

전체 검증 과정에서 가장 복잡한 단계다. 이 단계의 주된 목적은 데이터 흐름과 제어 흐름을 분석하여 프로그램의 의미가 적법하고 논리적인지 확인하는 것이다. 앞서 메타데이터 검증에서 데이터 타입 관련 검증을 마친 후, 이번 단계에서는 클래스의 메서드 본문(클래스 파일의 Code 속성)을 분석한다. 메서드가 런타임에 가상 머신의 보안을 위협하는 동작을 하지 않는지 확인하는 것이다. 예를 들면 다음과 같다.

- 피연산자 스택의 데이터 타입과 명령어 코드 시퀀스가 항시 어울려 동작하는지 확인한다. 예컨대 피연산자 스택에는 int 타입 데이터를 넣어 두고 실행 시 지역 변수 테이블에 long 타입으로 읽어 들이는 일이 없도록 한다.

- 점프 명령어가 메서드 본문 바깥의 바이트코드 명령어로 점프하지 않아야 한다.
- 메서드 본문에서 형 변환이 항상 유효함을 보장한다. 예컨대 상위 클래스 타입에 하위 클래스 객체를 할당하는 건 안전하지만 그 반대는 불가하다. 상속 관계가 전혀 없는 완전히 다른 타입에 객체를 할당하는 일 역시 위험하며 허용되지 않는다.

메서드 본문이 바이트코드 검증을 통과하지 못하는 타입은 당연히 문제가 되지만, 검증을 통과했다고 해서 100% 안전하다는 보장은 없다. 최대한 많은 사항을 철저히 검사하더라도 한계는 있다. 계산 복잡도 이론에서 매우 유명한 정지 문제(halting problem)[7]와 관련된 이야기다. 즉, 프로그램이 제한된 시간 내에 실행을 끝마칠 수 있는지는 프로그램적으로 정확하게 판정할 수 없다. 프로그램 로직에 버그가 있는지 여부를 완벽하게 검증해 내는 범용 프로그램(알고리즘)을 작성하는 건 불가능하다는 뜻이다.

데이터 흐름 분석과 제어 흐름 분석은 굉장히 복잡하기 때문에 바이트코드 검증 단계는 자칫 너무 길어질 수 있다. JDK 6 이후로는 이 문제를 피하기 위해 가능한 한 많은 유효성 검사를 javac 컴파일러로 옮겼다.

대표적으로 메서드 본문 Code 속성의 속성 테이블에 StackMapTable이라는 새로운 속성을 추가했다(6.3.7절 중 'StackMapTable 속성' 참고). 이 속성은 메서드 본문의 모든 기본 블록(제어 흐름에 따라 분할된 코드 블록)의 시작 위치에서 지역 변수 테이블과 피연산자 스택의 상태를 설명해 준다. 이 속성 덕분에 바이트코드 검증 단계에서는 이러한 상태가 유효한지 추론할 필요가 없어졌다. 그저 StackMapTable 속성의 레코드가 유효한지만 확인하면 된다. 타입 추론을 타입 검사로 대체하여 검증 시간을 상당히 단축할 수 있다.

하지만 이론적으로는 StackMapTable 속성 역시 잘못되거나 변조될 수 있다. 누군가가 Code 속성을 악의적으로 변경하는 과정에서 그 안의 StackMapTable 속성도 가

---

7 정지 문제란 어떤 프로그램에 입력값(문제)을 넣어 실행하면 그 프로그램이 주어진 문제를 해결할 수 있을지 판정하는 문제다. 예를 들어 어떤 프로그램 p가 문제 i를 해결할 수 있는지 알려 주는 함수인 halt(p, i)가 있다고 해 보자. 즉, p(i)가 제때 종료하면 halt(p, i)는 true를 반환하고, 반대로 p(i)가 무한 루프에 빠지면 false를 반환한다. 그런데 이때 프로그램의 입력으로 또 다른 프로그램을 줄 수도 있다. 컴파일러나 인터프리터를 떠올리면 바로 이해될 것이다. 가상 머신도 마찬가지다. 그런데 안타깝게도 모든 입력에 대해 동작하는 범용 halt(p, i) 함수는 구현할 수 없다는 사실이 증명되었다. 자세한 증명 과정은 생략하니 궁금한 독자는 인터넷에서 '정지 문제'를 검색해 보기 바란다.

상 머신의 타입 검증을 속이도록 만들어 낼 수 있다. 가상 머신 설계자가 신중하게 고려해야 하는 문제다.

JDK 6의 핫스팟 가상 머신에서는 이 최적화를 끌 수 있는 -XX:-UseSplitVerifier 옵션을 제공한다. 또는 -XX:+FailOverToOldVerifier 옵션을 사용하여 타입 검증에 실패하면 기존의 타입 추론 방식으로 되돌리게끔 요청할 수 있다. JDK 7에도 타입 추론 방식의 검증기 코드가 여전히 존재하지만 메이저 버전 번호가 50 이상인 클래스 파일(즉, JDK 6 이상으로 빌드한 클래스 파일)에서는 적용되지 않게 막아 두었다. 즉, 최신 버전 클래스 파일에서는 데이터 흐름 분석과 검증에 무조건 타입 검사기가 사용된다고 봐도 좋다.

4. 심벌 참조 검증

검증의 마지막 단계는 가상 머신이 심벌 참조를 직접 참조로 변환할 때 수행된다.[8] 이 변환은 링킹의 세 번째 단계인 해석 단계에서 일어난다. 심벌 참조 검증은 해당 클래스 자체(상수 풀의 다양한 심벌 참조)를 제외한 모든 정보를 확인하는 것으로 보면 된다. 쉽게 이야기하면 현재 클래스가 참조하는 특정 외부 클래스, 메서드, 필드, 그 외 자원들에 접근할 권한이 있는지 본다. 이 단계에서는 주로 다음 내용을 확인한다.

- 심벌 참조에서 문자열로 기술된 완진한 이름에 해당하는 클래스를 찾을 수 있는가?
- 단순 이름과 필드 서술자와 일치하는 메서드나 필드가 해당 클래스에 존재하는가?
- 심벌 참조가 가리키는 클래스, 필드, 메서드의 접근 지정자(private, public, protected, <package>)가 현재 클래스의 접근을 허용하는가?

심벌 참조 검증의 주된 목적은 해석을 제대로 수행할 수 있는지 확인하는 것이다. 심벌 참조 검증을 통과하지 못하면 자바 가상 머신이 IncompatibleClassChange Error의 하위 예외를 던진다(IllegalAccessError, NoSuchFieldError, NoSuchMethod Error 등).

---

8 심벌 참조와 직접 참조에 관한 자세한 설명은 '7.3.4 해석' 참고

검증 단계는 매우 중요하지만 필수는 아니다. 그래서 프로그램에서 실행하는 모든 코드를 신뢰할 수 있다면 프로덕션 환경에서 실행할 때는 검증을 건너뛰기도 한다(-Xverify:none 매개 변수 지정). 예를 들어 직접 작성한 코드, 서드 파티 패키지 코드, 외부에서 로드한 코드, 동적으로 생성한 코드 등을 모두 이미 오랜 기간 반복 사용해 왔다면 신뢰할 수 있을 것이다. 검증을 생략하면 가상 머신이 클래스를 로딩하는 시간이 제법 단축된다.[9]

7.3.3 준비

준비는 클래스 변수(정적 변수)를 메모리에 할당하고 초깃값을 설정하는 단계다. 개념적으로는 이 변수들이 사용하는 메모리를 메서드 영역에 할당해야 하지만, 메서드 영역 자체가 논리적 영역임을 감안해야 한다. JDK 7까지 핫스팟에서는 메서드 영역을 영구 세대에 구현하여 논리적인 개념과 일치했다. 하지만 JDK 8부터는 클래스 변수가 클래스 객체와 함께 자바 힙에 저장된다. 따라서 "클래스 변수는 메서드 영역에 존재한다"라는 말은 그저 논리적으로 그렇다는 뜻이다(자세한 이야기는 4.3.1절 참고).

준비 단계에서는 혼란스러운 개념이 두 가지 등장하니 먼저 정리하고 시작하자.

첫째, 인스턴스 변수가 아닌 클래스 변수만 할당된다. 인스턴스 변수는 객체가 인스턴스화될 때 객체와 함께 자바 힙에 할당된다.

둘째, 준비 단계에서 클래스 변수에 할당하는 초깃값은 해당 데이터 타입의 제로 값이다. 자바 코드에서 클래스 변수를 다음과 같이 정의했다고 해 보자.

```
public static int value = 123;
```

준비 단계를 마친 직후 value 변수에 할당되어 있는 초깃값은 123이 아닌 0이다. 123을 할당하는 putstatic 명령어는 클래스 생성자인 <clinit>() 메서드에 포함되며, 준비 단계에서는 어떠한 자바 메서드도 아직 실행되지 않은 상태이기 때문이다. 123을 할당하는 일은 '클래스 초기화 단계'에 가서야 이루어진다.

자바의 기본 데이터 타입별 제로값은 표 7-1과 같다.

---

9 (옮긴이) '5.3 실전: 이클립스 구동 시간 줄이기'에서 적용하여 효과를 확인한 바 있다.

표 7-1 기본 데이터 타입의 제로값

데이터 타입	제로값	데이터 타입	제로값
int	0	boolean	false
long	0L	float	0.0f
short	(short) 0	double	0.0d
char	'\u0000'	참조	null
byte	(byte) 0		

일반적인 경우에는 초깃값이 모두 0이지만 특수한 경우도 있다. 클래스 필드의 필드 속성 테이블에 ConstantValue 속성이 존재한다면, 준비 단계에서 변수의 초깃값으로 ConstantValue 속성이 지정한 값을 할당한다. 앞의 클래스 변수 선언 코드에 final을 추가해 다음처럼 수정했다고 해 보자.

```
public static final int value = 123;
```

이 코드를 컴파일하면 javac가 value 변수를 위한 ConstantValue 속성을 생성한다. 그러면 가상 머신은 준비 단계 때 ConstantValue에 설정된 값인 123을 value에 할당할 것이다.

7.3.4 해석

해석은 자바 가상 머신이 상수 풀의 심벌 참조를 직접 참조로 대체하는 과정이다. 심벌 참조는 6장에서 클래스 파일 구조를 설명할 때 여러 번 등장했다. 클래스 파일에서 CONSTANT_Class_info, CONSTANT_Fieldref_info, CONSTANT_Methodref_info 등이 바로 심벌 참조다. 그런데 해석 단계에서 이야기하는 직접 참조와 심벌 참조는 어떤 관계일까?

- 심벌 참조: 몇 가지 심벌로 참조 대상을 설명한다. 여기서 심벌은 대상을 명확하게 지칭하는 데 이용될 수 있는 모든 형태의 리터럴이 될 수 있다. 심벌 참조는 가상 머신이 구현한 메모리 레이아웃과는 아무런 관련이 없다. 참조 대상이 반드시 가상 머신의 메모리에 로드되어 있을 필요도 없다. 메모리 레이아웃은 가상 머신 구현에 따라 달라질 수 있지만 심벌 참조는 달라지지 않는다. 심벌 참조에 쓰일 수 있는 리터럴 형태는 《자바 가상 머신 명세》의 클래스 파일 구조에 명확하게 정의되어 있기 때문이다.

- 직접 참조: 포인터, 상대적 위치(오프셋) 또는 대상의 위치를 간접적으로 가리키는 핸들이다. 직접 참조는 가상 머신에 구현된 메모리 레이아웃과 밀접하게 관련된다. 따라서 똑같은 심벌 참조로부터 변환했더라도 직접 참조는 가상 머신에 따라 달라지는 게 보통이다. 직접 참조는 참조 대상이 가상 머신의 메모리에 이미 존재해야 한다.

《자바 가상 머신 명세》는 해석 단계를 수행하는 시간을 특정하지 않고, 그 대신 심벌 참조를 다루는 바이트코드 명령어들에 대해 실행하도록 규정했다. 따라서 클래스를 로드할 때 상수 풀에 있는 심벌 참조를 바로 해석할지 또는 심벌 참조가 실제로 사용될 때까지 기다릴지는 가상 머신이 결정하면 된다. 심벌 참조를 다루는 바이트코드 명령어는 다음과 같이 총 17개다: anewarray, checkcast, getfield, getstatic, instanceof, invokedynamic, invokeinterface, invokespecial, invokestatic, invokevirtual, ldc, ldc_w, ldc2_w, multianewarray, new, putfield, putstatic.

비슷하게, 메서드나 필드에 접근할 수 있는지(private, protected, public, <package>) 역시 해석 단계에서 확인한다. 접근 권한은 자바 언어의 기본에 해당하므로 설명은 생략하겠다.

동일한 심벌 참조에 대해서도 해석 요청이 여러 번 이루어지는 게 보통이므로 가상 머신은 첫 번째 해석 결과를 캐시해 두곤 한다(invokedynamic 명령어는 제외). 예컨대 실행 중에 상수 풀의 내용을 직접 참조했다면 그 상수는 '해석되었다'고 표시한다. 이런 식으로 같은 해석을 반복하는 일을 피할 수 있다.

해석을 반복해 수행하더라도 자바 가상 머신은 같은 대상에 대해서는 항상 같은 결과를 내야 한다. 즉, 특정 심벌 참조에 대한 처음 해석이 성공했다면 다음번 요청도 반드시 성공해야 한다. 마찬가지로 처음 해석이 실패했다면 다른 코드에서 요청한 해석 역시 실패해야 한다. 심지어 해당 심벌이 나중에 자바 가상 머신 메모리에 성공적으로 로드되었더라도 마찬가지다.

단, invokedynamic 명령어에는 앞의 규칙이 적용되지 않는다. invokedynamic에 의해 해석된 심벌 참조를 다른 invokedynamic이 다시 요청하면 이전 해석과는 결과가 다를 수 있다는 뜻이다. invokedynamic의 목적은 원래 동적 언어 지원[10]이므로

---

10 invokedynamic은 JDK 7 때 추가된 바이트코드 명령어다. 당시에는 순수한 동적 언어(JRuby 등) 전용 명령어였을 뿐 자바 언어 자체에서는 사용하지 않았다. 그러다가 JDK 8에서 도입된 람다식과 인터페이스 디폴트 메서드 구현에 이 명령어를 이용했다. 현시점에서 동적 언어 지원이라 표현하기에는 부족한 점이 있으므로 우선은 단순히 프락시로 생각하자. 자세한 설명은 8장을 참고하자.

이 명령어가 사용하는 참조는 '동적으로 계산된 호출 사이트 지정자(dynamically computed call site specifier)'라고 한다. 여기서 '동적'이라 함은 프로그램이 이 명령어를 실행할 때까지 해석을 수행할 수 없다는 뜻이다. 이와 대조적으로 해석 시점을 '로딩 완료 직후'와 '코드 실행 직전' 중 선택할 수 있는 나머지 명령어들은 '정적'이라 말한다.

해석은 주로 7가지 타입의 심벌 참조에 대해 수행한다. 7가지 타입이란 클래스·인터페이스, 필드, 클래스 메서드, 인터페이스 메서드, 메서드 타입, 메서드 핸들, 호출 사이트 지정자를 말한다. 각각은 상수 풀의 CONSTANT_Class_info, CONSTANT_Fieldref_info, CONSTANT_Methodref_info, CONSTANT_InterfaceMethodref_info, CONSTANT_MethodType_info, CONSTANT_MethodHandle_info, CONSTANT_Dynamic_info 와 CONSTANT_InvokeDynamic_info 상수 타입에 대응한다.[11] 이제부터 이 중 앞의 4개 참조의 해석 과정을 설명할 것이다.

 나머지 4개는 모두 동적 언어 지원과 밀접하다. 자바 언어 자체는 정적 타입 언어이기 때문에 invokedynamic 명령어의 의미를 설명하지 않고서는 현재 자바 언어 문법에 직관적으로 연결해 설명하기가 어렵다. 그래서 이에 대한 설명은 8장에서 동적 언어 호출을 소개한 뒤로 미루겠다.

클래스 또는 인터페이스 해석

현재 코드가 위치한 클래스를 D라고 가정하자. 이때 아직 해석되지 않은 심벌 참조 N을 클래스 또는 인터페이스 C로의 직접 참조로 해석한다고 해 보자. 가상 머신은 다음 세 단계를 거쳐 전체 해석을 완료한다.

1. C가 배열이 아니면 가상 머신은 N이 가리키는 완전한 이름을 D의 클래스 로더에 전달하여 클래스 C를 로드한다. 로딩 과정에서 메타데이터 검증과 바이트코드 검증을 거치므로 C가 구현한 인터페이스나 부모 클래스 등 관련 타입들의 로딩까지 촉발할 수 있다. 이 로딩 과정에서 예외가 발생하면 해석 작업은 실패한다.

---

11 엄밀히 말하면 CONSTANT_String_info 타입 상수도 해석을 거치지만 매우 간단하고 직관적이어서 따로 소개하지 않겠다.

2. C가 배열이고 원소 타입이 객체라면 N의 서술자는 "[Ljava/lang/Integer"와 같은 형태일 것이다. 이 경우 배열의 원소 타입을 1번 규칙에 따라 로드한다. 실제로 N의 서술자가 이와 같다면 로드할 원소 타입은 java.lang.Integer이고, 가상 머신은 이 타입의 원소를 갖는 배열 객체를 생성한다.

3. 앞의 두 단계에서 예외가 발생하지 않았다면 C는 현 가상 머신 내에서 유효한 클래스 또는 인터페이스라는 뜻이다. 하지만 해석을 완료하려면 D가 C에 접근할 수 있는지 확인하는 심벌 참조 검증을 수행해야 한다. 적절한 접근 권한이 없다면 IllegalAccessError를 던진다.

세 번째 단계의 접근 권한 검증과 관련하여 덧붙일 말이 있다. JDK 9부터 자바에 모듈 개념이 도입되면서 public 타입이라고 해도 프로그램 어디에서든 접근할 수는 없게 되었다. 그래서 모듈 간 접근 권한까지 확인해야 한다.

D가 C에 접근할 수 있다고 판단하려면 다음 세 규칙 중 최소 하나를 만족해야 한다.

- 클래스 C가 public이며 클래스 D와 같은 모듈에 속한다.
- 클래스 C가 public이며 클래스 D와 다른 모듈에 속한다. 하지만 C가 속한 모듈이 D를 포함하는 모듈에 접근을 허용한다.
- 클래스 C가 public이 아니다. 하지만 클래스 D와 같은 패키지에 속한다.

따로 언급하지 않더라도 앞으로 접근성을 이야기할 때는 이상의 모듈 간 접근 권한 규칙까지 포함됨을 미리 밝혀 둔다.

필드 해석

아직 해석되지 않은 필드 심벌 참조를 해석하려면 필드 테이블의 class_index 항목[12]이 가리키는 CONSTANT_Class_info 심벌 참조가 먼저 해석되어야 한다. 즉, 필드의 타입으로 지정한 클래스 또는 인터페이스의 심벌 참조부터 해석해야 한다. 이 클래스나 인터페이스를 해석하는 과정에서 예외가 발생하면 필드 심벌 참조 해석 역시 실패한다. 클래스 또는 인터페이스를 C라 하고 C의 해석을 무사히 마쳤다고 한다면, 《자바 가상 머신 명세》는 C의 필드를 검색하는 단계를 다음과 같이 정의한다.

---

12 CONSTANT_Fieldref_info 상수에 대해서는 6장 참고

1. 단순 이름 및 필드 서술자가 대상과 일치하는 필드가 C 자체에 포함되어 있다면, 이 필드를 가리키는 직접 참조를 반환하고 검색을 끝낸다.

2. 그렇지 않고 C가 인터페이스를 구현하고 있다면, 각 인터페이스와 그 상위 인터페이스들을 계층 구조 아래에서부터 재귀적으로 검색한다. 단순 이름 및 필드 서술자가 대상과 일치하는 필드를 정의한 인터페이스를 발견하면, 그 필드를 가리키는 직접 참조를 반환하고 검색을 끝낸다.

3. 그렇지 않고 C가 `java.lang.Object`도 아니라면, 계층 구조 아래에서부터 상위 클래스를 재귀적으로 검색한다. 단순 이름 및 필드 서술자가 대상과 일치하는 필드를 정의한 클래스를 발견하면, 그 필드를 가리키는 직접 참조를 반환하고 검색을 끝낸다.

4. 그렇지 않다면 검색이 실패하고 `NoSuchFieldError`를 던진다.

이상의 검색이 성공하여 직접 참조가 반환되면 해당 필드에 접근할 권한이 있는지 확인한다. 권한이 없다면 `IllegalAccessError`를 던진다.

이러한 해석 규칙은 자바 가상 머신이 대상 필드에 대한 해석 결과를 고유하게 도출하도록 보장한다.

메서드 해석

메서드 해석의 첫 단계는 필드 해석과 똑같다. 즉, 메서드 테이블의 class_index 항목[13]이 가리키는 메서드가 속한 클래스 또는 인터페이스의 심벌 참조를 해석해야 한다. 이 클래스 또는 인터페이스를 C라 하고 해석에 성공했다면, 가상 머신은 다음 단계들을 거치며 대상 메서드를 검색한다.

1. 클래스 파일 구조에서 클래스 메서드의 상수 타입 정의와 인터페이스 메서드 심벌 참조는 구분되어 있다. 따라서 class_index가 가리키는 C가 현재 클래스의 메서드 테이블 안의 인터페이스로 밝혀지면, 곧바로 `IncompatibleClassChangeError`를 던진다.

2. 첫 번째 단계를 통과했다면 C에서 대상의 단순 이름과 서술자에 부합하는 메서드를 찾는다. 찾았다면 그 메서드의 직접 참조를 반환하고 검색을 끝낸다.

---

13 `CONSTANT_Methodref_info` 상수에 대해서는 6장 참고

3. 그렇지 않으면 C의 상위 클래스를 재귀적으로 살피면서 단순 이름 및 서술자가 모두 대상과 일치하는 메서드를 찾는다. 찾았다면 그 메서드의 직접 참조를 반환하고 검색을 끝낸다.

4. 그렇지 않으면 C가 구현한 인터페이스 목록과 그 상위 인터페이스들을 재귀적으로 검색하면서 단순 이름 및 서술자가 대상과 일치하는 메서드를 찾는다. 찾았다면 C가 추상 클래스라는 뜻이다. 따라서 검색을 끝내고 `AbstractMethod Error`를 던진다.

5. 그렇지 않으면 메서드를 찾을 수 없다는 뜻이므로 `NoSuchMethodError`를 던진다.

마지막으로 검색에 성공하여 직접 참조가 반환되면 해당 메서드에 접근할 권한이 있는지 확인한다. 권한이 없다면 `IllegalAccessError`를 던진다.

인터페이스 메서드 해석

인터페이스 메서드 역시 인터페이스 메서드 테이블의 `class_index` 항목[14]이 가리키는 메서드가 속한 클래스 또는 인터페이스의 심벌 참조를 해석해야 한다. 해석에 성공한 인터페이스를 C라고 하면, 가상 머신은 다음 단계들을 거치며 대상 인터페이스 메서드를 검색한다.

1. (클래스 메서드 해석과 반대로) 인터페이스 메서드 테이블의 `class_index`가 가리키는 C가 클래스라고 확인되면 곧바로 `java.lang.IncompatibleClassChange Error`를 던진다.

2. 그렇지 않으면 인터페이스 C에 단순 이름 및 서술자가 대상과 일치하는 메서드가 있는지 확인한다. 찾았다면 그 메서드의 직접 참조를 반환하고 검색을 끝낸다.

3. 그렇지 않으면 `java.lang.Object` 클래스를 만날 때까지 C의 상위 인터페이스들을 재귀적으로 검사한다(인터페이스 메서드 검색 범위에는 `Object` 클래스의 메서드도 포함됨). 단순 이름 및 서술자가 대상과 일치하는 메서드를 찾으면 그 메서드의 직접 참조를 반환하고 검색을 끝낸다.

---

14 `CONSTANT_InterfaceMethodref_info` 상수에 대해서는 6장 참고

4. 자바는 인터페이스 다중 상속을 허용하므로 3단계에서 대상과 일치하는 메서드를 여러 개 찾을 수 있다. 그렇다면 그중 하나를 반환하고 검색을 끝낸다. 《자바 가상 머신 명세》는 이 중 어떤 인터페이스의 메서드를 반환해야 하는지 따로 규정하지 않았다.

5. 그렇지 않으면 메서드를 찾을 수 없다는 뜻이므로 NoSuchMethodError를 던진다.

JDK 8까지 자바 인터페이스는 모두 public이었고 모듈이라는 개념도 없었다. 따라서 심벌 해석 과정에서 접근 권한 문제로 IllegalAccessError가 발생하는 일은 애초부터 불가능했다. 하지만 JDK 9부터 인터페이스에도 static private 메서드를 선언할 수 있고 모듈 개념까지 추가되어 인터페이스 메서드에서도 IllegalAccess Error가 발생할 수 있게 되었다.

7.3.5 초기화

초기화는 클래스 로딩의 마지막 단계다. 사용자 정의 클래스 로더를 이용하여 앞서 소개한 단계 중 일부에 관여할 수 있지만, 대부분의 작업은 온전히 자바 가상 머신이 통제한다.

초기화 단계에 들어서면 자바 가상 머신이 드디어 사용자 클래스에 작성된 자바 프로그램 코드를 실행하기 시작한다. 앞서 준비 단계에서는 모든 변수에 시스템이 정의한 초깃값인 0을 할당했다. 반면 초기화 단계에서는 클래스 변수와 기타 자원을 개발자가 프로그램 코드에 기술한 대로 초기화한다. 더 직관적으로 말하면 초기화 단계란 클래스 생성자인 <clinit>() 메서드를 실행하는 단계다.

<clinit>()는 자바 컴파일러가 자동으로 생성하는 메서드라서 개발자가 자바 코드로 직접 작성할 수는 없다. 하지만 <clinit>()가 생성되는 방식과 이 메서드가 실행되면서 프로그램 동작에 영향을 주는 방식은 자세히 알아 두는 것이 좋다.

초기화는 클래스 로딩의 모든 단계 중에서 보통의 프로그램 개발자가 실제로 하는 작업에 가장 가깝다.[15]

---

15 자바 가상 머신은 여러 가지 언어를 지원하지만, 여기서는 자바로 작성한 소스에서 생성된 클래스 파일로 한정하여 이야기하겠다.

- `<clinit>()`는 모든 클래스 변수 할당과 정적 문장 블록(static {})의 내용을 취합하여 컴파일러가 자동으로 생성한다. 컴파일러가 수집하는 순서는 문장이 소스 파일에 등장하는 순서에 영향을 받는다. 정적 문장 블록에서는 정적 문장 블록보다 먼저 정의된 변수에만 접근할 수 있다. 하지만 나중에 정의된 변수라도 정적 문장 블록 안에서 값을 할당하는 건 가능하다. 하지만 다음 코드처럼 접근할 수는 없다.

코드 7-4 잘못된 선행 참조

```java
public class Test {
    static {
        i = 0;   // 나중에 정의한 변수에 값을 할당할 수 있다.

        // 다음 코드는 컴파일러가 "Cannot reference a field before it is defined"
        // 메시지를 출력하며 컴파일을 거부한다.
        // '정의되기 전 필드는 참고할 수 없다'는 뜻이다.
        System.out.print(i);
    }
    static int i = 1;
}
```

- `<clinit>()`는 자바 언어에서 말하는 클래스의 생성자와는 다르다(가상 머신 관점에서 인스턴스를 만드는 생성자는 `<init>()`다). 부모 클래스의 생성자를 명시적으로 호출하지 않아도 자바 가상 머신은 하위 클래스의 `<clinit>()`가 실행되기 전에 부모 클래스의 `<clinit>()`부터 실행한다. 따라서 자바 가상 머신이 실행하는 첫 번째 `<clinit>()`는 바로 java.lang.Object의 `<clinit>()`다.

- 부모 클래스의 `<clinit>()`가 먼저 실행되므로 자연스럽게 부모 클래스에 정의된 정적 문장 블록이 자식 클래스의 변수 할당 연산자보다 먼저 실행된다. 즉, 다음 코드에서 필드 B의 값은 1이 아닌 2가 된다.

코드 7-5 `<clinit>()` 메서드 실행 순서

```java
static class Parent {
    public static int A = 1;
    static {
        A = 2;
    }
}
```

```
static class Sub extends Parent {
    public static int B = A;
}

public static void main(String[] args) {
    System.out.println(Sub.B);
}
```

- <clinit>()가 클래스나 인터페이스에 반드시 필요한 것은 아니다. 정적 문장 블록이 없고 정적 변수에 값을 할당하지 않는 클래스라면 컴파일러가 <clinit>()를 생성하지 않을 수 있다.

- 인터페이스에서는 정적 문장 블록을 사용할 수 없지만 변수에 초깃값을 할당할수는 있다. 인터페이스도 <clinit>() 메서드가 있을 수 있다는 뜻이다. 하지만인터페이스의 경우 부모 인터페이스의 <clinit>()를 먼저 실행할 필요가 없다는점에서 클래스의 <clinit>()와 차이가 있다. 부모 인터페이스는 부모 인터페이스가 실제로 사용되는 시점에 비로소 초기화된다. 클래스를 초기화할 때도 클래스가 구현한 인터페이스의 <clinit>()를 실행하지 않는다.

- 자바 가상 머신은 클래스의 <clinit>()가 멀티스레드 환경에서 적절히 동기화되도록 해야 한다. 여러 스레드가 한 클래스를 동시에 초기화하려 시도하면 그중한 스레드만 <clinit>()를 실행하고, 다른 스레드는 모두 대기시켜야 한다. 그래서 클래스의 <clinit>()에 시간이 오래 걸리는 작업이 포함되어 있다면 여러 스레드가 장시간 블록될 수 있다.[16] 실제로도 자주 목격되는 일로, 다음 코드는 이문제를 일으키는 시나리오의 간단한 예다.

코드 7-6 초기화 도중 스레드가 블록되는 문제 예시

```
static class DeadLoopClass {
    static {
        if (true) {
            System.out.println(Thread.currentThread() +
                            " DeadLoopClass 초기화");
            while (true) {
                // 무한 루프(오래 걸리는 작업 시뮬레이션용)
            }
```

---

16 블록된 스레드들은 <clinit>() 메서드를 실행하는 스레드가 <clinit>() 실행을 끝마치면 깨어나는데, 깨어난 후에 <clinit>() 메서드로 진입하지 않고 건너뛴다. 이런 식으로 같은 클래스 로더하에서 한 클래스는 오직 한 번만 초기화된다.

```
        }
    }
}

public static void main(String[] args) {
    Runnable script = new Runnable() {
        public void run() {
            System.out.println(Thread.currentThread() + " 시작");
            DeadLoopClass dlc = new DeadLoopClass();
            System.out.println(Thread.currentThread() + " 종료");
        }
    };

    Thread thread1 = new Thread(script);
    Thread thread2 = new Thread(script);
    thread1.start();
    thread2.start();
}
```

실행 결과는 다음과 같다. 두 스레드 모두 시작은 되지만 한 스레드가 초기화를 끝내지 못해서 다른 스레드는 계속 블록되어 있다.

```
Thread[Thread-0,5,main] 시작
Thread[Thread-1,5,main] 시작
Thread[Thread-0,5,main] DeadLoopClass 초기화
```

7.4 클래스 로더

자바 가상 머신 설계진은 필요한 클래스를 얻는 방법을 애플리케이션이 정할 수 있기를 원했다. 그래서 클래스 로딩 단계 중 '완전한 이름을 보고 해당 클래스를 정의하는 바이너리 바이트 스트림 가져오기'를 가상 머신 외부에서 수행하도록 했다. 이 역할을 맡은 코드를 클래스 로더라고 한다.

클래스 로더는 자바 언어의 혁신이라 할 수 있다. 초기에 자바 언어가 빠르게 보급된 주된 이유이기도 하다. 클래스 로더는 원래 자바 애플릿을 위해 설계되었다. 자바 애플릿을 지원하는 브라우저는 이제 사라졌다.[17] 하지만 클래스 로더는 클래스 계층 분할, OSGi, 프로그램 핫 배포, 코드 암호화 등의 분야에서 여전히 활약하며 자바 기술 시스템의 중요한 주춧돌 역할을 하고 있다.

---

17 스마트 카드 등 다른 분야에서는 자바 애플릿이 여전히 활용되고 있다.

7.4.1 클래스와 클래스 로더

클래스 로더는 당연하게도 클래스를 로딩하는 일을 하지만 그 일이 전부는 아니다. 각 클래스 로더는 독립적인 클래스 이름 공간을 지니기 때문에 클래스 로더를 빼놓고는 특정 클래스가 자바 가상 머신에서 유일한지 판단할 수 없다. 달리 표현하면 어떤 두 클래스가 '동치인가' 여부는 두 클래스 모두 같은 클래스 로더로 로드했을 때만 의미가 있다. 서로 다른 클래스 로더로 읽어 들였다면, 비록 같은 가상 머신이고 똑같은 클래스 파일로부터 로드했더라도 다른 클래스로 인식된다.

여기서 말하는 '동치인가'는 해당 클래스 객체의 equals(), isAssignableFrom(), isInstance() 메서드의 반환값 또는 instanceof 키워드로 객체들의 관계를 결정하는 다양한 상황과 관련이 있다. 그래서 클래스 로더의 동작 방식을 모른다면 혼란에 빠질 수 있다. 다음 코드는 서로 다른 클래스 로더를 사용했을 때 instanceof 키워드의 결과가 어떻게 달라지는지 보여 준다.

코드 7-7 다른 클래스 로더를 사용했을 때 instanceof 키워드의 동작 결과

```
/**
 * 클래스 로더가 instanceof 키워드 동작에 미치는 영향
 *
 * @author zzm
 */
public class ClassLoaderTest {
    public static void main(String[] args) throws Exception {
        // ❶ 고유한 클래스 로더 생성
        ClassLoader myLoader = new ClassLoader() {
            @Override
            public Class<?> loadClass(String name)
                throws ClassNotFoundException {
                try {
                    String fileName = name.substring(name.lastIndexOf(".")
                        + 1) + ".class";
                    InputStream is = getClass().getResourceAsStream(fileName);
                    if (is == null) {
                        return super.loadClass(name);
                    }
                    byte[] b = new byte[is.available()];
                    is.read(b);
                    return defineClass(name, b, 0, b.length);
                } catch (IOException e) {
                    throw new ClassNotFoundException(name);
                }
            }
        };
```

```
        // ❷ 방금 만든 클래스 로더로 현재 클래스(ClassLoaderTest)의 인스턴스 생성
        Object obj = myLoader.loadClass
            ("org.fenixsoft.jvm.chapter7.ClassLoaderTest").newInstance();

        System.out.println(obj.getClass());
        System.out.println
            (obj instanceof org.fenixsoft.jvm.chapter7.ClassLoaderTest);
    }
}
```

실행 결과는 다음과 같다.

```
class org.fenixsoft.jvm.chapter7.ClassLoaderTest
false
```

매우 기초적인 코드지만 중요한 사실을 확인시켜 준다. 코드를 보면 ❶ 먼저 간단한 클래스 로더를 직접 구현했다. 자신과 같은 경로에 있는 클래스 파일을 로드할수 있는 클래스 로더다. ❷ 이어서 이 로더를 이용하여 이름이 "org.fenixsoft.jvm.chapter7.ClassLoaderTest"인 클래스를 로드하고 객체 인스턴스를 생성했다.

실행 결과의 첫 번째 줄을 보면 이 객체가 실제로 org.fenixsoft.jvm.chapter7.ClassLoaderTest 클래스를 인스턴스화한 것임을 알 수 있다. 그런데 두 번째 줄에서는 org.fenixsoft.jvm.chapter7.ClassLoaderTest의 인스턴스가 아니라고 한다.

자바 가상 머신에 ClassLoaderTest 클래스가 두 개 존재하기 때문이다. 하나는가상 머신의 애플리케이션 클래스 로더가 로드한 것이고, 다른 하나는 직접 구현한사용자 정의 클래스 로더로 로드한 것이다. 둘 다 비록 한 클래스 파일로부터 만들어졌지만 자바 가상 머신은 별개의 클래스로 본다. 가상 머신 입장에서는 서로 다른 타입을 비교한 것이므로 false를 반환한 것이다.

7.4.2 부모 위임 모델

자바 가상 머신 관점에서 클래스 로더의 종류는 다음과 같이 딱 두 가지뿐이다.

- 자바 가상 머신 자체의 일부인 부트스트랩 클래스 로더: 핫스팟 가상 머신에서는 C++로 구현했다.[18]

---

18 MRP나 맥신처럼 모든 것을 자바로 구현한 가상 머신들은 부트스트랩 클래스 로더 역시 자바 언어로 구현했다. 핫스팟과 함께 고성능 가상 머신으로 알려진 JRockit과 J9도 부트스트랩 클래스 로더 자체는 자바클래스로 구현했다. 단, 그 안의 핵심 기능은 C 언어로 구현한 후 JNI를 거쳐 호출하도록 하고 가상 머신사용자가 인스턴스를 얻지 못하게 막아 두었다. JDK 9부터는 핫스팟 가상 머신도 비슷한 전략을 취하고있다. 즉, 사용자가 인스턴스를 얻을 수는 없지만 부트스트랩 클래스 로더의 자바 클래스가 존재한다.

- 그 외 모든 클래스 로더: 추상 클래스인 java.lang.ClassLoader를 상속하여 자바로 구현하며, 가상 머신 외부에 독립적으로 존재한다.

한편 자바 개발자 관점에서는 클래스 로더를 더 잘게 나눌 수 있다. 자바는 JDK 1.2부터 3계층 클래스 로더인 부모 위임 클래스 로딩 아키텍처를 유지해 왔다. 비록 조금씩 수정되다가 모듈 개념을 도입하면서 변경되었지만 뼈대는 그대로다. JDK 9 모듈 시스템의 클래스 로더는 이후 7.5절에서 따로 설명하겠다.

이번 절에서는 JDK 8까지 유지된 3계층 클래스 로더와 부모 위임 모델(parents delegation model)이 무엇인지 알아보겠다. 이 시기 자바 애플리케이션은 대부분 시스템이 제공하는 다음 세 가지 클래스 로더를 통해 로드되었다.

- 부트스트랩 클래스 로더: JAVA_HOME/lib 디렉터리나 -Xbootclasspath 매개 변수로 지정한 경로에 위치한 파일들과 자바 가상 머신이 클래스 라이브러리로 인식하는 파일들[19]을 로드하는 일을 책임진다. 부트스트랩 클래스 로더는 자바 프로그램에서 직접 참조할 수 없다. 커스텀 클래스 로더 작성 시 로딩을 부트스트랩 클래스 로더에 위임하고자 할 때는 참조 대신 null을 사용한다.

- 확장 클래스 로더: sun.misc.Launcher$ExtClassLoader를 말하며 자바로 구현되었다. JAVA_HOME/lib/ext 디렉터리 또는 java.ext.dirs 시스템 변수로 지정한 경로의 클래스 라이브러리들을 로드하는 역할을 한다. '확장' 클래스 로더라는 이름에서 유추할 수 있듯이 자바 시스템의 클래스 라이브러리를 확장하는 메커니즘이다. JDK 개발 팀은 가상 머신 사용자가 ext 디렉터리에 범용 클래스 라이브러리를 두어 자바 SE의 기능을 확장할 수 있도록 했다(JDK 9부터는 모듈 시스템을 통한 확장 메커니즘으로 대체되었다). 확장 클래스 로더는 자바 코드로 구현되었기 때문에 개발자가 프로그램 안에서 직접 사용할 수 있다.

- 애플리케이션 클래스 로더: sun.misc.Launcher$AppClassLoader를 말한다. Class Loader 클래스의 getSystemClassLoader() 메서드가 반환하는 클래스 로더라는 의미에서 시스템 클래스 로더라고도 한다. 클래스패스상의 클래스 라이브러리들을 로드하는 역할을 하며, 개발자가 자바 코드에서 직접 사용할 수 있다. 애플

---

19 rt.jar, tools.jar 같은 파일을 말하며 파일 '이름'으로 식별한다. 즉, lib 디렉터리에 위치하더라도 파일 이름을 다르게 바꿔 놓으면 로드하지 않는다.

리케이션에서 클래스 로더를 따로 만들어 이용하지 않는 경우 이 로더가 기본 클래스 로더가 된다.

JDK 8까지의 자바 애플리케이션들은 이 세 클래스 로더가 적절히 협력하여 로딩을 책임진다. 그리고 필요시 사용자가 직접 만든 클래스 로더를 추가할 수 있다. 사용자 정의 클래스 로더는 주로 로컬 디스크 외에 클래스 파일을 얻을 수 있는 위치를 추가하거나 클래스 격리 등의 기능을 구현하는 데 이용한다. 이상의 클래스 로더들의 협력은 '주로' 그림 7-2와 같은 모습으로 이루어진다.

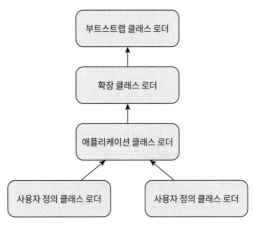

그림 7-2 클래스 로더 부모 위임 모델

그림 7-2와 같은 클래스 로더 간 계층 관계를 클래스 로더들의 부모 위임 모델이라고 한다. 가장 위에 자리한 부트스트랩 클래스 로더 외에는 부모가 있어야 한다. 이때 부모-자식 관계는 상속보다는 '주로' 콤포지션 관계로 구현하여 부모 로더의 코드를 재사용한다.

지금까지 클래스 로더 사이의 협력 관계를 설명하면서 '주로'라고 표현한 점을 놓치지 말기 바란다. 클래스 로더의 부모 위임 모델은 JDK 1.2 때 처음 소개된 이후로 거의 모든 자바 프로그램에서 널리 쓰였다. 하지만 필수가 아니라 자바 설계자들이 개발자들에게 권장하는 모범 사례라 할 수 있다.

부모 위임 모델이 어떻게 동작하는지 살펴보자.

클래스 로딩을 요청받은 클래스 로더는 처음부터 클래스 자체를 로드하려 시도하지 않는다. 그 대신 수준에 맞는 상위 클래스 로더로 요청을 위임한다. 따라서 모든 로드 요청은 우선 최상위인 부트스트랩 클래스 로더로 넘겨진다. 상위 로더가 자신이 처리할 요청이 아니라고 판단하면, 즉 요청받은 클래스가 자신의 검색 범위에 없다면 비로소 하위 로더가 시도한다.

클래스 로더를 부모 위임 모델로 구성하면 자바 클래스들이 자연스럽게 클래스 로더의 계층 구조를 따르게 된다는 이점이 생긴다. 예를 들어 rt.jar에 포함된 java.lang.Object 클래스의 로딩은 어떤 클래스 로더에 요청하더라도 최상위인 부트스트랩 클래스 로더가 처리한다. 즉, 프로그램이 아무리 많은 클래스 로더를 활용하더라도 Object 클래스는 모두 동일한 클래스임이 보장된다.

부모 위임 모델을 따르지 않으면 각 클래스 로더가 자체적으로 로드를 수행한다. 사용자가 직접 "java.lang.Object"라는 이름의 클래스를 작성하여 클래스패스에 넣어 버리면 서로 다른 Object 클래스들이 생겨나 버린다. 그러면 자바 타입 시스템에서 가장 기본이 되는 동작들이 보장받지 못하여 애플리케이션이 엉망이 될 것이다.

궁금한 독자들은 rt.jar 라이브러리가 제공하는 기본 클래스와 똑같은 이름의 클래스를 작성해 보자. 컴파일은 잘되겠지만 로드하여 실행할 수는 없을 것이다.[20]

부모 위임 모델은 자바 프로그램을 안정되게 운영하는 데 매우 중요하며, 다행히도 아주 쉽게 구현할 수 있다. 이 모델을 따르는 데는 코드 수십 줄이면 충분하고, 그마저도 java.lang.ClassLoader의 loadClass() 메서드에 집중되어 있다. 다음 코드를 보자.

코드 7-8 부모 위임 모델의 구현[21]

```
protected Class<?> loadClass(String name, boolean resolve)
        throws ClassNotFoundException
{
    synchronized (getClassLoadingLock(name)) {
        // 요청받은 클래스가 이미 로드되어 있는지 확인한다.
        Class<?> c = findLoadedClass(name);
        if (c == null) {
            try {
                if (parent != null) {
                    c = parent.loadClass(name, false);
                } else {
```

---

20 클래스 로더의 defineClass() 메서드를 오버라이딩하더라도 java.lang으로 시작하는 클래스는 로드할 수 없다. 실제로 시도하면 자바 가상 머신이 "java.lang.SecurityException: Prohibited package name: java.lang" 예외를 던질 것이다. (옮긴이) 모듈 개념이 도입된 JDK 9부터는 컴파일 단계부터 실패한다. 오류 메시지는 "error: package exists in another module: java.base package java.lang"이다.

21 (옮긴이) OpenJDK 8에서 발췌한 코드이며 성능 통계용 코드는 삭제했다.

```
                    c = findBootstrapClassOrNull(name);
                }
        } catch (ClassNotFoundException e) {
            // 부모 클래스 로더가 ClassNotFoundException를 넌신나는 것은
            // 부모 클래스 로더는 요청을 처리할 수 없다는 뜻이다.
        }

        if (c == null) {
            // 부모 클래스 로더가 실패하면
            // 자신의 findClass() 메서드를 호출하여 직접 시도한다.
            c = findClass(name);
        }
    }
    if (resolve) {
        resolveClass(c);
    }
    return c;
}
}
```

논리적으로 명확하고 이해하기 쉬울 것이다. 요청받은 클래스가 이미 로드되어
있는지 확인하고, 아직이라면 부모 로더의 loadClass()를 호출한다. 부모 로더가
null이면 부트스트랩 클래스 로더를 부모로 사용한다. 부모 로더가 로드에 실패하
여 ClassNotFoundException을 던지면 비로소 자신의 findClass()를 호출한다.

7.4.3 부모 위임 모델에 대한 도전

앞 절에서도 이야기했듯이 부모 위임 모델은 필수가 아니라 자바 설계자들이 권장
하는 모델이다. 자바 업계는 대부분 이 모델을 따르지만 예외는 있다. 자바에 모듈
시스템이 도입되기 전까지 부모 위임 모델은 크게 세 번의 거대한 도전에 직면했다.

첫 번째 도전은 사실 부모 위임 모델이 등장하기도 전, 즉 JDK 1.2가 탄생하기도
전에 있었다. 부모 위임 모델은 JDK 1.2 때 처음 소개되었지만 클래스 로더라는 개
념과 추상 클래스인 java.lang.ClassLoader는 자바의 태동부터 함께했다. 그래서
이 클래스 로더를 확장해 사용하던 개발자가 이미 나타났기 때문에 자바 설계자들
은 부모 위임 모델을 도입하기 위해 타협을 해야 했다. 기존 코드들과 호환되게끔
JDK 1 2의 ClassLoader는 loadClass()를 하위 클래스에서 오버라이딩하지 못하게
하고, 그 대신 protected 메서드인 findClass()를 추가했다. 그런 다음 자체 클래스
로더를 작성하는 개발자들에게 findClass()를 오버라이딩한 후 loadClass() 안에
서 호출하라고 안내했다.

앞 절에서는 부모 위임 모델의 로직이 담겨 있는 `loadClass()` 메서드를 분석해 보았다. 간략히 다시 정리하면 부모 로더가 로딩에 실패하면 자동으로 자신의 `find Class()` 메서드를 호출해 로딩을 완료한다. 클래스를 자신의 방식대로 로드하려는 사용자에게 영향을 주지 않으면서 새로 작성한 클래스 로더가 부모 위임 모델을 따르도록 보장하는 로직이다.

두 번째 도전은 부모 위임 모델 자체의 결함에서 기인했다. 부모 위임은 여러 클래스 로더가 협력하면서도 기본 타입을 일관되게 유지하는 훌륭한 해법이다. 더 기본에 해당할수록 상위 로더가 로드하기 때문이다. 기본 타입들은 사용자 코드들이 흔히 상속하거나 호출하는 API로 존재하기 때문에 '기본'이라고 하는 것이다. 하지만 프로그램 설계에는 완벽한 해법이란 없는 경우가 많다. 예컨대 사용자 코드를 거꾸로 다시 호출해야 하는 기본 타입이 존재한다면 어떻게 될까?

억지 시나리오가 아니다. 대표적인 예로 자바의 표준 서비스 중 하나인 JNDI를 들 수 있다. JNDI 코드는 부트스트랩 클래스 로더가 로드한다(JDK 1.3 때 rt.jar에 포함됨). 자바의 아주 기본 타입에 속한다는 뜻이다. 그런데 JNDI는 자원을 찾고 중앙에서 관리하는 역할을 한다. 즉, 다른 업체에서 구현해 클래스패스에 배포한 JNDI 서비스 공급자 인터페이스(이하 SPI)의 코드를 호출해야 한다. 여기서 문제가 생긴다. 부트스트랩 클래스 로더는 이 바깥세상의 코드를 인식하고 로드하는 게 불가능하다. 그렇다면 해법은 무엇일까?

이 딜레마를 해결하기 위해 자바 설계진은 덜 우아한 설계인 스레드별 콘텍스트 클래스 로더를 도입해야 했다. 이 로더는 `java.lang.Thread`의 `setContextClass Loader()` 메서드로 설정할 수 있다. 스레드 생성 시 따로 설정하지 않으면 부모 스레드의 로더를 물려받고, 애플리케이션 전역 범위로 설정하지 않는다면 기본적으로 애플리케이션 클래스 로더가 사용된다.

콘텍스트 클래스 로더를 이용하면 프로그램을 속일 수 있다. JNDI 서비스는 이 로더를 사용하여 필요한 SPI 서비스 코드를 로드한다. 그러면 부모 클래스 로더가 로딩을 자식 로더에 요청한다. 즉, 클래스 로딩 계층의 중간에서 부모 위임 모델의 원칙을 역행하는 샛길을 트는 꼴이다. JNDI, JDBC, JCE, JAXB, JBI와 같이 자바에서 SPI와 관련한 로딩은 기본적으로 이 방식으로 이루어진다. 그러나 SPI에 서비스 공급자가 둘 이상이면 공급자 유형을 보고 어느 하나만 이용하게 하드코딩해야 한다. 매우 부적절한 이 문제를 해소하기 위해 JDK 6에서는 `java.util.ServiceLoader` 클래스와 META-INF/services 안에 구성 정보를 제공하여 부모 위임 모델을 보완했다. SPI 로딩용으로는 비교적 합리적인 해법이다.

세 번째는 사용자들이 프로그램에 동적인 능력을 부여하길 원해 직면한 도전이다. 여기서 '동적'이란 코드 핫 스와프, 모듈 핫 배포 등 흔히 '핫'이라고 표현하는 특성을 말한다. 비유하자면 마우스나 키보드를 교체해도 컴퓨터를 재부팅하지 않아도 되듯이, 자바 애플리케이션도 구성 요소들을 런타임에 교체하거나 추가할 수 있게 하는 것이다. 일반적으로 개인용 컴퓨터는 재부팅한다고 해서 크게 문제가 되지 않지만 서비스 중인 시스템에서는 '사고'로 분류될 수도 있다. 그래서 핫 배포는 소프트웨어 개발자, 특히 대규모 시스템이나 기업용 소프트웨어 개발자에게는 매우 매력적인 기술이다.

이미 2008년에 모듈화 명세를 둘러싼 첫 번째 전쟁에서 썬·오라클이 제안한 JSR 294[22]와 JSR 277[23]은 IBM이 제안한 JSR 291(OSGi R4.2)에 의해 패한 바 있다. 자바 모듈화 주도권을 잃고 싶지 않던 썬·오라클은 직소 프로젝트를 꺼내 들었지만, 당시 IBM을 중심으로 하는 OSGi는 수많은 애플리케이션을 확보하며 사실상 자바 모듈화 표준으로 인식되었다. 그리고 직소가 표준으로 편입된 JDK 9가 발표될 때까지 오랫동안 영향력을 행사했다. 이제는 직소가 표준이 되었지만 OSGi의 핫 배포가 주는 이점을 완벽히 대체하기는 어렵다. 모듈들을 캡슐화해 격리하고 모듈 사이의 접근 제어 문제를 정적으로 해결하는 데에도 한계가 있다. 이 내용은 7.5절에서 자세히 설명하겠다. 그 전에 OSGi가 클래스 로더를 이용해 핫 배포를 구현하는 방법을 간략하게 살펴보자.

OSGi가 제공하는 모듈 핫 배포의 핵심은 독자적인 클래스 로더 메커니즘에서 온다. 프로그램 모듈을 OSGi에서는 번들이라고 한다. 번들 각각은 자체 클래스 로더를 지니고 있다. 번들을 교체해야 할 때는 핫 코드 교체를 위해 자체 클래스 로더와 함께 교체된다. OSGi 환경에서 클래스 로더는 부모 위임 모델이 권장하는 트리 구조를 따르지 않고 더 복잡한 네트워크 구조로 확장된다. 클래스 로드 요청을 받으면 OSGi는 다음 순서로 클래스를 검색한다.

1. java.*로 시작하는 클래스라면 부모 클래스 로더에 위임한다.
2. OSGi 프레임워크의 부트 위임 목록에 포함된 클래스라면 부모 클래스 로더에 위임한다.

---

22 JSR 294: Improved Modularity Support in the Java Programming Language
23 JSR 277: Java Module System

3. 그렇지 않으면 임포트 목록에 있는 클래스들을 익스포트된 클래스가 속한 번들의 클래스 로더에 위임한다.

4. 그렇지 않으면 현재 번들의 클래스패스를 찾아 자체 클래스 로더로 로드한다.

5. 그렇지 않으면 대상 클래스가 자체 프래그먼트 번들 안에 있는지 확인한다. 그렇다면 해당 프래그먼트 번들의 클래스 로더에 위임한다.

6. 그렇지 않으면 동적 임포트 목록에서 번들을 찾아서 해당 번들의 클래스 로더에 위임한다.

7. 그렇지 않으면 클래스 검색이 실패한다.

보다시피 처음 두 단계만 부모 위임 모델을 따르고, 나머지는 각 상황을 책임지는 클래스 로더에서 수행됨을 알 수 있다. OSGi 모델은 자바 모듈 표준화 경쟁에서 사실상 밀려났기 때문에 더 자세히 설명하지는 않겠다.

부모 위임 모델의 원칙에 부합하지 않는 동작을 설명하고자 '도전'이라고 표현했지만 꼭 부정적인 의미는 아니었다. 전통적인 부모 위임 모델과 다른 길을 걸은 OSGi처럼 분명한 목적과 합당한 이유가 있다면, 오래된 원칙을 타파하는 것은 오히려 혁신이라 할 수 있다. 하지만 핫 배포라는 이점을 얻는 대신 복잡성이 크게 증가하기 때문에 업계에서도 논란이 많았다. 그래도 이 분야를 깊이 이해하고 싶은 기술 전문가라면 OSGi가 선택한 방식도 공부해 둘 가치가 있다는 데 동의할 것이다.

7.5 자바 모듈 시스템

직소 프로젝트의 결과로 JDK 9에 도입된 모듈 시스템(JPMS)은 자바 기술에 있어 중요한 개선이다. 모듈화라는 '자유롭게 설정 가능한 캡슐화 격리 메커니즘'을 만들기 위해 자바 가상 머신은 클래스 로딩 아키텍처를 적절히 변형했다. JDK 9의 모듈은 JAR 패키지 같은 단순한 코드 컨테이너가 아니다. 자바 모듈 정의에는 코드 외에도 다음 내용이 포함된다.

- requires: 다른 모듈에 대한 의존성 목록
- exports: 다른 모듈에서 사용할 수 있는 패키지 목록
- open: 다른 모듈에서 리플렉션 API로 접근할 수 있는 패키지
- uses: 현재 모듈이 사용할 서비스 목록
- provides: 다른 모듈에 제공하는 서비스 목록

클래스패스에 기초하던 JDK 8까지의 의존성 관리 방식은 안정성에 문제가 있었다. 자바 모듈 시스템은 이 문제를 개선한다. 이전까지는 필요한 타입이 클래스패스에 있더라도 프로그램이 그 타입을 처음 사용하려 할 때에서야 비로소 예외가 보고되었다. 반면 JDK 9부터는 모듈이 의존하는 다른 모듈들을 명시할 수 있어서, 필요한 의존성이 모두 갖춰졌는지 애플리케이션 개발 단계에서 확인할 수 있다. 의존성이 누락되었다면 애플리케이션은 시작 자체를 못하기 때문에 런타임 예외를 상당 부분 피할 수 있다.[24]

자바 모듈 시스템은 또한 클래스패스에 존재하는 JAR 파일 전반의 public 타입들에 접근할 수 있던 문제도 해결한다. 이전까지는 public 타입이라면 프로그램 코드 어디서든 이용할 수 있었다. 하지만 JDK 9부터는 다르다. 자바 모듈은 pubilc 타입 중에서도 외부 모듈에 공개할 타입을 따로 명시하게 함으로써 접근 권한을 더 세분화해 관리한다. 이러한 접근 통제는 주로 클래스 로딩 과정에서 이루어진다. 구체적인 내용은 앞서 '7.3.4 해석'에서 설명했다.

7.5.1 모듈 호환성

자바 모듈 시스템이 기존 클래스패스 방식과 호환되도록 하기 위해 JDK 9에서는 클래스패스에 해당하는 모듈패스 개념을 도입했다. 간단히 말하면, 클래스 라이브러리의 위치에 따라 모듈인지 아니면 전통적인 JAR 패키지인지 결정된다. JAR 파일을 클래스패스에 배치하면 모듈 정보(module-info.class)를 포함하고 있더라도 JAR 패키지로 취급된다. 반대로 모듈패스에 배포된 JAR 파일은 JMOD 접미사도 사용하지 않고 module-info.class 파일을 포함하지 않더라도 모듈로 취급된다.

자바 설계진은 클래스패스 방식의 기존 자바 애플리케이션도 아무런 수정 없이 JDK 9 이상의 최신 환경에서 실행할 수 있도록 다음 규칙을 적용했다. JDK 자체는 자바 SE의 표준 클래스 라이브러리 전체를 이미 모듈화해 두었지만, 이 규칙들 덕에 기존 프로그램도 표준 클래스 라이브러리 모듈들이 익스포트한 패키지에 문제없이 접근할 수 있다.

- 클래스패스상의 JAR 파일용 접근 규칙: 클래스패스에 있는 모든 JAR 파일과 기타 리소스 파일은 자동으로 익명 모듈(unnamed module)로 패키징된 것으로

---

24 모듈화를 적용한다고 해서 ClassNotFoundExcepiton 부류의 예외가 완전히 사라진다는 뜻은 아니다. 예를 들어 공개 패키지에서 일부 타입(클래스·인터페이스)을 제거한 후 모듈의 익스포트 목록에 반영하지 않으면 문제가 된다. 이 경우 프로그램이 시작은 되지만 런타임에 클래스 로딩 예외가 발생할 수 있다.

간주한다. 익명 모듈은 격리 효과가 거의 없어서 클래스패스상의 모든 패키지, JDK의 시스템 모듈들이 익스포트한 모든 패키지, 모듈패스상의 모듈들에서 익스포트한 모든 패키지를 보고 사용할 수 있다.

- 모듈패스상의 모듈용 접근 규칙: 모듈패스에 존재하는 명명된 모듈(named module)은 자신의 의존성 정의에서 명시한 모듈과 패키지에만 접근할 수 있다. 익명 모듈의 모든 내용은 명명된 모듈에서 볼 수 없다. 즉, 명명된 모듈은 기존 방식의 JAR 패키지 내용을 볼 수 없다.

- 모듈패스상의 JAR 파일용 접근 규칙: 모듈 정의가 포함되지 않은 기존 JAR 파일을 모듈패스에 넣어 두면 자동으로 모듈이 된다. module-info.class 파일이 없는 모듈은 기본적으로 자신의 패키지 모두를 익스포트하며, 모듈패스에 존재하는 다른 모든 모듈에 의존한다. 따라서 기존 방식의 JAR는 모든 모듈에서 접근할 수 있다.

이상의 규칙 덕에 옛 클래스패스 방식을 따르는 자바 애플리케이션도 JDK 9로 매끄럽게 업그레이드할 수 있다. 단, 클래스 로더가 변경되어 몇 가지 사소한 영향이 있을 수 있다(다음 절 참고). 프로젝트 설정에서도 JAR로 묶어 배포하는 기존 방식을 유지할 수 있다.

이상으로 JDK 9가 도입한 모듈 시스템이 기존 버전과 잘 어우러지는지 살펴보았다. 다음은 모듈들 사이의 관리와 호환성을 살펴볼 차례다.

일반적으로 잘 관리되는 모듈이라면 버전이 꾸준히 업그레이드되면서 자연스럽게 여러 가지 릴리스 버전이 생겨난다. 따라서 필요한 의존성을 확실하게 보장받으려면 컴파일하고 패키징할 때 모듈의 올바른 버전을 개발자가 선택할 수 있어야 한다. 하지만 현시점의 자바 모듈 시스템은 모듈 정의에 버전 번호를 부여할 수 없다. 따라서 버전이 여러 개일 수 있다는 개념과 버전 선택 기능을 지원하지 않는다. 이와 관련하여 비판이 많지만 모듈 시스템이 목표하는 바에 대한 오라클의 입장은 분명하다.[25] java 명령, 표준 클래스 라이브러리의 API,《자바 가상 머신 명세》에서 정의한 클래스 파일 구조에서 증거를 쉽게 찾을 수 있다. 예를 들어 터미널에서 java --list-modules 명령을 실행하면 모듈 목록이 출력되는데 다음처럼 끝에 버전 번호가 붙어 있다.

---

[25] 직소 프로젝트의 목적 중 '버전' 관련: *http://openjdk.java.net/projects/jigsaw/goals-reqs/03#versioning*

```
java.base@17
java.compiler@17
java.datatransfer@17
java.desktop@17
java.instrument@17
java.logging@17
java.management@17
...
```

JDK 9에서 클래스 파일 구조에 Mudule 속성이 추가되었고, 그 안에는 module_ver
sion_index라는 필드가 있다. 그리고 모듈 버전은 개발자가 javac --module-version
명령으로 컴파일할 때 지정할 수 있다. 또한 자바 클래스 라이브러리 API는 java.
lang.module.ModuleDescriptor.Version과 같은 인터페이스를 제공하여 런타임에
특정 모듈의 버전을 확인할 수 있다.

종합해 보면 자바 모듈 시스템에서 말하는 버전 개념은 컴파일타임에 국한되지
않음을 알 수 있다. 그런데 직소의 공식 명세서는 물론 자바원 콘퍼런스에서의 발
표 내용에서도 "자바 플랫폼 모듈 시스템은 OSGi를 대체하지 않는다", "자바 플랫
폼 모듈 시스템은 모듈 버전을 지원하지 않는다"라며 반복해서 강조하고 있다.

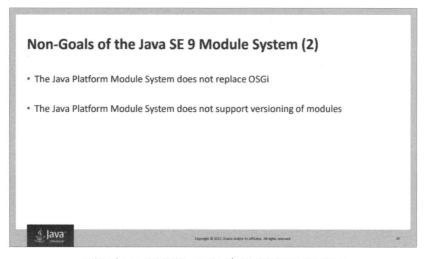

그림 7-3 'JDK 9 자바 플랫폼 모듈 시스템' 관련 자바원 2017 발표 자료 중

오라클은 모듈 시스템이 기술적으로 너무 복잡해지지 않기를 원했다. 하지만 직소
를 놓고 '오라클 대 IBM-레드햇'이 치열하게 대립한 과거[26]를 감안하면, 현재 설계

26 JDK 9이 탄생하기까지 어떤 일들이 있었는지는 1.3절 참고

가 두 진영이 타협한 결과가 아니라 순전히 기술적인 이유 때문이라고 확신하기는 어렵다. 즉, IBM의 지원을 이끌어 내기 위해 또는 적어도 반대하지는 않도록 하기 위해 OSGi에 숨 쉴 공간을 제공한 것으로 보인다. 결과적으로 자바 모듈 시스템에 서는 OSGi와 달리 런타임에 같은 모듈의 여러 버전이 공존하면서 동적으로 교체, 배포하는 건 거의 불가능하다.

하지만 이런 특성은 애플리케이션을 모듈화하는 가장 큰 원동력으로 작용하기도 한다. JDK 9 이후로는 그림 7-4와 같이 OSGi와 자바 모듈 시스템을 혼합할 수 있지 만, 그러면 의심할 여지없이 매우 복잡해진다. 자바 모듈 시스템과 자바 가상 머신 은 기본적으로 모듈의 런타임 배포와 교체를 지원하지 않는다. 클래스 로더를 이용 해 구현할 수는 있지만 매우 불편하다.

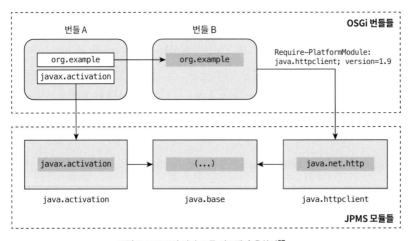

그림 7-4 OSGi와 자바 모듈 시스템 혼용하기[27]

사실 자바 가상 머신에 내장된 JVMTI 인터페이스(java.lang.instrument.Instru mentation)를 이용하면 런타임에 클래스를 어느 정도 수준까지는 수정할 수 있다 (RedefineClass, RetransformClass). 하지만 제약이 많으며[28] OSGi와 같은 핫 스와 프를 사용하거나 여러 버전이 공존하도록 하는 데 직접 사용할 수는 없다. 그 대신 IntelliJ IDEA나 이클립스 같은 통합 개발 환경에서 메서드 본문을 핫 스와프하는 데 잘 활용하고 있다(통합 개발 환경에서 메서드 본문 코드를 수정한 다음, 애플리케 이션 재시작 없이 바로 반영).

---

27 그림 출처: *https://www.infoq.com/articles/java9-osgi-future-modularity-part-2*
28 기존 메서드의 본문 내용은 수정할 수 있지만, 새로운 메서드를 추가하거나 기존 메서드의 시그너처를 수 정할 수는 없다.

한편 런타임 타입 교체를 지원하기 위한 연구 프로젝트인 DCEVM은 메모리에 로드된 클래스를 성능 손실 없이 임의로 수정할 수 있게 했다. 하지만 안타깝게도 오랜 기간 업데이트되지 못하고, 최신 버전이 여전히 JDK 11을 지원하는 데 머물러 있다.[29]

7.5.2 모듈화 시대의 클래스 로더

JDK 9도 하위 호환을 위해 JDK 1.2 이후 20년 이상 유지해 온 3계층 클래스 로더 아키텍처와 부모 위임 모델의 근간을 흔들지는 않았다. 다만 모듈 시스템을 원활하게 구현하기 위해 모듈 시스템하에서의 클래스 로더에는 몇 가지 주목할 만한 변화를 피할 수 없었다. 주요 변경점은 다음과 같다.

첫째, 확장 클래스 로더가 플랫폼 클래스 로더로 대체되었다. 생각해 보면 논리적으로 매우 당연한 변화다. JDK 전체가 모듈화되면서(기존 rt.jar와 tools.jar가 수십 개의 JMOD 파일로 분할됨) 모듈들 안의 클래스 라이브러리들은 자연스럽게 확장성 요구 사항을 충족하게 되었다. 그 결과 JDK의 기능을 확장하기 위해 쓰이던 JAVA_HOME/lib/ext 디렉터리나 java.ext.dirs 시스템 변수를 사용하는 이전 방식을 유지할 필요가 없어졌다. 확장 클래스 로더가 하던 일이 더는 가치가 없게 되었다는 뜻이다.

같은 이유에서 JDK 9부터는 JAVA_HOME/jre 디렉터리도 사라졌다. 자바 애플리케이션을 실행하는 데 필요한 JRE 역시 언제든 모듈들을 조합해 구성하면 되기 때문이다. 예를 들어 애플리케이션이 java.base 모듈만 사용한다면 다음 명령으로 필요한 JRE를 패키징할 수 있다.

```
jlink -p $JAVA_HOME/jmods --add-modules java.base --output jre
```

둘째, 플랫폼 클래스 로더와 애플리케이션 클래스 로더가 더는 java.net.URLClassLoader로부터 파생되지 않는다. 그래서 기존 상속 관계나 URLClassLoader 클래스의 특정 메서드에 직접 의존하는 프로그램은 JDK 9 이상에서는 충돌할 수 있다.

최신 부트스트랩 클래스 로더, 플랫폼 클래스 로더, 애플리케이션 클래스 로더는 모두 jdk.internal.loader.BuiltinClassLoader에서 파생된다. 즉, 새로운 모듈식 아키텍처에서는 모듈에서 클래스를 로드하는 방법과 모듈 간 접근 처리 로직이

---

29 Trave-jdk-11-dcevm: *https://github.com/TravaOpenJDK/trava-jdk-11-dcevm*

BuiltinClassLoader에 구현되어 있다. 구조가 어떻게 달라졌는지 그림 7-5와 그림 7-6에서 확인해 보기 바란다.

그림 7-5 JDK 8까지의 클래스 로더 상속 구조

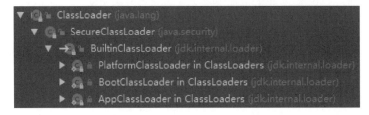

그림 7-6 JDK 9 이후의 클래스 로더 상속 구조

그림 7-6을 잘 보면 BootClassLoader가 눈에 띌 것이다. 바로 부트스트랩 클래스 로더를 구현한 자바 클래스다. 앞서 이야기했듯이 이전까지는 C++로 따로 구현하여 자바 클래스 형태로는 존재하지 않았다. 하지만 이전 코드와도 호환되도록 Object.class.getClassLoader()처럼 부트스트랩 클래스 로더를 얻는 모든 시나리오에서 여전히 BootClassLoader 인스턴스가 아닌 null을 반환한다.

마지막으로 JDK 9는 3계층 클래스 로더와 부모 위임 모델을 여전히 유지하지만 클래스 로딩의 위임 관계에는 변화를 주었다. 클래스 로딩을 요청받은 플랫폼 및 애플리케이션 클래스 로더는 부모 로더에 위임하기 전에 해당 클래스가 특정 시스템 모듈에 속하는지 확인한다. 특정 시스템 모듈에 속한다면 (부모 로더가 아닌) 해당 모듈을 담당하는 로더에 위임한다. 부모 위임 모델에 대한 네 번째 도전이라고 볼 수도 있을 것이다. JDK 9 이후 3계층 클래스 로더 아키텍처는 그림 7-7과 같다. 그림 7-2와 비교해 보기 바란다.

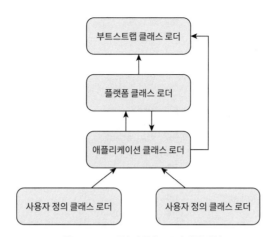

그림 7-7 JDK 9 이후의 클래스 로더 위임 방식

자바 모듈 시스템의 세 가지 클래스 로더는 각각 다음 모듈을 담당한다.

- 부트스트랩 클래스 로더가 담당하는 모듈:

java.base	java.security.sasl
java.datatransfer	java.xml
java.desktop	jdk.httpserver
java.instrument	jdk.internal.vm.ci
java.logging	jdk.management
java.management	jdk.management.agent
java.management.rmi	jdk.naming.rmi
java.naming	jdk.net
java.prefs	jdk.sctp
java.rmi	jdk.unsupported

- 플랫폼 클래스 로더가 담당하는 모듈:

java.activation*	jdk.accessibility
java.compiler*	jdk.charsets
java.corba*	jdk.crypto.cryptoki
java.scripting	jdk.crypto.ec
java.se	jdk.dynalink
java.se.ee	jdk.incubator.httpclient
java.security.jgss	jdk.internal.vm.compiler*
java.smartcardio	jdk.jsobject
java.sql	jdk.localedata
java.sql.rowset	jdk.naming.dns
java.transaction*	jdk.scripting.nashorn
java.xml.bind*	jdk.security.auth
java.xml.crypto	jdk.security.jgss

```
java.xml.ws*              jdk.xml.dom
java.xml.ws.annotation*   jdk.zipfs
```

- 애플리케이션 클래스 로더가 담당하는 모듈:

```
jdk.aot                jdk.jdeps
jdk.attach             jdk.jdi
jdk.compiler           jdk.jdwp.agent
jdk.editpad            jdk.jlink
jdk.hotspot.agent      jdk.jshell
jdk.internal.ed        jdk.jstatd
jdk.internal.jvmstat   jdk.pack
jdk.internal.le        jdk.policytool
jdk.internal.opt       jdk.rmic
jdk.jartool            jdk.scripting.nashorn.shell
jdk.javadoc            jdk.xml.bind*
jdk.jcmd               jdk.xml.ws*
jdk.jconsole
```

7.6 마치며

이번 장에서는 클래스를 로드하는 다섯 단계(로딩, 검증, 준비, 해석, 초기화)에서 가상 머신이 수행하는 일을 소개했다. 또한 클래스 로더 동작 방식과 의미를 설명했다.

6장과 7장을 통해 여러분은 클래스 파일에서 클래스를 기술하는 방식과 가상 머신이 클래스를 읽어 들이는 방법을 비교적 체계적으로 이해했을 것이다. 다음 8장에서는 자바 가상 머신의 실행 엔진을 들여다보고, 가상 머신이 클래스 파일에 담긴 바이트코드를 어떻게 실행하는지도 살펴보겠다.

8장

바이트코드 실행 엔진

8.1 들어가며

실행 엔진은 자바 가상 머신의 핵심 구성 요소다. '가상 머신'은 '물리 머신'에 대한 상대적인 개념이다. 두 머신 모두 코드를 실행하는 기능을 한다. 단, 물리 머신의 실행 엔진은 프로세서, 캐시, 명령어 집합, 운영 체제 수준에서 직접 구현되는 반면, 가상 머신의 실행 엔진은 순수하게 소프트웨어로만 구현된다. 따라서 명령어 집합의 구조와 실행 엔진을 물리적 제약 없이 원하는 대로 만들 수 있다. 하드웨어에서 직접 지원하지 않는 명령어 집합도 실행할 수 있다는 뜻이다.

《자바 가상 머신 명세》는 바이트코드 실행 엔진의 개념 모델을 정의하고 있고, 이 모델이 주요 업체의 자바 가상 머신 실행 엔진들에 통일성을 심어 주는 핵심이다. 가상 머신 구현에서 실행 엔진이 바이트코드를 실행하는 방법은 해석 실행(인터프리터를 통한 실행)과 컴파일 실행(JIT 컴파일러로 네이티브 코드 생성 후 실행) 중 하나다.[1] 물론 실행 엔진 하나에서 둘 다 포함할 수도, 수준이 다른 여러 JIT 컴파일러를 혼용할 수도 있다.

어떤 방식을 택하든 모든 자바 가상 머신의 실행 엔진은 똑같은 입력에 똑같은 출력을 낸다. 입력은 바이너리 바이트 스트림이고, 이 바이트코드를 해석해 실행한 다음, 실행 결과를 출력으로 낸다. 이번 장에서는 주로 개념 모델 관점에서 가상 머신의 메서드 호출과 바이트코드 실행에 대해 설명한다.

---

1   참고로 썬의 클래식 VM은 인터프리터만 내장하고 있었으며, 반대로 BEA JRockit은 JIT 컴파일러만 내장하고 있었다.

8.2 런타임 스택 프레임 구조

자바 가상 머신은 메서드를 가장 기본적인 실행 단위로 사용하며, 메서드 호출과 실행을 뒷받침하는 내부 데이터 구조로 스택 프레임을 이용한다. 스택 프레임은 가상 머신 런타임 데이터 영역에 있는 가상 머신 스택[2]의 요소이기도 하다. 스택 프레임에는 메서드의 지역 변수 테이블, 피연산자 스택, 동적 링크, 반환 주소와 같은 정보가 담긴다. 6장을 주의 깊게 읽었다면 클래스 파일 구조의 메서드 테이블에서 이러한 개념이 실제로 어떻게 구현되는지 찾을 수 있을 것이다. 메서드 호출 시작부터 실행 종료까지 과정은 스택 프레임을 가상 머신 스택으로 푸시하는 작업에 해당한다.

스택 프레임 각각에는 지역 변수 테이블, 피연산자 스택, 동적 링크, 메서드 반환 주소와 몇 가지 추가 정보가 담겨 있다. 자바 프로그램의 소스 코드를 컴파일할 때 스택 프레임에 넣을 지역 변수 테이블의 크기와 피연산자 스택에 필요한 깊이를 계산하여 메서드 테이블[3]의 Code 속성에 기록한다. 즉, 스택 프레임에 할당해야 하는 메모리 크기는 프로그램 실행 중에는 영향을 받지 않고, 오로지 프로그램 소스 코드와 특정 가상 머신 구현의 스택 메모리 레이아웃에 달려 있다.

스레드의 메서드 호출 체인은 매우 길 수 있다. 자바 프로그램 관점에서는 특정 시점에 한 스레드의 호출 스택에 쌓여 있는 메서드는 모두 현재 실행 중인 상태다. 하지만 실행 엔진 관점에서는 활성 스레드에서 스택 맨 위에 있는 메서드만 실행 중이며, 스택 맨 위에 있는 스택 프레임만 유효하다. 이를 현재 스택 프레임이라 하고, 이 스택 프레임이 대변하는 메서드를 현재 메서드라고 한다.

실행 엔진이 실행하는 모든 바이트코드 명령어는 현재 스택 프레임에서만 작동한다. 개념 모델에서 일반적인 스택 프레임 구조는 그림 8-1과 같다.

그림 8-1은 가상 머신 스택과 스택 프레임의 전체 구조를 보여 준다. 이제부터 지역 변수 테이블, 피연산자 스택, 동적 링크, 반환 주소, 그 외 스택 프레임의 다른 부분의 기능과 데이터 구조를 자세히 알아보자.

---

2   자세한 내용은 2.2절의 관련 내용 참고
3   자세한 내용은 6.3.7절의 관련 내용 참고

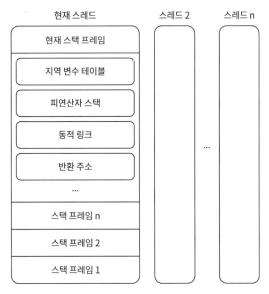

현재 스레드   스레드 2   스레드 n

현재 스택 프레임

지역 변수 테이블

피연산자 스택

동적 링크

반환 주소

...

스택 프레임 n

스택 프레임 2

스택 프레임 1

...

그림 8-1 스택 프레임의 개념 모델

8.2.1 지역 변수 테이블

지역 변수 테이블은 메서드 매개 변수와 메서드 안에서 정의된 지역 변수를 저장하는 공간이다. 자바 프로그램을 클래스 파일로 컴파일할 때 메서드에 할당해야 하는 지역 변수 테이블의 최대 용량은 메서드의 Code 속성 중 max_locals 항목에 기록된다.

지역 변수 테이블의 용량 기준은 가장 작은 단위인 변수 슬롯이다. 《자바 가상 머신 명세》는 변수 슬롯이 차지하는 메모리 공간의 크기는 명시하지 않았지만 변수 슬롯 하나가 boolean, byte, char, short, int, float, 참조 타입, returnAddress를 저장할 수 있어야 한다고 규정했다. 이 데이터 타입들은 모두 32비트 이하의 물리 메모리만 차지한다. 그렇더라도 "변수 슬롯 하나의 크기는 32비트다"라고 명시하는 것과는 근본적으로 다르다. 64비트 가상 머신에서는 변수 슬롯을 64비트로 구현하기도 한다.

자바 가상 머신의 데이터 타입은 앞에서 설명했으니 여기서는 간략하게만 되짚어 보겠다.

변수 슬롯은 32비트 이하의 데이터 타입을 저장할 수 있으며 자바에서 32비트 이하의 공간을 차지하는 데이터 타입은 boolean, byte, char, short, int, float, 참조 타입,[4] returnAddress다. 처음 6개 타입은 자바 언어의 해당 타입을 생각하면 되니 따로 설명하지 않겠다.

일곱 번째인 참조 타입은 객체 인스턴스를 가리키는 참조를 뜻한다. 《자바 가상 머신 명세》는 참조의 길이나 구조를 명시하지 않았다. 하지만 일반적으로 자바 가상 머신은 다음 두 가지 정보를 처리한다. 첫째, 참조가 가리키는 객체의 자바 힙 내에서의 시작 주소 또는 인덱스를 직간접적으로 알 수 있다. 둘째, 참조가 가리키는 객체의 타입 정보를 직간접적으로 알 수 있다. 이 두 조건을 충족하지 못하면 《자바 언어 명세》에 정의된 구문 규칙을 구현할 수 없다.[5]

여덟 번째인 returnAddress 타입은 좀 특별하다. 이 타입은 바이트코드 명령어 jsr, jsr_w, ret에 다른 바이트코드 명령어의 주소를 알려 주는 용도로 쓰인다. 일부 예전 자바 가상 머신들은 예외 처리 시 다른 코드로 점프하는 데 이 명령어들을 이용했지만, 지금은 모두 예외 테이블을 사용하도록 바뀌었다.

64비트 데이터 타입의 경우 자바 가상 머신은 연속된 두 개의 변수 슬롯을 고차 정렬(high-order alignment) 방식으로 연결해 할당한다. 자바 언어에서 이용하는 64비트 데이터 타입은 long과 double뿐이다. 64비트 데이터를 32비트 슬롯 두 개에 분할해 저장한다는 말에서 "long과 double 타입의 읽기와 쓰기는 32비트씩 나눠 수행되어 원자적이지 않다"[6]라는 이야기가 떠오를 것이다. 하지만 지금 주제인 지역 변수 테이블은 스레드 스택에 스레드별로 따로 만들어지기 때문에 데이터 경합이나 스레드 안전 문제는 생기지 않는다.

자바 가상 머신은 지역 변수 테이블을 인덱스 방식으로 이용한다. 인덱스 값의 범위는 0부터 지역 변수 테이블이 담을 수 있는 변수 슬롯의 최대 개수까지다. 32비트 변수에 접근할 경우 인덱스 N은 N번째 변수 슬롯을 뜻한다. 64비트 변수라면 N번째와 N + 1번째 변수 슬롯을 동시에 사용한다는 뜻이다. 인접한 두 변수 슬롯이 공동으로 하나의 64비트 데이터를 저장한다면 자바 가상 머신이 그중 한 슬롯에만 독립적으로 접근하지는 못한다. 《자바 가상 머신 명세》는 이런 접근을 유발하는 바이트코드를 발견하면 클래스 로딩 중 검증 단계에서 예외를 던지도록 했다.

---

4 참조 타입의 길이는 《자바 가상 머신 명세》에 명시되어 있지 않다. 그래서 가상 머신이 32비트냐, 64비트 냐 또는 64비트 가상 머신이 객체 포인터를 압축하여 최적화하느냐 등의 요인에 따라 크기가 달라질 수 있다. 이 책에서는 당분간 32비트 가상 머신을 기준으로 설명하겠다.
5 언어에 따라 객체 참조가 이 두 조건을 충족하지 못하는 경우도 있다. 예를 들어 C++는 (RTTI 지원을 활성화하지 않는 한) 기본적으로 첫 번째 조건만 충족한다. 자바가 기본으로 지원하는 리플렉션 기능을 C++는 지원하지 않는 이유이기도 하다.
6 long과 double은 비원자적으로 취급한다. 관련 문제는 '12장 자바 메모리 모델과 스레드' 참고

메서드 호출 시 매개 변수들도 지역 변수 테이블을 통해 전달된다. 그림 8-2는 인스턴스 메서드(static으로 선언되지 않은 메서드)가 호출될 때 지역 변수 테이블에 추가되는 변수들의 순서를 보여 준다.

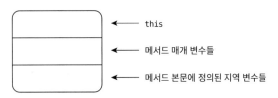

그림 8-2 인스턴스 메서드의 지역 변수 슬롯에 매개 변수들이 채워지는 순서

보다시피 기본적으로 0번째(인덱스 0) 변수 슬롯에는 메서드가 속한 객체 인스턴스의 참조를 전달한다. 이 암묵적 매개 변수 덕분에 메서드 안에서 this 키워드를 사용할 수 있는 것이다. 나머지 매개 변수들은 매개 변수 테이블의 순서대로 첫 번째 변수 슬롯부터 차례로 차지한다. 그 후에는 메서드 본문에서 정의한 변수들이 정의 순서와 유효 범위에 따라 할당된다.

스택 프레임이 소비하는 메모리를 절약하기 위해 변수 슬롯을 재사용하기도 한다. 메서드 본문에 정의된 변수의 유효 범위는 메서드 본문 전체가 아닐 수 있다. 따라서 현재 바이트코드를 가리키는 프로그램 카운터의 값이 변수의 유효 범위를 벗어나면 해당 변수를 담고 있던 변수 슬롯을 다른 변수를 담는 데 재사용할 수 있다.

변수 슬롯을 재사용하면 스택 프레임의 공간을 절약할 수 있지만 몇 가지 부작용이 따른다. 예를 들어 상황에 따라서는 시스템의 가비지 컬렉션 동작에 영향을 주기도 한다. 이어지는 코드 8-1부터 8-3의 예를 참고하자.

코드 8-1 변수 슬롯 재사용과 가비지 컬렉션(1)

```
public static void main(String[] args) {
    byte[] placeholder = new byte[64 * 1024 * 1024];  // 64MB
    System.gc();
}
```

코드 8-1은 64MB짜리 데이터로 메모리를 채운 다음 가비지 컬렉션을 수행하라고 가상 머신에 통보한다. 가상 머신 실행 시 –verbose:gc 매개 변수를 추가하여 가비지 컬렉션 정보를 확인하면, System.gc() 수행 후에도 64MB 메모리가 회수되지 않았음을 알 수 있다. 실행 결과는 다음과 같다.

```
[0.138s][info][gc] Using G1
[0.310s][info][gc] GC(0) Pause Full (System.gc()) 67M->65M(227M) 3.187ms
```

코드 8-1에서는 placeholder가 차지한 메모리를 회수하지 않는 게 합당하다. Sys
tem.gc()가 실행되는 시점에 placeholder 변수는 유효 범위를 벗어나지 않았기 때
문이다. 이제 코드를 다음처럼 수정해 보자.

코드 8-2 변수 슬롯 재사용과 가비지 컬렉션(2)

```java
public static void main(String[] args) {
    {
        byte[] placeholder = new byte[64 * 1024 * 1024];
    }
    System.gc();
}
```

중괄호를 추가하여 placeholder의 범위를 제한했다. 즉, 논리적으로 보면 System.
gc()가 실행될 때 placeholder는 유효 범위를 벗어났으므로 더 이상 접근할 수 없
다. 하지만 이번 코드에서도 여전히 메모리가 회수되지 않는다.

```
[0.018s][info][gc] Using G1
[0.207s][info][gc] GC(0) Pause Full (System.gc()) 67M->65M(227M) 3.604ms
```

이유가 무엇일까? 이유를 설명하기 전에 한 가지 상황을 더 실험해 보겠다.

코드 8-3 변수 슬롯 재사용과 가비지 컬렉션(3)

```java
public static void main(String[] args) {
    {
        byte[] placeholder = new byte[64 * 1024 * 1024];
    }
    int a = 0;  // 새로 추가한 코드
    System.gc();
}
```

이 코드만으로는 결과를 설명하기 어렵지만, 어쨌든 코드 8-3을 실행하면 드디어
메모리가 올바르게 회수된다.

```
[0.018s][info][gc] Using G1
[0.223s][info][gc] GC(0) Pause Full (System.gc()) 67M->0M(10M) 7.849ms
```

코드 8-1부터 8-3에서 placeholder 재사용 여부를 결정짓는 열쇠는 지역 변수 테이

블의 변수 슬롯이 여전히 placeholder가 가리키는 배열 객체로의 참조를 담고 있는 가에 있다. 코드 8-2에서는 placeholder가 유효 범위에서 벗어났지만 그 후 지역 변수 테이블에 따로 기록한 게 없으므로 변수 슬롯이 그대로 유지되고 있었다(코드 8-3에서는 변수 a용으로 재사용). 따라서 GC 루트의 일부인 지역 변수 테이블은 여전히 참조 대상과 연결되어 있다. 이 연결을 곧바로 끊지 않는다고 해도 대부분의 상황에서 별다른 영향은 없다.

이따금 시간을 많이 소모하는 동작에 앞서 메모리를 대량 점유하는 변수에 수동으로 null을 할당하는 코드를 볼 수 있다. 코드 8-3의 int a = 0; 대신 placeholder = null;을 추가하여 변수 슬롯의 기존 정보를 삭제하는 형태다. 의도적으로 넣은 코드일 수도 있고, 아주 특별한 경우에 '트릭'으로 사용할 수도 있다. 예를 들어 상당히 큰 객체를 사용하는 메서드인데, 스택 프레임을 장기간 재활용할 수 없으며 JIT 컴파일을 촉발할 만큼 메서드가 자주 호출되지도 않을 때 엄청난 효과를 낼 수 있다. 한때 어떤 자바 책에서는 구체적인 설명 없이 '사용하지 않는 객체에는 수동으로 null을 할당하라'는 규칙을 권장하여 오랫동안 많은 독자가 어리둥절해했다. 나는 이 규칙에 동의하지 않는다.

앞의 코드 예제들은 null 할당이 일부 특별한 상황에서 유용할 수 있음을 보여 준다. 하지만 null 할당에 의존하는 습관은 좋지 않다. 우리는 더 범용적인 코딩 규칙을 이끌어 낼 필요가 있다. 코딩 관점에서 이유는 두 가지다.

첫째, 변수 범위를 적절히 지정하여 변수가 회수되는 시간을 제어하는 게 가장 우아한 해법이다. 코드 8-3처럼 논리적으로 의미 없는 코드를 추가하는 건 실험 목적 외의 상황에서는 거의 쓸모가 없다. null을 할당하여 메모리 회수를 최적화하는 코드는 바이트코드 실행 엔진의 개념 모델을 이해하는 사람끼리만 의미가 통한다. '6.5 설계는 공개, 구현은 비공개'에서 자바 가상 머신의 개념 모델과 실제 실행 과정이 겉보기에는 같아도 내부는 완전히 다를 수 있다고 했다. 일반적으로 해석 실행 방식의 가상 머신은 개념 모델에 가깝다. 하지만 JIT 컴파일러를 써서 다양한 최적화를 적용하고 나면 둘의 차이는 매우 커진다. 프로그램의 '실행 결과'만이 개념 모델과 일치할 뿐 과정은 상당히 달라진다. 이때 JIT 컴파일러는 null 할당을 잘못된 작업으로 판단하여 무시할 가능성이 매우 높다. 그러면 null 할당은 애초에 없던 코드가 된다. 바이트코드가 런타임에 네이티브 코드로 컴파일되면 GC 루트의 내용도 인터프리터로 실행될 때와는 크게 달라진다. 실제로 코드 8-2도 JIT 컴파일이 적용되면 System.gc()가 메모리를 올바르게 회수할 수 있다. 코드 8-3처럼 작성할 필요는 전혀 없다는 뜻이다.

둘째, 앞서 소개한 클래스 변수와 달리 지역 변수에는 '준비' 단계가 없다. 7장에서 클래스 변수에는 초깃값이 두 번 할당됨을 배웠다. 준비 단계에서는 시스템 초깃값이 자동으로 할당되며, 초기화 단계에서는 개발자가 정의한 초깃값이 할당된다. 따라서 개발자가 자바 코드로 초깃값을 할당하지 않더라도 클래스 변수에는 여전히 명확한 초깃값이 할당되어 모호함이 없다. 하지만 지역 변수는 다르다. 지역 변수는 정의 후 초깃값을 지정하기 전까지는 아예 사용할 수 없다. 그래서 다음 코드 8-4는 실제로는 동작하지 않는다.

코드 8-4 값이 할당되지 않은 지역 변수(동작하지 않음)

```java
public static void main(String[] args) {
    int a;
    System.out.println(a);
}
```

다행히 컴파일러는 이런 잘못된 코드를 감지하고 걸러 낼 수 있다. 혹여 잘못된 컴파일러가 문제를 걸러 내지 못하거나 바이트코드를 수동으로 만들어 내더라도 가상 머신이 바이트코드 검증 단계에서 문제를 발견해 클래스 로딩을 거부할 것이다.

8.2.2 피연산자 스택

피연산자 스택은 후입선출(Last In First Out, LIFO) 스택이다. 지역 변수 테이블과 마찬가지로 피연산자 스택의 최대 깊이도 컴파일할 때 Code 속성의 max_stacks 항목에 기록된다. 피연산자 스택의 각 원소에는 long과 double까지 포함한 모든 자바 데이터 타입을 담을 수 있다. 32비트 데이터 타입이 차지하는 스택 용량은 1이고, 64비트 타입이 차지하는 용량은 2다. javac 컴파일러는 데이터의 흐름을 분석하여 메서드 실행 중 피연산자 스택의 깊이가 max_stacks에 설정된 값을 절대 초과하지 않도록 한다.

메서드가 막 실행되기 시작할 때는 해당 메서드의 피연산자 스택이 비어 있다. 그리고 실행하는 동안 다양한 바이트코드 명령어가 스택에 내용을 쓰거나(푸시) 값을 읽어 온다(팝). 예를 들어 산술 연산을 수행할 때는 연산에 수반되는 피연산자 값을 스택 맨 위에 푸시한 다음 연산을 수행한다. 또한 다른 메서드를 호출할 때는 매개 변수를 피연산자 스택을 통해 전달한다. 예를 들어 정수 덧셈용 바이트코드 명령어 iadd는 더해야 할 값 두 개가 스택의 가장 위 두 원소에 이미 담겨 있다고 가정한다. iadd는 스택에서 int 값 두 개를 꺼내 더한 후, 결괏값을 다시 스택에 추가한다.

피연산자 스택에 있는 원소의 데이터 타입은 바이트코드 명령어의 순서와 정확히 일치해야 한다. 컴파일러는 프로그램 코드를 컴파일할 때 이를 엄격하게 보장해야 하며, 클래스 검증 단계에서 데이터 흐름을 분석해 또 한 번 검증한다. 앞의 iadd 명령어를 다시 예로 들어 보자. 이 명령어는 정수 덧셈에만 사용할 수 있으므로 실행 시 스택 맨 위에 있는 두 원소의 데이터 타입이 int여야 한다. 즉, iadd 명령어로는 long이나 float 데이터를 더할 수 없다.

또한 개념 모델에서 서로 다른 메서드의 가상 머신 스택에 있는 스택 프레임들은 완전히 독립적이다. 하지만 대부분의 가상 머신에서는 최적화 과정에서 스택 프레임들을 부분적으로 겹쳐 사용한다. 하부 스택 프레임의 피연산자 스택 일부가 상부 스택 프레임의 지역 변수 테이블과 겹쳐지는 것이다. 이렇게 하면 공간이 절약되고, 더 중요하게는 메서드 호출 시 매개 변수로 전달할 데이터를 복사할 필요가 없어진다.

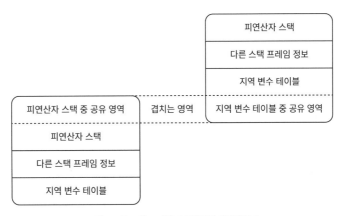

그림 8-3 두 스택 프레임 사이에서의 데이터 공유

가상 머신에서 해석 방식의 실행 엔진을 '스택 기반 실행 엔진'이라고 하는데, 여기서 말하는 '스택'이 바로 피연산자 스택이다. 8.5절에서는 스택 기반 실행 과정을 더 자세히 설명하고, 일반적인 레지스터 기반 실행 엔진과 어떻게 다른지도 알아보겠다.

8.2.3 동적 링크

메서드에서 이용하는 외부 객체를 가리키는 참조는 런타임 상수 풀[7]에 담겨 있으며, 각 메서드의 스택 프레임에서 런타임 상수 풀 내의 원소를 참조하는 식으로 구성된다. 이 참조가 동적 링크를 가능하게 하는 매개다. 6장에서 클래스 파일의 상수 풀에는 다수의 심벌 참조가 담겨 있다고 설명했다. 또한 바이트코드의 메서드 호출 명령어는 피호출 메서드가 사용할 심벌 참조를 상수 풀에서 가져와 매개 변수로 넘긴다고 했다. 이 심벌 참조 중 일부는 클래스 로딩 단계에서 또는 참조가 처음 사용될 때 직접 참조로 변환된다. 이 변환을 정적 해석이라고 한다. 그 외의 심벌 참조 각각은 실행 중에 직접 참조로 변환되며 이를 동적 링크라고 한다. 구체적인 변환 방식은 8.3절에서 자세히 설명하겠다.

8.2.4 반환 주소

시작된 메서드를 종료하는 방법은 두 가지뿐이다.

첫째, 실행 엔진이 반환 바이트코드 명령어를 만나면 메서드를 종료한다. 이때 호출자에 반환값이 전달될 수 있는데(현재 메서드를 호출하는 메서드를 호출자 또는 호출 메서드라 함), 반환값 유무와 반환값의 타입은 메서드 반환 명령어에 의해 결정된다. 이 방식의 메서드 종료를 정상적인 메서드 호출 완료(normal method invocation completion)라고 한다.

둘째, 메서드 실행 도중 예외가 발생하고 메서드 본문에서 예외 처리가 제대로 이루어지지 않으면 종료된다. 자바 가상 머신 내부에서 발생한 예외인지 또는 코드에서 athrow 바이트코드 명령어로 발생시킨 예외인지와 상관없이, 메서드의 예외 테이블에 적절한 예외 핸들러가 없다면 메서드가 종료된다. 이 방식의 메서드 종료를 갑작스러운 메서드 호출 완료(abrupt method invocation completion)라고 한다. 예외 때문에 종료하는 메서드는 호출자에 반환값을 전달하지 않는다.

둘 중 어떤 식으로든 메서드가 종료되면 메서드를 호출한 위치로 돌아가야 한다. 메서드가 반환되면 호출자의 실행 상태를 복원하기 위해 스택 프레임에 정보 일부를 저장해야 할 수 있다. 일반적으로 메서드가 정상 종료되면 호출자의 프로그램 카운터 값을 반환 주소로 사용할 수 있다. 이 카운터 값은 스택 프레임에 저장될 가능성이 높다. 한편 메서드가 비정상 종료되면 예외 핸들러 테이블에 의해 반환 주

---

7 런타임 상수 풀에 관련된 자세한 내용은 2장 참고

소가 결정된다. 이 정보는 일반적으로 스택 프레임에 저장되지 않는다.

메서드 종료 과정은 실질적으로 현재 스택 프레임을 팝하는 것과 동일하다. 따라서 종료 시 수행할 수 있는 작업은 다음과 같다.

1. 호출자의 지역 변수 테이블과 피연산자 스택을 복원한다.
2. 반환값이 있는 경우 반환값을 호출자 스택 프레임의 피연산자 스택에 푸시한다.
3. 프로그램 카운터 값을 조정하여 메서드 호출 명령어의 바로 다음 명령어를 가리키게 한다.

다만 이 설명은 개념 모델에 따른 것이라서, 실제로는 자바 가상 머신을 어떻게 구현했느냐에 따라 다를 수 있다.

8.2.5 기타 정보

《자바 가상 머신 명세》는 가상 머신이 스택 프레임에 추가 정보를 포함시킬 길을 열어 두었다. 이는 주로 디버깅이나 프로파일링 관련 정보를 담는 데 활용된다. 어떤 정보를 담을지는 전적으로 가상 머신 구현에 달렸으므로 이 책에서는 더 설명하지 않겠다. 개념 모델을 이야기할 때는 일반적으로 동적 링크, 반환 주소, 추가 정보를 모두 '스택 프레임 정보'라는 하나의 범주로 묶는다.

8.3 메서드 호출

메서드 호출은 메서드 본문 코드를 실행하는 일과 다르다. 메서드 호출 단계에서 수행하는 유일한 일은 호출할 메서드의 버전[8]을 선택하는 것이다. 즉, 메서드 본문은 아직 관심 밖이다.

프로그램을 실행하다 보면 메서드 호출은 매우 빈번하게 일어난다. 하지만 7장에서 설명했듯이 (C·C++와 달리) 클래스 파일 컴파일 과정에는 링킹 단계가 존재하지 않는다. 그래서 클래스 파일에 저장된 모든 메서드 호출은 심벌 참조일 뿐, (실제 런타임 메모리 레이아웃상의 메서드 주소를 담은) 직접 참조가 아니다.

---

8 (옮긴이) 클래스 A를 상속한 클래스 B가 있고, 두 클래스 모두 sayHello() 메서드를 정의했다고 해 보자. 이때 sayHello() 메서드는 클래스 A와 B에 각각 하나씩 총 2개의 '버전'이 있다고 말한다. 이때 자바 코드 a.sayHello()를 실행하려면 A와 B 중 어디에 정의된 sayHello()를 실행해야 하는지 '해석'해야 한다.

그래서 자바는 동적 확장 측면에서 여타 언어보다 뛰어나지만 메서드 호출 과정이 상대적으로 복잡해졌다. 때에 따라 클래스 로딩 시점에 또는 심지어 런타임에 대상 메서드의 직접 참조를 알아내야 한다.

8.3.1 해석

메서드 호출 대상은 모두 클래스 파일의 상수 풀에 심벌 참조로 기록되어 있다. 클래스 로딩의 해석 단계에서 그중 일부는 직접 참조로 변환하는데, 이때 직접 참조를 찾아낼 수 있는 전제는 다음과 같다.

어떤 메서드는 호출할 버전을 프로그램이 실행되기 전에 알아낼 수 있으며 런타임에는 다른 버전으로 변경될 수 없다. 즉, 컴파일러가 프로그램 코드를 컴파일하는 시점에 호출 대상이 정해진다. 이처럼 호출 대상이 미리 특정되는 경우를 정적 해석이라 한다.

자바 언어에서 "컴파일타임에 알 수 있고 런타임에는 변경될 수 없다"라는 조건에 부합하는 메서드는 주로 정적 메서드와 private 메서드다. 정적 메서드는 특정 클래스에 고정되어 있고, private 메서드는 인스턴스 바깥에서는 접근할 수 없다. 따라서 두 유형의 메서드 모두 상속 등을 통해 다른 버전을 만들 수 없으므로 클래스 로딩 단계에서 해석하기에 적합하다.

한편 메서드 호출 유형에 따라 사용되는 바이트코드 명령어가 다르다. 자바 가상 머신은 다음과 같이 총 다섯 가지 메서드 호출 바이트코드 명령어를 제공한다.

- invokestatic: 정적 메서드를 호출한다.
- invokespecial: 인스턴스 생성자인 <init>() 메서드, private 메서드, 부모 클래스의 메서드를 호출한다.
- invokevirtual: 가상 메서드를 호출한다.
- invokeinterface: 인터페이스 메서드를 호출한다. 인터페이스를 구현한 대상 객체는 런타임에 결정된다.
- invokedynamic: 호출 사이트 한정자가 참조하는 메서드는 메서드 실행 전에 런타임에 동적으로 해석된다. 앞의 4개 호출 명령어의 디스패치 로직은 자바 가상 머신 차원에서 정해져 있으나, invokedynamic의 디스패치 로직은 사용자가 설정한 시작 방식에 의해 달라질 수 있다.

invokestatic과 invokespecial로 호출할 수 있는 메서드는 해석 단계에서 고유한 호출 버전을 특정할 수 있다. 자바 언어에서 여기 속하는 메서드 유형은 네 가지다. 바로 정적 메서드, private 메서드, 인스턴스 생성자, 부모 클래스의 메서드다. 여기에 하나 더, (비록 invokevirtual 명령어로 호출하기는 하지만) final 한정자가 붙은 메서드도 해석 단계에 특정할 수 있다. 이상의 다섯 가지 메서드 호출은 클래스가 로드될 때 심벌 참조를 직접 참조로 변환한다. 이러한 메서드 유형을 통틀어 비가상 메서드라고 하며, 그 외 메서드들을 가상 메서드라고 한다.

코드 8-5는 호출 대상 해석의 흔한 예다. 정적 메서드인 sayHello()를 오버라이딩하거나 숨길(hiding) 방법이 없으므로 무조건 StaticResolution 클래스에 정의된 메서드일 수밖에 없다.

코드 8-5 메서드 정적 해결 예

```
public class StaticResolution {
    public static void sayHello() {
        System.out.println("hello world");
    }

    public static void main(String[] args) {
        StaticResolution.sayHello();
    }
}
```

javap 도구로 이 프로그램의 바이트코드를 살펴보면 sayHello() 메서드 호출에 실제로 invokestatic 명령어가 이용됨을 알 수 있다. 그리고 호출되는 메서드 버전은 컴파일타임에 상수 풀의 특정 항목(지금 코드에서는 21번째 항목)으로 정해져서 바이트코드 명령어의 매개 변수에 명시된다.

```
$ javap -verbose StaticResolution
  public static void main(java.lang.String[]);
    descriptor: ([Ljava/lang/String;)V
    flags: (0x0009) ACC_PUBLIC, ACC_STATIC
    Code:
      stack=0, locals=1, args_size=1
        0: invokestatic  #21                  // Method sayHello:()V
        3: return
      LineNumberTable:
        line 7: 0
        line 8: 3
```

invokestatic과 invokespecial로 호출하는 메서드 외에도 자바에는 비가상 메서드 가 하나 더 있다. 바로 final로 지정된 인스턴스 메서드다. final 인스턴스 메서드 는 역사적인 이유 때문에 invokevirtual 명령어로 호출하지만, 오버라이딩이 불가 능하므로 다른 버전이 만들어질 가능성이 원천 봉쇄된다. 그래서 《자바 언어 명세》 에서도 final 메서드를 비가상 메서드라고 명시하고 있다.

호출할 메서드 해석은 컴파일타임에 완전히 정해지는 정적인 작업이다. 따라서 런타임까지 기다릴 필요 없이 클래스 로딩의 해석 단계에서 관련한 심벌 참조 모두 를 명시적인 직접 참조로 변환한다.

한편 메서드 호출의 또 다른 형태로 디스패치가 있다. 디스패치 호출은 훨씬 복 잡하다. 정적일 수도 동적일 수도 있으며, 디스패치 수에 따라 단일 디스패치와 다 중 디스패치로 나뉜다.[9] 그래서 정적/동적 여부와 단일/다중 여부를 조합하면 다음 과 같이 총 네 가지 유형이 생겨난다.

- 정적 단일 디스패치
- 정적 다중 디스패치
- 동적 단일 디스패치
- 동적 다중 디스패치

이어서 가상 머신에서 메서드 디스패치가 어떻게 동작하는지 자세히 알아보겠다.

8.3.2 디스패치

자바는 객체 지향의 세 가지 기본 특징인 상속, 캡슐화, 다형성을 지원하는 객체 지 향 프로그래밍 언어다. 이번 절에서 설명하는 호출 디스패치 과정은 자바 가상 머 신에서 '오버로딩'과 '오버라이딩'이 구현되는 방식처럼 다형성이라는 특성의 가장 기본에 해당하는 내용이다. 여기서의 '구현'은 물론 문법적인 부분이 아니라 가상 머신이 올바른 대상 메서드를 결정하는 방법을 말한다.

정적 디스패치

정적 디스패치[10]를 설명하기 전에 생각해 볼 게 있다. '디스패치'라는 단어는 그 자 체에 동적이라는 의미가 담겨 있어서 정적 맥락에서는 사용하지 않는 게 보통이다.

---

9 단일/다중 디스패치 및 관련 개념(예: 디스패치 수)은 다음 장에서 자세히 설명한다.
10 정적 디스패치(위키백과): *https://en.wikipedia.org/wiki/Static_dispatch*

그래서 《자바 가상 머신 명세》와 《자바 언어 명세》에서는 원래 메서드 오버로드 해석이라고 표현한다. 따라서 원래라면 앞 절에서 설명하는 편이 자연스러울 것이다. 하지만 많은 자료에서 '정적 디스패치'라는 용어를 사용하고 있으므로 혹시라도 다른 문헌을 읽을 때 두 용어를 혼동하지 않게끔 따로 설명해 보겠다.

정적 디스패치와 오버로딩을 설명하기 위해 개발자 면접에서 단골로 등장하는 코드를 준비했다. 먼저 코드 8-6을 실행하면 무엇을 출력할지 생각해 보기 바란다. 뒤이어서 이 클래스의 메서드를 중심으로 오버로딩된 코드를 작성하여 가상 머신과 컴파일러가 메서드 버전을 선택하는 과정을 분석할 것이다.

코드 8-6 메서드 정적 디스패치 시연

```java
public class StaticDispatch {
    static abstract class Human {
    }

    static class Man extends Human {
    }

    static class Woman extends Human {
    }

    // 오버로딩된 메서드(1)
    public void sayHello(Human guy) {
        System.out.println("Hello, guy!");
    }

    // 오버로딩된 메서드(2)
    public void sayHello(Man guy) {
        System.out.println("Hello, gentleman!");
    }

    // 오버로딩된 메서드(3)
    public void sayHello(Woman guy) {
        System.out.println("Hello, lady!");
    }

    public static void main(String[] args) {
        Human man = new Man();        // 정적 타입 = Human, 실제 타입 = Man
        Human woman = new Woman();    // 정적 타입 = Human, 실제 타입 = Woman
        StaticDispatch sr = new StaticDispatch();
        sr.sayHello(man);      // 메서드 버전 선택 필요
        sr.sayHello(woman);    // 메서드 버전 선택 필요
    }
}
```

충분히 고민해 보았는가? 그렇다면 다음 결과를 보고 자신이 오버로딩에 대해 제대로 이해하고 있는지 확인해 보자.

실행 결과는 다음과 같다.

```
Hello, guy!
Hello, guy!
```

자바에 어느 정도 익숙한 독자라면 결과를 올바르게 예측했을 것이다. 하지만 여러 버전의 sayHello() 메서드 중 가상 머신이 Human 타입을 받는 버전을 선택하는 이유는 무엇일까? 이 문제의 답을 찾기 전에 다음 코드를 통해 핵심 개념 두 가지를 정의해 보겠다.

```
Human man = new Man();
```

이 코드에서 Human을 변수의 정적 타입 또는 겉보기 타입(apparent type)이라고 하고, Man을 변수의 실제 타입(actual type) 또는 런타임 타입이라고 한다. 두 타입 모두 프로그램이 실행되는 동안에는 변경될 수 있다. 하지만 정적 타입은 변수가 사용될 때만 변경되며, 변수 자체의 정적 타입은 변하지 않는다. 그리고 최종 정적 타입은 컴파일타임에 알 수 있는 반면, 타입 변경의 결과는 런타임에 결정되기 때문에 컴파일러는 객체의 실제 타입이 무엇인지 알지 못한다. 헷갈릴 수 있으니 예제 코드를 보며 다시 설명해 보겠다.

```
// 실제 타입 변경
Human human = (new Random()).nextBoolean() ? new Man() : new Woman();

// 정적 타입 변경
sr.sayHello((Man) human)
sr.sayHello((Woman) human)
```

human 객체의 실제 타입은 변경될 수 있으니 컴파일 중에는 완전히 '슈뢰딩거의 고양이'다. 실제 타입이 Man일지 Woman일지는 프로그램이 이 코드 라인을 실행할 때에야 마침내 선택된다.

반면 human 객체의 정적 타입은 Human이며 마찬가지로 사용 중에 변경될 수 있다. 하지만 이 변경은 컴파일타임에 알 수 있다. 앞의 코드에서는 sayHello() 메서드를 호출할 때 강제로 변환했기 때문에 변환 결과가 Man인지 Woman인지가 컴파일타임에 명확히 정해진다.

정적 타입과 실제 타입의 개념을 알아봤으니 다시 코드 8-6의 main() 메서드로 돌아가 보자.

```java
public static void main(String[] args) {
    Human man = new Man();        // 정적 타입 = Human, 실제 타입 = Man
    Human woman = new Woman();  // 정적 타입 = Human, 실제 타입 = Woman
    StaticDispatch sr = new StaticDispatch();
    sr.sayHello(man);    // 메서드 버전 선택 필요
    sr.sayHello(woman);  // 메서드 버전 선택 필요
}
```

보다시피 sayHello() 메서드를 두 번 호출한다. 이때 메서드 수신자인 sr 객체가 선택되어 있다고 가정하면, 오버로딩된 메서드 중 어느 버전을 호출할지는 전적으로 매개 변수의 수와 타입이 기준이다.

이 코드에서 man과 woman은 정적 타입이 같지만 실제 타입은 다르게 정의했다. 하지만 가상 머신(정확히 말하면 컴파일러)은 호출할 sayHello()를 선택할 때 매개 변수의 실제 타입이 아닌 정적 타입을 참고한다. 정적 타입은 컴파일타임에 알려지기 때문에 javac 컴파일러는 매개 변수의 정적 타입을 보고 어떤 오버로딩 버전을 호출할지 선택한다. 따라서 sayHello(Human)이 호출 대상으로 선택되고, 이 메서드의 심벌 참조가 main() 메서드의 두 invokevirtual 명령어의 매개 변수로 기록된다.

메서드 버전 선택에 정적 타입을 참고하는 모든 디스패치 작업을 정적 디스패치라고 한다. 정적 디스패치의 가장 일반적인 응용 예가 메서드 오버로딩이다. 정적 디스패치는 컴파일타임에 이루어지므로 지금 설명한 선택 작업은 가상 머신에서는 이루어지지 않는다. 문헌에 따라 '디스패치'가 아닌 '해석'이라고 표현하는 이유가 여기 있다.

javac 컴파일러가 오버로딩된 메서드 중 적합한 버전을 선택할 수 있지만, 어느 하나를 꼭 집어내지 못하여 '비교적 더 적합한' 버전으로 선택하는 경우도 많다. 이처럼 결론이 모호하게 나오는 일은 0과 1로 구성된 컴퓨터 세계에서는 드문 사건이다. 모호함의 주된 원인은 바로 리터럴이다. 리터럴에는 명시적인 정적 타입이 없으므로 언어와 문법 규칙을 바탕으로 이해하고 유추할 수 있을 뿐이다. '더 적합한' 버전이란 무얼 뜻하는지는 다음 코드가 잘 말해 준다.

코드 8-7 오버로딩된 메서드 중 더 적합한 버전 선택

```java
import java.io.Serializable;

public class Overload {
    public static void sayHello(Object arg) {
        System.out.println("Hello Object");
    }

    public static void sayHello(int arg) {
        System.out.println("Hello int");
    }

    public static void sayHello(long arg) {
        System.out.println("Hello long");
    }

    public static void sayHello(Character arg) {
        System.out.println("Hello Character");
    }

    public static void sayHello(char arg) {
        System.out.println("Hello char");
    }

    public static void sayHello(char... arg) {
        System.out.println("Hello char ...");
    }

    public static void sayHello(Serializable arg) {
        System.out.println("Hello Serializable");
    }

    public static void main(String[] args) {
        sayHello('a');
    }
}
```

실행 결과는 다음과 같다.

```
Hello char
```

이해하기 어렵지 않은 결과다. 리터럴 'a'의 타입은 char이므로 자연스럽게 매개
변수 타입이 char인 버전을 선택했다.

　이제 sayHello(char arg) 메서드를 주석 처리하여 없앤 후 다시 실행하면 결과가
다음처럼 바뀐다.

```
Hello int
```

자동 형 변환이 이루어진 것이다. 문자 'a'는 숫자 97을 나타낼 수도 있다(문자 'a' 의 유니코드 값은 십진수로 97이다). 따라서 매개 변수 타입이 int인 메서드도 적법 하다.

계속해서 sayHello(int arg) 메서드도 주석 처리하면 이번에는 결과가 다음처럼 바뀐다.

```
Hello long
```

이번에는 자동 형 변환이 두 번 일어난다. 'a'를 정수 97로 변환한 후, 매개 변수 타입이 long인 메서드와 일치시키기 위해 long 타입 정수인 97L로 다시 변환한다. 이처럼 자동 형 변환은 연달아 일어날 수 있으며 char → int → long → float → double 순서로 이루어진다. 하지만 char를 byte나 short로 변환하는 것은 안전하지 않기 때문에 byte나 short 타입을 받는 메서드는 후보에 들지 못한다.

이어서 sayHello(long arg)도 주석 처리하면 결과는 다음과 같다.

```
Hello Character
```

이번에는 오토박싱이 일어났다. 즉, 'a'의 래퍼 타입인 java.lang.Character로 박 싱하여 매개 변수 타입이 Character인 메서드와 일치시켰다.

sayHello(Character arg)까지 주석 처리하면 어떻게 될까?

```
Hello Serializable
```

이번 결과는 의외일 것이다. 문자나 숫자가 직렬화와 무슨 관련이 있는 것일까? "Hello Serializable"이라는 결과가 나온 원인은 Character가 java.lang.Serial izable을 구현했기 때문이다. 오토박싱 후에도 래퍼 클래스를 매개 변수로 받는 메 서드를 찾지는 못했지만, 그 대신 래퍼 클래스가 구현한 인터페이스 타입을 받는 메서드가 존재한다. 그래서 자동 형 변환이 다시 한번 이루어진 것이다. char는 int 로 변환할 수 있지만 Character는 Integer로 변환되지 못한다. 그 대신 구현한 인터 페이스나 상위 클래스로는 안전하게 변환될 수 있다.

Character는 또 다른 인터페이스인 java.lang.Comparable<Character>도 구현한 다. 그래서 Comparable<Character>를 매개 변수로 받는 메서드도 오버로딩되어 있

었다면, Serializable을 받는 메서드와 우선순위가 똑같다. 그러면 컴파일러는 어느 타입으로 변환할지 선택할 수 없기 때문에 "The method sayHello(Object) is ambiguous for the type overload"라는 메시지를 뿌리며 컴파일을 거부한다. 이럴 때 컴파일을 하려면 sr.sayHello((Comparable<Character>) 'a'))처럼 리터럴의 정적 타입을 명시해야 한다.

그런데 개발자가 컴파일러를 우회하여 똑같은 의미를 표현하는 바이트코드를 직접 만들어 낸다면 어떻게 될까? 자바 가상 머신의 클래스 로딩 검증을 통과할 뿐 아니라 실행까지도 문제없이 이루어짐을 확인할 수 있을 것이다. 하지만 Serializable 버전의 메서드를 호출할지, Comparable<Character> 버전의 메서드를 호출할지는 미리 선택할 수 없다. 이는 《자바 가상 머신 명세》가 허용하는 동작이며, 7장에서 인터페이스 메서드의 해석 과정을 설명할 때 이야기했다.

이어서 sayHello(Serializable arg) 메서드까지 주석 처리한 다음 다시 실행해 보자.

```
Hello Object
```

char가 박싱된 후 부모 클래스로 변환된 것이다. 상위 클래스를 매개 변수로 받는 오버로딩 메서드가 여러 개라면 상속 관계에서 가장 가까울수록, 즉 계층이 낮을수록 우선순위가 높다. 이 규칙은 심지어 null을 인수로 호출할 때도 똑같이 적용된다.

마지막으로 sayHello(Object arg)까지 주석 처리한 다음 실행해 보자.

```
Hello char ...
```

보다시피 7개의 오버로딩된 메서드 중 가변 길이 매개 변수를 받는 메서드의 우선순위가 가장 낮다. 이번에는 문자 'a'가 char[] 배열의 원소로 사용됐다. 지금 예에서는 가변 길이 매개 변수로 char 타입을 사용했지만 int, Character, Object 등을 사용해도 지금까지 살펴본 우선순위에 따라 호출 대상을 선택할 것이다. 참고로 매개 변수가 하나일 때는 적용되던 자동 형 변환이 가변 길이 매개 변수에서는 적용되지 않는 경우가 있으니 주의해야 한다.[11]

---

11 적절한 오버로딩 메서드를 선택하는 방식은 《자바 언어 명세》의 '15.12.2 Compile-Time Step 2: Determine Method Signature' 참고

　　지금까지 살펴본 코드 8-7은 컴파일 시 정적 디스패치로 대상을 선택하는 과정을 잘 보여 준다. 정적 디스패치는 자바 언어가 메서드 오버로딩을 구현하는 방식의 핵심이다. 이 예시 코드는 물론 극단적이기 때문에 실무에서 활용하기에는 무리가 따른다. 나 역시 개발자 면접이나 교육 목적으로만 활용한다. 오버로딩에 관해 아무리 해박하더라도 실무에서 이처럼 모호한 코드를 작성해서는 안 된다.

　　독자들에게 혼란을 줄 수 있는 사실이 하나 더 있다. 지금까지 설명한 해석과 디스패치는 완전 별개의 개념이 아니라 서로 다른 수준에서 대상 메서드를 검사하고 선택하는 과정이다. 예를 들어 앞에서 설명한 것처럼 정적 메서드는 컴파일타임에 확정되고, 클래스 로딩 중에 해석되며, 정적 메서드 역시 오버로딩될 수 있고, 오버로딩된 버전들 중에서 선택 역시 정적 디스패치를 통해 이루어진다.

동적 디스패치

다음은 자바의 다형성, 즉 오버라이딩[12]과 밀접하게 관련된 또 다른 주제인 동적 디스패치의 작동 과정을 살펴볼 차례다. 동적 디스패치도 앞에서 살펴본 Man과 Woman, sayHello() 코드를 다시 활용하여 설명하겠다. 코드 8-8을 보자.

코드 8-8 메서드 동적 디스패치 시연

```java
public class DynamicDispatch {
    static abstract class Human {
        protected abstract void sayHello();
    }

    static class Man extends Human {
        @Override
        protected void sayHello() {
            System.out.println("Man said hello");
        }
    }

    static class Woman extends Human {
        @Override
        protected void sayHello() {
            System.out.println("Woman said hello");
```

---

12 오버라이딩은 다형성과 밀접한 게 확실하지만 오버로딩도 다형성으로 간주되는지는 이견이 있다. 실제로 서로 다른 클래스의 객체들이 다형성으로 간주되려면 똑같은 시그너처의 메서드에 다르게 응답해야 한다는 견해가 있고, 다른 클래스의 동작을 구현하는 데 형태가 같은 인터페이스를 사용하는 한 다형성이라는 견해도 있다. 나는 이런 논쟁은 큰 의미가 없고, 개념은 그저 문제를 설명하기 위한 도구일 뿐이라고 생각한다.

```
        }
    }

    public static void main(String[] args) {
        Human man = new Man();        // 정적 타입 = Human, 실제 타입 = Man
        Human woman = new Woman();  // 정적 타입 = Human, 실제 타입 = Woman

        man.sayHello();      // Man의 메서드 호출
        woman.sayHello();    // Woman의 메서드 호출

        man = new Woman();  // 실제 타입 = Woman
        man.sayHello();      // Woman의 메서드 호출
    }
}
```

실행 결과는 다음과 같다.

```
Man said hello
Woman said hello
Woman said hello
```

특이한 점은 보이지 않는다. 객체 지향 사고에 익숙한 자바 개발자에게는 완전히
자연스러운 결과다. 하지만 우리가 답을 얻고자 하는 질문을 다시 떠올려 보자. 물
론 앞서와 같은 질문이다. "자바 가상 머신은 어떤 메서드를 호출할지 어떻게 결정
하는가?"

이번 예에서는 호출할 메서드의 버전을 정적 타입만으로 결정하기가 불가능하
다. 변수 man과 woman의 정적 타입은 모두 Human으로 똑같지만, sayHello()를 호출
하면 서로 다른 메서드를 호출하기 때문이다. 심지어 man 변수의 경우 두 번째 호출
시에는 처음과 다른 메서드를 호출한다. 두 변수의 실제 타입이 다르니 원인은 자
명하다. 하지만 자바 가상 머신이 실제 타입을 기준으로 메서드 버전을 선택해 알
려 주는 방식은 구체적으로 어떻게 될까? javap로 이 코드의 바이트코드를 출력하
여 답을 찾아보자.

코드 8-9 main() 메서드의 바이트코드

```
public static void main(java.lang.String[]);
  Code:
    stack=2, locals=3, args_size=1
        0: new           #7   // class DynamicDispatch$Man
        3: dup
        4: invokespecial #9   // Method DynamicDispatch$Man."<init>":()V
        7: astore_1
```

```
 8: new             #10  // class DynamicDispatch$Woman
11: dup
12: invokespecial #12  // Method DynamicDispatch$Woman."<init>":()V
15: astore_2
16: aload_1
17: invokevirtual #13  // Method DynamicDispatch$Human.sayHello:()V
20: aload_2
21: invokevirtual #13  // Method DynamicDispatch$Human.sayHello:()V
24: new             #10  // class DynamicDispatch$Woman
27: dup
28: invokespecial #12  // Method DynamicDispatch$Woman."<init>":()V
31: astore_1
32: aload_1
33: invokevirtual #13  // Method DynamicDispatch$Human.sayHello:()V
36: return
```

0~15행의 바이트코드는 준비 작업으로, 다음과 같은 일을 한다.

- man과 woman 변수를 할당할 메모리 공간을 만든다.
- Man과 Woman 타입의 인스턴스 생성자를 호출한다.
- 두 인스턴스에 대한 참조를 지역 변수 테이블의 첫 번째와 두 번째 변수 슬롯에 저장한다.

즉, 자바 코드에서 다음 두 줄에 해당하는 일을 수행한 것이다.

```
Human man = new Man();
Human woman = new Woman();
```

다음 16~21행이 핵심이다. 16행과 20행의 로드 명령어는 방금 생성된 두 객체의 참조를 각각 스택의 맨 위로 푸시한다. 이 두 객체는 실행할 sayHello() 메서드의 소유자이며 수신 객체라고 한다. 17행과 21행은 메서드 호출 명령이다. 바이트코드만 봐서는 두 호출 명령어가 완전히 같다. 둘 다 명령어는 invokevirtual이고 매개 변수는 상수 풀의 22번째 항목(Human.sayHello()로의 심벌 참조인 상수)이다. 하지만 실행될 때 호출하는 실제 메서드는 같지 않다.

　이 상황을 이해하는 핵심은 invokevirtual 명령어가 후보 메서드들을 찾아 그중 하나를 특정하여 다형성을 구현하는 방식에 있다. 《자바 가상 머신 명세》에 따르면 invokevirtual 명령어의 런타임 해석은 대략 다음 4단계로 이루어진다.[13]

---

13 여기서는 일반적인 메서드의 해석 방법을 이야기한다. 시그너처 다형성 메서드처럼 일부 특별한 경우에는 방식이 조금 달라지지만, 동적 언어 호출 지원용이라서 이번 절의 주제와는 거의 관련이 없다.

1. 피연산자 스택 상단 첫 번째 요소가 가리키는 객체의 실제 타입(C라고 가정)을 찾는다.

2. 타입 C에서 상수의 서술자 및 단순 이름과 일치하는 메서드를 찾으면 접근 권한이 있는지 검사한다. 권한이 있다면 이 메서드의 직접 참조를 반환하고 검색을 끝낸다. 권한이 없다면 IllegalAccessError를 던진다.

3. 그렇지 않으면 상속 계층을 따라 아래에서 위로 C의 상위 클래스에 대해 2번 과정을 수행한다.

4. 최상위 클래스까지도 적절한 메서드를 찾지 못하면 AbstractMethodError를 던진다.

invokevirtual 명령어 실행의 첫 번째 단계에서 런타임 수신 객체의 실제 타입을 해석한다는 점이 중요하다. 이런 이유로 앞의 코드에서 두 invokevirtual 명령어는 상수 풀에 있는 메서드의 심벌 참조를 직접 참조로 변환하는 데서 그치지 않고, 메서드 수신 객체의 실제 타입을 보고 메서드 버전을 선택한다. 이 과정이 자바 메서드 오버라이딩의 핵심이다. 런타임에 실제 타입을 보고 메서드 버전을 결정하는 이러한 디스패치 방식을 동적 디스패치라 한다.

이 다형성의 뿌리는 가상 메서드 호출 명령어인 invokevirtual의 실행 로직에 있다. 한편 필드에는 invokevirtual 명령어를 사용하지 않기 때문에 동적 디스패치는 오직 메서드에만 적용된다. 실제로 자바에 가상 메서드는 존재하지만 가상 필드 개념은 존재하지 않는다. 그래서 필드는 다형성과 무관하다. 필드 이름은 클래스의 메서드가 그 필드에 담겨 있는 값에 접근할 수 있는 수단이다. 그런데 상위 클래스의 필드와 이름이 똑같은 필드를 하위 클래스에서 선언하면 어떻게 될까? 두 필드 모두 하위 클래스의 메모리에 존재하지만, 하위 클래스의 필드가 상위 클래스의 필드를 가린다. 이해를 돕기 위해 개발자 면접에 등장할 법한 간단한 예를 준비했다. 코드 8-10을 읽고 실행 결과를 예측해 보자.

코드 8-10 필드는 다형성과 무관하다.

```
public class FieldHasNoPolymorphic {
    static class Father {
        public int money = 1;

        public Father() {
            money = 2;
            showMeTheMoney();
```

```
        }

        public void showMeTheMoney() {
            System.out.println("I am a Father, I have $" + money);   // 필드 출력
        }
    }

    static class Son extends Father {
        public int money = 3;   // 상위 클래스의 필드와 이름이 같다.

        public Son() {
            money = 4;
            showMeTheMoney();
        }

        public void showMeTheMoney() {
            System.out.println("I am a Son, I have $" + money);   // 필드 출력
        }
    }

    public static void main(String[] args) {
        Father guy = new Son();
        System.out.println("This guy has $" + guy.money);   // 필드 출력
    }
}
```

실행 결과는 다음과 같다.

```
I am a Son, I have $0
I am a Son, I have $4
This guy has $2
```

"I am a Son" 문장이 두 번 출력되었다. 첫 번째 줄은 부모 클래스인 Father의 생성자에서 출력하고, 두 번째 줄은 Son 클래스의 생성자에서 출력한 결과다. 그런데 왜 둘 다 "Son"이라는 결과가 나왔을까? Son 클래스가 생성될 때 암묵적으로 Father의 생성자를 먼저 호출하는데, Father의 생성자에서 호출하는 showMeTheMoney()는 가상 메서드 호출이기 때문이다. 그래서 실제로 실행되는 버전은 Son::showMeTheMoney()가 되어 "I am a Son"이 출력된 것이다. 이때 부모 클래스의 money 필드는 2로 초기화되었지만, Son::showMeTheMoney() 메서드는 하위 클래스의 money 필드를 이용한다. 하위 클래스의 money 필드는 하위 클래스의 생성자가 실행될 때에야 초기화되기 때문에 아직은 값이 0인 상태다.

main()의 마지막 문장은 정적 타입을 통해 부모 클래스의 money로부터 값을 직접 가져왔기 때문에 2를 출력한다.

단일 디스패치와 다중 디스패치

메서드의 수신 객체와 매개 변수를 합쳐서 메서드 볼륨이라 한다. 디스패치의 기준이 되는 볼륨 수에 따라 디스패치는 단일 디스패치와 다중 디스패치로 나뉜다. 단일 디스패치는 한 볼륨 안에서 대상 메서드를 선택하고, 다중 디스패치는 둘 이상의 볼륨 안에서 대상을 찾는다.

다소 추상적인 정의라서 혼란스러울 것이다. 그래서 예제를 준비했다. 코드 8-11은 Father와 Son이 함께 어려운 결정[14]을 내리는 예를 보여 준다.

코드 8-11 단일 디스패치와 다중 디스패치

```java
public class Dispatch {
    static class QQ {}
    static class _360 {}

    public static class Father {
        public void hardChoice(QQ arg) {
            System.out.println("Father chose a qq");
        }

        public void hardChoice(_360 arg) {
            System.out.println("Father chose a 360");
        }
    }

    public static class Son extends Father {
        public void hardChoice(QQ arg) {
            System.out.println("Son chose a qq");
        }

        public void hardChoice(_360 arg) {
            System.out.println("Son chose a 360");
        }
    }

    public static void main(String[] args) {
        Father father = new Father();
        Father son = new Son();
```

---

14 (옮긴이) 2010년 텐센트(Tencent)와 치후(Qihoo)의 다툼 때문에 수억 명의 중국 사용자가 텐센트의 제품인 QQ와 치후의 제품인 360 중 하나를 선택해야만 했던 사건에서 따왔다.

```
        father.hardChoice(new _360());
        son.hardChoice(new QQ());
    }
}
```

실행 결과는 다음과 같다.

```
Father chose a 360
Son chose a qq
```

hardChoice() 메서드는 main()에서 두 번 호출되며, 어떤 메서드가 선택됐는지는 실행 결과에서 명확히 알 수 있다. 가장 먼저 집중할 부분은 컴파일 단계에서 컴파일러의 선택 과정, 즉 정적 디스패치 과정이다. 이때 대상 메서드를 선택하는 데는 두 가지를 고려한다. 하나는 변수의 정적 타입이 Father이냐 Son이냐이고, 다른 하나는 매개 변수 타입이 QQ이냐 _360이냐이다. 두 가지를 조합해 내린 결론이 두 개의 invokevirtual 명령어를 생성하는 데 이용된다. 두 명령어의 매개 변수는 각각 상수 풀에 있는 Father::hardChoice(_360)과 Father::hardChoice(QQ) 메서드다. 이처럼 선택에 이용된 볼륨이 두 개라서 자바의 정적 디스패치는 다중 디스패치다.

이어서 실행 단계, 즉 동적 디스패치에서 가상 머신의 선택을 살펴보자. son.hardChoice(new QQ()) 줄이 실행될 때, 더 정확하게는 이 코드 라인에 해당하는 invokevirtual 명령어가 실행될 때 대상 메서드의 시그너처는 컴파일타임에 이미 hardChoice(QQ)로 결정되었다. 따라서 이 시점에서 매개 변수 QQ로 전달되는 인수의 실제 타입이 무엇인지는 상관이 없다. 이처럼 매개 변수의 정적 타입과 실제 타입은 메서드 선택에 관여하지 않는다. 그렇다면 가상 머신의 선택에 영향을 주는 유일한 요소는 메서드 수신 객체의 실제 타입이 Father이냐 Son이냐 뿐이다. 즉, 선택 기준 볼륨이 하나뿐이므로 자바의 동적 디스패치는 단일 디스패치다.

이상의 이야기를 종합하면, 오늘날의 자바 언어는 '정적 다중 디스패치'와 '동적 단일 디스패치' 방식의 언어라고 결론지을 수 있다. '오늘날'이라고 한 이유는 이 결론이 영원불변하지는 않을 수 있기 때문이다. 예를 들어 C#도 3.0까지는 자바와 같은 동적 단일 디스패치 언어였다. 하지만 4.0에서 dynamic 타입이 도입되면서 동적 다중 디스패지가 되었다.

JDK 10 때 추가된 var 키워드를 C#의 dynamic 타입과 헷갈리면 안 된다. 실제로 자바의 var는 C#의 var에 해당하는 기능이며, dynamic 타입과는 본질적으로 다르다. var는 선언문에서 할당 기호 오른쪽 표현식의 타입을 보고 컴파일타임에 정적으로 추론된다. 반면 dynamic은 컴파일타임에는 타입에 신경 쓰지 않고, 런타임까지 타입 판단을 보류한다. 자바 언어에서는 JDK 9 때 JEP 276[15]을 통해 도입된 jdk.dynalink 모듈이 C#의 dynamic 타입 기능과 더 비슷하다(완전히 같지는 않다). jdk.dynalink를 사용하면 표현식에서 동적 타입을 사용할 수 있으며, javac 컴파일러가 이러한 동적 타입 작업을 invokedynamic 명령어의 호출 사이트로 변환해 준다.

현재 발전 흐름에 비춰 보면 '자바 언어'가 동적 언어가 될 기미는 보이지 않는다. 그 대신 가상 머신에 동적 언어(예: 자바스크립트)용 실행 엔진을 추가하고 동적 언어와 더 원활하게 상호 작용하는 간접적인 방향으로 동적 언어에 대한 요구를 충족시키고 있다.

하지만 다양한 언어를 지원하는 공통 실행 플랫폼으로서의 '자바 가상 머신' 수준에서는 이야기가 다르다. 빠르게는 JDK 7에 추가된 JSR 292[16]부터 동적 언어용 메서드 호출을 제공하기 시작했다. JDK 7에 추가된 invokedynamic은 메서드 호출용 바이트코드 명령어 중 가장 복잡한 명령어가 되었다. 이 주제는 8.4절에서 자세히 다루겠다.

가상 머신의 동적 디스패치 구현

지금까지는 디스패치 과정을 자바 가상 머신의 개념 모델에 충실하게 설명했다. 즉, 디스패치를 "가상 머신은 어떻게 수행하는가?"라는 질문의 답이다. 하지만 실제로는 가상 머신 구현에 따라 조금씩 다를 수 있다.

동적 디스패치는 매우 자주 일어난다. 또한 동적 디스패치 중 메서드 버전 선택 시에는 런타임에 수신 객체 타입의 메서드 메타데이터를 보고 적절한 대상 메서드를 찾는 작업이 이루어진다. 그래서 실행 성능을 중시하는 자바 가상 머신 구현에서는 일반적으로 타입 메타데이터를 그리 자주 검색하지 않는다. 해당 타입에 대한 가상 메서드 테이블(메서드 영역에 존재하는 vtable)을 만들어 최적화하는 것이다. 비슷하게 invokeinterface용으로는 인터페이스 메서드 테이블(줄여서 itable)을 준비한다. 이처럼 일반적으로는 메타데이터 조회 대신 가상 메서드 테이블 인덱스

---

15 JEP 276의 소유자는 아틸라 세게디(Attila Szegedi)이며, jdk.dynalink 패키지의 핵심은 오픈 소스 프로젝트인 다이나링크(dynalink)를 자바 표준 API로 편입시키는 것이다. jdk.dynalink에 관심 있는 독자는 *https://github.com/szegedi/dynalink* 사이트를 참고하자.

16 JSR 282: Supporting Dynamically Typed Languages on the Java Platform(자바 플랫폼에서 동적 타입 언어 지원)

를 사용해 성능 향상을 꾀한다.[17] 그림 8-4는 코드 8-11에 해당하는 가상 메서드 테이블을 예시로 만들어 본 모습이다.

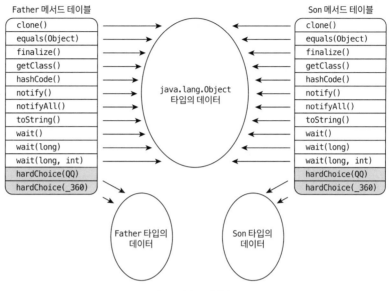

그림 8-4 메서드 테이블 구조

가상 메서드 테이블에는 각 메서드의 실제 시작 주소가 담긴다. 하위 클래스에서 메서드가 오버라이딩되지 않으면 하위 클래스 가상 메서드 테이블의 주소 항목은 부모 클래스에 있는 동일한 메서드의 주소 항목과 같다. 즉, 둘 다 부모 클래스의 구현 시작점을 가리킨다. 한편 하위 클래스에서 메서드를 오버라이딩하면 하위 클래스 가상 메서드 테이블의 주소 항목은 하위 클래스의 구현 시작점을 가리키게 바뀐다.

그림 8-4에서 Son은 Father의 모든 메서드를 오버라이딩했으므로 Son의 메서드 테이블에는 Father 타입의 데이터를 가리키는 화살표가 없다. 하지만 Son과 Father 모두 Object의 메서드는 오버라이딩하지는 않았으므로 Object에서 상속된 메서드는 모두 Object의 데이터를 가리킨다.

구현 편의를 위해 시그너처가 같은 메서드는 부모 클래스와 자식 클래스의 가상

---

17 여기서 '성능 향상'은 메타데이터를 직접 검색할 때가 기준이다. 사실 핫스팟 가상 머신 구현에서는 itable 과 vtable을 직접 확인하는 방식이 가장 느린 디스패치에 해당하여 실행 상태를 해석할 때만 사용된다. JIT 컴파일이 실행되면 더 많은 성능 최적화가 이루어지는데, 자세한 내용은 '11.4.2 메서드 인라인'을 참고하기 바란다.

메서드 테이블에서 인덱스 번호가 같도록 한다. 그러면 형 변환 시에 검색할 가상 메서드 테이블만 변경하면 되며, 필요한 시작점 주소는 다른 가상 메서드 테이블의 인덱스로 변환할 수 있다. 가상 메서드 테이블은 일반적으로 클래스 로딩 중 링킹 단계에서 초기화된다. 클래스 변수들의 초깃값이 준비되면 클래스의 가상 메서드 테이블도 초기화한다.

앞서 가상 메서드 테이블 검색이 디스패치의 최적화 방법이라고 이야기했다. 자바에서 메서드는 (final로 선언하지 않으면) 기본적으로 가상 메서드다. 그래서 가상 메서드 테이블 외에 클래스 계층 구조 분석(class hierarchy analysis)도 최적화 수단으로 사용한다. 더 공격적으로 최적화할 때는 다소 불안정하지만 가이디드 인라인과 인라인 캐시 같은 기법도 사용한다. 최적화 기법의 원리와 작동 방식은 11장의 관련 내용을 참고하기 바란다.

8.4 동적 타입 언어 지원

썬이 첫 번째 자바 가상 머신을 발표한 지 20년도 훨씬 더 지났지만 자바 가상 머신의 바이트코드 명령어 집합에는 단 하나의 명령어만 추가됐을 뿐이다. 바로 JDK 7과 함께 추가된 invokedynamic이다. 사실 이 명령어가 JDK 7 프로젝트의 목표였다고 해도 과언이 아니다. 동적 타입 언어를 지원하기 위한 이 개선은 JDK 8에서 람다식을 매끄럽게 구현하는 토대가 되었다. 이번 절에서는 동적 언어를 지원하려는 이유와 결과, 중요성과 가치를 자세히 살펴보겠다.

8.4.1 동적 타입 언어

동적 타입 언어란 과연 무엇인가? 동적 타입 언어는 자바 언어 그리고 자바 가상 머신과 어떤 관련이 있을까? 이러한 언어의 특성을 알아야 자바 가상 머신이 동적 타입 언어 지원을 제공하게 된 기술적 배경을 이해할 수 있다.

동적 타입 언어의 핵심 특징은 타입 검사 과정 중 주요 단계들이 런타임에 수행된다는 것이다. 이 특징을 만족하는 언어로는 APL, 리스프, 클로저, 얼랭, 그루비, 자바스크립트, 루아, PHP, 프롤로그, 파이썬, 루비, 스몰토크, Tcl 등이 대표적이다. 반대로 타입 검사를 컴파일타임에 수행하는 정적 타입 언어의 대표 주자로는 C++와 자바가 있다.

앞의 정의가 너무 추상적이라고 생각하는 독자를 위해 두 가지 예를 들어 '타입

'검사'와 '컴파일타임 또는 런타임'이 무얼 뜻하는지 설명해 보겠다. 먼저 다음의 간단한 코드를 보고 컴파일과 실행이 문제없이 이루어질지 생각해 보자.

```
public static void main(String[] args) {
    int[][][] array = new int[1][0][-1];
}
```

이 코드는 컴파일은 잘되지만 실행하면 NegativeArraySizeException이 발생한다. 《자바 가상 머신 명세》에는 NegativeArraySizeException이 런타임 예외라고 명시하고 있으며, 일반적으로 런타임 예외는 '해당 코드를 실행하지 않는 한 문제가 없다'는 뜻이다. 런타임 예외와 대조되는 개념은 링크타임 예외다. 예를 들어 NoClassDefFoundError가 바로 링크타임 예외다. 링크타임 예외를 일으키는 코드는 결코 실행되지 않는 경로에 존재하더라도 클래스가 로딩될 때 예외가 던져진다(7장에서 자바의 링킹은 컴파일 단계가 아닌 클래스 로딩 단계에서 수행된다고 설명했다).

하지만 C 언어에서는 의미가 같은 다음 코드에 대해 컴파일타임에 바로 오류를 보고한다.

```
int main(void) {
    int i[1][0][-1]; // GCC가 "size of array is negative"를 출력하며 컴파일 거부
    return 0;
}
```

이처럼 프로그래밍 언어에서 어떤 타입 검사를 런타임 또는 컴파일타임에 해야 하는지 꼭 정해진 건 아니다. 핵심은 언어 명세에서 인위적으로 설정한 규칙이다.

다음은 '타입 검사'가 무엇인지 설명하기 위해 준비한 예다.

```
obj.println("hello world");
```

이 코드가 무슨 일을 하는지 모르는 독자는 거의 없을 것이다. 하지만 컴퓨터는 이 코드만으로는 실행조차 할 수 없다. 컴퓨터가 의미를 찾아내려면 어떤 프로그래밍 언어로 작성되었는지, obj의 타입이 무엇인지와 같은 맥락 정보가 함께 주어져야 한다.

이 코드가 자바로 작성되었고 obj의 정적 타입이 java.io.PrintStream이라고 가정하자. 그러면 변수 obj의 실제 타입은 PrintStream 인터페이스를 구현한 클래스가 되어야 한다. obj의 실제 타입이 println(String) 메서드와 시그너처가 같은 메

서드를 포함하고 있더라도 PrintStream 인터페이스를 구현하지 않았다면 실행되지 않는다. 타입 검사에 실패하기 때문이다.

하지만 똑같은 코드가 자바스크립트로 작성되었다면 이야기가 달라진다. obj 의 타입이 무엇이든, 어떤 타입을 상속했든 상관없다. 그저 그 타입이 println (String)이라는 시그너처의 메서드를 가지고만 있다면 호출이 정상적으로 이루어진다.

이러한 차이의 근본적인 이유는 자바 언어가 컴파일 과정에서 println(String) 메서드의 완전한 심벌 참조(지금의 경우 CONSTANT_Methodref_info 상수)를 생성하여 메서드 호출 명령어의 매개 변수로 저장하기 때문이다. 즉, 다음과 같은 코드를 만들어 낸다.

```
invokevirtual #4; // Method java/io/PrintStream.println:(Ljava/lang/String;)V
```

완전한 심벌 참조에는 메서드가 정의된 구체적인 타입, 메서드 이름, 매개 변수 순서, 매개 변수 타입, 메서드 반환값 같은 정보가 담긴다. 자바 가상 머신은 이 심벌 참조를 보고 해당 메서드의 직접 참조로 변환한다.

한편 자바스크립트와 같은 동적 타입 언어가 자바와 가장 다른 점은 변수 obj 자체에는 타입이 없다는 것이다. obj 변수의 '값'에만 타입이 있다. 따라서 컴파일러가 컴파일타임에 결정할 수 있는 정보는 기껏해야 메서드 이름, 매개 변수, 반환값이다. 메서드의 구체적인 타입은 정해지지 않는다. 메서드 수신 객체가 특정되지 않는다는 뜻이다. 이러한 특성을 가리켜 "변수에는 타입이 없고 변수의 값에만 타입이 있다"라고 말한다. 이 점이 바로 동적 타입 언어의 핵심 특성이다.

동적 타입 언어와 정적 타입 언어의 차이를 이해했다면, 이제 어느 것이 나은지가 궁금할 것이다. 아쉽게도 어느 한쪽이 확실히 우위에 있지는 못하다. 각각 장단이 있으니 잘 따져 보고 언어를 선택해야 한다.

변수의 타입을 컴파일타임에 결정하는 정적 타입 언어의 가장 큰 이점은 컴파일러가 타입 검사를 포괄적이고 엄격하게 수행한다는 것이다. 따라서 데이터 타입과 관련한 잠재 문제를 코드 작성 과정에서 바로바로 찾을 수 있다. 상대적으로 안정성이 뛰어나 큰 프로젝트에 유리하다.

반면 동적 타입 언어는 타입을 런타임에 결정하므로 개발자가 더 많은 자유를 누릴 수 있다. 정적 타입 언어에서는 타입을 명시하는 코드가 추가되어야 해서, 때에 따라서는 동적 타입 언어로 작성한 코드가 훨씬 명확하고 간결하다. 명확성과 간결성은 일반적으로 개발 효율(생산성) 개선으로 이어진다.

8.4.2 자바와 동적 타이핑

이번 절의 주제로 돌아가서 자바 언어 및 자바 가상 머신과 동적 타입 언어가 어떤 관련이 있는지 살펴보자. 자바 가상 머신은 의심할 여지없이 자바 언어를 위한 운영 플랫폼이지만 그 역할이 여기에 머물지 않는다. 이러한 비전은 1997년《자바 가상 머신 명세》초판부터 계획되어 있었다. "앞으로 우리는 자바 가상 머신에서 실행되는 다른 언어들을 더 원활히 지원하기 위해 자바 가상 머신을 적절히 확장할 것이다." 실제로 클로저, 그루비, JPython, JRuby 등 자바 가상 머신에서 실행되는 동적 타입 언어가 다수 존재한다. 정적 타입 언어의 엄격함과 동적 타입 언어의 유연성을 같은 가상 머신에서 누릴 수 있는 것이다. 참으로 놀랍지 않은가?

하지만 안타깝게도 자바 가상 머신의 동적 타입 언어 지원 수준은 오랜 기간 미흡했으며, 특히 메서드 호출 부분이 그랬다. JDK 7 이전의 바이트코드 명령어 집합에는 메서드 호출 명령어가 총 4개였다(invokevirtual, invokespecial, invokestatic, invokeinterface). 그리고 이 명령어들의 첫 번째 매개 변수는 호출된 메서드의 심벌 참조인데(CONSTANT_Methodref_info 또는 CONSTANT_InterfaceMethodref_info 타입 상수), 앞서 이야기했듯이 메서드 심벌 참조는 '컴파일타임'에 생성된다. 반면 동적 타입 언어에서는 호출 대상을 런타임에 결정할 수 있어야 한다.

이런 이유로 자바 가상 머신에서 동적 타입 언어를 구현하려면 더 복잡해질 수밖에 없었다. 성능과 메모리 부담도 커졌다. 예컨대 컴파일타임에는 플레이스홀더(placeholder: 자리 표시자) 타입을 심어 두고, 구체적인 타입에 해당하는 바이트코드를 런타임에 동적으로 생성하여 플레이스홀더 타입을 대체해야 했다. 메서드 호출을 처리하느라 수많은 클래스를 동적으로 만들면서 메모리 부하 역시 늘어났다.

하지만 가장 심각한 성능 병목 요인은 따로 있었다. 동적 타입 메서드를 호출할 때 호출 객체의 정적 타입을 확인할 수 없기 때문에 메서드 인라인 최적화를 제대로 수행하지 못하게 된다는 점이었다. 메서드 인라인은 수많은 다른 최적화에 앞서 길을 닦는 역할을 하기 때문에 관점에 따라서는 아마도 가장 중요한 최적화 기법일 것이다(11장 참고). 동적 언어 지원에 따르는 성능 저하를 줄이기 위해 호출 사이트 캐싱 등의 방법을 생각할 수 있을 것이다. 하지만 근본적인 개선은 되지 못한다.

다음과 같은 코드가 있다고 해 보자.

```
var arrays = {"abc", new ObjectX(), 123, Dog, Cat, Car..}
for(item in arrays){
    item.sayHello();
}
```

동적 타입 언어에서는 문제없이 실행되는 코드다. 이때 배열의 원소는 런타임에 어떤 타입도 될 수 있다. 따라서 그 타입에 sayHello() 메서드가 실제로 존재하더라도 컴파일 또는 최적화 시에는 해당 sayHello() 코드의 위치를 결정하는 게 불가능하다. 컴파일러는 런타임에 선택, 호출, 인라인하기 위해 만나는 모든 sayHello() 메서드를 컴파일하고 캐시해 두어야 한다. 따라서 arrays 배열의 원소들이 가질 수 있는 타입이 다양하다면 필연적으로 인라인 캐시에 부담이 커진다. 캐시는 무한대가 아니다. 타입 정보가 불확실해 잠재 후보가 많아진다면 캐시된 내용이 끊임없이 무효화되고 갱신된다. 그러면 기존에 최적화해 둔 메서드도 지속해서 교체되어 재사용할 수 없게 될 것이다.

이러한 한계 때문에 동적 타입 언어 호출의 근본적인 문제는 결국 자바 가상 머신 수준에서 해결해야 했다. 즉, 자바 가상 머신이 동적 타입을 직접 지원해야지만 자바 플랫폼이 더 발전할 수 있음이 분명해졌다. 이상이 JDK 7에서 invokedynamic 명령어와 java.lang.invoke 패키지를 도입하게 된 기술적 배경이다.

8.4.3 java.lang.invoke 패키지

java.lang.invoke 패키지[18]는 JSR 292의 핵심 중 하나다. 주된 목적은 심벌 참조만으로 호출 대상 메서드를 결정하는 것이다. 이를 위해 메서드 핸들이라는, 대상 메서드를 동적으로 결정하기 위한 새로운 메커니즘을 도입했다.

설명이 부족한가? 그렇다면 메서드 핸들을 C·C++의 함수 포인터나 C#의 위임(delegate)과 비교해 보자. 예를 들어 술어부(predicate)로 정렬 기능을 구현한다고 해 보자. C·C++에서는 일반적으로 다음과 같이 술어부를 함수로 정의한 다음, 함수 포인터를 사용하여 정렬 메서드에 전달한다.

```
void sort(int list[], const int size, int (*compare)(int, int))
```

---

18 이 패키지의 이름은 처음에 java.dyn이었다가 java.lang.mh를 거쳐 현재 이름이 되었다. 다른 문헌에서 이 두 이름의 패키지를 보았다면 java.lang.invoke와 같은 패키지로 이해하자.

하지만 과거 자바에는 함수 자체를 매개 변수로 전달할 방법이 없었다. 그래서 보통은 compare() 메서드를 정의한 Comparator 인터페이스를 만들고, 이 인터페이스를 구현한 객체를 매개 변수로 받았다. 실제로 자바 클래스 라이브러리의 Collections::sort() 메서드는 다음처럼 정의되어 있다.

```
void sort(List list, Comparator c)
```

하지만 메서드 핸들이 도입된 지금은 함수 포인터나 위임 메서드와 비슷한 방식을 이용할 수 있다. 코드 8-12는 메서드 핸들의 기본적인 사용법을 보여 준다. obj 타입이 무엇이든, 즉 임시로 정의한 ClassA든 PrintStream 인터페이스를 구현한 System.out이든 println() 메서드가 올바르게 호출된다.

코드 8-12 메서드 핸들 예시

```java
import static java.lang.invoke.MethodHandles.lookup;

import java.lang.invoke.MethodHandle;
import java.lang.invoke.MethodType;

public class MethodHandleTest {
    static class ClassA {
        public void println(String s) {
            System.out.println(s);
        }
    }

    public static void main(String[] args) throws Throwable {
        Object obj = System.currentTimeMillis() % 2 == 0 ? System.out :
            new ClassA();
        // obj의 타입이 무엇이든 다음 문장은 println() 메서드를 문제없이 호출한다.
        getPrintlnMH(obj).invokeExact("icyfenix");
    }

    private static MethodHandle getPrintlnMH(Object reveiver) throws Throwable {
        // MethodType은 메서드의 반환값(methodType()의 첫 번째 매개 변수)과
        // 특정 매개 변수(methodType()의 두 번째 이후 매개 변수들)를 포함하는
        // '메서드 타입'을 뜻한다.
        MethodType mt = MethodType.methodType(void.class, String.class);

        // lookup() 메서드는 MethodHandles.lookup을 뜻한다.
        // 이 문장의 기능은 주어진 클래스에서 메서드 이름, 메서드 타입, 호출 권한이
        // 일치하는 메서드 핸들을 찾는 것이다.
        // 이때 가상 메서드가 호출되기 때문에 자바 언어의 규칙에 따라 메서드의
        // 첫 번째 매개 변수는 암묵적으로 메서드의 수신 객체, 즉 this가 가리키는
```

```
    // 객체를 나타낸다.
    // 이 매개 변수는 원래 매개 변수 목록으로 전달되었지만,
    // 지금은 bindTo() 메서드가 이 기능을 제공한다.
    return lookup().findVirtual(reveiver.getClass(), "println",
        mt).bindTo(reveiver);
    }
}
```

getPrintlnMH() 메서드는 실제로 invokevirtual 명령어의 동작 방식을 시뮬레이션
한다. 디스패치 로직이 (클래스 파일의 바이트코드가 아니라) 개발자가 설계한 자
바 메서드로 구현된 것일 뿐이다. 그리고 메서드 자체의 반환값인 MethodHandle 객
체는 최종 호출 메서드를 가리키는 '참조'로 간주될 수 있다. 이상의 MethodHandle
을 사용하면 함수 선언을 다음처럼 C·C++와 비슷하게 작성할 수 있다.

void sort(List list, MethodHandle compare)

이처럼 메서드 핸들 사용법은 그리 어렵지 않다. 하지만 예전에도 리플렉션을 사용
하면 되지 않았나? 실제로 자바 언어 관점에서만 보면 메서드 핸들은 사용법과 효
과 측면에서 리플렉션과 비슷한 점이 많다.

- 리플렉션과 메서드 핸들 모두 본질적으로 메서드 호출을 시뮬레이션한다. 하지
  만 리플렉션은 자바 코드 수준에서 시뮬레이션하고 메서드 핸들은 바이트코드
  수준에서 시뮬레이션한다. MethodHandles.Lookup의 findStatic(), findVirtual(),
  findSpecial() 메서드는 각각 invokestatic, invokevirtual(및 invokeinterface),
  invokespecial 바이트코드 명령어의 실행 권한 검증에 해당한다.

- 리플렉션의 java.lang.reflect.Method 객체는 메서드 핸들 방식의 java.lang.
  invoke.MethodHandle 객체보다 훨씬 많은 정보를 담고 있다. 전자는 자바 메서
  드에 대응하는 포괄적인 개념이다. 예를 들어 메서드 시그너처, 서술자, 메서
  드 속성 테이블의 다양한 속성에 해당하는 자바 측 표현을 담고 있으며 실행 권
  한 같은 런타임 정보도 포함한다. 반면 메서드 핸들에는 메서드 실행과 관련한
  정보만 담긴다. 개발자 용어로 표현하면 리플렉션은 무겁고 메서드 핸들은 가
  볍다.

- 메서드 핸들은 바이트코드 메서드 호출 명령어를 시뮬레이션하므로 이론적으로
  가상 머신에서 이루어지는 다양한 메서드 호출 관련 최적화(메서드 인라인 등)

와 비슷한 개념이 지원될 수 있다. 물론 아직까지 완벽하지는 않고 꾸준히 개선 중이다. 반면 리플렉션을 통한 메서드 호출의 경우 다양한 호출점 최적화를 직접 구현하기가 거의 불가능하다.

비슷한 점과 함께 차이점도 소개했는데, 사실 리플렉션과의 가장 큰 차이는 '자바 언어 관점에서만 보면'이라는 전제가 필요 없다는 점이다. 리플렉션 API는 오직 자바 언어를 위해 설계된 데 반해, 메서드 핸들은 자바 가상 머신에서 동작하는 모든 언어를 지원하도록 설계되었다.

8.4.4 invokedynamic 명령어

8.4절의 시작 부분에서 동적 타입 언어를 더 잘 지원하기 위해 JDK 7에서 다섯 번째 메서드 호출용 바이트코드 명령어인 invokedynamic을 도입했다고 했다. 그 후 코드 8-12에서 메서드 핸들을 사용한 샘플 코드를 소개할 때까지도 이 명령어는 전혀 등장하지 않았다. 자바 탄생 이후 유일하게 추가된 바이트코드 명령어라는 위상에 비춰 보면 정말 의아한 상황이다. invokedynamic은 과연 어떤 경우에 사용되는 걸까?

어떤 의미에서 invokedynamic 명령어는 메서드 핸들 메커니즘과 동일한 기능이라고 말할 수 있다. 기존 invoke* 명령어 4개를 활용한 메서드 해석 로직은 온전히 가상 머신 자체에 고정되어 있다. 반면 invokedynamic과 메서드 핸들은 메서드 해석 책임을 가상 머신으로부터 특정한 사용자 코드로 옮기는 역할을 한다. 즉, 사용자(다른 프로그래밍 언어 설계자를 포함한 일반적인 사용자)에게 더 큰 자유를 주려는 시도다. 둘의 기반 아이디어 역시 비슷하다. 다만 메서드 핸들은 상위 수준 코드와 API로 구현되고 invokedynamic은 바이트코드와 클래스의 속성 및 상수 수준에서 구현되는 점이 다르다. 따라서 메서드 핸들 예제를 이해한 독자는 invokedynamic 역시 어렵지 않게 이해할 수 있을 것이다.

invokedynamic 명령어를 포함하는 모든 위치를 '동적으로 계산된 호출 사이트'라고 한다. 이 명령어의 첫 번째 매개 변수는 메서드 심벌 참조를 나타내는 CONSTANT_Methodref_info 상수가 '아닌' JDK 7 때 추가된 상수인 CONSTANT_InvokeDynamic_info다. 이 상수에서는 세 가지 정보를 얻을 수 있다. 바로 부트스트랩 메서드(새로운 BootstrapMethods 속성에 저장됨), 메서드 타입, 이름이다. 부트스트랩 메서드는 매개 변수가 고정되어 있으며, 반환값은 실행 시 실제 메서드 호출 대상을 나타내는 java.lang.invoke.CallSite 객체다. 가상 머신은 CONSTANT_InvokeDynamic_info 상수에 담긴 정보를 이용하여 부트스트랩 메서드를 찾고, 이를 실행하여 CallSite 객체를 얻고, 마지막으로 실행할 대상 메서드를 호출할 수 있다. 이번에는 지루한 개념 설명 대신 코드 8-13을 보면서 실행 과정을 설명해 보겠다.

코드 8-13 invokedynamic 명령어 시연(1)

```
import static java.lang.invoke.MethodHandles.lookup;

import java.lang.invoke.CallSite;
import java.lang.invoke.ConstantCallSite;
import java.lang.invoke.MethodHandle;
import java.lang.invoke.MethodHandles;
import java.lang.invoke.MethodType;

public class InvokeDynamicTest {
    public static void main(String[] args) throws Throwable {
        INDY_BootstrapMethod().invokeExact("icyfenix");
    }

    public static void testMethod(String s) {
        System.out.println("hello String:" + s);
    }

    public static CallSite BootstrapMethod(MethodHandles.Lookup lookup,
            String name, MethodType mt) throws Throwable {
        return new ConstantCallSite(lookup.findStatic(InvokeDynamicTest.class,
            name, mt));
    }

    private static MethodType MT_BootstrapMethod() {
        return MethodType.fromMethodDescriptorString(
            "(Ljava/lang/invoke/MethodHandles$Lookup;Ljava/lang/String;"
            + "Ljava/lang/invoke/MethodType;)Ljava/lang/invoke/CallSite;",
            null);
    }

    private static MethodHandle MH_BootstrapMethod() throws Throwable {
        return lookup().findStatic(InvokeDynamicTest.class,
                            "BootstrapMethod", MT_BootstrapMethod());
    }

    private static MethodHandle INDY_BootstrapMethod() throws Throwable {
        CallSite cs = (CallSite) MH_BootstrapMethod().invokeWithArguments(
            lookup(), "testMethod",
            MethodType.fromMethodDescriptorString("(Ljava/lang/String;)V",
            null));
```

```
        return cs.dynamicInvoker();
    }
}
```

이 코드는 기본적으로 코드 8-12의 MethodHandleTest와 동일하다. 주석은 따로 달지 않았지만 읽고 이해하기 어렵지 않을 것이다. 설혹 이해하지 못하더라도 중요하지 않다. 사람보고 읽으라고 작성한 코드가 아니기 때문이다. 그저 컴파일러가 작성자의 바람대로 바이트코드를 생성할 수 있도록 하기 위한 코드다.

앞에서 이야기했듯이 invokedynamic 명령어를 주로 활용할 주체는 자바 언어가 아니라 자바 가상 머신에서 구동되는 다른 동적 타입 언어다. 따라서 JDK 7에서는 자바 컴파일러인 javac만으로는 invokedynamic을 사용하는 바이트코드를 생성할 방법이 전혀 없었다. 정확하게는 java.dyn.InvokeDynamic을 이용하는 방법이 있었지만 나중에 취소되었다.

그러다가 JDK 8에 람다식과 인터페이스 디폴트 메서드가 도입되면서 자바 언어도 invokedynamic의 이점을 조금 누리기 시작했다. 하지만 invokedynamic의 동작을 설명하기 위해 람다를 동원하는 건 어색하고, 앞서 나온 MethodHandle 예제와 비교하기에도 적합하지 않다. 그래서 몇 가지 해결책을 고안해 보았다.

JSR 292의 수장이자 이전 다빈치 머신 프로젝트의 리더인 존 로즈(John Rose)는 invokedynamic을 사용하여 프로그램의 바이트코드를 INDY로 변환하는 간단한 도구를 작성했다.[19] 이 도구를 사용하여 필요한 최종 바이트코드를 생성할 것이다. 따라서 코드 8-13의 메서드 이름은 임의로 변경할 수 없으며, 여러 메서드를 결합하여 작성할 수도 없다. INDY 도구에서 읽어야 하기 때문이다.

코드 8-13을 컴파일한 후 INDY를 사용하여 코드 8-14와 같이 재생성된 바이트코드로 변환한다. 결과는 javap를 사용하여 출력되며, 지면에 효과적으로 보여 주기 위해 관련 없는 내용을 많이 삭제했다.

코드 8-14 invokedynamic 명령어 시연(2)

```
Constant pool:
    #121 = NameAndType    #33:#30     // testMethod:(Ljava/lang/String;)V
    #123 = InvokeDynamic  #0:#121     // #0:testMethod:(Ljava/lang/String;)V

public static void main(java.lang.String[]) throws java.lang.Throwable;
    Code:
```

---

19 블로그 글이 사라져서 해당 코드의 복사본을 src/indify 디렉터리에 올려 두었다.

```
        stack=2, locals=1, args_size=1
          0: ldc            #23        // String abc
          2: invokedynamic #123,  0 // InvokeDynamic #0:testMethod:
                                                (Ljava/lang/String;)V
          7: nop
          8: return

public static java.lang.invoke.CallSite BootstrapMethod(
    java.lang.invoke.Method Handles$Lookup, java.lang.String,
    java.lang.invoke.MethodType) throws java.lang.Throwable;
    Code:
        stack=6, locals=3, args_size=3
          0: new            #63        // class java/lang/invoke/
                                                ConstantCallSite
          3: dup
          4: aload_0
          5: ldc            #1         // class org/fenixsoft/InvokeDynamicTest
          7: aload_1
          8: aload_2
          9: invokevirtual #65        // Method java/lang/invoke/MethodHandles$
                                                Lookup.findStatic:(Ljava/lang/Class;
                                                Ljava/lang/String;Ljava/lang/invoke/
                                                MethodType;)Ljava/lang/invoke/
                                                MethodHandle;
         12: invokespecial #71        // Method java/lang/invoke/
                                                ConstantCallSite."<init>":
                                                (Ljava/lang/invoke/MethodHandle;)V
         15: areturn
```

main() 메서드의 바이트코드에서 볼 수 있듯이 원래의 메서드 호출 명령어가 invoke dynamic으로 대체되었다. 매개 변수는 123번째 상수다. 값이 0인 두 번째 매개 변수는 가상 머신이 직접 사용하지 않는다. 이는 invokeinterface 명령어에서 값이 0인 매개 변수처럼 플레이스홀더 역할을 하며, 상수 풀 캐시에 충분한 공간을 남겨 두기 위해 쓰인다.

```
2: invokedynamic #123,  0 // InvokeDynamic #0:testMethod:(Ljava/lang/String;)V
```

상수 풀의 #123 = InvokeDynamic #0:#121 부분을 보면 123번째는 CONSTANT_Invoke Dynamic_info 타입 상수임을 알 수 있다. 상숫값의 앞 #0은 부트스트랩 메서드가 부트스트랩 메서드의 속성 테이블에서 0번째 항목을 사용한다는 뜻이다(javap가 속성 테이블의 특정 내용을 나열해 주지는 않지만 예제에는 BootstrapMethod()라 는 하나의 부트스트랩 메서드만 존재한다). 다음의 #121은 타입이 CONSTANT_Name-

AndType_info인 121번째 항목을 참조하는 상수를 나타낸다. 이 상수로부터 메서드 이름과 서술자가 testMethod:(Ljava/lang/String;)V임을 알아낼 수 있다.

BootstrapMethod()를 보자. 이 메서드는 자바 소스 코드에는 존재하지 않는다. 바로 INDY가 생성한 것이다. 바이트코드를 해석하기는 어렵지 않을 것이다. 먼저 MethodHandles$Lookup의 findStatic() 메서드를 호출하여 testMethod() 메서드의 메서드 핸들을 생성한다. 그런 다음 핸들을 사용하여 ConstantCallSite 객체를 만든다. 마지막으로 이 객체를 invokedynamic 명령어에 반환하여 실제 testMethod() 메서드를 호출하게끔 한다. 이렇게 해서 invokedynamic의 호출 과정이 완료된다.

8.4.5 실전: 제어 메서드 할당 규칙

invokedynamic이 기존 네 가지 invoke* 명령어와 가장 크게 다른 점은 디스패치 로직을 가상 머신이 아니라 개발자가 결정한다는 것이다. 디스패치 규칙을 개발자가 정한다면 우리는 과연 어떤 일을 할 수 있을까? 마지막으로 간단한 예제를 통해 그 답을 알아보며, 자바 가상 머신의 동적 언어 지원에 관한 소개를 마칠까 한다.

코드 8-15 메서드 호출 문제

```
class GrandFather {
    void thinking() {
        System.out.println("I am a grandfather");
    }
}

class Father extends GrandFather {
    void thinking() {
        System.out.println("I am a father");
    }
}

class Son extends Father {
    void thinking() {
        // 여기에 적절한 코드를 입력해야 한다(다른 곳에서는 코드를 수정할 수 없음).
        // GrandFather 클래스의 thinking() 메서드 호출을 구현하고
        // "I am grandfather"를 출력한다.
    }
}
```

자바 프로그램에서는 super 키워드를 이용해 부모 클래스의 메서드를 쉽게 호출할 수 있다. 하지만 더 위 단계 조상 클래스의 메서드를 호출하고 싶다면 어떻게 해야

할까? invokedynamic 명령어와 java.lang.invoke 패키지가 탄생하기 전인 JDK 6 시절에 이 문제를 해결할 방법이 있었는지 고민해 보자.

이 시기의 순수 자바만으로는 적합한 해결책이 없었다.[20] Son 클래스의 think ing() 메서드에서는 실제 타입이 GrandFather인 객체 참조를 얻을 수 없기 때문이다. invokevirtual 명령어의 디스패치 로직은 고정되어 있으며, 메서드 수신 객체의 실제 타입에 따라서만 디스패치할 수 있다. 이 로직은 가상 머신에 완전히 고정되어 있어서 개발자는 변경할 수 없다. JDK 7 업데이트 9 이전이라면 코드 8-16과 같은 방식으로 이 문제를 직접 해결할 수 있다.

코드 8-16 MethodHandle을 사용하여 문제 해결하기

```java
import static java.lang.invoke.MethodHandles.lookup;

import java.lang.invoke.MethodHandle;
import java.lang.invoke.MethodType;

class GrandFatherTestCase_1 {
    class GrandFather {
        void thinking() {
            System.out.println("I am a grandfather");
        }
    }

    class Father extends GrandFather {
        void thinking() {
            System.out.println("I am a father");
        }
    }

    class Son extends Father {
        void thinking() {
            try {
                MethodType mt = MethodType.methodType(void.class);
                MethodHandle mh = lookup().findSpecial(GrandFather.class,
                                "thinking", mt, getClass());
                mh.invoke(this);
            } catch (Throwable e) {
            }
        }
    }
}
```

[20] ASM과 같은 바이트코드 도구를 사용하여 바이트코드를 직접 생성하면 가능했지만, 자바 언어 수준의 해법은 아니다.

```
    public static void main(String[] args) {
        (new Test().new Son()).thinking();
    }
}
```

JDK 7 업데이트 9까지의 핫스팟 가상 머신으로 실행한 결과는 다음과 같다.

```
I am a grandfather
```

하지만 이 로직은 잠재적인 보안 버그로 볼 수 있다. findSpecial()이 메서드 버전을 찾을 때 접근 제어 제약과 매개 변수 타입 제약 등의 제한 사항이 반드시 보장되어야 하기 때문이다. 즉, 결과가 invokespecial 명령어와 정확히 같아야 하며, 앞의 시나리오에서는 부모 클래스에 있는 메서드 버전까지만 접근할 수 있어야 한다. 그래서 JDK 7 업데이트 10부터는 결과가 다음처럼 바뀐다.

```
I am a father
```

이 책의 2판은 초기 버전 JDK 7을 기준으로 써서 이 수정 사항을 제때 반영하지 못했다. 그래서 수많은 열성 독자들이 결과가 다르다면서 문의 메일을 보내 주었다. 이 자리를 빌려 감사의 뜻을 전한다.

그렇다면 더 최신 JDK에서는 앞의 문제를 해결할 수 있을까? MethodHandles. Lookup 클래스의 코드를 보면 어떤 접근 보호를 수행해야 하는지 알 수 있으며, 나아가 접근 보호를 우회할 수 있는 힌트도 얻을 수 있다. 이 클래스에서 접근 보호는 allowedModes 매개 변수로 제어되는데, 값을 TRUSTED 상수(실제 값은 -1)로 설정하면 모든 보호 장치를 건너뛴다. 이 매개 변수는 자바 클래스 라이브러리 자체에서만 사용되는 비공개 기능이지만, 리플렉션을 이용하면 쉽게 우회할 수 있다. 이로써 코드 8-16에서 Son 클래스의 thinking() 메서드를 다음처럼 수정하여 문제를 풀수 있다.

```
void thinking() {
    try {
        MethodType mt = MethodType.methodType(void.class);
        Field lookupImpl =
            MethodHandles.Lookup.class.getDeclaredField("IMPL_LOOKUP");
        lookupImpl.setAccessible(true);
        MethodHandle mh = ((MethodHandles.Lookup)
            lookupImpl.get(null)).findSpecial(GrandFather.class, "thinking",
            mt, GrandFather.class);
```

```
        mh.invoke(this);
    } catch (Throwable e) {
        e.printStackTrace();
    }
}
```

코드를 실행하면 JDK 15까지는 다음과 같은 결과를 출력한다.

`I am a grandfather`

하지만 JDK 16부터는 `InaccessibleObjectException`이 발생한다. 앞서 이야기했듯이 '비공개' 기능을 이용한 해법이었기 때문이다. 비공개 기능을 사용하면 향후 릴리스에서 동작을 보장받지 못한다. 사실 JDK 9부터 이미 "Illegal reflective access by Test$Son to field java.lang.invoke.MethodHandles$Lookup.IMPL_LOOKUP. All illegal access operations will be denied in a future release."라며 경고하던 것을 JDK 16에 와서 실행에 옮긴 것이다.

8.5 스택 기반 바이트코드 해석 및 실행 엔진

자바 가상 머신이 메서드를 호출하고 버전을 선택하는 방법은 충분히 설명했으니, 이번 절에서는 가상 머신이 메서드의 바이트코드 명령어를 실행하는 방법을 보겠다.

　8.1절에서 이야기했듯이 많은 자바 가상 머신 실행 엔진에서 자바 코드를 실행할 때 해석 실행과 컴파일 실행 중에서 선택할 수 있다. 해석 실행은 인터프리터가 실행하는 걸 말하며, 컴파일 실행은 JIT 컴파일러를 써서 네이티브 코드로 변환해 실행하는 걸 말한다. 이번 절에서는 바이트코드를 해석하고 실행할 때 자바 가상 머신의 실행 엔진이 어떻게 작동하는지 개념 모델을 기준으로 분석할 것이다. 핫스팟의 템플릿 인터프리터와 같이 가상 머신에서 실제로 사용하는 인터프리터에는 최적화가 다수 적용되어 있다. 따라서 실제로는 각 바이트코드에 해당하는 어셈블리 코드가 동적으로 생성되어 실행되는데, 개념 모델의 실행 방식과는 차이가 크다. 물론 결과는 똑같음을 보장한다.

8.5.1 해석 실행

자바 언어를 '해석 실행' 언어, 즉 인터프리터 언어로 생각하는 사람도 있다. 자바

가 탄생한 JDK 1.0 시대에는 이 정의가 비교적 정확했다. 하지만 그 후 가상 머신에 JIT 컴파일러가 포함되면서 클래스 파일의 코드를 해석 실행할지, 컴파일 실행할지 가상 머신이 스스로 판단하게 되었다. 나아가 자바에도 네이티브 코드를 바로 생성할 수 있는 컴파일러가 생겨났고(그랄 컴파일러,[21] Jaotc, GCJ,[22] 예흐켈시오르 JET 등), C·C++ 언어에서도 해석 실행하는 제품이 등장했다(CINT[23] 등). 그래서 현재 기준으로는 자바 언어 전체를 '해석 실행'이라고 설명하는 건 무의미하다. 그저 특정 버전의 자바나 실행 엔진의 작동 모드를 지칭하는 경우에 한해 둘을 구분해서 이야기할 수 있을 것이다.

해석을 하든 컴파일을 하든, 물리 머신이든 가상 머신이든, 기계가 마치 사람처럼 애플리케이션을 읽고 이해하고 실행하는 것은 불가능하다. 대부분의 프로그램 코드가 물리 머신의 목적 코드나 가상 머신이 실행할 수 있는 명령어 집합으로 변환되기까지는 그림 8-5와 같은 다양한 단계를 거친다. 대학에서 배운 컴파일러 수업 내용을 기억하고 있는가? 그렇다면 그림의 맨 아래 분기가 전통적인 컴파일 원칙에 따라 프로그램 코드로부터 기계어 코드를 생성하는 과정임을 쉽게 알 수 있을 것이다. 그리고 가운데 분기는 자연스럽게 해석 실행 과정이 된다.

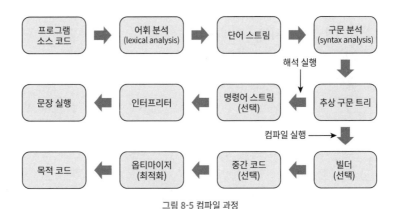

그림 8-5 컴파일 과정

오늘날 물리 머신, 자바 가상 머신, 기타 고수준 언어용 가상 머신은 그림 8-5와 같은 고전적인 컴파일 원칙에 따라 소스 코드의 어휘와 구문을 분석하여 추상 구문 트리로 변환한다. 어휘 분석, 구문 분석, 최적화, 목적 코드 생성 각각은 실행 엔진과

---

21 그랄 컴파일러: *https://www.graalvm.org/latest/reference-manual/java/compiler/*
22 GCJ: *http://gcc.gnu.org/java*
23 CINT: *http://root.cern.ch/drupal/content/cint*

독립적으로 구현한 다음 모두를 조합하여 하나의 컴파일러를 완성할 수 있다. 대표적으로 C·C++용 컴파일러가 주로 이렇게 구현된다. 또한 일부 단계(예: 추상 구문 트리 생성 이전 단계)들을 특정 언어만 고려해 준독립적으로 구현할 수 있는데 자바가 대표적이다. 마지막으로 모든 단계와 실행 엔진까지 전체를 하나의 언어만을 위해 블랙박스로 캡슐화할 수 있다. 많은 자바스크립트 엔진이 이렇게 구현됐다.

자바 언어에서 javac 컴파일러는 프로그램 코드의 어휘 분석, 구문 분석, 추상 구문 트리 생성, 나아가 구문 트리를 탐색해 일련의 바이트코드 명령어들을 생성하는 과정까지 처리한다. 이처럼 작업 대부분이 가상 머신 외부에서 수행되고 인터프리터는 가상 머신 내부에 있으므로 자바 프로그램 컴파일은 준독립적인 구현에 속한다.

8.5.2 스택 기반 명령어 집합과 레지스터 기반 명령어 집합

javac 컴파일러가 출력하는 바이트코드 명령어 스트림은 기본적으로[24] 스택 기반 명령어 집합 아키텍처를 따른다. 즉, 바이트코드 명령어 스트림의 명령어 대부분은 메모리 주소 대신 피연산자 스택을 이용해 동작한다. 또 다른 주류 아키텍처인 레지스터 기반 명령어 집합 아키텍처의 대표적인 예는 x86이다. 그렇다면 스택 기반과 레지스터 기반 명령어 집합은 어떻게 다를까?

가장 간단한 예를 각 명령어 집합으로 표현해 보겠다. 다음 코드는 1+1 계산을 스택 기반 명령어 집합으로 구현한 예다.

```
iconst_1
iconst_1
iadd
istore_0
```

iconst_1 명령어 두 개가 연이어 상수 1을 스택에 넣은 후, iadd 명령어가 스택 맨 위의 두 값을 더해 결과를 다시 스택에 넣었다. 마지막 istore_0은 스택 맨 위의 값을 지역 변수 테이블의 0번째 변수 슬롯에 저장한다. 일련의 명령어 모두에 매개 변수가 없었다. 그 대신 입력 데이터를 피연산자 스택에서 가져오고 결과도 피연산자 스택에 저장했다.

---

24 '기본적으로'라고 한 이유는 일부 바이트코드 명령어에는 매개 변수가 딸려 있기 때문이다. 100% 순수 스택 기반 명령어 집합 아키텍처라면 모든 명령어에 명시적 매개 변수가 없어야 한다. 자바가 이런 선택을 한 이유는 주로 코드를 검증하기 위해서다.

한편 레지스터 기반 명령어 집합을 사용할 경우 같은 연산을 다음처럼 구현할 수 있다.

```
mov  eax, 1
add  eax, 1
```

mov 명령어는 eax 레지스터의 값을 1로 설정한다. add 명령어는 이 값에 1을 더하고 결과를 다시 eax 레지스터에 저장한다. 이처럼 매개 변수 2개를 받는 명령어가 x86 명령어 집합의 주류다. 명령어 각각은 독립된 매개 변수 2개를 받으며, 레지스터로부터 데이터를 읽고 저장 역시 레지스터에 한다.

두 명령어 집합의 차이를 간단히 살펴보았는데 어느 쪽이 나아 보이는가? 두 방식이 공존하면서 함께 발전해 가는 현실을 보면 각자가 나름대로 장점이 있는 게 분명해 보인다. 어느 한쪽이 확실하게 뛰어났다면 나은 쪽으로 통일되어 선택을 고민할 필요조차 없었을 것이다.

스택 기반 명령어 집합의 장점은 무엇일까? 가장 중요한 장점은 이식성일 것이다. 레지스터[25]는 하드웨어에서 직접 제공하는데, 하드웨어에 직접 의존하는 프로그램은 해당 하드웨어에 종속될 수밖에 없기 때문이다. 예를 들어 64비트 x86 프로세서는 범용 레지스터를 16개 제공한다. 초기 스마트폰과 디지털 기기에서 많이 쓰인 ARMv6 프로세서는 32비트 범용 레지스터를 30개 제공하며, 그중 처음 16개를 사용자 모드에서 사용할 수 있다. 요즘 스마트폰에 주로 쓰이는 AArch64 프로세서는 64비트 범용 레지스터를 31개 제공한다.

한편 스택 기반 명령어 집합을 이용하면 사용자 프로그램은 하드웨어 레지스터를 직접 사용하지 않는다. 그 대신 가상 머신이 가장 자주 사용하는 데이터(프로그램 카운터, 스택 최상위 데이터 캐시 등)를 레지스터에 저장하여 최상의 성능을 이끌어 내도록 노력한다. 따라서 특정 하드웨어에 의존하지 않게 구현하기가 더 쉽다.

스택 기반 명령어 집합에서는 코드 각각이 상대적으로 더 간결하다. 바이트코드에서는 바이트 각각이 하나의 온전한 명령어가 되는 반면, 매개 변수를 받는 레지스터 기반 명령어 집합에서는 매개 변수들까지 저장해야 하기 때문이다. 컴파일러

---

25 지금은 물리 머신에 존재하는 레지스터를 이야기하고 있다. 한편 안드로이드의 달빅 가상 머신처럼 레지스터 기반 가상 머신도 존재한다. 레지스터 기반 가상 머신은 가상 머신 레지스터를 물리 레지스터에 최대한 대응시키는 식으로 성능을 끌어낸다.

를 구현하기도 더 쉽다. 필요한 공간을 모두 스택으로 처리하기 때문에 공간 할당 문제를 고민할 필요가 없기 때문이다.

단점도 알아보자. 스택 기반 명령어 집합은 실행 속도가 상대적으로 느리다. 주류 물리 머신이 모두 레지스터 기반 아키텍처[26]이기 때문이다. 하지만 지금 말하는 실행 속도는 해석 실행 모드로 동작할 때에 국한된다. JIT 컴파일러가 만들어 내는 어셈블리 명령어 스트림은 가상 머신의 아키텍처와는 아무런 관련이 없다.

해석 실행 모드에서 스택 기반 명령어 집합의 코드 각각은 더 간결할지라도 같은 기능을 완료하기 위해 필요한 명령어의 총개수가 레지스터 기반 아키텍처보다 많은 게 보통이다. 데이터를 스택에 넣고 빼는 일 자체가 상당한 수의 명령어를 생성하기 때문이다. 나아가 스택이 메모리에 구현되면 메모리 접근이 빈번하게 일어난다는 문제가 생긴다. 메모리는 프로세서 자체에 내장된 레지스터보다 훨씬 느리기 때문에 성능을 상당히 떨어뜨리는 요인으로 작용한다. 그래서 가상 머신은 가장 흔한 작업을 레지스터에 매핑(최상위 캐시 최적화)하여 메모리를 읽고 쓰는 빈도를 줄일 수 있다. 하지만 본질적인 해법은 될 수 없다.

정리하면 스택 기반 아키텍처 명령어 집합은 명령어 수가 많고 메모리를 빈번하게 읽고 써서 속도가 상대적으로 느릴 가능성이 크다.

8.5.3 스택 기반의 해석 실행 과정

앞 절까지는 스택 기반 아키텍처 실행 엔진을 이해하기 위한 필수 지식을 설명했다. 이번 절에서는 간단한 자바 코드를 예로 들어 가상 머신에서 바이트코드가 어떻게 실행되는지 보여 주겠다.

코드 8-17 간단한 산술 연산 코드

```
public int calc() {
    int a = 100;
    int b = 200;
    int c = 300;
    return (a + b) * c;
}
```

---

26 초기 인텔 x86 아키텍처에서 쓰인 수치 연산 보조 프로세서인 x87은 스택의 상위 2개만 이용하는 스택 기반 아키텍처였다. 하지만 주류 프로세서에서 스택 기반 아키텍처를 사용하지 않은 지는 아주 오래되었다.

자바 언어 수준에서는 딱히 덧붙일 설명이 없는 코드다. 컴파일한 다음 javap로 이 코드의 바이트코드가 어떻게 만들어졌는지 살펴보자.

코드 8-18 간단한 산술 연산 코드에 해당하는 바이트코드

```
public int calc();
  Code:
    stack=2, locals=4, args_size=1
       0: bipush        100
       2: istore_1
       3: sipush        200
       6: istore_2
       7: sipush        300
      10: istore_3
      11: iload_1
      12: iload_2
      13: iadd
      14: iload_3
      15: imul
      16: ireturn
```

세 번째 줄의 stack=2는 이 메서드에 깊이가 2인 피연산자 스택이 필요하다는 뜻이고, locals=4는 변수 슬롯이 4개인 지역 변수 테이블이 필요하다는 뜻이다. 이 정보를 바탕으로 코드 8-18이 실행되는 동안 코드, 피연산자 스택, 지역 변수 테이블이 각각 어떻게 변하는지 그림을 그려 가며 천천히 살펴보자. 처음 모습은 그림 8-6과 같을 것이다.

그림 8-6 오프셋 주소 0 위치의 명령어 실행

프로그램 카운터(PC)가 0이므로 오프셋 주소 0에 해당하는 명령어를 실행한다. bipush 명령어는 1바이트 정수 상숫값(-128~127)을 피연산자 스택에 푸시한다. 푸시할 상숫값을 매개 변수로 지정해야 하며 여기서는 100이다.

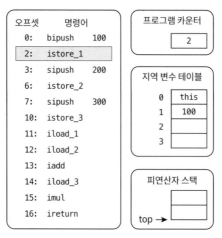

그림 8-7 오프셋 주소 2 위치의 명령어 실행

이어서 오프셋 주소 2 위치의 명령어를 실행한다. istore_1 명령어는 피연산자 스택에서 정숫값을 꺼내 1번 지역 변수 슬롯에 저장한다.

이어지는 명령어 4개(오프셋 10까지의 명령어들)는 앞의 두 명령어와 동일한 작업을 수행한다(스택에 값을 넣은 후 지역 변수 슬롯에 저장). 즉, 오프셋 0~10의 명령어들은 변수 a, b, c에 값 100, 200, 300을 할당하는 코드다. 그래서 200과 300을 할당하는 명령어에 해당하는 그림은 생략하겠다.

그림 8-8 오프셋 주소 11 위치의 명령어 실행

오프셋 주소 11 위치의 명령어를 실행한다. `iload_1` 명령어는 지역 변수 테이블의
1번 변수 슬롯에 담긴 정숫값을 피연산자 스택에 푸시한다.

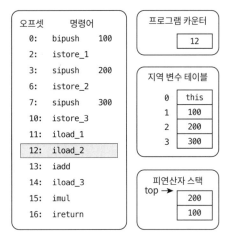

그림 8-9 오프셋 주소 12 위치의 명령어 실행

오프셋 주소 12 위치의 명령어를 실행한다. `iload_2` 명령어는 `iload_1`과 같다. 다
만 2번 변수 슬롯의 정숫값을 스택에 푸시한다. 다음 명령어인 `iadd`가 실행되기 직
전의 스택에는 그림 8-9처럼 정숫값 두 개가 담겨 있다.

그림 8-10 오프셋 주소 13 위치의 명령어 실행

오프셋 주소 13 위치의 명령어를 실행한다. `iadd` 명령어는 피연산자 스택에서 원소
두 개를 꺼내 정수 덧셈을 수행하고 결과를 다시 스택에 푸시한다. `iadd` 수행 직전

에 100과 200을 담고 있던 스택에는 이제 두 값의 합인 300만이 담겨 있다.

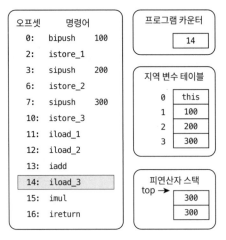

그림 8-11 오프셋 주소 14 위치의 명령어 실행

오프셋 주소 14 위치의 명령어를 실행한다. iload_3 명령어는 3번 지역 변수 슬롯에 저장된 값 300을 피연산자 스택으로 푸시한다. 피연산자 스택에는 이제 정수 300이 두 개 저장되어 있다.

다음 명령어인 imul은 피연산자 스택에서 원소 두 개를 꺼내 정수 곱셈을 수행하고 결괏값인 90000을 스택으로 다시 푸시한다. iadd와 거의 같기 때문에 그림은 생략했다.

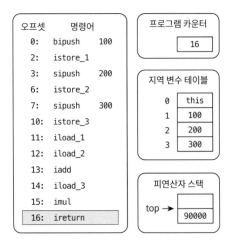

그림 8-12 오프셋 주소 16 위치의 명령어 실행

오프셋 주소 16 위치의 명령어를 실행한다. ireturn은 메서드 반환 명령어 중 하나다. 메서드 실행을 종료하고 피연산자 스택 맨 위의 정숫값을 메서드 호출자에 반환한다. 이상으로 이 메서드의 실행이 종료된다.

지금까지 스택 기반 명령어 집합의 일반적인 연산 과정을 살펴보았다. 전체 과정에서 피연산자 스택을 통해 정보(데이터)를 교환하는 모습이 앞에서 "명령어 수가 많고 메모리를 자주 읽고 쓴다"라고 한 설명과 일치한다.

하지만 이상의 실행 과정은 단지 개념 모델일 뿐이다. 실제로는 가상 머신이 다양한 성능 최적화를 수행할 것이므로 개념 모델과 완전히 일치하지는 않음을 다시 한번 강조한다. 사실 일치하지 않는 정도가 아니라 매우 다를 것이다. 가상 머신의 JIT 컴파일러가 입력 바이트코드를 최적화할 것이고, 심지어 인터프리터조차 바이트코드 명령어를 하나씩 실행하지는 않기 때문이다. 예를 들어 핫스팟 가상 머신은 해석 실행 성능을 높이기 위해 fast_로 시작하는 비표준 바이트코드 명령어를 이용한다. 이 명령어들은 입력 바이트코드의 명령어 여러 개를 하나로 결합하거나 대체한다. JIT 컴파일러가 수행하는 최적화 기법은 훨씬 다양하다.

8.6 마치며

이번 장에서는 가상 머신이 코드를 실행할 때 올바른 메서드를 찾는 방법, 메서드 본문의 바이트코드를 실행하는 방법, 코드 실행과 관련한 메서드 구조를 분석했다. 6장부터 시작해 자바 프로그램이 어떻게 저장, 로드(생성), 실행되는지에 관한 지식을 체계적으로 소개했다.

다음 9장에서는 이러한 이론적 지식을 구체적인 개발에 적용하는 전형적인 방법을 살펴보겠다.

## 9장

U n d e r s t a n d i n g   t h e   J a v a   V i r t u a l   M a c h i n e

클래스 로딩과 실행 서브시스템, 사례와 실전

9.1 들어가며

클래스 파일 구조와 실행 엔진에서는 사용자 프로그램이 직접 개입할 수 있는 부분이 많지 않다. 클래스 파일의 저장 형식, 클래스 로딩 시점, 링크 방법, 바이트코드 명령어를 실행하는 방법 등은 모두 가상 머신이 직접 통제하여 사용자 프로그램에서 바꿀 수 없다. 하지만 두 주제를 깊이 들여다본 덕분에 나중에 수많은 소프트웨어를 구현하는 데 참고할 만한 아이디어를 많이 얻었을 것이다. 이번 장에서는 지금까지 배운 내용이 실제 개발에 어떻게 적용되는지 살펴보겠다.

9.2 사례 연구

총 네 가지 사례를 준비했다. 처음 두 가지는 클래스 로더와 바이트코드 관련 사례다. 이 두 분야는 대부분의 자바 개발자가 사용하는 도구 또는 기술이다. 반드시 모든 사람이 사용하지는 않지만 이 분야의 기술적 특성을 이해해 두면 큰 도움이 될 것이다. 나머지 두 가지는 독자들의 생각을 일깨우고 일상 업무에 영감을 줄 법한 사례로 준비했다.

9.2.1 톰캣: 정통 클래스 로더 아키텍처

톰캣, 제티, 웹로직, 웹스피어 등 주류 자바 웹 서버는 모두 자체 정의한 클래스 로더를 사용한다. 이때 다음과 같은 문제들을 해결해야 하기 때문에 일반적으로 둘 이상의 로더를 혼용한다.

- 똑같은 서버에 배포하더라도 자바 클래스 라이브러리를 웹 애플리케이션별로 격리하는 게 좋다. 이는 가장 기본적인 요구 사항이다. 같은 서드 파티 클래스 라이브러리를 이용하더라도 애플리케이션마다 필요로 하는 버전은 다를 수 있다. 즉, 클래스 라이브러리들은 한 서버에 여러 버전이 공존할 수 있다. 따라서 서버는 개별 애플리케이션이 클래스 라이브러리를 독립적으로 사용할 수 있도록 보장해야 한다.

- 똑같은 서버에 배포된 둘 이상의 웹 애플리케이션이 사용하는 자바 클래스 라이브러리는 서로 공유할 수 있다. 앞의 요구 사항과 정확히 반대되지만 매우 일반적인 요구 조건이다. 예를 들어 서버 한 대에 스프링 프레임워크를 사용하는 애플리케이션을 열 개 배포했다고 해 보자. 스프링 프레임워크를 열 벌이나 복사해 관리한다면 자원 낭비가 크다. 디스크 공간 낭비도 있지만 클래스 라이브러리를 사용하려면 먼저 메모리로 읽어 들여야 한다는 점이 훨씬 심각하다. 클래스 라이브러리를 공유할 수 없다면 가상 머신의 메서드 영역이 과도하게 확장될 위험이 있다.

- 서버는 보안을 최대한 유지해서 배포된 웹 애플리케이션들의 영향을 받지 않아야 한다. 현재 많은 주류 자바 웹 서버가 자바 언어로 구현된다. 따라서 서버 자체에도 클래스 라이브러리 의존성 문제가 있다. 일반적으로 보안상 이유로 서버가 사용하는 클래스 라이브러리는 애플리케이션의 클래스 라이브러리와 독립적이어야 한다.

- JSP 애플리케이션을 지원하는 웹 서버는 대부분 핫 스와프를 지원한다. JSP 파일은 가상 머신에서 실행되기 전에 자바 클래스 파일로 컴파일된다. 하지만 JSP 파일은 서드 파티 클래스 라이브러리나 자바로 작성된 코드보다 런타임에 수정될 가능성이 훨씬 크다. 평범한 텍스트 파일로 작성되기 때문이다. 더구나 ASP, PHP, JSP 등은 코드 수정 후 애플리케이션을 재시작하지 않아도 된다는 점을 커다란 장점으로 내세운다. 따라서 주류 웹 서버는 JSP로부터 생성된 클래스의 핫 스와프를 지원해야 한다. 하지만 모두가 그렇지는 않다. 예컨대 웹로직 서버는 프로덕션 모드에서는 기본적으로 JSP 파일이 변경되는 걸 허용하지 않는다.

이상의 조건들 때문에 클래스패스가 하나뿐인 구조는 다수의 웹 애플리케이션을 배포하기에 적합하지 않다. 그래서 다양한 웹 서버에서 서드 파티 클래스 라이브러리 저장용으로 별도의 클래스패스를 제공하기도 한다. 이때 주로 쓰이는 경로명은

lib과 classes다. 저장된 경로가 다른 클래스 라이브러리들은 접근 범위도 서로 다르다. 또한 전용 클래스 로더를 디렉터리마다 따로 제공한다.

이제부터 톰캣 서버[1]를 예로 들어 톰캣이 사용자 클래스 라이브러리 구조와 클래스 로더를 어떻게 다루는지 구체적으로 알아보겠다.

톰캣에서는 자바 클래스 라이브러리 저장용 디렉터리 3개(/common/*, /server/*, /shared/*)와 웹 애플리케이션 자체 저장용 디렉터리 1개(/WEB-INF/*)를 합해 총 4개의 디렉터리가 핵심이다. 각 디렉터리에 담긴 클래스 라이브러리를 이용할 수 있는 범위는 다음과 같다.

- /common: 톰캣 자신과 모든 웹 애플리케이션
- /server: 톰캣 자신
- /shared: 톰캣을 제외한 모든 웹 애플리케이션
- /webapp/WEB-INF: 해당 웹 애플리케이션

클래스 라이브러리들을 이상의 디렉터리 구조와 용도에 맞게 로드하고 격리하기 위해 톰캣은 다수의 클래스 로더를 이용한다. 일단 톰캣 5까지의 클래스 로더 아키텍처부터 시작해 보자. 그림 9-1에서 보듯이 전통적인 부모 위임 모델을 따르고 있다.

회색 배경의 세 클래스 로더는 JDK가 기본으로 제공하는 것으로 7장에서 소개했다. 그리고 공통 클래스 로더, 카탈리나 클래스 로더(서버 클래스 로더), 공유 클래스 로더, 웹 앱 클래스 로더는 각각 /common, /server, /shared, /WebApp/WEB-INF 디렉터리의 클래스들을 담당한다. 이 중 웹 앱 클래스 로더는 인스턴스가 여러 개일 수 있다. 정확히는 웹 앱 하나당 전

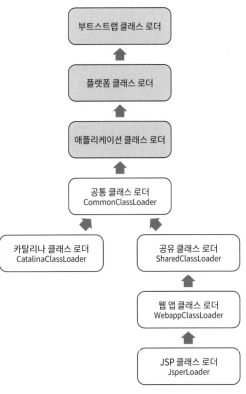

그림 9-1 톰캣의 클래스 로더 아키텍처(톰캣 5까지 기준)

---

[1] 톰캣(*http://tomcat.apache.org*)은 아파치 재단이 관리하는 오픈 소스 자바 웹 서버다.

용 웹 앱 클래스 로더가 하나씩 만들어진다.

그림 9-1의 위임 관계에서 알 수 있듯이 공통 클래스 로더가 로드할 수 있는 클래스는 카탈리나와 공유 클래스 로더 모두에서 사용할 수 있다. 그에 반해, 카탈리나와 공유 클래스 로더가 로드한 클래스들은 따로 격리된다. 웹 앱 클래스 로더는 공유 클래스 로더가 로드한 클래스들을 이용할 수 있지만, 웹 앱 클래스 로더 인스턴스 각각은 서로 독립적이다. JSP 클래스 로더의 로드 범위는 해당 JSP 파일을 컴파일해 만들어진 클래스 파일들로 한정된다. 서버가 JSP 파일이 수정되었음을 감지하면 새로운 JSP 클래스 로더 인스턴스를 생성하여 기존 인스턴스를 교체하는 형태로 JSP 파일의 핫 스와프를 구현한다.

이번 예시의 클래스 로더 구조는 톰캣 5까지 해당한다. 톰캣 6부터는 기본 디렉터리 구조가 더 단순해졌다. 구체적으로는 서버(카탈리나) 클래스 로더와 공유 클래스 로더의 역할까지 공통 클래스 로더가 모두 떠맡는다. 따라서 톰캣 6부터는 기본적으로 common, server, shared 디렉터리를 lib 디렉터리 하나로 병합하는 게 좋다. lib 디렉터리에 저장된 클래스 라이브러리의 역할은 이전의 common 디렉터리의 클래스 라이브러리와 동일하며, 대부분의 배포 시나리오를 단순하게 만들어준다.

더 복잡한 구성이 필요할 때는 언제든 기존의 전체 로더 아키텍처로 되돌릴 수 있다. tomcat/conf/catalina.properties 설정 파일에 server.loader와 shared.loader 항목을 지정하면 서버(카탈리나) 클래스 로더와 공유 클래스 로더의 인스턴스가 생성된다.

톰캣의 클래스 로더 아키텍처는 공식으로 권장되는 '정통' 방식을 따르기 때문에 명확하고 이해하기 쉽다. 앞서 사례를 읽어 보면 톰캣 설계진이 아키텍처를 이렇게 구성한 의도를 충분히 이해할 수 있을 것이다. 그렇다면 클래스 로더의 '주류' 사용법에 어느 정도 익숙해졌다는 뜻이므로 다음 질문으로 넘어가 보자.

앞에서 시나리오를 하나 제시한 바 있다. 스프링 프레임워크로 관리되는 웹 애플리케이션 열 개가 있다면, 스프링을 모든 웹 애플리케이션이 공유하도록 common이나 shared 디렉터리에 넣으면 될 것이다. 프레임워크라는 특성상 스프링 역시 사용자 프로그램의 클래스들을 사용할 수 있어야 한다. 그런데 사용자 프로그램은 /webapp/WEB-INF 디렉터리에 존재한다. 이 상황에서 공통 또는 공유 클래스 로더가 로드한, 스프링 로드 범위에 없는 사용자 프로그램에 어떻게 접근할 수 있을까? 7장의 내용을 잘 읽었다면 이 질문에 쉽게 답할 수 있을 것이다.

9.2.2 OSGi: 유연한 클래스 로더 아키텍처

자바 개발 커뮤니티에는 다음과 같은 이야기가 떠돈다.

> "자바 EE(자카르타 EE) 명세를 배우려면 JBoss 소스 코드를 읽어 보는 게 최고이고,
> 클래스 로더 관련 지식을 얻으려면 OSGi 소스 코드를 보는 게 최고다."

'자바 EE 명세'와 '클래스 로더 관련 지식'이 같은 수준의 개념은 아니다. 하지만 이 견해가 널리 퍼져 있다는 점은 OSGi가 클래스 로더를 사용하는 방식이 매우 독특하다는 방증으로 볼 수 있다.

OSGi[2]는 IBM 등이 이끄는 OSGi 연합에서 제창한 자바 기반 '동적' 모듈 명세다. 초기에는 심지어 썬도 참여했다. OSGi의 목적은 서비스 제공자가 다양한 가정용 스마트 기기를 하나의 게이트웨이를 통해 제공하는 것이었다. 그 후 자바의 다른 기술 영역에서도 매우 잘 받아들여져서 자바 세계의 '실질적인' 동적 모듈 표준이 되었다.[3] OSGi 연합 홈페이지의 홍보 자료에 따르면 OSGi는 현재 스마트 시티, 스마트 농업, 4차 산업과 같은 분야에 중점을 두고 있다. 전통적인 자바 개발자들에게 가장 잘 알려진 응용 예는 바로 이클립스 통합 개발 환경일 것이다. 이 외에도 IBM 재즈 플랫폼, 글래스피시 서버, JBoss OSGi 등 OSGi 명세에 기초한 대규모 소프트웨어 플랫폼과 미들웨어가 다양하게 나와 있다.

OSGi의 각 모듈(번들)은 보통의 자바 클래스 라이브러리와 크게 다르지 않다. 둘 다 자바의 패키지와 클래스를 일반적인 JAR 형태로 패키징한다.[4] 하지만 번들은 의존하는 패키지를 선언하거나(Import-Package) 외부에 공개할 패키지를 선언할 수 있다(Export-Package). OSGi에서는 모듈 간에 클래스 라이브러리 가시성이 매우 정밀하게 제어된다. 오직 모듈이 명시적으로 공개한 패키지만 외부에서 접근할 수 있다.

이상의 '정적' 모듈 기능은 원래 OSGi의 필수 요구 사항에 속했지만 JDK 9와 함께 등장한 자바 모듈 시스템과 중복되었다. 그래서 OSGi는 이제 '동적' 모듈 시스템을 개선하는 데 집중하고 있다. 오늘날 OSGi를 도입하는 주된 이유는 OSGi 아키텍처를 기반으로 개발하면 모듈 수준에서 핫 스와프를 구현하기 쉽기 때문이다. 즉,

---

2 OSGi 홈페이지: *https://www.osgi.org/*
3 JDK 9에 도입된 자바 플랫폼 모듈 시스템은 '정적' 모듈 시스템이다.
4 OSGi R7부터 JDK 9의 모듈 시스템을 지원하기 시작했다. 하지만 호환된다는 정도의 의미일 뿐 중복되는 기능까지 통합하지는 않았다. 예를 들어 R7에서 번들은 여전히 표준 JAR 패키지이며, 모듈로 패키징되지 않는다(즉, 이름 없는 모듈에 해당한다).

프로그램을 업데이트하거나 디버깅할 때 프로그램의 일부만 '비활성화 → 재설치 → 활성화'할 수 있다(메모리 관리와 핫 스와프 후 문맥 상태 유지 같은 복잡한 요소를 고려해야 하기 때문에 반드시 가능하지는 않다). 대규모 소프트웨어나 기업용 프로그램을 개발할 때 매우 매력적인 장점이 아닐 수 없다. 예를 들어 이클립스에서 재시작 없이 플러그인을 설치, 제거, 업데이트할 때 쓰인다.

OSGi가 이처럼 매력적인 기능을 제공할 수 있는 근간에는 유연한 클래스 로더 아키텍처가 있다. OSGi의 번들 클래스 로더들 사이에는 고정된 위임 관계가 없고 그 대신 몇 가지 규칙만 있다. 예를 들어 번들 A가 번들 B의 패키지 b1에 의존한다고 선언했다고 해 보자. 그렇다면 패키지 b1에 속한 모든 클래스의 로딩은 번들 B의 클래스 로더에 위임된다. 특정 패키지로 서로 연관되지 않은 번들 클래스 로더끼리는 서로 독립적이다. 즉, 번들들이 어떤 패키지를 공개하고 의존하느냐에 따라 번들 사이의 위임과 의존 관계가 만들어진다.

또한 번들 클래스 로더는 다른 번들에 서비스를 제공할 때 공개 목록(Export-Package)에 기초하여 접근 범위를 엄격하게 제어한다. 번들에 포함된 클래스라면 모두 해당 번들의 클래스 로더가 찾아 로딩할 수 있다. 하지만 공개 목록에 명시되지 않았다면 다른 번들에서 로딩을 요청하더라도 OSGi 프레임워크가 해당 요청을 이 번들에 할당하지 않는다.

이상의 규칙을 설명해 주는 간단한 예를 준비했다. 번들 A, B, C가 있고 의존 관계는 다음과 같다고 가정하자.

- 번들 A: 패키지 a를 공개하며 패키지 a는 java.* 패키지에 의존한다고 선언한다.
- 번들 B: 패키지 a와 c에 의존하며 java.* 패키지에도 의존한다고 선언한다.
- 번들 C: 패키지 c를 공개하며 패키지 a에 의존한다고 선언한다.

그림 9-2는 이상의 세 번들 사이의 클래스 로더와 부모 클래스 로더의 관계를 보여 준다.

그림 9-2는 특정 OSGi 구현을 참고하지 않고 개념적인 로더 위임 모델을 가장 단순하게 나타낸 것이다(일반적으로 실제 OSGi 구현은 훨씬 복잡하다). 클래스 로딩 시 조회(lookup) 규칙은 다음과 같다.

- java.*로 시작하는 클래스의 로딩은 부모 클래스 로더에 위임한다.
- 그렇지 않으면 위임 목록에 있는 클래스의 로딩은 부모 클래스 로더에 위임한다.

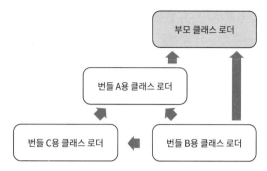

그림 9-2 OSGi의 클래스 로더 아키텍처

- 그렇지 않으면 의존 목록에 있는 클래스의 로딩은 해당 클래스에 의존하는 번들의 클래스 로더에 위임한다.
- 그렇지 않으면 현재 번들의 클래스패스를 조회하여 자체 클래스 로더를 사용해 로드한다.
- 그렇지 않으면 자체 프래그먼트 번들에 있는지 확인해서 있다면 해당 프래그먼트 번들의 클래스 로더에 위임한다.
- 그렇지 않으면 번들의 동적 의존 목록을 찾아 해당 번들의 클래스 로더에 위임한다.
- 그렇지 않으면 클래스 조회가 실패한다.

또한 그림 9-2를 보면 OSGi는 부모 위임 모델을 따르지 않음을 알 수 있다. 더 복잡하지만 런타임에 결정 가능한 메시 형태로 발전했다. 메시 클래스 로더 아키텍처는 더 유연하지만 여러 위험이 도사리고 있다.

나는 OSGi를 사용하지 않은 대규모 시스템을 이쿼녹스(Equinox) OSGi 플랫폼으로 마이그레이션하는 프로젝트에 참여한 적이 있다. 매우 크고 역사가 깊은 프로젝트라서 모듈들 사이에는 의존 관계가 복잡하게 얽혀 있었다. 모듈들을 억지로 분리하기는 했지만 동시성이 크게 요구되는 시스템이라서 교착 상태에 자주 빠졌다.

다행히 교착 상태의 원인은 쉽게 찾을 수 있었다. 번들 A가 번들 B의 패키지 b에 의존하고 번들 B가 번들 A의 패키지 a에 의존한다면, 두 번들이 클래스를 로딩할 때 교착 상태에 빠질 가능성이 높다. 예를 들어 번들 A가 패키지 b의 클래스를 로드하는 경우, 먼저 현재 클래스 로더의 인스턴스 객체에 락을 걸고(ClassLoader의 loadClass() 메서드는 동기 메서드임), 번들 B의 로더에 다음 처리를 위임한다. 그리고 그 중간에 하필 번들 B가 패키지 a의 클래스를 로드하는 경우, 마찬가지로 먼저 자신(B)의 로더에 락을 건 후 번들 A의 로더에 다음 처리를 맡긴다. 이처럼 두 로더 모두가 상대방이 자신의 요청을 처리해 주기를 기다리느라 클래스 로딩을 끝내지 못하는 것이다.

당시 이클립스 버그 목록에는 이러한 문제와 관련한 버그가 꽤 많았으며, 성능이 조금 희생되지만 우회법을 제시하고 있었다. 사용자가 `osgi.classloader.single ThreadLoads` 매개 변수를 true로 지정하면 클래스 로딩이 단일 스레드로 처리되게끔 할 수 있다는 것이었다.[5]

JDK 차원의 해법은 JDK 7에 와서야 등장했다. 클래스 로더 아키텍처에 특별한 업그레이드가 이루어진 것이다. 구체적으로는 `ClassLoader`에 `registerAsParallel Capable()` 메서드가 추가되어 병렬 클래스 로딩을 명시적으로 선언해 수행할 수 있게 되었다. 그와 더불어 동기화 범위가 기존에는 `ClassLoader` 객체 자체였는데 로드할 클래스 이름 단위로 정밀해졌다.

전반적으로 OSGi는 모듈 단위 개발이라는 아름다운 목표를 달성하는 데 필요한 다양한 서비스를 정의하며, 이 서비스들을 구현해 제공하는 성숙한 프레임워크도 다수 존재한다. 가상 머신 하나에서 구동되는 애플리케이션이라면 초기부터 OSGi를 기반으로 개발하는 방법도 좋은 선택일 것이다. 의존성 통제가 편리하기 때문이다. 하지만 OSGi가 모든 애플리케이션에 적합하지는 않다. 기능이 강력한 만큼 매우 복잡하여 추가적인 위험을 감내해야 한다.

9.2.3 바이트코드 생성 기술과 동적 프락시 구현

'바이트코드 생성'은 고급 기술이 아니니 안심하자. 제목을 보고 Javassist, CGLib, ASM처럼 바이트코드를 다루는 라이브러리를 상상했을지 모르지만 이번 절의 주제와는 다르다. JDK에 포함된 javac 컴파일러는 바이트코드 생성 기술의 '조상'에 해당하며 이 역시 자바로 작성되었다. 코드는 OpenJDK의 src/jdk.compiler/share/classes/com/sun/tools/javac 디렉터리에 담겨 있다.[6] javac의 소스 코드를 들여다보는 것도 자바 코드를 바이트코드로 컴파일하는 방법을 익힐 수 있는 좋은 방법이다. 하지만 원리를 익히기에는 다소 과하다. 자바 세계에는 javac 외에도 바이트코드를 생성하는 예가 많다. 예를 들어 웹 서버의 JSP 컴파일러, 컴파일타임에 코드를

---

5 버그 121737: *https://bugs.eclipse.org/bugs/show_bug.cgi?id=121737*
6 JDK 17과 21 기준이다. OpenJDK 소스 코드를 얻는 방법은 '1.6.1 소스 코드 구하기'를 참고하자.

변경해 주는 AOP 프레임워크가 있다. 동적 프락시 기술에서도 흔히 쓰인다. 리플 렉션을 사용할 때도 가상 머신은 실행 속도를 개선하기 위해 런타임에 바이트코드 를 생성하기도 한다. 이번 절에서는 바이트코드 생성 기술이 프로그램 작동에 미치 는 영향을 설명하기 위한 비교적 간단한 예로, 동적 프락시 기술 하나를 선정했다.

많은 자바 개발자가 동적 프락시를 사용한다. 특히 스프링을 사용해 봤다면 알게 모르게 동적 프락시를 사용했을 것이다. 스프링에서는 java.lang.reflect.Proxy를 직접 사용하지 않거나 java.lang.reflect.InvocationHandler 인터페이스를 구현하 지 않았더라도 빈(bean)들을 구성하고 관리해야 한다. 이때 인터페이스로부터 생 성한 빈이라면 스프링이 내부적으로 동적 프락시를 활용해 다양한 기능을 수행한 다. 동적 프락시에서의 '동적'은 자바 코드를 사용해 프락시 클래스의 '정적' 프락시 를 작성하는 일을 일컫는다. 동적 프락시의 장점은 프락시 클래스를 작성하는 코드 양을 줄여 주는 게 아니다. 원래의 클래스와 인터페이스가 무엇인지 알 수 없는 상 태에서 프락시가 행위를 대신 결정할 수 있다는 점이 장점이다. 이처럼 프락시 클 래스가 원래 클래스와 직접 연결되어 있지 않다면 다양한 애플리케이션 시나리오 에서 유연하게 재사용할 수 있다.

코드 9-1은 가장 단순한 동적 프락시를 사용하는 모습을 보여 준다. 원래 코드는 "hello world"를 출력하고 프락시 클래스는 원래 클래스의 메서드가 실행되기 전 에 "Welcome"을 출력한다. 코드를 먼저 살펴본 다음 JDK가 수행하는 방식을 분석 해 보겠다.

코드 9-1 간단한 동적 프락시 예

```
package org.fenixsoft.jvm.chapter9;

import java.lang.reflect.InvocationHandler;
import java.lang.reflect.Method;
import java.lang.reflect.Proxy;

public class DynamicProxyTest {
    interface IHello {
        void sayHello();
    }

    static class Hello implements IHello {
        @Override
        public void sayHello() {
            System.out.println("hello world");
        }
    }
```

```
static class DynamicProxy implements InvocationHandler {
    Object originalObj;

    Object bind(Object originalObj) {
        this.originalObj = originalObj;
        return Proxy.newProxyInstance(
            originalObj.getClass().getClassLoader(), // ❶
            originalObj.getClass().getInterfaces(), this);
    }

    @Override
    public Object invoke(Object proxy, Method method, Object[] args)
        throws Throwable {
        System.out.println("Welcome");
        return method.invoke(originalObj, args);
    }
}

public static void main(String[] args) {
    IHello hello = (IHello) new DynamicProxy().bind(new Hello());
    hello.sayHello();
}
}
```

실행 결과는 다음과 같다.

```
Welcome
hello world
```

코드에서 유일한 블랙박스는 ❶ Proxy::newProxyInstance() 메서드이며 특별한 것은 없다. 이 메서드는 IHello 인터페이스를 구현하고 new Hello() 코드의 동작을 대행하는 프락시 인스턴스를 반환한다. 이 메서드의 소스 코드를 추적하면 프로그램이 검증, 최적화, 캐싱, 동기화, 바이트코드 생성, 명시적 클래스 로딩 같은 작업을 수행했음을 알 수 있다. 앞부분의 단계는 현재 관심사가 아니므로 최종적으로 sun.misc.ProxyGenerator::generateProxyClass() 메서드를 호출하여 바이트코드 생성을 완료하는 부분만 분석해 보자. 이 메서드는 런타임에 프락시 클래스에 해당하는 바이트코드를 생성해 byte[] 배열로 반환한다. 런타임에 생성된 프락시 클래스의 속을 들여다보려면 main() 메서드 첫 줄에 다음 문장을 추가하면 된다.[7]

---

7 (옮긴이) 실행 시 가상 머신 매개 변수로 -Djdk.proxy.ProxyGenerator.saveGeneratedFiles=true를 지정해도 같은 효과를 볼 수 있다.

```
System.getProperties().put("sun.misc.ProxyGenerator.saveGeneratedFiles",
                            "true");
```

코드를 추가한 후 프로그램을 다시 실행하면 $Proxy0.class 파일이 생성된다. 바로 프락시 클래스의 클래스 파일이다. 코드 9-2는 이 파일을 디컴파일한 모습이다.

코드 9-2 디컴파일된 동적 프락시 클래스의 코드

```java
package org.fenixsoft.jvm.chapter9;

import java.lang.invoke.MethodHandles;
import java.lang.reflect.UndeclaredThrowableException;
import java.lang.reflect.InvocationHandler;
import java.lang.reflect.Method;
import java.lang.reflect.Proxy;

final class $Proxy0 extends Proxy implements DynamicProxyTest$IHello
{
    private static final Method m0;
    private static final Method m1;
    private static final Method m2;
    private static final Method m3;

    public $Proxy0(final InvocationHandler h) {
        super(h);
    }

    // 지면 관계상 equals(), hashCode(), toString() 메서드는 생략했다.
    // 이 세 메서드의 내용은 뒤의 sayHello()와 매우 비슷하다.

    public final void sayHello() {
        try {
            super.h.invoke(this, $Proxy0.m3, null);  // ❶
        } catch (Error | RuntimeException error) {
            throw;
        } catch (Throwable undeclaredThrowable) {
            throw new UndeclaredThrowableException(undeclaredThrowable);
        }
    }

    static {
        try {
            m0 = Class.forName("java.lang.Object")
                    .getMethod("hashCode", (Class<?>[])new Class[0]);
            m1 = Class.forName("java.lang.Object")
                    .getMethod("equals", Class.forName("java.lang.Object"));
            m2 = Class.forName("java.lang.Object")
                    .getMethod("toString", (Class<?>[])new Class[0]);
```

```
        m3 = Class.forName("org.fenixsoft.jvm.chapter9.
                            DynamicProxyTest$IHello")
            .getMethod("sayHello", (Class<?>[])new Class[0]);
    } catch (NoSuchMethodException ex) {
        throw new NoSuchMethodError(ex.getMessage());
    } catch (ClassNotFoundException ex2) {
        throw new NoClassDefFoundError(ex2.getMessage());
    }
  }
}
```

보다시피 프락시 클래스의 구현 코드는 매우 간단하다. Object에서 상속된 equals(), hashCode(), toString() 메서드와 인터페이스에서 정의한 각 메서드에 대응하는 구현이 생성되었다. ❶ 그리고 메서드 본문을 구현할 때는 항상 InvocationHandler 객체의 invoke() 메서드를 호출한다(코드에서 super.h는 부모 클래스인 Proxy의 인스턴스 변수에 저장된 InvocationHandler 인스턴스다). 메서드별 차이점은 전달되는 매개 변수와 메서드 객체가 다르다는 것뿐이다. 따라서 동적 프락시의 어떤 메서드가 호출되든 실제로는 InvocationHandler::invoke()에서 프락시 로직을 실행하게 된다.

이번 예에서 generateProxyClass() 메서드가 프락시 클래스 $Proxy0.class의 바이트코드를 생성하는 방법은 설명하지 않을 것이다. 일반적인 생성 과정은 클래스 파일의 형식 명세에 맞춰 바이트코드를 구성하면 된다. 하지만 실제 개발에서는 바이트코드를 바이트 단위로 직접 구성하는 경우는 드물다. 그런 식으로는 일부 고도로 형식화된 코드만 생성할 수 있다. 사용자 프로그램의 코드는, 특히 생성할 바이트코드양이 많은 경우라면 JDK에 동봉된 바이트코드 클래스 라이브러리를 사용하는 편이 좋다. 동적 프락시의 바이트코드 생성 과정에 관심이 많은 독자라면 Open JDK의 src/java.base/share/classes/java/lang/reflect 디렉터리의 ProxyGenerator.java 파일을 분석해 보면 많은 도움이 될 것이다.

9.2.4 백포트 도구: 자바의 타임머신

프로젝트를 시작한 지 얼마 되지 않은 소프트웨어 회사라면 신기술을 적용하거나 프레임워크를 교체하기가 상대적으로 쉽다. 예컨대 JDK를 최신 버전으로 업그레이드하거나 자바를 C#이나 고 언어로 대체할 수도 있다. 하지만 회사가 커지고 레거시 기술이 쌓이면서 회사의 중심은 서서히 '제품'으로 옮겨 간다. '기술'을 독립적으로 선택할 권한이 조금씩 줄어든다는 뜻이다. 축적된 기존 코드와 기술이 모두 당장의 수익과 연결되기 때문에 안정화된 팀은 기반 기술을 섣불리 변경하지 않는다. 하지만 빠르게 발전하는 IT 업계에서는 하루가 다르게 새로운 기술이 등장하면서 달콤한 향기로 개발자들을 유혹한다.

JDK는 메이저 릴리스마다 다수의 기술 혁신을 이루어 왔다. 특히 자바 구문이 크게 변할 때는 개발자들의 프로그래밍 습관에도 많은 영향을 준다. 대표적인 예를 보자.

- JDK 5: 오토박싱, 제네릭, 애너테이션, 열거형, 가변 길이 매개 변수, 개선된 for 문(foreach)
- JDK 8: 람다식, 스트림 API, 인터페이스 디폴트 메서드
- JDK 9~11: 지역 변수 타입 추론
- JDK 12~17: switch 표현식, 텍스트 블록, instanceof의 패턴 매칭, 레코드 클래스와 봉인된 클래스
- JDK 18~21: 레코드 패턴, switch 문의 패턴 매칭

사실 이러한 문법적 지원이 없던 시대에도 자바 프로그램을 작성할 수 있었지만, 돌이켜 보면 지금까지의 문법 개선은 거의 모두가 '필수적'이었다.

4K 해상도의 32인치 LCD 모니터에 익숙해진 개발자가 FHD 해상도의 19인치 브라운관 모니터에서 코드를 작성하기란 쉽지 않다. 하지만 어떤 회사는 '안타깝게도' 기존 투자를 보호하고 프로그램 구조를 안정되게 유지하기 위해 기술 지원도 끊긴 JDK 8 이전 버전을 사용해야만 할 수 있다. 19인치 모니터를 당장 32인치 모니터로 바꿀 방법은 없더라도 다행히 JDK 버전 간 격차를 좁혀서 상위 버전 JDK로 작성된 코드를 하위 버전 JDK 환경에 배포할 수는 있다. 이 문제를 해결하고자 다양한 백포트 도구가 등장했으며, 대표적으로 레트로트랜슬레이터(Retrotranslator), 레트로람다(Retrolambda), 제이블(Jabel)이 있다.

레트로트랜슬레이터[8]는 JDK 5에서 컴파일된 클래스 파일을 JDK 1.4 또는 1.3에 배포할 수 있는 버전으로 변환해 준다. 오토박싱, 제네릭, 애너테이션, 열거형, 가변 길이 매개 변수, 개선된 for 문과 정적 임포트를 지원한다. 개선된 컬렉션, 동시성 패키지, 제네릭이나 애너테이션에 대한 리플렉션도 지원한다.

---

8 레트로트랜슬레이터 홈페이지: *http://retrotranslator.sourceforge.net*

레트로람다[9]도 비슷하다. 레트로람다는 JDK 8의 람다식과 try-resources 구문 등을 JDK 5~7에서 사용할 수 있는 형식으로 변환한다. 제한적이나마 인터페이스 디폴트 메서드도 지원한다.

제이블[10]은 새로운 switch 구문과 var 등 JDK 9~14의 새로운 언어 기능을 JDK 8에서 구동될 수 있게 변경해 준다.

그렇다면 이러한 백포트는 어떻게 수행되는 것일까? 백포트 도구가 옛 버전 JDK에서 신 버전 JDK의 기능을 시뮬레이션하는 방법을 이해하려면, 먼저 JDK 버전 업그레이드 시 제공되는 신기능들을 분류해 볼 필요가 있다. 대략 다음 다섯 범주로 나눌 수 있다.

1. 자바 클래스 라이브러리 API 개선: JDK 1.2에 도입된 일련의 컬렉션 클래스들, JDK 5에 도입된 동시성 패키지, JDK 7에 도입된 java.lang.invoke 패키지 등이 있다.

2. 프런트엔드 컴파일러 수준의 개선: 예를 들어 오토박싱/언박싱은 javac 컴파일러가 해당 래퍼 객체의 valueOf()를 호출하는 코드를 필요한 곳마다 자동으로 삽입하는 형태로 구현된다. 가변 길이 매개 변수는 자동으로 배열로 변환되어 전달된다. 제네릭 정보는 컴파일 단계에서 소거되며(메타데이터는 남음), 컴파일러가 형 변환 코드를 적절한 위치에 자동으로 삽입한다.[11] 이처럼 컴파일러 수준에서 기존 코드로 변환해 줄 수 있는 구문 개선을 편의 문법이라 한다.

3. 바이트코드 차원에서 지원이 필요한 변경: JDK 7에 추가된 동적 언어 지원 기능을 구현하려면 가상 머신이 invokedynamic 바이트코드 명령어를 지원해야 한다. 하지만 바이트코드 명령어 집합은 상당히 안정되게 운영되기 때문에 바이트코드 수준의 변경 사례는 매우 드물다.

4. JDK 구조 전반의 개선: JDK 9에 도입된 자바 모듈 시스템은 JDK 구조, 자바 구문, 클래스 로딩과 링킹 처리 방식, 가상 머신에 이르기까지 광범위한 변경이 함께 이루어져야 한다.

5. 가상 머신 내부 개선: JDK 5에 적용된 자바 메모리 모델[12]과 JDK 7, 11, 12 때 각

---

9 레트로람다 홈페이지: *https://github.com/luontola/retrolambda*
10 제이블 홈페이지: *https://github.com/bsideup/jabel*
11 이 단계에서 컴파일러가 수행하는 동작을 자세히 알고 싶다면 10.3절을 참고하자.
12 JSR 133: Java Memory Model and Thread Specification Revision(자바 메모리 모델과 스레드 명세 개정)

각 도입된 G1, ZGC, 세넌도어 컬렉터 같은 변경은 기본적으로 코드를 작성하는 개발자에게는 직접 드러나지 않는다.

처음 두 유형의 개선은 백포트 도구가 완벽하게 시뮬레이션할 수 있다. 그래서 편의 문법이나 클래스 라이브러리 수준에서 완벽하게 해결할 수 있는 문제라면, 자바 가상 머신 설계진이 JDK의 가장 밑단인 가상 머신 자체를 변경하지 않아도 된다.

세 번째 유형부터는 가상 머신 내부를 건드리기 시작해 가상 머신에 점점 깊이 관여하게 된다. 이러한 기능들은 대체로 제삼의 도구로는 완벽하게 백포트할 수 없다. 가능하더라도 효율이 크게 떨어진다.

시뮬레이션할 수 있는 처음 두 유형 중에서도 첫 번째가 구현하기에 상대적으로 더 쉽다. 예를 들어 JDK 5에 도입된 동시성 패키지는 실제로 JDK 5 등장 전부터 존재하던 API(더그 리가 개발한 dl.util.concurrent 패키지)를 표준 API로 흡수한 사례다. 따라서 이 기능을 예전 JDK에서 지원하려면 독립적인 클래스 라이브러리 형태로 구현하면 된다. 레트로트랜슬레이터는 JDK 5의 동시성 패키지 대신 back-port-util-concurrent.jar 라이브러리를 제공한다('Backport to JSR 166'이라는 별도 프로젝트로 제공).

JDK가 컴파일 단계에서 처리하는 두 번째 유형의 개선의 경우 레트로트랜슬레이터는 ASM 프레임워크를 활용하여 바이트코드를 직접 조작한다. 클래스 파일을 구성하는 바이트코드 명령어 개수는 변하지 않았기 때문에 JDK 1.3이든, JDK 5든 바이트코드로 표현할 수 있는 의미의 범위는 같다. 물론 클래스 파일 버전 번호를 49.0에서 48.0으로 변경하는 것만으로는 문제가 해결되지 않는다. 바이트코드 명령어 개수는 달라지지 않았지만 메타데이터 정보와 구문에서 지원하는 일부 내용은 적절히 수정되어야 한다.

열거형을 예로 살펴보자. JDK 5에서 자바 언어에는 enum 키워드가 추가되었지만 클래스 파일의 상수 풀에 있는 CONSTANT_Class_info 타입 상수는 의미가 달라지지 않았다. 열거형이라는 새로운 개념 없이 여전히 클래스나 인터페이스를 나타내는 심벌 참조일 뿐이다. CONSTANT_Enum_info처럼 '열거형 심벌 참조'를 뜻하는 새로운 상수가 추가되지도 않았다. 따라서 enum 키워드로 상수를 정의하는 일은 class와 interface 키워드로 클래스와 인터페이스를 정의하는 일과 실질적으로 같다. 다만 이 부분을 javac 컴파일러가 대신해 주는 것이다. 바이트코드 관점에서 열거형은 java.lang.Enum을 상속하고 자동 생성된 values()와 valueOf() 메서드를 포함하는 보통의 자바 클래스다.

레트로트랜슬레이터는 열거형과 마주치면 상위 클래스인 java.lang.Enum을 자체 런타임 라이브러리인 net.sf.retrotranslator.runtime.java.lang.Enum_으로 대체하고, 클래스와 필드 접근 플래그 중 ACC_ENUM 플래그를 삭제한다. 물론 단순화한 설명일 뿐이고 실제 구현은 훨씬 복잡하다. 또한 부모 클래스가 달라졌기 때문에 values()와 valueOf() 메서드도 자연스럽게 다시 작성해야 한다. 상수 풀의 내용은 많은 부분을 부모 클래스에 의존하며 또한 구현하기 나름이기 때문이다.

레트로람다가 JDK 8의 람다식을 시뮬레이션하는 예는 앞서 나온 바이트코드 변경 유형 중 세 번째에 해당한다. 자바는 람다를 지원하기 위해 invokedynamic이라는 새로운 바이트코드 명령어를 사용한다. 하지만 이 명령어는 효율을 높여 주는 수단일 뿐 필수는 아니다. JDK 8 이전에도 자바 가상 머신에서 실행되는 다른 프로그래밍 언어에서 람다식이 널리 쓰였다. 대표적으로 스칼라 언어가 있다. 즉, 효율은 떨어지더라도 람다식은 기존 바이트코드 명령어만으로도 큰 어려움 없이 구현할 수 있다.

레트로람다는 최적화를 위해 기본적으로 몇 가지 익명 내부 클래스를 생성한다. 예를 들어 무상태 람다식을 대체할 때는 객체를 반복 생성하지 않도록 싱글턴을 사용한다.

IntelliJ IDEA와 이클립스 같은 일부 자바 통합 개발 환경에는 이 과정을 반대로 수행하는 기능이 포함되어 있어서 낮은 버전의 자바 코드를 볼 때 익명 내부 클래스가 람다식으로 표시된다. 디스크에 저장된 소스 코드는 여전히 익명 내부 클래스 형태지만 읽기 편하도록 통합 개발 환경이 람다식으로 표시해 주는 것이다.

9.3 실전: 원격 실행 기능 직접 구현하기

프로그램을 유지 보수하다 보면 다음과 같은 상황을 겪을 수 있다.

- 당면한 문제의 원인을 찾기 위해 특정 매개 변수의 값을 확인하고 싶다. 하지만 그 값을 화면이나 로그에 출력할 방법이 없다.
- 캐시에서 특정 데이터를 찾지 못하고 있는데 캐시를 통합 관리해 주는 인터페이스가 없다. 어쩔 수 없이 서비스를 다시 시작해 캐시를 비워야 한다.

이상의 상황들에서 나타나는 공통된 특징은 무엇일까? 바로 작은 코드 조각만 실행할 수 있다면 문제를 찾거나 제거할 수 있지만, 서버에서 임시 코드를 실행하도록 할 방법이 없다는 점이다. 프로젝트를 운영하거나 유지 보수할 때 흔히 겪는 문제다. 이럴 때는 일반적으로 다음과 같은 방법들로 대처한다.

- BTrace 같은 JVMTI 도구를 사용하여 프로그램의 특정 코드를 동적으로 수정한다. 4장에서 간략히 소개했다. JVMTI와 비슷한 도구로 알리바바의 아서스[13]도 있다.
- JDK 6 이후 제공되는 컴파일러 API로 자바 프로그램을 동적으로 컴파일할 수 있다. 동적 언어만큼 유연하지는 못하지만 서버가 임시 코드를 실행해야 하는 문제는 해결할 수 있다.
- JSP 파일을 작성하여 서버에 업로드하고 브라우저로 실행하거나 (모질라 라이노[14] 같은) 스크립트 실행 엔진을 서버 프로그램에 추가하여 동적 스크립트를 실행한다.
- 애플리케이션에 동적 실행 기능을 내장한다.

클래스 로딩과 가상 머신 실행 서브시스템에 대해 앞서 배운 내용을 되새기며, 이제부터 서버 측에서 임시 코드를 실행하는 방법을 직접 실습해 보자.

9.3.1 목표

"서버에서 임시 코드를 실행한다"라는 요구 사항에 앞서 이번 실전 연습의 목표를 명확히 정리해 보자. 우리는 최종 제품이 다음과 같기를 바란다.

- JVMTI와 같이 JDK 버전에 구애받지 않는 기능은 JDK 1.4 이상의 주류 JDK에서 구동할 수 있다.
- 원래 서버 프로그램 배포에 영향을 주지 않으며 서드 파티 클래스 라이브러리를 사용하지 않는다.
- 원래 프로그램을 침해하지 않는다. 즉, 원래 프로그램의 코드를 변경하지 않고 프로그램 동작에도 영향을 주지 않는다.
- 빈셸 스크립트나 자바스크립트 등에서는 자바 객체를 사용하기 불편하므로 '임시 코드'는 자바 언어를 직접 지원해야 한다.
- '임시 코드'는 자유롭게 구현할 수 있어야 한다. 특정 클래스에 의존하거나 특정 인터페이스를 구현하지 않아도 된다(물론 원한다면 특정 대상에 의존하도록 해

---

13 아서스 홈페이지: *https://github.com/alibaba/arthas*
14 라이노 깃허브: *https://github.com/mozilla/rhino*

도 좋다). 임시 코드는 제한 없이 다른 클래스 라이브러리를 참조할 수 있다. 서
버 프로그램이 사용할 수 있는 클래스와 인터페이스라면 임시 코드에서도 직접
참조할 수 있다.

- 클라이언트는 '임시 코드'의 실행 결과를 받아 볼 수 있다. 실행 결과에는 프로그
램에서 출력한 정보와 발생한 예외가 포함될 수 있다.

이상의 조건을 모두 만족시키려면 얼마나 많은 작업을 해야 할까? 다행히 대부분의
독자가 예상하는 것보다는 간단하다. 클래스 5개, 코드 250줄(주석 포함), 개발 시
간 약 1시간 반이면 충분하다. 지금 당장 시작해 보자!

9.3.2 아이디어 구상

목표한 프로그램을 구현하려면 다음 세 가지 문제를 해결해야 한다.

- 서버에 제출된 자바 코드 컴파일하기
- 컴파일된 자바 코드 실행하기
- 실행 결과 수집하기

하나씩 해법을 강구해 보자.

서버에 제출된 자바 코드 컴파일하기

해법은 두 가지다.

　먼저 서버에서 컴파일하는 방법이 있다. JDK 6부터는 컴파일러 API를 사용할 수
있고, 그 전 버전이라면 JAVA_HOME/lib/tools.jar 안의 com.sun.tools.Javac.Main
클래스를 사용하여 자바 파일을 컴파일할 수 있다. 이 클래스는 실제로 javac를 사
용하기 때문에 결과도 똑같다. 그런데 특정 JDK에 의존하게 되는 단점이 있다. 즉,
다른 업체 JDK에 배포하려면 tools.jar를 함께 배포해야 한다. 예컨대 JRockit과 J9
가상 머신의 경우 tools.jar 패키지가 필수는 아니라서 모든 환경에서 제공된다고
보장할 수 없다.

　또 다른 방법으로, 자바 코드를 클라이언트에서 컴파일한 다음 바이트코드를 서
버에 전달할 수 있다. 다소 억지스러운 방식이다. 일반적으로는 클라이언트가 코드
를 컴파일할 능력이 있다고 가정해서는 안 된다. 클라이언트 측에 컴파일에 필요한
도구와 라이브러리가 있다고 가정해서도 안 된다. 다만 지금 예에서는 자바 코드를

작성할 수 있는 개발자의 컴퓨터에서 클라이언트가 수행될 것이기 때문에 필요한 환경이 갖춰져 있다고 본다.

컴파일된 자바 코드 실행하기

클래스 로더가 클래스를 로드하여 클래스 객체를 생성한 다음 리플렉션을 이용해 메서드를 호출하도록 하면 된다. 어떤 인터페이스도 강제하지 않기 때문에 main() 메서드를 호출하도록 할 것이다. 다만 단발성으로 실행되고 종료되도록 설계되지 않는 프로그램도 많으니 주의해야 한다. 같은 클래스가 반복적으로 수정, 제출, 실행되어야 할 수 있다는 뜻이다. 또한 제출된 클래스가 서버 측의 다른 클래스 라이브러리를 이용할 수 있어야 하며, 제출된 코드는 '임시' 코드이므로 실행 후 언로드되고 필요시 재활용될 수 있어야 한다.

실행 결과 수집하기

표준 출력(System.out)과 표준 오류 출력(System.err)에서 내보낸 정보를 수집하도록 할 것이다. 그런데 표준 출력은 가상 머신 전체에서 공유하는 자원이다. System.setOut()과 System.setErr() 메서드를 이용하면 출력 스트림을 자신이 정의한 PrintStream 객체로 전달할 수 있다. 하지만 원래 프로그램에도 영향을 준다. 다른 스레드에서 표준 출력으로 내보낸 정보까지 수집되는 것이다. 해결 불가능한 문제는 아니지만 "원래 프로그램에 아무런 영향을 주지 않는다"라는 목적을 충족하려면 다른 방법을 생각해야 한다. 앞에서 배운 지식을 활용하면 실행될 클래스의 System.out에 대한 심벌 참조를 우리가 준비한 PrintStream에 대한 심벌 참조로 어렵지 않게 바꿀 수 있다.

9.3.3 구현

프로그램 구현과 관련해서는 내부 코드와 주석 위주로 살펴보자. 먼저 구현 과정에서 사용할 도우미 클래스들을 보자. 총 4개다.

HotSwapClassLoader 클래스

첫 번째 클래스는 HotSwapClassLoader다. 이름에서 짐작할 수 있듯이 "같은 클래스의 코드를 여러 번 로드할 수 있다"라는 조건을 구현하는 데 사용된다. 구체적인 내용은 다음 코드에서 확인할 수 있다. 로직이 간단하니 코드부터 살펴보고 설명을 참고하기 바란다.

코드 9-3 **HotSwapClassLoader**

```
/**
 * 실행 클래스를 여러 번 로드하기 위해 추가한 클래스 로더.
 * defineClass() 메서드를 공개하는 역할의 loadByte() 메서드는
 * 외부에서 명시적으로 호출할 때만 사용된다.
 * 가상 머신에서 호출할 때는 여전히 loadClass() 메서드를 이용하여
 * 부모 위임 모델의 규칙에 따라 클래스를 로드한다.
 *
 * @author zzm
 */
public class HotSwapClassLoader extends ClassLoader {
    public HotSwapClassLoader() {
        super(HotSwapClassLoader.class.getClassLoader());
    }

    public Class loadByte(byte[] classByte) {
        return defineClass(null, classByte, 0, classByte.length);
    }
}
```

보다시피 HotSwapClassLoader는 그저 부모 클래스인 ClassLoader에서 protected 로 정의한 defineClass()를 외부로 노출할 뿐이다. 클라이언트가 제출한 자바 클래스의 byte[] 배열을 객체 클래스로 변환할 때 이 메서드를 이용할 것이다. HotSwap ClassLoader는 loadClass()와 findClass() 메서드를 오버라이딩하지 않는다. 따라서 loadByte() 메서드를 외부에서 직접 호출하지 않을 경우 클래스 검색 범위는 부모 클래스 로더의 범위와 완벽히 일치한다. 가상 머신이 이 로더를 호출하면 부모 위임 모델에 따라 클래스 로딩은 상위 클래스로 위임될 것이다.

ClassModifier와 ByteUtils 클래스

ClassModifier 클래스는 자체 정의한 HackSystem 클래스로 java.lang.System을 대체하는 역할을 한다(HackSystem은 다음 절에서 살펴볼 클래스다). 클래스 파일 포맷을 준수하는 byte[] 배열의 상수 풀 부분을 직접 수정하고, 상수 풀에 지정된 내용의 CONSTANT_Utf8_info 상수를 새로운 문자열로 대체한다. 코드 9-4의 Class Modifier는 주로 byte[] 배열을 int 및 String으로 변환하며, 코드 9-5의 ByteUtils 가 수행하는 byte[] 데이터 교체 작업을 캡슐화한다.

ClassModifer가 처리한 byte[] 배열은 클래스로 로딩하기 위해 HotSwapClass
Loader.loadByte() 메서드로 전달된다. 여기에서 byte[] 배열의 심벌 참조를 대체
한 모습은 사마 코드에서 HackSystem 클래스들 식섭 참소해 검파일한 클래스와 성
확히 일치한다. 이 구현을 이용하면 클라이언트가 임시 실행 코드를 작성할 때 특
정 클래스에 의존하지 않도록 해 준다(그렇지 않으면 HackSystem을 도입할 수 없
다). 또한 서버에서 표준 출력을 변경할 때 프로그램의 다른 출력에까지 영향을 주
는 일을 막아 준다.

코드 9-4 **ClassModifier**

```
/**
 * 클래스 파일을 수정한다.
 * 상수 풀 안의 상수들을 수정하는 기능만 제공한다.
 *
 * @author zzm
 */
public class ClassModifier {
    /**
     * 클래스 파일에서 상수 풀의 시작 오프셋
     */
    private static final int CONSTANT_POOL_COUNT_INDEX = 8;

    /**
     * CONSTANT_Utf8_info 상수의 태그 플래그
     */
    private static final int CONSTANT_Utf8_info = 1;

    /**
     * 상수 풀에서 CONSTANT_Utf8_info 타입 상수를 제외한 11가지 상수가 차지하는 길이
     * (CONSTANT_Utf8_info는 고정 길이가 아님)
     */
    private static final int[] CONSTANT_ITEM_LENGTH = { -1, -1, -1, 5, 5, 9,
                                                        9, 3, 3, 5, 5, 5, 5 };

    private static final int u1 = 1;
    private static final int u2 = 2;

    private byte[] classByte;

    public ClassModifier(byte[] classByte) {
        this.classByte = classByte;
    }

    /**
     * 상수 풀에서 CONSTANT_Utf8_info 상수의 내용을 수정한다.
```

```
     *
     * @param oldStr 수정 전 문자열
     * @param newStr 수정된 문자열
     * @return 수정된 결과
     */
    public byte[] modifyUTF8Constant(String oldStr, String newStr) {
        int cpc = getConstantPoolCount();
        int offset = CONSTANT_POOL_COUNT_INDEX + u2;
        for (int i = 0; i < cpc; i++) {
            int tag = ByteUtils.bytes2Int(classByte, offset, u1);
            if (tag == CONSTANT_Utf8_info) {
                int len = ByteUtils.bytes2Int(classByte, offset + u1, u2);
                offset += (u1 + u2);
                String str = ByteUtils.bytes2String(classByte, offset, len);
                if (str.equalsIgnoreCase(oldStr)) {
                    byte[] strBytes = ByteUtils.string2Bytes(newStr);
                    byte[] strLen = ByteUtils.int2Bytes(newStr.length(), u2);
                    classByte = ByteUtils.bytesReplace(classByte, offset - u2,
                                                   u2, strLen);
                    classByte = ByteUtils.bytesReplace(classByte, offset, len,
                                                   strBytes);
                    return classByte;
                } else {
                    offset += len;
                }
            } else {
                offset += CONSTANT_ITEM_LENGTH[tag];
            }
        }
        return classByte;
    }

    /**
     * 상수 풀 안의 상수 개수를 반환한다.
     *
     * @return 상수 풀 내의 상수 개수
     */
    public int getConstantPoolCount() {
        return ByteUtils.bytes2Int(classByte, CONSTANT_POOL_COUNT_INDEX, u2);
    }
}
```

코드 9-5 ByteUtils

```
/**
 * 바이트 배열 처리 도구
 *
 * @author zzm
 */
```

```java
public class ByteUtils {
    public static int bytes2Int(byte[] b, int start, int len) {
        int sum = 0;
        int end = start + len;
        for (int i = start; i < end; i++) {
            int n = ((int) b[i]) & 0xff;
            n <<= (--len) * 8;
            sum = n + sum;
        }
        return sum;
    }

    public static byte[] int2Bytes(int value, int len) {
        byte[] b = new byte[len];
        for (int i = 0; i < len; i++) {
            b[len - i - 1] = (byte) ((value >> 8 * i) & 0xff);
        }
        return b;
    }

    public static String bytes2String(byte[] b, int start, int len) {
        return new String(b, start, len);
    }

    public static byte[] string2Bytes(String str) {
        return str.getBytes();
    }

    public static byte[] bytesReplace(byte[] originalBytes, int offset,
            int len, byte[] replaceBytes) {
        byte[] newBytes = new byte[originalBytes.length +
                        (replaceBytes.length - len)];
        System.arraycopy(originalBytes, 0, newBytes, 0, offset);
        System.arraycopy(replaceBytes, 0, newBytes, offset,
                        replaceBytes.length);
        System.arraycopy(originalBytes, offset + len, newBytes, offset +
                        replaceBytes.length, originalBytes.length - offset -
                        len);
        return newBytes;
    }
}
```

HackSystem 클래스

다음으로 살펴볼 클래스는 바로 System을 대체하는 HackSystem이다. 이 클래스
에는 메서드가 상당히 많지만 중요한 메서드는 몇 개 되지 않는다. 기본 System
에서 달라지는 곳은 정적 변수 out과 err를 출력 대상이 ByteArrayOutputStream

인 PrintStream 객체로 변경하는 부분 그리고 이 ByteArrayOutputStream의 내용을
읽고 정리하기 위해 getBufferString()과 clearBuffer() 메서드를 추가하는 정도
다. 나머지 메서드는 모두 System 클래스의 public 메서드를 그대로 가져온다. 메
서드 이름, 매개 변수, 반환값 모두 완전히 같으며 그저 System 클래스의 해당 메
서드에 그대로 전달해 처리하고 있다. 이처럼 메서드를 유지하는 이유는 System을
HackSystem으로 대체한 후에도 원래 프로그램에서 System을 호출하는 코드가 나머
지 메서드를 계속 사용할 수 있도록 하기 위해서다.

코드 9-6 **HackSystem**

```
/**
 * 자바 클래스에서 java.lang.System을 대체한다.
 * out과 err를 제외한 나머지는 System으로 직접 전달하여 처리한다.
 *
 * @author zzm
 */
public class HackSystem {
    public final static InputStream in = System.in;
    private static ByteArrayOutputStream buffer = new ByteArrayOutputStream();
    public final static PrintStream out = new PrintStream(buffer);
    public final static PrintStream err = out;

    public static String getBufferString() {
        return buffer.toString();
    }

    public static void clearBuffer() {
        buffer.reset();
    }

    public static void setSecurityManager(final SecurityManager s) {
        System.setSecurityManager(s);
    }

    public static SecurityManager getSecurityManager() {
        return System.getSecurityManager();
    }

    public static long currentTimeMillis() {
        return System.currentTimeMillis();
    }

    public static void arraycopy(Object src, int srcPos, Object dest,
        int destPos, int length) {
        System.arraycopy(src, srcPos, dest, destPos, length);
    }
```

the Java Virtual Machine —

```
public static int identityHashCode(Object x) {
    return System.identityHashCode(x);
}

// 그 외 메서드들의 이름은 모두
// java.lang.System의 메서드와 같다(지면 관계상 생략).
}
```

JavaclassExecuter 클래스

앞에서 작성한 도우미 클래스들을 활용하여 클래스 로딩을 완료하는 클래스다. 메서드는 오직 하나, execute()뿐이다.

코드 9-7 JavaclassExecuter

```java
/**
 * 자바 클래스 실행 도구
 *
 * @author zzm
 */
public class JavaclassExecuter {
    /**
     * 외부에서 전달된 바이트 배열(자바 클래스)을 실행한다.
     * 입력 클래스의 바이트 배열에서 java.lang.System을 나타내는
     * CONSTANT_Utf8_info 상수를
     * 해킹된 HackSystem 클래스로 변경한다.
     * 실행 메서드는 클래스의 main(String[] args) 메서드이며,
     * 출력 결과는 클래스가 System.out과 System.err에 출력하는 정보다.
     *
     * @param classByte 자바 클래스의 바이트 배열
     * @return 실행 결과
     */
    public static String execute(byte[] classByte) {
        HackSystem.clearBuffer();
        ClassModifier cm = new ClassModifier(classByte);
        byte[] modiBytes = cm.modifyUTF8Constant("java/lang/System", "org/
                            fenixsoft/classloading/execute/HackSystem"); // ❶
        HotSwapClassLoader loader = new HotSwapClassLoader();
        Class clazz = loader.loadByte(modiBytes);                        // ❷
        try {
            Method method = clazz.getMethod("main",
                            new Class[] { String[].class });
            method.invoke(null, new String[] { null });                 // ❸
        } catch (Throwable e) {
            e.printStackTrace(HackSystem.out);                          // ❹
        }
        return HackSystem.getBufferString();                            // ❺
    }
}
```

execute()는 ❶ System의 심벌 참조를 클래스 파일 포맷을 준수하는 byte[] 배열로 교체한 다음, ❷ HotSwapClassLoader를 사용해 로드하고 클래스 객체를 생성한다. execute()를 호출할 때마다 클래스 로더 인스턴스가 새로 생성되기 때문에 같은 클래스를 반복해서 로드할 수 있다. 그런 다음 ❸ 리플렉션으로 클래스 객체의 main() 메서드를 호출한다. ❹ 이 과정에서 예외가 발생하면 예외 정보를 HackSystem.out으로 출력한다. 마지막으로 ❺ 버퍼에 담긴 정보(실행 결과)를 반환한다.

9.3.4 검증

지금까지 구현한 원격 실행 기능이 의도대로 동작하는지 확인해 보자. 가볍게 검증만 할 목적이므로 단순히 System.out에 정보를 출력하는 TestClass 클래스를 만들어서 C 드라이브의 루트 디렉터리에 저장하자. 그런 다음 코드 9-8과 같은 JSP 파일을 만들어 브라우저에서 돌려 보면 TestClass 클래스의 실행 결과를 볼 수 있다.

코드 9-8 테스트용 JSP

```
<%@ page import="java.lang.*" %>
<%@ page import="java.io.*" %>
<%@ page import="org.fenixsoft.classloading.execute.*" %>
<%
    InputStream is = new FileInputStream("c:/TestClass.class");
    byte[] b = new byte[is.available()];
    is.read(b);
    is.close();

    out.println("<textarea style='width:1000;height=800'>");
    out.println(JavaclassExecuter.execute(b));
    out.println("</textarea>");
%>
```

물론 지금은 단순 테스트용이다. 실전에서 클래스 파일을 서버에 수동으로 복사하는 방식은 완전히 비효율적이다.

9.4 마치며

6~9장에서는 가상 머신의 핵심에 속하는 클래스 파일 구조, 클래스 로딩, 가상 머신의 실행 엔진을 살펴보았다. 가상 머신이 프로그램을 실행하는 방법을 이해하면 더 좋은 코드를 작성하는 데 큰 도움이 될 것이다.

이것으로 가상 머신의 실행 서브시스템 소개를 마친다. 3부에서는 총 4개 장에 걸쳐 가상 머신이 클래스 파일을 실행하는 방법의 개념 모델을 살펴보았다. 실제로는 가상 머신에 따라 특정 개념을 더 간단하고 명확하게 하기 위해 또는 성능을 높이기 위해 개념 모델과는 매우 다르게 구현했을 수 있다. 그렇더라도 최종 실행 결과는 일관되어야 한다.

이것으로 3부를 마친다. 이어지는 4부에서는 지금까지 살펴본 개념 모델로부터 특정 구현으로 시선을 돌려 볼 것이다. 구체적으로는 실제 가상 머신이 프로그램을 구문과 성능 측면에서 최적화하는 다양한 방법을 알아보려 한다.

4부

컴파일과
최적화

컴퓨터 프로그램이 탄생한 바로 그 순간부터 효율성 추구는 개발자의 숙명이 되었다.

효율성 개선 과정은 끝이 없는 포뮬러 원 경주와 같다.

개발자는 운전자이고 기술 플랫폼은 트랙을 달리는 경주용 자동차다.

10장

프런트엔드 컴파일과 최적화

10.1 들어가며

자바 기술에서 맥락 없이 '컴파일타임'이라고 하면 뜻이 모호할 수 있다. 프런트엔드 컴파일러(더 정확하게는 컴파일러의 프런트엔드)가 *.java 파일을 *.class 파일로 변환하는 과정도 컴파일이고, 자바 가상 머신에서 JIT 컴파일러가 바이트코드를 기계어로 변환하는 과정도 컴파일이기 때문이다. 또한 AOT 컴파일러를 사용하여 특정 하드웨어용 바이너리 코드로 곧바로 컴파일하는 방식도 있다.

- 프런트엔드 컴파일러: JDK의 javac, 이클립스 JDT[1]의 증분 컴파일러(ECJ)
- JIT 컴파일러: 핫스팟 가상 머신의 C1·C2 컴파일러, 그랄 컴파일러
- AOT 컴파일러: 그랄 컴파일러, JDK용 jaotc, 자바용 GNU 컴파일러(GCJ), 예흐 켈시오르 JET

자바 개발자 대다수가 '컴파일러'라고 하면 이 중 첫 번째 유형을 먼저 떠올린다. 이번 장도 제목에서 말해 주듯이 '프런트엔드' 컴파일러에 집중할 것이다. 그래서 이번 장에서 '컴파일타임' 또는 '컴파일러'라고 하면 모두 첫 번째 유형의 맥락에서 이해하면 된다(두 번째와 세 번째 유형은 11장에서 다룬다).

---

[1] 이클립스 JDT 홈페이지: *https://www.eclipse.org/jdt/*

'컴파일타임'의 범위를 제한했으니 '최적화'의 정의도 똑같이 제한해야 한다. javac와 같은 프런트엔드 컴파일러는 코드 실행 효율 측면의 최적화는 거의 하지 않는다. 실제로 JDK 1.3 이후로는 최적화 매개 변수인 –0를 지정하더라도 실질적인 효과가 없다. 자바 가상 머신 설계진이 성능 최적화를 런타임 컴파일러에 집중하기로 결정했기 때문이다. javac로 생성하지 않는 클래스 파일(예: JRuby, 그루비 등으로 작성한 클래스 파일)들도 최적화 효과를 공평하게 누리도록 하기 위해서다.

한편 '최적화'의 범위에 개발 단계까지 포함시킨다면 javac는 개발자가 작성하는 코드를 단순화하는 등 코딩 효율을 개선하는 최적화를 상당수 지원한다고 볼 수 있다. 최신 자바 문법 중에는 가상 머신 내부나 바이트코드 수준의 변경 없이 컴파일러가 편의 문법을 해석해 구현하는 게 많다.

즉, 런타임에는 실행 효율을 높이는 최적화를 JIT 컴파일러가 지속해서 수행하고, 컴파일타임에는 개발자의 코딩 효율을 높이는 최적화를 프런트엔드 컴파일러가 수행한다고 생각하면 된다.

10.2 javac 컴파일러

소스 코드 분석은 대상 기술의 내부가 어떻게 구현되었는지 가장 철저하게 이해할 수 있는 방법이다. C++와 약간의 C로 구현된 핫스팟 가상 머신과 달리 javac 컴파일러는 순수하게 자바로 작성됐다. 그 덕분에 자바 개발자가 컴파일 과정을 이해하는 데 매우 유용하다.

10.2.1 javac 소스 코드와 디버깅

JDK 5까지는 javac가 표준 자바 SE API에 포함되지 않았고, 구현 코드 역시 tools.jar에 별도로 담겨 있었다. 따라서 프로그램에서 javac를 사용하려면 tools.jar 라이브러리가 클래스패스에 존재해야 했다. 한편 컴파일러 API(JSR 199)가 포함된 JDK 6부터는 javac 컴파일러 구현 코드가 표준 자바 클래스 라이브러리로 옮겨졌다. 소스 코드 위치는 다음과 같이 JDK 버전에 따라 조금씩 다르다.[2]

---

2 OpenJDK 소스 코드를 얻는 방법은 1.6.1절 참고

- JDK 6~8: JDK_SRC_HOME/**langtools/src/**share/classes/com/sun/tools/javac
- JDK 9: JDK_SRC_HOME/**langtools/src/jdk.compiler/**share/classes/com/sun/tools/javac
- JDK 10~: JDK_SRC_HOME/**src/jdk.compiler/**share/classes/com/sun/tools/javac

 이번 절의 주제는 소스 코드 분석이므로 불가피하게 경로와 패키지 이름이 자주 언급될 것이다. 이번 절은 JDK 17의 코드 구조를 기준으로 설명한다.

javac 컴파일러는 JDK 자체 표준 클래스 라이브러리와 JDK_SRC_HOME/src/jdk.compiler/share/classes/com/sun/tools/javac/*의 코드만 참조하므로 의존성을 따로 설정하지 않아도 코드를 컴파일할 수 있다. 그림 10-1과 같이 이클립스에서 'Compiler_javac'라는 자바 프로젝트를 만든 다음 JDK_SRC_HOME/src/jdk.compiler/share/classes/com/ 경로의 모든 파일을 src로 가져오자.

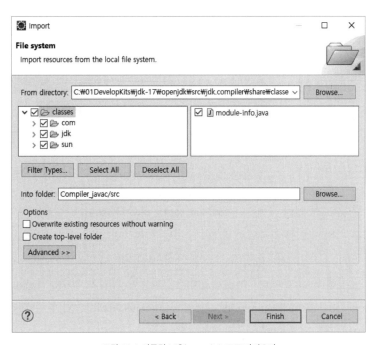

그림 10-1 이클립스에 javac 소스 코드 가져오기

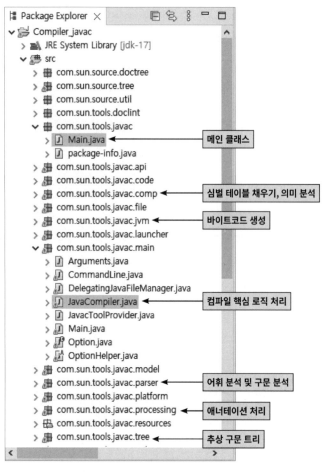

그림 10-2 이클립스에 생성한 javac 프로젝트

javac 소스 코드의 메인 클래스는 com.sun.tools.javac.Main이다. 이 클래스를 실행하면 다른 자바 코드를 컴파일할 수 있다. 그냥 실행하면 명령 줄에서 javac를 아무런 인수 없이 실행할 때와 똑같이 사용법 안내 메시지가 출력된다. 사용할 수 있는 인수는 당연히 javac와 같다. 이클립스에서 컴파일할 파일과 인수는 'Debug Configurations' 또는 'Run Configurations' 창의 Arguments 탭에서 지정할 수 있다.

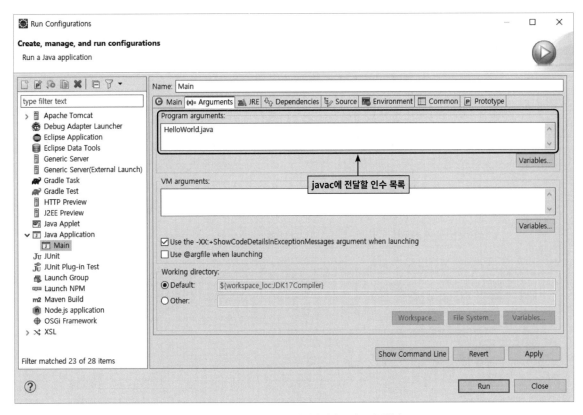

그림 10-3 컴파일 대상 파일 등 인수 지정하기

《자바 가상 머신 명세》는 클래스 파일 형식의 세부 사항까지 엄격하게 정의한다. 하지만 자바 소스 파일을 클래스 파일로 컴파일하는 방법은 아주 느슨하게 설명한다. 명세의 'Compiling for the Java Virtual Machine' 장은 자바 코드를 어떤 바이트 코드로 변환해야 하는지에 대한 예일 뿐이다. 컴파일 과정을 설명할 때 쓰이는 일반적인 기법인 문법이나 생성 표현식 등은 등장하지 않는다. 그 덕분에 자바의 프런트엔드 컴파일러는 더 많은 자유를 만끽할 수 있다. 하지만 반대급부로 컴파일 과정이 특정 JDK 또는 컴파일러 구현에 따라 달라질 여지가 생긴다. 극단적인 경우, javac로는 컴파일할 수 있지만 ECJ로는 컴파일할 수 없는 코드가 생길 수 있다(조금 뒤에 예를 몇 개 준비했다).

javac 코드의 전체 구조를 보면 컴파일은 다음과 같이 크게 1개의 준비 단계와 3개의 처리 단계를 거친다.

- 단계 0(준비): 플러그인 애너테이션 처리기들 초기화
- 단계 1: 구문 분석 및 심벌 테이블 채우기. 예를 들면 다음과 같다.
    - 1.1 어휘 및 구문 분석: 소스 코드를 토큰화하여 추상 구문 트리 구성
    - 1.2 심벌 테이블 채우기: 심벌 주소와 심벌 정보 생성
- 단계 2: 플러그인 애너테이션 처리기들로 애너테이션 처리[3]
- 단계 3: 의미 분석 및 바이트코드 생성. 예를 들면 다음과 같다.
    - 3.1 특성 검사: 문법의 정적 정보 확인
    - 3.2 데이터 흐름 및 제어 흐름 분석: 프로그램의 동적 실행 과정 확인
    - 3.3 편의 문법 제거: 코드를 단순화하는 편의 문법을 원래 형식으로 복원
    - 3.4 바이트코드 생성: 지금까지 생성된 정보를 바이트코드로 변환

컴파일하는 중간에 플러그인 애너테이션이 실행되면 새로운 심벌이 생성될 수 있다. 그러면 새로운 심벌을 다시 처리하기 위해 구문을 분석하고 심벌 테이블을 채우는 앞 단계로 돌아가야 한다. 세 가지 처리 단계의 관계와 상호 작용 순서는 그림 10-4와 같다.[4]

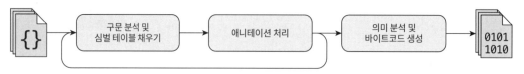

그림 10-4 javac 컴파일 과정[4]

이상의 처리 과정을 코드도 그대로 따른다. javac의 컴파일 과정은 com.sun.tools. javac.main.JavaCompiler 클래스가 맡고 있으며, 앞의 세 가지 처리는 compile() 메서드에 집중되어 있다. 그림 10-5를 보자. 컴파일 과정 전체를 그림에 표시한 8개 메서드에서 나눠 수행한다.

다음 절부터는 javac 소스 코드를 기준으로 앞에서 이야기한 처리 과정을 항목별로 설명하겠다.

---

3 '10.4 실전: 플러그인 애너테이션 처리기'에서 javac의 컴파일 동작에 영향을 주는 플러그인 애너테이션 처리기를 설계해 볼 것이다.
4 그림 출처: *https://openjdk.org/groups/compiler/doc/compilation-overview/index.html*

```
initProcessAnnotations(processors, sourceFileObjects, classnames);
...                              0. 플러그인 애너테이션 처리기들 초기화

// 이 메서드 호출은 메모리 누수를 피하기 위해 연쇄 호출되어야 한다.
ProcessAnnotations(              2. 애너테이션 처리       1.1 어휘 분석, 구문 분석
    enterTrees(         1.2 심벌 테이블 채우기
        stopIfError(CompileState.ENTER,
            initModules(stopIfError(CompileState.ENTER, parseFiles(sourceFileObjects))))
    ),
    classnames
);
...

if (!CompileState.ATTR.isAfter(shouldStopPolicyIfNoError)) {
    switch (compilePolicy) {
    ...                             3.1 특성 검사
    case BY_TODO:
        while (!todo.isEmpty())
            generate(desugar(flow(attribute(todo.remove())))));
        break;

    3.4 바이트코드 생성   3.3 편의 문법 제거   3.2 흐름 분석
```

그림 10-5 javac의 컴파일을 수행하는 핵심 코드

10.2.2 구문 분석과 심벌 테이블 채우기

1. 어휘 및 구문 분석

그림 10-5의 parseFiles() 메서드(단계 1.1)는 전통적인 컴파일 단계 중 어휘 분석과 구문 분석을 처리한다.

어휘 분석은 소스 코드의 문자 스트림을 토큰 집합으로 변환하는 일을 말한다. 프로그램을 작성할 때는 가장 작은 단위가 문자이지만 컴파일 시에는 키워드, 변수 이름, 리터럴, 연산자 같은 토큰이 가장 작은 단위다. 예를 들어 코드 int a = b + 2는 총 6개의 토큰으로 구성된다(int, a, =, b, +, 2). 문자 3개로 이루어진 키워드 int가 하나의 토큰이 되며, 더 작게는 쪼개지지 않는다. 자바 소스 코드에서 어휘 분석을 담당하는 코드는 com.sun.tools.javac.parser.Scanner 클래스다.

구문 분석은 일련의 토큰들로부터 추상 구문 트리를 구성하는 과정이다. 추상 구문 트리는 프로그램 코드의 문법 구조를 트리 형태로 기술하는 기법이다. 추상 구문 트리에서 각 노드는 프로그램 코드의 구문 구조를 나타낸다. 예를 들어 패키지,

타입, 한정자, 연산자, 인터페이스, 반환값은 물론 코드 주석도 모두 하나의 구문 구조가 될 수 있다.

그림 10-6은 이클립스 ASTView 플러그인으로 특정 코드의 추상 구문 트리를 살펴본 모습이다. 추상 구문 트리를 시각적으로 보여 주므로 코드의 구조를 누구든 직관적으로 이해할 수 있다. javac 소스 코드에서 구문 분석은 com.sun.tools.javac.parser.Parser 클래스가 담당하며, 이 단계에서 생성된 추상 구문 트리는 com.sun.tools.javac.tree.JCTree 클래스로 표현된다.

그림 10-6 추상 구문 트리 구조

추상 구문 트리가 만들어진 후에는 원래의 소스 코드 문자 스트림은 더 이상 쓰이지 않는다. 이후 작업은 모두 추상 구문 트리를 써서 수행하기 때문이다.

2. 심벌 테이블 채우기

어휘와 구문 분석 다음은 심벌 테이블 채우기로, 그림 10-5의 enterTrees() 메서드 (단계 1.2)가 담당한다. 심벌 테이블은 심벌 주소와 심벌 정보의 집합으로 구성된 데이터 구조다. 키-값 쌍을 담은 해시 테이블을 떠올리면 쉽게 이해될 것이다. 물론 실제 심벌 테이블은 해시 테이블로 구현되지 않을 수도 있다. 정렬된 심벌 테이블, 트리 형태의 심벌 테이블, 스택 형태의 심벌 테이블 등 구현 방식은 다양하다. 심벌 테이블에 등록된 정보는 컴파일 과정 곳곳에 사용된다. 예를 들어 의미 분석 과정 에서는 의미를 확인하거나(이름을 원래 선언과 일치하게 사용하는지 확인 등) 중 간 코드를 생성할 때 참고한다. 목적 코드 생성 단계에서도 주소 할당에 심벌 테이 블을 활용한다.

javac 소스 코드에서 심벌 테이블 채우기는 com.sun.tools.javac.comp.Enter 클 래스가 담당한다. 이 단계의 결과로 컴파일 단위 각각에 대한 추상 구문 트리의 최 상위 노드와 package-info.java의 최상위 노드(존재하는 경우) 목록이 만들어진다.

10.2.3 애너테이션 처리

자바 언어는 JDK 5부터 애너테이션을 지원하기 시작했다. 애너테이션은 원래 일반 적인 자바 코드와 똑같게 설계되었지만 프로그램 실행 중에만 역할을 수행한다. 그 리고 JDK 6에서는 '플러그인할 수 있는 애너테이션 처리 API'라는 표준이 도입되었 다.[5] 특정 애너테이션은 컴파일타임에 미리 처리될 수 있기 때문에 프런트엔드 컴 파일러의 동작에 영향을 준다. 플러그인 애너테이션 처리기는 이 과정에서 추상 구 문 트리의 임의 요소를 읽고 수정하고 추가할 수 있는 컴파일러용 플러그인이라고 생각하자. 이러한 플러그인이 애너테이션 처리 중에 구문 트리를 수정하면 컴파일 러는 '구문 분석 및 심벌 테이블 채우기' 단계로 돌아가야 한다. 이 일을 모든 플러 그인 애너테이션 처리기가 구문 트리를 더는 수정하지 않을 때까지 반복한다. 한 번의 반복을 라운드(round)라고 하며 그림 10-4의 역방향 화살표에 해당한다.

컴파일러의 애너테이션 처리 API를 이용하면 개발자의 코드가 컴파일러 동작에 영향을 줄 수 있다. 구문 트리의 모든 요소, 심지어 코드 주석에도 접근할 수 있으 므로 플러그인 애너테이션 처리기로 할 수 있는 일은 아주 다양하다. 창의력이 넘 치는 개발자라면 기존에는 수동으로 코딩할 수밖에 없던 많은 작업을 이 처리기 를 사용하여 수행할 수 있다. 예를 들어 코딩 효율 개선 도구로 유명한 롬복(Lom-bok)[6]은 이 API를 활용하여 게터/세터 생성, null 확인, 검사 예외 테이블 생성, equals()와 hashCode() 메서드 생성 등 자바 코드의 장황한 부분을 자동으로 작성

---

5 JSR 269: Pluggable Annotations Processing API
6 롬복 홈페이지: *https://projectlombok.org*

하여 개발자의 수고를 덜어 준다. 플러그인 애너테이션 처리기를 사용하는 방법은 이번 장의 끝에서 간단하게 실습해 볼 것이다.

javac 소스 코드에서 플러그인 애너테이션 처리기는 initProcessAnnotations() 에서 초기화하며(그림 10-5의 단계 0), 실행은 processAnnotations()가 담당한다 (단계 2). processAnnotations()는 실행할 새 애너테이션 처리기가 있는지 살펴서, 존재한다면 com.sun.tools.javac.processing.JavacProcessingEnvironment 클래스 의 doProcessing()을 호출한다. 이 메서드는 새로운 JavaCompiler 객체를 생성하여 컴파일 이후 단계들을 처리한다.

10.2.4 의미 분석과 바이트코드 생성

앞서 구문 분석 결과로 컴파일러는 프로그램 코드의 추상 구문 트리를 얻었다. 추상 구문 트리는 프로그램 코드를 잘 구조화해 표현하지만 의미 체계가 논리적인지 까지는 보장하지 못한다. 의미 분석의 주된 목적은 구조적으로 올바른 소스가 '맥락상으로도 올바른지' 확인하는 것이다. 예를 들어 타입 검사, 제어 흐름 검사, 데이터 흐름 검사 같은 작업을 수행한다. 변수 3개를 정의한 다음 코드가 있다고 해보자.

```
int a = 1;
boolean b = false;
char c = 2;
```

그리고 다음과 같은 할당 코드가 이어진다.

```
int d = a + c;
int d = b + c;
char d = a + c;
```

이상의 세 할당 코드는 모두 구조적으로 올바른 추상 구문 트리를 형성한다. 하지만 의미상으로 올바른 할당은 첫 번째뿐이다. 나머지 두 할당문은 자바 언어에서 논리적으로 허용되지 않기 때문에 컴파일될 수 없다. 이때 의미상 논리적인지 여부는 언어와 맥락에 따라 다르다. 예를 들어 C 언어라면 두 번째와 세 번째 할당 역시 문제없이 컴파일된다.

통합 개발 환경으로 작업하다 보면 코드에 빨간 밑줄로 오류를 표시해 주는 경우가 많은데, 대부분 의미 분석 단계에서 발견된 문제를 경고하는 것이다.

1. 특성 검사

javac가 수행하는 컴파일 과정에서 의미 분석은 '특성 검사'와 '데이터 및 제어 흐름 분석'의 두 단계로 나눌 수 있다. 각각 그림 10-5의 `attribute()`와 `flow()` 메서드가 담당한다(차례로 단계 3.1과 3.2).

특성 검사 단계에서는 예컨대 변수를 사용하기 앞서 선언이 되어 있는지, 변수와 할당될 데이터의 타입이 일치하는지 등을 확인한다. 앞의 세 가지 변수 정의 예는 바로 이 특성 검사의 범주에 속한다.

특성 검사 과정에서 상수 접기(constant folding)라는 최적화도 수행한다. javac 컴파일러가 소스 코드에 대해 수행하는 몇 안 되는 최적화다(거의 모든 최적화는 JIT 컴파일러가 수행한다). 다음과 같은 자바 코드가 있다고 해 보자.

```
int a = 1 + 2;
```

이 코드로 생성한 추상 구문 트리에는 리터럴 1, 2와 연산자 +가 존재한다. 하지만 상수 접기 최적화가 적용된 후에는 리터럴 3 하나만 남는다(그림 10-7). 그 결과, 런 타임에 a = 1 + 2를 처리하는 속도는 애초에 a = 3으로 선언했을 때와 완전히 같 아진다.

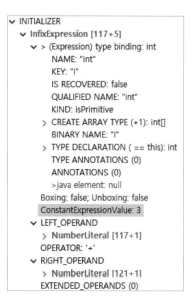

그림 10-7 상수 접기 결과로 1 + 2가 3으로 대체됨

javac 소스 코드에서 특성 검사는 com.sun.tools.javac.comp.Attr 클래스와 com.sun.tools.javac.comp.Check 클래스가 담당한다.

2. 데이터 흐름 분석과 제어 흐름 분석

데이터와 제어 흐름 분석은 프로그램이 맥락상 논리적으로 올바른지 확인하는 추가 검사다. 예를 들어 지역 변수가 사용되기 전에 값이 할당되었는지, 메서드의 모든 실행 경로에서 값을 반환하는지, 검사 예외는 모두 올바르게 처리되는지 등을 확인한다. 컴파일 시 수행하는 데이터 및 제어 흐름 분석의 목적은 기본적으로 클래스 로딩 시 수행하는 데이터 및 제어 흐름 분석의 목적과 같다. 단, 검증 범위가 다르기 때문에 항목에 따라 컴파일타임에만 수행되거나 런타임에만 수행되기도 한다. 코드 10-1은 final 한정자에 대한 데이터 및 제어 흐름 분석의 예다.

코드 10-1 **final의 의미 분석**

```
// 메서드 1: final 한정자 지정
public void foo(final int arg) {
    final int var = 0;
    // 무언가 수행
}

// 메서드 2: final 한정자 없음
public void foo(int arg) {
    int var = 0;
    // 무언가 수행
}
```

코드 10-1의 두 foo() 메서드의 차이는 매개 변수와 지역 변수에 final 키워드를 붙였는지 여부다. final 키워드는 코딩 과정에서 arg와 var 변수의 값을 변경할 수 없게 하는 분명한 역할이 있다. 그런데 두 코드 조각 모두 컴파일된 바이트코드에는 아무런 차이가 없다. 모든 면에서 바이트 단위까지 완벽하게 일치한다.

6장에서 클래스 파일 구조를 설명하며 이미 지역 변수와 클래스 필드(인스턴스 변수와 클래스 변수)를 저장하는 공간이 상당히 다르다고 이야기했다. 지역 변수는 상수 풀에 CONSTANT_Fieldref_info에 대한 심벌 참조가 없으므로 접근 플래그(access_flags)에 대한 정보를 저장하는 건 당연히 불가능하다. 컴파일 옵션에 따라 변수 이름조차 보존되지 못할 수 있다. 그 결과 클래스 파일에서는 지역 변수가 final로 선언되었는지 여부를 알 수 없다. 다시 말해 지역 변수를 final로 선언해도 런타임에는 아무런 영향이 없다. 변수의 불변성은 오직 컴파일타임에 javac 컴파일 러에 의해서만 보장됨을 짐작할 수 있다. 오직 컴파일타임에만 검사하는 대표적인 예다.

javac 소스 코드에서 데이터 및 제어 흐름 분석은 그림 10-5의 flow() 메서드에서 처리하며(단계 3.2), 세세한 작업 코드 각각은 com.sun.tools.javac.comp.Flow 클래 스에 정의되어 있다.

3. 편의 문법 제거

편의 문법은 컴파일 결과와 언어 기능에 실질적인 영향은 없지만 개발자가 언어를 더 쉽게 사용할 수 있게끔 프로그래밍 언어에 추가된 구문을 뜻한다. 이 프로그래 밍 용어는 영국의 컴퓨터 과학자 피터 랜딘(Peter J. Landin)이 쓰기 시작했다. 일반 적으로 편의 문법을 사용하면 코드양이 줄고 가독성이 좋아져서 코드에 오류가 스 며들 가능성도 낮아진다.

자바, 그중에서도 JDK 1.4까지 자바는 현대적인 프로그래밍 언어치고는 편의 문 법이 적은 편이었다. 같은 기능을 구현하는 데 필요한 코드양이 다른 언어보다 많 았다는 뜻이다.

자바의 대표적인 편의 문법은 앞서 몇 차례 언급한 제네릭, 가변 길이 매개 변수, 오토박싱/언박싱 등이다. 이러한 구문은 자바 가상 머신의 런타임에서 직접 지원 하지 않는다. 그래서 컴파일 과정 중 편의 문법 제거 단계에서 원래의 기본 구문 구 조로 복원한다. 자바에서 편의 문법이 구현되는 방식과 복원되는 모습은 10.3절에 서 자세히 설명한다.

javac에서 이 작업은 desugar() 메서드가 촉발하며(그림 10.5의 단계 3.3), com. sun.tools.javac.comp.TransTypes 클래스와 com.sun.tools.javac.comp.Lower 클래 스가 담당한다.

4. 바이트코드 생성

바이트코드 생성은 javac 컴파일 과정의 마지막 단계이며 com.sun.tools.javac. jvm.Gen 클래스에서 담당한다. 바이트코드 생성 단계는 이전 단계에서 생성한 정보 (구문 트리, 심벌 테이블)를 바이트코드 명령어로 변환하여 저장소에 기록한다. 이 때 컴파일러가 소량의 코드를 추가하거나 변경할 수 있다.

예를 들어 인스턴스 생성자 <init>()와 클래스 생성자 <clinit>()가 이 단계에서 구문 트리에 추가된다. 여기서 말하는 인스턴스 생성자는 기본 생성자와는 다르다. 사용자 코드에서 생성자를 제공하지 않으면 컴파일러는 매개 변수와 접근 제한자가 없는 기본 생성자를 추가하는데, 이 작업은 심벌 테이블 채우기 단계에서 진행된다.

<init>()와 <clinit>()는 다양한 코드가 한데 조합되어 만들어진다. 즉, 컴파일러는 명령문 블록(인스턴스 생성자의 경우 {} 블록, 클래스 생성자의 경우 static {} 블록)을 만들고, 변수 초기화(인스턴스 변수 및 클래스 변수), 부모 클래스의 인스턴스 생성자 호출 코드를 추가한다. 참고로 <clinit>()는 부모 클래스의 <clinit>()를 호출하지 않는다. 자바 가상 머신이 알아서 부모 클래스의 적절한 생성자를 호출해 주지만, <clinit>() 메서드에는 java.lang.Object의 <init>()를 호출하는 코드가 생성되는 경우가 많다. 또한 소스 코드에서의 등장 순서와 상관없이 다음 동작 순서를 보장한다. 먼저 부모 클래스의 인스턴스 생성자를 실행하고, 변수들을 초기화한 다음, 마지막으로 명령문 블록을 실행한다. 이상의 작업들은 Gen::normalizeDefs() 메서드가 담당한다.

생성자 생성 외에도 프로그램 로직 일부를 최적화된 코드로 대체하기도 한다. 예를 들어 + 연산자를 사용한 문자열 합치기를 StringBuffer나 StringBuilder의 append()를 이용하는 코드로 대체할 수 있다.

구문 트리를 순회하며 필요한 수정을 다 마쳤다면 정보가 다 채워진 심벌 테이블을 com.sun.tools.javac.jvm.ClassWriter 클래스로 전달한다. 그리고 ClassWriter의 writeClass() 메서드가 최종 클래스 파일에 해당하는 바이트코드를 출력한다.

여기까지가 컴파일 과정의 전부다.

10.3 자바 편의 문법의 재미난 점

거의 모든 프로그래밍 언어는 개발자가 코드를 더 쉽게 작성할 수 있도록 약간의 편의 문법을 제공한다. 편의 문법은 기능을 실질적으로 개선해 주지는 않지만, 효율을 높이거나 구문을 더 엄격하게 적용하거나 코딩 오류를 줄여 준다. 편의 문법이 반드시 유익한 것만은 아니라는 견해도 있다. 편의 문법에 지나치게 의존하면 프로그램 코드의 본래 모양이 편의 문법에 가려져서 개발자가 이를 직접 볼 수 없기 때문이다.

전반적으로 편의 문법은 프런트엔드 컴파일러가 부리는 '작은 속임수'로 볼 수 있다. 작은 속임수 덕에 커다란 효율 개선을 맛볼 수도 있지만, 개발자라면 뒤에 숨겨진 실세 모습도 이해해야 한다. 그래야 속지 않고 적재적소에 이용할 수 있다.

10.3.1 제네릭

제네릭의 본질은 매개 변수화된 타입 또는 매개 변수화된 다형성이라 할 수 있다. 달리 표현하면 특수한 매개 변수를 사용하여 작업 대상의 데이터 타입을 지정할 수 있게 하는 것이다. 클래스, 인터페이스, 메서드를 생성할 때 매개 변수 타입을 이용해 제네릭 클래스, 제네릭 인터페이스, 제네릭 메서드로 만들 수 있다. 제네릭을 이용하면 개발자가 데이터 타입에 구애받지 않는 알고리즘을 작성할 수 있어서 프로그래밍 언어의 타입 시스템과 추상화 능력이 크게 향상된다.

2004년은 JDK 5와 C# 2.0이 발표된 해다. 두 언어 모두에 중요한 버전 업그레이드였는데, 우연의 일치로 제네릭이 추가되었다. 그런데 제네릭을 구현하는 방식에서는 매우 다른 길을 택했다. 자바와 C#은 많은 면에서 서로 경쟁하는 관계였다. 그래서 같은 해에 같은 기능을 다른 방식으로 구현해 내놓자 필연적으로 수많은 비교 분석과 논쟁이 이루어졌다. 결론은 '자바의 제네릭은 C#보다 사용하기 어렵다'이며, 오늘날까지도 많은 이에게 아쉬움을 주고 있다. 이 책은 이러한 인식을 굳이 뒤집으려 시도하지 않을 것이다. 오히려 자바 제네릭의 단점을 드러내는 예도 준비했다. 하지만 자바의 제네릭 메커니즘과 역사를 알고 나면 언어 자체의 발전 정도나 설계자의 수준이 C#보다 못해서는 아님을 이해할 것이다. 당시 자바 언어가 처한 상황을 십분 고려하여 선택한 절충안일 뿐이다.

자바와 C#의 제네릭

자바가 선택한 제네릭 구현 방식을 타입 소거 제네릭이라고 하며, C#의 방식을 구체화된 제네릭이라고 한다. 컴파일 과정에서 자바는 타입 정보가 사라지지만 C#은 구체적인 정보가 남아 있다는 뜻이다. 즉, C#에서는 런타임에 List<int>와 List<string>이 서로 다른 타입으로, 고유한 가상 메서드 테이블과 타입 데이터를 가지고 독립적으로 존재한다. 한편 자바의 제네릭 정보는 소스 코드에만 존재한다. 컴파일된 바이트코드에서는 타입 정보가 원래의 타입(원시 타입)으로 대체되고 적절한 형 변환 코드가 해당 위치에 삽입된다. 따라서 런타임에는 ArrayList<Integer>

와 ArrayList<String>의 타입이 동일하다. 이러한 차이로부터 '타입 소거'라는 이름의 의미와 기원을 유추할 수 있을 것이다. 그리고 편의 문법의 예로 자바 제네릭을 준비한 이유도 여기 있다.

개념적으로 복잡하게 들어갈 필요는 없지만, 두 구현 방식이 사용자에게 어떤 영향을 주는지에는 주목해야 한다. 자바의 제네릭은 실제 사용 시 몇 가지 제약이 따른다. 예를 들어 C# 개발자라면 다음 자바 코드에서 문제를 찾기가 쉽지 않을 것이다.

코드 10-2 자바 제네릭에서는 지원되지 않는 사용 방식

```
public class TypeErasureGenerics<E> {
    public void doSomething(Object item) {
        if (item instanceof E) { // 오류. 제네릭에 대해서는 인스턴스 여부 판단 불가
            ...
        }
        E newItem = new E();        // 오류. 제네릭으로 객체 생성 불가
        E[] itemArray = new E[10]; // 오류. 제네릭으로 배열 생성 불가
    }
}
```

이 코드는 코딩 단계에서 겪는 자바 제네릭의 한계를 보여 준다. 이러한 사용상 제약은 코드 몇 줄을 더 작성하고 메서드에 타입 매개 변수를 한두 개 추가해 해결할 수 있지만, 더 큰 문제는 실행 성능이다. C# 2.0에 도입된 제네릭은 자바보다 실행 성능이 뛰어나다는 중요한 이점을 제공한다. 플랫폼에서 제공하는 컨테이너(List<T>, Dictionary<TKey, TValue> 등)를 이용할 때 자바와 달리 박싱과 언박싱을 거치지 않는다. 자바로 같은 기능을 성능 저하 없이 수행하려면, 필요한 데이터 타입별로 전용 컨테이너 클래스를 직접 구현해야 한다(예: IntFloatHashMap). 코드양과 복잡도가 늘고 재사용성은 줄어듦은 물론, 제네릭의 존재 가치까지 잃는 방식이다.

자바의 타입 소거 제네릭은 C#의 구체화된 제네릭보다 사용성과 실행 효율 모두에서 확실히 뒤떨어진다. 유일하게 더 나은 부분은 호환 범위뿐이다. 자바의 제네릭 구현은 온전히 javac 컴파일러가 담당한다. 바이트코드나 자바 가상 머신은 변경하지 않아도 된다는 뜻이다. 그 덕분에 제네릭을 사용하지 않는 라이브러리도 JDK 5 이상에서 곧바로 실행할 수 있다. 하지만 근시안적인 이점처럼 들리는 이 장점이 자바가 선택한 절충을 정당화해 줄까? 답은 '그렇다'이다. 이 주장은 당시 상황에서 다른 선택을 했을 때 치러야 했을 비용을 감안해야 이해될 것이다.

제네릭의 역사적 배경

제네릭이라는 아이디어는 C++의 템플릿 기능과 함께 일찍부터 뿌리내리기 시작했다. 자비 역시도 1996년에 이미 제네릭을 도입하려 시도했었다. 나중에 스칼라 언어를 창시한 마르틴 오데르슈키(Martin Odersky)는 당시 독일 카를스루에 대학의 프로그래밍 이론 교수였다. 마르틴은 함수형 프로그래밍을 지원하는 프로그래밍 언어를 설계하고 싶었지만, 프로그래밍 언어의 모든 기능을 처음부터 다 구현하고 싶지는 않았다. 그래서 1년 전에 출시된 자바에 주목하고 여기에 함수형 프로그래밍의 핵심 기능인 제네릭, 고차 함수, 패턴 매칭을 추가하여 스칼라의 전신 격인 피자(Fizza) 언어를 탄생시켰다.[7] 그 후 자바 개발 팀은 피자 언어의 제네릭 기능에 관심을 표하고, 마르틴과 함께 '제네릭 자바'라는 프로젝트를 출범했다. 목표는 피자 언어의 제네릭을 자바로 이식하는 것이었으며, 최종 결과가 JDK 5의 제네릭이다.[8]

하지만 처음부터 타입 소거 방식을 목표하지는 않았다. 오히려 피자 언어의 제네릭은 C#의 제네릭에 가깝다. 실제로 마르틴은 한 인터뷰에서 제네릭 자바 프로젝트를 수행하는 과정에서 직면한 수많은 제약 때문에 여러 번 좌절했다고 이야기했다.[9] 가장 까다로운 제약은 제네릭을 쓰지 않은 코드와 완벽하게 상호 운용되어야 하는 '바이너리 하위 호환성'이었다. 바이너리 하위 호환은 《자바 언어 명세》에서 자바 사용자에게 보장하겠다고 천명한 약속이다. 예를 들어 JDK 1.2에서 컴파일된 클래스 파일이 JDK 21 이상에서도 문제없이 실행되도록 보장해야 한다.[10] 자바의 제네릭은 JDK 1.4까지는 없다가 5에서 갑자기 등장했다. 1.4 이전 환경에서 컴파일된 자바 프로그램이 5 이상의 가상 머신에서도 동작해야 한다는 뜻이다. 달리 말하면 전에 없던 제약이 갑자기 추가되어서는 안 된다는 뜻이다.

예를 들어 제네릭이 없던 시대의 자바 배열은 공변(covariant)이며 컬렉션 클래스도 타입이 다른 원소들을 저장할 수 있다. 즉, (권장하지는 않지만) 다음과 같은 코드도 문제없이 클래스 파일로 컴파일할 수 있다.

---

7 일반적으로 스칼라의 전신은 피자 언어에서 일부 기술과 아이디어를 차용한 퍼넬(Funnel)이어야 한다고 생각한다.

8 정확히 말하면 자비 5.0의 제네릭은 길리드 브라치(Gilad Bracha)의 오르후스(Aarhus) 대학교에서 독립적으로 개발한 부분적 와일드카드 함수이기도 하다.

9 스칼라의 기원: 마르틴 오데르슈키와의 대화 - *https://www.artima.com/scalazine/articles/origins_of_scala.html*

10 소스 코드 차원의 호환성이 아니라 바이너리 하위 호환성(컴파일 결과의 호환성)을 말한다. 한편 상위 버전 JDK로 컴파일한 클래스가 하위 버전 자바 가상 머신에서도 동작한다는 보장은 하지 않는다.

코드 10-3 클래스 파일로 문제없이 컴파일되는 코드

```
Object[] array = new String[10];
array[0] = 10;                    // 컴파일 때는 문제가 없고 런타임에 에러를 일으킨다.

ArrayList things = new ArrayList();
things.add(Integer.valueOf(10));  // 컴파일타임과 런타임 모두 에러가 나지 않는다.
things.add("hello world");
```

이 코드로 컴파일된 클래스 파일이 제네릭 도입 후에도 실행되도록 하기 위해 설계자가 택할 수 있는 방법은 일반적으로 다음 두 가지다.

1. 제네릭이 필요한 타입(주로 컨테이너 타입) 중 일부는 그대로 두고 제네릭 버전을 따로 추가한다.

2. 제네릭이 필요한 모든 기존 타입을 제네릭 버전으로 변경한다.

이 갈림길에서 C#은 첫 번째 길을 택했다. 즉, 기존의 System.Collections와 System.Collections.Specialized를 유지한 채, System.Collections.Generic에 새로운 컨테이너들을 추가했다. C# 개발자들은 별다른 불편함 없이 새 컨테이너들을 빠르게 사용하기 시작했다. 유일한 단점은 닷넷 표준 라이브러리의 많은 부분이 메서드 매개 변수나 반환값으로 여전히 기존 컨테이너 타입을 이용하고 있다는 정도다.

그런데 자바의 경우 같은 선택을 하더라도 결과까지 같아지리라는 보장이 없었다. 당시 닷넷은 겨우 두 살배기 신생 기술이었던 반면, 자바는 이미 열 살이나 된 언어였다. 레거시 코드 규모 면에서 비교할 수 없는 간극이 있었다. 더 큰 문제는 자바가 전에도 이미 첫 번째 기술적 선택을 한 차례 했다는 점이었다. 레거시 코드가 많지 않던 JDK 1.2 시절, 자바는 기존 컬렉션 클래스들을 놔둔 채 새로운 컬렉션 클래스들을 도입했다. 그래서 표준 클래스 라이브러리에는 이미 Vector(구버전)와 ArrayList(신버전), Hashtable(구버전)과 HashMap(신버전) 등 두 벌의 컨테이너 코드가 공존하고 있었다. 여기에 제네릭까지 1번 방식으로 추가한다면 Vector(구버전), ArrayList(신버전), Vector<T>(구버전에 제네릭 추가), ArrayList<T>(신버전에 제네릭 추가)처럼 컨테이너당 네 벌의 API를 준비해야 한다. 그러면 지금보다 더 큰 불만이 터져 나왔을 것이다.

이제 여러분도 자바가 두 번째 방식을 선택한 이유를 어느 정도 이해할 것이다. 하지만 두 번째 방식이라고 해서 반드시 타입 소거 형태로 구현해야 한다는 뜻은 아니다. 시간이 충분했다면 더 나은 방식으로 구현할 수 있었다. 그랬다면 당시의 성급함이 남긴 기술 부채를 갚기 위한 발할라 프로젝트는 탄생하지 않았을 것이다. 이쯤에서 타입 소거 방식의 제네릭에는 어떤 단점이 있는지 살펴보자.

타입 소거

자바 제네릭에서 타입 소거가 어떻게 구현되는지 알아보기 위해 계속해서 Array List를 예로 살펴보자.

　자바는 두 번째 길을 택했기 때문에 기존 타입들을 직접 제네릭화했다. Array List와 같이 제네릭화가 필요한 기존 타입은 제네릭화 후에는 ArrayList<T>가 된다. 이때 그 전부터 ArrayList를 사용하던 코드가 제네릭 버전에서도 똑같은 컨테이너를 계속 사용하도록 보장해야 한다. 예를 들어 ArrayList<Integer>와 Array List<String>은 모두 자동으로 ArrayList의 하위 타입이 되어야 한다. 그렇지 않으면 형 변환이 안전하게 이루어지지 않는다.

　이러한 사실로부터 원시 타입이라는 개념이 등장한다. 원시 타입은 타입이 같은 모든 제네릭 인스턴스의 공통 상위 타입을 말한다. 예컨대 다음 코드에서는 원시 타입(상위 타입)이 ArrayList다. 따라서 ArrayList 타입인 list 변수에는 모든 파생 제네릭 타입의 인스턴스를 할당할 수 있다.

코드 10-4 원시 타입 할당

```
ArrayList<Integer> ilist = new ArrayList<Integer>();
ArrayList<String> slist = new ArrayList<String>();
ArrayList list;   // 원시 타입
list = ilist;     // 제네릭 타입의 인스턴스 할당 허용
list = slist;
```

다음 질문은 '원시 타입을 어떻게 구현하는가'이다. 방법은 두 가지다. 하나는 원시 타입에서 파생되는 제네릭 타입을 자바 가상 머신이 런타임에 자동으로 생성하는 방식이다. 다른 하나는 컴파일타임에 제네릭 타입을 원시 타입으로 변환한 다음, 필요한 형 변환 코드를 적절히 추가하여 원소가 추가되거나 수정될 때마다 확인하는 방식이다. 둘 중 어느 방식이 선택되었는지는 자바 개발자라면 대부분 알고 있다. 간단한 예를 준비했다. 다음 코드를 컴파일하면 어떤 결과가 만들어지는지 함께 확인해 보자.

코드 10-5 제네릭을 사용했을 때

```java
public static void main(String[] args) {
    Map<String, String> map = new HashMap<String, String>();
    map.put("hello", "안녕");
    map.put("how are you?", "잘 지내지?");
    System.out.println(map.get("hello"));
    System.out.println(map.get("how are you?"));
}
```

이 코드를 클래스 파일로 컴파일한 다음 바이트코드 디컴파일러로 디컴파일해 보자. 그러면 제네릭 정보가 사라져서 마치 제네릭을 사용하지 않고 작성한 코드처럼 보인다. 즉, 코드 10-6처럼 원시 타입 컨테이너를 사용하며, 원소를 가져올 때 Object를 String으로 형 변환하는 코드를 추가한 모습이 된다.

코드 10-6 제네릭을 사용하지 않았을 때

```java
public static void main(String[] args) {
    Map map = new HashMap();
    map.put("hello", "안녕");
    map.put("how are you?", "잘 지내지?");
    System.out.println((String) map.get("hello"));
    System.out.println((String) map.get("how are you?"));
}
```

타입 소거 방식의 단점 일부는 앞에서 언급했다. 이제부터 C#과 비교해 가며 이 단점들을 더 구체적으로 알아보자. 총 세 가지 예를 준비했다.

첫째, 제네릭 구현에 소거 방식을 이용하면 기본 타입 데이터를 지원하는 데 문제가 생긴다. 다음은 앞의 코드 10-4에 기본 타입을 추가해 살짝 수정한 코드다.

코드 10-7 기본 타입의 제네릭(현재 자바는 지원하지 않음)

```java
ArrayList<int> ilist = new ArrayList<int>();
ArrayList<long> llist = new ArrayList<long>();
ArrayList list;
list = ilist;
list = llist;
```

자바는 int, long, Object 사이의 직접적인 형 변환을 지원하지 않는다. 따라서 이 코드에서 제네릭 정보가 지워지면 형 변환 코드를 추가하는 것만으로는 문제가 해결되지 않는다. 그래서 당시 자바가 제시한 해법은 정말 단순하고 조악했다. 직접 변환할 방법이 없자 ArrayList<Integer>와 ArrayList<Long> 같은 래퍼 클래스 버전을 이용한 것이다. 그나마 모든 변환과 박싱/언박싱은 자동으로 해 주었다.

이 결정은 엄청난 수의 래퍼 클래스 생성과 박싱/언박싱 처리로 이어졌다. 이 중 언박싱 무하는 자바 제네릭의 속노를 떨어뜨리는 주된 원인이 되었으며, 빌힐라 프로젝트가 해결해야 하는 주요 문제가 되었다.

둘째, 런타임에 제네릭 타입 정보를 얻을 수 없어서 일부 코드가 매우 장황해진다. 예를 들어 코드 10-2에서 자바가 지원하지 않는 제네릭 용법을 보여 주었는데, 원인은 모두 자바 가상 머신이 런타임에 제네릭 타입 정보를 얻을 수 없기 때문이다. 코드 10-8은 List를 배열로 변환하는 코드의 제네릭 버전이다. 매개 변수화된 타입 T는 List에서 얻을 수 없는 정보이므로 배열의 원소 타입을 또 다른 매개 변수로 전달해야만 한다.

코드 10-8 타입 매개 변수를 추가해야 함

```java
public static <T> T[] convert(List<T> list, Class<T> componentType) {
    T[] array = (T[])Array.newInstance(componentType, list.size());
    ...
}
```

마지막으로 소거 방식의 제네릭은 객체 지향 사고의 우아함을 일부 상실하는 결과를 낳는다. 예를 들어 다음처럼 코드가 모호해지는 경우가 생긴다.

코드 10-9 제네릭이 오버로딩을 만났을 때

```java
public class GenericTypes {
    public static void method(List<String> list) {
        System.out.println("invoke method(List<String> list)");
    }

    public static void method(List<Integer> list) {
        System.out.println("invoke method(List<Integer> list)");
    }
}
```

이 코드가 올바른지, 컴파일과 실행이 가능한지 한번 생각해 보기 바란다. 정답은 무엇일까? 이 코드는 컴파일할 수 없다. 컴파일 후에는 제네릭 정보가 사라지므로 List<Integer>와 List<String> 매개 변수는 List라는 똑같은 원시 타입으로 바뀌기 때문이다. 즉, 타입 소거가 두 메서드의 시그너처를 동일하게 만든다. 오버로딩 불가 원인을 간단하게 찾아냈다.

자바 제네릭의 등장으로 가상 머신의 구문 분석과 리플렉션 등 다양한 시나리오에서 메서드 호출 구현에 영향을 주었다. 예를 들어 제네릭 클래스 타입에서 입력 매개 변수를 얻는 방법과 같은 새로운 요구 사항을 충족시켜야 했다. 그래서 자바 커뮤니티는 《자바 가상 머신 명세》의 내용을 약간 수정할 수밖에 없었다. 정확하게는 제네릭에 수반되는 매개 변수 타입 식별 문제를 해결하기 위해 Signature와 LocalVariableTypeTable과 같은 새로운 속성을 도입했다. Signature는 매우 중요한 속성으로, 메서드의 시그너처를 바이트코드 수준[11]에서 저장하는 역할을 한다. 이 속성에 저장된 매개 변수 타입은 기본 타입이 아니라 매개 변수화된 타입에 관한 정보까지 포함한다. 개정된 《자바 가상 머신 명세》에서는 버전 49.0 이상(JDK 5 이상)의 클래스 파일을 인식할 수 있는 모든 가상 머신은 Signature 매개 변수를 올바르게 인식해야 한다고 규정했다.

이상으로 소거 방식이 코딩에 미치는 단점을 알아보았다. List<String>과 List<Integer>는 소거 후 타입이 같아지므로 오버로딩할 수 없다.

또한 Signature 속성의 등장으로, 소거 작업은 메서드의 Code 속성에서 바이트코드를 지우는 일이 되었다. 메타데이터에서는 제네릭 정보가 여전히 유지되어 인코딩 중 리플렉션을 활용해 매개 변수화된 타입을 얻을 수 있다.

값 타입과 앞으로의 제네릭

자바 제네릭이 등장한 지 불과 10년 후인 2014년 오라클은 자바 언어의 다양한 결함, 특히 제네릭의 결함을 개선하기 위해 '발할라'라는 언어 개선 프로젝트를 출범했다. 이 프로젝트는 원래 JDK 10까지 완료할 목표였지만 JDK 21까지도 VarHandle 등 일부 목표만 성공적으로 구현되어 릴리스되었다. 이번 절의 내용은 JDK 21에 포함된 기술 미리 보기 구현에 기초하고 있으므로 추후 변경될 수 있으니 주의를 부탁한다.

발할라 프로젝트에는 원래 모델 1에서 모델 3까지, 몇 가지 새로운 제네릭 구현 방식이 계획되어 있었다. 새로운 제네릭 설계에서는 제네릭 타입을 인스턴스화하거나 (어떤 구현 방식을 채택하느냐에 따라) 호환성을 위해 타입 소거 방식을 유지

---

11 《자바 가상 머신 명세》(2판)(JDK 5 수정 버전)의 4.4.4절과 《자바 언어 명세》(3판)의 8.4.2절에서 각각 바이트코드 수준의 메서드 시그너처와 자바 코드 수준의 메서드 시그너처를 정의하고 있다. Signature의 가장 중요한 역할은 메서드에 고유하고 반복될 수 없는 아이디가 되어 주는 것이다. 자바 코드의 메서드 시그너처에는 메서드 이름, 매개 변수 순서와 타입만 포함되지만 바이트코드 시그너처에는 메서드 반환 타입과 검사 예외 테이블까지 포함된다. 이 책에서는 바이트코드 수준의 메서드 시그너처를 설명할 때는 따로 명시할 테지만 독자들도 문맥을 잘 살펴 구분해 주기를 당부드린다.

할 수 있다. 심지어 타입 소거 방식을 유지하더라도 제네릭 매개 변수화 타입이 완전히 지워지지 않도록 선택할 수도 있다. 그 대신 클래스 파일에 거의 완벽하게 기록해 놓고 런타임에 사용할 수 있나. 또한 컴파일러가 기본적으로 소서할 타입을 지정할 수도 있다. 하지만 제네릭을 다른 방식으로 구현하기보다 미래의 자바는 값 타입을 언어 수준에서 지원하는 일이 더 중요하다.

값 타입은 C# 사용자들이 자바 언어를 공격하는 주된 주제다. C#에는 자바에서 말하는 기본 데이터 타입이 없다. C#에서 사용하는 `int`, `bool`, `double` 같은 키워드는 실제로는 `Int32`, `Boolean`, `Double`처럼 닷넷 프레임워크에 사전 정의된 구조체(Struct)에 대응한다. C# 개발자는 `ValueType`을 상속하여 고유한 값 타입을 정의할 수 있고, `ValueType` 역시 모든 클래스의 뿌리인 `Object`의 하위 클래스다. 따라서 자바와 달리 "`int`를 `Object`로 변환할 수 없다"라는 난처한 상황에 직면할 일이 없다.

값 타입은 참조 타입과 똑같이 생성자, 메서드, 속성 필드를 가질 수 있다. 참조 타입과 다른 점이라면 할당 시 주로 값 전체가 복사된다는 것이다(참조 타입은 참조만 전달). 더 중요한 점은 값 타입의 인스턴스는 메서드의 호출 스택에 쉽게 할당된다는 것이다. 즉, 현재 메서드가 종료되면 자동으로 해제되어 가비지 컬렉터에 부담을 주지 않는다.

발할라 프로젝트는 자바에서 값 타입을 지원하기 위해 `value`와 `primitive`라는 새로운 키워드를 추가할 계획이다. 둘 모두 클래스 정의 시 클래스의 한정자로 쓰인다. `value class <클래스이름>` 형태로 정의된 클래스는 일반적인 클래스들에 모두 있는 클래스 신원(class identity) 개념이 사라지며, `primitive class <클래스이름>` 형태로 정의된 클래스는 더 나아가서 `null`이 될 수 없다. 이처럼 점점 기본 데이터 타입에 가까워진다. 더 자세한 정보는 발할라 프로젝트 홈페이지를 참고하자.

10.3.2 오토박싱, 오토언박싱, 개선된 for 문

순전히 기술적인 관점에서 말하면 오토박싱/언박싱, 개선된 for 문은 모두 편의 문법에 해당한다. 구현 복잡성 같은 여러 측면에서 앞 절에서 소개한 제네릭보다는 훨씬 간단하지만 자바 언어에서 가장 많이 쓰이는 편의 문법이라서 절 하나를 따로 할애했다. 먼저 편의 문법을 활용한 코드를 보자.

코드 10-10 오토박싱/언박싱과 개선된 for 문

```
public static void main(String[] args) {
    List<Integer> list = Arrays.asList(1, 2, 3, 4);
```

```
    int sum = 0;
    for (int i : list) {
        sum += i;
    }
    System.out.println(sum);
}
```

이 코드에는 제네릭, 오토박싱, 오토언박싱, 개선된 for 문, 가변 길이 매개 변수까지 총 다섯 가지 편의 문법이 쓰였다. 이를 컴파일해 편의 문법을 제거하면 코드 10-11처럼 된다.

코드 10-11 컴파일 후 오토박싱/언박싱과 개선된 for 문

```
public static void main(String[] args) {
    List list = Arrays.asList( new Integer[] {
        Integer.valueOf(1),
        Integer.valueOf(2),
        Integer.valueOf(3),
        Integer.valueOf(4) });

    int sum = 0;
    for (Iterator localIterator = list.iterator(); localIterator.hasNext(); ) {
        int i = ((Integer)localIterator.next()).intValue();
        sum += i;
    }
    System.out.println(sum);
}
```

제네릭은 원시 타입으로 바뀌고 오토박싱과 언박싱은 래퍼 타입과 복원 메서드로 바뀐다(Integer.valueOf()와 Integer.intValue() 메서드). 개선된 for 문은 Iterator 를 사용하는 코드로 바뀌었다. 개선된 for 문에 사용할 클래스가 Iterable 인터페이스를 구현해야 하는 이유가 여기 있다. 마지막으로 가변 길이 매개 변수는 배열 형태로 바뀌어 호출된다. 실제로 가변 길이 매개 변수가 지원되기 전에는 개발자들이 배열을 사용해 비슷한 기능을 수행했다.

이상의 편의 문법은 매우 단순하지만 주의할 게 있다. 다음은 오토박싱을 잘못 사용한 예다.

코드 10-12 오토박싱의 함정

```
public static void main(String[] args) {
    Integer a = 1;
    Integer b = 2;
```

```
    Integer c = 3;
    Integer d = 3;
    Integer e = 321;
    Integer f = 321;
    Long g = 3L;
    System.out.println(c == d);
    System.out.println(e == f);
    System.out.println(c == (a + b));
    System.out.println(c.equals(a + b));
    System.out.println(g == (a + b));
    System.out.println(g.equals(a + b));
}
```

잘 살펴보면 두 가지 의문이 떠오를 것이다. 첫째, 총 6개의 println()들은 어떤 결과를 출력할까? 둘째, 편의 문법이 제거되면 println() 각각의 매개 변수는 어떤 모습으로 바뀔까?

두 질문의 답 모두 어렵지 않게 확인할 수 있으므로 독자들이 직접 실험해 보기 바란다. 단, 래퍼 클래스의 == 연산은 산술 연산을 만나지 않고는 언박싱이 자동으로 이루어지지 않고, equals() 메서드도 데이터 변환을 제대로 처리하지 못한다는 사실에 주의하자. 따라서 자신이 내놓은 답이 맞고 틀리고에 관계없이 실무에서 오토박싱/언박싱을 이런 형태로 사용하는 건 피해야 한다.

10.3.3 조건부 컴파일

C·C++의 전처리 지시어 #ifdef처럼 많은 프로그래밍 언어에서 컴파일을 조건부로 수행하는 방법을 제공한다. C·C++에서는 전처리기(preprocessor)가 컴파일 초기에 코드 의존성을 해결하는 일을 수행한다(예: #include 전처리 명령 처리).

자바 언어는 전처리기를 이용하지 않는다. 자바 컴파일러는 자바 파일들을 하나씩 처리하지 않고, 그 대신 컴파일 단위 전체를 포괄하는 구문 트리를 만들어 최상위 노드부터 하나씩 컴파일한다. 따라서 파일 각각이 서로에게 심벌 정보를 제공할 수 있다. 그렇다면 자바에서도 조건부 컴파일이 가능할까?

물론 가능하다. if 문의 조건에 상수를 넣으면 된다. 코드 10-13은 if 문을 일반적인 자바 코드에서는 보기 어려운 형태로 작성했다. 이 코드를 컴파일해 생성되는 바이트코드에는 if 문과 System.out.println("블록 2"); 문장 없이 System.out.println("블록 1"); 문장만 담긴다.

코드 10-13 자바 언어에서의 조건부 컴파일

```java
public static void main(String[] args) {
    if (true) {
        System.out.println("블록 1");
    } else {
        System.out.println("블록 2");
    }
}
```

다음은 코드 10-13을 컴파일한 후 디컴파일한 결과다.

```java
public static void main(String[] args) {
    System.out.println("블록 1");
}
```

이러한 효과는 if 문에 상수 조건을 사용할 때만 얻을 수 있다. 상수를 조건 판단 외의 다른 문장과 조합해 사용하면 제어 흐름 분석 과정에서 오류가 생겨 컴파일이 거부될 수 있다. 예를 들어 다음 코드는 컴파일러가 거부한다.

코드 10-14 조건부 컴파일 불가

```java
public static void main(String[] args) {
    // 컴파일러가 "Unreachable code"(도달 불가) 오류를 낸다.
    while (false) {
        System.out.println("");
    }
}
```

자바 언어에서의 조건부 컴파일 구현 역시 편의 문법에 속한다. 컴파일러가 불 상수의 값(true 또는 false)을 보고 결과에 포함시키지 않을 코드 블록을 제거하는 것이다. 이 작업이 컴파일러의 편의 문법 제거 단계(com.sun.tools.javac.comp.Lower 클래스)에서 수행된다. 이처럼 자바의 조건부 컴파일은 if 문을 이용하므로 메서드 본문에서 명령문 블록 수준에만 적용할 수 있다. 즉, 자바 클래스의 구조를 변경하는 건 불가능하다.

이번 절에서 설명한 제네릭, 오토박싱/언박싱, 개선된 for 문, 가변 길이 매개 변수, 조건부 컴파일 외에도 자바 언어에는 다양한 편의 문법이 있다. 예를 들어 내부 클래스, 열거형, assert 문, 숫자 리터럴, switch 문에서 열거형과 문자열 지원, try 문에서 리소스 정의 및 닫기, 람다식, 텍스트 블록 역시 편의 문법에 속한다. 자바 소스 코드를 컴파일한 다음 디컴파일하여 차이를 비교, 추적해 보면 편의 문법이 제거된 원래 모습을 확인하고 이해할 수 있을 것이다. 책에서는 지면 관계상 이 정도에서 소개를 마친다.

10.4 실전: 플러그인 애너테이션 처리기 제작

이번 '4부 컴파일과 최적화'에서는 2부나 3부처럼 독립적이고 완전한 실전 예제를 제공하지는 않을 것이다. 우리가 프로그램을 개발하며 가장 신경 쓰는 것은 프로그램이 어떻게 동작하게 만드느냐이지 프로그램을 컴파일하는 특정한 방식이 아니기 때문이다. 그래서 JDK의 컴파일 서브시스템에서도 사용자가 직접 제어할 수 있는 기능은 상대적으로 적다. 11장에서 소개할 가상 머신용 JIT 컴파일과 관련된 여러 매개 변수 외에도, JSR 269에서 정의한 플러그인 애너테이션 처리기 API를 이용해도 자바 컴파일 서브시스템의 동작에 영향을 줄 수 있다.

하지만 컴파일 서브시스템이 2부와 3부에서 소개한 메모리 관리 서브시스템이나 바이트코드 실행 서브시스템보다 덜 중요하다고 생각하지는 않는다. 프로그래밍 언어에서 컴파일 서브시스템은 프로그램의 실행 성능과 코딩 효율에 커다란 영향을 준다. 특히 자바 언어에서 JIT 컴파일과 가상 머신 실행 서브시스템은 매우 밀접하게 상호 의존하며 어우러져 작동한다(11장에서는 주로 이 측면을 설명한다). JDK가 코드를 컴파일하고 최적화하는 방법을 이해하면 자바 가상 머신이 최적화하기에 적합한 프로그램을 작성하는 데도 도움이 된다.

본론으로 돌아와서 플러그인 애너테이션 처리기 API가 우리에게 무엇을 해 줄 수 있는지 살펴보자.

10.4.1 목표

javac 컴파일러의 소스 코드를 보면, 프런트엔드 컴파일러가 자바 프로그램 소스 코드를 바이트코드로 컴파일할 때 소스 코드의 모든 측면을 확인하고 검증함을 알 수 있다. 이 과정에서 일부 경고를 내기도 하지만, 주로 프로그램이 '정확하게 작성되었는지'를 확인한다. 다시 말해 프로그램이 '잘 작성되었는지'를 확인하는 비중은 크지 않다. CheckStyle, SpotBugs, Klocwork 등 '잘 작성된 프로그램인지'를 확인하는 정적 분석 도구가 등장한 데는 이러한 배경이 깔려 있다. 코드 검증 도구 중에는 자바 소스 코드를 분석하는 도구도 있고 바이트코드를 분석하는 도구도 있다. 이번 절에서는 애너테이션 처리기 API를 사용하여 코딩 스타일을 검증하는 도구인

NameCheckProcessor를 만들어 보겠다.

이번 절의 목표는 '기술의 원리를 익히고 시연'하는 것이므로 CheckStyle 같은 전문 도구에 필적하는 제품을 만드는 건 오히려 너무 과하다. 따라서 NameCheck Processor의 목표는 자바 소스 코드에서 쓰인 이름을 확인하는 것으로 제한하겠다. 《자바 언어 명세》 6.1절을 보면 자바 소스 코드에서 이름은 다음 규칙을 따르라고 권장한다(필수가 아닌 권장이다).

- 클래스와 인터페이스: 대문자로 시작하는 낙타 명명법(camel-style)을 따른다.
- 메서드: 소문자로 시작하는 낙타 명명법을 따른다.
- 필드
  - 클래스 변수와 인스턴스 변수: 소문자로 시작하는 낙타 명명법
  - 상수: 모두 대문자 또는 밑줄. 단, 첫 문자는 밑줄이 될 수 없다.

낙타 명명법은 'CamelCaseName'처럼 대문자와 소문자를 혼용하여, 이름을 구성하는 단어들을 구분한다. 현재 대부분의 자바 코드에서 변수나 메서드 이름을 지을 때 활용하는 주류 명명법이다. 이번 절에서는 프로그램을 컴파일할 때 소스 코드의 클래스, 인터페이스, 메서드, 필드의 이름이 앞의 권장안을 따르는지 확인하는 기능을 javac 컴파일러에 추가할 것이다.

10.4.2 코드 구현

먼저 애너테이션 처리기 API에 대한 기본 지식 몇 가지를 이해해 보자.

첫째, 애너테이션 처리기를 구현하는 코드는 추상 클래스인 `javax.annotation. processing.AbstractProcessor`를 상속해야 한다. 이 클래스의 하위 클래스가 구현해야 하는 추상 메서드는 단 하나, `process()`뿐이다. javac 컴파일러가 애너테이션 처리기 코드를 실행할 때 바로 이 메서드를 호출한다. `process()` 메서드는 첫 번째 매개 변수인 annotations로부터 처리할 애너테이션 집합을 얻고, 두 번째 매개 변수인 roundEnv를 통해 현재 라운드의 추상 구문 트리 노드에 접근할 수 있다. round Env에서 구문 트리 노드 각각은 `Element`로 표현된다.

`Element`의 유형은 `javax.lang.model.element.ElementKind`에 정의되어 있는데, JDK 17 기준으로는 다음과 같이 총 21가지다.

- PACKAGE: 패키지
- ENUM: 열거형 클래스
- CLASS: 클래스
- ANNOTATION_TYPE: 애너테이션
- INTERFACE: 인터페이스
- ENUM_CONSTANT: 열거형 상수
- FIELD: 필드
- PARAMETER: 메서드나 생성자의 매개 변수
- LOCAL_VARIABLE: 지역 변수
- EXCEPTION_PARAMETER: 예외 핸들러의 매개 변수
- METHOD: 메서드
- CONSTRUCTOR: 생성자
- STATIC_INIT: 정적 초기화 블록(static {} 블록)
- INSTANCE_INIT: 인스턴스 초기화 블록({} 블록)
- TYPE_PARAMETER: 매개 변수화된 타입(제네릭 홑화살괄호 안의 타입)
- RESOURCE_VARIABLE: 리소스 변수(try-resource에 정의된 변수. JDK 7 때 추가)
- MODULE: 모듈(JDK 9 때 추가)
- RECORD: 레코드 클래스(JDK 16 때 추가)
- RECORD_COMPONENT: 레코드 구성 요소(JDK 16 때 추가)
- BINDING_VARIABLE: 패턴의 바인딩 변수(JDK 16 때 추가)
- OTHER: 정의되지 않은 구문 트리 노드

AbstractProcessor 클래스에서는 process() 메서드의 입력 매개 변수 외에 인스턴스 변수인 processingEnv도 매우 중요하다. 이는 protected 변수이며 애네테이션 처리기가 초기화될 때, 즉 init() 메서드가 실행될 때 생성된다. 이 변수는 애너테이션 처리기 프레임워크가 제공하는 콘텍스트를 나타내며, 새로운 코드를 만들고 컴파일러에 정보를 제공하고 다른 유틸리티 클래스를 얻는 등의 일에 쓰인다.

둘째, 애너테이션 처리기와 자주 함께 사용되는 애너테이션이 두 가지 있다. 바로 @SupportedAnnotationTypes와 @SupportedSourceVersion이다. @SupportedAnnotationTypes로는 현재 애너테이션 처리기가 관심 있는 애너테이션을 명시하며, "*"로 지정하면 모든 애너테이션에 관심이 있다는 뜻이다. @SupportedSourceVersion

은 현재 애너테이션 처리기가 처리할 자바 코드의 버전을 명시한다.

애너테이션 처리기 각각은 런타임에 싱글턴으로 만들어진다. 추상 구문 트리의 내용을 변경하거나 추가할 필요가 없다면 process() 메서드가 컴파일러에 false를 반환한다. 이번 라운드에서는 코드가 변경되지 않았으므로 새로운 JavaCompiler 인스턴스를 생성할 필요가 없다는 뜻이다. 이번 예에서는 소스 코드에서 사용한 이름만 검사할 것이다. 따라서 구문 트리의 내용은 수정될 일이 없으므로 항상 false를 반환하면 된다.

애너테이션 처리기 API 설명은 이쯤에서 마무리하겠다. 바로 이어서 NameCheck Processor의 코드를 살펴보자.

코드 10-15 NameCheckProcessor 애너테이션 처리기

```
@SupportedAnnotationTypes("*")    // "*"를 사용하여 모든 애너테이션이 지원되도록 지정
@SupportedSourceVersion(SourceVersion.RELEASE_17)  // JDK 17 자바 코드만 지원
public class NameCheckProcessor extends AbstractProcessor {
    private NameChecker nameChecker;

    /**
     * 플러그인을 초기화한다.
     */
    @Override
    public void init(ProcessingEnvironment processingEnv) {
        super.init(processingEnv);
        nameChecker = new NameChecker(processingEnv);
    }

    /**
     * 입력 구문 트리의 노드 각각에 대해 이름을 검사한다.
     */
    @Override
    public boolean process(Set<? extends TypeElement> annotations,
        RoundEnvironment roundEnv) {
        if (!roundEnv.processingOver()) {
            for (Element element : roundEnv.getRootElements())
                nameChecker.checkNames(element);
        }
        return false;  // 구문 트리를 수정하지 않음
    }
}
```

코드 10-15의 NameCheckProcessor는 JDK 17 기반 소스 코드를 처리할 수 있으며, 특정 애너테이션에 국한하지 않고 모든 코드에 관심이 있다고 지정했다. 따라서

process() 메서드는 현재 라운드의 모든 RootElement 각각을 NameChecker 검사기로 전달하여 이름을 검사한다. NameChecker의 코드는 다음과 같다.

코드 10-16 NameChecker 이름 검사기

```
/**
 * 프로그램 명명 규칙 검사용 컴파일러 플러그인:
 * 프로그램에서 사용한 이름이 표준에서 어긋나면 컴파일러 경고(WARNING) 메시지 출력
 */
public class NameChecker {
    private final Messager messager;

    NameCheckScanner nameCheckScanner = new NameCheckScanner();

    NameChecker(ProcessingEnvironment processsingEnv) {
        this.messager = processsingEnv.getMessager();
    }

    /**
     * 자바 프로그램의 이름을 검사한다.
     * 《자바 언어 명세》 6.1절에 따르면 자바 코드에서 이름은 다음 형식을 따라야 한다.
     *
     * <ul>
     * <li>클래스와 인터페이스: 대문자로 시작하는 낙타 명명법을 따른다.
     * <li>메서드: 소문자로 시작하는 낙타 명명법을 따른다.
     * <li>필드:
     * <ul>
     * <li>클래스 변수 또는 인스턴스 변수: 소문자로 시작하는 낙타 명명법을 따른다.
     * <li>상수: 모두 대문자 또는 밑줄
     * </ul>
     * </ul>
     */
    public void checkNames(Element element) {
        nameCheckScanner.scan(element);
    }

    /**
     * 이름 검사기 구현 클래스. JDK 14에서 새로 제공하는 ElementScanner14를 상속한다.
     * (JDK 15, 16, 17용 스캐너는 따로 제공되지 않음)
     * 방문자(visitor) 모드에서 추상 구문 트리의 원소에 접근한다.
     */
    private class NameCheckScanner extends ElementScanner14<Void, Void> {

        /**
         * 클래스 이름을 검사한다.
         */
        @Override
        public Void visitType(TypeElement e, Void p) {
```

```java
        scan(e.getTypeParameters(), p);
        checkCamelCase(e, true);
        super.visitType(e, p);
        return null;
    }

    /**
     * 메서드 이름을 검사한다.
     */
    @Override
    public Void visitExecutable(ExecutableElement e, Void p) {
        if (e.getKind() == METHOD) {
            Name name = e.getSimpleName();
            if (name.contentEquals(e.getEnclosingElement().getSimpleName()))
                messager.printMessage(WARNING, "생성자와 혼동되지 않도록 일반 메서드 '" +
                    name + "'은(는) 클래스 이름을 그대로 사용하면 안 된다.", e);
            checkCamelCase(e, false);
        }
        super.visitExecutable(e, p);
        return null;
    }

    /**
     * 변수 이름을 검사한다.
     */
    @Override
    public Void visitVariable(VariableElement e, Void p) {
        // 현재 변수가 열거형이나 상수라면 모두 대문자인지 확인하고,
        // 그 외에는 낙타 명명법에 부합하는지 확인한다.
        if (e.getKind() == ENUM_CONSTANT || e.getConstantValue() != null ||
            heuristicallyConstant(e))
            checkAllCaps(e);
        else
            checkCamelCase(e, false);
        return null;
    }

    /**
     * 변수가 상수인지 검사한다.
     */
    private boolean heuristicallyConstant(VariableElement e) {
        if (e.getEnclosingElement().getKind() == INTERFACE)
            return true;
        else if (e.getKind() == FIELD &&
            e.getModifiers().containsAll(EnumSet.of(PUBLIC, STATIC, FINAL)))
            return true;
        else {
            return false;
        }
    }
```

```java
/**
 * 입력 Element가 낙타 명명법을 따르는지 확인하여,
 * 따르지 않으면 경고 메시지를 출력한다.
 */
private void checkCamelCase(Element e, boolean initialCaps) {
    String name = e.getSimpleName().toString();
    boolean previousUpper = false;
    boolean conventional = true;
    int firstCodePoint = name.codePointAt(0);

    if (Character.isUpperCase(firstCodePoint)) {
        previousUpper = true;
        if (!initialCaps) {
            messager.printMessage(WARNING, "이름 '" + name
                + "'은(는) 소문자로 시작해야 한다.", e);
            return;
        }
    } else if (Character.isLowerCase(firstCodePoint)) {
        if (initialCaps) {
            messager.printMessage(WARNING, "이름 '" + name
                + "'은(는) 대문자로 시작해야 한다.", e);
            return;
        }
    } else
        conventional = false;

    if (conventional) {
        int cp = firstCodePoint;
        for (int i = Character.charCount(cp); i < name.length(); i +=
            Character.charCount(cp)) {
            cp = name.codePointAt(i);
            if (Character.isUpperCase(cp)) {
                if (previousUpper) {
                    conventional = false;
                    break;
                }
                previousUpper = true;
            } else
                previousUpper = false;
        }
    }

    if (!conventional)
        messager.printMessage(WARNING, "이름 '" + name
            + "'은(는) 낙타 명명법(Camel Case Names)을 따라야 한다.", e);
}

/**
 * 모두 대문자인지 검사한다.
```

```
    */
    private void checkAllCaps(Element e) {
        String name = e.getSimpleName().toString();

        boolean conventional = true;
        int firstCodePoint = name.codePointAt(0);

        if (!Character.isUpperCase(firstCodePoint))
            conventional = false;
        else {
            boolean previousUnderscore = false;
            int cp = firstCodePoint;
            for (int i = Character.charCount(cp); i < name.length(); i +=
                Character.charCount(cp)) {
                cp = name.codePointAt(i);
                if (cp == (int) '_') {
                    if (previousUnderscore) {
                        conventional = false;
                        break;
                    }
                    previousUnderscore = true;
                } else {
                    previousUnderscore = false;
                    if (!Character.isUpperCase(cp) &&
                        !Character.isDigit(cp)) {
                        conventional = false;
                        break;
                    }
                }
            }
        }

        if (!conventional)
            messager.printMessage(WARNING, "상수 '" + name
                + "'은(는) 대문자와 밑줄만 사용해야 하며, 문자로 시작해야 한다.", e);
    }
  }
}
```

코드가 다소 길지만, 책에서는 생략한 import 문들과 주석까지 포함해도 190줄 정도다. 크게 보면 javax.lang.model.util.ElementScanner14[12]를 상속한 NameCheck Scanner 클래스를 이용해 방문자 모드에서 구문 트리 검색을 완료한다. NameCheck

---

[12] JDK에는 다른 자바 버전을 지원하는 ElementScanner6, 7, 8, 9 등의 스캐너가 존재하니 직접 다른 버전의 자바 코드로 실험해 보고 싶은 독자는 참고하기 바란다. 15, 16, 17 버전은 따로 없어서 본문 코드에서는 가장 높은 버전인 14를 선택했다.

Scanner 클래스는 visitType(), visitVariable(), visitExecutable() 메서드에서
각각 클래스, 필드, 메서드에 방문하여 checkCamelCase()와 checkAllCaps() 메서드
를 활용해 밍밍 규식을 잘 따르는지 검사한다.

애너테이션 처리기 전체를 NameCheckProcessor와 NameChecker 클래스만으로
구현할 수 있다. 그리고 지금까지 구현한 애너테이션 처리기의 동작을 확인해 볼
수 있도록 코드 10-17을 준비했다. 잘못된 이름을 사용하는 예다. 이 코드를 일반
javac로 컴파일한다면 별다른 경고 메시지를 출력하지 않을 것이다.

코드 10-17 제대로 명명되지 않은 코드를 다수 포함한 실험용 코드

```java
public class BADLY_NAMED_CODE {
    enum colors {
        red, blue, green;
    }

    static final int _FORTY_TWO = 42;

    public static int NOT_A_CONSTANT = _FORTY_TWO;

    protected void BADLY_NAMED_CODE() {
        return;
    }

    public void NOTcamelCASEmethodNAME() {
        return;
    }
}
```

10.4.3 실행 및 테스트

javac의 –processor 매개 변수를 이용하면 컴파일 시 추가로 수행할 애너테이션
처리기를 지정할 수 있다. 애너테이션 처리기가 여러 개라면 쉼표로 구분한다.
–XprintRounds와 –XprintProcessorInfo 매개 변수를 지정하면 애너테이션 처리기
가 수행하는 작업의 세부 정보도 확인할 수 있다. 이제 NameCheckProcessor를 컴파
일하고 실행해 보자.

코드 10-18 애너테이션 처리기 실행 절차

```
$ javac NameChecker.java
$ javac NameCheckProcessor.java
$ javac -processor NameCheckProcessor BADLY_NAMED_CODE.java
```

```
BADLY_NAMED_CODE.java:3: WARNING: 이름 'BADLY_NAMED_CODE'은(는) 낙타 명명법을
                                  따라야 한다.
public class BADLY_NAMED_CODE {
       ^
BADLY_NAMED_CODE.java:5: WARNING: 이름 'colors'은(는) 대문자로 시작해야 한다.
      enum colors {
         ^
BADLY_NAMED_CODE.java:6: WARNING: 상수 'red'은(는) 대문자와 밑줄만 사용해야 하며,
                                  문자로 시작해야 한다.
           red, blue, green;
           ^
BADLY_NAMED_CODE.java:6: WARNING: 상수 'blue'은(는) 대문자와 밑줄만 사용해야 하며,
                                  문자로 시작해야 한다.
           red, blue, green;
                ^
BADLY_NAMED_CODE.java:6: WARNING: 상수 'green'은(는) 대문자와 밑줄만 사용해야 하며,
                                  문자로 시작해야 한다.
           red, blue, green;
                      ^
BADLY_NAMED_CODE.java:9: WARNING: 상수 '_FORTY_TWO'은(는) 대문자와 밑줄만
                                  사용해야 하며, 문자로 시작해야 한다.
       static final int _FORTY_TWO = 42;
                        ^
BADLY_NAMED_CODE.java:11: WARNING: 이름 'NOT_A_CONSTANT'은(는) 소문자로
                                   시작해야 한다.
        public static int NOT_A_CONSTANT = _FORTY_TWO;
                          ^
BADLY_NAMED_CODE.java:13: WARNING: 이름 'BADLY_NAMED_CODE'은(는) 소문자로
                                   시작해야 한다.
       protected void BADLY_NAMED_CODE() {
                      ^
BADLY_NAMED_CODE.java:17: WARNING: 이름 'NOTcamelCASEmethodNAME'은(는) 소문자로
                                   시작해야 한다.
       public void NOTcamelCASEmethodNAME() {
                   ^
```

10.4.4 다른 응용 사례

이번 절에서는 JSR 269 '플러그인할 수 있는 애너테이션 처리 API'의 기능 일부만
보여 주었다. 이 API를 사용하는 유명한 프로젝트로는 하이버네이트에서 태그를
올바르게 사용하는지 검사하는 하이버네이트 밸리데이터 애너테이션 프로세서
[13]와 필드용 게터/세터 메서드 등을 생성하는 롬복 등이 있다. 전자는 본질적으로
NameCheckProcessor가 하는 일과 비슷하며, 후자는 기존 원소에 기초하여 새로운

---

13 하이버네이트 밸리데이터 홈페이지: *https://hibernate.org/validator*

구문 트리 원소를 생성해 준다. 관심 있는 독자는 이 프로젝트 홈페이지에서 관련 내용을 찾아보기 바란다.

10.5 마치며

이번 장에서는 javac 컴파일러를 참고하여 자바 소스 코드를 바이트코드로 컴파일하는 과정을 구현 수준에서 알아보았다. 자바 언어에서 제네릭, 오토박싱/언박싱, 조건부 컴파일 등 다양한 편의 문법이 만들어진 원인과 결과를 분석하고, 플러그인 애너테이션 처리기를 사용하여 소스 코드에서 이름을 올바르게 지었는지 확인하는 컴파일러 플러그인을 작성하는 방법도 실습했다.

이번 장을 시작하며 말했듯이 프런트엔드 컴파일러가 수행하는 최적화의 목적은 주로 코딩 효율 개선이다. 프런트엔드 컴파일러의 역할은 소스 코드로부터 추상 구문 트리와 중간 바이트코드 생성까지이며, 그 후의 코드 최적화와 최종 바이트코드 생성은 자바 가상 머신에 내장된 백엔드 컴파일러가 담당하기 때문이다.

즉, 네이티브 기계어 코드 생성은 벌써 여러 번 언급한 JIT 컴파일러 또는 AOT 컴파일러의 역할이다. 그리고 백엔드 컴파일러의 컴파일 속도와 결과물 품질이 자바 가상 머신의 성능 측정에 가장 중요한 지표다. 11장에서는 백엔드 컴파일러가 어떻게 동작하고 최적화하는지 살펴보겠다.

11장

Understanding the Java Virtual Machine

백엔드 컴파일과 최적화

11.1 들어가며

바이트코드를 프로그래밍 언어의 중간 표현이라고 생각하면, 컴파일러가 클래스 파일을 로컬 환경(하드웨어 명령어 집합, 운영 체제)에 맞는 네이티브 코드로 변환하는 과정을 전체 컴파일 과정의 백엔드로 간주할 수 있다. 이 책의 2판을 읽어 본 독자라면 이번 장의 제목이 '런타임 컴파일과 최적화'에서 '백엔드 컴파일과 최적화'로 변경됐음을 눈치챘을 것이다. 2012년 당시 자바 업계에도 AOT 컴파일이 등장은 했지만 JIT 컴파일이 여전히 압도적인 주류였기 때문이다. 하지만 그 후 몇 년 동안 컴파일 기술 발전에 미묘한 변화가 있었다. AOT 컴파일이 주류 JDK에 파고들었을 뿐 아니라 자바 컴파일 기술 최신 연구에서 뜨거운 주제로 다시 떠올랐다. 그래서 이번 장도 '런타임'과 'JIT 컴파일'에 계속 머물러 있기보다는 AOT까지 포용하게 되었다.

　AOT 컴파일러든 JIT 컴파일러든 자바 가상 머신에서 필수는 아니다. 《자바 가상 머신 명세》는 어떤 컴파일러를 제공해야 한다고 규정하지 않는다. 컴파일러를 구현하는 방법이나 제약도 안내하지 않는다. 하지만 백엔드 컴파일러의 컴파일 성능과 최적화 품질은 상용 가상 머신의 우수성을 측정하는 핵심 지표다. 상용 가상 머신의 중추이자 기술 수준과 가치를 가장 잘 반영하는 기술인 것이다. 이번 장에서는 자바 가상 머신 내부로 들어가 백엔드 컴파일러의 작업 절차와 원리를 살펴볼 것이다.

　《자바 가상 머신 명세》에서 백엔드 컴파일러 구현 방식을 제한하지 않기 때문에 가상 머신에 따라 지원하는 기능과 구현 방식이 완전히 다를 수 있다. 이번 장에서는 따로 명시하지 않는 한 JIT 컴파일러는 핫스팟 가상 머신의 내장 컴파일러를 뜻하며 가상 머신은 핫스팟 가상 머신을 가리킨다. 이번 장 내용의 상당 부분은 핫스팟 가상 머신과 컴파일러 구현을 다루지만 다른 가상 머신을 공부할 때도 참고할 수 있을 것이다. 주류 자바 가상 머신들의 백엔드 컴파일러들은 많은 면에서 비슷하기 때문이다.

11.2 JIT 컴파일러

현재 가상 머신의 쌍두마차인 핫스팟과 OpenJ9은 자바 프로그램을 먼저 인터프리터로 해석해 실행한다. 그런 다음 아주 자주 실행되는 메서드나 코드 블록이 발견되면 해당 코드를 네이티브 코드로 컴파일하고 다양한 최적화를 적용해 실행 효율을 높인다. 이러한 코드 블록을 핫스팟 코드 또는 핫 코드라고 하며, 런타임에 이 작업을 수행하는 백엔드 컴파일러를 JIT 컴파일러라고 한다. 한국어로는 '적시 컴파일러'라고도 한다. 이번 절에서는 핫스팟 가상 머신에서 JIT 컴파일러의 동작 방식을 이해하고, 아울러 다음 문제들을 해결할 것이다.

- 핫스팟 가상 머신이 인터프리터와 JIT 컴파일러를 함께 사용하는 이유는?
- 핫스팟 가상 머신이 여러 가지 JIT 컴파일러를 내장하는 이유는?
- 프로그램 실행 시 언제 인터프리터가 사용되고 언제 컴파일러가 사용되나?
- 네이티브 코드로 컴파일되는 프로그램 코드 종류와 그 방법은?
- JIT 컴파일러의 컴파일 과정과 컴파일 결과를 외부에서 볼 수 있는 방법은?

11.2.1 인터프리터와 컴파일러

모든 자바 가상 머신에 해당하지는 않지만, 현재 주류 상용 가상 머신인 핫스팟과 OpenJ9은 모두 인터프리터와 컴파일러를 함께 사용한다.[1] 인터프리터와 컴파일러는 각각 고유한 장점이 있다.

---

1 한때 3대 상용 가상 머신에 속했던 JRockit은 예외다. JRockit은 인터프리터를 제공하지 않아서 초기 응답 시간이 길다. 하지만 시작 시간이 크게 중요하지 않은 서버용 애플리케이션 운용에 쓰이기 때문에 그리 큰 단점으로 작용하지는 않았다. 참고로 JRockit은 현재 개발이 중단되었고 주요 기능들은 OpenJDK에 흡수되었다.

프로그램을 빠르게 시작해야 할 때는 인터프리터가 먼저 나서서 컴파일 없이 곧바로 실행할 수 있다. 프로그램이 시작된 후에는 시간이 흐를수록 컴파일러의 역할이 커진다. 점점 더 많은 코드를 네이티브 코드로 컴파일해 실행 효율을 높이는 것이다.

또한 메모리가 부족한 환경에서는 인터프리터 방식으로 메모리를 절약할 수 있다. 그래서 일부 임베디드 시스템과 대부분의 자바 카드 제품에서는 인터프리터만 쓰인다.

인터프리터는 적극적으로 최적화하는 컴파일러의 비상구 역할도 한다. 컴파일러가 최적화를 적극적으로 하다 보면 이따금 잘못된 선택을 하기도 한다. 대부분의 경우에는 성능이 개선되지만 특수한 상황에서는 올바른 결과를 내지 못하는 최적화를 적용하는 것이다. 그래서 (새로운 클래스를 로드한 후 클래스 상속 구조가 바뀌는 등의 이유로) 적극적 최적화의 가정이 무너지는 경우 최적화를 취소(deoptimization)하고 다시 인터프리터에 실행을 맡길 수 있다.

이처럼 자바 가상 머신의 전체 실행 구조에서 인터프리터와 컴파일러는 항상 서로 협력하여 프로그램을 실행한다. 그림 11-1은 이 모습을 간략히 형상화한 것이다.

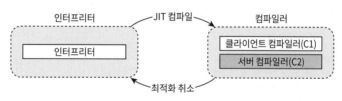

그림 11-1 인터프리터와 컴파일러의 협력 모델

핫스팟 가상 머신에는 JIT 컴파일러가 2개 또는 3개 내장되어 있다. 그중 2개는 오래전부터 존재했으며, 각각 클라이언트 컴파일러(또는 C1 컴파일러)와 서버 컴파일러(또는 C2 컴파일러)라는 이름으로 불린다. 서버 컴파일러는 일부 자료와 JDK 소스 코드에서 Opto 컴파일러라고도 한다. 세 번째 JIT 컴파일러는 JDK 10과 함께 등장한 그랄 컴파일러로, 장기적으로는 C2를 대체할 예정이었다. 하지만 JDK 16부터 표준 JDK에서 일단 배제된 채 그랄VM이라는 오라클의 별도 프로젝트에서 개발되고 있다. 따라서 이번 장은 C1과 C2를 중심으로 설명하고, 그랄 컴파일러는 11.5절에서 따로 살펴보겠다.

계층형 컴파일 모드가 등장하기 전 핫스팟 가상 머신에서는 일반적으로 인터프리터가 단 하나의 컴파일러와만 협력해 동작했다. 가상 머신을 클라이언트 모드로 실행하면 C1만 쓰이고, 서버 모드로 실행하면 C2만 쓰이는 식이었다. 하지만 이제 핫스팟 가상 머신은 자체 버전과 호스트 머신의 하드웨어 성능에 맞춰 실행 모드를 자동으로 선택한다. JDK 8까지는 -client 매개 변수를 지정하면 클라이언트 모드로 고정할 수 있었지만, JDK 9부터는 기본적으로 이 매개 변수를 무시하고 서버 모드로 실행된다.

어떤 컴파일러가 쓰이느냐에 관계없이 가상 머신에서 인터프리터와 컴파일러를 함께 사용하는 방식을 혼합 모드라고 한다. 또한 사용자는 -Xint 매개 변수를 지정하여 가상 머신을 해석 모드로 고정하거나, -Xcomp 매개 변수를 지정하여 컴파일 모드로 고정할 수 있다. 해석 모드에서는 컴파일러가 전혀 개입하지 않고, 컴파일 모드에서는 컴파일을 완료한 후 코드를 실행한다. 단, 컴파일 모드라도 컴파일이 실패하면 여전히 인터프리터가 실행에 개입해야 한다. 실행 모드는 다음과 같이 -version 매개 변수를 지정해 확인할 수 있다.

코드 11-1 가상 머신 실행 모드

```
$ java -version
penjdk version "17" 2021-09-14
OpenJDK Runtime Environment (build 17+35-2724)
OpenJDK 64-Bit Server VM (build 17+35-2724, mixed mode, sharing)

$ java -Xint -version
openjdk version "17" 2021-09-14
OpenJDK Runtime Environment (build 17+35-2724)
OpenJDK 64-Bit Server VM (build 17+35-2724, interpreted mode, sharing)

$ java -Xcomp -version
openjdk version "17" 2021-09-14
OpenJDK Runtime Environment (build 17+35-2724)
OpenJDK 64-Bit Server VM (build 17+35-2724, compiled mode, sharing)
```

JIT 컴파일러가 바이트코드를 네이티브 코드로 컴파일하려면 시간이 걸리며, 일반적으로 최적화를 더 많이 할수록 컴파일도 오래 걸린다. 한편 더 많이 최적화된 코드로 컴파일하기 위해 인터프리터가 성능 모니터링(프로파일링) 정보를 수집할 수 있으며, 이 작업 역시 해석과 실행 단계 속도에 영향을 준다.

프로그램 시작 응답 속도와 운영 효율 사이에서 최상의 균형을 찾기 위해 핫스팟 가상 머신은 컴파일 서브시스템에 계층형 컴파일 기능을 추가했다.[2] 계층형 컴파일

---

2 계층형 컴파일을 활성화하지 않고 가상 머신을 서버 모드로 실행하면, 서버 컴파일러는 컴파일 기본 정보를 제공하기 위해 성능 모니터링 정보가 필요해진다. 이 성능 모니터링 정보는 인터프리터가 수집하여 서버 컴파일러에 제공한다.

개념이 제안된 것은 훨씬 오래전이지만 JDK 6에 와서야 처음 제공되기 시작했다. 그리고 JDK 7 때 마침내 서버 모드 가상 머신의 기본 컴파일 전략으로 승격됐다. 계층형 컴파일은 컴파일과 최적화 규모와 소요 시간에 따라 다음과 같이 여러 단계의 수준으로 수행된다.

- 계층 0: 인터프리터가 프로그램을 순수하게 해석 실행한다. 성능 모니터링 기능은 켜지 않는다.
- 계층 1: 클라이언트 컴파일러를 사용하여 바이트코드를 네이티브 코드로 컴파일하고 실행한다. 이때 간단하고 안정적인 최적화만 수행하며, 성능 모니터링은 하지 않는다.
- 계층 2: 클라이언트 컴파일러를 사용한다. 메서드 및 반환 횟수 통계 등 몇 가지 성능 모니터링만 수행한다.
- 계층 3: 여전히 클라이언트 컴파일러를 사용한다. 분기 점프와 가상 메서드 호출 버전 등 모든 성능 모니터링 정보를 수집한다.
- 계층 4: 서버 컴파일러를 사용한다. 서버 컴파일러는 성능 모니터링 정보를 활용하여 더 오래 걸리는 최적화까지 수행한다. 이때 신뢰도가 낮은 공격적인 최적화를 수행하기도 한다.

가상 머신 버전과 실행 매개 변수에 따라 계층의 종류와 구체적인 동작 방식은 달라질 수 있다. 그림 11-2는 다양한 수준에서 컴파일러 간 상호 작용과 변환 관계를 보여 준다.[3]

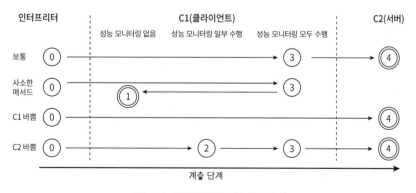

그림 11-2 계층형 컴파일의 상호 작용 관계[3]

3 그림 출처: *https://www.infoq.cn/article/java-10-jit-compiler-graal*

계층형 컴파일이 도입된 뒤로는 인터프리터, 클라이언트 컴파일러, 서버 컴파일러가 협력해 동작하면서 핫 코드가 여러 번 컴파일될 수 있다. 빠르게 컴파일할 때는 클라이언트 컴파일러를 사용하고, 성능을 더 높여야 할 때는 서버 컴파일러를 사용한다. 서버 컴파일러가 매우 복잡한 최적화 알고리즘을 수행해야 할 때는 우선 클라이언트 컴파일러로 간단한 최적화를 해 놓고, 복잡한 최적화는 느긋하게 마무리하는 방식도 가능하다.

11.2.2 컴파일 대상과 촉발 조건

런타임에 JIT 컴파일러가 컴파일하는 대상을 핫 코드라고 한다. 다음은 핫 코드의 가장 대표적인 유형이다.

1. 여러 번 호출되는 메서드
2. 여러 번 실행되는 순환문의 본문

1번은 가장 직관적인 유형이다. 메서드가 많이 호출될수록 메서드의 코드가 실행되는 횟수가 늘어나므로 핫 코드가 되는 것은 지극히 당연하다. 2번 유형은 메서드가 적게 호출되거나 단 한 번만 호출되어도 핫 코드일 수 있다. 반복 횟수가 매우 많은 순환문의 본문 코드는 여러 번 실행되므로 핫 코드가 된다.[4]

두 유형 모두에서 컴파일 대상은 개별 순환문의 본문이 아니라 '메서드 전체'다. 첫 번째 유형의 컴파일은 메서드 호출에 의해 촉발되므로 컴파일러는 메서드 전체를 컴파일 대상으로 삼는다. 이는 가상 머신의 표준 JIT 컴파일 방법이기도 하다. 한편 두 번째 유형의 컴파일은 순환문 본문에 의해 촉발되지만 컴파일 대상은 여전히 메서드 전체다. 이때는 메서드의 실행 진입점(메서드의 첫 번째 바이트코드 명령어)이 살짝 달라지며, 컴파일 시 달라진 진입점의 바이트코드 인덱스 값을 컴파일러에 전달한다. 메서드가 실행되는 도중에, 즉 해당 메서드의 스택 프레임이 여전히 스택에 존재하는 상태에서 메서드가 치환되기 때문에 온스택 치환이라고 한다.

이쯤에서 궁금한 점이 몇 가지 떠오를 것이다. 여러 번 실행되는 메서드든, 여러 번 실행되는 코드든 '여러 번'이라는 표현은 너무 주관적이다. 도대체 몇 번 실행되어야 '여러 번'이라고 할 수 있을까? 그리고 자바 가상 머신은 메서드나 특정 코드

---

4 또 다른 현실적인 이유도 있다. 많은 벤치마크 소프트웨어는 코드를 두 번째 유형으로 작성하여 프로그램 성능을 측정한다. 따라서 이 유형을 핫 코드로 인식하지 못한다면 벤치마크 성능이 매우 나쁘게 나올 것이다.

블록이 실행되는 횟수를 어떻게 계산할까? 두 질문의 답을 찾으면 JIT 컴파일이 촉발되는 조건도 알 수 있다.

특정 코드 블록이 핫 코드인지 그래서 JIT 컴파일을 촉발시키거야 하는지 판단하는 동작을 핫스팟 코드 탐지 또는 핫스팟 탐지라고 한다. 사실 핫스팟을 탐지하기 위해 메서드가 몇 번이나 호출되었는지 알 필요는 없다. 다음은 현재 핫스팟 탐지에 주로 쓰이는 방식들이다.[5]

- 샘플 기반 핫스팟 코드 탐지: 각 스레드의 호출 스택 상단을 샘플링(주기적으로 확인)하여 특정 메서드 또는 메서드의 일부가 자주 발견되면 해당 메서드를 '핫 메서드'로 간주한다. 구현하기 쉽고 효율적이며 메서드 호출 관계를 쉽게 파악할 수 있는 방식이다(호출 스택을 훑으면 된다). 하지만 메서드의 핫한 정도를 정확하게 알기는 어렵고 스레드 블로킹 등의 외부 요인이 핫스팟 탐지를 방해하기 쉽다.

- 카운터 기반 핫스팟 코드 탐지: 각 메서드와 코드 블록에 대한 카운터를 설정하고 나서 개별 실행 횟수를 기록한다. 그러다가 실행 횟수가 문턱값을 초과하면 '핫 메서드'로 간주한다. 메서드 각각에 대한 카운터를 설정하고 유지해야 해서 구현하기가 더 번거롭고, 메서드 호출 관계도 직접 얻을 수 없다. 반면 더 정확하고 엄격한 결과를 얻을 수 있다.

이상의 두 방식 모두 상용 가상 머신에서 사용된다. 예를 들어 J9은 샘플 방식을 사용하고 핫스팟 가상 머신은 카운터 방식을 사용한다.

핫스팟 가상 머신은 메서드 각각에 대해 메서드 호출 카운터와 백 에지(back edge) 카운터를 준비한다. 여기서 백 에지는 순환문 경계에서 순환문 처음으로 점프한다는 뜻이다. 문턱값을 넘어서면 JIT 컴파일이 촉발된다. 각 카운터의 문턱값은 가상 머신의 실행 매개 변수에 따라 다르다.

메서드 호출 카운터에 의한 JIT 컴파일 촉발

먼저 메서드 호출 카운터를 살펴보자. 이름이 말해 주듯이 이 카운터에는 메서드가 호출된 횟수가 기록된다. 기본 문턱값은 클라이언트 모드에서 1500회이고 서버

---

5 이 두 기법 외에도 다양한 방식이 더 있다. 예를 들어 최근에는 추적(trace) 기반 핫스팟 탐지가 인기를 끌고 있다. 파이어폭스의 TraceMonkey와 달빅의 JIT 컴파일러 모두 이 방식을 사용한다.

모드에서는 1만 회다. 원한다면 -XX:CompileThreshold 매개 변수로 직접 설정할 수 있다. 메서드가 호출되면 가상 머신은 해당 메서드의 JIT 컴파일 버전이 이미 있는지 확인한다. 컴파일된 버전이 있으면 컴파일된 네이티브 코드 버전을 실행한다. 컴파일된 버전이 없다면 메서드의 호출 카운터를 1 증가시킨다. 그런 다음 메서드 호출 카운터와 백 에지 카운터 값의 합이 문턱값을 넘어서면 JIT 컴파일러에 컴파일을 요청한다.

따로 설정하지 않았다면 가상 머신의 실행 엔진은 컴파일이 완료될 때까지는 계속해서 인터프리터로 실행한다. 즉, JIT 컴파일은 백그라운드에서 비동기로 진행한다. 컴파일이 완료되면 메서드의 호출 진입점 주소가 시스템에 의해 자동으로 새 값으로 덮어써지고, 그다음 호출부터는 컴파일된 버전이 사용된다. 카운터 방식의 JIT 컴파일 전체 과정은 그림 11-3과 같다.

기본적으로 메서드 호출 카운터는 메서드가 호출된 절대 횟수가 아니라 '단위 시

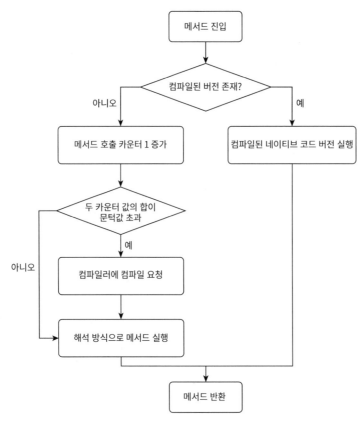

그림 11-3 메서드 호출 카운터에 의한 JIT 컴파일 촉발 과정

간당 호출 횟수'를 계산한다. 정확하게는 단위 시간 동안 호출 횟수가 문턱값에 도 달하지 못할 때 카운터의 값을 절반으로 줄인다. 이 방식을 카운터 감쇠 메서드 호 출(counter decay method invocation)이라 하며, 단위 시간을 카운터의 반감기 (counter half life time)라 한다. 한편 –XX:-UseCounterDecay 매개 변수로 카운터 감 쇠를 비활성화하면 절대 호출 횟수를 계산한다. 이 모드에서는 시스템이 충분히 오랜 시간 운영된다면 대부분의 메서드가 네이티브 코드로 변환된다. 또한 –XX: CounterHalfLifeTime 매개 변수로는 반감기를 초 단위로 설정할 수 있다.[6]

백 에지 카운터에 의한 JIT 컴파일 촉발

백 에지 카운터는 특정 순환문의 본문 코드가 실행되는 횟수를 계산한다.[7] 백 에지 횟수를 계산하는 목적은 당연히 온스택 치환(OSR) 컴파일을 촉발하기 위해서다.

핫스팟 가상 머신은 백 에지 카운터의 문턱값 설정용으로 –XX:BackEdgeThreshold 매개 변수를 제공했지만 JDK 9부터 사라졌다. 그 대신 –XX:OnStackReplacePercentage 매개 변수로 문턱값을 간접적으로 조정할 수 있다. 계산식은 다음과 같이 두 가지다.

클라이언트 모드로 구동 시는 다음과 같다.

$$\frac{\text{메서드 호출 카운터 문턱값} \times \text{OSR 비율}}{100}$$

- 메서드 호출 카운터 문턱값: –XX:CompileThreshold
- OSR 비율[8]: –XX:OnStackReplacePercentage

클라이언트 모드에서 OSR 비율의 기본값은 933이므로 두 값 모두 기본값을 사용하 면 백 에지 카운터 문턱값은 13995이다.

서버 모드로 구동 시는 다음과 같다.

$$\frac{\text{메서드 호출 카운터 문턱값} \times \text{OSR 비율} - \text{인터프리터 모니터링 비율}}{100}$$

- 인터프리터 모니터링 비율: –XX:InterpreterProfilePercentage

---

6 (옮긴이) –XX:CounterHalfLifeTime 매개 변수는 디버그 모드로 컴파일된 가상 머신에서만 이용할 수 있다.
7 모든 순환문에서 백 에지가 발생하는 건 아니기 때문에 정확하게는 순환문 개수만큼이 아니라 백 에지 개 수만큼 카운터가 만들어진다. 예를 들어 빈 순환문은 자기 자신으로의 점프로 간주할 수 있다. 이럴 때는 제어 흐름에서 '뒤(back)'로 점프한다고 간주하지 않기 때문에 백 에지 카운터의 대상이 아니다.
8 (옮긴이) OSR 비율은 '메서드 호출 횟수/분기 수'를 CompileThreshold의 백분율로 표시한 값이다.

서버 모드에서 OSR 비율의 기본값은 140이고 인터프리터 모니터링 비율의 기본값은 33이다. 따라서 세 값 모두 기본값을 사용하면 백 에지 카운터의 문턱값은 10700이다.

인터프리터는 백 에지 명령어를 만나면 실행할 코드 조각의 컴파일된 버전이 있는지부터 확인한다. 있으면 컴파일된 코드를 실행하고 그렇지 않으면 백 에지 카운터 값을 1 증가시킨다. 그런 다음 메서드 호출 카운터와 백 에지 카운터 값의 합이 백 에지 카운터의 문턱값을 초과하면 OSR 컴파일을 요청한다. 이때 백 에지 카운터의 값을 약간 줄인다. 컴파일러가 컴파일을 마칠 때까지 인터프리터에서 순환문을 계속 실행하기 위해서다. 전체 실행 과정은 그림 11-4와 같다.

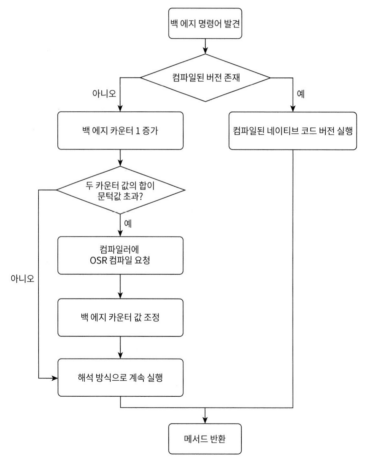

그림 11-4 백 에지 카운터에 의한 JIT 컴파일 촉발 과정

메서드 호출 카운터와 달리 백 에지 카운터는 감쇄 없이 절대 실행 횟수를 계산한다. 그리고 백 에지 카운터가 오버플로되면 메서드 호출 카운터의 값도 오버플로 상태로 설정하여, 메서드가 다음번 호출될 때 표준 컴파일 절차가 진행되게 한다.

마지막으로 그림 11-3과 그림 11-4는 클라이언트 모드 가상 머신의 JIT 컴파일 방식만 보여 준다는 점을 기억하자. 서버 모드 가상 머신은 지금까지의 설명보다 더 복잡하게 구현되었다. 카운터 처리 관련 코드가 궁금하다면 OpenJDK 10 이상의 소스 코드에서 /src/hotspot/share/oops/ 디렉터리의 method.h와 method.cpp 파일을 분석해 보자.

11.2.3 컴파일 과정

기본적으로 JIT 컴파일은 백그라운드에서 별도 스레드가 진행하며, 컴파일이 완료될 때까지는 인터프리터가 프로그램 실행을 이어 간다. 메서드 호출로 촉발된 컴파일 요청이든, OSR 컴파일 요청이든 마찬가지다. 백그라운드 컴파일을 원치 않는다면 -XX:-BackgroundCompilation 매개 변수로 비활성화할 수 있다. 비활성화 상태에서 JIT 컴파일을 요청한 스레드는 컴파일이 완료될 때까지 일시 정지 상태로 대기했다가, 완료되면 컴파일러가 만들어 낸 네이티브 코드를 실행한다.

그렇다면 백그라운드 컴파일 과정에서 컴파일러가 하는 일은 정확히 무엇일까? 서버 컴파일러와 클라이언트 컴파일러의 컴파일 절차는 다르다. 먼저 간단한 클라이언트 컴파일러부터 살펴보자.

클라이언트 컴파일러의 컴파일 과정

클라이언트 컴파일러는 비교적 간단하고 빠른 3단계 컴파일러다. 오래 걸리는 전역 최적화는 포기하고 지역 최적화에 집중한다.

- 단계 1: 플랫폼 독립적 프런트엔드가 바이트코드로부터 타깃 독립적 중간 표현인 HIR을 생성한다. HIR은 코드 값을 정적 단일 할당(SSA)으로 표현해 주어 몇 가지 최적화를 더 쉽게 구현할 수 있게 도와준다. 물론 바이트코드를 HIR로 구성하기 앞서 메서드 인라인이나 상수 전파 등 몇 가지 기본적인 최적화는 수행한다.

- 단계 2: 플랫폼 의존적 백엔드가 HIR로부터 LIR을 생성한다. LIR 생성 전에 HIR을 대상으로 null 검사 제거와 범위 검사 제거 등의 최적화를 수행하여 HIR이 코드를 더 효율적으로 표현하도록 최적화한다.

- 단계 3: 플랫폼 의존적 백엔드가 선형 스캔 레지스터 할당(linear scan register allocation)을 사용하여 LIR에 레지스터를 할당하고 핍홀 최적화를 수행한 다음, 네이티브 코드를 생성한다.

지금까지 설명한 클라이언트 컴파일러의 일반적인 컴파일 과정은 그림 11-5처럼 요약할 수 있다.

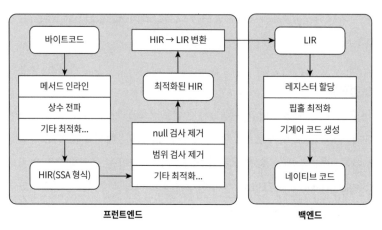

그림 11-5 클라이언트 컴파일러 아키텍처

서버 컴파일러의 컴파일 과정

서버 컴파일러는 서버용 애플리케이션들의 일반적인 시나리오를 감안하여 서버 측 성능을 극대화하도록 설정된 컴파일러다. 상당히 복잡한 최적화까지 지원하는 고급 컴파일러로, –O2 매개 변수를 지정한 GNU C++ 컴파일러 수준에 비견된다. 죽은 코드 제거, 순환문 언롤링, 순환문 표현식 호이스팅, 공통 하위 표현 제거, 상수 전파, 기본 블록 재정렬 등 전통적인 최적화를 대부분 수행하며 범위 검사 제거, null 검사 제거 등 자바 언어에 특화된 최적화도 수행한다(일부 null 검사 제거는 컴파일러 최적화가 아니라 코드 실행 중에 자동으로 수행된다). 나아가 인터프리터나 클라이언트 컴파일러가 제공하는 성능 모니터링 정보를 토대로 가이디드 인라인과 분기 예측처럼 안정성이 다소 떨어지는 예측 최적화도 수행할 수 있다. 지금까지 언급한 최적화 기법 중 일부는 11.4절에서 자세히 설명하겠다.

서버 컴파일러가 사용하는 레지스터 할당기는 RISC 같은 일부 프로세서 아키텍처의 커다란 레지스터 집합의 이점을 활용할 수 있는 전역 그래프 셰이더 할당기다. 표준 JIT 컴파일에서 서버 컴파일러는 상대적으로 느리지만 전통적인 정적 최적화 컴파일러보다는 훨씬 빠르다. 또한 만들어 낸 네이티브 코드의 성능이 클라이언트 컴파일러의 결과물보다 훨씬 좋아서 컴파일이 오래 걸린다는 단점은 거의 상쇄된다. 그래서 JDK 9부터는 서버 모드가 JDK의 기본 모드가 되었다.

이번 절에서는 컴파일 원칙과 코드 최적화 용어가 많이 등장해서 관련 기초가 부족한 독자에게는 다소 추상적이고 이론적으로 느껴졌을 것이다. 무리도 아니다. JIT 컴파일 과정은 원래 가상 머신에서 가장 기술적이고 복잡한 영역이라서 단 몇 쪽에 모든 내용을 담기에는 무리가 따른다. 반면에 이 과정은 자바 개발자들이 전혀 모르게 진행되어 존재조차 인식할 수 없는 게 일반적이다. 핫스팟 가상 머신은 다행히도 JIT 컴파일러의 최적화 과정을 시각화해 주는 도구를 제공한다. 이제부터 간단한 실전 예제와 함께 JIT 컴파일의 깊숙한 내부를 함께 들여다보자.

11.2.4 실전: JIT 컴파일 결과 확인 및 분석

일반적으로 자바 가상 머신의 JIT 컴파일 과정은 사용자와 애플리케이션 모르게 진행된다. 가상 머신이 코드를 인터프리터로 실행하든 컴파일해서 실행하든 사용자에게는 영향이 없으며(성능 차이는 크지만 실행 결과는 같음), 대부분의 경우 사용자는 알 필요조차 없다. 하지만 핫스팟 가상 머신은 디버깅과 최적화용으로 JIT 컴파일과 일부 최적화 동작 상태를 출력해 주는 매개 변수를 제공한다. 이번 절에서는 자바 가상 머신의 JIT 컴파일 동작을 외부에서 관찰하는 방법을 설명할 것이다.

이번 절에서 소개하는 매개 변수 일부는 FastDebug나 SlowDebug 모드로 빌드된 핫스팟 가상 머신에서만 효과가 있다. 1장의 설명대로 JDK를 직접 컴파일한 독자라면 FastDebug로 빌드되어 있을 것이다. 예전에는 FastDebug로 빌드된 JDK도 따로 제공되었지만, JDK 6 업데이트 25부터는 오라클과 OpenJDK 웹 사이트 모두 제공을 중단했다. 따라서 이번 절의 테스트를 완벽하게 수행해 보려면 JDK를 직접 빌드하는 수밖에 없다. 이번 절의 모든 테스트는 다음 자바 코드를 사용한다.

코드 11-2 테스트 코드

```
package org.fenixsoft.jvm.chapter11;

public class Test {
    public static final int NUM = 15000;
```

```
    public static int doubleValue(int i) {
        for(int j = 0; j < 100000; j++); // JIT 코드 최적화 과정 시연용 '빈' 순환문
        return i * 2;
    }

    public static long calcSum() {
        long sum = 0;
        for (int i = 1; i <= 100; i++) {  // doubleValue()를 100번 호출
            sum += doubleValue(i);
        }
        return sum;
    }

    public static void main(String[] args) {
        for (int i = 0; i < NUM; i++) {  // calcSum()을 1만 5000번 호출
            calcSum();
        }
    }
}
```

JIT 컴파일 결과 확인

먼저 코드 11-2를 실행하여 JIT 컴파일이 촉발되는지 확인해 보자. 가상 머신에 –XX:+PrintCompilation 매개 변수를 지정하면 JIT 컴파일러가 네이티브 코드로 컴파일한 메서드의 이름을 출력해 준다. 실행 결과는 다음과 같다.

```
$ java -XX:+PrintCompilation org/fenixsoft/jvm/chapter11/Test
.........
  522  272 %  3  org.fenixsoft.jvm.chapter11.Test::doubleValue @ 2 (18 bytes)
  523  273 %  4  org.fenixsoft.jvm.chapter11.Test::doubleValue @ 2 (18 bytes)
  524  272 %  3  org.fenixsoft.jvm.chapter11.Test::doubleValue @ 2 (18 bytes)
                      made not entrant
  524  274    4  org.fenixsoft.jvm.chapter11.Test::doubleValue (18 bytes)
  525  275    3  org.fenixsoft.jvm.chapter11.Test::calcSum (26 bytes)
  526  276 %  4  org.fenixsoft.jvm.chapter11.Test::calcSum @ 4 (26 bytes)
  530  277    4  org.fenixsoft.jvm.chapter11.Test::calcSum (26 bytes)
  533  275    3  org.fenixsoft.jvm.chapter11.Test::calcSum (26 bytes)  made
                      not entrant
.........
```

실행 결과에서 알 수 있듯이 calcSum()과 doubleValues() 메서드가 컴파일되었다. 그런데 의아한 부분은 컴파일이 여러 번 된 것처럼 보인다는 점이다. 실제로 여러 번 컴파일된 것이다. 결과를 간략히 해석해 보자.

첫 번째 열은 타임스탬프다. 두 번째 열은 컴파일 아이디다. 핫스팟 컴파일에서 모든 컴파일 단위에는 고유한 아이디가 부여된다. 단, 표준 JIT 컴파일과 OSR 컴파일은 아이디가 서로 독립적으로 증가한다. 숫자 뒤의 %가 온스택 치환을 의미한다. 즉, 1~3번째 줄과 6번째 줄은 모두 백 에지 카운터에 의한 OSR 컴파일을 뜻한다.

세 번째 열의 숫자는 계층형 컴파일에서 계층 단계를 뜻한다. 0은 인터프리터, 1~3은 클라이언트 컴파일러, 4는 서버 컴파일러에 의해 컴파일됐다는 뜻이다(그림 11-2 참고).

마지막 네 번째 열은 컴파일 대상 메서드의 이름과 몇 가지 추가 정보를 제공한다. 다양한 정보를 담고 있으니 그림으로 정리해 보았다.

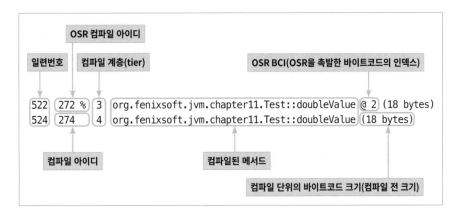

보다시피 온스택 치환의 경우 OSR BCI라는 추가 정보가 제공된다. 여기서 BCI는 온스택 치환을 촉발한 바이트코드의 위치를 뜻한다. 코드 11-2에서는 순환문의 위치를 가리킨다.

이쯤에서 실행 결과를 다시 보면서 JIT 컴파일이 어떻게 진행된 것인지 해석해 보자.

지금까지 설명한 여러 컴파일 원리를 이 결과에 대입해 보겠다.

클라이언트 컴파일러는 간단한 최적화만 적용하여 속도가 빠른 반면, 서버 컴파일러는 더 많은 최적화를 적용하는 만큼 더 느리다. 그래서 우선 클라이언트 컴파일러를 수행해 급한 불을 끄고, 백그라운드에서 서버 컴파일러를 수행한다. 서버 컴파일러가 일을 끝마치면 클라이언트 컴파일 결과는 더 이상 필요 없으니 취소한다.

또한 최적화를 수행한 후에도 지속해서 상황을 모니터링하다가, 더 적극적인 최적화가 필요하다고 판단되면 추가 최적화를 시도할 수 있다.

이상의 설명 정도면 컴파일이 여러 번 수행된 이유와 컴파일 후 다시 취소하는 등, 얼핏 복잡해 보이는 출력 결과가 어렵지 않게 이해될 것이다. –XX:+PrintInlining 매개 변수까지 지정하면 다음과 같이 메서드 인라인 정보도 출력해 준다.

```
$ java -XX:+PrintCompilation -XX:+PrintInlining org/fenixsoft/jvm/chapter11/
    Test
.........
  548  273 %  3   org.fenixsoft.jvm.chapter11.Test::doubleValue @ 2 (18 bytes)
  549  256    1   java.net.URI::getScheme (5 bytes)
  549  274 %  4   org.fenixsoft.jvm.chapter11.Test::doubleValue @ 2 (18 bytes)
  551  273 %  3   org.fenixsoft.jvm.chapter11.Test::doubleValue @ 2 (18 bytes)
                        made not entrant
```

```
551  275    4    org.fenixsoft.jvm.chapter11.Test::doubleValue (18 bytes)
552  276    3    org.fenixsoft.jvm.chapter11.Test::calcSum (26 bytes)
                   @ 12   org.fenixsoft.jvm.chapter11.Test::doubleValue
                      (18 bytes)    inlining prohibited by policy
553  277 %  4    org.fenixsoft.jvm.chapter11.Test::calcSum @ 4 (26 bytes)
                   @ 12   org.fenixsoft.jvm.chapter11.Test::doubleValue
                      (18 bytes)   inline (hot)
.........
```

출력 결과에서 알 수 있듯이 doubleValue()가 calcSum() 메서드로 인라인되었다. 인라인 후 가상 머신이 calcSum() 메서드를 실행할 때는 doubleValue()가 다시 호출되지 않는다. 이처럼 코드 로직이 모두 calcSum()에 직접 삽입(인라인)되어 메서드 디스패치 부하가 없어진다.

컴파일되는 메서드 확인에서 한 걸음 더 나아가서 JIT 컴파일러가 생성한 네이티브 코드도 확인할 수 있다. 하지만 0과 1로 된 코드는 우리가 알아보기 어려우니, 적어도 기본적인 어셈블리 언어로는 변환해야 한다. 가상 머신에 -XX:+PrintAssembly 매개 변수를 지정하면 컴파일된 메서드의 어셈블리 코드를 출력해 준다. 디버그 모드로 컴파일되지 않은 가상 머신에서도 -XX:+UnlockDiagnosticVMOptions를 추가로 지정해 진단 모드로 실행하면 된다.

-XX:+PrintOptoAssembly(서버 모드 가상 머신용)나 -XX:+PrintLIR(클라이언트 모드 가상 머신용) 매개 변수를 지정해 최종 결과에 더 가까운 중간 코드 표현을 출력할 수도 있다. 다음은 코드 11-2가 컴파일된 후 부분적으로 디스어셈블된 모습이다. 1장에서 OpenJDK 17을 서버 모드로 빌드했으므로 -XX:+PrintOptoAssembly를 사용했다. 조금 전보다 많은 정보(주로 주석)가 포함되어 있어서 사람이 JIT 컴파일러의 최적화 결과를 읽고 이해하는 데 도움이 된다.

```
.........
000  N255: #   out( B1 ) <- BLOCK HEAD IS JUNK  Freq: 1
000  # breakpoint
     nop       # 11 bytes pad for loops and calls

010  B1: #   out( B15 B2 ) <- BLOCK HEAD IS JUNK  Freq: 1
010  # stack bang (152 bytes)
     pushq    rbp     # Save rbp
     subq     rsp, #32   # Create frame
.........
145  B8: #   out( B11 B9 ) <- in( B7 )  Freq: 100.002
145  movq     R10, [R15 + #920 (32-bit)]    # ptr
14c  testl    rax, [R10]    # Safepoint: poll for GC   # org.fenixsoft.jvm.
     chapter11.Test::calcSum @ bci:21 (line 13) L[0]=rsp + #0 L[1]=_ L[2]=R11
```

```
. . . . . . . . .
1a3  movq     RAX, RBP     # spill
1a6  addq     rsp, 32      # Destroy frame
     popq     rbp
     cmpq     rsp, poll_offset[r15_thread]
     ja       #safepoint_stub    # Safepoint: poll for GC

1b8  ret
```

네이티브 코드 생성 결과에 더해 네이티브 코드 생성 과정까지 추적하려면 -XX:
+PrintCFGToFile(클라이언트 컴파일러용)이나 -XX:PrintIdealGraphFile 계열(서
버 컴파일러용)을 지정한다. 그러면 자바 가상 머신이 컴파일 과정의 다양한 단계
에서 생성한 결과물을 파일로 출력해 준다. 예를 들어 클라이언트 컴파일러의 경우
바이트코드, HIR, LIR, 레지스터 할당 처리, 네이티브 코드 등을 출력한다.

　이렇게 얻은 데이터 파일은 클라이언트 컴파일러용인 CCV[9]나 서버 컴파일러용
인 IGV[10]로 열어 분석할 수 있다.

JIT 컴파일 과정 분석

이제부터 서버 컴파일러를 예로 JIT 컴파일의 코드 생성 과정을 분석하는 방법을
알아보자. 최적화 및 코드 생성과 관련된 자세한 분석은 그랄 컴파일러를 소개하는
11.5절을 위해 남겨 두고, 여기서는 컴파일 전체 단계와 IGV 기능 소개에 집중할
것이다.

　서버 컴파일러의 중간 코드 표현은 아이디얼 그래프라고 하는 프로그램 의존성
그래프다. FastDebug나 SlowDebug로 빌드된 가상 머신에 다음과 같이 매개 변수
-XX:PrintIdealGraphLevel=2 -XX:PrintIdealGraphFile=ideal.xml을 지정해 실행
하자.

```
$ java -XX:PrintIdealGraphLevel=2 -XX:PrintIdealGraphFile=ideal.xml org.
    fenixsoft.jvm.chapter11.Test
```

-XX:PrintIdealGraphLevel의 값은 0~4 사이로 지정하면 된다. 0은 아무런 값도 출
력하지 않고, 숫자가 커질수록 더 자세한 정보를 출력한다. -XX:PrintIdealGraph
File 매개 변수로는 생성할 파일의 이름을 지정한다.[11]

9　CCV 홈페이지: *https://ssw.jku.at/Research/Projects/JVM/CCVis.html*
10　IGV 홈페이지: *http://ssw.jku.at/General/Staff/TW/igv.html*
11　자세한 정보는 JDK_SRC_HOME/src/utils/IdealGraphVisualizer/README.md 파일을 참고하자.

앞의 명령대로 실행했다면 ideal.xml 파일이 생성될 것이다. 서버 컴파일러의 컴파일 과정 전반의 정보가 담겨 있는 이 파일은 IGV로 분석할 수 있다.

☑ IGV 빌드 및 실행하기

IGV 역시 JDK 소스 코드에 포함되어 있다. 위치는 JDK_SRC_HOME/src/utils/IdealGraphVisualizer다.

문제는 이 역시 빌드해야 실행할 수 있는데, 집필 시점 기준으로 제대로 구동하려면 몇 가지 주의할 점이 있어서 따로 설명을 추가했다. 빌드에 문제가 생기면 이 글의 절차대로 진행해 보기 바란다.

1. 메이븐 설치

```
$ sudo apt-get install maven
```

2. IGV 빌드

```
$ cd JDK_SRC_HOME/src/utils/IdealGraphVisualizer
$ mvn install
```

3. 실행 스크립트에 권한 주기 및 실행

```
$ chmod u+x igv.sh
$ ./igv.sh
```

원래는 이렇게만 하면 IGV가 정상 실행되어야 하지만 아무것도 할 수 없는 빈 화면과 함께 오류 창이 뜬다. 오류 메시지는 'Cannot load even default layout, using internally pre-defined configuration'인데, 문제를 해결하는 데 별다른 도움을 주지 못한다. 그래서 인터넷을 검색해 보니 JDK 11 버전으로 실행해야 한다고 한다.

4. OpenJDK 11 설치

```
$ sudo apt-get install openjdk-11-jdk
```

5. JAVA_HOME 환경 변수가 OpenJDK 11을 가리키도록 수정

```
$ export JAVA_HOME=/usr/lib/jvm/java-11-openjdk-amd64/
```

6. 실행

```
$ ./igv.sh
```

드디어 IGV가 제대로 실행된다. 앞으로 이 도구를 자주 사용할 것 같으면 JAVA_HOME 설정을 igv.sh 파일에 추가해 두자.

IGV로 ideal.xml 파일을 열면 프로그램 실행 중 컴파일된 메서드 목록이 Outline 패널에 나타난다. 그림 11-6은 코드 11-2로 테스트한 결과다.

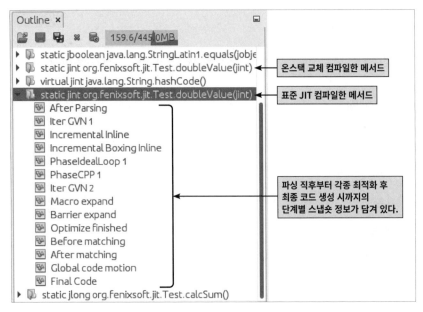

그림 11-6 컴파일된 메서드 목록

이 패널에서 메서드를 확장하면 파싱 직후부터 최종 코드까지 최적화의 다양한 단계가 펼쳐진다. 적용된 최적화에 따라 각 메서드가 거쳐 가는 단계가 달라진다.

또한 그림을 살펴보면 doubleValue()와 calcSum() 메서드가 각각 두 개씩이다. 하나는 표준 컴파일의 결과이고 다른 하나는 OSR 컴파일의 결과다. 앞서 코드 11-3에서 JIT 컴파일 결과를 출력해 봤다. 두 메서드 모두 3번씩 컴파일되었으나 그중 클라이언트 컴파일러의 결과는 취소되었다. 그래서 최종적으로 2개씩 남아 있는 것이다.

코드 11-2에서 우리는 doubleValue()에 빈 순환문을 하나 추가했다. 이 순환문은 메서드 실행 결과에는 아무런 영향도 주지 않지만, 최적화 없이 실행하면 많은 시간을 소모한다. 아직까지도 빈 순환문으로 프로그램 실행을 약간 지연시킬 수 있다고 소개하는 프로그래밍 입문서가 보인다. 이 방식이 실제 효과가 있는지 살펴보자.

Outline 패널에서 `doubleValue()` 메서드의 After Parsing 단계를 더블 클릭해 보자. 창 가운데에 After Parsing 탭이 열리며 복잡한 다이어그램이 펼쳐진다. 너무 복잡하므로 오른쪽 Filters 패널에서 출력되는 정보를 줄여 보자. 그림 11-7 정도로 설정하면 그림 11-8처럼 그나마 도전해 볼 만한 수준이 될 것이다.

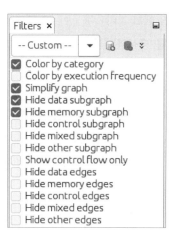

그림 11-7 출력 정보 필터 설정

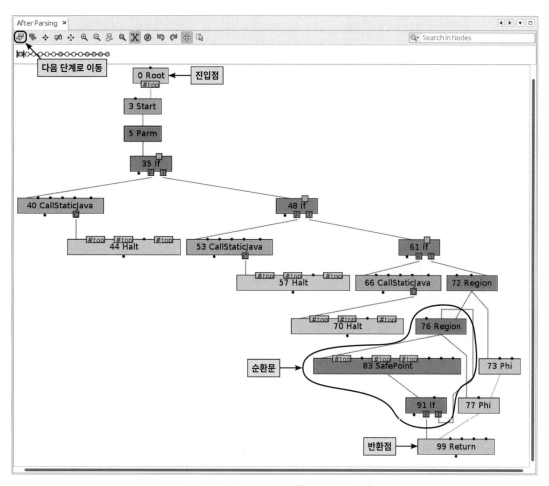

그림 11-8 기본 블록 다이어그램(After Parsing 단계)

앞에서 이야기했듯이 JIT 컴파일러는 자바 메서드를 컴파일할 때 먼저 바이트코드를 파싱하여 중간 표현으로 변환한다. 그런 다음 분석과 최적화를 수행하고 마지막으로 네이티브 코드를 생성한다. After Parsing은 서버 컴파일러가 '파싱을 막 끝내고 아직 아무런 최적화도 적용하지 않은 상태'를 아이디얼 그래프로 표현한 결과다. 각 사각형이 프로그램의 기본 블록이다. 기본 블록은 프로그램을 제어 흐름에 따라 나눈 가장 작은 코드 블록을 말한다.

doubleValue()는 겨우 두 줄짜리 단순한 메서드지만 기본 블록으로 구성된 그래프는 생각보다 훨씬 복잡하다. 자바 언어가 규정하는 타입 안전성, 널 포인터 검사 같은 안전성 요구 사항과 안전 지점 폴링 등 자바 가상 머신의 동작에 필요한 로직이 추가되기 때문이다. 또한 순환문과 같은 일부 프로그램 코드는 그 자체가 기본 블록 여러 개로 구성되기 때문이기도 하다.

광장히 복잡하지만 다행히 순환문을 표현하는 블록을 찾기는 크게 어렵지 않다. 컴파일 과정에서 빈 순환문이 언제 최적화되는지 알아보고 싶다면, 해당 기본 블록이 언제 없어지는지 확인하면 된다. 왼쪽 위의 '다음 단계로 이동' 아이콘을 클릭하다 보면 PhaseIdealLoop 1 단계에서 순환문 관련 블록들이 사라진다.

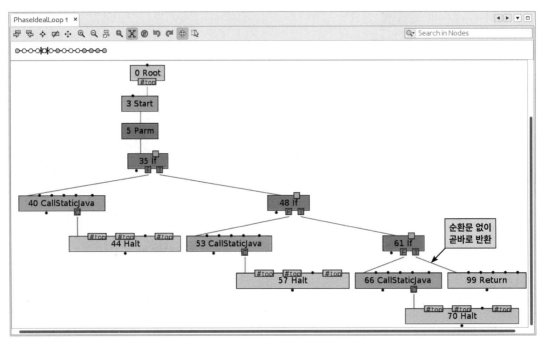

그림 11-9 기본 블록 다이어그램(PhaseIdealLoop 1 단계)

한편 원하는 두 단계의 차이를 보여 주는 기능도 있다. 현재 열려 있는 그래프와 비교해 보기 원하는 단계를 Outline 패널에서 선택한 다음, 마우스 우클릭 → Difference to current graph 메뉴를 실행하자. 그러면 두 단계의 차이를 분석해 보여 준다(제거된 블록과의 연결은 점선으로 표시). 직전 단계인 Incremental Boxing Inline과 PhaseIdealLoop 1 단계의 차이를 분석해 보면 그림 11-10과 같이 PhaseIdealLoop 1 단계에서 순환문 작업이 제거됐음을 확인할 수 있다. 최종 네이티브 코드에서도 빈 순환문이 실행되지 않는다는 뜻이다.

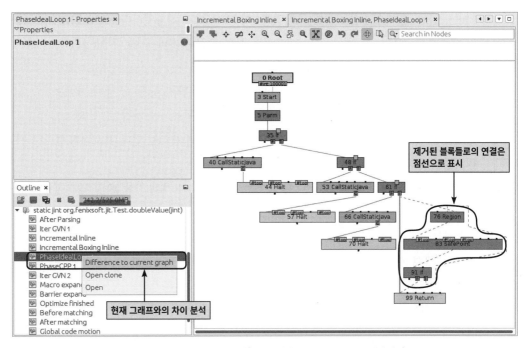

그림 11-10 기본 블록 다이어그램(직전 단계와 PhaseIdealLoop 1 단계 비교)

After Parsing 단계부터 최종 Final Code 단계까지 차례로 비교해 보면 doubleValue()의 아이디얼 그래프가 전반적으로 단순하게 변해 감을 확인할 수 있다. 자바 가상 머신의 JIT 컴파일러가 최선을 다해 코드를 최적화하고 있는 것이다. 최종 코드에서는 빈 순환문이 주던 부하가 사라질 뿐 아니라 불필요한 안전성 요구 사항 관련 작업과 안전 지점 폴링 등도 사라져 있을 것이다. 컴파일러는 이러한 보호 장치 없이도 프로그램이 똑같은 결과를 내고, 관찰 가능한 부작용이 없으며, 가상 머신이 보안 위협도 받지 않을 것이라고 판단하기 때문이다.

11.3 AOT 컴파일러

AOT 컴파일은 자바 기술 시스템에서 새로운 주제는 아니다. JDK 1.0이 출시된 1996년은 자바가 정식 구동 환경을 얻은 해다. 그리고 플러그인 형태로 첫 번째 JIT 컴파일러가 등장한 시기는 JDK 1.0.2가 출시된 1996년 7월이었다. AOT 컴파일러도 머지않아 등장했다. 불과 몇 개월 후, IBM이 자바 언어용으로는 최초의 AOT 컴파일러인 IBM 하이 퍼포먼스 컴파일러 포 자바(High Performance Compiler for Java)를 들고 나온 것이다. 이어서 1998년에는 GNU 프로젝트에서 유명한 GCC에 자바용 GNU 컴파일러인 GCJ를 추가했다. 이 역시 AOT 컴파일러다.[12] OpenJDK가 대중화되기까지 다양한 리눅스 배포판과 함께 제공된 자바 구현 대부분이 GCJ였다.

하지만 AOT 컴파일은 자바 세계에서 별다른 주목을 받지 못했다. 당시 자바는 '한 번 작성하면 어디서든 실행된다'를 구호로 플랫폼 독립성을 가장 큰 장점으로 내세웠기 때문이다. 그래서 GCJ 등장 후 15년 동안 이 주제로는 별다른 소식이 들려오지 않았다.

이런 상황이 계속되다가 2013년에 안드로이드가 AOT 컴파일을 중심으로 한 ART(안드로이드 런타임)를 사용한다고 발표했다. ART의 등장으로 JIT 컴파일을 사용하는 달빅 가상 머신은 곧바로 찬밥 신세로 전락했다. 안드로이드 4.4 버전에서 짧은 대결 후에 ART는 달빅을 영면에 들게 하고 순식간에 안드로이드 세상을 평정했다.[13]

안드로이드를 자바와 똑같이 놓고 비교할 수는 없지만 뿌리까지 자바와 많은 것을 공유함은 누구도 부인할 수 없다. 그래서 안드로이드에서 컴파일 혁신과 부상은 자바 세계에 충격을 주었다. 분야 또는 사람에 따라 더 나은 실행 성능을 얻을 수 있다면 플랫폼 독립성, 바이트 팽창(byte bloat)[14] 문제, 동적 확장 문제[15] 등을 모두 무시할 수 있다. 그렇다면 남은 질문은 단 하나다. AOT 컴파일이 실제로 모든 상황에서 더 나은 완벽한 대체제인가?

---

12 GCJ는 2018년에 GCC에서 제외되었다.
13 ART가 달빅을 몰아낸 후 안드로이드 7.0에서 해석 실행과 JIT 컴파일을 다시 추가했다. 하지만 이는 또 다른 이야기다.
14 바이트 팽창은 AOT 컴파일로 생성한 네이티브 코드가 바이트코드보다 훨씬 크다는 뜻이다.
15 동적 확장은 AOT 컴파일이 일반적으로 프로그램을 종료한 후 이루어짐을 뜻한다. 즉, 새로운 바이트코드를 외부에서 동적으로 로드할 수 없다.

11.3.1 AOT 컴파일의 장점과 단점

이번 절에서는 AOT 컴파일이라는 동전의 양면을 모두 보여 주려 한다. 먼저 JIT 컴파일과 비교했을 때의 장점과 단점을 설명한다. 그런 다음 JIT 컴파일에서도 같은 이점을 누릴 방법은 없는지, 있다면 어떤 노력이 더해져야 하는지 알아볼 것이다.

AOT의 매력

AOT 컴파일러 관련 연구는 크게 두 가지 형태로 나뉜다. 하나는 프로그램이 실행되기 전에 프로그램 코드를 네이티브 코드로 컴파일하는 형태로, 기존 C·C++ 컴파일러와 비슷하다. 또 다른 하나는 원래 JIT 컴파일러가 런타임에 수행해야 하는 작업을 미리 수행해 캐시에 저장해 두고 다음번 실행 시 사용하는 형태다. 예컨대 공통 라이브러리 코드를 같은 시스템의 다른 자바 프로세스와 공유할 수 있다.

프로그램 실행에 앞서 네이티브 코드로 컴파일하는 첫 번째 연구 형태부터 시작하자. 이는 AOT의 전통적인 형태이자 자바에서 JIT 방식의 가장 큰 약점에 해당한다. JIT 컴파일은 애플리케이션이 실행되는 동안 컴파일러도 뒤에서 컴퓨팅 자원을 소비한다. 물론 최신 JIT 컴파일러들은 상당히 복잡한 최적화도 감당할 만큼 빨라졌다. 예컨대 어줄의 LLVM 기반 팰컨(Falcon) JIT는 Clang -O3 수준의 최적화를 수행한다. OpenJ9의 JIT 컴파일러인 테스타로사(Testarossa)의 정적 버전은 C·C++용 AOT 컴파일러로도 사용될 정도로 복잡한 최적화까지 수행한다. 최신 JIT 컴파일러들은 계층형 컴파일을 지원하여 품질은 낮지만 빠른 JIT 컴파일러를 먼저 수행하고, 고품질 JIT 컴파일러가 더 나은 결과를 준비할 시간을 벌어 준다. 하지만 어떤 경우든 JIT 컴파일에 소요되는 시간은 애플리케이션 실행에 사용할 수 있었던 시간이다. JIT 컴파일에 소비된 컴퓨팅 자원 역시 애플리케이션 실행에 사용할 수 있었던 자원임은 변함이 없다. 이 제약은 결코 줄어들거나 사라지지 않을 것이며, JIT 컴파일러가 영원히 안고 가야 할 다모클레스의 검(Sword of Damocles)[16]이다.

이 제약을 이해하는 데 도움이 되는 구체적인 예를 준비했다. 컴파일 과정에서 시간이 가장 오래 걸리는 최적화로는 프로시저 간 분석(전체 프로그램 분석)이 있다. 이 분석에서는 특정 변수의 값이 상수여야 하는지, 특정 코드 블록이 전혀 사용되지 않는지, 특정 시점의 특정 가상 메서드 호출 시 버전이 하나뿐인지 등의 정보

---

16 (옮긴이) 커다란 행운이나 권력에는 필연적으로 그만한 책임과 위험이 따른다는 뜻이다. 자세한 내용은 위키백과 '다모클레스' 항목을 참고하자.

를 취합한다. 고품질 최적화 코드를 생성하는 데 매우 중요한 정보다. 하지만 이러한 정보를 정확하게 얻으려면 전체 프로그램을 대상으로 시간이 매우 오래 걸리는 계산을 수행해야 한다(예: 흐름 감지, 경로 감지, 콘텍스트 감지, 필드 감지 등).

현재 모든 자바 가상 머신은 프로시저 간 분석을 다소 제한적으로만 수행한다. 예를 들어 메서드 인라인을 대거 수행해 메서드 호출을 대폭 줄이거나, 프로시저 내부만 고려하는 프로시저 내 분석으로 프로시저 간 분석의 효과를 일부 흉내 내는 식이다. 즉, 정확한 데이터가 아니라 가능성이 가장 높은 시나리오를 가정해 최적화하고, 혹시 문제가 생기면 인터프리터 방식으로 돌아간다.

한편 프로그램이 실행되기 전에 컴파일을 정적으로 수행하면 이처럼 시간 소모적인 최적화도 부담 없이 수행할 수 있다. 실제로 그랄VM의 서브스트레이트 VM은 성능을 더 끌어내기 위해 핫스팟 JIT 컴파일에서는 수행하지 않는 전체 프로그램 최적화를 다수 수행하여 네이티브 이미지를 생성한다.[17] 처음 실행할 때는 네이티브 이미지를 만드느라 다소 느려지지만 전체 사용자 경험에 큰 영향을 주지는 않는다.

이런 특성은 ART가 달빅을 무찌른 핵심 무기였다. 그리고 부작용도 비슷하다. ART는 앱을 처음 설치할 때 AOT 컴파일을 수행해 네이티브 코드를 만들어 놓는다. 그 영향으로 안드로이드 5.0과 6.0에서는 덩치 큰 안드로이드 앱을 설치하는 데 몇 분이 걸리기도 했다. 안드로이드 7.0부터는 (달빅과는 무관하게) 인터프리터와 JIT 컴파일을 다시 도입하고, AOT 컴파일은 시스템이 유휴 상태일 때 백그라운드에서 알아서 수행하도록 했다.

이어서 AOT 연구의 두 번째 형태를 살펴보자. JIT 컴파일러가 런타임에 수행해야 하는 작업을 미리 수행하여 캐시해 두는 연구다. 이 형태의 본질은 JIT 컴파일러의 캐시 역할을 극대화하여 자바 프로그램 구동 시간을 단축하고, 구동 후 빠르게 최상의 성능을 내는 것이다. 간단히 동적 AOT 또는 JIT 캐싱이라고 한다.

현재 주류 상용 JDK들은 이 방식의 고급 컴파일을 모두 지원한다. 상용 JDK 중 선구자는 JDK 6 버전의 IBM J9이었다. 클래스 데이터를 공유하는 CDS 기능에 JIT 캐싱을 도입한 것이다. 하지만 CDS 캐시와 마찬가지로 가상 머신이 '런타임에' JIT 컴파일러를 이용해 생성한 결과를 캐시했다. 또한 캐시해 둔 바이너리가 어떤 프로

---

17 관련 정보: Safe and efficient hybrid memory management for Java - *https://dl.acm.org/doi/10.1145/2887746.2754185*

그램과도 문제없이 동작해야 하므로 급진적 최적화 중 상당수를 포기해야 했다. 그 결과 코드 품질이 JIT 컴파일러보다 좋지 못했다.

그 후 업계의 이목을 끈 주인공은 OpenJDK·오라클 JDK 9이 jaotc 컴파일러였다. 그랄 컴파일러를 기반으로 구현된 AOT 컴파일러로, 대상 시스템에 최적화된 애플리케이션을 사용자가 미리 컴파일할 수 있도록 해 주었다. 핫스팟 런타임은 컴파일된 결과를 곧바로 로드하여 프로그램 구동 속도를 높이고, 최고 성능으로 실행되는 데까지 걸리는 시간도 단축할 수 있었다.

jaotc에서는 상대적으로 복잡한 최적화가 이루어졌다. 예를 들어 대다수 자바 애플리케이션이 최소한 java.base 모듈은 사용할 것이다. 이 클래스 라이브러리를 미리 컴파일하여 높은 품질로 최적화해 두면 수많은 애플리케이션의 런타임 컴파일 비용이 상당히 절약될 것은 자명하다. 다음 절에서 이와 관련해 간단한 실습을 해 볼 예정이니 지금은 아이디어 차원에서 살펴보자.

그런데 이런 AOT 컴파일은 대상 물리 머신뿐 아니라 핫스팟 가상 머신의 런타임 매개 변수도 고려해야 해서 실제로 적용하기는 쉽지 않다. 예를 들어 가상 머신은 런타임에 여러 종류의 가비지 컬렉터를 이용할 수 있는데, 어떤 가비지 컬렉터는 JIT 컴파일 서브시스템을 이용한다(일반적으로 메모리 장벽 코드 생성. 3장 참고). AOT 컴파일을 원한다면 이러한 협업 과정을 적절히 변환해 처리해야 한다. 플랫폼 중립성을 해친다는 점과 바이트 팽창 같은 단점도 여전하다.

이처럼 난제가 많이 남아 있지만 AOT 컴파일은 의심할 여지없이 성능(구동 시간과 응답 속도)을 극한까지 끌어내는 수단이다. 그래서 공식 JDK에서도 주목을 받아 왔다. 이미 상당히 성숙하여 사용자 개입 없이 거의 자동으로 수행되는 CDS 기능처럼(AppCDS는 사용자 참여 필요) AOT 컴파일은 앞으로 더 유연하고 사용하기 쉬운 기술로 성장할 것이다.

JIT의 반격

마지막으로 다음 질문에 대해 생각해 보자. "AOT 컴파일러가 생성한 코드 품질이 JIT 컴파일러보다 좋을까?" 구동 시간과 자원 제약이라는 압박이 없기 때문에 AOT 컴파일은 복잡한 최적화도 아무런 부담 없이 수행할 수 있다는 커다란 이점을 제공한다. 그렇다고 JIT 컴파일의 강점이 전혀 없는 것일까? 물론 아니다. 시간과 컴퓨팅 자원 측면의 단점을 무시할 수는 없지만 JIT는 여전히 나름대로 장점이 있다. 지금부터 JIT 컴파일러의 반격이 시작된다. JIT가 AOT보다 본질적으로 나은 점 세 가지를 살펴보자.

첫 번째는 성능 모니터링 기반 최적화다. 앞 절에서 핫스팟의 JIT 컴파일러를 소개할 때 인터프리터나 클라이언트 컴파일러가 실행되는 동안 다양한 성능 모니터링 정보를 수집한다고 이야기했다. 예를 들어 프로그램이 참조하는 추상 클래스의 실제 타입, 주로 선택되는 조건 분기, 메서드 호출 시 주로 선택되는 버전, 순환문의 일반적인 반복 횟수 같은 정보를 취합한다. 이런 정보는 정적 분석 단계에서는 얻을 수 없거나, 기껏해야 경험 법칙에 기초해 추측만 가능하다. 반면 프로그램을 실제로 실행해 보면 매우 분명한 데이터가 쌓인다. 예를 들어 조건 분기에서 특정 경로만 자주 실행된다면 해당 경로를 핫 코드로 지정하여 더 많은 자원(분기 예측, 레지스터, 캐시 등)을 배분해 최적화할 수 있다.

두 번째는 많은 JIT 컴파일 최적화 측정의 기초가 되는 급진적 예측 최적화다. AOT 같은 정적 최적화에서는 프로그램 실행 결과뿐 아니라 겉보기 효과까지도 최적화 전후가 완벽히 같아야 한다. 그렇지 않으면 프로그램에서 오류가 나거나 잘못된 결과를 낸다. "하지만 빨랐죠" 같은 변명은 통하지 않는다.

한편 JIT 컴파일은 AOT 컴파일처럼 보수적일 필요가 없다. 100% 정확하지는 않더라도 성능 모니터링 정보를 토대로 높은 확률로 정확한 판단을 내릴 수 있다. 즉, 가능성 높은 가정을 믿고 과감하게 최적화하는 것이다. 그리고 혹시라도 낮은 확률의 동작이 실행된다면 하위 계층 컴파일러나 인터프리터로 실행하는 식이다. 예측 정확도가 충분히 높다면 대상 프로그램의 복잡성을 상당히 낮춰 주며 결과 코드의 성능은 크게 높여 준다.

예를 들어 자바 언어에서는 기본적으로 가상 메서드 호출을 이용하는데, 일부 C·C++ 개발자(또는 오래된 교재)는 가상 메서드는 인라인할 수 없다고 알고 있다. 사실이 아니다. 자바 가상 머신이 가상 메서드를 마주칠 때마다 인라인 대신 가상 테이블을 확인했다면, 자바 기술은 느린 성능 때문에 이미 수년 전에 사라졌을지 모른다. 실제로 가상 머신은 대부분의 가상 메서드가 원활하게 인라인될 수 있도록 클래스 상속 관계 분석과 같은 일련의 급진적 예측 최적화를 수행한다. 인라인은 자바에서도 가장 기본적인 최적화 수단이다. 이번 장의 뒤에서 자바 가상 머신이 가상 메서드를 인라인하는 방법을 자세히 설명할 것이다.

세 번째이자 마지막 이점은 바로 링크타임 최적화다. 자바 언어는 본질적으로 동적으로 링크된다. 클래스가 런타임에 가상 머신 메모리에 로드된 다음 JIT 컴파일러에 의해 최적화된 네이티브 코드로 만들어진다. 자바 개발자 관점에서는 전혀 해가 될 게 없는 방식이다. 하지만 AOT 컴파일을 사용하는 언어와 프로그램에서 이와 같은 시나리오가 발생했다고 해 보자. 예를 들어 C·C++ 프로그램이 특정 동적 링크 라이브러리의 특정 메서드를 호출하려는 경우는 확실한 경계가 있어서 최적화하기 어렵다. 메인 프로그램의 코드와 동적 링크 라이브러리는 완전히 독립적으로 컴파일되고 자신만을 고려해 최적화되기 때문이다. 일반적으로 코드 작성자, 컴파일된 시간, 컴파일러가 다 다르다. 그래서 이론적으로는 가능한 최적화라도 실제로 구현하기는 상당히 어려울 수 있다(예: 링크할 라이브러리의 메서드를 인라인). C·C++ 개발자 관점에서는 가상 메서드 인라인까지는 어느 정도 납득할 수 있더라도(사실 C++ 컴파일러도 몇 가지 트릭을 써서 가상 메서드를 인라인할 수 있다), 동적 링크 라이브러리 전반에 걸친 인라인은 매우 이상하게 보일 것이다(하지만 이역시 가능은 하다).

지금까지 이야기로 AOT 컴파일러의 가치와 이점을 이해했을 것이다. 하지만 어느 분야든 만능인 해법은 없다. AOT 컴파일은 특정 시나리오에서는 여전히 약점을 드러내기 때문에 앞으로 오랫동안 JIT와 AOT는 자바 백엔드 컴파일 무대의 공동 주연을 맡게 될 것이다.

11.3.2 실전: jaotc의 AOT 컴파일

JDK 9는 클래스 파일과 모듈의 AOT 컴파일을 지원하는 도구인 jaotc를 도입했다. jaotc는 프로그램 구동과 예열 시간을 줄여 최대 성능을 빨리 끌어낸다. 하지만 이 기능은 특정 하드웨어에서 특정 가상 머신 매개 변수를 설정해 사용해야 한다. 다른 제약도 너무 많기 때문에 잘 이해하고 활용하는 개발자가 많지 않았다. 사실 너무 적어서 관련 코드와 도구를 그랄VM 쪽으로 넘기고 JDK 16부터는 표준 JDK에서 제거했다.[18] 그래서 이번 절의 예시는 LTS 버전인 OpenJDK 11로 진행할 것이다.

 그랄VM에 포함된 그랄 컴파일러와 jaotc는 목적과 사용법에서 차이가 있다. jaotc는 코드 일부를 네이티브로 미리 컴파일해 두지만, 여전히 자바 가상 머신에서 구동되는 것을 가정한다. 반면 그랄 컴파일러의 AOT는 가상 머신 없이 실행되는 네이티브 이미지를 생성한다. 따라서

---

18 JEP 410: Remove the Experimental AOT and JIT Compiler - *https://openjdk.org/jeps/410*

이번 실습은 OpenJDK 11 환경에서 jaotc를 활용해 보고자 하는 독자가 대상이다. 그랄VM 활용에는 직접적으로 도움이 되지 못하니 주의하기 바란다.

이제부터 jaotc를 사용하여 자바 SE의 **java.base** 모듈을 사전 컴파일해 기본적인 자바 환경의 실행 효율을 개선해 볼 것이다.[19]

먼저 테스트 코드를 이용하여 jaotc의 기본 사용법을 보여 주겠다. 어떤 코드를 사용해도 되지만 여기서는 가장 간단한 HelloWorld를 이용했다. 너무 간단한 코드이니 책에 싣지는 않았다.

```
$ javac HelloWorld.java
$ java HelloWorld
Hello World!

$ jaotc --output libHelloWorld.so HelloWorld.class
```

마지막 명령으로 libHelloWorld.so라는 라이브러리가 생성된다. 이어서 리눅스의 ldd 명령을 사용하여 이것이 정적 링크 라이브러리인지 확인하고, nm 명령으로 생성자와 **main()** 메서드가 제대로 포함되어 있는지 확인할 수 있다.

```
$ ldd libHelloWorld.so
statically linked

$ nm libHelloWorld.so
......
0000000000003020 t HelloWorld.<init>()V                      ← 생성자
0000000000003120 t HelloWorld.main([Ljava/lang/String;)V  ← main() 메서드
......
```

이제 클래스 파일 대신 이 정적 링크 라이브러리를 사용하여 HelloWorld를 실행할 수 있다.

```
$ java -XX:+UnlockExperimentalVMOptions -XX:AOTLibrary=./libHelloWorld.so
    HelloWorld
Hello World!
```

-XX:+UnlockExperimentalVMOptions 매개 변수는 실험 버전 기능을 활용할 수 있게 해 준다.

---

19 이번 실전 예제는 'JEP 295: Ahead-of-Time Compilation'에서 따왔다: *https://openjdk.org/jeps/295*

하지만 HelloWorld 정도로는 AOT 컴파일의 효과를 체감할 수 없으니 좀 더 실용적인 작업을 해 보자. 앞에서와 비슷한 방식으로 java.base 모듈을 통째로 정적 링크 라이브러리로 컴파일하겠다. java.base에는 엄청난 양의 코드기 들이 있다. 그 중 대부분은 jaotc의 AOT 컴파일을 지원하지만 컴파일 오류를 일으키는 메서드가 몇 개 있다. 다행히 문제가 되는 메서드들을 파일로 작성해 한 번에 건네줄 수 있다. java.base-list.txt 파일을 만들고 내용을 다음과 같이 작성하자.

코드 11-3 java.base-list.txt 파일 내용

```
# jaotc: java.lang.StackOverflowError
exclude sun.util.resources.LocaleNames.getContents()[[Ljava/lang/Object;
exclude sun.util.resources.TimeZoneNames.getContents()[[Ljava/lang/Object;
exclude sun.util.resources.cldr.LocaleNames.getContents()[[Ljava/lang/Object;
exclude sun.util.resources..*.LocaleNames_.*.getContents\(\)\[\[Ljava/lang/
        Object;
exclude sun.util.resources..*.LocaleNames_.*_.*.getContents\(\)\[\[Ljava/lang/
        Object;
exclude sun.util.resources..*.TimeZoneNames_.*.getContents\(\)\[\[Ljava/lang/
        Object;
exclude sun.util.resources..*.TimeZoneNames_.*_.*.getContents\(\)\[\[Ljava/
        lang/Object;

# java.lang.Error: Trampoline must not be defined by the bootstrap classloader
exclude sun.reflect.misc.Trampoline.<clinit>()V
exclude sun.reflect.misc.Trampoline.invoke(Ljava/lang/reflect/Method;Ljava/
    lang/Object;[Ljava/lang/Object;)Ljava/lang/Object;

# JVM asserts
exclude com.sun.crypto.provider.AESWrapCipher.engineUnwrap([BLjava/lang/
    String;I)Ljava/security/Key;
exclude sun.security.ssl.*
exclude sun.net.RegisteredDomain.<clinit>()V

# Huge methods
exclude jdk.internal.module.SystemModules.descriptors()[Ljava/lang/module/
    ModuleDescriptor;
```

이어서 다음 명령으로 AOT 컴파일을 수행한다.

```
$ jaotc -J-XX:+UseCompressedOops -J-XX:+UseG1GC -J-Xmx4g --compile-for-tiered
    --into --compile-commands java.base-list.txt --output libjava.base-coop.so
    --module java.base
```

-J 매개 변수는 가상 머신에 전달할 매개 변수 정보를 jaotc에 알려 주는 역할이다.

이 정보는 컴파일된 정적 링크 라이브러리에 기록되어 라이브러리를 이용하는 가상 머신에까지 전달된다.

참고로 jaotc는 그랄 컴파일러를 기초로 개발되었기 때문에 그랄 컴파일러를 지원하지 않는 ZGC와 셰넌도어 가비지 컬렉터는 당연히 jaotc에서 사용할 수 없다. 그래서 JDK 11의 jaotc는 G1과 패러렐(PS+PS 올드), 2개의 가비지 컬렉터만 지원한다.

다음은 jaotc로 java.base 모듈을 컴파일한 결과다.

```
$ jaotc -J-XX:+UseCompressedOops -J-XX:+UseG1GC -J-Xmx4g --compile-for-tiered
    --info --compile-commands java.base-list.txt --output libjava.base-coop.so
    --module java.base
Compiling libjava.base-coop.so...
6272 classes found (505 ms)
56501 methods total, 50070 methods to compile (1265 ms)
Compiling with 4 threads
...
50070 methods compiled, 0 methods failed (277459 ms)
Parsing compiled code (1343 ms)
Processing metadata (14906 ms)
Preparing stubs binary (1 ms)
Preparing compiled binary (164 ms)
Creating binary: libjava.base-coop.o (4178 ms)
Creating shared library: libjava.base-coop.so (7035 ms)
Total time: 312251 ms
```

JDK 11의 java.base를 컴파일하는 데는 몇 분 정도 걸릴 것이다. 생성된 libjava.base-coop.so 라이브러리의 크기는 353MB다.

컴파일이 완료되면 사전 컴파일된 버전의 java.base 모듈을 사용하여 자바 프로그램들을 실행할 수 있다. 방법은 앞서 HelloWorld를 실행했을 때와 같다. -XX:AOTLibrary 매개 변수로 링크할 라이브러리의 위치를 알려 주면 된다.

```
$ java -XX:+UnlockExperimentalVMOptions -XX:AOTLibrary=./libjava.base-coop.
    so,./libHelloWorld.so HelloWorld
Hello World!
```

-XX:+PrintAOT 매개 변수로는 사전 컴파일된 버전을 사용하는 메서드를 확인할 수 있다. 다음 출력 정보에서 알 수 있듯이 사전 컴파일된 java.base 모듈을 사용하지 않으면 HelloWorld의 생성자와 main() 메서드만 사전 컴파일된 버전이다.

```
$ java -XX:+UnlockExperimentalVMOptions -XX:+PrintAOT -XX:AOTLibrary=
    ./libHelloWorld.so HelloWorld
    5    1    loaded    ./libHelloWorld.so  aot library
   40    1    aot[ 1]   HelloWorld.<init>()V
   41    2    aot[ 1]   HelloWorld.main([Ljava/lang/String;)V
Hello World!
```

하지만 libjava.base-coop.so를 추가하면 다음과 같이 표준 자바 SE API 거의 모두가 사전 컴파일된 버전을 이용한다.

```
$ java -XX:+UnlockExperimentalVMOptions -XX:+PrintAOT -XX:AOTLibrary=
    ./libjava.base-coop.so,./libHelloWorld.so HelloWorld
   10    1    loaded    ./libjava.base-coop.so  aot library
   10    2    loaded    ./libHelloWorld.so  aot library
[Found  [Z  in  ./libjava.base-coop.so]
... // 생략
[Found  [J  in  ./libjava.base-coop.so]
   19    1    aot[ 1]   java.lang.Object.<init>()V
   19    2    aot[ 1]   java.lang.Object.finalize()V
... // 생략
```

보다시피 java.lang.Object 등 java.base 모듈에 속한 메서드들도 사전 컴파일되어 있음을 알 수 있다.

이상으로 jaotc를 활용한 AOT 컴파일을 실습해 보았다. 앞에서도 이야기했지만 표준 JDK에서는 16 버전부터 jaotc 제공을 중단했으므로 실습은 이쯤에서 짧게 마무리하겠다.

11.4 컴파일러 최적화 기법

JIT와 AOT 컴파일에 관한 지금까지 설명으로 알 수 있는 것은 다음과 같다. 컴파일러의 목표는 프로그램 코드를 기계어로 번역하는 것이다. 하지만 기계어로 번역하는 일 자체는 어려운 주제가 아니다. 출력 코드가 얼마나 잘 최적화되었느냐가 컴파일러의 우수성을 결정하는 핵심이다. 최적화 기법과 관련한 기술 용어가 이미 많이 언급되었다. 메서드 인라인 같은 용어는 컴퓨터 관련 학과를 나온 독자라면 기본 개념을 알고 있을 것이다. 하지만 탈출 분석처럼 좀 더 전문적인 용어는 이름만으로는 어떤 일을 수행하는 최적화인지 짐작하기 어려웠을지도 모른다.

이번 절에서는 독자들이 컴파일러의 코드 최적화를 전반적으로 이해할 수 있도록 핫스팟 가상 머신의 JIT 컴파일러가 사용하는 최적화 기술 몇 가지를 소개할 것이다.

11.4.1 최적화 기법 개요

OpenJDK 공식 위키에는 핫스팟의 JIT 컴파일러가 이용하는 최적화 기법들이 나열되어 있다.[20] 표 11-1에서 보듯이 전통적인 컴파일러에서 쓰는 최적화 기법도 많으며, 자바 언어나 자바 가상 머신에서 실행되는 언어들에 대응하는 최적화도 많다. 이번 절은 이 기법들을 간략히 소개하며 시작하겠다. 그런 다음 가장 중요하거나 많이 쓰이는 기법 몇 개를 선별하여 최적화 전후 코드가 어떻게 다른지 함께 살펴보기로 하자.

표 11-1 JIT 컴파일러의 최적화 기법들

유형	최적화 기법
컴파일러 전략	• 지연 컴파일(delayed compilation) • 계층형 컴파일(tiered compilation) • 온스택 치환 • 지연 재최적화(delayed reoptimization) • 프로그램 의존성 그래프 표현(program dependence graph representation) • 정적 단일 할당 표현(static single assignment representation)
성능 모니터링 기반 기법 (profile-based technique)	• 낙관적 널 단언(optimistic nullness assertion) • 낙관적 타입 단언(optimistic type assertion) • 낙관적 타입 강화(optimistic type strengthening) • 낙관적 배열 길이 강화(optimistic array length strengthening) • 닿지 않는 가지(브랜치) 치기(untaken branch pruning) • 낙관적 N-모픽 인라인(optimistic N-morphic inlining) • 분기 빈도 예측(branch frequency prediction) • 호출 빈도 예측(call frequency prediction)
증명 기반 기법 (proof-based technique)	• 정확한 타입 추론(exact type inference) • 메모리 값 추론(memory value inference) • 메모리 값 추적(memory value tracking) • 상수 접기(constant folding) • 재결합(reassociation) • 연산자 강도 감소(operator strength reduction) • 널 검사 제거(null check elimination) • 타입 검사 강도 감소(type test strength reduction) • 타입 검사 제거(type test elimination) • 대수식 단순화(algebraic simplification) • 공통 하위 표현식 제거(common subexpression elimination)
흐름 인지 재작성 (flow-sensitive rewrite)	• 조건부 상수 전파(conditional constant propagation) • 흐름 분석 기반 타입 범위 좁히기(flow-carried type narrowing) • 죽은 코드 제거(dead code elimination)

---

20 OpenJDK 위키 PerformanceTacticIndex: *https://wiki.openjdk.org/display/HotSpot/PerformanceTacticIndex*

언어 특화 기법 (language-specific technique)	• 클래스 계층 구조 분석(class hierarchy analysis) • 가상화 제거(devirtualization) • 심벌 상수 전파(symbolic constant propagation) • 오토박싱 제거(autobox elimination) • 탈출 분석(escape analysis) • 락 생략(lock elision) • 락 범위 확대(lock coarsening) • 리플렉션 취소(de-reflection)
메모리 및 배치 변환 (memory and place- ment transformation)	• 표현식 끌어올리기(expression hoisting) • 표현식 끌어내리기(expression sinking) • 중복 저장 제거(redundant store elimination) • 인접한 저장 합치기(adjacent store fusion) • 병합 지점 분할(merge-point splitting)
루프 변환 (loop transformation)	• 순환문 풀기(loop unrolling) • 순환문 벗기기(loop peeling) • 안전 지점 제거(safepoint elimination) • 반복 범위 분할(iteration range splitting) • 범위 확인 제거(range check elimination) • 순환문 벡터화(loop vectorization)
전역 코드 형태 가공 (global code shaping)	• 인라인 • 전역 코드 이동 • 실행 빈도 기반 코드 재배치(heat-based code layout) • 스위치 밸런싱(switch balancing)
제어 흐름 그래프 변환 (control flow graph transformation)	• 지역 코드 스케줄링(local code scheduling) • 지역 코드 번들링(local code bundling) • 지연 슬롯 채우기(delay slot filling) • 그래프 채색 레지스터 할당(graph-coloring register allocation) • 선형 스캔 레지스터 할당(linear scan register allocation) • 복사 병합(copy coalescing) • 상수 분할(constant splitting) • 복사 제거(copy removal) • 주소 모드 매칭(address mode matching) • 명령어 핍홀(instruction peepholing) • 결정적 유한 상태 머신 기반 코드 생성(DFA-based code generator)

최적화 기법은 종류가 어마어마하고 이름만 보고 바로 이해되는 기법은 많지 않다. 사실 대다수 최적화 기법은 구현하기는 어렵지만 이해하기는 어렵지 않은 경우가 많다. 독자들이 덜 낯설게 느낄 수 있도록 간단한 예를 준비했으니 조금만 기다리기 바란다. 이제부터 최적화 기법 몇 가지를 친숙한 자바 코드를 예로 살펴볼 것이다. 하지만 JIT 컴파일러가 수행하는 최적화와 변환은 자바 소스 코드에 직접 적용되는 게 아니라 네이티브 코드나 중간 표현에 적용됨을 잊지 말자. 이 책에서는 설명을 쉽게 하기 위해 자바 언어의 구문을 사용했을 뿐이다.

첫 번째로 다음은 최적화 전 코드다.[21]

코드 11-4 최적화 전 원본 코드

```
static class B {
    int value;
    final int get() {
        return value;
    }
}

public void foo() {
    y = b.get();
    // ...무언가 수행...
    z = b.get();
    sum = y + z;
}
```

매우 단순한 코드지만 최적화할 여지는 많다.

가장 먼저 진행할 최적화는 메서드 인라인이다. 메서드를 인라인하는 목적은 두 가지다. 첫 번째는 메서드 버전 찾기나 스택 프레임 구축 등의 메서드 호출 비용을 없애는 것이고, 두 번째는 다른 최적화를 적용하기 쉽도록 길을 미리 평탄하게 닦는 것이다. 메서드 인라인은 후속 최적화를 더 큰 규모로 수행하기 쉽게 해 주어 더 나은 최종 결과를 낳는 밑거름 역할을 한다. 많은 컴파일러가 다양한 최적화 중 인라인을 가장 먼저 수행하곤 하는 이유다. 다음은 인라인을 적용한 모습이다.

코드 11-5 인라인 후 코드

```
public void foo() {
    y = b.value;
    // ...무언가 수행...
    z = b.value;
    sum = y + z;
}
```

다음으로 진행할 최적화는 중복 저장 제거다. 코드 중간의 주석 '// ...무언가 수행...' 부분에서 b.value의 값을 변경하지 않는다고 가정하자. 그러면 다음 줄의 z = b.value를 z = y로 대체할 수 있다. 첫 문장 y = b.value가 변수 y와 b.value가 같다고 확인해 주기 때문이다. 이런 식으로 중간에 b 객체를 거쳐 변수에 접근하는 수

---

21 이 예제는 컴파일러 기술을 소개하는 오라클의 공식 자료를 참고하여 작성했다: *https://docs.oracle.com/cd/E13150_01/jrockit_jvm/jrockit/geninfo/diagnos/underst_jit.html*

고를 없앨 수 있다. b.value를 표현식으로 본다면 이 최적화는 공통 하위 표현식 제거에 해당한다. 다음은 최적화 후의 모습이다.

코드 11-6 중복 저장 제거 후 코드

```
public void foo() {
    y = b.value;
    // ...무언가 수행...
    z = y;
    sum = y + z;
}
```

세 번째로는 복사 전파(copy propagation)를 적용해 보자. 이 프로그램에서는 논리적으로 변수 y와 완전히 같은 또 다른 변수 z를 사용할 필요가 없다. z 대신 y를 써도 똑같다는 뜻이다. 복사 전파 후의 모습은 다음과 같다.

코드 11-7 복사 전파 후 코드

```
public void foo() {
    y = b.value;
    // ...무언가 수행...
    y = y;
    sum = y + y;
}
```

네 번째 최적화는 죽은 코드 제거다. 죽은 코드란 실행되지 않을 코드일 수도 있고, 실행해도 의미가 전혀 없는 코드일 수도 있다. 그래서 '죽은 코드'라는 직관적인 이름으로 불린다. 앞의 코드에서 y = y 문장은 아무 의미가 없다. 다음은 죽은 코드를 제거한 후의 모습이다.

코드 11-8 죽은 코드 제거 후 코드

```
public void foo() {
    y = b.value;
    // ...무언가 수행...
    sum = y + y;
}
```

지금까지 총 네 번의 최적화를 거친 코드 11-8은 아무런 최적화도 하기 전인 코드 11-4과 완전히 같은 효과를 낸다. 하지만 많은 문장이 제거된 덕분에 바이트코드와 기계어 명령어가 달라지고 실행 효율 측면에서도 차이가 클 것이다. 이러한 최적화를 컴파일러에 구현해 넣기는 매우 복잡할 수 있지만, 다행히 동작을 이해하기는 프로그래밍 초보자라도 그리 어렵지 않을 것이다.

이어지는 절부터는 다음의 대표적인 최적화 기법 네 가지가 어떻게 동작하는지 살펴보겠다.

- 메서드 인라인: 가장 중요한 최적화 기법
- 탈출 분석: 비교적 첨단 최적화 기법
- 공통 하위 표현식 제거: 고전적인 언어 독립적 최적화 기법
- 배열 경계 검사 제거: 고전적인 언어 특화 최적화 기법

11.4.2 메서드 인라인

메서드 인라인은 가장 중요한 컴파일러 최적화 기법이라고 여러 차례 이야기했다. 인라인은 메서드 호출 비용을 없애 준다. 그뿐 아니라 다른 최적화를 수행하기 좋도록 터를 닦아 주기 때문에 '최적화의 어머니'라고도 불린다.

다음 코드는 인라인이 다른 최적화보다 중요한 이유를 잘 보여 준다. 인라인 없이는 대부분의 다른 최적화가 효율적으로 이루어지지 않기 때문이다.

코드 11-9 **최적화 전 코드**

```
public static void foo(Object obj) {
    if (obj != null) {
        System.out.println("do something");
    }
}

public static void testInline(String[] args) {
    Object obj = null;
    foo(obj);
}
```

이 코드에서 testInline() 메서드 내부는 모두 쓸모없는 코드, 즉 죽은 코드다. 하지만 인라인을 수행하지 않으면 죽은 코드 제거 최적화를 시도하더라도 죽은 코드의 존재를 눈치챌 수 없다. 개별로만 본다면 foo()와 testInline() 메서드의 작업 모두 의미가 있을 수 있기 때문이다.

메서드 인라인의 동작 원리는 어렵지 않다. 메서드 호출 비용을 없애기 위해 대상 메서드의 코드를 호출 메서드로 단순히 '복사'하는 일일 뿐이다. 하지만 자바 가상 머신에서 실제로 이루어지는 인라인은 상상보다 훨씬 복잡하다. JIT 컴파일러의

특수성을 고려하지 않더라도, 고전적인 컴파일 원칙의 최적화 이론에 따르면 대부분의 자바 메서드는 인라인할 수 '없다'.

인라인할 수 없는 정확한 이유는 8장에서 자바 메서드 구문 분석 및 호출 편단을 설명할 때 이야기했다. 자바에서 컴파일타임에 해석되는 메서드는 네 가지다. invokespecial 명령어로 호출된 private 메서드, 인스턴스 생성자, 슈퍼클래스의 메서드 그리고 invokestatic 명령어로 호출된 정적 메서드가 여기 속한다(《자바 언어 명세》에도 명시되어 있듯이 final로 지정된 메서드는 invokevirtual 명령어로 호출되지만 가상 메서드가 아니므로 여기 속하지 않는다). 이상의 네 가지 메서드를 제외한 다른 모든 자바 메서드 호출은 런타임에 메서드 수신자를 선택해야 한다. 수신자 버전이 둘 이상일 수 있기 때문이다. 간단히 말해서 자바 언어의 기본 인스턴스 메서드는 가상 메서드다.

가상 메서드는 컴파일타임에 어떤 메서드 버전을 사용해야 할지 결정하기 어렵다. 코드 11-5와 같이 b.get()을 b.value로 인라인하는 예에서도 문맥을 살펴보지 않고는 b의 실제 타입을 판단하기가 불가능하다. 부모-자식 타입인 ParentB와 SubB가 있고, 자식 클래스가 부모의 get() 메서드를 오버라이딩한다면 b.get()은 부모 클래스의 get() 또는 자식 클래스의 get()을 실행할 수 있다. 그래서 런타임에 실제 타입을 확인하여 동적으로 디스패치해야 한다. 이처럼 실제 타입은 해당 코드 라인이 실제로 실행될 때 결정되어야 하므로 컴파일러가 컴파일타임에 100% 정확한 결론을 도출하기 어렵다.

설상가상으로 자바는 객체 지향 프로그래밍을 추구하며 자바에서 메서드는 기본적으로 가상 메서드다. 자바는 수많은 가상 메서드를 사용하라고 암묵적으로 부추기는 언어라고 말할 수 있다. 앞서 분석에 따르면 인라인 기법과 가상 메서드 사이에는 '모순'이 있다. 실행 성능을 높이려면 메서드마다 일일이 final을 붙여야 할까? C++ 언어는 이 길을 택했다. 즉, 메서드들이 기본적으로 비가상 메서드이며 다형성을 사용해야 할 때만 virtual 키워드를 따로 붙인다. 한편 자바는 이 문제를 가상 머신에서 해결하기로 결정했다.

가상 메서드를 인라인하기 위해 자바 가상 머신은 먼저 클래스 계층 구조 분석 기술을 도입했다. 클래스 계층 구조 분석은 애플리케이션 전반의 타입을 분석하여 현재 로딩된 클래스들을 대상으로 인터페이스를 구현했는지, 하위 클래스가 있는지, 상위 클래스의 가상 메서드를 오버라이딩하는지 등을 알아내는 기술이다. 이러한 정보를 바탕으로 컴파일러는 상황에 맞는 인라인을 수행할 수 있다. 비가상 메서드라면 직접 인라인할 수 있고 100% 안전하다. 한편 가상 메서드가 주어지면 클래스 계층 구조 분석에 질의하여 프로그램의 현재 상태에서 후보 버전이 여러 개 존재하는지 확인한다. 후보가 1개뿐이라면 "애플리케이션이 지금 모습에서 변하지 않을 것이다"라고 가정하고 인라인한다. 이러한 인라인을 가이디드 인라인이라 한다.

하지만 자바 프로그램은 동적으로 링크되기 때문에 언제 새로운 타입이 로드되어 클래스 계층 구조 분석의 결론이 달라질지 불확실하다. 따라서 가이디드 인라인은 급진적 예측 최적화에 속한다. 급진적 예측 최적화는 가정이 틀릴 경우를 대비하여 퇴로, 즉 느린 경로를 유지해야 한다. 프로그램을 계속 실행해도 메서드 수신자의 상속 관계를 변경하는 클래스가 로드되지 않는다면 인라인된 코드를 계속 사용할 수 있다. 하지만 상속 관계를 변경하는 새로운 클래스가 로드되면 컴파일된 코드를 삭제하거나, 해석 모드로 되돌리거나, 다시 컴파일해야 한다.

클래스 계층 구조 분석이 대상 메서드의 후보가 여러 개라고 응답하면, JIT 컴파일러는 메서드 호출 부담을 줄이기 위한 마지막 노력으로 인라인 캐시를 찾는다. 인라인 캐시를 쓰면 메서드를 실제로 호출하지만 가상 메서드 테이블을 확인하는 방식보다는 여전히 빠르다. 인라인 캐시는 대상 메서드에 정상적으로 진입하기 전에 확인하는 캐시다. 동작 방식은 대략 다음과 같다.

인라인 캐시는 메서드가 호출되기 전에는 비어 있다. 첫 번째 호출이 일어나면 메서드 수신자의 버전 정보를 캐시에 기록한다. 그 후 메서드가 호출될 때마다 수신자의 버전을 비교한다. 후속 호출들에서도 버전이 매번 똑같다면 모노모픽 인라인 캐시(monomorphic inline cache)라고 한다. 이 캐시를 통한 호출은 인라인되지 않은 '비가상' 메서드 호출과 비교하여 타입 판단만 한 번 더 거치면 된다. 가상 메서드 호출보다는 빠르다는 뜻이다. 한편 후속 호출에서 메서드 수신자 버전이 달라지면 프로그램이 가상 메서드의 다형성을 이용한다는 뜻이다. 이때는 메가모픽 인라인 캐시(megamorphic inline cache)라 하며, 가상 메서드 테이블 방식과 똑같은 부하를 일으킨다.

따라서 자바 가상 머신이 수행하는 메서드 인라인은 대부분 급진적 최적화이며, 고성능 자바 가상 머신에서 매우 널리 쓰인다. 메서드 인라인에 더하여 '발생 가능성이 적은 암묵적 예외'와 '적은 빈도로 수행되는 분기' 역시 급진적 최적화로 제거할 수 있다. 적은 확률의 사건이 어쩌다 실제로 일어나면 '퇴로'를 통해 해석 모드로 되돌려 실행한다.

11.4.3 탈출 분석

탈출 분석은 새로 만들 객체가 사용되는 범위를 분석하여 자바 힙에 할당할지 여부를 결정하는 기술이다. 코드를 직접 최적화하기보다는, 클래스 상속 관계 분석과 마찬가지로 다른 최적화를 위해 기초를 닦는 분석 기법이다.

탈출 분석의 기본 원칙을 알아보자. 탈출 분석은 먼저 객체의 동적 범위를 분석하여 탈출 수준을 다음 세 가지로 구분한다.

- 전역 탈출(GlobalEscape): 객체가 메서드 밖으로 빠져나와 다른 스레드가 접근할 수 있게 된다. 예를 들어 객체를 정적 필드에 저장하면 다른 스레드가 참조할 수 있다. 이미 탈출한 다른 객체의 필드에 저장하거나 메서드 결과로 반환한 경우도 마찬가지다.

- 인수 탈출(ArgEscape): 객체가 인수로 전달되거나 인수에 의해 참조되지만, 호출 도중 전역 탈출하지는 않는다. 이 상태는 호출된 메서드의 바이트코드를 분석해 결정된다.

- 탈출하지 않음(NoEscape): 어디로도 탈출하지 않고 메서드 안에서 생애를 마친다. 이런 객체는 스칼라로 치환되어도 문제가 될 게 없으므로 최적화된 코드에서는 할당 작업 자체가 제거될 수 있다.

객체의 탈출 수준에 따라 해당 객체 인스턴스에 적용하는 최적화 수준을 달리할 수 있다. 예를 들면 다음과 같다.

- 스택 할당: 자바 객체가 자바 힙에 할당된다는 사실은 자바 개발자라면 대부분 알고 있는 상식이다. 자바 힙에 존재하는 객체는 참조만 가지고 있다면 다른 스레드에서 접근할 수 있다. 그리고 가비지 컬렉터는 힙에서 더 이상 사용되지 않는 객체를 회수한다. 그런데 생존 여부를 확인해 회수하는 작업에는 상당한 자원이 소모된다. 따라서 객체가 스레드에서 탈출하지 않는다고 확신한다면, 즉 다른 스레드가 사용하지 않는다고 확신한다면 힙이 아니라 스택에 할당하는 게 훨씬 이득이다. 스택 프레임이 사라질 때 객체가 점유하던 메모리도 자동으로 파괴되기 때문이다. 대다수 애플리케이션에서 스레드를 탈출하지 않는 객체의 비중은 상당히 크다. 그래서 스택 할당을 이용하면 상당수의 객체가 메서드 종료와 함께 자동으로 파괴되도록 하여 가비지 컬렉터의 부담을 크게 줄일 수 있다.

- 스칼라 치환: 더 작은 표현으로 분해할 수 없는 데이터를 스칼라라고 한다. 자바 가상 머신에서는 기본 데이터 타입(int, long과 같은 숫자 타입이나 참조 타입 등)은 더 작게 분해할 수 없다. 반대로 더 작게 분해할 수 있는 데이터를 집합체(aggregate)라 한다. 자바에서는 객체가 대표적이다. 자바 객체를 분해하는 작업, 즉 객체라는 껍질을 벗겨 내어 멤버 변수들에 직접 접근할 수 있게 만드는 과정을 스칼라 치환이라고 한다. 탈출 분석을 통해 '메서드 외부에서 접근할 수 없고 분해할 수 있는 객체'라고 증명된다면 애초부터 이 객체를 생성하지 않을 수 있다. 그 대신 객체의 멤버 변수들을 메서드에서 직접 사용하게 하는 것이다. 객체를 분해하면 멤버 변수들을 스택에 직접 할당하여 읽고 쓸 수 있다. 스택에 담긴 데이터는 하드웨어 레지스터에 저장될 가능성이 높고 후속 최적화에도 이용할 수 있다. 스칼라 치환은 스택 할당의 특별한 경우로 생각할 수 있으며 구현하기 더 간단하다. 객체의 전체 구조까지 완전하게 할당하지 않아도 되기 때문이다. 하지만 객체가 메서드 범위를 벗어나면 안 되므로 탈출 수준 요구 조건이 더 까다롭다.

- 동기화 제거: 스레드 동기화는 그 자체로 시간이 오래 걸리는 작업이다. 탈출 분석 결과 다른 스레드에서 접근할 수 없다고 판단되는 변수는 읽고 쓰는 데 경쟁이 일어나지 않는다. 따라서 관련 동기화 조치는 제거해도 안전하다.

탈출 분석에 관한 논문은 1999년에 발표되었지만 핫스팟에서 기초적인 탈출 분석을 지원하기 시작한 것은 JDK 6에 와서다. 주요 원인은 탈출 분석을 계산하는 비용이 너무 커서 그만한 매력이 있는 기술임을 보장하기 어렵다는 데 있었다. 객체가 탈출하는지 여부를 100% 정확하게 결정하려면 프로그램의 각 분기가 실행될 때마다 일련의 복잡한 프로시저 간 분석을 수행하여 객체에 미치는 영향을 확인해야 한다. 앞에서 JIT 컴파일과 AOT 컴파일의 장단점을 소개하면서 '부담이 큰 알고리즘인 프로시저 간 분석을 적용하기 어렵다'는 게 JIT의 약점이라고 이야기했다. 탈출 분석은 그만큼 비싼 작업이다. 그런데 탈출하지 않는 객체가 거의 없다고 밝혀진다면? 분석에 들인 시간을 모두 낭비한 꼴이다. 그래서 현재의 가상 머신은 어쩔 수 없이 정확도가 그리 높지 않은 알고리즘을 이용한다.

C·C++는 스택 할당을 기본으로 지원하며(new 연산자를 사용하지 않음), C#은 값 타입을 지원하여 자연스럽게 스칼라 치환을 할 수 있다(참조 타입에 대해서는 수행하지 않음). 스택 메모리를 유연하게 사용한다는 면에서 이 점은 자바의 단점이다.

아직 실험 단계인 발할라 프로젝트에서는 C#의 값 타입과 비슷한 기능을 자바에 도입하기 위해 value 클래스와 primitive 클래스 도입을 검토 중이다. 발할라 프로젝트가 성공적으로 마무리된다면 미래에는 탈출 분석이 훨씬 간단해질 것이다.

지금부터 '의사' 자바 코드를 변경해 가며 탈출 분석이 어떻게 작동하는지 그리고 어떤 효과가 있는지 알아보자. 처음 모습은 다음과 같다.

```
// 전혀 최적화되지 않은 코드
public int test(int x) {
    int xx = x + 2;
    Point p = new Point(xx, 42);
    return p.getX();
}
```

Point는 좌표 x와 y를 필드로 정의한 평범한 자바 클래스라서 코드를 따로 싣지 않았다.

1단계: Point 생성자와 getX() 메서드를 인라인한다.

```
// 1단계: 인라인 후의 모습
public int test(int x) {
    int xx = x + 2;
    Point p = point_memory_alloc();  // 힙에 p 객체를 할당하는 일반적인 방법
    p.x = xx;      // Point 생성자가 인라인됨
    p.y = 42;      // Point 생성자가 인라인됨
    return p.x;  // Point::getX()가 인라인됨
}
```

2단계: 탈출 분석 결과 Point 객체는 test() 메서드에서 절대 탈출하지 않는 것으로 나타났다. 스칼라 치환이 가능하다는 뜻이다. 객체를 해체하여 필드 x와 y를 test() 메서드의 지역 변수로 만들자. 그러면 Point 객체는 애초에 생성조차 하지 않을 수 있다. 최적화한 결과는 다음과 같다.

```
// 2단계: 스칼라 치환 후의 모습
public int test(int x) {
    int xx = x + 2;
    // p 객체가 사라지고 p의 필드들을 지역 변수로 치환
    int px = xx;
    int py = 42;
    return px;
}
```

3단계: 데이터 흐름 분석 결과 py 값이 메서드 로직에 영향을 미치지 않는다고 밝혀

졌다. px도 단순히 xx의 값을 받고만 있다. 둘 다 의미 없는 코드(죽은 코드)이므로 제거해도 안전하다. 그래서 최종 최적화 결과는 다음과 같다.

```java
// 3단계: 의미 없는 코드 제거 후의 최종 모습
public int test(int x) {
    return x + 2;
}
```

탈출 분석으로 얻은 코드는 마이크로벤치마크에서 높은 성능을 내는 경향이 있다. 하지만 실전에서, 특히 대규모 프로그램에서는 탈출 분석의 안정성이 떨어질 수 있다. 또는 탈출하지 않는 객체가 충분히 많지 않아서(식별해 내지 못해서) 분석에 투자한 시간만큼 값어치를 하지 못할 수 있다. 이런 이유로 서버 컴파일러에서는 오랜 기간 탈출 분석을 활성화하지 않았었다. JDK 6 업데이트 18처럼 일부 버전에서는 심지어 완전히 막아 놓기도 했다. 그러다가 JDK 6 업데이트 23부터는 핫스팟 가상 머신의 서버 컴파일러에서 기본으로 이를 활성화했다. 탈출 분석 결과를 확인하고 싶다면 디버그 모드로 빌드된 가상 머신에 다음 매개 변수를 지정하면 된다.

- -XX:+PrintEscapeAnalysis - 탈출 분석 결과 출력
- -XX:+PrintEliminateAllocations - 스칼라 치환 결과 출력
- -XX:+PrintEliminateLocks - 동기화 제거 결과 출력

☑ **탈출 분석 결과 확인하기**

탈출 분석 결과를 눈으로 확인해 보고 싶다면 다음과 같이 test() 메서드를 수만 번 반복 호출하는 프로그램을 실행해 보자. 호출을 반복하는 이유는 서버 컴파일러의 최적화를 촉발하기 위해서다.

```java
class Point {
    int x, y;

    Point(int x, int y) {
        this.x = x; this.y = y;
    }

    int getX() { return x; }
    int getY() { return y; }
}

public class Test {
    static int test(int x) {
        int xx = x + 2;
```

```
        Point p = new Point(xx, 42);   // 15번째 줄
        return p.getX();
    }

    public static void main(String[] args) {
        for (int i = 0; i < 50000; i++) { // 최적화를 촉발하기 위한 반복(부하 증가)
            test(10);   // 21번째 줄
        }
    }
}
```

실행 결과는 다음과 같다.

```
$ java -XX:+PrintEscapeAnalysis -XX:+PrintEliminateAllocations Test

======== Connection graph for  Test::test
JavaObject NoEscape(NoEscape) [ 99F 93F [ 40 ]]   28  Allocate  ===  5  6  7
    8  1 ( 26  24  25  1  1  23  1 ) [[ 29  30  31  38  39  40 ]]  rawptr:
    NotNull ( int:>=0, java/lang/Object:NotNull *, bool, top ) Test::test @
    bci:4 (line 15) !jvms: Test::test @ bci:4 (line 15)
LocalVar [ 28P [ 99b 93b ]]   40  Proj  ===  28  [[ 41  99  93 ]] #5 !jvms:
    Test::test @ bci:4 (line 15)

Scalar  28  Allocate  ===  5  6  7  8  1 ( 26  24  25  1  1  23  1 ) [[ 29  30
    31  38  39  40 ]]  rawptr:NotNull ( int:>=0, java/lang/Object:NotNull *,
    bool, top ) Test::test @ bci:4 (line 15) !jvms: Test::test @ bci:4 (line 15)
++++ Eliminated: 28 Allocate
```

Point p = new Point(xx, 42);에 해당하는 15번째 줄에서 탈출하지 않는 객체를 발견했고,
관련하여 스칼라 치환이 이루어졌음을 짐작할 수 있다.

11.4.4 공통 하위 표현식 제거

공통 하위 표현식 제거는 다양한 컴파일러에서 흔히 사용되는 매우 고전적인 최적
화 기술이다. 의미는 다음과 같다.

> 표현식 E가 이미 평가되었고 E에 등장하는 모든 변숫값이 평가 이후 변하지 않는
> 다면, 뒤에 등장하는 E를 공통 하위 표현식이라고 한다.

공통 하위 표현식은 다시 계산할 필요 없이 이전 계산 결과로 치환하면 된다. 이 최
적화는 적용 범위에 따라 다음과 같이 구분할 수 있다.

- 지역 공통 하위 표현식 제거: 적용 범위가 기본 블록으로 제한
- 전역 공통 하위 표현식 제거: 둘 이상의 기본 블록에 걸쳐 있음

다음의 간단한 코드를 예로 이 최적화가 어떻게 작동하는지 살펴보자.

```
int d = (c * b) * 12 + a + (a + b * c);
```

이 코드를 아무런 최적화 없이 javac 컴파일러에 전달하면 다음과 같은 결과를 낼
것이다. 자바 소스 코드에서 산술 계산을 우선순위에 맞게 차례로 수행하는 모습
이다.

```
// 최적화를 수행하지 않았을 때의 바이트코드
iload_2    // b
imul       // b * c 계산
bipush 12  // 12 푸시
imul       // (c * b) * 12 계산
iload_1    // a
iadd       // (c * b) * 12 + a 계산
iload_1    // a
iload_2    // b
iload_3    // c
imul       // b * c 계산
iadd       // a + b * c 계산
iadd       // (c * b) * 12 + a + a + b * c 계산
istore 4
```

이 코드가 가상 머신의 JIT 컴파일러에 입력되면 몇 가지 최적화가 이루어진다. 먼
저 컴파일러는 c * b와 b * c가 같은 표현식이고, b와 c의 값은 계산 도중에 변경
되지 않음을 알아낸다. 결국 앞의 표현식은 다음 식과 똑같은 의미다.

```
int d = E * 12 + a + (a + E);
```

이제 컴파일러는 여러 가지 다른 최적화를 수행할 수 있다. 예를 들어 다음과 같이
대수식 단순화를 적용할 수 있다.

```
int d = E * 13 + a + a;
```

이처럼 표현식을 변환하면 계산을 반복하는 일을 줄일 수 있다. 다른 고전적인 컴
파일 최적화 기술에도 관심이 있다면 컴파일러 전공 서적에서 '최적화' 관련 장을
살펴보기 바란다.

11.4.5 배열 경계 검사 제거

배열 경계 검사 제거는 JIT 컴파일러의 고전적인 언어 특화 최적화 기법이다. 자바
는 C·C++보다 상대적으로 안전한 언어다. 예컨대 foo[] 배열의 원소를 얻기 위해

foo[i] 코드를 실행하면 시스템이 자동으로 경계(배열 범위의 상한과 하한)를 확인한다. 즉, i >= 0 && i < foo.length 조건을 만족하지 못하면 런타임 예외인 Array IndexOutOfBoundsException을 던진다. 그 덕분에 방어 코드를 따로 작성하지 않더라도 오버플로 공격을 대부분 피할 수 있다. 하지만 배열 원소를 읽고 쓸 때마다 경계를 확인하므로 배열을 많이 이용하는 프로그램에서는 성능 부담으로 다가올 수 있다.

배열 경계 검사는 안전을 위해 반드시 필요하지만 잘 협상하면 런타임에 정확히 한 번만 수행되도록 할 수 있다. 간단한 예로, foo[3]처럼 배열의 인덱스를 상수로 지정했다고 해 보자. 그리고 컴파일타임에 데이터 흐름을 분석하여 foo.length가 3보다 크다는 사실을 알아냈다면 실행 중 경계 검사를 할 필요가 없다. 더 흔한 예도 있다. 순환문 안에서 루프 변수를 인덱스로 이용하여 배열에 접근하는 코드가 있다고 가정하자. 컴파일러가 데이터 흐름을 분석하여 루프 변수의 값이 [0, foo.length) 범위를 벗어나지 않는다고 판단하면 순환문 내에서 경계 상한/하한 검사를 완전히 걷어 낼 수 있다.

범위를 넓혀 보자. 자바는 이 외에도 다양한 안전 검사를 제공하여 C·C++보다 프로그램을 훨씬 쉽게 작성할 수 있다. 예를 들어 널 포인터에 접근하려 들면 Null PointerException을 던지고, 0으로 나누면 ArithmeticException을 던지는 식이다.

C·C++ 프로그램에서는 비슷한 문제가 생기면 세그멘테이션 오류(segmentation fault)나 (윈도우 프로그래밍에서는) 'memory could not be written/read' 오류가 난다. 이를 제대로 처리하지 않으면 프로그램이 곧바로 비정상 종료된다.

자바는 이러한 문제 상황을 인지하고 조치하는 안전 검사 로직을 자동으로 수행한다. 같은 작업이라도 C·C++보다 더 많은 일을 수행하며 결국 눈에 보이지 않는 부하로 이어진다. 그래서 적절한 최적화가 이루어지지 못하면 "자바 언어는 본질적으로 느리다"라는 원죄로 작용할 가능성이 높다.

이러한 보이지 않는 부하를 없애려면 배열 경계 검사를 최대한 최적화하여 런타임에 수행할 검사를 컴파일타임에 끝마쳐야 한다. 같은 맥락에서 암묵적 예외 처리, 널 포인터 검사, 0으로 나누기 검사 등도 모두 최적화 대상이다. 예를 들어 객체 foo의 속성 value에 접근한다고 해 보자. 가상 머신이 foo.value에 접근하는 과정을 자바 의사 코드로 작성하면 다음과 같다.

```
if (foo != null) {
    return foo.value;
} else {
    throw new NullPointException();
}
```

여기에 암묵적 예외 최적화를 적용하면 의사 코드가 다음처럼 변한다.

```
try {
    return foo.value;
} catch (segment_fault) {
    uncommon_trap();
}
```

가상 머신이 세그멘테이션 오류용 예외 핸들러인 uncommon_trap()을 등록하고 있다. 이 의사 코드는 자바의 try-catch 문이 아니라 프로세스 수준의 예외 핸들러임에 주의하자. 이런 식으로 foo가 null이 아닐 때는 널 검사로 인한 부하 없이 바로 값에 접근한다. 그 대신 foo가 null일 때는 NullPointerException을 던지기 위해 예외 핸들러로 이동하는 부담이 더해진다. 예외 핸들러로 진입하면 사용자 모드에서 커널 모드로 전환되고, 처리를 끝낸 후 다시 사용자 모드로 돌아오는 과정을 거친다. 단순히 null을 검사할 때보다 훨씬 느리다는 뜻이다. 따라서 암묵적 예외 최적화는 foo가 null일 가능성이 거의 없을 때만 효과가 있다. 그렇지 않으면 프로그램이 오히려 느려질 것이다. 다행히 핫스팟 가상 머신은 런타임에 수집하는 성능 모니터링 정보를 토대로 가장 적절한 방식을 자동으로 선택한다.

이 외에도 자바 언어에 특화된 '제거' 최적화 기법으로는 오토박싱 제거, 안전 지점 제거, 리플렉션 제거 등이 있다.

11.5 실전: 그랄 컴파일러 깊이 이해하기

JDK 9부터 15까지 핫스팟 가상 머신에는 총 세 가지 JIT 컴파일러가 포함되어 있다. 지금까지는 그중 전통적인 클라이언트 컴파일러와 서버 컴파일러를 중심으로 이야기했다. 세 번째는 바로 그랄 컴파일러를 활용한 jaotc 컴파일러다. 비록 JDK 16부터는 jaotc가 사라졌지만 그랄 컴파일러는 그랄VM이라는 독립 프로젝트에서 발전을 이어 가고 있다.

그랄VM은 오라클이 자바 기술을 확장하여 만든 새로운 가상 머신이다. 핫스팟 가상 머신을 토대로 고성능, 메모리 사용량 감소, 폴리글랏 프로그래밍, AOT 네이티브 컴파일 등의 프리미엄 특징을 추가했다. 이번 절의 주인공인 그랄 컴파일러는 JIT 컴파일과 AOT 컴파일을 모두 지원한다.

그림 11-11 그랄VM 아키텍처

11.5.1 역사적 배경

초기에 그랄VM과 그랄 컴파일러는 핫스팟을 대체하거나 차세대 핫스팟 기술의 기초가 되리라는 기대를 받았다. 그랄 컴파일러는 원래 맥신 가상 머신[22]의 C1X 컴파일러[23]를 대체할 차세대 컴파일러로 설계되었기 때문에 자연스럽게 자바 언어로 작성되었다. 그러다가 2012년에 맥신 프로젝트에서 분리되어 독립적인 자바 컴파일러 프로젝트가 되었다.

오라클은 그랄 컴파일러가 궁극적으로 높은 컴파일 효율과 출력 품질, AOT와 JIT 컴파일 지원, 핫스팟을 포함한 다양한 가상 머신 지원 등의 특성을 갖춘 컴파일러가 되기를 희망했다. 그랄 컴파일러는 자바로 작성되었기 때문에 코드가 명확하고 핫스팟 서버 컴파일러의 다양한 고급 최적화 기술을 가져와 쓸 수 있었다. 그래서 수많은 회사와 연구소에서 이 컴파일러를 기반으로 새로운 컴파일 기술을 개발하고 연구하고 있다. 핫스팟 서버 컴파일러의 창시자인 클리프 클릭(Cliff Click)은 그랄 컴파일러를 매우 높게 평가하며 "앞으로 가상 머신과 컴파일러를 구현할 때 C·C++를 다시는 사용하지 않을 것이다"라고 말했다. 트위터의 자바 가상 머신 팀은 C2는 기능을 추가하거나 개선하기가 너무 어려워서 시급히 대체되어야 한다고 말하기도 했다.

그랄 컴파일러는 'jaotc 고급 컴파일 도구'라는 이름으로 JDK 9에 최초로 공식 탑재되었다. 그리고 JDK 10부터는 서버 컴파일러 대신 핫스팟의 계층형 컴파일 중 최상위 JIT 컴파일러로 사용할 수 있었다. 이처럼 JIT 컴파일러를 대체할 수 있던 이유는 핫스팟의 JIT 컴파일러 인터페이스 덕분이다.

---

22 맥신 가상 머신은 1.4.8절에서 간략히 소개했다.
23 C1X는 핫스팟의 C1 컴파일러에 대응하는 맥신 가상 머신용 컴파일러다.

그랄도 초기에는 C1이나 C2와 마찬가지로 핫스팟과 긴밀하게 연결되어 있어서 그랄을 컴파일할 때마다 핫스팟 전체를 다시 컴파일해야 했다. 하지만 JDK 9에 포함된 컴파일러 인터페이스(JVMCI)[24] 덕분에 핫스팟 코드로부터 분리할 수 있었다. JVMCI가 제공하는 기능은 크게 다음 세 가지다.

- 핫스팟 가상 머신의 컴파일 요청에 응답하고, 요청을 자바로 구현된 JIT 컴파일러에 전달한다.
- 클래스, 메서드, 필드, 성능 모니터링 정보 등 핫스팟 JIT 컴파일 관련 데이터를 자바 언어 수준의 데이터 구조로 제공한다.
- 핫스팟 코드 캐시를 추상화하여 컴파일러가 컴파일이 끝난 네이티브 코드를 배포할 수 있게 한다.

이상의 세 기능 덕분에 핫스팟 가상 머신 외부에서 자바 언어로 구현한 JIT 컴파일러를 핫스팟에 통합할 수 있다. 예를 들어 핫스팟에서 발생한 최상위 컴파일 요청을 받아 컴파일을 수행하고, 그 결과로 나온 네이티브 코드를 핫스팟 코드 캐시에 배포할 수 있다. 또한 세 번째 기능만 사용하면 핫스팟의 JIT 컴파일러를 우회하여 외부 컴파일러가 애플리케이션의 클래스 라이브러리를 네이티브 코드로 직접 컴파일하거나 (jaotc처럼) AOT 컴파일러로도 사용할 수 있다.

현재는 jaotc가 JDK에서 제거된 상태지만, 2022년 말에는 그랄 컴파일러를 다시 OpenJDK로 통합하려는 갤러해드(Galahad) 프로젝트가 제안되었다.[25]

그랄과 JVMCI의 등장이 자바 가상 머신과 컴파일러 개발에 직접적으로 기여하지는 않지만, 자바 가상 머신 기술이 궁금한 개발자들에게 컴파일러 기술을 엿보고 사용해 볼 수 있는 멋진 수단을 제공한다. 이제부터 그랄VM의 JIT 컴파일과 코드 최적화 절차를 살짝 들여다보자.

11.5.2 빌드 및 컴파일 환경

그랄 컴파일러 실습 환경을 갖추려면 빌드 도구인 mx부터 설치해야 한다. 그랄 컴파일러는 그랄VM의 다양한 하위 프로젝트뿐 아니라 핫스팟과 맥신 가상 머신의

---

24 JEP 243: Java-Level JVM Compiler Interface(JVMCI) - *https://openjdk.org/jeps/243*
25 갤러해드 프로젝트 제안: *https://mail.openjdk.org/pipermail/discuss/2022-December/006164.html* 우선은 그랄VM의 JIT 컴파일러를 가져와 C2 컴파일러를 대체하는 데 중점을 두고, AOT 기술 도입의 우선순위는 그다음이다. 참고로 갤러해드는 아서왕 전설의 후반에 등장하는 원탁의 기사이자 성배를 획득한 세 명의 기사 중 한 명이다.

JIT 컴파일까지, 지원해야 할 게 너무 많아서 빌드 자동화 도구를 직접 제작했다.[26] 방법은 아주 간단하다. 깃 저장소에서 mx를 가져온 후 어디서든 접근할 수 있게 PATH 환경 변수에 추가하면 끝이다.

```
$ sudo apt-get install git
$ git clone https://github.com/graalvm/mx.git
$ export PATH=$PWD/mx:$PATH
```

그랄 컴파일러는 자바로 작성되었으므로 적절한 JDK가 필요하다. 초기 그랄VM 프로젝트는 OpenJDK 8로 개발되었고, JVMCI 인터페이스는 JDK 9 때 추가되었다. 그래서 그랄 팀은 OpenJDK 8에서 JVMCI 기능을 이용할 수 있는 버전을 제공했다. 하지만 지금은 엔터프라이즈 버전만이 오라클 JDK 8을 지원하며, 커뮤니티 버전은 OpenJDK 11 이상의 LTS 버전이나 최신 버전을 요구한다.

이번 절의 실습은 OpenJDK 17로 진행할 것이다. 먼저 JAVA_HOME 환경 변수를 설정하자. 컴파일 과정에서 수동으로 처리해야 하는 의존성은 다행히 이 변수 설정뿐이다.

```
$ export JAVA_HOME=/usr/lib/jvm/java-17-openjdk-amd64/
```

다음으로는 원하는 디렉터리에서 그랄 컴파일러 코드를 가져온다. 컴파일러 코드는 전체 그랄VM 코드에 통합되어 있으며, 그랄VM 코드의 용량은 약 700MB다. 다음 명령으로 복사해 오자.

```
$ git clone https://github.com/graalvm/graal.git
```

컴파일러 코드가 담긴 하위 디렉터리로 이동 후 mx 명령어로 그랄 컴파일러를 빌드한다.

```
$ cd graal/compiler
$ mx build
```

이제 java 대신 mx vm 명령을 실행하면 방금 빌드한 그랄 컴파일러가 활성화된 가상 머신이 실행된다.

---

26 (옮긴이) mx라는 이름은 그랄VM 프로젝트의 전신인 맥신 VM에서 따온 것으로 보인다.

```
$ mx vm -version
openjdk version "17.0.6" 2023-01-17
OpenJDK Runtime Environment GraalVM CE 17.0.6-dev+10.1 (build 17.0.6+10-
    Ubuntu-0ubuntu122.04)
OpenJDK 64-Bit Server VM GraalVM CE 17.0.6-dev+10.1 (build 17.0.6+10-Ubuntu-
    0ubuntu122.04, mixed mode, sharing)
```

전체 빌드 과정에 필요한 의존성들은 자동으로 처리되므로 OpenJDK만 수동으로 처리하면 된다. 그 덕분에 컴파일은 일반적으로 몇 분 정도면 완료될 것이다. 이제 그랄 컴파일러를 수정하고 디버깅도 할 수 있다. 하지만 자바로 개발하고 디버깅하면서 vim을 사용하는 사람은 드물 테니 이번 실습에서도 통합 개발 환경을 이용하겠다.

mx 도구는 주요 자바 통합 개발 환경인 이클립스·IntelliJ IDEA·넷빈즈용 프로젝트를 생성할 수 있다. 이 책에서는 이클립스를 사용하겠다. 다음 명령을 실행해 이클립스용 프로젝트를 생성하자.[27]

```
$ mx eclipseinit
```

프로젝트 생성을 성공적으로 마치면 다음과 같은 안내 메시지가 출력된다.

```
Please restart Eclipse instances for this workspace to see some of the effects.
-------------------------------------------
Eclipse project generation successfully completed for:
  /home/icyfenix/develop/graal/compiler
  /home/icyfenix/develop/graal/java-benchmarks
  /home/icyfenix/develop/graal/regex
  /home/icyfenix/develop/graal/sdk
  /home/icyfenix/develop/graal/truffle

The recommended next steps are:
 1) Open Eclipse with workspace path: /home/icyfenix/develop
 2) Open project import wizard using: File -> Import -> Existing Projects into
    Workspace -> Next.
 3) For "select root directory" enter path /home/icyfenix/develop
 4) Make sure "Search for nested projects" is checked and press "Finish".

 hint) If you select "Close newly imported projects upon completion" then the
       import is more efficient.
       Projects needed for development can be opened conveniently using the
       generated Suite working sets from the context menu.
```

---

27 (옮긴이) IDEA용 명령은 mx intellijinit이고 넷빈즈용 명령은 mx netbeansinit다. 한 번에 세 가지 통합 개발 환경용 프로젝트를 모두 생성하려면 mx idenint 명령을 이용하자.

```
5) Update the type filters (Preferences -> Java -> Appearance -> Type
   Filters) so that `jdk.*` and `org.graalvm.*` are not filtered.
   Without this, code completion will not work for JVMCI and Graal code.

Note that setting MX_BUILD_EXPLODED=true can improve Eclipse build times.
See "Exploded builds" in the mx README.md.
-----------------------------------------------
Ensure that these Execution Environments have a Compatible JRE in Eclipse
(Preferences -> Java -> Installed JREs -> Execution Environments):
  JavaSE-17
```

중간에 권장 절차(The recommended next steps)가 나온다. 안내 메시지와 그림 11-12를 참고하여 전체 그랄VM을 임포트하자.

그림 11-12 그랄VM 프로젝트 임포트

그랄VM 전체를 임포트한 것이라 프로젝트 수가 굉장히 많다. Project Explorer 뷰를 아래로 조금 스크롤하면 그림 11-13처럼 컴파일러 관련 프로젝트들이 보일 것이다.

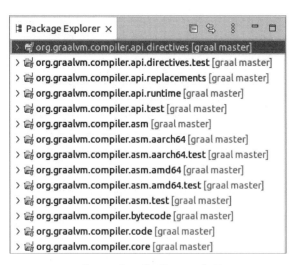

그림 11-13 임포트된 그랄VM 프로젝트들

이것으로 그랄 컴파일러를 컴파일하고 실행할 수 있는 환경이 모두 갖춰졌다. 드디어 작동 원리를 탐색해 볼 준비가 되었다.

11.5.3 JVMCI 컴파일러 인터페이스

이제 독자들이 생각해 볼 차례다. 여러분이 JVMCI 컴파일러 인터페이스를 직접 설계한다면 어떤 모습일까? JVMCI는 자바 언어로 만드는 컴파일러 인터페이스를 추구하기 때문에 우리가 수없이 보아 온 자바 인터페이스들과 다르지 않다.

먼저 JIT 컴파일러가 받아야 할 입력이 무엇인지 생각해 보자. 답은 물론 컴파일할 메서드의 바이트코드다. 바이트코드라는 이름이 말해 주듯이 '바이트 배열로 표현되는 코드'여야 한다. 다음으로 출력은 무엇일까? 이 또한 매우 간단하다. JIT 컴파일러는 입력받은 메서드에 해당하는 네이티브 코드를 출력해야 하며, 이 역시 '바이트 배열로 표현되는 코드'여야 한다. 그래서 JVMCI 인터페이스의 모습은 다음처럼 생겨야 할 것이다.

```
interface JVMCICompiler {
    byte[] compileMethod(byte[] bytecode);
}
```

사실 핫스팟은 바이트코드 외에도 메서드에 대한 다양한 정보를 컴파일러에 제공하기 때문에 실제 JVMCI 인터페이스는 이보다는 복잡하다. 예를 들어 지역 변수 테이블의 변수 슬롯 수, 피연산자 스택의 최대 깊이, 계층형 컴파일의 최하단 계층에서 수집한 통계 등을 추가로 알려 준다. 다음은 JVMCI 인터페이스의 실제 모습이다.

코드 11-10 JVMCI 인터페이스

```java
interface JVMCICompiler {
    void compileMethod(CompilationRequest request);
}

interface CompilationRequest {
    JavaMethod getMethod();
}

interface JavaMethod {
    byte[] getCode();
    int getMaxLocals();
    int getMaxStackSize();
    ProfilingInfo getProfilingInfo();
    ... // 다른 메서드 생략
}
```

이클립스에서 JVMCICompiler 인터페이스의 계층 구조를 확인해 보자. 그러면 그림 11-14와 같이 HotSpotGraalCompiler 클래스가 이를 구현했음을 알 수 있다. 이 클래스가 우리가 분석하려는 코드의 진입점이다.

그림 11-14 JVMCI 인터페이스를 구현한 그랄 컴파일러

나중에 디버깅하기 편하도록 먼저 핫스팟의 JIT 컴파일을 촉발하는 간단한 코드를 준비하자. 이 코드를 활용해 컴파일러가 올바르게 작동하는지 추적하고 관찰할 수 있다.

코드 11-11 JIT 컴파일을 촉발하는 샘플 코드[28]

```java
public class Demo {
    public static void main(String[] args) {
        while (true) {  // JIT 컴파일을 촉발하기 위한 부한 투프
```

---

28 이번 절의 예시 일부와 그림은 크리스 시튼(Chris Seaton)의 기사 'Understanding How Graal Works - a Java JIT Compiler Written in Java'를 참고했다: *https://chrisseaton.com/truffleruby/jokerconf17*

```
            workload(14, 2);
        }
    }

    private static int workload(int a, int b) {
        return (a + b) / 3;
    }
}
```

무한 루프 때문에 workload() 메서드는 곧 가상 머신에서 핫 코드로 인식되어 컴파일이 진행될 것이다. 사실 이 간단한 코드로 인해 workload() 말고도 꽤 많은 메서드가 컴파일된다. 정말 간단한 자바 클래스 하나를 로딩해 실행하는 데에도 수백 개의 다른 클래스가 로딩될 수 있기 때문이다. 그러니 너무 많은 정보가 섞여 들어오지 않도록 컴파일 대상을 workload() 메서드로 제한하자. -XX:CompileOnly 매개 변수를 이용하면 된다. 한편 무한 루프를 도는 프로그램이므로 Ctrl+C 키를 눌러 강제로 종료해야 한다.

```
$ javac Demo.java
$ java -XX:+PrintCompilation -XX:CompileOnly=Demo::workload Demo
CompileCommand: compileonly Demo.workload bool compileonly = true
...
  42 1   3     Demo::workload (6 bytes)
  43 2   4     Demo::workload (6 bytes)
  43 1   3     Demo::workload (6 bytes)    made not entrant
### Excluding compile: static Demo::main
...
```

핫스팟 컴파일러는 계층형 구조이기 때문에 workload()가 여러 번 컴파일되고 있음을 알 수 있다. 11.2.4절에서도 설명했듯이 'made not entrant'는 컴파일된 버전이 삭제되었다는 뜻이다. 이 정보로부터 계층형 컴파일 메커니즘과 최상위 서버 컴파일러가 제대로 작동하고 있음을 확인할 수 있다.

이어서 핫스팟의 기본 컴파일러를 그랄 컴파일러로 교체해 실행해 보자(java 대신 mx vm으로 실행). 그런데 이번에는 메시지가 너무 많이 출력되어 원하는 정보를 찾기 어려울 것이다. -XX:-TieredCompilation 매개 변수로 계층형 컴파일을 끄고, 결과 로그는 파일로 기록해서 살펴보자.

```
$ mx vm -XX:-TieredCompilation -XX:+PrintCompilation
-XX:CompileOnly=Demo::workload Demo > out.txt
```

무한 루프를 도는 프로그램이므로 몇 초 후 Ctrl+C를 눌러 강제로 종료하자. 그리고 out.txt 파일을 텍스트 편집기로 열어 'workload'를 검색한다. 계층형 컴파일을 껐기 때문에 컴파일이 한 번만 되었음을 알 수 있을 것이다. 무언가 바뀐 건 분명하다. 하지만 이것만으로는 그랄 컴파일러가 동작한 것인지는 확신하기 어렵다.

제대로 동작하는지 확인하기 위해 HotSpotGraalCompiler 클래스[29]의 compileMethod() 메서드를 살짝 변경해 보자. 다음은 컴파일된 메서드 이름과 컴파일 시간을 출력하도록 수정한 모습이다.

```java
public CompilationRequestResult compileMethod(CompilationRequest request) {
    // return compileMethod(this, request);  // 원래 코드
    long startTime = System.currentTimeMillis();
    CompilationRequestResult result = compileMethod(request, true,
                                          graalRuntime.getOptions());
    System.out.println("compile method: " + request.getMethod().getName());
    System.out.println("time used: " + (System.currentTimeMillis() -
                    startTime));
    return result;
}
```

mx build를 다시 실행해 수정된 코드를 빌드하고 나서 다음과 같이 실행하자. 그러면 방금 추가한 로그 메시지가 출력될 것이다.

```
$ mx build
$ mx vm -XX:-TieredCompilation -XX:CompileOnly=Demo::workload Demo
CompileCommand: compileonly Demo.workload bool compileonly = true
compile method: workload
time used: 872
```

11.5.4 코드 중간 표현

그랄 컴파일러는 핫스팟 서버 컴파일러와 매우 비슷한 중간 표현을 사용하도록 설계되었다. 바로 아이디얼 그래프라는 프로그램 의존성 그래프 형태다. 코드에서는 StructuredGraph라고 표현한다. 11.2.4절의 실습에서 시각화 도구인 IGV를 활용하여 입력 코드를 아이디얼 그래프로 변환하고 최적화하는 전체 과정을 보았다. 컴파일러 내부에서는 다음과 같은 순서로 처리된다.

1. 바이드코드
2. 아이디얼 그래프

---

[29] jdk.internal.vm.compiler 프로젝트의 org.graalvm.compiler.hotspot 패키지 안에 있다.

3. 최적화

4. 네이티브 코드(Mach Node Graph로 표현)

11.2.4절에서는 아이디얼 그래프로 변환하고 최적화하는 전체 과정을 분석하는 데 집중했다. 하지만 컴파일 원리와 컴파일러 설계에 익숙하지 않은 독자라면 각 단계에서 수행하는 작업을 이해하기 어려울 수 있다. 그래서 이번 절에서는 간단한 예시를 통해 입력 코드가 아이디얼 그래프로 변환되는 과정을 그랄 소스 코드와 비교해 가며 자세히 알아보겠다. 아이디얼 그래프를 기반으로 그랄 컴파일러가 코드를 최적화하는 방법을 이해할 수 있을 것이다.

아이디얼 그래프는 노드를 사용하여 변수, 연산자, 메서드, 필드 등의 프로그램 요소를 표현하고 에지를 사용하여 데이터나 제어 흐름을 표현하는 방향 그래프다.

가장 간단한 예부터 시작하자. 그림 11-15는 표현식 x + y의 아이디얼 그래프다.

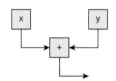

그림 11-15 x + y의 아이디얼 그래프

두 노드 x와 y의 데이터가 더하기 연산자로 흘러가며, 더하기 연산자는 x와 y의 값을 읽어 하나의 값을 출력한다. 화살표는 데이터가 흐르는 방향을 나타낸다. 화살표가 향하는 쪽이 데이터를 사용하는 쪽이다.

어렵지 않았을 것이다. 이제 표현식을 조금 복잡하게 만들어 보자. getX() + getY()의 계산 과정은 아이디얼 그래프로 어떻게 표현할 수 있을까? 이번에는 데이터 흐름뿐 아니라 메서드 호출 순서도 고려해야 한다. 그림 11-16을 보자.

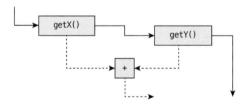

그림 11-16 getX() + getY()의 아이디얼 그래프

이번에는 화살표가 두 가지다. 점선은 데이터 흐름을 뜻하고 실선은 코드 실행 순

서를 뜻한다. 즉, 데이터 흐름은 그림 11-15와 같고 코드는 getX() 호출 후 getY()를 호출한다는 뜻이다.

이상의 간단한 지식만 갖추면 이번 실습을 진행하기에 충분하다. 아이디얼 그래프의 본질은 데이터 흐름 그래프와 제어 흐름 그래프를 결합한 것이다.

이제 -Dgraal.Dump=:1 매개 변수까지 추가하여 컴파일해 보자. 그랄 컴파일러가 아이디얼 그래프를 덤프 파일에 담아 줄 것이다. 컴파일을 완료하면 덤프 파일의 위치와 이름을 알려 준다.

```
$ mx vm -XX:-TieredCompilation -XX:CompileOnly=Demo::workload
    -Dgraal.Dump=:1 Demo
[Use -Dgraal.LogFile=<path> to redirect Graal log output to a file.]
Dumping IGV graphs in /home/icyfenix/develop/eclipse-workspace/GraalTest/
    graal_dumps/2023.05.14.16.51.23.073
```

이제 mx igv 명령을 실행하면 그랄 컴파일러가 생성한 아이디얼 그래프를 지원하는 IGV가 실행된다. 처음 실행할 때는 빌드부터 수행하므로 다소 시간이 걸린다.

```
$ mx igv
```

IGV가 실행되면 File → Open 메뉴를 실행해 방금 생성한 덤프 파일을 연다. 그림 11-17은 workload()를 표현한 아이디얼 그래프다.

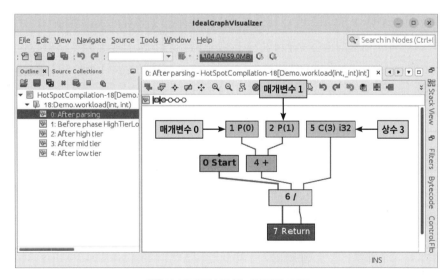

그림 11-17 IGV가 보여 주는 아이디얼 그래프

앞의 그림 11-15나 그림 11-16과 달리 화살표는 보이지 않는다. 그 대신 노드 실행 순서를 알려 주는 일련번호가 붙어 있다. 또한 파란 선(책에서는 얇은 선)은 데이터 흐름이며, 빨간 선(책에서는 두꺼운 선)은 제어 흐름을 나타낸다. 그림을 보면 매개 변수 0과 매개 변수 1이 덧셈 연산자로 전달되며, 그 결과와 상수 3이 나눗셈 연산 자로 전달됨을 알 수 있다.[30]

다음 단계에서는 실제로 코드를 컴파일하고 최적화한다. 앞서 컴파일러 최적화 기법을 소개하며 설명한 '공통 하위 표현식 제거'를 떠올려 보자. 이 최적화가 수행 되는 모습을 확인할 수 있는 코드를 준비했다.

코드 11-12 애플리케이션에서 공통 하위 표현식 제거가 적용된 부분

```
// 다음 코드의 공통 하위 표현식은 제거될 수 있다.
int workload(int a, int b) {
    return (a + b) * (a + b);
}
```

```
// 다음 코드의 공통 하위 표현식은 제거될 수 없다.
int workload() {
    return (getA() + getB()) * (getA() + getB());
}
```

첫 번째 코드 조각에서 a + b는 부작용 없이 한 번만 평가되도록 최적화할 수 있는 공통 하위 표현식이다.

반면 비슷한 형태의 두 번째 코드 조각은 최적화할 수 없다. getA()와 getB() 메 서드 안에서 어떤 작업을 수행하는지 정의되지 않았으므로 호출할 때마다 다른 값 을 반환하거나 프로그램 상태를 변경하는 부작용이 있을지 모르기 때문이다(예: 전 역 상태 변수 변경). 따라서 함수 호출을 유지하면서 공통 하위 표현식을 제거할 방 법은 없다.

그림 11-18은 그랄 컴파일러가 첫 번째 코드 조각에 대해 생성한 아이디얼 그래 프로, 앞의 설명을 명확하게 확인할 수 있다.

그림에서 보듯 0번째 매개 변수인 P(0)과 첫 번째 매개 변수인 P(1)의 덧셈 연산 은 한 번만 수행되고, 그 결과가 곱셈 연산에 두 번 입력된다.

이어서 그림 11-19는 두 번째 코드로 생성된 아이디얼 그래프다.

---

30 P(0)는 값이 0인 매개 변수(parameter)를 뜻하며, C(3)은 값이 3인 상수(constant)를 뜻한다.

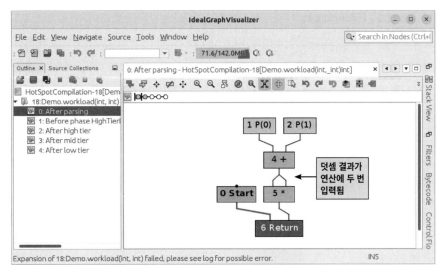

그림 11-18 아이디얼 그래프 4

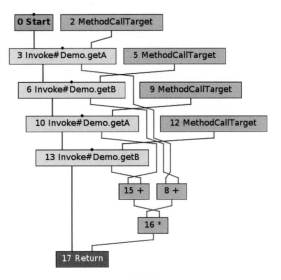

그림 11-19 아이디얼 그래프 5

그림에서 빨간(책에서는 두꺼운) 선은 제어 흐름을, 파란(책에서는 얇은) 선은 데 이터 흐름을 나타낸다. 제어 흐름을 보면 네 개의 메서드 호출이 모두 실행되고 있 으며, 데이터 흐름을 보면 두 번의 덧셈이 독립적으로 수행됨을 확인할 수 있다. 즉, 공통 하위 표현식이 제거되지 않았다.

11.5.5 코드 최적화와 생성

이제 독자들도 그랄 컴파일러의 아이디얼 그래프 중간 표현이 소스 코드와 어떻게 매칭되는지 이해할 수 있을 것이다. 그렇다면 그랄 컴파일러는 바이트코드로부터 아이디얼 그래프를 어떻게 만들어 낼까? 그리고 아이디얼 그래프를 가지고 어떻게 코드를 최적화할까?

그림 11-20에서 볼 수 있듯이 일반적인 자바 프로그램도 그랄 컴파일러가 생성하는 아이디얼 그래프를 쉽게 확인할 수 있다. Outline 뷰에서 아이디얼 그래프를 생성하는 메서드는 createGraph()이며, JVMCI의 진입 메서드인 compileMethod()에서 createGraph()까지의 호출 관계를 쉽게 찾아볼 수 있다. createGraph()는 perform Compilation() 안에서 호출하고, performCompilation()은 compileMethod()에서 호출한다.

그림 11-20 아이디얼 그래프를 생성하는 메서드

createGraph()의 코드 역시 매우 명확하다. StructuredGraph::Builder()의 생성자를 호출하여 아이디얼 그래프를 생성하는데 여기서 주목할 점은 두 가지다.

첫 번째는 아이디얼 그래프 자체의 데이터 구조다. 이는 비어 있지 않은 노드의 집합이며 노드들은 ValueNode의 하위 클래스들로 표현된다. 다시 x + y 표현식의 예로 돌아오면, 더하기 연산자는 org.graalvm.compiler.nodes.calc.AddNode 노드로 표현된다. 그림 11-21의 Type Hierarchy 뷰에서 덧셈 연산은 이진 산술 연산 노드(BinaryArithmeticNode<OP>)의 하위 클래스임을 알 수 있다. 이진 산술 연산 노드는 다시 이진 연산자 노드(BinaryNode)의 하위이며 모든 연산자의 공통 상위 클래스가 바로 ValueNode다. ValueNode는 값을 반환할 수 있는 노드를 뜻한다.

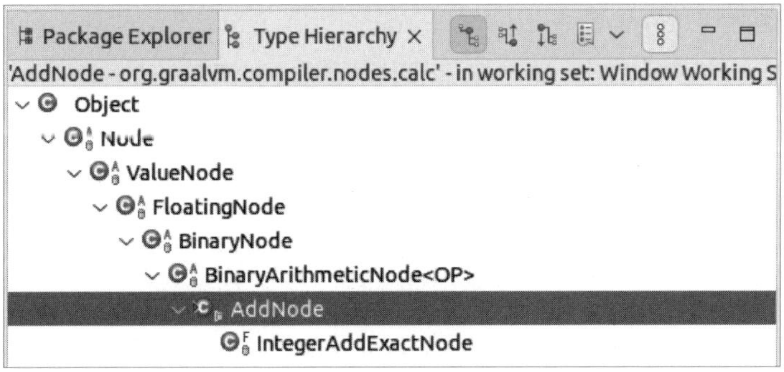

그림 11-21 노드들의 상속 관계

두 번째는 바이트코드를 아이디얼 그래프로 변환하는 방법이다. 이 과정은 바이트코드 분석기 역할을 하는 `org.graalvm.compiler.java.BytecodeParser`가 담당한다. 이 분석기는 《자바 가상 머신 명세》가 정의한 `iadd` 연산자 규칙에 따라 정수 덧셈 연산을 수행한다. 즉, 피연산자 두 개를 스택 프레임에서 꺼내 와서 더하고 결과를 다시 스택에 푸시한다. `BytecodeParser::genArithmeticOp()` 메서드를 보면 그림 11-22처럼 실제로도 이 규칙대로 동작함을 알 수 있다.

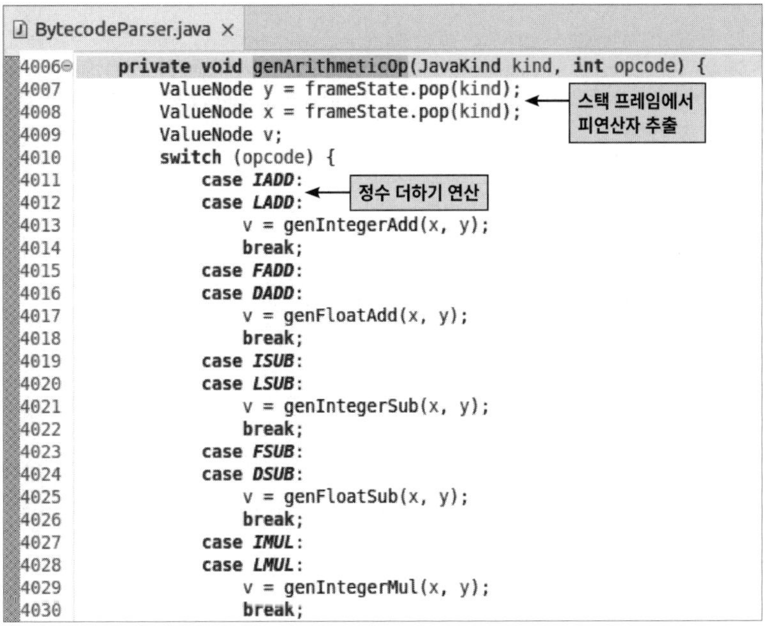
```
    private void genArithmeticOp(JavaKind kind, int opcode) {
        ValueNode y = frameState.pop(kind);
        ValueNode x = frameState.pop(kind);
        ValueNode v;
        switch (opcode) {
            case IADD:
            case LADD:
                v = genIntegerAdd(x, y);
                break;
            case FADD:
            case DADD:
                v = genFloatAdd(x, y);
                break;
            case ISUB:
            case LSUB:
                v = genIntegerSub(x, y);
                break;
            case FSUB:
            case DSUB:
                v = genFloatSub(x, y);
                break;
            case IMUL:
            case LMUL:
                v = genIntegerMul(x, y);
                break;
```


그림 11-22 BytecodeParser가 구현한 iadd 연산자

genIntegerAdd()의 코드는 다음과 같다. 보다시피 두 피연산자를 AddNode의 create() 메서드에 전달하여 ValueNode 인스턴스를 생성하는 메서드다.

```
protected ValueNode genIntegerAdd(ValueNode x, ValueNode y) {
    return AddNode.create(x, y, NodeView.DEFAULT);
}
```

모든 아이디얼 그래프 노드는 중요한 작업 두 가지를 수행한다. '정규화'와 '네이티브 코드 생성'이다. 네이티브 코드 생성은 이름만으로 자명하니 따로 설명하지 않겠다. 한편 정규화는 아이디얼 그래프의 크기를 줄이는 방법이다. 다시 말해 아이디얼 그래프를 기반으로 코드를 최적화하기 위해 취해야 할 조치를 말한다. 이 두 작업은 컴파일러가 수행하는 가장 기본적인 작업인 코드 최적화와 코드 번역에 해당한다.

AddNode의 정규화는 canonical() 메서드에서 구현하고, 네이티브 코드 생성은 generate() 메서드에서 구현한다. 다음의 AddNode::create() 메서드에서 알 수 있듯이, 노드를 생성할 때 canonical() 메서드를 호출하여 그래프를 정규화하고 크기를 줄이려 시도한다.

```
public static ValueNode create(ValueNode x, ValueNode y, NodeView view) {
    BinaryOp<Add> op = ArithmeticOpTable.forStamp(x.stamp(view)).getAdd();
    Stamp stamp = op.foldStamp(x.stamp(view), y.stamp(view));
    ConstantNode tryConstantFold = tryConstantFold(op, x, y, stamp, view);
    if (tryConstantFold != null) {
        return tryConstantFold;
    }
    if (x.isConstant() && !y.isConstant()) {
        return canonical(null, op, y, x, view, false);  // 정규화
    } else {
        return canonical(null, op, x, y, view, false);  // 정규화
    }
}
```

AddNode의 canonical() 메서드에서는 아이디얼 그래프의 크기를 줄이기 위해 많은 노력을 기울인다. 두 정수를 더하는 간단한 연산에서도 상수 접기, 상수 병합, 부호 병합 등의 최적화를 시도하는 것이다.

- 상수 접기: 피연산자가 모두 상수면 결과 상수 노드를 직접 반환
- 상수 병합: 예컨대 a + 1 + 2를 a + 3으로 병합

- 부호 병합: 예컨대 a − b + b 또는 b + a − b처럼 부호만 반대인 노드가 있다면 병합해 제거하여 a로 만듦

canonical()은 매우 큰 메서드라 책에는 싣지 않았으니 소스 코드를 직접 훑어보기 바란다.

아이디얼 그래프의 정규화는 범위가 연산자 하나로 국한되지 않고 전체를 살피므로 많은 최적화를 수행한다. 이 작업은 org.graalvm.compiler.phases.common. CanonicalizerPhase 클래스가 담당한다. 앞 절에서 살펴본 공통 하위 표현식 제거는 CanonicalizerPhase::tryGlobalValueNumbering() 메서드에서 구현되며, 메서드 이름에서 알 수 있듯이 전역 최적화다. 이 메서드의 논리는 매우 명확하다. 아이디얼 그래프에서 제거 가능한 산술 하위 표현식을 발견하면 중복 노드를 찾아 치환하여 제거한다. 다음은 해당 부분의 실제 코드다.

```
public boolean tryGlobalValueNumbering(Node node, NodeClass<?> nodeClass) {
    if (nodeClass.valueNumberable()) {
        Node newNode = node.graph().findDuplicate(node);
        if (newNode != null) {
            assert !(node instanceof FixedNode ||
                    newNode instanceof FixedNode);
            node.replaceAtUsagesAndDelete(newNode);
            StructuredGraph graph = (StructuredGraph) node.graph();
            graph.getOptimizationLog().report(CanonicalizerPhase.class,
                "GlobalValueNumbering", node);
            return true;
        }
    }
    return false;
}
```

다음은 코드 생성 차례다. 그랄 컴파일러는 아이디얼 그래프로부터 네이티브 코드를 직접 생성하지는 않는다. 그 대신 다른 컴파일러와 마찬가지로 특정 하드웨어 명령어 집합과 관련한 중간 표현인 LIR을 먼저 생성한 다음 핫스팟 통합 백엔드로 넘기고 이 백엔드에서 네이티브 코드를 생성한다. 예를 들어 산술 연산은 org.graalvm.compiler.lir.gen.ArithmeticLIRGeneratorTool의 emitAdd() 메서드에서 처리한다. LIR을 구현한 클래스에서는 그랄 컴파일러가 지원하는 플랫폼들을 확인할 수 있다. 이 책 집필 시점의 그랄 컴파일러는 AArch64와 AMD64 명령어 집합에 대한 LIR만 제공한다.

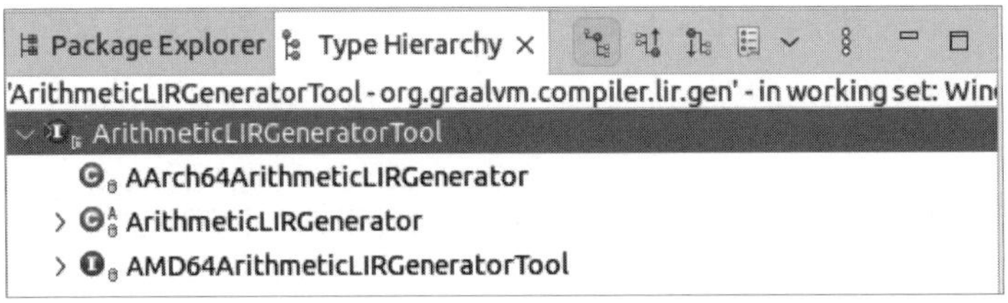

그림 11-23 그랄이 지원하는 대상 플랫폼별 LIR 생성기들

코드를 제대로 해석했는지 확인하기 위해 AddNode의 생성 코드를 약간 변경하여 더하기 대신 빼기 어셈블리 명령어를 생성해 보자. 즉, AddNode::generate() 메서드를 다음처럼 변경한다.

```
class AddNode {
    void generate(...) {
        ... gen.emitSub(op1, op2, false) ... // 원래는 emitAdd()를 호출한다.
    }
}
```

그런 다음 mx build로 컴파일러를 다시 빌드하고, -XX:+PrintAssembly 매개 변수를 추가하여 가상 머신을 실행한다. LIR으로부터 실제 네이티브 코드로의 변환이 핫스팟에서 처리되기 때문에 11.2절에서 실습했을 때와 같이 어셈블리 코드를 출력해 볼 수 있다.

```
$ mx build
$ mx vm -XX:-TieredCompilation -XX:+UnlockDiagnosticVMOptions
-XX:+PrintAssembly -XX:CompileOnly=Demo::workload Demo
```

수정 전 AddNode에서 생성된 어셈블리 코드는 다음과 같다.

```
0x00007f9bf1ebcde4:    nop
0x00007f9bf1ebcde5:    mov    r10d,DWORD PTR [rsp+0x4]
0x00007f9bf1ebcdea:    add    r10d,eax    ;*iadd {reexecute=0 rethrow=0 return_oop=0}
                                          ; - Demo::workload@6 (line 14)
0x00007f9bf1ebcded:    mov    DWORD PTR [rsp+0x4],r10d
```

수정 후 결과는 다음과 같다.

```
0x00007f9bf1ebcde4:    nop
0x00007f9bf1ebcde5:    mov    r10d,DWORD PTR [rsp+0x4]
0x00007f9bf1ebcdea:    sub    r10d,eax    ;*iadd {reexecute=0 rethrow=0 return_oop=0}
                                          ; - Demo::workload@6 (line 14)
0x00007f9bf1ebcded:    mov    DWORD PTR [rsp+0x4],r10d
```

보다시피 그랄 컴파일러가 sub 어셈블리 코드를 생성했다. 우리가 코드를 정확히 분석했다는 뜻이다.

이번 절을 쓰면서 나는 그랄 컴파일러의 출현이 가상 머신의 코드 컴파일 기술을 배우고 연구하는 데 매우 중요하다고 생각하지 않을 수 없었다. 이 책의 2판을 집필할 당시에는 비슷한 실습을 하려면 C++로 작성된 매우 복잡한 서버 컴파일러(C2) 외에는 대안이 없었다.

11.6 마치며

이번 장에서는 두 가지 주요 백엔드 컴파일러인 JIT와 AOT 컴파일러를 배우며 AOT 컴파일러가 다시 등장한 이유와 장단점을 살펴보았다.

JIT 컴파일러와 관련해서는 핫스팟 탐지 방법, 컴파일 촉발 조건, 가상 머신 외부에서 JIT 컴파일과 그 결과를 관찰하고 분석하는 방법을 알아보았다. 또한 보편적인 컴파일러 최적화 기법 몇 가지를 선별해 설명했다.

자바 컴파일러를 깊이 이해한다면 실무에서 컴파일러가 최적화하기 유리한 코드를 알아보고 그렇게 작성하는 데 도움이 된다.

이것으로 4부를 마친다. 다음 장부터는 '효율적인 동시성'을 주제로 자바 메모리 모델, 스레드, 락 최적화 등의 이야기가 시작된다.

5부

효율적인
동시성

최근 들어 동시 처리를 광범위하게 사용하려는 추세를 볼 수 있는데
동시 처리는 인간이 컴퓨터의 계산 능력을 극한으로 활용하는 가장 강력한 무기다.

12장

자바 메모리 모델과 스레드

12.1 들어가며

멀티태스킹은 요즘 컴퓨터 운영 체제에서 없어서는 안 될 기능이다. 컴퓨터가 여러 작업을 동시에 수행하도록 하는 이유는 컴퓨터의 연산 능력이 뛰어나기 때문만은 아니다. 또 한 가지 매우 중요한 이유는 바로 컴퓨터의 연산 성능과 저장·통신 성능(디스크 I/O, 네트워크 통신, 데이터베이스 접근 등)의 격차가 너무 크기 때문이다. 프로세서가 요청한 자원을 기다리며 대부분의 시간을 빈둥거리지 않게 하려면, 그 시간에 무언가 다른 일을 시킬 방법을 찾아야 한다. 이럴 때 컴퓨터가 동시에 여러 작업을 처리하도록 하는 것이 잠재 성능을 최대한 끌어 쓰는 가장 생각하기 쉽고 효과적인 수단이다.

서버는 프로세서 성능을 최대한 활용하는 것 외에도, 서비스를 여러 클라이언트에 동시에 제공해야 한다. 서비스의 중요한 성능 지표인 초당 트랜잭션(이하 TPS)은 서버가 1초에 응답할 수 있는 요청 수의 평균이다. TPS는 프로그램의 동시성 기능과 매우 밀접하다. 계산량이 똑같은 작업을 수행한다면 프로그램이 스레드를 동시에 더 많이 운용할수록 자연스럽게 효율이 높아진다. 반대로 같은 데이터를 두고 스레드끼리 자주 경합하여 다른 스레드를 멈춰 세우거나 교착 상태에 빠지면 동시성이 크게 감소한다.

서버 애플리케이션은 자바 언어가 가장 잘할 수 있는 영역에 속하며, 실세로 사바 애플리케이션 중 가장 큰 비중을 차지한다.[1] 하지만 동시성 프로그래밍은 서버 애플리케이션 개발에서 가장 어려운 기술에 속한다. 동시성 문제를 제대로 처리하려면 대체로 코딩 경험도 더 많이 필요하다.

다행히도 자바 언어와 가상 머신은 동시성 프로그래밍의 어려움을 상당히 낮춰 주는 도구를 많이 제공한다. 다양한 미들웨어와 프레임워크 또한 개발자가 비즈니스 로직에 집중할 수 있도록 동시성과 관련된 복잡한 내용을 최대한 숨겨 준다. 즉, 얼마나 많은 사람이 서비스를 동시에 호출할 수 있는지, 데이터 경합은 어떻게 처리할지, 하드웨어 자원은 어떻게 분배해 사용할지 등에 신경 쓰지 않도록 해 준다.

하지만 아무리 좋은 언어, 미들웨어, 프레임워크를 쓰더라도 모든 일을 마법처럼 해결할 수 있으리라 기대해서는 안 된다. 그래서 동시성 이해하기는 고급 개발자로 성장하기 위한 필수 과정이다.

'효율적인 동시성'이 자바 가상 머신을 여행하는 이 책의 마지막 주제다. 이제부터 가상 머신이 멀티스레딩을 구현하는 방법과 스레드들이 데이터를 공유하거나 데이터를 놓고 경합하며 발생하는 다양한 문제와 그 해결책을 선보일 것이다.

12.2 하드웨어에서의 효율과 일관성

자바 가상 머신의 동시성을 설명하기에 앞서, 물리적인 컴퓨터의 동시성 문제를 생각해 보자. 물리 머신에서 맞닥뜨리는 동시성 문제는 가상 머신의 동시성 문제와 비슷한 점이 많다. 그래서 물리 머신에서의 해법이 가상 머신을 구현할 때도 도움이 되는 일이 많다.

'컴퓨터가 여러 작업을 동시에 실행하게 하라'와 '컴퓨터 프로세서 성능을 최대한 끌어 써라'의 인과 관계는 당연해 보이지만 사실 생각만큼 단순하지 않다. 이 문제를 복잡하게 만드는 주된 원인은 컴퓨팅 작업이 단순히 프로세서의 '컴퓨팅(연산)'만으로 이루어질 수 없다는 데 있다. 프로세서는 데이터를 읽고 작업 결과를 저장해야 하므로 적어도 메모리는 반드시 필요하다. 메모리 I/O는 없애기가 매우 어렵다(모든 컴퓨팅 작업을 레지스터만 사용해 완료하기는 어렵다). 그런데 메모리는 프로세서에 비해 속도가 너무 느리기 때문에 현대적인 컴퓨터에서는 둘 사이에 캐시 계층을 하나 이상 둔다. 필요한 데이터를 캐시에 복사해 두어 작업을 빠르게 수

---

1 코드양 기준이다. 서버 애플리케이션을 모바일 앱과 절대 숫자로 비교하는 건 공평하지 못하다.

행하고, 작업이 완료되면 결과 데이터를 캐시에서 메모리로 동기화한다. 프로세서는 메모리의 느린 I/O를 기다릴 필요가 없어진다.

이처럼 캐시를 활용하면 프로세서와 메모리 속도의 격차 문제가 원만하게 해결된다. 하지만 컴퓨터 시스템이 그만큼 복잡해져서 캐시 일관성(cache coherence)이라는 새로운 문제를 낳는다. 멀티프로세서 시스템에서는 프로세서 각각이 자신만의 캐시를 갖춘 채 똑같은 메인 메모리를 공유한다. 이런 시스템을 '공유 메모리 멀티프로세서 시스템'이라 한다. 구성은 그림 12-1과 같다.

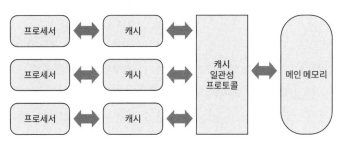

그림 12-1 프로세서, 캐시, 메인 메모리 사이의 상호 작용

여러 프로세서가 메인 메모리의 같은 영역을 보며 작업하더라도 프로세서별 캐시 데이터는 서로 다를 수 있다. 이 경우 데이터를 메인 메모리로 동기화할 때 어느 프로세서의 데이터를 기준으로 삼아야 할까?

일관성 문제를 해결하려면 프로세서가 캐시를 이용할 때 정해진 프로토콜을 따라야 한다. 대표적인 프로토콜로는 MSI, MESI(일리노이 프로토콜), MOSI, 시냅스(Synapse), 파이어플라이(Firefly), 드래곤 프로토콜(Dragon Protocol) 등이 있다. 이번 장부터 자주 접할 용어인 '메모리 모델'은 특정 프로토콜을 이용하여 특정 메모리나 캐시를 읽고 쓰는 절차를 말한다. 아키텍처가 다른 물리 머신들은 일반적으로 메모리 모델도 다르다. 그리고 자바 가상 머신은 이번 절에서 설명하는 메모리 및 캐시 접근 방식과 매우 비슷한 자체 메모리 모델을 지니고 있다.

캐시를 늘리는 방법 말고도 비순차 실행 최적화(out-of-order execution optimization)로도 프로세서의 컴퓨팅 능력을 더 끌어낼 수 있다. 비순차 실행이란 프로세서가 명령어를 실행하는 순서가 입력 코드에 기술된 명령어 순서와 다를 수 있다는 뜻이다. 물론 프로세서는 이렇게 실행한 결과가 순차적으로 실행했을 때의 결과와 같도록 재구성한다. 프로세서의 비순차 실행 최적화와 비슷하게, 자바 가상 머신의 JIT 컴파일러는 명령어 재정렬(instruction reorder)이라는 최적화를 수행한다.

12.3 자바 메모리 모델

《자바 가상 머신 명세》는 다양한 하드웨어와 운영 체제의 서로 다른 메모리 모델로부터 자바 프로그램을 보호하고자 따로 자바 메모리 모델을 정의했다.[2] 이 모델 덕분에 자바 프로그램은 플랫폼에 상관없이 메모리를 일관된 방식으로 이용할 수 있다.

한편 C·C++ 같은 언어는 하드웨어와 운영 체제의 메모리 모델을 직접 사용한다. 그래서 한 플랫폼에서는 문제없이 동작하는 프로그램이 다른 플랫폼에서는 동작하지 않아서 플랫폼별로 맞춤 제작해야 하는 일이 많다.

자바 메모리 모델을 정의하는 일은 결코 쉽지 않다. 여러 스레드가 메모리에 동시에 접근해도 모든 작업이 명확하게 이루어지도록 엄격하게 정의해야 한다. 그와 동시에 가상 머신에서 하드웨어의 다양한 기능(레지스터, 캐시, 명령어 집합의 특정 명령어 등)을 십분 활용하여 성능을 높일 수 있는 여지도 남겨 두어야 한다. 그래서 자바 메모리 모델은 오랜 검증과 개정을 거쳐 JDK 5에 와서야 마침내 완성되었다.

12.3.1 메인 메모리와 작업 메모리

자바 메모리 모델의 주된 목적은 프로그램에서 다양한 변수에 접근하는 규칙을 정하는 것이다. 즉, 가상 머신의 메모리에서 변수에 값을 저장하고 가져오는 저수준의 세세한 정보에 중점을 둔다. 여기서 말하는 변수는 자바 프로그래밍에서 말하는 변수와 다르다. 지금 말하는 변수에는 인스턴스 필드, 정적 필드, 배열 객체의 원소는 포함되지만 지역 변수와 메서드 매개 변수는 포함되지 않는다. 후자는 스레드별 고유 공간을 활용[3]하므로 다른 스레드와 경합하지 않기 때문이다. 자바 메모리 모델은 가상 머신의 실행 엔진과 JIT 컴파일러의 성능 최적화를 막지 않는다. 예를 들어 실행 엔진은 프로세서의 특정 레지스터와 캐시를 적극 활용할 수 있고, JIT 컴파일러는 명령어 재정렬과 같은 최적화를 수행할 수 있다.

자바 메모리 모델은 모든 변수가 메인 메모리에 저장된다고 규정한다. 여기서 메

---

2 《자바 가상 머신 명세》 2판까지는 'Threads and Locks'라는 장을 두어 메모리 모델을 설명했다. 하지만 내용이 어렵고 모호해서 자주 개정되다가 3판(자바 SE 7)부터는 가상 머신 명세에서 분리하여 'JSR 133: Java Memory Model and Thread Specification'으로 독립적으로 관리하기 시작했다.

3 개념을 잘 구별해야 한다. 지역 변수가 참조형이면 참조하는 객체는 자바 힙에 위치하여 다른 스레드와 공유되지만, 참조 자체는 자바 스택의 지역 변수 테이블에 위치하여 공유되지 않는다.

인 메모리는 물리적인 메인 메모리가 아니라 가상 머신이 관리하는 메모리를 말한다. 그리고 각 스레드는 자체 작업 메모리를 갖는다. 작업 메모리는 프로세서의 캐시와 비슷한 역할을 한다. 작업 메모리에는 해당 스레드가 사용하는 변수가 저장된 메인 메모리의 복사본이 담겨 있다. 스레드가 변수를 읽고 쓰는 모든 연산은 작업 메모리에서 수행되며[4] 메인 메모리의 데이터는 직접 읽고 쓸 수 없다.[5] 또한 스레드끼리는 서로의 작업 메모리에 있는 변수에 직접 접근할 수 없다. 반드시 메인 메모리를 거쳐 값을 전송해야 한다. 스레드, 메인 메모리, 작업 메모리 사이의 상호 작용은 그림 12-2와 같다. 앞의 그림 12-1과 비교해 보자.

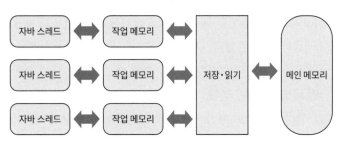

그림 12-2 스레드, 메인 메모리, 작업 메모리 사이의 상호 작용

지금 이야기하는 메인 메모리와 작업 메모리 개념은 2장에서 이야기한 자바 힙, 스택, 메서드 영역과 아무런 관련이 없다. 전혀 다른 수준의 구분 방식이다. 군이 비교하자면 메인 메모리는 자바 힙 중 객체 인스턴스 데이터 부분에, 작업 메모리는 가상 머신 스택 영역의 일부에 속한다고 볼 수 있다.

더 기본적인 수준에서 이야기하면 메인 메모리는 하드웨어 메모리에 대응하며, 작업 메모리는 레지스터와 캐시에 대응한다. 실제로 가상 머신은 프로그램 실행 성능을 높이기 위해 (마치 하드웨어 자체나 운영 체제에서 하는 최적화처럼) 작업 메모리를 레지스터나 캐시에 미리 저장해 둔다. 프로그램이 실행 중에 주로 이용하는 메모리가 작업 메모리이기 때문이다.

---

4 스레드가 10MB 크기의 객체에 접근하려 하면 메모리를 10MB나 복사해야 할까? 물론 그렇지 않다. 스레드가 이용하는 객체의 참조나 필드는 복사될 수 있지만, 가상 머신이 객체 전체를 복사하지는 않는다.

5 volatile 변수는 (나중에 설명할) 특별한 작업 순서 때문에 메인 메모리에서 직접 읽고 쓰는 듯 보이지만, 《자바 가상 머신 명세》의 규정대로 이 역시 작업 메모리에 복사본이 존재한다. 따라서 volatile 변수라도 지금 설명에서 예외일 수 없다.

12.3.2 메모리 간 상호 작용

메인 메모리와 작업 메모리 사이의 프로토콜, 즉 메인 메모리에서 작업 메모리로 변수를 복사하고 작업 메모리의 내용을 메인 메모리로 다시 동기화하는 구체적인 방법을 자바 메모리 모델은 다음과 같이 여덟 가지로 정의했다. 자바 가상 머신은 각 단계의 연산이 원자적으로 이루어지도록 보장해야 한다(double과 long 배열의 적재, 저장, 읽기, 쓰기 연산은 일부 플랫폼에서 예외를 허용한다. 12.3.4절 참고).

- 잠금[6](lock): 메인 메모리에 존재하는 변수를 특정 스레드만 사용할 수 있는 상태로 만든다.
- 잠금 해제(unlock): 잠겨 있는 변수를 잠금 해제한다. 잠금이 해제된 변수는 다른 스레드에 의해 잠길 수 있다.
- 읽기(read): 뒤이어 수행되는 적재 연산을 위해 메인 메모리의 변숫값을 특정 스레드의 작업 메모리로 전송한다.
- 적재(load): 읽기 연산으로 메인 메모리에서 얻어온 값을 작업 메모리의 변수에 복사해 넣는다.
- 사용(use): 작업 메모리의 변숫값을 실행 엔진으로 전달한다. 가상 머신이 변숫값을 사용하는 바이트코드 명령어를 만날 때마다 실행된다.
- 할당(assign): 실행 엔진에서 받은 값을 작업 메모리의 변수에 할당한다. 가상 머신이 변수에 값을 할당하는 바이트코드 명령어를 만날 때마다 실행된다.
- 저장(store): 뒤이어 수행되는 쓰기 연산을 위해 작업 메모리의 변숫값을 메인 메모리로 전송한다.
- 쓰기(write): 저장 연산으로 작업 메모리에서 얻어온 값을 메인 메모리의 변수에 기록한다.

메인 메모리에서 작업 메모리로 변수를 복사하려면 읽기와 적재를 순서대로 수행해야 한다. 반대로 작업 메모리의 변수를 다시 메인 메모리로 동기화하려면 저장과 쓰기를 순서대로 수행해야 한다. 그런데 '순서대로' 수행되어야 할 뿐 '바로 이어서' 수행될 필요는 없다. 즉, 읽기와 적재 사이, 저장과 쓰기 사이에 다른 연산이 수행

---

6 (옮긴이) 다른 곳에서는 그냥 '락'으로 옮겼지만, 여기서는 자바 메모리 모델의 연산임을 명확히 하기 위해 '잠금'으로 구분해 번역했다.

될 수도 있다. 예를 들어 메인 메모리의 변수 a와 b를 읽는다면 'a 읽기 → b 읽기 → b 적재 → a 적재' 순서로 실행해도 된다.

추가로 다음은 앞의 여덟 가지 기본 연산을 수행할 때 지켜야 하는 규칙들이다.

- 읽기와 적재, 저장과 쓰기는 단독으로 수행될 수 없다. 변수를 메인 메모리에서 읽기만 하고 작업 메모리에 적재하지 않으면 안 된다는 뜻이다. 마찬가지로 작업 메모리의 변수에 값을 저장한 다음, 메인 메모리에 쓰지 않아도 안 된다.
- 스레드는 최근 할당 연산을 버릴 수 없다. 즉, 작업 메모리에서 변숫값이 변경되면 메인 메모리로 동기화해야 한다.
- 스레드는 작업 메모리의 데이터를 아무 이유 없이(할당 없이) 메인 메모리로 동기화할 수 없다.
- 변수는 메인 메모리에서만 새로 생겨날 수 있으며, 작업 메모리에 있는 초기화되지 않은(적재되거나 할당되지 않은) 변수를 곧바로 사용할 수 없다. 즉, 변수를 사용하거나 저장하기 전에 할당과 적재가 이루어져야 한다.
- 변수는 한 번에 한 스레드만 잠글 수 있다. 하지만 같은 스레드라면 여러 번 잠글 수 있다. 잠금이 여러 번 되었다면 잠금 해제 역시 똑같은 횟수를 수행해야 최종 해제된다.
- 변수를 잠그면 작업 메모리의 변숫값은 지워진다. 실행 엔진이 변수를 사용하려면 적재 또는 할당을 다시 실행하여 변숫값을 초기화해야 한다.
- 잠겨 있지 않은 변수나 다른 스레드가 잠근 변수에 대해서는 잠금 해제 연산을 수행할 수 없다.
- 잠금을 해제하려면 변수를 메인 메모리로 동기화해야 한다(저장과 쓰기).

이상의 메모리 접근 연산과 규칙 그리고 다음 절에서 소개할 volatile 관련 특별 규칙까지 종합하면 자바 프로그램의 어떤 메모리 접근 연산이 동시성 작업에 안전한지 정확하게 설명할 수 있다. 이상의 정의는 매우 엄격하면서 번거롭고 구현하기 까다롭다. 벌써부터 멀티스레드 프로그래밍에 두려움이 생긴 독자들이 있을지도 모르겠다. 그래서 자바 설계진은 자바 메모리 모델의 연산을 네 가지 유형(읽기, 쓰기, 잠금, 잠금 해제)으로 단순화했다. 하지만 어디까지나 언어 설명 차원에서 단순화일 뿐 메모리 모델의 내부 설계가 달라지지는 않았다. 심지어 단순화한 네 가지 유형조차 일반 개발자가 읽고 활용하기에는 여전히 불편하다.

하지만 너무 걱정할 필요는 없다. 가상 머신 개발자를 제외한 다른 개발자가 동시성을 이 정도 깊이까지 고민할 이유는 없기 때문이다. 자바 메모리 모델에서 규정한 정의를 이해하는 정도면 충분하다. 참고로 12.3.6절에서는 이 정의에 기초해 동시성 환경에서 특정 작업이 안전한지 결정짓는 데 사용되는 원칙을 소개할 것이다.

12.3.3 volatile 변수용 특별 규칙

volatile 키워드는 자바 가상 머신이 제공하는 가장 가벼운 동기화 메커니즘이다. 하지만 완벽하게 이해하기는 쉽지 않아서 스레드들이 데이터를 놓고 경합할 때 volatile 대신 synchronized를 주로 활용하는 개발자가 많다. volatile을 제대로 이해하면 나중에 설명할 멀티스레드 작업을 다룰 때 많은 도움이 된다. 그래서 이번 절에서는 volatile이 정말 어떤 의미인지 설명하는 데 지면을 할애하겠다.

자바 메모리 모델은 volatile을 위한 특별한 접근 규칙을 몇 가지 정의했다. 먼저 이 키워드의 역할을 이해하기 쉬운 언어로 설명해 보겠다. 변수가 volatile로 정의되면 두 가지 특성을 갖게 된다.

첫째, 모든 스레드에서 이 변수를 투명하게 볼 수 있다. 이를 "가시성을 보장한다"라고 말하며, 한 스레드가 값을 수정하면 다른 스레드들도 새로운 값을 즉시 알게 된다는 뜻이다. 일반 변수는 이런 특성을 보장받지 못한다. 일반 변수는 값이 메인 메모리를 거쳐 전달된다. 예를 들어 스레드 A가 수정한 공유 변수의 값을 스레드 B가 확인하려면, 먼저 A가 수정된 값을 메인 메모리에 기록(write back)한 다음 B가 메인 메모리를 다시 읽어 와야 한다.

그래서 많은 개발자가 volatile 변수를 다음과 같이 오해하고 있다.

> "volatile 변수는 모든 스레드에서 즉시 볼 수 있으며, volatile 변수에 가해지는 모든 쓰기는 즉시 다른 스레드들에 반영된다. 다시 말해 volatile 변수의 값은 모든 스레드에서 일관되므로 volatile 변수를 사용한 작업은 동시성 환경에서 안전하다."

이 문장의 근거 부분은 틀리지 않았지만 "volatile 변수를 사용한 작업은 동시성 환경에서 안전하다"라는 결론은 과장이다. 각 스레드의 작업 메모리에서는 volatile 변수의 일관성에 문제가 없다(물리적 저장소 관점에서 보면 각 스레드의 작업 메모리에 적재된 volatile 변수들도 일치하지 않을 수 있다. 다만 사용하기 전에 매번 새로 고치므로 실행 엔진이 일관되지 않은 값을 사용할 일은 없다). 하지만 자바의 산술 연산자가 원자적이 아니라서 volatile 변수라도 멀티스레드 환경에서 완벽하게 안전하지는 못하다. 간단한 예를 들어 이유를 설명해 보겠다.

코드 12-1 volatile 변수 증가 연산 테스트[7]

```java
public class VolatileTest {
    public static volatile int race = 0;

    public static void increase() {
        race++;
    }

    private static final int THREADS_COUNT = 20;

    public static void main(String[] args) {
        Thread[] threads = new Thread[THREADS_COUNT];
        for (int i = 0; i < THREADS_COUNT; i++) {
            threads[i] = new Thread(new Runnable() {
                @Override
                public void run() {
                    for (int i = 0; i < 10000; i++) {
                        increase();
                    }
                }
            });
            threads[i].start();
        }

        // 다른 모든 스레드가 종료할 때까지 대기
        while (Thread.activeCount() > 1)
            Thread.yield();

        System.out.println(race);
    }
}
```

이 코드는 20개의 스레드를 시작하고 각 스레드는 race 변수의 증가 연산자를 1만 번 수행한다. 스레드들이 모두 올바르게 실행된다면 최종 출력은 200,000이어야

---

7 IntelliJ IDEA에서 이 코드를 실행하면 "Monitor Ctrl-Break"라는 스레드를 자동으로 생성하여 while 문이 종료되지 않으니 주의하자(이름이 말해 주듯이 Ctrl-Break 인터럽트 신호를 모니터링하는 스레드라는 뜻이다). while 문의 비교 조건을 2로 바꾸거나 yield() 대신 Thread::join() 메서드를 사용하면 문제가 해결된다.

한다. 하지만 실행해 보면 매번 결과가 다르고 200,000보다 작은 값이 출력됨을 확인할 수 있다. 이유가 무엇일까?

문제는 증가 연산 race++에 있다. 이 코드를 javap로 디컴파일하면 코드 12-2를 얻을 수 있다. 자바 코드에서는 한 줄뿐이던 increase() 메서드가 바이트코드에서는 명령어 4개로 구성됨을 알 수 있다(return 명령어는 race++와 관련 없으므로 제외).

코드 12-2 VolatileTest의 바이트코드

```
public static void increase();
    Code:
      stack=2, locals=0, args_size=0
          0: getstatic      #7                        // Field race:I
          3: iconst_1
          4: iadd
          5: putstatic      #7                        // Field race:I
          8: return
      LineNumberTable:
        line 11: 0
        line 12: 8
```

바이트코드를 분석해 보면 동시성 실패의 원인을 쉽게 찾을 수 있다. getstatic 명령어가 race 값을 피연산자 스택에서 가져올 때 volatile 키워드 때문에 race 값이 올바른지 확인하게 된다. 하지만 iconst_1과 iadd 등의 명령어를 실행하는 동안 다른 스레드가 race 값을 변경하면 피연산자 스택의 race 값은 변경 전 값이 된다. 따라서 putstatic 명령어가 실행될 때는 이전 값에 기반한 계산 결과를 메인 메모리에 동기화하는 일이 벌어질 수 있다.

현실적으로 바이트코드만으로 동시성 문제를 분석하는 데는 한계가 있다. 바이트코드 명령어 한 개가 반드시 원자적으로 수행된다는 보장은 없기 때문이다. 바이트코드 명령어가 해석되고 실행될 때 인터프리터는 명령어를 본래 의미대로 정확하게 이행하기 위해 기계어 코드 여러 개를 실행하기도 한다. 바이트코드 명령어 하나도 결국 기계어 명령어 여러 개로 변환되어 실행될 수 있다는 뜻이다. 그래서 –XX:+PrintAssembly 매개 변수를 이용하여 디스어셈블한 코드를 살펴보면 분석을 더 정확하게 할 수 있다. 하지만 지금 예에서는 바이트코드만으로 문제를 잘 설명할 수 있기도 하고, 독자들의 편의도 생각하여 바이트코드를 기준으로 설명하겠다.

volatile 변수는 가시성만 보장하기 때문에 다음 두 규칙을 충족하지 못하는 시나리오에서는 락을 활용하여 원자성을 보장해야 한다. 여기서 락이란 synchro nized 키워드나 java.util.concurrent 패키지와 원자적 클래스의 락들을 말한다.

- 연산 결과가 변수의 현재 값과는 무관하거나 변수의 값을 수정하는 스레드가 하나뿐임을 보장한다.
- 다른 상태 변수와 관련한 불변성 제약 조건에 관여하지 않는다.

코드 12-3은 동시성 제어에 volatile을 이용하는 게 매우 적합한 시나리오를 보여 준다. 이 코드는 shutdown() 메서드가 호출되면 모든 스레드에서 실행 중인 doWork() 메서드가 즉시 종료됨을 보장한다.

코드 12-3 volatile 사용 시나리오

```
volatile boolean shutdownRequested;

public void shutdown() {
    shutdownRequested = true;
}

public void doWork() {
    while (!shutdownRequested) {
        // 비즈니스 로직
    }
}
```

volatile로 선언한 변수의 두 번째 특성은 명령어 재정렬 최적화를 막아 준다는 것이다. 일반 변수는 메서드 실행 중 할당 결과를 이용해야 하는 모든 위치에서 올바른 결과를 얻는다는 점만 보장될 뿐, 변수 할당 작업의 실행 순서가 프로그램 코드 순서와 같다는 보장은 없다. 이러한 명령어 재정렬은 같은 스레드에서 메서드를 실행하는 동안에는 탐지할 수 없다. 그래서 자바 메모리 모델에서는 이른바 '스레드 안에서는 순차적인 시맨틱(within-thread as-if-serial semantics)'이라 한다.

지금까지의 설명도 여전히 이해하기 어려울 것이다. 명령어 재정렬이 프로그램의 동시 실행을 방해할 수 있는 이유를 이번에도 예를 하나 들어 살펴보자.

코드 12-4 명령어 재정렬 예(의사 코드)

```
Map configOptions;
char[] configText;
// 이 변수는 반드시 volatile로 선언한다.
volatile boolean initialized = false;
```

```
// 다음 코드가 스레드 A에서 실행된다고 가정하자.
// 설정 정보 읽기 시뮬레이션:
// - 읽기가 완료되면, initialized 변수를 true로 설정하여
// '설정을 읽어 가도 좋다'고 다른 스레드들에 통보한다.
configOptions = new HashMap();
configText = readConfigFile(fileName);
processConfigOptions(configText, configOptions);
initialized = true;

// 다음 코드가 스레드 B에서 실행된다고 가정하자.
// initialized가 true가 될 때까지, 즉 스레드 A가 설정 초기화를 마칠 때까지 기다린다.
while (!initialized) {
    sleep();
}
// 스레드 A가 초기화한 설정 정보를 이용한다.
doSomethingWithConfig();
```

코드 12-4는 문제의 시나리오를 설명하기 위한 의사 코드다. 개발하다 보면 설정 정보를 읽는 일은 매우 흔하다. 다만 설정 파일을 다룰 때 여러 스레드가 경합하는 상황은 드물기 때문에 설정을 읽을 때도 이따금 문제가 생길 수 있다는 사실을 잘 알지 못한다.

많은 사람이 initialized 변수를 volatile로 지정하지 않은 이유가 명령어 재정렬 최적화 때문이라고 짐작할 것이다. 명령어 재정렬이 이루어지면 스레드 A의 마지막 코드 initialized = true가 조기 실행되도록 하여[8] 이 변수를 사용하는 스레드 B의 코드에서 오류가 날 수 있다. 하지만 volatile 키워드가 이 상황을 막아 준다.[9]

명령어 재정렬은 동시성 프로그래밍에서 가장 혼란스러운 영역에 속한다. 다음 코드 12-5는 volatile 키워드가 명령어 재정렬 최적화를 막는 방법을 분석할 수 있는 또 다른 예다. 앞의 의사 코드와 달리 이번에는 실제로 작동하는 코드다. 일반적인 DCL 싱글턴[10] 코드로, volatile 키워드가 있을 때와 없을 때의 어셈블리 코드를 비교해 보자(JIT 컴파일러의 어셈블리 코드를 얻는 방법은 4.4절 참고).

---

8 여기에서는 자바 언어로 된 의사 코드를 사용했지만 재정렬 최적화는 기계어 수준의 최적화다. 한편 조기 실행이란 이 문장에 해당하는 어셈블리 코드가 미리 실행된다는 뜻이다.

9 volatile을 이용한 명령어 재정렬 방지는 JDK 5에 와서야 완벽하게 구현되었기 때문에 이전 JDK에서는 volatile로 지정해도 명령어 재정렬 문제를 완전히 피할 수 없었다(주로 volatile 변수 전후의 코드는 여전히 재정렬 문제를 겪었다). JDK 5 이전에는 자바에서 DCL을 이용해도 싱글턴 패턴을 안전하게 구현할 수 없던 이유이기도 하다.

10 DCL은 다양한 언어에서 널리 쓰이는 싱글턴 생성 패턴이다.

코드 12-5 DCL 싱글턴 패턴

```java
public class Singleton {
    private volatile static Singleton instance;

    public static Singleton getInstance() {
        if (instance == null) {
            synchronized (Singleton.class) {
                if (instance == null) {
                    instance = new Singleton();
                }
            }
        }
        return instance;
    }

    public static void main(String[] args) {
            Singleton.getInstance();
    }
}
```

컴파일 후 이 코드에서 인스턴스 변수를 할당하는 부분은 코드 12-6과 같다.

코드 12-6 인스턴스 변수에 할당

```
0x01a3de0f: mov     $0x3375cdb0,%esi       ;...beb0cd75 33
                                           ;   {oop('Singleton')}
0x01a3de14: mov     %eax,0x150(%esi)       ;...89865001 0000
0x01a3de1a: shr     $0x9,%esi              ;...c1ee09
0x01a3de1d: movb    $0x0,0x1104800(%esi)   ;...c6860048 100100
0x01a3de24: lock addl $0x0,(%esp)          ;...f0830424 00
                                           ;*putstatic instance
                                           ; - Singleton::getInstance@24
```

주요 변경점은 volatile 여부다. 변수를 volatile로 지정한 후에는 lock addl $0x0,(%esp) 작업이 추가로 수행되는데, 바로 메모리 장벽과 같은 기능을 한다(메모리 장벽은 장벽 뒤의 명령어를 장벽 앞으로 재정렬할 수 없도록 막는다. 3장에서 가비지 컬렉터가 변수 접근을 잡아내는 데 사용하는 메모리 장벽과는 다른 개념이다). 메모리에 접근하는 프로세서가 하나뿐이라면 메모리 장벽은 필요 없다. 하지만 둘 이상의 프로세서가 같은 메모리 영역에 접근하고, 그중 하나가 다른 프로세서가 기록하는 데이터를 이용하는 상황이라면 일관성을 보장하기 위해 메모리 장벽이 필요하다.

addl $0x0,(%esp) 명령은 'ESP 레지스터 값에 0을 추가하라'는 뜻이라서 노옵을 뜻한다. 노옵 전용 명령어인 nop 대신 이 명령어를 이용하는 이유는 IA32 매뉴얼에서 nop 명령어는 lock 접두어와 함께 사용할 수 없다고 규정하기 때문이다. 여기서 핵심은 lock 접두어다. IA32 매뉴얼을 보면 lock 접두어는 프로세서의 캐시를 메인 메모리에 쓰는 기능을 하며, 이 쓰기 작업은 다른 프로세서(또는 코어)가 자신의 캐시를 무효화하게 한다. 즉, 캐시에 있는 변수에 대해 앞에서 설명한 자바 메모리 모델에서 언급한 '저장 및 쓰기' 연산을 수행하는 것과 같다.[11] 따라서 이 노옵 명령 덕분에 이전 volatile 변수의 수정 사항을 다른 프로세서에서 즉시 볼 수 있다.

그렇다면 이 기능이 명령어 재정렬을 막아 준다고 이야기하는 이유는 무엇일까? 하드웨어 아키텍처 관점에서 명령어 재정렬이란 프로세서가 명령어들을 각 명령어 처리 유닛에 독립적으로 보냄으로써 명령어들을 프로그램에서 지정한 순서와 다르게 처리하는 기능이다. 하지만 프로그램의 '의미'를 임의로 바꾸는 것은 아니다. 프로세서는 프로그램이 올바른 실행 결과를 얻을 수 있도록 명령어 사이의 의존 관계를 정확하게 따져 처리해야 한다. 예컨대 다음과 같은 프로그램이 있다고 해 보자.

- 명령어 1: 주소 A의 값에 10을 더한다.
- 명령어 2: 주소 A의 값에 2를 곱한다.
- 명령어 3: 주소 B의 값에서 3을 뺀다.

이때 명령어 2는 명령어 1에 의존하므로 둘의 순서는 재정렬할 수 없다. $(A + 10) * 2$와 $A * 2 + 10$의 결과는 분명히 다르다. 하지만 나중에 A와 B의 값에 의존하는 연산을 수행할 때 프로세서가 A와 B의 정확한 값을 얻을 수 있는 한, 명령어 3은 1과 2의 앞이나 중간 어디로든 재정렬될 수 있다. 이런 식으로 한 프로세서에서는 재정렬된 코드라도 실행 결과는 달라지지 않는다. 따라서 addl $0x0,(%esp) 명령어가 수정 사항을 메모리에 동기화할 때는 이전의 모든 작업이 수행되었음을 뜻하므로 '명령어 재정렬은 메모리 장벽을 넘을 수 없다'는 효과가 생겨난다.

volatile의 의미를 이제 이해했다. 이어서 동시 실행 환경에서 안전성을 보장해 주는 많은 도구 중 왜 volatile이 중요한지 알아보자.

먼저 다른 동기화 도구보다 코드를 더 빠르게 실행한다. volatile은 특정 상황에

---

11 더그 리가 정리한 프로세서 아키텍처별 메모리 장벽 명령어 목록 참고: *https://gee.cs.oswego.edu/dl/jmm/cookbook.html*

서 락 방식보다 성능이 좋다(java.util.concurrent 패키지는 synchronized 키워드나 락을 사용한다). 하지만 가상 머신이 필요 없는 락을 제거하는 등 다양한 최적화를 진행하기 때문에 volatile이 얼마나 빠를지 정확히 계산하기는 어렵다.

volatile 변수의 읽기 성능은 일반 변수와 거의 같다. 하지만 쓰기는 더 느릴 수 있다. 프로세서가 명령어를 재정렬하지 못하도록 하기 위해 네이티브 코드에 메모리 장벽 명령어를 다수 끼워 넣기 때문이다. 그럼에도 대부분의 상황에서 전체 부하는 여전히 락보다 적다. 그러니 volatile의 기능(의미)이 당면한 시나리오의 요구를 충족시키지 못하는 상황이 아니라면 락 대신 volatile을 선택하자.

끝으로 자바 메모리 모델에서 규정한 volatile 변수용 특별 규칙을 다시 살펴보자. T가 스레드, V와 W가 volatile 변수라면 읽기, 적재, 사용, 할당, 저장, 쓰기 연산 시 다음 규칙을 따라야 한다.

- 스레드 T가 변수 V를 사용하려면 T가 V에 수행한 이전 연산이 적재여야 한다. 그리고 T가 V를 적재하려면 T가 V에 수행한 마지막 연산이 사용이어야 한다. T가 V를 사용한다는 것은 T가 V를 적재 후 읽는 연산과 관련이 있다고 간주할 수 있으므로 반드시 연달아 등장해야 한다.

  ⇒ 작업 메모리에서 변수 V가 사용될 때마다 V의 변경 사항을 다른 스레드에서 볼 수 있도록 메인 메모리의 값을 최신 값으로 새로 고쳐야 한다는 뜻이다.

- 스레드 T가 변수 V를 저장하려면 T가 V에 수행한 이전 연산이 할당이어야 한다. 그리고 T가 V를 할당하려면 T가 V에 수행한 마지막 연산이 저장이어야 한다. T가 V를 할당한다는 것은 T가 V를 저장한 후 쓰는 연산과 관련이 있다고 간주할 수 있으므로 반드시 연달아 등장해야 한다.

  ⇒ 작업 메모리에서 V가 수정될 때마다 메인 메모리로 즉시 동기화되어 다른 스레드가 V의 변경 사항을 볼 수 있도록 보장한다는 뜻이다.

- 액션 A, F, P, B, G, Q를 다음과 같이 정의하자.
  - 액션 A: 스레드 T가 변수 V에 수행한 사용 또는 할당
  - 액션 F: 액션 A와 관련한 적재 또는 저장
  - 액션 P: 액션 F에 해당하는 변수 V에 대한 읽기 또는 쓰기
  - 액션 B: 스레드 T가 변수 W를 사용 또는 할당

- 액션 G: 액션 B와 관련한 적재 또는 저장
- 액션 Q: 액션 G에 해당하는 변수 W에 대한 읽기 또는 쓰기

이때 A가 B보다 앞서면 P가 Q보다 앞선다.

⇒ volatile 변수가 명령어 재정렬에 의해 최적화되지 않도록 하여 코드 실행 순서가 프로그램에서 정의한 순서가 같도록 보장한다는 뜻이다.

12.3.4 long과 double 변수용 특별 규칙

자바 메모리 모델에서는 잠금, 잠금 해제, 읽기, 적재, 할당, 사용, 저장, 쓰기 연산이 모두 원자적이어야 한다. 하지만 64비트 데이터 타입인 long과 double에는 좀더 느슨한 특별 규칙이 적용된다. 가상 머신은 volatile로 지정되지 않은 64비트 데이터의 읽기와 쓰기는 32비트 연산 2개로 나눠 처리할 수 있다. 즉, 64비트 데이터의 적재, 저장, 읽기, 쓰기 연산의 원자성을 보장할지 여부를 가상 머신이 선택할수 있다. 이를 가리켜 이른바 'long과 double 변수의 비원자적 처리'라고 한다.

volatile로 선언되지 않은 long 또는 double 변수를 여러 스레드가 공유하고 동시에 읽고 수정한다면 어떤 문제가 생길까? 일부 스레드는 원래 값도 아니고 다른 스레드가 수정한 값도 아닌 '반만 수정된' 값을 읽을 수 있다. 하지만 이런 상황은 현실에서 거의 일어나지 않는다. 실험 결과 현재 주류 플랫폼의 상용 64비트 가상 머신에서는 비원자적 접근이 일어나지 않았다.[12]

하지만 32비트 x86 플랫폼용 핫스팟 가상 머신 등 일부 32비트 자바 가상 머신에서는 long 타입 데이터를 비원자적으로 처리할 위험이 있다. JDK 9부터 핫스팟 가상 머신은 모든 데이터 타입에 원자적으로 접근하도록 하는 실험적 매개 변수 -XX:+AlwaysAtomicAccesses를 추가했다(자바 메모리 모델의 개정안인 JEP 188의 일환이다).

한편 double 타입의 경우, 요즘 프로세서들은 대체로 부동 소수점 데이터 전용 유닛을 탑재하고 있어서 32비트 가상 머신이라 해도 비원자적 접근 문제는 일어나지 않는다.

이상의 이유들로 스레드 경합이 일어날 것이 뻔한 상황이 아니라면 단지 변수가 long 또는 double 타입이라고 해서 volatile로 선언할 필요는 없다.

---

12 ARMv6, ARMv7, x86, x86-64, PowerPC 등에서 검증함. 실험 출처: *https://shipilev.net/blog/2014/all-accesses -are-atomic*

12.3.5 원자성, 가시성, 실행 순서

지금까지 자바 메모리 모델과 관련한 연산과 규칙을 소개했으니 이제부터 이 모델이 전체적인 특징을 알아보자. 자바 메모리 모델은 동시성 처리에서 원자성, 가시성, 실행 순서를 어떻게 처리하는지로 구성된다. 이 세 가지 특성을 구현하는 연산들을 차례로 살펴보자.

원자성

자바 메모리 모델이 직접 보장하는 원자적 변수 연산은 읽기, 적재, 할당, 사용, 저장, 쓰기다. 기본 데이터 타입으로의 접근, 즉 읽기와 쓰기는 대체로 원자적이라고 생각할 수 있다. 물론 long과 double은 비원자적일 수 있다. 하지만 드문 예외이니 너무 신경 쓸 필요 없이 '그럴 수 있다'는 사실을 알고만 있어도 충분하다.

애플리케이션 수준에서 원자성을 더 넓은 범위로 보장해야 할 때를 위해 자바 메모리 모델은 잠금과 잠금 해제 연산을 제공한다. 가상 머신이 사용자에게 잠금과 잠금 해제 연산을 직접 제공하지는 않고, 그 대신 한 단계 추상화된 바이트코드 명령어인 monitorenter와 monitorexit를 이용하도록 했다. 이 두 명령어는 자바 코드에서 synchronized 키워드로 동기화한 블록에 해당한다. 그래서 동기화된 블록 전체가 원자적으로 수행된다.

가시성

가시성이란 공유 변수의 값을 한 스레드가 수정하면 수정 결과를 다른 스레드가 즉시 알 수 있다는 뜻이다. 앞에서 volatile 변수를 설명하며 자세히 알아보았다. 자바 메모리 모델은 변숫값이 수정되면 새로운 값을 메인 메모리에 즉시 동기화하고, 작업 메모리의 변숫값을 읽을 때 메인 메모리로부터 값을 갱신하는 식으로 가시성을 확보한다. 일반 변수든 volatile 변수든 마찬가지다. 다만 volatile 변수용 특별 규칙에 의해 volatile 변수는 새로운 값을 즉시 메인 메모리로 동기화하고, 이를 사용할 때마다 즉시 메인 메모리에서 새로 고치도록 한다. 따라서 volatile 변수는 멀티스레드 환경에서도 가시성을 보장하지만 일반 변수는 보장하지 않는다고 할 수 있다.

자바에는 가시성 확보용 키워드가 volatile 말고도 두 개 더 있다. 바로 synchronized와 final이다.

synchronized 블록의 가시성은 "변수의 잠금을 해제하기 전에 변수의 값을 메인 메모리로 다시 동기화해야 한다(저장과 쓰기 수행)"라는 규칙으로 확보된다.

한편 final 키워드가 가시성을 보장한다는 의미는 다음과 같다. final 필드는 생성자에서 초기화된다. 또한 스레드는 생성이 완벽하게 끝나지 않은 객체의 참조 (this)를 다른 스레드에 전달할 수 없다(this 참조가 탈출하면 다른 스레드가 '반만 초기화된' 객체에 접근할 수 있으므로 매우 위험하다). 따라서 모든 여타 스레드는 초기화가 완료된 final 필드의 값을 보게 된다. 다음 코드에서 변수 i와 j는 모두 가시성이 확보되어 다른 스레드에서 동기화 없이 올바르게 접근할 수 있다.

코드 12-7 final과 가시성

```
public static final int i;
public final int j;

static {
    i = 0;
    // 이하 동작 생략
}

{
    // 또는 생성자에서 초기화해도 됨
    j = 0;
    // 이하 동작 생략
}
```

실행 순서

자바 메모리 모델의 실행 순서에 대해서는 앞서 volatile을 설명할 때 자세히 다루었다. 자바 프로그램의 명령어 실행 순서는 다음처럼 요약할 수 있다.

> "현재 스레드에서 보면 모든 연산이 순서대로 수행된다. 하지만 다른 스레드에서 보면 순서가 다를 수 있다."

이 중 두 번째 문장은 '명령어 재정렬'과 '작업 메모리와 메인 메모리 사이의 동기화 지연' 현상을 의미한다.

자바 언어는 스레드 사이에서도 작업 순서를 보장하기 위해 volatile과 synchronized 키워드를 제공한다. volatile은 그 자체에 "명령어 재정렬을 금지한다"라는 의미를 포함하며, synchronized는 "락을 소유한 단 하나의 스레드만이 변수에 접근할 수 있다"라는 규칙에 의거해 작업 순서를 정한다. 즉, synchronized 블록 두 개가 같은 락을 공유한다면 반드시 순서대로 수행된다.

이상으로 동시성 확보를 위한 중요한 특성 세 가지를 모두 소개했다. 세 가지 특성이 모두 필요하면 synchronized 키워드가 멋진 해결책이 되어 준다. synchronized는 만능으로 보이며 실제로 대부분의 동시성 제어는 synchronized로 가능하다. 하지만 이러한 다재다능함은 개발자들이 sycnronized를 남용하도록 부추겨서 프로그램 성능을 크게 떨어뜨리기도 한다. 이 주제는 다음 장에서 가상 머신의 락 최적화를 이야기하며 더 풀어 보겠다.

12.3.6 선 발생 원칙

자바 메모리 모델에서 모든 실행 순서를 volatile과 synchronized로만 처리한다면 많은 연산이 매우 장황해진다. 다행히 자바는 선 발생 원칙을 따르기 때문에 동시성 코드를 작성할 때 이런 장황함을 인식하지 못한다. 선 발생 원칙은 데이터 경합 발생 여부와 스레드 안전성을 확인하는 데 매우 유용한 수단이다. 이 원칙을 따르면 몇 가지 간단한 규칙만으로 동시성 환경에서 두 작업의 충돌 가능성 판단 문제를 모두 해결할 수 있다. 다시 말해 자바 메모리 모델의 복잡한 정의에 얽매이지 않아도 된다.

그렇다면 선 발생 원칙이란 무엇인가? '선 발생'이란 자바 메모리 모델에서 정의된 두 작업의 수행 순서 관계를 말한다. 예를 들어 "작업 A는 작업 B보다 선 발생한다"라고 하면 "작업 B가 수행되기 전에 작업 A의 영향(수행 결과)을 작업 B에서 관찰할 수 있다"라는 뜻이다. 이때 '영향'은 공유 변수의 값 변경, 메시지 전송, 메서드 호출 등을 모두 포괄한다. 문장 자체는 어렵지 않지만 정확히 무슨 의미일까? 예를 준비했다.

코드 12-8 선 발생 원칙 예(1)

```
i = 1;  // 스레드 A에서 수행
j = i;  // 스레드 B에서 수행
i = 2;  // 스레드 C에서 수행
```

스레드 A의 연산 i = 1이 스레드 B의 연산 j = i보다 먼저 발생해야 한다고 가정하자. 그러면 B의 연산이 실행된 후 변수 j의 값은 1이라고 결론지을 수 있다. 이러한 결론에 이른 근거는 두 가지다.

1. 선 발생 원칙에 따라 i = 1의 결과를 관찰할 수 있다.
2. 스레드 C는 아직 등장하지 않았으며 스레드 A의 작업이 완료된 후 다른 스레드가 변수 i의 값을 수정하지 않았다.

이제 스레드 C까지 고려해 보자. A와 B 사이의 선후 관계는 유지한 채, C가 A와 B의 작업 중간에 끼어든다고 해 보자. C와 B 사이에 선 발생 관계가 없다면 j의 값은 몇일까? 정답은 '확실하지 않다'이다. C가 변수 i에 미치는 영향을 B가 관찰할 수도, 못할 수도 있기 때문에 i의 값은 1 또는 2 모두 될 수 있다. 결국 B는 낡은 데이터를 읽을 위험이 있으므로 멀티스레드 환경에서 안전하지 못하다.

다음 목록은 '자연스러운' 선 발생 관계다. 동기화 장치의 지원 없이 이루어지며 코딩에 직접 활용할 수 있다. 한편 두 작업 사이의 관계가 다음 목록에 없고 이 목록으로부터 추론할 수도 없다면, 실행 순서가 보장되지 않는다는 뜻이다. 즉, 가상 머신이 마음대로 순서를 바꿀 수 있다.

- 프로그램 순서 규칙: 한 스레드 안에서는 '제어 흐름 순서'에 따라 앞의 연산이 뒤따르는 연산보다 선 발생한다. 분기와 순환문 같은 구조까지 고려되기 때문에 프로그램 코드 순서가 아니라 제어 흐름 순서가 기준이다.
- 모니터 락 규칙: 잠금 해제 연산은 '같은 락'에 대한 잠금 연산보다 선 발생한다. 여기서는 '같은 락'이 중요하며 순서는 '시간 순서'다.
- 휘발성 변수 규칙: volatile 변수의 쓰기 연산은 같은 변수에 대한 읽기 연산보다 선 발생한다. 여기서 순서는 '시간 순서'다.
- 스레드 시작 규칙: Thread 객체의 start() 메서드는 해당 스레드의 어떤 작업보다도 선 발생한다.
- 스레드 종료 규칙: 스레드의 모든 작업은 해당 스레드의 종료 감지보다 선 발생한다. 스레드가 종료되었는지 여부는 Thread::join() 메서드나 Thread::isAlive() 메서드의 반환값으로 감지할 수 있다.
- 스레드 인터럽트 규칙: Thread의 interrupt() 메서드 호출은 인터럽트되는 스레드가 인터럽트 이벤트 발생 감지보다 선 발생한다. 인터럽트 여부는 Thread::interrupted() 메서드로 감지할 수 있다.
- 종료자 규칙: 객체 초기화(생성자 수행 완료)는 finalize() 메서드 시작보다 선 발생한다.

- 전이성: 연산 A가 연산 B보다 선 발생하고, 연산 B가 연산 C보다 선 발생한다면, A가 C보다 선 발생한다고 결론지을 수 있다.

자바 언어는 어떠한 동기화 수단의 지원 없이도 이상의 선 발생 규칙들을 보장한다. 이제부터 이 규칙들을 이용하여 연산이 순차적인지 결정하는 방법을 알아보자. 여기서 공유 변수를 읽고 쓰는 연산은 스레드 안전하다고 가정하자. 이번 예를 통해 '시간 순서'와 '선 발생'의 차이를 느낄 수 있을 것이다.

코드 12-9 선 발생 원칙 예(2)

```
private int value = 0;

pubilc void setValue(int value){
    this.value = value;
}

public int getValue(){
    return value;
}
```

코드 12-9는 일반적인 게터/세터 조합을 보여 준다. 스레드 A와 B가 있다고 가정하고, 코드를 다음 순서로 실행한다고 해 보자.

1. A가 setValue(1) 호출
2. B가 같은 객체의 getValue() 호출

그렇다면 스레드 B가 얻는 반환값은 무엇일까? 앞의 선 발생 규칙들을 차례대로 대입하여 분석해 보자.

- 두 메서드는 서로 다른 스레드에 의해 호출되므로 프로그램 순서 규칙은 여기에 적용되지 않는다.
- 동기화 블록이 없기 때문에 잠금 및 잠금 해제 연산이 수행되지 않으므로 모니터 락 규칙도 적용되지 않는다.
- value 변수는 volatile이 아니므로 휘발성 변수 규칙도 적용되지 않는다.
- 이어지는 스레드 시작, 종료, 인터럽트 규칙과 종료자 규칙 역시 지금 문제와는 전혀 관련이 없다.
- 적용 가능한 선 발생 규칙이 없기 때문에 마지막 전이성도 문제가 되지 않는다.

따라서 스레드 A가 B보다 먼저 수행되더라도 B가 getValue()로 얻는 결과는 알 수 없다. 결국 이 작업은 멀티스레드 환경에서 안전하지 않다.

이 작업을 스레드 안전하게 만들려면 어떻게 해야 할까? 간단한 선택지가 최소 두 가지는 있다. 모니터 락 규칙을 적용할 수 있도록 게터/세터 메서드를 synchronized 메서드로 만들거나 value를 volatile 변수로 선언하면 된다. 그런데 세터 메서드는 현재 값에 상관없이 값을 덮어쓰므로 지금 시나리오에서는 volatile 키워드만으로 충분하다. 이렇게 하면 휘발성 변수 규칙을 적용하여 선 발생 관계를 만들어 낼 수 있다.

앞의 예에서 '시간상 먼저 발생'하는 작업이 '선 발생'하는 작업을 의미하지는 않는다고 결론지을 수 있다. 그렇다면 작업이 '선 발생'하면 '시간상 먼저 발생'해야 한다는 추론은 가능한가? 불행히도 이 추론도 성립하지 않는다. 다음 예에서 설명할 '명령어 재정렬' 때문이다.

코드 12-10 선 발생 원칙 예(3)

```
// 다음 연산들이 같은 스레드에서 수행됨
int i = 1;
int j = 2;
```

이 코드에서 두 할당문이 같은 스레드에서 실행된다고 해 보자. 프로그램 순서 규칙에 따르면 int i = 1 연산이 int j = 2보다 선 발생한다. 하지만 CPU에서는 int j = 2가 먼저 실행될 수 있다. 다행히 이 사실을 스레드가 인식할 방법이 없기 때문에 선 발생 원칙의 정확성에는 영향을 주지 않는다.

이상의 두 예를 종합하면 다음과 같다. 기본적으로 시간 순서와 선 발생 원칙 사이에는 인과 관계가 없다. 따라서 동시성 안전 문제를 분석할 때는 시간 순서에 얽매여서는 안 된다. 모든 것은 선 발생 원칙에 기초해야 한다.

12.4 자바와 스레드

동시성이라고 해서 반드시 멀티스레딩을 뜻하지는 않는다. 예를 들어 PHP에서는 멀티프로세스 동시성이 매우 일반적이다. 하지만 자바에서 동시성은 기본적으로 스레드와 분리해 이야기할 수 없다. 이 책은 자바 가상 머신의 특징을 다루기 때문에 먼저 가상 머신에서 자바 스레드가 어떻게 구현되는지부터 시작하겠다.

12.4.1 스레드 구현

스레드는 프로세스보다 가벼운 스케줄링 단위다. 자원 할당과 실행 스케줄링 측면에서 스레드와 프로세스는 차이가 있다. 스레드 각각은 프로세스 자원(메모리 주소, 파일 I/O 등)을 공유할 수 있으며 독립적으로 스케줄링된다. JDK 20까지 자바에서는 스레드가 프로세서 자원 스케줄링의 최소 단위다. 하지만 JDK 21에 와서는 가상 스레드를 성공적으로 도입해 상황이 달라졌다. 가상 스레드는 자바 역사에서 매우 최근 변화이므로 12.5절에서 따로 알아보기로 하고, 이번 절에서는 전통적인 자바 스레드를 기준으로 설명하겠다.

주류 운영 체제는 모두 스레드를 제공하며, 자바 언어의 스레드는 다양한 하드웨어와 운영 체제에서 운용할 수 있는 통합된 개념이다. start() 메서드가 호출된 후 아직 종료되기 전인 모든 java.lang.Thread 클래스의 인스턴스가 바로 하나의 스레드다. 그런데 Thread 클래스는 대부분의 다른 자바 클래스 라이브러리 API와 이질적이고, 핵심 메서드 모두가 네이티브 코드로 구현되었다. 네이티브 메서드로 구현한 이유는 물론 실행 효율 때문일 수도 있지만, 플랫폼 독립적 수단만으로는 구현할 수 없어서인 경우도 있다. 그래서 이번 절의 제목이 '자바 스레드 구현'이 아닌 '스레드 구현'이다. 이후로 소개하는 구현 방법에서도 자바의 기술적 배경은 뒤로 하고, 일반 애플리케이션 관점에서 스레드가 구현되는 방식을 살펴보겠다.

스레드 구현 방법은 크게 세 가지다. 커널 스레드 구현(1:1 구현)을 이용하거나, 사용자 스레드 구현(1:N 구현)을 이용하거나, 사용자 스레드와 경량 프로세스의 하이브리드 구현(M:N 구현)을 이용하는 방법이다. 하나씩 들여다보자.

커널 스레드 구현

커널 스레드를 이용하는 구현을 1:1 구현이라고도 한다. 커널 스레드는 운영 체제 커널에서 직접 지원하는 스레드이며, 스레드의 작업을 각 프로세서에 매핑하는 역할을 한다. 커널 스레드 각각은 커널의 복제본으로 생각할 수 있다. 따라서 운영 체제는 여러 가지 일을 동시에 처리할 수 있다. 멀티스레딩을 지원하는 커널을 멀티스레드 커널이라 한다.

프로그램은 일반적으로 커널 스레드를 직접 사용하지 않고, 그 대신 커널 스레드의 고수준 인터페이스인 경량 프로세스를 이용한다. 경량 프로세스란 우리가 일반적으로 스레드라고 부르는 것이다. 경량 프로세스 각각은 커널 스레드의 도움을 받기 때문에 커널 스레드가 먼저 지원되어야 경량 프로세스도 존재할 수 있다. 경량 프로세스와 커널 스레드 사이의 1:1 관계를 일대일 스레딩 모델이라 한다.

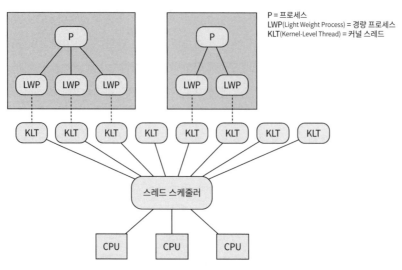

그림 12-3 경량 프로세스와 커널 스레드는 1:1 관계

커널 스레드의 도움으로 경량 프로세스 각각은 독립된 단위로 스케줄링된다. 경량 프로세스 하나가 시스템 호출에서 블록되더라도 전체 프로세스는 영향을 받지 않고 계속 작동한다.

경량 프로세스는 다음과 같은 두 가지 한계를 지닌다.

첫째, 커널 스레드를 기반으로 구현되기 때문에 생성, 소멸, 동기화 등 다양한 스레드 연산이 시스템 호출로 이루어진다. 시스템 호출은 사용자 모드와 커널 모드 전환을 수반하기 때문에 실행 비용이 상대적으로 높다.

둘째, 경량 프로세스 하나가 커널 스레드 하나에 매핑되기 때문에 경량 프로세스는 일정량의 커널 자원을 소모한다(예: 커널 스레드의 스택 공간). 따라서 시스템이 지원할 수 있는 경량 프로세스 개수에는 제한이 있다.

사용자 스레드 구현

사용자 스레드를 이용하는 구현을 1:N 구현이라고도 한다.

'넓은 의미'에서 커널 스레드가 아닌 이상 모든 스레드는 일종의 사용자 스레드로 볼 수 있으므로 경량 프로세스 역시 사용자 스레드에 속한다. 하지만 경량 프로세스는 항상 커널을 기반으로 하며 많은 연산을 시스템 호출에 의존한다. 즉, 효율이 좋지 못하여 일반적인 의미의 사용자 스레드가 주는 이점이 없다.

'좁은 의미'의 사용자 스레드는 온전히 사용자 공간에서 구현되는 스레드 라이브러리를 가리킨다. 따라서 운영 체제 커널은 사용자 스레드의 존재와 구현 방법을 알지 못한다. 사용자 스레드의 생성, 소멸, 동기화, 스케줄링은 모두 커널의 도움 없이 온전히 사용자 공간에서 처리된다. 제대로 구현하면 커널 모드로 전환할 필요가 전혀 없다. 매우 빠르고 저렴하여 더 많은 스레드를 지원할 수 있다는 뜻이다. 그래서 일부 고성능 데이터베이스는 멀티스레딩을 사용자 스레드로 구현한다. 프로세스와 사용자 스레드 사이의 이러한 1:N 관계를 일대다 스레딩 모델이라 한다.

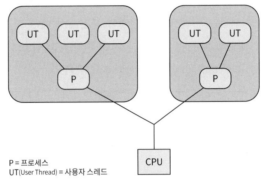

P = 프로세스
UT(User Thread) = 사용자 스레드

그림 12-4 프로세스와 사용자 스레드는 1:N 관계

사용자 스레드의 장점은 시스템 커널의 지원이 필요 없다는 것인데, 단점 역시 시스템 커널의 지원을 받지 못한다는 것이다. 스레드의 생성, 소멸, 동기화, 스케줄링 등 모든 작업을 사용자 프로그램 자체에서 처리해야 한다. 특히 운영 체제는 프로세서 자원을 프로세스에만 할당하기 때문에 '블로킹 처리'와 '멀티프로세서 시스템에서 스레드를 특정 프로세서에 매핑' 같은 문제를 해결하기가 매우 어렵다. 일부는 불가능하기까지 하다.

사용자 스레드로 구현된 프로그램은 일반적으로 복잡하다.[13] 그래서 특별한 요구 사항이 없는 한, 일반적인 애플리케이션에서 사용자 스레드는 잘 사용하지 않는다. 자바와 루비 언어는 한때 사용자 스레드를 사용했으나 결국 포기했다. 하지만 최근

---

13 여기서 말하는 '복잡하다' 또는 '기본적인 스레드 관련 작업을 프로그램 자체에서 처리한다'의 대상은 사용자 스레드 구현에 필요한 복잡한 코드를 직접 작성하는 프로그램에 국한된다. 실제로 사용자 스레드를 이용하는 프로그램들은 주로 전용 스레드 라이브러리를 이용하므로 구현에 따르는 복잡성을 라이브러리가 감춰 준다.

뛰어난 동시성을 내세우는 다수의 새로운 프로그래밍 언어들에서 사용자 스레드를 사용하고 있다. 대표적으로 고 언어와 얼랭이 있다. 이 언어들 덕에 사용자 스레드 활용 비율이 다시 높아지는 추세다.

하이브리드 구현

커널 스레드와 사용자 스레드를 함께 이용하는 하이브리드 구현 방법도 있다. 이를 M:N 구현이라 한다. 하이브리드 구현에서는 사용자 스레드와 경량 프로세스가 공존한다. 사용자 스레드는 여전히 사용자 영역에 구현된다. 따라서 생성, 소멸, 스케줄링 비용이 저렴하고 감당할 수 있는 동시성 규모가 커진다. 한편 운영 체제가 제공하는 경량 프로세스는 사용자 스레드와 커널 스레드 사이에서 가교 역할을 한다. 그 덕분에 커널이 지원하는 스레드 스케줄링과 프로세서 매핑 기능을 활용할 수 있다. 또한 사용자 스레드의 시스템 호출은 온전히 경량 프로세스에 의해 수행되므로 프로세스 전체가 완전히 블록될 위험이 크게 줄어든다.

하이브리드 모드에서는 사용자 스레드와 경량 프로세스의 비율이 불확실한 N:M 관계이며, 이를 다대다 스레딩 모델이라 한다.

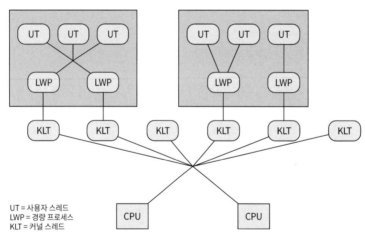

UT = 사용자 스레드
LWP = 경량 프로세스
KLT = 커널 스레드

그림 12-5 사용자 스레드와 경량 프로세스는 M:N 관계

HP-UX 같은 일부 유닉스 계열 운영 체제가 M:N 스레딩 모델을 제공하고, 이러한 운영 체제용 애플리케이션에는 M:N 스레딩 모델을 적용하기가 상대적으로 쉽다.

자바 스레드 구현

《자바 가상 머신 명세》는 자바 스레드의 구현 방식은 규정하지 않고 있으므로 가상 머신에 따라 다를 수 있다. JDK 1.2 이전 클래식 VM에서는 자바 스레드를 그린 스레드(green thread)라는 이름의 사용자 스레드로 구현했다. 하지만 JDK 1.3부터는 주류 플랫폼의 주류 가상 머신들이 운영 체제의 기본 스레드 모델(주로 일대일 스레딩 모델)을 기반으로 하는 쪽으로 선회했다.

핫스팟을 예로 들면, 자바 스레드 각각은 중간에 간접 참조 없이 운영 체제의 기본 스레드에 직접 매핑된다. 따라서 핫스팟 자체는 스레드 스케줄링에 관여하지 않고, 온전히 밑단의 운영 체제가 처리한다(스레드 우선순위를 설정하여 운영 체제에 조언할 수는 있다). 즉, 스레드를 언제 일시 정지시키거나 깨워야 하는지, 스레드에 프로세서 시간을 얼마나 할당해야 하는지, 스레드를 어떤 프로세서 코어에 배정해야 하는지 등을 모두 운영 체제가 결정하고 수행한다.

앞서 '주류' 플랫폼의 '주류' 가상 머신이라 했으니 당연히 예외가 있다는 말이다. 대표적인 예외는 자바 ME용 CLDC 핫스팟 구현(CLDC-HI, 1장 참고)이다. CLDC-HI는 두 가지 스레딩 모델을 동시에 지원한다. 기본적으로는 사용자 스레드에 기초한 1:N 스레딩 모델을 사용하며, 이때는 모든 자바 스레드가 단 하나의 커널 스레드에 매핑된다. 하지만 특별한 하이브리드 모델을 사용할 수도 있다. 이때도 자바 스레드 모두가 여전히 하나의 커널 스레드에 매핑된다. 그런데 자바 스레드가 블로킹 호출을 하면 CLDC-HI가 별도의 커널 스레드를 만들어 해당 호출을 처리하도록 맡겨 두고 다른 자바 스레드를 이어서 실행한다. 그런 다음 블로킹 호출이 완료되면 이전 자바 스레드가 계속 수행되도록 스케줄을 조정한다.

운영 체제가 어떤 스레딩 모델을 제공하느냐가 자바 가상 머신의 스레드가 매핑되는 방식에 지대한 영향을 준다. 운영 체제가 제공하지 않는 모델을 직접 구현하기는 어렵기 때문에 《자바 가상 머신 명세》에서는 자바 스레드가 작동하는 스레딩 모델을 규정하지 않았다. 스레딩 모델은 스레드의 동시성 규모와 운영 비용에만 영향을 주며, 자바 프로그램의 코드 작성과 실행에는 무관하다.

12.4.2 자바 스레드 스케줄링

스레드 스케줄링이란 시스템이 프로세서 사용 권한을 스레드에 할당하는 일이다. 주요 스케줄링 방법으로는 협력적 스케줄링과 선점형 스케줄링이 있다.

협력적 스케줄링(cooperative scheduling) 시스템에서는 스레드 실행 시간을 스레드가 스스로 제어한다. 따라서 일을 마친 스레드는 다른 스레드로 전환되도록 시스템에 적극적으로 알려야 한다.

협력적 모델의 가장 큰 이점은 두 가지다. 첫째, 구현하기 쉽다. 둘째, 일반적으로 동기화 문제가 일어나지 않는다. 스레드들은 다른 스레드로 전환하기 전에 자신이 완수해야 하는 일을 알고 있기 때문이다. 루아(Lua) 언어의 코루틴이 대표적인 예다.

물론 단점도 명확하다. 바로 스레드 실행 시간을 제어할 수 없다는 점이다. 스레드 코드에 문제가 있어서 다른 스레드로 전환하게끔 시스템에 요청하지 않는다면 프로그램이 멈춰 버린다. 과거 윈도우 3.x는 멀티태스킹을 협력적 방식으로 구현하여 매우 불안정했다. 프로세스 하나가 프로세서 실행 권한을 쥐고 놓지 않으면 시스템 전체가 먹통이 되기도 했다.

선점형 스케줄링(preemptive scheduling) 방식에서는 각 스레드의 실행 시간을 시스템이 할당한다. 스레드들은 전환 시점을 스스로 결정하지 못한다. 예를 들어 자바에는 실행 시간을 능동적으로 포기하는 Thread::yield() 메서드는 있지만, 능동적으로 가져오는 수단은 제공되지 않는다. 선점형 방식에서는 스레드 실행 시간을 시스템이 제어할 수 있어서 스레드 하나가 프로세스나 시스템 전체를 먹통으로 만드는 사태를 막을 수 있다.

자바도 선점형 스케줄링을 이용한다. 앞서 언급한 윈도우 3.x와 달리 이후 윈도우 버전에서는 선점형 방식을 채택했다. 특정 프로세스가 잘못되면 작업 관리자를 이용하여 시스템 충돌 없이 해당 프로세스만 종료할 수 있다.

자바 스레드의 스케줄링은 시스템이 자동으로 수행하지만, 특정 스레드에 더 많거나 더 적은 실행 시간을 할당하도록 운영 체제에 '권고'할 수는 있다. 스레드에 우선순위를 설정하면 된다. 자바 언어는 스레드 우선순위를 Thread.MIN_PRIORITY부터 Thread.MAX_PRIORITY까지 총 10단계로 정의한다. 실행 준비를 마친 스레드가 여러 개라면 시스템은 그중 우선순위가 높은 스레드를 선택해 실행할 가능성이 높다.

하지만 스레드 우선순위는 그리 믿을 만한 조율 방법이 아니다. 주류 가상 머신의 자바 스레드는 시스템의 기본 스레드에 매핑되기 때문에 스레드 스케줄링을 결정하는 주체는 결국 운영 체제다. 요즘 운영 체제들은 스레드 우선순위 개념을 제공하지만, 자바 스레드의 우선순위와 반드시 일치하지는 않는다. 예를 들어 윈도우가 제공하는 스레드 우선순위 단계는 겨우 일곱 가지뿐이다. 운영 체제의 우선순위 단계가 자바 스레드의 단계보다 적다면 문제가 생긴다. 자바 스레드의 우선순위 단계 여러 개가 똑같은 운영 체제 우선순위에 매핑될 수밖에 없기 때문이다. 그림 12-6은 자바 스레드 우선순위와 윈도우 스레드 우선순위의 대응 관계를 보여 준다(자바 가상 머신은 윈도우의 THREAD_PRIORITY_IDLE을 제외한 나머지 6개 단계를 사용한다).

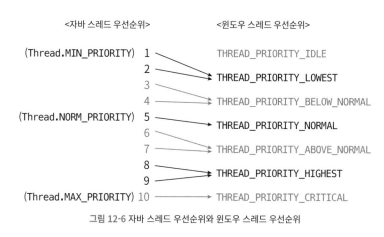

그림 12-6 자바 스레드 우선순위와 윈도우 스레드 우선순위

보다시피 자바 스레드에서 우선순위 1과 2, 3과 4, 6과 7, 8과 9는 차이가 전혀 없다.

스레드 우선순위에 너무 의존하면 안 되는 이유는 이 외에도 많다. 우선순위는 시스템에서 고정된 개념이 아니다. 예를 들어 윈도우는 우선순위 부스팅이라는 기능을 제공한다(물론 끌 수 있는 기능이다). 우선순위 부스팅은 매우 자주 실행된다고 판단되는 스레드의 우선순위를 시스템이 재정의하여 실행 시간을 더 할당하는 기능이다. 스레드 전환이 빈번하여 일어나는 성능 손실을 줄여 주는 효과가 있다. 따라서 준비된 스레드들 중 어느 스레드가 먼저 실행될지 우선순위만으로 정확하게 판단하기는 불가능하다.

12.4.3 상태 전이

자바 언어에서 스레드의 상태는 총 여섯 가지다. 어느 시점이든 스레드는 이 중 한 상태에 놓이며, 특정 메서드를 호출하여 다른 상태로 전이할 수 있다. 여섯 가지 상태는 다음과 같다.

- 신규: 스레드 생성 후 아직 시작되기 전 상태를 말한다.

- 실행 중: 운영 체제 스레드의 상태 중에서 실행 중(running)과 준비(ready)에 해당한다. 스레드가 실행 중이거나 운영 체제가 실행 시간을 할당하기를 기다리는 중이다.

- 무기한 대기: 프로세서 실행 시간이 할당되지 않았고, 다른 스레드가 명시적으로 깨워 주기를 기다리는 중이다. 다음 메서드들이 스레드를 무기한 대기 상태로 만든다.
  - 타임아웃 매개 변수를 설정하지 않은 `Object::wait()`
  - 타임아웃 매개 변수를 설정하지 않은 `Thread::join()`
  - `LockSupport::park()`

- 시간 제한 대기: 프로세서 실행 시간이 할당되지 않았으나 (다른 스레드가 명시적으로 깨워 주기를 기다릴 필요 없이) 일정 시간이 지나면 시스템에 의해 자동으로 깨어난다. 다음 메서드들이 스레드를 시간 제한 대기 상태로 만든다.
  - `Thread::sleep()`
  - 타임아웃 매개 변수를 설정한 `Object::wait()`
  - 타임아웃 매개 변수를 설정한 `Thread::join()`
  - `LockSupport::parkNanos()`
  - `LockSupport::parkUntil()`

- 블록: 스레드가 블록되었다. 배타적 락을 얻기를 기다린다는 점에서 '대기'와 차이가 있다. 배타적 락은 다른 스레드가 해당 락을 해제할 때 얻을 수 있다. 반면 '대기'는 일정 시간 동안 또는 다른 스레드가 깨워 주기를 기다리는 것이다. 프로그램이 동기화된 영역에 진입하기를 기다리는 동안 이 상태가 된다.

- 종료: 스레드가 실행을 마쳤다.

이상의 여섯 가지 상태는 그림 12-7과 같이 특정 이벤트가 발생하면 전이된다.

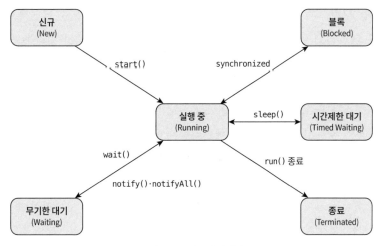

그림 12-7 스레드 상태 전이

12.5 자바와 가상 스레드

자바는 다양한 운영 체제별 스레드 모델의 차이를 숨기는 통합된 스레드 인터페이스를 제공하는데, 이는 자바 탄생 초기에 여타 프로그래밍 언어에 비해 큰 장점으로 작용했다. 그래서 수많은 멀티스레드 애플리케이션과 프레임워크가 등장하는 단초가 되었다. 예를 들어 자바 서블릿을 이용하면 HTTP 요청 하나를 스레드 하나에 직접 매핑하여 브라우저별 '1:1 서비스'를 제공할 수 있다. 이때 동기화와 동시성이라는 복잡한 주제를 자바 언어와 프레임워크가 상당 부분 숨겨 준다. 그 덕분에 멀티스레딩을 깊이 공부하지 않은 개발자도 어지간한 동시성 프로그래밍을 무리 없이 할 수 있다. 이처럼 편리한 동시성 프로그래밍과 동기화 메커니즘은 여전히 효과적으로 작동하고 있다. 하지만 어떨 때는 오히려 피로감을 주기도 한다.

12.5.1 커널 스레드의 한계

가상 스레드를 도입하기 전인 JDK 20까지 자바 스레드가 직면했던 딜레마를 설명할 수 있는 시나리오를 준비했다. 오늘날 웹 애플리케이션의 서비스 요구 사항은 요청 수와 복잡성 측면에서 모두 10년 전과는 비교할 수 없다. 사업 규모와 복잡성이 커지면서 서비스가 점점 세분화되고 있기 때문이다. 현재 브라우저-서버 시스템에서는 서로 다른 시스템에 분산된 수많은 서비스가 협력해 외부 요청에 응답하는 일이 흔하다. 이러한 아키텍처 구성을 마이크로서비스라 한다. 마이크로서비스 아키텍처는 서비스 각각의 복잡성을 줄이고 재사용성을 높인다. 또한 필연적으로 서비스 수를 늘리고 서비스별 응답 시간은 단축시킨다. 각 서비스가 처리를 매우 빠르게 완료해야 여러 서비스의 응답을 취합한 최종 응답을 합리적인 시간 안에 완성할 수 있다. 또한 개별 서비스 공급자가 동시에 더 많은 요청을 처리할 수 있어야 전체 서비스가 블록되지 않고 원활하게 운용될 수 있다.

자바의 기존 동시성 프로그래밍 메커니즘은 마이크로서비스 아키텍처와 어울리지 않는다. 자바 가상 머신들은 주로 1:1 커널 스레드 모델을 채택해 왔다. 자바 스레드가 운영 체제 스레드에 매핑되면서 자연스럽게 전환과 스케줄링 비용이 커지고 시스템이 수용할 수 있는 스레드 수도 크게 제한된다. 과거 모놀리식 애플리케이션에서는 요청 하나의 처리 시간이 상대적으로 길었기 때문에 스레드 전환 비용이 크게 부각되지 않았다. 하지만 이제는 요청당 실행 시간이 매우 짧아지고 수가 많아진 것이다. 결국 사용자 스레드 전환 부하가 계산 자체의 부하에 근접해지면서 심각한 낭비를 초래하게 되었다.

기존 자바 웹 서버의 스레드 풀 용량은 일반적으로 수십에서 200개 정도였다. 이런 스레드 풀에 수백만 개의 요청을 쏟아부으면, 설혹 시스템이 처리할 수는 있더라도 전환 손실이 상당하다. 자바는 근본적으로 새로운 해결책을 제시해야 했으며, 많은 사람이 과거의 그린 스레드가 주던 이점을 그리워하게 되었다. 하지만 그린 스레드는 클래식 VM과 함께 역사의 뒤안길로 사라진 지 오래다. 언젠가 돌아와 우리와 마주할 날이 과연 다시 올 수 있을까?

12.5.2 코루틴의 귀환

지금까지 다양한 스레드 구현 방법과 장단점을 소개했다. 그래서 "커널 스레드에 매핑하면 전환 비용이 상대적으로 높다"라는 표현에 문제가 없다고 느낄 것이다. 하지만 "커널 스레드가 전환 비용이 높은 이유는 뭐지?"라는 의문이 드는 독자도 있을 것이다.

커널 스레드의 스케줄링 비용은 주로 사용자 모드와 커널 모드 사이의 전환 비용이며, 이 비용은 주로 인터럽트에 응답하고 실행 사이트의 데이터를 저장했다가 복원하는 비용이다. '스레드 A → 시스템 인터럽트 → 스레드 B'와 같은 스레드 전환 시나리오를 생각해 보자.

프로세서가 스레드 A의 프로그램 코드를 실행하려면 '프로그램의 동작을 의미하는 코드'와 함께 '동작 시 필요한 문맥(context) 데이터'도 준비되어야 한다. 프로그램은 데이터와 코드의 조합이기 때문이다. 여기서 문맥이란 무엇일까? 개발자 관점에서는 메서드 호출 과정에 쓰이는 다양한 지역 변수와 자원일 것이고, 스레드 관점에서는 해당 메서드의 호출 스택에 저장된 모든 정보를 뜻한다. 그리고 운영 체제와 하드웨어 관점에서는 메모리, 캐시, 레지스터에 저장된 특정한 값이다.

메모리와 레지스터 같은 하드웨어의 다양한 저장 공간은 운영 체제의 모든 스레드가 공유하는 자원이다. 따라서 인터럽트가 발생하여 스레드 A에서 B로 전환해야 한다면, 운영 체제는 먼저 A의 문맥 데이터를 적절히 보관한 다음, 레지스터와 메모리 페이징 등을 B가 이전에 일시 정지된 시점과 똑같게 복원해야 한다. 이러한 방식으로 스레드 B는 마치 일시 정지된 적이 없는 것처럼 다시 활성화될 수 있다. 문맥을 저장하고 복원하는 작업에는 필연적으로 다양한 레지스터와 캐시에 저장된 일련의 데이터를 이리저리 복사하는 일이 뒤따른다. 결코 가볍지 않은 작업이다.

커널 스레드의 전환 부하 대부분이 문맥 저장과 복원 비용이라면, 그 대신 사용자 스레드를 이용하면 이 부하가 사라질까? 대답은 '아니요'다. 하지만 문맥 저장과 복원 작업을 개발자가 가져온다면 시도해 볼 수 있는 비용 절감 기법이 많이 있다.

과거 도스(DOS) 같은 낡은 운영 체제는 한 사람을 위해 한 가지 일만 수행하도록 설계되었다. 멀티스레딩이라거나 복수의 콜 스택 지원 등은 당연히 제공되지 않았다. 이 낙후된 시대 초기에는 오늘날 스택 트와인(stack twine)이라고 부르는 작업 모드가 존재했다. 멀티스레딩 시뮬레이션과 복구 사이트 저장을 사용자 스스로 수행할 수 있는 모드다. 메모리에 추가 공간을 할당하여 호출 스택 개념을 시뮬레이션하는 식이었다. 다른 스레드의 메서드가 스택에 데이터를 넣고 뺄 때 정해진 규칙을 준수하여 이 공간을 파괴하지 않는 한, 여러 코드 조각이 마치 서로 왔다 갔다 하며 실행되는 듯 보였다.

이후 멀티스레딩을 운영 체제 차원에서 지원하기 시작하면서 애플리케이션에서 이를 시뮬레이션하는 일은 크게 줄었다. 그렇다고 완전히 사라지지는 않고 사용자 스레드라는 형태로 진화해 존속했다. 대부분의 사용자 스레드는 원래 협력적 스케줄링 형태로 설계되었으므로 코루틴이라는 별칭으로 불렸다. 당시 코루틴은 콜 스택을 완벽하게 보관하고 복원하기 때문에 오늘날에는 스택풀 코루틴이라고 부른다. 이후에 등장한 스택리스 코루틴과 구별하기 위해서다. 스택리스 코루틴은 이번 절의 주인공은 아니지만 다양한 언어에서 await, async, yield 같은 키워드로 이용하는 기능이 바로 전형적인 응용 예임을 이야기하고 넘어가겠다. 스택리스 코루틴은 본질적으로 유한 상태 머신이며 상태는 클로저(closure)에 저장된다. 따라서 스택 복원 비용이 스택풀 코루틴보다 훨씬 저렴한 반면 기능은 더 제한적이다.

코루틴의 가장 큰 장점은 가볍다는 것이다. 스택풀이든 스택리스든 커널 스레드보다 훨씬 가볍다. 수치적으로 더 정확히 비교해 보자. -Xss 또는 -XX:ThreadStack Size 매개 변수를 설정하지 않으면, 64비트 리눅스에서 핫스팟의 스레드 스택 크기는 1MB로 설정되고 커널 데이터 구조용으로 16KB를 추가로 소비한다. 한편 코루틴의 스택은 보통 수백 바이트에서 수 킬로바이트 사이다. 그래서 자바 가상 머신에서 스레드 풀의 용량은 200개 정도지만, 코루틴을 지원하는 애플리케이션에서는 코루틴이 수십만 개 공존할 수 있다.

물론 코루틴에서는 호출 스택과 스케줄러 등 많은 것을 애플리케이션 수준에서 구현해야 한다는 단점이 있다. 또한 코루틴은 애초에 많은 언어와 프레임워크에서 운용되도록 설계되었는데, 해당 언어의 런타임이나 프레임워크의 스케줄러는 너무 단순할 수 있다. 하지만 '코루틴'이라는 이름이 말해 주듯이 협력적 스케줄링 방식으로 작업을 처리해야 한다. 이 관점의 출처를 확인하지는 못했지만 오늘날 기준으로는 너무 좁은 해석이라고 생각한다. 비협력적이며 사용자 정의 가능한 스케줄링 코루틴의 예는 드물지 않다(협력적 스케줄링의 장단점은 12.4.2절 참고).

자바 언어에는 또 다른 제약도 있다. 예를 들어 핫스팟과 같은 가상 머신에서는 자바 호출 스택과 로컬 호출 스택이 함께 만들어진다. 코루틴에서 네이티브 메서드를 호출하면 코루틴이 해당 스레드 전체에 영향을 주지 않고 전환될 수 있을까? 코루틴 안에서 스레드 동기화 메커니즘을 마주치면 어떻게 될까? 실제로 코틀린 언어의 코루틴에서는 synchronized 키워드를 사용하면 해당 스레드 전체가 일시 정지된다.

12.5.3 가상 스레드: 자바의 해법

스택풀 코루틴을 구현한 예로는 파이버(Fiber)가 있다. 이 용어는 마이크로소프트에서 유래했으며 마이크로소프트는 이후 애플리케이션이 스스로 파이버를 저장, 복원, 스케줄링할 수 있는 시스템 수준의 파이버 패키지를 출시하기도 했다.[14]

---

14 (옮긴이) 영어 단어 'thread'는 실을, 'fiber'는 섬유를 뜻한다. 섬유가 실보다 훨씬 작고 가벼운 개념임을 생각하면 파이버라는 용어를 선택한 이유를 유추할 수 있다.

2017년 OpenJDK는 자바 스레드 모델의 한계를 보완할 공식 해법으로 룸(Loom) 프로젝트를 출범한다. 그리고 결실을 맺어 JDK 21에 정식 반영했다. 룸 프로젝트의 목적은 자바 언어를 위한 새로운 동시성 프로그래밍 메커니즘 구현이다(기존 스레드 모델과 공존). 새로운 메커니즘을 초기에는 파이버라고 불렀지만 혼동을 피하기 위해 가상 스레드로 이름을 바꿨다. 그림 12-8은 오라클이 아직 파이버라고 부르던 초기 설명 자료를 번역한 것인데, 전형적인 스택풀 코루틴임을 알 수 있다.

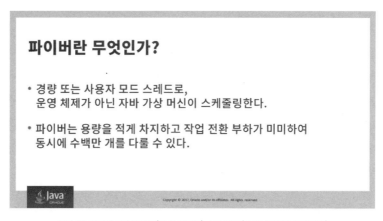

그림 12-8 오라클의 파이버(가상 스레드) 소개 자료(JVMLS 2018 콘퍼런스)

룸 프로젝트의 목적을 달리 표현하면 사용자 스레드의 부활이다. 하지만 과거의 그린 스레드와 달리 운영 체제 기반 스레딩 구현을 대체하려는 목적은 아니다. 그 대신 기존 스레드 모델과 공존하며 프로그램에서 혼용할 수 있는 두 가지 동시성 프로그래밍 모델을 제공한다. 가상 스레드가 추가되면서 자바의 스레드 모델은 그림 12-9처럼 바뀌었다. 그림에서 '플랫폼 스레드'는 기존 자바 스레드를 뜻한다.

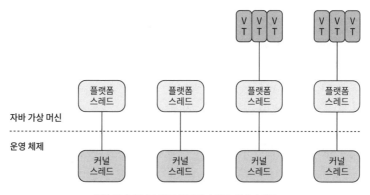

그림 12-9 커널 스레드, 플랫폼 스레드, 가상 스레드

그림에서 보듯이 가상 스레드는 플랫폼 스레드와 N:1 관계다. 가상 스레드 하나가 블록되면 플랫폼 스레드는 연결된 다른 가상 스레드의 작업을 이어서 진행한다. 이런 식으로 커널 스레드는 문맥 전환 없이 쉬지 않고 애플리케이션 코드를 실행하는 것이다.

한편 새로운 모델은 일부러 현재의 스레드 관련 API를 최소한만 수정하도록 설계했다. 그 덕분에 기존 코드도 큰 수정 없이 가상 스레드를 이용할 수 있다. 심지어 라이브러리 차원에서 밑단의 구체적인 내용을 숨겨 주므로 개발자는 어느 모델을 이용하는 중인지 알 필요조차 없다.

그림 12-10은 마리아DB(MariaDB)에서 JDBC 커넥터에 가상 스레드를 적용해 테스트한 결과다. 총 네 가지 시나리오에서 가상 스레드를 이용한 커넥터는 플랫폼 스레드를 이용한 기존 커넥터보다 4.3~5.3배 빠른 성능을 보여 주었다. 중간의 R2DBC는 스레드 대신 논블로킹 기술을 이용해 JDBC와는 다른 형태로 구현한 커넥터로, 마리아DB에서 제공하는 특별한 기능이다. 가상 스레드를 적용한 JDBC 커넥터는 R2DBC보다도 모든 시나리오에서 앞서고 있다.

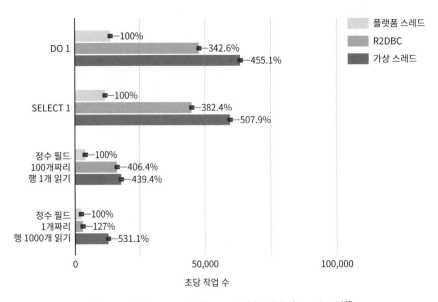

그림 12-10 가상 스레드를 적용한 JDBC 커넥터 벤치마크(2023년 12월)[15]

간단한 테스트지만 데이터베이스 연결이라는 비교적 무거운 작업에서도 확실한 차이를 보여 준다. 하지만 가상 스레드의 이점은 I/O 작업이 많아서 스레드 전환이 자

15 (옮긴이) 출처: *https://bit.ly/48Gl5Gh*

주 일어나는 상황에서 드러난다. 따라서 작업 형태에 따라 훨씬 극적인 효과를 볼 수도, 별다른 차이를 보지 못할 수도 있다.

새로운 동시성 모델에서 가상 스레드를 이용하는 코드는 실행 대상인 후속문(continuation)[16]과 스케줄러로 나뉜다. 스케줄러는 실행될 코드들의 순서를 정하는 역할을 한다. 이처럼 스케줄러를 분리하면 개발자가 스케줄링 방식을 직접 제어할 수 있다는 이점이 생긴다. 물론 자바의 기존 스케줄러도 재사용할 수 있다. 실제로 룸의 기본 스케줄러는 JDK 7 때 추가된 ForkJoinPool이다.

JDK 21 이상을 이용한다면 가상 스레드를 바로 활용해 볼 수 있다. JDK 19부터도 미리 보기 형태로 지원하고 있었다. 혹시 그 이전 JDK에서 코루틴을 사용하고 싶다면, 자바 가상 머신에 의존하지 않는 퀘이사(Quasar) 코루틴 라이브러리[17]를 이용할 수 있다. 이처럼 코루틴은 가상 머신에 의존하지 않고도 구현할 수 있는 개념이다. 코틀린 언어의 코루틴도 이를 입증했다. 퀘이사는 바이트코드 주입 방식으로 구현됐다. 현재 호출된 함수의 모든 지역 변수를 바이트코드 수준에서 저장하고 복원하는 것이다. 그로 인해 자바 가상 머신에 의존하지는 않지만, 성능에 영향을 주고 JIT 컴파일러 작업에 지장을 준다. 또한 각 함수가 코루틴에서 호출되는지 여부를 사용자가 수동으로 표시해야 한다.

12.6 마치며

이번 장에서는 자바 메모리 모델의 구조와 동작에 대해 배웠다. 자바 메모리 모델에서 원자성, 가시성, 실행 순서에 적용되는 규칙과 선 발생 원칙도 설명했다. 이어서 자바 언어에서 스레드가 어떻게 구현되는지, 자바의 멀티스레딩을 진일보시킨 새로운 동시성 모델은 어떻게 작동하는지도 간략히 알아보았다.

'효율적인 동시성'을 주제로 이번 장에서는 주로 가상 머신이 동시성을 구현하는 방법을 소개했다. 다음 장에서는 가상 머신이 얼마나 효율적인지 그리고 가상 머신이 우리가 작성하는 동시성 코드에 제공하는 최적화 기법에는 무엇이 있는지 알아보겠다.

---

16 (옮긴이) 룸 프로젝트에서 후속문은 '코루틴'이라고도 하는 구분된 후속문(delimited continuation)을 가리킨다. 즉, 중간에 잠시 멈췄다가 재개할 수 있는 순차적인 코드를 뜻한다. 또한 문맥을 저장, 복원하는 일을 맡는다.

17 퀘이사 홈페이지: *http://docs.paralleluniverse.co/quasar/* 참고로 룸 프로젝트 리더인 론 프레슬러(Ron Pressler)가 바로 퀘이사의 개발자다.

13장

스레드 안전성과 락 최적화

13.1 들어가며

소프트웨어 산업 초기에는 알고리즘이 프로그래밍의 중심이었다. 개발자는 데이터와 절차를 구분해 생각했다. 데이터는 문제 공간의 개체들을 표현하며, 프로그램 코드는 그 데이터를 처리하는 데 사용됐다. 이러한 사고방식을 컴퓨터 관점으로 추상화해 문제를 해결하는 것을 절차 지향 프로그래밍이라 한다. 이와 대조적으로 객체 지향 프로그래밍이라는 아이디어는 문제를 현실 세계 관점으로 추상화해 해결한다. 데이터와 행위를 합쳐 객체를 표현하며 개발자가 실제 세계를 반영한 방식으로 프로그램을 작성하고 구성할 수 있도록 한다.

객체 지향 프로그래밍은 개발 효율을 높이고 규모가 훨씬 큰 소프트웨어를 구축할 수 있는 길을 열었다. 하지만 현실 세계와 컴퓨터 세계가 완전히 같을 수는 없는 일이다. 예를 들어 현실 세계의 객체가 작업 도중에 인터럽트되어 다른 객체로 전환되는 일이 반복되거나, 작업이 잠시 중단된 상태에서 객체 속성(데이터)이 바뀌어 이전 값이 의미가 없어지는 상황은 상상하기 어렵다. 하지만 컴퓨터 세계에서는 흔한 일이다.

이런 까닭으로 좋은 설계 원칙이라도 때로는 현실과 타협해야 한다. 프로그램이 컴퓨터에서 '올바르게' 실행되는지 확인하는 게 먼저다. 더 빨리 실행되도록 최적화하는 일은 그 후에 고민해야 한다. 그래서 '효율적인 동시성'을 다루는 이번 장도 동시성을 '완벽하게 보장하는 법'을 이야기한 다음, 이를 토대로 효율을 더 높이는 흐름으로 진행하겠다.

13.2 스레드 안전성

코드를 작성하거나 분석하다 보면 스레드 안전성이라는 용어가 등장할 것이다. 하지만 개념을 정확히 정의하기는 쉽지 않다. 인터넷을 검색해 보니 "어떤 객체를 여러 스레드에서 동시에 안전하게 사용할 수 있다면 그 객체는 스레드 안전하다"라는 정의가 눈에 들어왔다. 틀린 이야기는 아니지만 실제로 적용하는 데 필요한 유용한 정보가 빠져 있다. 이런 관점에서 《Java Concurrency In Practice》의 지은이 브라이언 게츠(Brian Goetz)가 내린 다음 정의가 (살짝 어렵지만) 더 적절하다.

> 여러 스레드가 한 객체에 동시에 접근할 때, 어떤 런타임 환경에서든 다음 두 조건을 모두 충족하면서 객체를 호출하는 행위가 올바른 결과를 얻을 수 있다면, "그 객체는 스레드 안전하다"라고 말한다.
>
> - 특별한 스레드 스케줄링이나 대체 실행 수단을 고려할 필요 없다.
> - 추가적인 동기화 수단이나 호출자 측에서 조율이 필요 없다.

매우 엄격하고 현실에 바로 적용할 수 있는 정의다. 여러 스레드가 이용할 수 있는 공통 기능을 제공하려면 코드가 스레드 안전해야 한다. 동기화 등의 안전장치를 코드 자체에 완벽하게 내장해서, 호출자는 멀티스레드 환경인지 특별히 고려하지 않아도 안전하게 사용할 수 있어야 한다는 뜻이다. 간단해 보이는 조건이지만 구현하기는 만만치 않다. 그래서 많은 시나리오에서 이보다는 살짝 누그러진 정의를 사용한다. 다른 부분은 그대로 둔 채, '객체를 호출하는 행위'를 '단일 호출'로 제한하고도 '스레드 안전하다'고 이야기하는 것이다.[1] 정의를 누그러뜨린 이유는 무엇일까? 이 궁금증은 잠시 옆으로 치워 두고, 당장은 스레드 안전성 자체를 더 깊이 파헤쳐 보자.

13.2.1 자바 언어의 스레드 안전성

앞에서 내린 스레드 안전의 정의에 관해 조금 더 이야기해 보자. 자바 언어에서 스레드 안전성은 어떻게 구현될까? 어떤 작업이 스레드 안전할까? 지금 이야기하는 스레드 안전성은 여러 스레드가 공유하는 데이터에 대한 것이다. 스레드가 하나이

---

1 (옮긴이) 메서드 여러 개를 연이어 호출해야 사용자에게 의미 있는 기능이 되는 경우가 있다. 이처럼 사용자 관점에서 기능 단위가 아니라 객체 관점에서 기능(메서드) 단위로 범위를 좁힌다는 뜻이다.

거나 코드에서 다른 스레드와 아무런 데이터도 공유하지 않는다면, 프로그램이 순차적으로 실행되든 여러 스레드가 동시에 실행되든 스레드 안전성 관점에서는 차이가 없다.

스레드 안전성을 제대로 이해하려면 '안전하냐 아니냐'라는 이분법적 사고에서 벗어나야 한다. 스레드 안전성은 '안전함의 정도'에 따라 여러 단계로 분류된다. 자바 언어에서는 공유 데이터의 안전한 정도를 다음과 같이 다섯 단계로 나눌 수 있다.[2]

- 불변
- 절대적 스레드 안전
- 조건부 스레드 안전
- 스레드 호환
- 스레드 적대적

하나씩 알아보자.

불변

불변이란 문자 그대로 '변하지 않는다'는 뜻이다. 자바 언어, 특히 자바 메모리 모델이 개정된 JDK 5 이후 자바 언어에서 불변 객체는 객체 자체의 메서드 구현과 호출자 모두에서 아무런 안전장치 없이도 스레드 안전하다. 12.3.5절에서 'final 키워드의 가시성'을 다룰 때 언급한 바 있다. 불변 객체가 올바르게 만들어진다면(this 참조가 탈출하지 않는다면) 외부에 보이는 상태는 절대 달라지지 않는다. 멀티스레드 환경이라 해도 일관성이 깨질 일이 없다. '불변성'이 선사하는 안전성은 가장 직접적이고 완전무결하다.

자바 언어에서 기본 데이터 타입은 final로 정의되기만 하면 불변성이 보장된다. 공유 데이터가 객체라면 객체의 메서드가 자신의 상태, 즉 필드를 수정하지 않도록 해야 한다. 자바 언어는 값 타입을 아직 지원하지 않기 때문이다. 이 문장이 잘 이해되지 않는다면 java.lang.String 객체를 떠올려 보자. String은 일반적으로 불변 객체다. 사용자가 호출하는 substring(), replace(), concat() 등의 메서드는 원래의 값은 그대로 둔 채 새로 생성한 String 객체를 반환하는 식으로 구현되었다.

---

2 브라이언 게츠가 IBM 디벨로퍼웍스(developerWorks)에 기고한 논문에서 제안한 분류다: *http://www.anibalarias.name/docs/PCthreadSafety.pdf*

객체의 메서드가 자신의 상태에 영향을 주지 않는 방법은 여러 가지다. 가장 간단한 방법은 상태에 해당하는 모든 변수를 final로 선언하는 것이다. 그러면 생성자 종료 후에는 더 이상 아무런 값도 변경할 수 없다. 실제로 java.lang.Integer는 코드 13-1처럼 내부의 상태 변수를 final로 정의했다.

코드 13-1 Integer 클래스의 생성자[3]

```
/**
 * The value of the {@code Integer}.
 *
 * @serial
 */
private final int value;

/**
 * Constructs a newly allocated {@code Integer} object that
 * represents the specified {@code int} value.
 *
 * @param   value    the value to be represented by the
 *                   {@code Integer} object.
 * .. 생략 ..
 */
public Integer(int value) {
    this.value = value;
}
```

자바 클래스 라이브러리에서 또 다른 대표적인 불변 타입으로는 열거 타입이 있다. Long, Double, BigInteger, BigDecimal 등 java.lang.Number의 하위 클래스들 역시 대부분 불변이다. 단, Number의 하위 클래스 중 AtomicInteger와 AtomicLong은 불변이 아니다. 이 두 클래스의 코드를 직접 읽고 변경할 수 있도록 설계한 이유를 생각해 보기 바란다.

절대적 스레드 안전

절대적 스레드 안전은 브라이언 게츠가 제시한 스레드 안전성 정의를 완벽하게 충족한다.[4] 이 정의는 사실 매우 엄격하다. "어떤 런타임 환경에서든 호출자가 추가적인 동기화 조치를 할 필요 없다"라는 조건을 만족시키려면 비용이 많이 들거나 때

---

3 (옮긴이) 참고로 Byte, Integer, Double 등 기본 데이터 타입의 래퍼 클래스들의 public 생성자는 JDK 9부터 모두 폐기 대상으로 지정되었다. 그 대신 정적 팩터리인 valueOf() 계열 메서드를 추천한다. 이 메서드들은 캐시를 사용하므로 메모리 활용과 속도 측면에서 훨씬 나은 선택이다.

4 (옮긴이) 브라이언 게츠의 분류에서는 이 단계의 이름이 단순히 '스레드 안전'이지만, 더 넓은 의미의 스레드 안전과 구분하기 위해 이 책에서는 '절대적' 스레드 안전으로 썼다.

로는 비현실적일 수 있다. 그래서 자바 API에서 스레드 안전하다고 표시된 클래스 대부분이 절대적 스레드 안전을 의미하지는 않는다. 절대적 스레드 안전이 아닌 자바 API들을 살펴보면 '절대적'이란 말이 과연 무슨 의미인지 알 수 있다.

java.util.Vector는 add(), get(), size() 등의 모든 메서드가 synchronized 메서드이므로 스레드 안전하다는 데 의문을 제기할 독자는 없을 것이다. 효율적이지는 못하지만 원자성, 가시성, 실행 순서를 보장한다. 하지만 모든 메서드에 synchronized가 붙어 있더라도 호출자가 추가로 동기화할 필요가 '절대로' 없다는 뜻은 아니다. 다음 테스트 코드를 살펴보자.

코드 13-2 Vector의 스레드 안전성 테스트

```java
public class VectorTest_1 {
    private static Vector<Integer> vector = new Vector<Integer>();

    public static void main(String[] args) {
        while (true) {
            for (int i = 0; i < 10; i++) {
                vector.add(i);
            }

            Thread removeThread = new Thread(new Runnable() {
                @Override
                public void run() {
                    for (int i = 0; i < vector.size(); i++) {
                        vector.remove(i);  // ❶
                    }
                }
            });

            Thread printThread = new Thread(new Runnable() {
                @Override
                public void run() {
                    for (int i = 0; i < vector.size(); i++) {  // ❷
                        System.out.println((vector.get(i)));   // ❸
                    }
                }
            });

            removeThread.start();
            printThread.start();

            // 스레드를 너무 많이 만들지 말자. 운영 체제가 느려질 수 있다.
            while (Thread.activeCount() > 20);
        }
    }
}
```

실행 결과는 다음과 같다.

```
Exception in thread "Thread-132" java.lang.ArrayIndexOutOfBoundsException:
Array index out of range: 17
    at java.base/java.util.Vector.remove(Vector.java:750)
    at JVM/org.fenixsoft.jvm.chapter13.VectorTest_1$2.run(Unknown Source)
    at java.base/java.lang.Thread.run(Thread.java:833)
```

여기서 쓰인 Vector의 get(), remove(), size() 메서드는 모두 동기화되어 있다. 하지만 멀티스레드 환경에서 호출자가 추가적인 동기화 조치 없이 사용하면 여전히 안전하지 않을 수 있다. ❷의 vector.size()에서 벡터 크기를 얻은 다음 ❸이 실행되기 전에 절묘하게 다른 스레드로 전환되어 ❶에서 원소를 제거한다면 어떨까? ❸ 실행 시 ArrayIndexOutOfBoundsException이 발생할 것이다. 이 코드가 올바르게 실행되도록 하려면 removeThread와 printThread를 코드 13-3처럼 정의해야 한다.

코드 13-3 Vector에 스레드 안전하게 접근하려면 추가 조치가 필요함

```
Thread removeThread = new Thread(new Runnable() {
    @Override
    public void run() {
        synchronized (vector) {  // 동기화 블록으로 감싸는 추가 조치
            for (int i = 0; i < vector.size(); i++) {
                vector.remove(i);
            }
        }
    }
});

Thread printThread = new Thread(new Runnable() {
    @Override
    public void run() {
        synchronized (vector) {  // 동기화 블록으로 감싸는 추가 조치
            for (int i = 0; i < vector.size(); i++) {
                System.out.println((vector.get(i)));
            }
        }
    }
});
```

Vector가 스레드에 절대적으로 안전하고자 한다면, Vector 내에서 일관된 스냅숏을 유지해야 한다. 하지만 원소가 변경될 때마다 새로운 스냅숏을 생성하려면 실행 성능과 메모리 사용량 측면에서 큰 비용을 치러야 한다.

조건부 스레드 안전

조건부 스레드 안전은 우리가 일반적으로 "스레드 안전하다"라고 말할 때의 안전 수준을 말한다. 조건부 스레드 안전한 객체는 '단일한 작업(메서드)'을 별도 보호 조치 없이 스레드로부터 안전하게 수행한다. 하지만 특정 순서로 연달아 호출하는 상황에서도 정확성을 보장하려면 호출자에서 추가로 동기화해야 할 수 있다. 앞서 코드 13-2와 코드 13-3은 모두 조건부 스레드 안전한 예다.

자바 언어에서 Vector와 HashTable 그리고 Collections 클래스의 synchronized Collection() 메서드로 래핑한 컬렉션이 스레드 안전하다고 말하는 것은 대체로 이 분류에 속한다.

스레드 호환

스레드 호환이란 객체 자체는 스레드로부터 안전하지 않지만 호출자가 적절히 조치하면 멀티스레드 환경에서도 안전하게 사용할 수 있다는 뜻이다. 이런 클래스는 일반적으로 "스레드 안전하지 않다"라고 말한다. 자바의 클래스 대다수가 이 분류에 속한다. ArrayList와 HashMap 등 컬렉션 클래스의 대부분도 스레드 호환 클래스다(ArrayList와 HashMap은 앞서 살펴본 Vector와 HashTable의 스레드 호환 버전이다).

스레드 적대적

스레드 적대적이란 호출자가 동기화 조치를 취하더라도 멀티스레드 환경에서 안전하게 사용할 수 없다는 뜻이다. 자바 언어는 처음부터 스레드를 지원한 덕분에 다행히 스레드 적대적 코드는 드물다. 스레드 적대적 코드는 대체로 해로우므로 되도록 피해야 한다.

스레드 적대적 코드의 예로는 Thread 클래스의 suspend()와 resume() 메서드를 들 수 있다. 두 스레드가 한 스레드 객체를 공유하면서 한 스레드는 suspend()를, 다른 스레드는 resume()을 시도한다고 해 보자. 이 경우 대상 스레드는 교착 상태에 빠질 위험에 처한다. 메서드를 동기화해도 소용없다. suspend()에 의해 블록된 스레드가 resume()을 실행하려는 스레드라면 반드시 교착 상태에 빠진다. 두 메서드가 폐기 대상으로 지정된 이유가 바로 여기 있다. 이 외에 System.setIn(), System.setOut(), System.runFinalizersOnExit()도 스레드 적대적이다.

13.2.2 스레드 안전성 구현

스레드 안전성의 의미를 이해했으니 구현 방법도 알아보자. 이 주제는 코드로 어떻게 구현하느냐처럼 들려서 자바 가상 머신을 설명하는 책에는 적합하지 않아 보인다. 실제로 스레드 안전성을 어떻게 구현할지는 많은 부분 코드 작성법과 관련되어 있다. 그래도 가상 머신이 제공하는 동기화와 락 메커니즘도 중요한 역할을 한다.

이번에는 스레드 안전성을 구현하는 코드 작성법과 가상 머신의 동기화와 락을 설명한다(비중은 후자가 더 크다). 자바 가상 머신이 스레드 안전성에 대처하는 원리와 동작 과정을 이해한다면 올바른 코드 작성법은 개발자 스스로 생각해 내기가 한결 수월해지기 때문이다.

상호 배제 동기화

상호 배제(mutual exclusion) 동기화는 가장 일반적이면서 가장 중요한 동시성 보장 수단이다. 동기화란 공유 데이터에 여러 스레드가 접근하려는 상황에서 그 어떤 시점에든 단 하나의 스레드(세마포어를 사용하면 n개의 스레드)만 데이터를 사용할 수 있다는 뜻이다. 뮤텍스가 대표적인 동기화 수단이며, 임계 영역과 세마포어도 상호 배제 구현에 흔히 쓰인다. 따라서 '상호 배제 동기화'라는 말에서 상호 배제가 원인 또는 수단이고, 동기화는 결과 또는 목적이다.

자바에서 상호 배제 동기화의 가장 기본적인 수단은 코드 블록을 동기화하는 synchronized 키워드다. javac가 이 키워드를 컴파일하면 monitorenter와 monitor exit라는 두 가지 바이트코드 명령어가 생성되며, 각각 동기화 블록 전후에 실행된다. 두 명령어 모두 락으로 사용할 객체를 참조 타입 매개 변수로 받는다. 자바 코드에서 synchronized 키워드에 객체를 명시하면 그 객체의 참조가 이 매개 변수로 넘겨진다. 객체를 명시하지 않으면 키워드가 위치한 메서드가 무엇이냐에 따라 적절한 객체가 선택된다. 인스턴스 메서드라면 해당 객체의 인스턴스가 쓰이고, 클래스(정적) 메서드라면 해당 클래스의 객체가 쓰인다.

《자바 가상 머신 명세》에 따르면 monitorenter 명령어를 실행할 때는 먼저 객체의 락을 얻으려 시도한다. 객체가 잠겨 있지 않거나 현재 스레드가 락을 이미 소유하고 있다면 락 카운터 값을 1씩 증가시키고, monitorexit 명령어를 실행할 때 1씩 감소시킨다. 그리고 카운터가 0이 되면 락이 해제된다. 락을 얻지 못한 스레드는 현재 락을 소유한 스레드가 일을 마치고 락을 해제할 때까지 블록된다.

monitorenter와 monitorexit에 관한 《자바 가상 머신 명세》의 설명을 읽어 보면 다음 두 가지 결론을 이끌어 낼 수 있다.

- 같은 스레드라면 synchronized로 동기화된 블록에 다시 진입할 수 있나. 즉, 락을 이미 소유한 스레드는 동기화된 블록에 여러 번 진입해도 블록되지 않는다.
- synchronized로 동기화된 블록은 락을 소유한 스레드가 작업을 마치고 락을 해제할 때까지 다른 스레드의 진입을 무조건 차단한다. 락을 소유한 스레드가 락을 해제하도록 강제할 방법이 없다는 뜻이기도 하다. 또한 락을 기다리는 다른 스레드를 인터럽트해 깨울 방법도 없다.

따라서 synchronized 키워드는 매우 주의해서 사용해야 한다.

다음으로 락을 소유한다는 건 실행 비용 측면에서 상당히 무거운 작업이다. 주류 자바 가상 머신들은 플랫폼 스레드를 운영 체제의 커널 스레드와 매핑한다고 12장에서 배웠다. 따라서 플랫폼 스레드를 정지하거나 깨우려면 운영 체제의 도움을 얻어야 한다. 사용자 모드와 커널 모드 사이의 전환을 피할 수 없다는 뜻인데, 이 모드 전환에 프로세서 시간을 많이 소모한다. 특히 게터/세터처럼 아주 간단한 코드를 synchronized로 설정했다면 코드 실행 자체보다 모드 전환에 더 긴 시간이 소요될 것이다. 이처럼 자바 언어의 synchronized는 무거운 작업이라서 경험 많은 개발자들은 꼭 필요한 경우에만 제한적으로 이용한다.

또한 자바 가상 머신은 나름대로 최적화를 수행한다. 예컨대 스레드를 블록하라고 운영 체제에 알리기 전에 바쁜 대기(busy waiting 또는 spinning) 코드를 추가하여 모드 전환이 자주 일어나지 않게끔 하기도 한다.

지금까지 synchronized 키워드의 한계를 이야기했다. 다행히 이 키워드가 자바에서 유일한 상호 배제 동기화 수단은 아니다. JDK 5부터는 java.util.concurrent 패키지가 자바 클래스 라이브러리의 새 식구가 되었고[5] 그중 java.util.concurrent.locks.Lock 인터페이스가 새로운 상호 배제 동기화를 제공한다.

개발자는 Lock 인터페이스를 이용하여 논블록 구조의 상호 배제 동기화를 구현할 수 있다. 언어 특성이라는 족쇄를 제거하고 그 대신 클래스 라이브러리 수준에서 동기화를 구현하여 다른 스케줄링 알고리즘, 특성, 성능, 의미를 갖는 다양한 락으로 확장할 수 있게 했다.

---

5 JSR 166: Concurrency Utilities

ReentrantLock이 Lock 인터페이스를 구현한 대표적인 예다.[6] 이름이 말해 주듯이 synchronized와 똑같이 재진입[7]이 가능한 락이다. 코드는 살짝 다르지만 기본적인 사용법은 synchronized와 매우 비슷하다. 하지만 대기 중 인터럽트, 페어 락(fair lock), 둘 이상의 조건 지정 등 몇 가지 진보된 기능을 제공한다.

- 대기 중 인터럽트: 락을 소유한 스레드가 오랜 시간 락을 해제하지 않을 때 같은 락을 얻기 위해 대기 중인 다른 스레드들은 락을 포기하고 다른 일을 할 수 있다. 실행 시간이 매우 긴 동기화 블록을 다루는 데 유용하다.

- 페어 락: 같은 락을 얻기 위해 대기하는 스레드가 많을 때 락 획득을 시도한 시간 순서대로 락을 얻는다. 언페어 락은 이를 보장하지 않아서 락이 해제되면 대기하던 스레드 모두가 다음 락을 얻을 수 있는 후보가 된다. synchronized는 언페어 락이다. ReentrantLock도 기본적으로는 언페어 락이지만 생성자에서 페어 여부를 설정할 수 있다. 페어 락으로 사용하면 ReentrantLock의 성능이 급격히 떨어져서 처리량에 악영향을 줄 수 있으니 주의하자.

- 둘 이상의 조건 지정: ReentrantLock은 동시에 여러 개의 Condition 객체와 연결 지을 수 있다. synchronized의 경우에도 락 객체의 wait(), notify(), notifyAll() 메서드는 모두 특정한 조건을 구현할 수 있다. 그러나 조건을 둘 이상 주고 싶다면 또 다른 락을 추가해야 한다. ReentrantLock에서는 newCondition() 메서드를 여러 번 호출하기만 하면 된다.

이상의 기능이 필요하다면 ReentrantLock이 좋은 선택이다. 하지만 성능이 중요하다면 어떨까? 특히 JDK 5까지는 synchronized가 성능을 크게 떨어뜨려서 JDK 6에서 특별한 최적화를 도입했다. 다음 두 그림은 브라이언 게츠가 JDK 5에서 synchronized와 ReentrantLock의 성능을 비교한 결과다.[8] 그림 13-1은 싱글 프로세서를 탑

---

6 또 다른 대표적 예로 ReentrantReadWriteLock도 있다. 이름은 비슷하지만 ReentrantLock을 상속하지 않았다. 이 책의 주제는 동시성 프로그래밍이 아니라 자바 가상 머신이므로 ReentrantLock만 예로 설명했다.

7 재진입은 스레드가 자신이 소유한 동기화 블록에 반복해서 다시 진입할 수 있는 기능을 말한다. 락을 소유한 스레드가 다시 락을 획득하면 카운터가 1씩 증가하고 해제하면 1씩 감소한다. 카운터가 0이 되면 락이 해제된다.

8 브라이언 게츠가 IBM 디벨로퍼웍스에 기고한 'Java theory and practice: a more flexible and scalable locking mechanism in JDK 5.0'에서 가져왔다. (옮긴이) 원본 링크는 찾을 수 없고 인터넷에서 제목으로 검색하면 미러링해 놓은 글들은 찾을 수 있다.

재한 윈도우에서 수행했고, 그림 13-2는 듀얼 제온 프로세서를 탑재한 리눅스에서 수행했다.

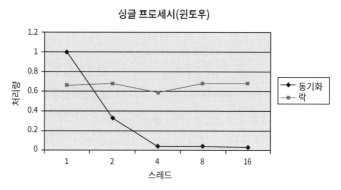

그림 13-1 싱글 코어 프로세서에서 두 락의 처리량 비교(JDK 5)

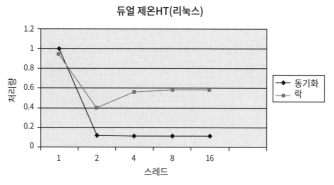

그림 13-2 듀얼 제온 프로세서에서 두 락의 처리량 비교(JDK 5)

두 그림에서 볼 수 있듯이 synchronized는 멀티스레드 환경에서 성능이 급격히 떨어진다. 그에 반해 ReentrantLock은 상대적으로 안정적으로 유지된다. Reentrant Lock이 성능이 좋다기보다는 당시 synchronized에 최적화할 여지가 많았다. 실제로 뒤따라 이어진 일련의 기술 진보가 이를 입증했다. 특히 JDK 6 때 최적화가 크게 이루어져서(다음 절에서 설명), 같은 테스트를 최적화 후에 다시 수행하면 두 방식의 성능이 거의 같게 나온다. 이 책의 독자들은 기본적으로 JDK 6 이후 버전을 이용할 테니 synchronized냐 ReentrantLock이냐를 선택할 때 성능은 더 이상 고려 대상이 아니다.

ReentrantLock은 synchronized의 기능을 모두 포괄하며 성능 면에서도 떨어지지 않는다. 그렇다면 synchronized 키워드는 폐기하고 사용하지 않는 게 좋을까? 물론 아니다. 나는 다음과 같은 이유로 두 방식을 모두 사용할 수 있는 상황이라면 여전히 synchronized를 권장한다.

- synchronized는 자바 구문 수준의 동기화 수단이며 매우 명확하고 간결하다. 모든 자바 개발자가 synchronized에 익숙하지만 Lock 인터페이스는 낯설어하는 이가 아직 많다. 따라서 기본 동기화 기능으로 충분하다면 synchronized가 낫다.

- Lock은 finally 블록에서 해제해야 한다. 그렇지 않으면 동기화로 보호한 코드 블록에서 예외 발생 시 소유 중인 락이 해제되지 않을 수 있다. 락 해제를 개발자가 직접 보장해야 한다는 뜻이다. 반면 synchronized는 예외 발생 시 락 해제까지 자바 가상 머신이 보장한다.

- JDK 5에서는 ReentrantLock의 성능이 우수했지만 10년도 더 전의 이야기다. 길게 보면 동기화 최적화는 자바 가상 머신에 맡기는 게 유리하다. synchronized를 사용하면 자바 가상 머신이 스레드 및 락과 관련된 다양한 내부 정보를 활용할 수 있지만, Lock을 이용하면 자바 가상 머신은 어느 스레드가 어느 락을 소유하고 있는지 알기 어렵다.

논블로킹 동기화

상호 배제 동기화의 큰 문제는 스레드 일시 정지와 깨우기가 초래하는 성능 저하다. 이런 동기화를 블로킹 동기화라고 한다.

문제 해결 방법이라는 관점에서 상호 배제 동기화는 비관적 동시성 전략에 속한다. 락과 같은 동기화 장치가 없다면 반드시 문제가 생길 것이라 가정하여, 경합이 실제로 벌어지는지와 상관없이 락을 건다(그렇더라도 실제로는 가상 머신이 필요 없는 락의 상당수를 없애 준다). 이렇게 하면 사용자 모드에서 커널 모드로 전환되고, 락 카운터를 계산하고, 블록된 스레드를 깨워야 하는지 확인하는 작업이 뒤따른다.

하드웨어 명령어 집합이 발전하면서 또 다른 선택지가 생겨났다. 충돌 감지를 기반으로 작동하는 낙관적 동시성 전략이 그 주인공이다. 이 전략에서는 잠재적으로 위험할 수 있더라도 일단 작업을 진행한다. 공유 데이터를 놓고 경합하는 다른 스레드가 없다면 성공이다. 혹시라도 충돌이 발생하면 보완 조치를 취한다. 가장 흔한 보완 조치는 경합하는 공유 데이터가 없을 때까지 계속 재시도하는 것이다. 스레드를 일시 정지할 일이 없으므로 논블로킹 동기화라고 하며, 이 방식을 따르는 코딩을 락프리 프로그래밍이라고 한다.

낙관적 동시성 전략에 '하드웨어 명령어 집합의 발전'이 필요했던 이유는 무엇일까? 작업 진행과 충돌 감지라는 두 단계를 마치 한 명령어처럼 원자적으로 수행해야 하기 때문이다. 상호 배제 동기화를 이용해서도 원자성을 보장할 수 있지만, 블로킹 동기화로 되돌아가는 꼴이니 아무 의미가 없다. 남은 방법은 하드웨어에 기대는 것이다. 하드웨어라면 '의미상 하나이나 여러 연산으로 처리해야 하는 특정 작업'을 단 하나의 프로세서 명령어로 완료되게끔 보장할 수 있다. 대표적인 예는 다음과 같다.

- TAS(Test-and-Set): 검사와 지정
- FAA(Fetch-and-Add): 페치와 증가
- Swap: 교환
- CAS(Compare-and-Swap): 비교와 교환
- LL/SC(Load-Linked/Store-Conditional): 적재와 저장

처음 세 개는 20세기 프로세서들도 대부분 지원하는 명령어다. 마지막 두 개는 비교적 최근에 추가된 명령어로 목적과 기능은 비슷하다. CAS는 IA64와 x86 명령어 집합의 `cmpxchg` 명령어에 해당하고, SPARC-TSO에서는 `casa` 명령어에 해당한다. ARM과 PowerPC에서는 LL/SC 기능을 구현하려면 `ldrex/strex` 명령어 쌍을 이용하면 된다. CAS는 자바에서도 이용할 수 있으므로 CAS를 예로 자세히 알아보자.

CAS 명령어는 피연산자를 세 개 요구한다. 메모리 위치(V), 예상하는 이전 값(A), 새로 설정할 값(B)이다. CAS 명령어를 실행하는 프로세서는 V의 값이 A와 같으면 V의 값을 B로 갱신하고, 같지 않으면 갱신도 수행하지 않는다. 그리고 V의 값 갱신 여부와 상관없이 A를 반환한다. 이러한 일련의 작업이 원자적으로 수행되므로 중간에 다른 스레드가 끼어들 수 없다.

JDK 5부터 자바 클래스 라이브러리도 CAS 연산을 사용하기 시작했다. `sun.misc.Unsafe` 클래스의 `compareAndSwapInt()`와 `compareAndSwapLong()` 등의 메서드로 제공하는데, 핫스팟 가상 머신이 이 메서드들을 내부적으로 특별하게 처리한다. JIT 컴파일하여 메서드 호출은 없애고 밑단의 프로세서에 맞는 CAS 명령어로 대체하는 것이다. 무조건 인라인한다고 생각해도 좋을 것이다.[9] 하지만 `Unsafe` 클래스는

---

9 가상 머신에 의한 이러한 특수 처리 기법을 내장 함수 최적화(intrinsics optimization)라고 한다. `Math` 클래스의 다양한 산술 메서드와 `Object` 생성자 등 수백 가지가 비슷하게 처리된다. JDK 9 기준 내장 함수 최적화 대상 목록은 다음을 참고하자: *https://gist.github.com/apangin/8bc69f06879a86163e490a61931b37e8*

사용자 프로그램에서 사용하도록 설계되지 않았다(부트스트랩 클래스 로더가 로드한 클래스만이 Unsafe::getUnsafe() 코드에 접근할 수 있음). 그래서 JDK 8까지는 오직 자바 클래스 라이브러리에서만 CAS를 이용할 수 있었다. 예를 들어 java.util.concurrent.AtomicInteger 클래스의 compareAndSet()과 getAndIncrement() 메서드는 Unsafe 클래스의 CAS 연산을 이용해 구현됐다. 사용자 프로그램에서는 리플렉션을 써서 Unsafe의 접근 제한을 우회하거나 자바 클래스 라이브러리를 거쳐 간접적으로 이용해야 했다. 그러다가 JDK 9에 와서 VarHandle 클래스를 통해 사용자 프로그램도 마침내 CAS 연산을 이용할 수 있게 되었다.

다음은 이전 장에서 해결되지 않은 코드 조각을 가져와서 CAS를 활용해 블로킹 동기화를 없애는 방법을 보여 준다. 테스트 코드는 코드 12-1과 같다(지면을 절약하기 위해 다시 싣지 않았다). 이 코드는 스레드를 20개 만들어서 증가 연산을 각각 1만 번씩 수행한다. 12장에서는 volatile 변수도 원자적이 아님을 증명했는데, 어떻게 하면 원자적으로 수행할 수 있을까? 앞에서는 race++ 연산이나 increase() 메서드를 synchronized 블록으로 감싸서 해결했다. 하지만 코드 13-4처럼 하면 효율이 크게 개선된다.

코드 13-4 AtomicInteger 클래스의 원자적 증가 연산

```java
public class AtomicTest {
    // int 대신 AtomicInteger 타입 변수를 카운터로 이용
    public static AtomicInteger race = new AtomicInteger(0);

    public static void increase() {
        race.incrementAndGet(); // 원자적 증가
    }

    private static final int THREADS_COUNT = 20;

    public static void main(String[] args) throws Exception {
        Thread[] threads = new Thread[THREADS_COUNT];
        for (int i = 0; i < THREADS_COUNT; i++) {
            threads[i] = new Thread(new Runnable() {
                @Override
                public void run() {
                    for (int i = 0; i < 10000; i++) {
                        increase();
                    }
                }
            });
            threads[i].start();
```

```
        }
        while (Thread.activeCount() > 1)
            Thread.yield();

        System.out.println(race);
    }
}
```

실행 결과는 다음과 같다.

200000

int 대신 AtomicInteger를 사용하면 incrementAndGet() 메서드가 원자적으로 수행
되므로 프로그램이 올바른 값을 반환한다. 이 메서드는 사실 다음과 같이 매우 간
단하게 구현되어 있다.

코드 13-5 JDK에서 가져온 incrementAndGet() 메서드의 코드(JDK 17 기준)

```
// AtomicInteger::incrementAndGet()
public final int incrementAndGet() {
    return U.getAndAddInt(this, VALUE, 1) + 1; // U는 Unsafe 타입 객체
}

// jdk.internal.misc.Unsafe::getAndAddInt()
public final int getAndAddInt(Object o, long offset, int delta) {
    int v;
    do {
        v = getIntVolatile(o, offset);
    } while (!weakCompareAndSetInt(o, offset, v, v + delta)); // CAS 연산 이용
    return v;
}
```

보다시피 CAS 연산을 이용하여 현재보다 하나 큰 값을 할당하려 끊임없이 시도
한다.

CAS는 아름답고 단순하고 효율적이다. 하지만 모든 상호 배제 동기화 시나리오
를 대신할 수는 없다. 의미상 완벽하지 않으며 논리적인 허점이 있기 때문이다. 예
를 들어 변수 V를 처음 읽었을 때 값이 A이고 할당할 준비가 되었을 때도 여전히 A
라고 해 보자. 그렇다면 다른 스레드가 값을 변경하지 않았다는 뜻인가? 이 사이에
값이 B로 바뀌었다가 다시 A로 변경되었다면 CAS 연산은 한 번도 변경되지 않았다
고 오해할 것이다. 그래서 대답은 '모른다'이다. 이 취약점을 CAS 연산의 ABA 문제
라고 한다.

이 문제를 해결하고자 java.util.concurrent.atomic 패키지는 AtomicStamped Reference를 통해 변숫값을 버전 관리하여 CAS의 정확성을 보장하고 있다. 그런데 이 클래스의 현재 입지는 상당히 애매하다. 대부분의 경우 ABA 문제는 프로그램 동시성의 정확성에 영향을 주지 않기 때문이다. 따라서 ABA 문제를 해결해야 한다면 원자적 클래스들보다 기존의 상호 배제 동기화를 이용하는 게 효율적이다.

동기화가 필요 없는 메커니즘

블로킹이든 논블로킹이든 아무런 장치의 도움 없이도 스레드 안전성을 보장할 수 있는 경우가 있다. 다시 말해 스레드 안전성에 동기화가 반드시 뒤따르는 건 아니다. 동기화란 그저 공유 데이터에 경합이 일어났을 때 정확성을 보장해 주는 수단일 뿐이다. 공유 데이터를 전혀 사용하지 않는 메서드라면 정확성을 보장해야 할 대상이 없으니 자연스럽게 동기화도 필요 없다. 이처럼 태생부터 스레드에 안전한 코드가 있는데 그중 두 가지를 간략하게 소개하겠다.

재진입 코드: 순수 코드라고도 한다. 실행 중간에 아무 때나 끼어들어 다른 코드를 수행하고 와도(재귀 호출 포함) 상관없는 코드를 말한다. 제어가 돌아오면 마치 아무 일도 없던 것처럼 오류도 없고 결과에도 영향을 주지 않는다. 특히 멀티스레딩 맥락에서는(세마포어 같은 요소가 없다면[10]) 재진입 코드도 스레드 안전한 코드로 간주할 수 있다. 재진입성은 스레드 안전성보다 근본적인 특성이라서 그 자체로 스레드 안전함을 보장한다. 반대로 스레드 안전한 코드라고 해서 모두가 재진입할 수 있는 건 아니다.

재진입 코드에는 몇 가지 공통된 특징이 있다. 예를 들어 전역 변수, 힙에 저장된 데이터, 공유 시스템 자원을 전혀 사용하지 않고 그 대신 필요한 모든 정보를 매개변수로 받는다. 재진입이 불가능한 다른 메서드를 호출하지도 않는다.

재진입이 가능한 코드인지 판단하는 원칙은 비교적 간단하다. 메서드의 반환값을 예측할 수 있고 똑같은 입력에는 항상 똑같은 결과를 반환한다면, 그 메서드는 재진입 가능하고 당연히 스레드 안전하다.

스레드 로컬 저장소: 코드 조각에서 사용하는 데이터를 다른 코드와 공유해야 한

---

10 전제를 제한하지 않고 모든 조건을 고려한다면 재진입과 스레드 안전성은 같은 선상에서 비교할 수 있는 속성은 아니다. 위키백과에는 재진입 코드 판단에 '재진입 가능하나 스레드 안전하지 않은' 예외가 나와 있다. 하지만 해당 예는 우리가 일반적으로 재진입 코드라고 부르는 것과 다르다(전역 자원에 의존하지 않음). 그래서 이 책은 위키백과의 결론을 따르지 않고 각주로만 언급했다.

다면, 데이터를 공유하는 다른 코드도 같은 스레드에서 수행된다고 보장되는지 확인하자. 이 점만 보장된다면 공유 데이터의 가시 범위를 동일한 스레드로 제한할 수 있다. 즉, 다른 스레드와 경합할 일이 사라져서 동기화도 필요 없어진다.

이 조건에 해당하는 애플리케이션은 드물지 않다. 생산자-소비자 패턴처럼 큐를 이용하는 아키텍처 대부분은 큐를 소비하는 스레드 수를 하나로 제한한다. 요청 하나당 서버 스레드 하나를 배정하는 고전적인 웹 서버가 대표적인 예다. 이 방식을 광범위하게 적용하면 많은 웹 서버에서 스레드 로컬 저장소를 이용해 스레드 안전성 문제를 해결할 수 있다.

자바 언어에서는 여러 스레드가 같은 변수에 접근해야 한다면 volatile 키워드를 사용해서 휘발성 변수로 선언할 수 있다. C++에서 변수를 단 하나의 스레드가 배타적으로 이용해야 한다면 __declspec(thread)[11]와 같은 키워드를 이용할 수 있다. 그리고 자바에서는 java.lang.ThreadLocal 클래스를 이용해서 스레드별 저장소를 만들 수 있다. Thread 객체는 ThreadLocalMap 객체를 하나씩 가지고 있다. 이는 키-값 쌍을 저장하는 객체로 키는 ThreadLocal.threadLocalHashCode이고 값은 로컬 스레드 변수다. ThreadLocal 객체 각각에는 고유한 threadLocalHashCode 값이 담겨 있어서 대응하는 로컬 스레드 변수를 ThreadLocalMap에 넣고 뺄 수 있다.

13.3 락 최적화

JDK 6에서는 동시성 효율이 크게 개선되었다. 적응형 스핀, 락 제거, 락 범위 확장, 경량 락, 편향 락 등 다양한 락 최적화 기술을 구현하는 데 많은 자원을 투자했다. 이 많은 기술의 목표는 오직 하나! 데이터를 더 효율적으로 공유하고 스레드 사이의 경합 문제를 해결하여 프로그램 실행 효율을 높이는 것이다.

13.3.1 스핀 락과 적응형 스핀

앞에서 상호 배제 동기화가 성능에 악영향을 주는 주된 원인은 블로킹이라고 이야기했다. 스레드를 일시 정지시키고 재개하려면 커널 모드로 전환해야 하기 때문에 자바 가상 머신의 동시성 성능에 큰 부담을 준다.

그런데 분석 결과 수많은 애플리케이션이 공유 데이터를 아주 잠깐만 잠갔다가

---

11 비주얼 C++에서는 __declspec(thread)를, GCC에서는 __thread를 이용한다.

곧바로 해제한다는 사실을 알게 됐다. 이 찰나의 시간에 스레드를 일시 정지시켰다가 재개하는 건 실질적인 의미가 없다. 오늘날의 컴퓨터는 거의 다 멀티코어 시스템이다. 코어가 둘 이상이므로 당연히 스레드를 둘 이상 병렬로 실행할 수 있다. 그래서 대기 상태로 들어가지 않고도 원하는 락이 해제되는지 옆 코어에서 지켜볼 수 있다. 스레드를 멈추지 않고 루프를 돌게(spin) 하는 것이다. 이 기술을 스핀 락이라고 한다.

스핀 락은 JDK 1.4.2 때 도입되었지만 활성화하려면 -XX:+UseSpinning 매개 변수를 지정해야 했다. 그러다가 JDK 6부터는 기본으로 활성화되었다. 하지만 스핀 락이 블로킹 방식을 완전히 대체할 수는 없다. 스레드 전환 부하는 없애지만 프로세서 시간을 소비하는 부작용이 따르기 때문이다. 락이 잠시만 잠겨 있을 때는 효과가 좋다. 반대로 장시간 잠겨 있다면 그저 루프만 돌면서 프로세서 자원을 헛되이 낭비하는 꼴이 된다. 따라서 스핀 락이 대기하는 시간에 제한을 두고 제한된 횟수 이상 락을 얻지 못하면 기존 방법대로 스레드를 일시 정지시켜야 한다. 최대 스핀 횟수는 기본적으로 10회이며 -XX:PreBlockSpin 매개 변수로 변경할 수 있다.

사용자가 새로 설정한 최대 스핀 횟수는 자바 가상 머신의 모든 락에 똑같이 적용된다. 그래서 JDK 6에서는 스핀 락을 최적화한 적응형 스핀(adaptive spin)을 도입했다. '적응형'이란 말은 스핀 시간이 고정되지 않고, 그 대신 같은 락의 이전 스핀 시간과 락 소유자의 상태에 따라 결정된다는 뜻이다. 하나의 락 객체에서 스핀 락이 성공했다면 가상 머신은 다음번 스핀도 성공할 가능성이 높다고 판단한다. 그래서 기존 스핀 횟수 한계까지 락을 얻지 못하더라도 '믿고 조금 더' 시도해 본다. 이런 식으로 가령 100회까지 문턱값을 늘려 보는 식이다. 반대로 스핀 락 획득에 거의 실패한다면 다음번에도 가능성이 낮을 걸로 판단하여 스핀 로직을 완전히 생략할 수 있다. 프로세서 자원 낭비를 방지하기 위한 조치다. 한편 적응형 스핀 도입으로 스핀 횟수를 사용자가 직접 설정하던 -XX:PreBlockSpin 매개 변수는 JDK 7 업데이트 40부터 지원이 끊겼다.

지속해서 쌓이는 프로그램 성능 모니터링 정보를 적응형 스핀 최적화에 활용하면서 가상 머신은 날이 갈수록 프로그램의 잠금 상태를 더 정확하게 예측하고 있다.

13.3.2 락 제거

락 제거는 특정 코드 조각에서 런타임에 데이터 경합이 일어나지 않는다고 판단되면 가상 머신의 JIT 컴파일러가 해당 락을 제거하는 최적화 기법이다. 락을 제거할지에 대한 판단 근거는 주로 탈출 분석(11장 참고)으로 얻는다. 코드 조각에서 힙 안의 모든 데이터가 탈출하지 않고 다른 스레드에서 접근하지 않는다고 판단된다 면 마치 '스택에 있는 데이터'처럼 취급할 수 있다. 스택의 데이터는 오직 한 스레드만 사용하므로 자연스럽게 동기화가 필요 없게 된다.

가상 머신이 변수의 탈출 여부를 판단하기 위해 복잡한 프로시저 간 분석을 수행해야 하는 이유가 궁금할 것이다. 개발자라면 데이터 경합 발생 여부를 잘 알고 꼭 필요할 때만 동기화를 했을 테니 말이다. 이 의문의 답은 다음과 같다.

실제 자바 프로그램에는 개발자가 직접 추가하지 않은 동기화 장치가 많이 쓰인다. 그래서 동기화 코드의 실제 빈도는 개발자의 상상을 초월한다. 코드 13-6의 예를 보자. 문자열 세 개를 합치는 매우 간단한 코드이며, 소스 코드 어디에도 동기화 처리 같은 건 보이지 않는다.

코드 13-6 동기화를 하지 않는 듯 보이는 코드 조각

```
public String concatString(String s1, String s2, String s3) {
    return s1 + s2 + s3;
}
```

String은 불변 클래스라서 문자열을 합치면 항상 새로운 String 객체를 생성한다. 그래서 javac 컴파일러가 문자열 합치기 최적화를 자동으로 수행한다. JDK 1.4까지는 문자열 합치기를 StringBuffer의 append() 메서드로 변환했고, JDK 5부터는 StringBuilder의 append() 메서드로 변환한다. 그래서 앞의 코드는 코드 13-7처럼 바뀐다.[12]

코드 13-7 javac에 의해 변환된 문자열 합치기 연산(JDK 1.4 이전 기준)

```
public String concatString(String s1, String s2, String s3) {
    StringBuffer sb = new StringBuffer();
    sb.append(s1);
    sb.append(s2);
    sb.append(s3);
    return sb.toString();
}
```

---

12 사실 지금은 락 제거와 탈출 분석을 이야기하는 중이므로 이를 지원하지 않는 JDK 1.4까지의 가상 머신은 대상이 될 수 없다. 코드 13-7은 실제로는 스레드에 안전하지 않은 StringBuilder로 변환되어 락이 이용되지 않는다는 이야기다. 하지만 자바 프로그램 곳곳에 동기화 장치가 숨어들 수 있음을 보여 주는 데는 무리가 없을 것이다.

변환된 코드에서도 여전히 동기화가 일어나지 않을까? `StringBuffer.append()` 메서드 안에는 synchronized 블록이 있고 sb 객체가 락으로 이용된다. 가상 머신은 변수 sb의 탈출 여부를 분석하여 `concatString()` 메서드 바깥으로 탈출하지 않음을 확인할 것이다. 다시 말해 sb에 다른 스레드가 접근할 일은 없다. 락을 제거해도 안전하다는 뜻이다. 해석 모드로 실행될 때는 여전히 락이 존재하겠지만, JIT 컴파일이 이루어진 후에는 동기화 장치를 제거하고 더 빠르게 실행할 것이다.

13.3.3 락 범위 확장

원칙적으로 코드를 작성할 때는 동기화 블록의 범위를 가능한 한 좁게 줄이는 게 좋다. 데이터가 실제로 공유되는 범위에 딱 맞추는 것이다. 이렇게 하면 동기화된 상태에서 수행해야 할 연산의 수가 최소화된다. 그 덕분에 경합이 생기더라도 스레드들이 락을 최대한 짧게 쓰고 건네주어 전체적인 대기 시간이 줄어든다.

이 원칙은 대부분의 경우에 옳지만 연이은 다수의 작업이나 순환문에서 똑같은 락 객체를 반복해서 잠그고 해제하는 상황이라면 어떨까? 스레드 경합이 없더라도 상호 배제 동기화가 빈번하게 일어나서 의미 없이 성능만 떨어뜨릴 것이다.

앞에서 본 코드 13-7의 연속된 `append()` 메서드도 이 경우에 속한다. 가상 머신은 똑같은 락 객체를 잠그는 일련의 단편적인 작업들을 발견하면 락의 유효 범위를 해당 작업 전체로 늘린다. 이것이 락 범위 확장이다. 코드 13-7이라면 범위를 첫 번째 `append()` 바로 앞부터 마지막 `append()` 바로 뒤까지로 확장하여 락을 한 번만 얻도록 할 것이다.

13.3.4 경량 락

경량 락도 JDK 6 때 추가된 동기화 메커니즘이다. 경량이란 운영 체제의 뮤텍스를 사용해 구현한 기존 락보다 가볍다는 뜻이다. 상대적인 의미에서 기존 락은 중량 락이라고 부른다. 경량 락이 중량 락을 대체할 목적으로 나온 건 아니다. 경량 락의 목적은 스레드 경합을 없애 뮤텍스를 사용하는 기존 중량 락의 성능 저하를 줄이는 것이다.

경량 락과 다음 절에서 이야기할 편향 락을 이해하려면 핫스팟 가상 머신에서 객체(특히 객체 헤더)가 메모리에서 어떻게 표현되는지 알아야 한다. 핫스팟 가상 머신의 객체 헤더는 두 부분으로 나뉜다.

첫 번째 부분은 해시 코드와 GC 세대 나이 등 객체 자신의 런타임 데이터를 저장한다. 이 부분의 length 항목은 32비트 가상 머신에서는 32비트를, 64비트 가상 머신에서는 64비트를 차지한다. 어기까지를 공식적으로 마크 워드라고 하며 경량 락과 편향 락 구현의 핵심이다.

두 번째 부분에는 메서드 영역의 데이터 타입 데이터를 가리키는 포인터를 저장한다. 배열 객체인 경우 배열 길이를 저장하는 항목이 추가된다. 객체의 메모리 표현은 '2.3.2 객체의 메모리 레이아웃'에서 자세히 소개했으니 이번 절에서는 락의 관점에서 살짝 다듬어 보자.

객체 헤더는 개발자가 객체 자체에 정의한 데이터와는 관련 없는 정보로 채워지므로 자바 가상 머신은 이 공간을 최대한 효율적으로 써야 한다. 그래서 마크 워드는 최소한의 공간만 사용하도록, 길이가 고정되지 않은 동적 데이터 구조로 설계되었다. 실제로 마크 워드는 객체 상태에 따라 자신의 저장 공간을 재사용한다. 예를 들어 32비트 핫스팟 가상 머신에서 객체가 잠겨 있지 않다면 마크 워드의 32비트 공간 중 25비트에는 해시 코드를, 4비트에는 세대 나이를, 1비트는 0으로 고정하고 (편향 모드로 진입하지 않았음을 뜻함), 마지막 2비트에는 락 플래그를 저장한다. 객체의 락 상태는 표 13-1과 같이 다섯 가지가 있다.[13]

표 13-1 핫스팟 가상 머신 객체 헤더의 마크 워드(락 상태별 활용 형태)

가능한 락 상태	32비트				
	25비트		4비트	1비트 (편향 모드)	2비트 (락 플래그)
	23비트	2비트			
잠겨 있지 않음	객체 해시 코드		세대 나이	0	01
경량 락	호출 스택의 락 레코드를 가리키는 포인터				00
중량 락(락 확장)	중량 락을 가리키는 포인터				10
GC 플래그	공백				11[14]
편향 가능	스레드 아이디	에폭	세대 나이	1	01

객체가 메모리에서 어떻게 표현되는지 간략히 보았으니 다음은 경량 락이 동작하는 방식을 알아보자.

---

13 (옮긴이) 2비트인데 다섯 가지인 이유는 '잠겨 있지 않은 상태'와 '편향 가능 상태'가 모두 '01'을 쓰기 때문이다.

14 (옮긴이) 유효하지 않은 상태라서 이 조합은 실제로 쓰이지 않는다. 이 점을 이용하여 셰넌도어 컬렉터는 락 플래그가 0b11일 때를 포워딩 포인터로 활용한다. '3.6.1 셰넌도어 컬렉터'를 참고하자.

코드가 동기화 블록에 진입하려 할 때 락 객체가 잠겨 있지 않다면(락 플래그가 '01') 가상 머신은 가장 먼저 현재 스레드의 스택 프레임에 락 레코드를 생성한다. 락 레코드는 사실상 현재 마크 워드의 복사본으로, 소유한 락 객체를 저장하는 용도의 공간이다. 이때 스레드 스택과 객체 헤더의 모습은 그림 13-3과 같다.

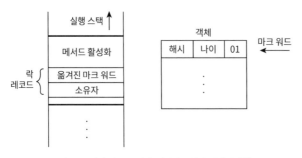

그림 13-3 경량 락 CAS 연산 이전의 스택과 객체 상태[15]

그런 다음 가상 머신은 CAS 연산으로 락 객체의 마크 워드를 락 레코드를 가리키는 포인터로 바꾼다. 변경에 성공하면 현재 스레드가 락을 얻었음을 뜻한다. 그리고 마크 워드의 락 플래그(마크 워드의 마지막 두 비트)는 '00'으로 변경되어 객체가 경량 락 상태에 있음을 표시한다. 이때 스레드 스택과 객체 헤더는 그림 13-4처럼 된다.

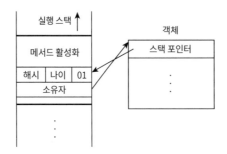

그림 13-4 경량 락 CAS 연산 후 스택과 객체 상태

변경에 실패하면 같은 락 객체를 놓고 경합하는 스레드가 최소 하나는 더 있다는 뜻이다. 가상 머신은 먼저 락 객체의 마크 워드가 현재 스레드의 스택 프레임을 가리키는지 확인한다. 만약 그렇다면 현재 스레드가 락을 이미 얻었다는 이야기이니

---

15 그림 13-3과 13-4는 핫스팟 가상 머신의 선임 엔지니어인 폴 호엔시(Paul Hohensee)가 작성한 'The Hotspot Java Virtual Machine' 프레젠테이션에서 가져왔다: *https://www.oracle.com/technetwork/java/javase/tech/biasedlocking-oopsla2006-preso-150106.pdf*

동기화된 블록으로 들어가 실행을 이어 간다. 그렇지 않다면 다른 스레드가 락을 선점했다는 뜻이 된다.

둘 이상의 스레드가 같은 락을 두고 경합하는 상황이라면 경량 락은 더 이상 유효하지 않다. 따라서 락 플래그 값을 '10'으로 수정해 중량 락으로 확장해야 한다. 이때 중량 락(뮤텍스)을 가리키는 포인터가 마크 워드에 저장되고, 락을 기다리는 스레드는 블록된다.

지금까지 경량 락을 얻는 과정을 설명했는데 해제 과정도 CAS 연산을 써서 이루어진다. 객체의 마크 워드가 여전히 스레드의 락 레코드를 가리킨다면, CAS 연산으로 객체의 현재 마크 워드와 옮겨진 마크 워드를 교체한다. 교체에 성공하면 전체 동기화 작업이 성공한 것이다. 반대로 교체에 실패하면 다른 스레드가 락을 얻으려 시도했고, 일시 정지된 스레드는 락이 해제됨과 동시에 깨어나야 함을 뜻한다.

경량 락은 "대부분의 락은 실제로는 경합을 겪지 않는다"라는 경험 법칙에 의거해 프로그램의 동기화 성능을 개선할 수 있다. 경합이 없다면 뮤텍스 대신 CAS 연산만으로 끝난다. 하지만 경합이 있는 경우에는 뮤텍스 부하에 더해 CAS 연산 부하까지 떠안게 되어 전통적인 중량 락보다 오히려 느려진다.

13.3.5 편향 락

JDK 6 때 도입된 편향 락[16]은 경합이 없을 때 데이터의 동기화 장치들을 제거하여 프로그램 실행 성능을 높이는 최적화 기법이다. 앞 절의 경량 락은 경합이 없을 경우 CAS 연산을 써서 뮤텍스 사용을 피했다. 편향 락은 한 걸음 더 나아가 CAS 연산조차 쓰지 않게 하여 전체 동기화를 없앤다.

편향 락에서 '편향'은 락을 마지막으로 썼던 스레드가 락을 '찜'해 둔다는 의미다. 다음번 실행 시까지 다른 스레드가 락을 가져가지 않으면 직전에 사용한 스레드는 다시 동기화할 필요가 없다.

앞 절에서 경량 락이 객체 헤더의 마크 워드를 어떻게 활용하는지 설명했다. 그 부분을 이해했다면 편향 락의 원리도 쉽게 이해할 수 있다. 편향 락이 활성화된 가상 머신에서는[17] 어떤 스레드가 락 객체를 처음 획득하면 가상 머신이 객체 헤더의 락 플래그를 '01'로, 편향 모드를 '1'로 설정한다. 편향 모드로 진입했다는 뜻이다.

---

16 (옮긴이) 편향 락은 JDK 15 때 폐기 대상으로 지정되었고 JDK 18에서 제거되었다.

17 (옮긴이) JDK 6~14에서는 기본적으로 활성화되어 있으며, JDK 15~17에서는 -XX:+UseBiasedLocking 매개 변수로 활성화할 수 있다.

그리고 락을 얻은 스레드의 아이디를 마크 워드에 기록한다. 이때 CAS 연산을 사용한다. CAS 연산이 성공하면 편향 락을 소유한 스레드는 (락 획득, 해제, 마크 워드 갱신 등) 아무런 동기화 작업 없이 해당 동기화 블록에 몇 번이고 진입할 수 있다.

그러다가 다른 스레드가 락을 얻으려 시도하는 즉시 편향 모드가 종료된다. 락 객체가 현재 잠긴 상태인지에 따라 편향을 해제할지(편향 모드를 '0'으로 설정) 여부를 정한다. 해제된다면 락 플래그는 돌아갈 상태에 따라 잠겨 있지 않음('01') 또는 경량 락('00') 상태로 돌아간다. 그리고 후속 동기화 작업은 앞서 설명한 경량 락 방식으로 수행된다. 그림 13-5는 편향 락과 경량 락의 상태 전이와 객체 마크 워드 사이의 관계를 보여 준다.

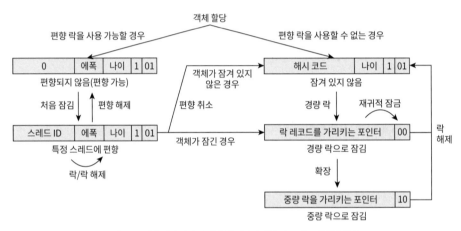

그림 13-5 편향 락과 경량 락의 상태 전이와 객체 마크 워드 사이의 관계

눈썰미 좋은 독자라면 여기서 문제가 하나 보일 것이다. 객체가 편향 상태에 들어 갈 때 마크 워드 공간의 대부분(23비트)이 락을 소유한 스레드의 아이디를 저장하는 데 사용된다. 원래 이 공간은 객체의 해시 코드가 저장되던 곳이다. 그렇다면 객체의 해시 코드는 어떻게 처리되는 것일까?

자바 언어에서 객체는 한 번 계산한 해시 코드의 값을 계속 유지해야 한다(사용자가 hashCode() 메서드를 오버라이딩할 수 있으므로 강한 권고 사항일 뿐 필수는 아니다). 그렇지 않으면 객체의 해시 코드를 이용하는 많은 API가 오동작할 위험에 처한다. 대다수 객체에서 해시 코드를 얻는 데 이용되는 Object::hashCode() 메서드는 신원 확인용 해시 코드(identity hash code)를 반환한다. 이 메서드는 첫 번째 호출 시 계산한 값을 객체 헤더에 담아 두고 재활용하여 다음번 호출 때도 값이 변하는 일이 없다. 따라서 신원 해시 코드를 이미 계산한 객체는 더 이상 편향 모드로 진입할 수 없다. 한편 현재 편향 모드인 객체가 신원 해시 코드 계산을 요청[18]받게 되면 편향 모드가 즉시 풀리고 중량 락으로 전환된다. 이때 객체 헤더는 중량 락의 위치를 가리킨다. 중량 락을 나타내는 ObjectMonitor 클래스에는 잠겨 있지 않은 상태(플래그 비트 '01')의 마크 워드를 기록하는 필드가 있는데 원래의 해시 코드를 저장하기 적합한 곳이다.

편향 락은 동기화는 하고 있지만 실질적인 경합이 없는 프로그램의 성능을 높일 수 있다. 하지만 반대급부가 있는 최적화라서 무조건 득이 되는 건 아니다. 프로그램의 락 대부분을 여러 스레드가 경쟁적으로 얻으려 시도하면 오히려 불필요한 작업을 더 해야 한다.

실제로 편향 락의 혜택을 보는 애플리케이션은 주로 Vector와 Hashtable 같은 초기 컬렉션을 이용하던 레거시 프로그램들이다. JDK 1.2 이후의 컬렉션 API나 그 후 도입된 동시성 API 등 최신 API를 이용하면 불필요한 경합 자체가 크게 줄어든다. 반면 그림 13-5에서 보듯이 편향 락은 매우 복잡한 로직을 거쳐야 해서 가상 머신의 동기화 서브시스템 설계를 개선하는 데 방해가 되어 왔다. 최신 JDK에서 편향 락을 제거한 데는 이런 배경이 깔려 있다.

13.4 마치며

이번 장에서는 스레드 안전성의 개념과 분류, 동기화 구현 방법, 가상 머신 내부의 동작 원리를 소개했다. 또한 동시성 효율을 높이기 위해 가상 머신이 제공하는 다양한 락 최적화 장치를 살펴보았다.

성능과 확장성이 뛰어난 동시성 프로그램을 작성하는 일은 시스템 내부 구현 방식을 이해해야만 능숙해질 수 있는 고급 기술이다. 동시성은 고급 개발자로 성장하려면 반드시 체득해야 하니 관심을 갖고 더 공부해 보기 바란다.

---

18 이때 계산 요청이 Object::hashCode()나 System::identityHashCode(Object) 메서드를 거쳐 들어와야 한다. hashCode() 메서드가 오버라이딩되었다면 해시 코드 계산 시 본문에서 이야기한 요청은 일어나지 않는다.

부록

Understanding the Java Virtual Machine

약어 목록

A

ALSA	Advanced Linux Sound Architecture
AMC	Advanced Management Console
AOP	Aspect Oriented Programming
AOT	Ahead Of Time
ASP	Active Server Page
AST	Abstract Syntax Tree
AWT	Abstract Window Toolkit

B

BCI	ByteCode Index

C

CAS	Compare and Swap
CCV	Client Compiler Visualizer
CDC	Connected Device Configuration
CDS	Class Data Sharing
CHA	Class Hierarchy Analysis
CLDC	Connected Limited Device Configuration
CLI	Common Language Infrastructure

CLR	Common Language Runtime
CMS	Concurrent Mark Sweep
COM	Component Object Model
CORBA	Common Object Request Broker Architecture
CRM	Customer Relationship Management
CUPS	Common UNIX Printing System
CVM	C Virtual Machine

D

DCL	Double Checked Locking
DCEVM	Dynamic Code Evolution VM
DTFJ	Diagnostic Tool Framework for Java

E

EAR	Enterprise Archive
ECJ	Eclipse Compiler for Java
ERP	Enterprise Resource Planning

G

GCC	GNU Compiler Collection

GMS	Group Membership Service

H

HIR	High-level Intermediate Representation
HSDIS	HotSpot DISassembly plugin

I

IDL	Interface Definition Language
IEEE	Institute of Electrical and Electronics Engineers
IGV	Ideal Graph Visualizer
IIOP	Internet Inter-ORB Protocol
IR	Intermediate Representation

J

J2EE	Java 2 Platform, Enterprise Edition
J2ME	Java 2 Platform, Micro Edition
J2SE	Java 2 Platform, Standard Edition
Jakarta EE	Jakarta Enterprise Edition
JAR	Java Archive
Java EE	Java Enterprise Edition
Java ME	Java Micro Edition
Java SE	Java Standard Edition
JAXB	Java Architecture for XML Binding
JAXP	Java API for XML Processing
JAX-WS	Java API for XML Web Services
JBI	Java Business Integration
JCE	Java Cryptography Extension
JCVM	Java Card VM
JDBC	Java Database Connectivity
JDK	Java Development Kit
JDP	Java Discovery Protocol
JDT	Java Development Tools

JEP	JDK Enhancement Proposals
JFR	Java Flight Recorder
JHSDB	Java HotSpot Debugger
JIT	Just In Time
JMC	JDK Mission Control
JMS	Java Message Service
JMX	Java Management Extensions
JNDI	Java Naming and Directory Interface
JNI	Java Native Interface
JPDA	Java Platform Debugger Architecture
JPMS	Java Platform Module System
JRE	Java Runtime Environment
JRMP	Java Remote Method Protocol
JSP	Java Server Pages
JSR	Java Specification Request
JUT	Java Usage Tracker
JVMCI	Java Virtual Machine Compiler Interface
JVMDI	Java Virtual Machine Debug Interface
JVMPI	Java Virtual Machine Profiler Interface
JVMTI	Java Virtual Machine Tool Interface

L

LIR	Low-level Intermediate Representation
LTS	Long Time Support
LVMID	Local Virtual Machine Identifier

M

MIS	Management Information System
MSDN	Microsoft Developer Network

N

NIO	New Input/Output
NUMA	Non-Uniform Memory Access

O

OMG	Object Management Group
OQL	Object Query Language
OSGi	Open Service Gateway Initiative
OSR	On Stack Replacement
OTN	Oracle Technology Network

P

PGC	Pauseless Garbage Collector
PGO	Profile-Guided Optimization

Q

QoS	Quality of Service

R

RCP	Rich Client Platform
REPL	Read-Eval-Print Loop
RMI	Remote Method Invocation
RPC	Remote Procedure Call
RTSJ	Real-Time Specification for Java
RTTI	Run Time Type information

S

SA	Serviceability Agent
SLA	Service-Level Agreement
SPI	Service Provider Interface
SPOT	Sun Small Programmable Object Technology
SSA	Static Single Assigment

T

TAMS	Top at Mark Start
TCK	Technology Compatibility Kit
TLAB	Thread Local Allocation Buffer
TPS	Transactions Per Second
TTSP	Time To Safepoint

W

WAR	Web Application Archive
WSDL	Web Services Description Language

Z

ZGC	Z Garbage Collector

찾아보기